Estudos em homenagem ao Professor
Pedro Estevam Alves Pinto Serrano

democracia e crise

um olhar interdisciplinar na construção de perspectivas para o Estado brasileiro

Anderson Bezerra Lopes
Eduardo Samoel Fonseca
João Victor Esteves Meirelles
Leandro Pachani
Renata Possi Magane
Sean Abib [Orgs.]

Autonomia Literária
2020

Coordenação Editorial
Cauê Seignemartin Ameni, Hugo Albuquerque e Manuela Beloni

Organizadores
Anderson Bezerra Lopes, Eduardo Samoel Fonseca,
João Victor Esteves Meirelles, Leandro Pachani,
Renata Possi Magane e Sean Abib

Revisão de Texto
Lígia Magalhães Marinho

Edição
Hugo Albuquerque

Capa e diagramação
@sobinfluencia

Dados Internacionais de Catalogação na Publicação (CIP)
(eDOC BRASIL, Belo Horizonte/MG)

L864d Lopes, Anderson Bezerra.
Democracia e crise: um olhar interdisciplinar na construção de perspectivas para o Estado brasileiro / Anderson Bezerra Lopes, Eduardo Fonseca, Leandro Pachani. – São Paulo, MG: Autonomia Literária, 2020.

ISBN 978-65-87233-07-9

1. Direito eleitoral. 2. Eleições. I. Fonseca, Eduardo. II. Pachani, Leandro.

CDD 324.81

Elaborado por Maurício Amormino Júnior – CRB6/2422

Sumário

APRESENTAÇÃO

João Victor Esteves Meirelles e Renata Possi Magane

É sempre difícil encontrar palavras para definir aqueles que genuinamente admiramos, em especial quando temos a oportunidade (e sorte) de conviver com essas pessoas no nosso dia a dia.

Isso porque a admiração genuína, aquela que se constrói no verdadeiro contato humano, transcende as linhas delimitadas pelas qualidades profissionais ou intelectuais que cada um carrega. Ela se estende e se baseia principalmente nas qualidades afetivas, humanas, aquelas que brotam do contado, da relação direta entre nós.

E, no caso do Pedro, a coisa fica ainda mais complicada, pois, como ele mesmo diz, definir é aprisionar, e se há algo que seria um erro da parte daqueles que o conhecem é exatamente aprisioná-lo com definições abstratas, ainda que essas sejam elogiosas, diante da constante mudança de seu pensamento e de suas cotidianas e sempre crescentes demonstrações de carinho, humildade e respeito com que ele trata todos aqueles que o rodeiam.

Pedro é muito mais do que um intelectual, com erudição e tirocínio incalculáveis; é muito mais do que um professor, com uma capacidade didática e síntese incomparáveis; é muito mais do que um doutrinador, que expõe suas posições corajosamente a despeito das críticas muitas vezes violentas e desonestas que possam vir a surgir.

Pedro é um amigo, pai, avô e ser humano, demasiadamente humano, que sabe que afeto e razão estão diretamente interligados e, por isso, se importa com aqueles que o rodeiam e com os menos favorecidos.

E foi a partir do nosso mais sincero sentimento de gratidão e carinho, por todas as qualidades já referidas, que surgiu a ideia destes seus alunos, orientandos e principalmente amigos que coordenam esta obra de prestarem uma homenagem pública que fosse ao mesmo tempo significativa para o nosso homenageado, mas que fosse capaz de refletir a essência daquilo que hoje, para nós, significa "ser Pedro Serrano". Não encontramos uma forma mais simbólica de fazê-lo, se não reunindo autores e intelectuais que, de alguma forma, dialogam com o pensamento do homenageado no que toca aos problemas contemporâneos da democracia brasileira, na dimensão político-jurídica, sem omitir contribuições no campo filosófico, cujos nomes que compõem o time de autores que gentilmente aceitaram nosso convite, e tiveram paciência com o tempo necessário para sua elaboração, transcendem relações meramente acadêmicas e formais com o homenageado, mas possuem razões de naturezas distintas e particulares que convergem ao menos em um mesmo sentido: a admiração e o respeito que possuem pela história que foi construída pelo jurista, advogado e professor de todos nós. Uma história de combate, contribuições no campo teórico e prático, de coragem e de influência no pensamento crítico de alunos e colegas, que, inspirados por essa trajetória, perpetuam o seu legado, seja concordando, seja discordando de suas posições.

O grande pensador não é aquele que obtém o consenso de todos com relação ao conteúdo de suas ideias, mas sim aquele que obtém o respeito e a admiração daqueles que realmente valem a pena, honestos intelectualmente, sigam eles a sua linha de pensamento ou não.

Pedro, nesse sentido, é um grande pensador e, por isso mesmo, merece esta que é simplesmente a primeira de, provavelmente, muitas outras obras que virão a ser publicadas em sua homenagem.

Ao nosso Mestre e Comandante, Pedro Estevam Serrano, com carinho!

NOTA SOBRE A CAPA

Renato Afonso Gonçalves

O "Abaporu", de Tarsila do Amaral, foi nossa inspiração para ilustrar a capa dessa obra em homenagem ao Professor Pedro Serrano. A pintura a óleo de 1928 da artista brasileira inaugurou o período antropofágico do Movimento Modernista no Brasil. Assim como o movimento, nosso querido Professor é dotado de uma capacidade incrível de modificar o outro, aquele que com ele interage, numa relação de verdadeira transformação. Ao permitir que o outro "devore" sua cultura e conhecimento, num processo de deglutição no sentido mais antropofágico possível, os corpos são modificados, tanto no seu sentido filosófico quanto político. Ao ser questionado sobre Tarsila do Amaral, mesmo sem saber das nossas reais intenções com a indagação, o Professor Pedro a descreveu como "genial e *avant la lettre*", muito desprestigiada no Brasil por ser mulher e pelo baixo apreço cultural da nossa sociedade, sobretudo pelo que é produzido pelos nossos artistas nacionais. Segundo nosso homenageado, "o movimento antropofágico tem um sentido filosófico muito profundo, pois ele consegue estabelecer não apenas uma estética nacional artística, mas, sobretudo, uma forma tipicamente latino-americana de pensar as relações políticas, rompendo com o individualismo do liberalismo burguês capitalista que enxerga as interações humanas a partir de um respeito exacerbado que torna a convivência intangível, em que os corpos não interagem e nem se afetam reciprocamente. No antropofagismo, o processo de devora do outro externo e interno possibilita a incorporação das qualidades recíprocas, propiciando uma ressignificação das relações afetivas, onde não mais se mantém a indiferença e o distanciamento entre os indivíduos, mas um constante 'afetar', no sentido de transformação e mudança, tanto na dimensão de Espinosa como marxista, numa crítica ao distanciamento que a burguesia constituiu nas suas relações e perspectivando uma política a partir dos afetos e da interação de corpos, em que o outro comparece em minha vida para me transformar".

NOTA EDITORIAL

Hugo Albuquerque[1]

Foi com imensa honra e alegria que nós, da *Autonomia Literária*, recebemos a proposta de editar esta obra organizada por Anderson Bezerra Lopes, Eduardo Samoel Fonseca, João Victor Esteves Meirelles, Leandro Pachani, Renata Possi Magane e Sean Abib, uma compilação de estudos em homenagem ao nosso mestre Pedro Serrano, sem embargo uma das mentes mais criativas, produtivas e questionadoras da sua geração, seja na advocacia, seja no mundo acadêmico do Direito.

Serrano, dentre os grandes juristas do País e em homenagem à Escola na qual leciona há décadas, a questionadora Pontifícia Universidade Católica de São Paulo, desconstruiu duas das maiores vulgatas que vitimizam o pensamento jurídico nacional, a saber: um certo comodismo reacionário que se conforma com a desconstrução dos direitos e da democracia, em nome de um falso tradicionalismo, e a outra, uma leitura legalista tradicional que, apesar de ser bem intencionada, não se debruça na complexidade do pensamento jurídico e de fenômenos como o Estado de Exceção.

Quando Serrano acertadamente analisou fenômenos com os golpes de Honduras e Paraguai, indo muito além da teoria jurídica tradicional, assim como teve coragem de analisar, com uma robusta construção teórica, o processo de destituição de Dilma Rousseff e a Operação Lava Jato[2], e os seus hoje comprovados abusos, ele reuniu o mais avançado da teoria jurídica contemporânea com a experiência profis-

1 Hugo Albuquerque é editor da Autonomia Literária, membro do Instituto Democracia, Direitos e Humanidade (IHUDD), advogado, graduado pela Pontifícia Universidade Católica de São Paulo, pela qual também é mestre em Direito.
2 Conforme o próprio Serrano pode se debruçar em entrevista que nos foi concedida para o site da revista Jacobin, disponível em <https://jacobin.com.br/2019/06/porque-o-hacker-nao-e-um-criminoso/>.

sional de advogado atuante e combativo, algo que nem sempre anda junto – em um genuíno gesto de coragem e honestidade intelectual.

Assim, Serrano constrói um plano de observações e análises fundamentais no qual constitui um plano mais geral, delineando o conceito que ele define como *Autoritarismo Líquido* e é chave para a compreensão da crise na democracia brasileira (e global):

> O autoritarismo líquido se caracteriza pela produção intensa de medidas de exceção no interior das democracias, logo não é exercido pela via de um governo de exceção clássico, como as ditaduras militares, os regimes nazifascistas ou o bonapartismo. É, portanto, mais sutil e menos evidente na forma, embora seu conteúdo seja extremamente violento. É certo que todo regime democrático está sujeito à ocorrência eventual de medidas autoritárias no seu interior, no seu cotidiano – o que podemos entender como disfunções. Mas, no caso do autoritarismo líquido, não são medidas isoladas, e sim de uma patologia, pois se dá com uma recorrência muito maior do que seria admissível ou imaginável, embora indesejado, num sistema democrático de intensidade regular[3].

Nesta obra, temos mais de duas dúzias de artigos de juristas das mais diferentes idades, alguns alunos, outros colegas e até mestres de Serrano, algumas das melhores mentes a pensar o Direito no País se debruçando à sua causa urgente: a crise da nossa democracia e o avanço do autoritarismo em suas mais diferentes facetas.

Nada mais urgente. Vivemos tempos catastróficos, nos quais a acelerada corrosão dos mecanismos democráticos, em um processo que ocorre por dentro da democracia, nos assombra e exige uma profunda reflexão, igualmente acompanhada pelo necessário ativismo constitucional: no Brasil, não é apenas a Constituição de 1988 que está sendo posta em causa, mas a própria ideia de supremacia de direitos e de qualquer tipo de constitucionalismo democrático.

O processo brasileiro vem na esteira da vitória de Donald Trump em 2016, a qual foi precedida por duas governanças de direita extrema nas bordas do Ocidente: a de Viktor Orbán, pelo Fidesz, um antigo partido liberal, na Hungria em 2010 – erodindo a jovem democracia parlamentar daquele país – e o longevo governo de Netanyahu em Israel, desde 2008, ambos em contextos peculiares que lhes fizeram não ser levados em conta pelos analistas.

---

3 Trecho de Medidas de Exceção e o Autoritarismo Líquido do Século XXI. Disponível em: <https://revistaforum.com.br/blogs/aterraeredonda/medidas-de-excecao-e-o-autoritarismo-liquido-do-seculo-xxi-por-pedro-serrano/>.

A vitória de Jair Bolsonaro no Brasil em 2018, por seu turno, vem nessa esteira, está publicamente conectada com outras forças de extrema-direita no mundo e, por seu turno, ainda tem repercussões imprevistas sobre o futuro da democracia brasileira, embora sua presidência, em poucos meses de existência, se coloque em contraposição à ordem social e democrática da Constituição Brasileira de 1988. Se conseguirá é outra história.

Tal problemática, a nosso ver, decorre de um conjunto de impasses deixados pelo século XX: (i) a ordem liberal sendo incapaz de subsistir a momentos de intenso impasse entre as classes proprietárias e as classes não proprietárias e, ainda, de promover o desenvolvimento de países pobres, coloniais ou herdeiros de persistentes formas arcaicas; (ii) o fascismo sendo um elemento que, do ponto de vista tanto da ciência política quanto da jurídica, nasce de elementos interiores à forma estatal moderna, não por elementos externos e estranhos; (iii) a ausência de eficácia das ações revolucionárias conhecidas em superarem o paradigma moderno, e os dispositivos autoritários inerentes ao Estado, como forma de lhe dar cabo.

Serrano enfrenta tudo isso em uma reflexão crítica radical. Seu pensamento, o qual motiva esta obra, está para muito além de qualquer conformismo ou de saídas fáceis, maniqueístas ou esquemáticas, combinando radicalismo com rigor intelectual. Assim, ele tem o enorme mérito no magistério em apresentar inúmeros pensadores, como Agamben, Negri, Alexy, Dworkin, Schmitt, dentre tantos outros, além de fazer uma leitura rara e acurada de Hans Kelsen, que tantas paixões desperta, às vezes por motivos errados, para jovens alunos de Direito e também pós-graduandos de todas as idades.

Os artigos aqui presentes tratam desde o fundamento do Estado de Exceção, o autoritarismo dos tribunais, que é parte fundamental do avanço autoritário nacional, a questão de gênero, o discurso fascista, as desventuras brasileiras, a erosão da nossa sociedade e dialogam de forma generosa com a obra de Serrano.

Portanto, publicar este verdadeiro documento histórico do nosso tempo é parte, gratificante, da nossa missão enquanto editora, dedicada a apresentar um conteúdo jovem e iconoclasta sobre os grandes debates políticos contemporâneos e às necessárias saídas. O que o leitor tem em mãos é um relato e uma reflexão polifônica e crítica do nosso tempo.

1. DAS JORNADAS DE JUNHO AO *IMPEACHMENT* DE DILMA: ANÁLISE DA DEMOCRACIA BRASILEIRA CONTEMPORÂNEA

Antonio Celso Baeta Minhoto[4]

Introdução

Os últimos cinco anos do ambiente político-social brasileiro foram intensos. E seguem sob essa tensão, especialmente com relação às investigações, aos processos, às condenações, às prisões e às alegações conectadas à chamada Operação Lava Jato.

O foco aqui, diga-se logo, é buscar afastar-se das análises mais apaixonadas e sectárias, tão presentes no ambiente de discussão social atual, algo especialmente amplificado pelo largo uso das mídias sociais, uma espécie de nova ágora em que todos têm liberdade para se manifestar, mas a qualidade, e principalmente a veracidade, do que se possa alegar é de difícil ou, às vezes, inviável apuração.

Pretende-se aqui, a partir de uma visão fática concreta, de uma análise dos fatos, construir algumas reflexões que, espera-se, possam representar uma visão mais científica, acadêmica e ponderada sobre tais fatos, sem preocupações ou compromissos em defender esta ou aquela ideologia política ou, menos ainda, partidária.

Se o presente trabalho estimular reflexões outras sobre o mesmo tema, ou conjunto de temas aqui trazidos, plenamente cumpridos estarão seus propósitos.

---

4 Doutor em Direito Público, mestre em Direito Político e Econômico. Coordenador do Programa de Pós-Graduação em Direito da Universidade Cruzeiro do Sul – Unicsul, Brasil, sistema EaD. Professor permanente do Programa de Mestrado em Direito Processual Constitucional da Universidad Libre de Bogotá – Unilibre. Professor titular na área de direito público da Universidade Municipal de São Caetano do Sul – USCS. Professor convidado das universidades de Leuven e Liége, Bélgica. Advogado atuante. Autor de obras jurídicas. antonio@baetaminhoto.com.br.

1. *Terra em Transe: o Brasil de 2013 a 2016*

Em 1967, o falecido cineasta Glauber Rocha lançava um filme que viria a se tornar verdadeiro ícone do cinema brasileiro, *Terra em Transe*. O enredo do filme é simples: o senador Porfírio Diaz (Paulo Autran) detesta seu povo e pretende tornar-se imperador de Eldorado, um país localizado na América do Sul. Porém existem diversos outros homens que também querem esse poder, e resolvem enfrentá-lo.

Enquanto isso, o poeta e jornalista Paulo Martins (Jardel Filho), ao perceber as reais intenções de Diaz, muda de lado, abandonando seu antigo protetor. A trama acima desenhada é desenvolvida de modo dramático, intenso, barroco, bem ao estilo de Glauber.

Mas o que isso tem a ver com a democracia recente no Brasil? Alguma coisa parece ter a ver, especialmente a dramatização do enredo, os extremismos de ações e de opções ideológicas, bem como, claro, o desfecho em alta voltagem de todo esse processo com o *impeachment* de Dilma Rousseff.

Em 2013 a sociedade brasileira foi tomada por um movimento que nem era totalmente desconhecido, mas que ressurgia com renovada força: a manifestação pretensamente carente de ideologia política, espontânea em sua organização e assumidamente apartidária.

Nomeada como Manifestações dos 20 Centavos – por conta da tarifa de ônibus que havia sido reajustada em R$ 0,20 – Manifestações das Placas ou Jornadas de Junho, foi um movimento que, de algum modo, ecoou outros movimentos mundiais, seguindo a mesma lógica de forte apoio das mídias sociais e *internet*, bem como "propagação viral" de protestos, na linha da Primavera Árabe, do *Occupy Wall St*, nos Estados Unidos, e do *Los Indignados*, na Espanha[5].

O leque de temas presentes nas manifestações era extremamente amplo. Como causas, se apontavam aumentos nas tarifas de transporte público, transporte público insuficiente e de má qualidade, repressão policial violenta aos protestos, serviços públicos (em geral) de má qualidade, gastos públicos exorbitantes em grandes eventos esportivos internacionais, taxas elevadas de corrupção política e impunidade.

Mas motes como "quero hospital, não quero Copa" (alusão à Copa do Mundo de Futebol a se realizar em 2014), "o povo unido não precisa de partido",

---

5 Disponível em: http://www.bbc.com/portuguese/noticias/2013/06/130623_protestos_pressreview_bg.shtml, acesso: em 1º nov. 2018.

"verás que um filho teu não foge à luta"; "desculpe o transtorno, estamos construindo um país", tomaram conta da pauta de reivindicações, dando o tom amplo e inespecífico das manifestações, algo bastante compreensível por sua própria espontaneidade. Maria da Glória Gohn (2017) comenta:

> O crescimento das manifestações levou à ampliação das demandas com um foco central: a má qualidade dos serviços públicos, especialmente transportes, saúde, educação e segurança pública. As manifestações fazem parte de uma nova forma de movimento social, que se caracteriza por participação de uma maioria de jovens escolarizados, predominância de camadas médias, conexão por e em redes digitais, organização horizontal e de forma autônoma e crítica às formas tradicionais da política da atualidade – especialmente os partidos e os sindicatos.

Muito embora, àquela época, os governos (federal, estadual, municipal) então vigentes tenham procurado responder de forma positiva aos anseios dos manifestantes, não somente congelando o valor da tarifa, mas agindo no sentido de atender certas demandas, culminando, por exemplo, com o engavetamento da PEC 37, que limitava os poderes de investigação do Ministério Público, bem como tornando a corrupção crime hediondo, o fato é que as manifestações não foram bem compreendidas pelo mundo político.

De fato, Rui Falcão, presidente do PT, incentivou a militância petista a "engrossar os protestos" e "identificar as demandas e seus interlocutores", enquanto Jaques Wagner, governador da Bahia na ocasião, e também petista, dizia que era preciso "se evitar a glamourização do movimento", sendo necessário "organizar a demanda, senão vira Woodstock"[6].

Concretamente, as manifestações de junho de 2013 foram inéditas, marcantes, relevantes, mas não geraram impacto imediato no universo político-social. Em verdade, se bem lidos os fatos posteriores ao movimento, fica clara a influência das ideias centrais ali veiculadas na dinâmica político-social observada, mas nenhuma das reivindicações articuladas foi efetivamente atendida ou, nem mesmo, ingressaram na pauta das discussões formais junto ao Congresso ou nos canais formais democráticos.

6 Disponível em: http://www1.folha.uol.com.br/cotidiano/2013/06/1298677-jacques-wagner-critica-adesao-do-pt-a-manifestacoes-pelo-pais.shtml, acesso em: 1º nov. 2018.

No momento seguinte, a Copa do Mundo de Futebol transcorreu sem maiores intercorrências, exceção feita a uma inédita vaia à então presidente da república, Dilma Rousseff, por ocasião da solenidade de abertura do evento, o que, bem de se ver, já havia sido observado cerca de um ano antes por ocasião da abertura da Copa das Confederações[7].

A vaia à Dilma dividiu opiniões, mas indicou uma cisão no que se refere à sua imagem junto à população, cujos desdobramentos históricos mostraram ser algo irreversível. Em seu primeiro mandato, Dilma conseguiu imprimir uma marca pessoal e, em boa medida, desvinculada de Lula, seu antecessor e "padrinho político".

Com um estilo austero e de valorização da ética, sua administração foi bem recebida, trazendo consigo, inclusive, uma espécie de promessa de aprofundamento do projeto popular petista de política, logrando materializar o que Lula não havia conseguido em seus dois mandatos, especialmente no campo da inclusão social. O professor do Instituto de Economia da Universidade Federal do Rio de Janeiro Eduardo Costa Pinto (2017) observa este aspecto:

> À época, o estilo contundente da Dilma, em comparação com o estilo conciliador de classes adotado pelo ex-presidente Lula, sinalizaria, para muitos, uma nova etapa de medidas econômicas e reguladoras que poderiam domesticar o excludente capitalismo brasileiro (caracterizado por altas taxas de rentabilidades, especialmente do segmento bancário-financeiro; elevada concentração da renda e da propriedade; e elevada pobreza, a despeito das melhorias sociais verificadas nos anos anteriores). Dilma estaria indo além do Lula, rompendo o "acordo" entre a cúpula do Partido dos Trabalhadores (PT) – comandada pelo ex-presidente e por Dirceu – e os setores dominantes brasileiros; e avançando na estratégia de desenvolvimento sustentado e inclusivo para a população brasileira.

Experimentando uma mescla de desgaste do modelo anterior político-social, herdado de seu antecessor, com outras fontes de atrito, de amplo espectro, caminhando desde aspectos de ambiente exterior desfavorável, passando por decisões administrativas equivocadas e chegando a elementos pessoais problemáticos[8] – bem distin-

7 Disponível em: http://g1.globo.com/sao-paulo/noticia/2014/06/dilma-e-hostilizada-durante-abertura-da-copa-do-mundo-em-sao-paulo.html, acesso em: 15 dez. 2018.

8 Eduardo Costa Pinto, op. cit., observa, sobre Dilma que "no campo da habilidade política a presidenta mostrou-se um desastre. A sua incapacidade de dialogar mostrou-se impressionante. Não recebia deputados e senadores, até mesmo do seu partido. O governo foi perdendo votações e sua capacidade de pautar agendas no Congres-

tos do carisma e da habilidade de Lula –, Dilma ingressa na campanha eleitoral de 2014 num clima extremamente desfavorável, o que só poderia gerar o observado na sequência: a mais agressiva campanha política para presidente da república da história da recente democracia brasileira.

2. Reeleição de Dilma, os protestos de 2015 e o impeachment

Superando esse clima adverso, Dilma se reelege. A superação mencionada, nada obstante, mostrou-se bastante relativa. Não apenas o resultado da eleição foi "apertado" em relação ao candidato derrotado Aécio Neves (Dilma 51,64% x Aécio 48,36%) como as condições sociais e econômicas se deterioravam rapidamente, mais uma vez por força de decisões administrativas equivocadas bem como em decorrência das atividades investigativas da Operação Lava Jato, cujas prisões e delações de personagens ligados ao universo político se faziam presentes de modo cada vez mais intenso.

O foco deste estudo não é fazer minudente análise do processo que levou ao *impeachment* de Dilma, mas apenas destacar alguns fatos marcantes relacionados a tal evento. Inicialmente, fica claro, obviamente desde um ponto de vista do presente para o passado, que Dilma e o PT não consideraram, com a relevância pertinente, as manifestações populares que se sucederam à eleição de 2014 bem como – e talvez seja esse o elemento principal – não houve articulação suficientemente adequada do governo Dilma junto ao Congresso Nacional, notadamente junto ao até então aliado deputado Eduardo Cunha, àquela ocasião presidente da Câmara Federal de Deputados.

Com uma economia refém dos eventos políticos, um quadro social em rápida deterioração e um clima de enfrentamento ao qual se poderia nominar de "3º turno" das eleições, Dilma, como já dito, seguia resistindo em enxergar o quadro todo de modo mais realista e, comprovando esse alheamento da realidade, em meados de junho de 2015, em plena efervescência da crise de seu governo, a ex-presidente adotou tom de enfrentamento com relação ao Congresso Nacional, sem ter força política para tanto[9].

---

so Nacional, ampliando a insatisfação no âmbito da cena política".

9 Em 7 de julho de 2015, em entrevista concedida ao jornal Folha de São Paulo, Dilma comentou o seguinte: "Eu não vou cair. Eu não vou, eu não vou. As pessoas caem quando estão dispostas a cair. Não estou. Isso é luta política (...) e venha tentar. Venha tentar. Se tem uma coisa que eu não tenho medo é disso. Não conte que eu vou ficar nervosa, com medo. Não me aterrorizam". Disponível em: http://www1.folha.uol.com.

Enquanto isso, sob intensos protestos do governo, do PT e seus aliados, o processo de *impeachment* seguia seu rumo na Câmara dos Deputados, restando inicialmente aprovado junto à comissão criada para sua análise em 11 de abril de 2016 e, posteriormente, aprovado também pelo plenário da mesma casa legislativa, em 17 de abril de 2016.

Encaminhado ao Senado, o veredito foi o mesmo da Câmara, com aprovação na comissão específica em 4 de agosto de 2016 e, finalmente, culminando com o julgamento propriamente dito, o que demandou seis dias de discussões, deliberações, oitiva de testemunhas, cujo resultado foi a aprovação do afastamento da presidente de suas funções em 31 de agosto de 2016.

Ao longo de todo o processo de afastamento, a defesa de Dilma manejou diversos recursos junto ao STF, inclusive ao final, visando rediscutir o mérito da decisão tomada pelo Senado Federal, mas não logrou êxito, tendo sido o afastamento considerado como matéria de competência exclusiva do Senado, sem possibilidade de qualquer tipo de análise e menos ainda modificação pela Suprema Corte brasileira[10].

Outros senadores, opositores do governo Dilma, acionaram o STF para que a pena de inabilitação para exercício de função pública, não aplicada pelo Senado à Dilma, fosse reconhecida como cabível ao caso, vendo em tal situação inclusive uma "anomalia jurídica"[11].

Mais especificamente no campo da democracia, ou da dinâmica democrática, o que vimos no episódio do *impeachment* de Dilma Rousseff foi a instalação de um clima de enfrentamento totalmente inédito na história recente do país, especialmente após a chamada redemocratização, observada com o final do governo militar (1964-1985).

---

br/poder/2015/07/1652516-eu-nao-vou-cair-isso-ai-e-moleza-afirma-dilma.shtml, acesso em: 12 dez. 2018.

10 O próprio sítio eletrônico do Senado, sob o título "Onze ações questionam o julgamento do impeachment de Dilma Rousseff no STF", relata que, após o afastamento de Dilma, diversas ações foram manejadas junto ao STF, de um lado objetivando anular o julgamento e, de outro, visando acrescer à pena de afastamento também a pena de perda do direito de exercer função pública por 8 (oito) anos. Disponível em: http://www12.senado.leg.br/noticias/videos/2016/09/onze-acoes-questionam-o-julgamento-do-impeachment-de-dilma-rousseff-no-stf, acesso em: 20 dez. 2018.

11 Disponível em: http://g1.globo.com/politica/processo-de-impeachment-de-dilma/noticia/2016/08/juristas-questionam-permissao-para-dilma-voltar-exercer-funcao-publica.html, acesso em: 20 dez. 2018. A respeito do tema, nos autos do MS 34430, a relatora, ministra Rosa Weber, negou liminar para anular o "fatiamento" da decisão do Senado, o que permitiu a apreciação em separado do afastamento da presidente Dilma e, de outro lado, da pena de afastamento das funções públicas por oito anos.

Os prosélitos de Dilma passaram a trabalhar com a narrativa do "golpe" para se referir ao impeachment. A entidade Mapa da Democracia, por exemplo, desenvolveu um pequeno questionário para fundamentar a visão de que Dilma era vítima de um "golpe parlamentar" e que não havia crime de responsabilidade a justificar a instauração de um processo de afastamento[12]:

> A presidenta Dilma é acusada de algum crime? Não. O processo de *impeachment* em andamento acusa a gestão da presidência da república de uso de "pedaladas fiscais". Pedaladas fiscais são atrasos no repasse do Tesouro a bancos públicos encarregados da operação financeira de alguns programas sociais. Pode-se argumentar que é uma maneira de cumprir artificialmente o orçamento, mas não é crime de responsabilidade. Portanto, não, a presidenta Dilma não é acusada de nenhum crime.

Ainda num campo mais subjetivo, surgiram análises indicando estar sendo Dilma vítima até mesmo de uma certa misoginia. Com efeito, para Maurício Gonçalves Saliba e Brunna Rabelo Santiago (2016), pesquisadores, "um dos principais inimigos do governo Dilma foi a misoginia, o discurso de ódio que ultrapassa comportamentos machistas cotidianos, chegando ao ponto de extirpar do poder uma mulher eleita democraticamente", e concluem referidos estudiosos que "para a sociedade patriarcal, a política representa um campo masculino, onde mulheres jamais serão bem-vindas".

De um ponto de vista mais técnico, a defesa de Dilma buscava identificar a inexistência de crime de responsabilidade, bem como a descaracterização das chamadas "pedaladas fiscais" como operações de crédito, sendo, por esta linha de interpretação, meros remanejamentos de recursos feitos pela União a fim de manter em atividade diversos programas sociais de sua titularidade, como o Bolsa Família, o Minha Casa Minha Vida, dentre outros.

Ricardo Lodi Ribeiro (2015), professor da UFRJ e integrante da equipe de defesa de Dilma, sempre pontuou esse aspecto e, em artigo seu publicado no Conjur, reafirmou a necessidade de se caracterizar operação de crédito como algo diverso do que foi feito pelo governo de Dilma:

12 Disponível em: http://www.mapadademocracia.org.br/entenda-o-golpe/, acesso em: 20 dez. 2018.

> Não se pode confundir operação de crédito, que tem um regramento jurídico próprio, inclusive quanto à vedação contida no artigo 36 da LRF, com o nascimento de um crédito em decorrência de um inadimplemento contratual, que, obviamente, não sofre as mesmas restrições. A União, como qualquer outro contratante, deve responder pelo inadimplemento das obrigações por ela assumidas com as instituições financeiras que contrata, ainda que seja controladora dessas entidades.

Em alentado parecer sobre o tema, ou seja, o *impeachment* da então presidente da república, Dilma Rousseff, o jurista e professor da PUC-SP Pedro Serrano (2015), contratado pelo PT para emitir uma opinião técnica sobre o caso, concluiu pela inexistência dos requisitos de instauração e processamento do procedimento em tela.

O professor destacado inicia seu estudo observando inexistir ato punível praticado pela presidente e que "não se pode atribuir à Presidenta da República a responsabilidade por atos praticados por outros agentes da Administração Pública, para os quais a legislação determine consequências próprias, específicas". Vejamos alguns outros trechos do parecer:

> (...) a aplicação do chamado *impeachment* à Presidenta da República em face da prática de conduta típica e ilícita no exercício de suas funções é um recurso excepcional e que demanda o acolhimento de uma compreensão da Constituição da República à luz dos princípios republicano e democrático, devendo-se evitar a compreensão literal e isolada dos seus artigos 85 e 86 e da Lei n.º 1.079/50.
>
> A abertura de créditos suplementares ocorreu em estrita observância às disposições normativas de regência, não havendo violação ao inciso V do art. 167 da Constituição da República e ao art. 4º da Lei n.º 13.115/2015.
>
> Os programas sociais viabilizados por meio do fluxo de caixa de compensação que existe entre a União e o BNDES, o BB e a CEF são operacionalizados por meio da utilização de chamadas contas de suprimento de fundos.
>
> (...) não se identifica conduta dolosa da Presidenta da República na abertura de créditos suplementares, o que ocorreu por meio da edição de quatro decretos em 27.7.2015 e de dois decretos em 20.8.2015, o que é afastado pelo amparo em pareceres técnicos e jurídicos exarados nos respectivos processos administrativos.

De outro lado, várias entidades defensoras do *impeachment* argumentavam por sua estrita legalidade. Vejamos abaixo trecho do texto do professor George Humbert (2016) que bem sintetiza as linhas principais de sustentação do afastamento como um instrumento próprio da democracia e plenamente cabível no caso de Dilma:

> Dois atores fundamentais nos respondem que o *impeachment* não é golpe: o povo e a Constituição. O povo, via os seus representantes, fez a Constituição que previu e disciplina o processo de *impeachment*, bem como elegeu os congressistas, que irão dizer do cabimento e da procedência, ou não, de cada pedido. Esse mesmo povo e a sua Constituição em vigor, criou e decide o *impeachment*. E povo, cujo poder é soberano, baseado na Constituição, instrumento jurídico e político de expressão da vontade soberana do povo, nos dizem, de forma clara, ao ensejo dos artigos 85, 52 e 51 da Lei Maior: *impeachment* não é golpe, é parte da democracia.

O tradicional jornal britânico *The Economist* observou que não parece ter ocorrido um golpe no Brasil. Começa dizendo "não, seu *impeachment* [de Dilma] não foi um golpe, de modo algum" e prossegue: "o processo durou nove meses, de acordo com a Constituição e supervisionado pela Corte Suprema [Supremo Tribunal Federal], cuja maioria dos membros foi nomeada por Rousseff ou Luiz Inácio Lula da Silva", observando por fim ter sido ele "seu predecessor e líder fundador de seu partido de esquerda, o Partido dos Trabalhadores (PT)"[13].

Obviamente o *impeachment* de Dilma mereceria não apenas um capítulo à parte, mas um livro completo a ele dedicado. Esse, contudo, não é o foco aqui. Como estamos a analisar a democracia no período indicado no tópico acima, o que nos interessa é verificar e buscar responder ao menos duas questões:

> **1.** O *impeachment* é um procedimento extremo, finalístico, cujo desenvolvimento e conclusão se mostram extremamente desgastantes e, em assim

---

13 Tradução livre do autor. Texto original: "No, her impeachment was not a coup, of any description. It took place over nine months, in strict accordance with the constitution and supervised by the supreme court, a majority of whose members were nominated by Ms Rousseff or Luiz Inácio Lula da Silva, her predecessor and the founding leader of her left-wing Workers Party (PT)". Disponível em: http://www.economist.com/news/americas/21706552-does-ousting-dilma-rousseff-weaken-or-strengthen-brazil-s-democracy-impeachment?zid=309&ah=80dcf288b8561b012f603b9fd9577f0e, acesso em: 20 dez. 2017.

sendo, por que tivemos dois procedimentos dessa natureza no Brasil no espaço de menos de 24 anos, ambos ocorridos em ambiente democrático?

2. O impedimento de Dilma, e isso é conclusão praticamente unânime, paralisou o país especialmente em 2015. Pode-se dizer que o país passou por verdadeira expiação, uma depuração, certamente não advinda somente do *impeachment*, mas também, de modo especial, das inúmeras prisões, delações e acusações oriundas da Operação Lava Jato. O saldo final é positivo para a jovem democracia brasileira ou não?

Busca-se aqui não exatamente uma resposta categórica para as questões acima, porém uma reflexão que possa servir, de algum modo, para nortear outras tantas reflexões possíveis, algo bastante natural quando se observa a complexidade da temática. Para responder à primeira questão, mostra-se vital diferenciar – ainda que de modo sucinto e objetivo – os processos de impedimento de Collor e Dilma. Há, claro, pontos de contato. Os pontos de diferenciação, nada obstante, se colocam de modo natural no contexto de uma análise como essa.

Collor foi o primeiro presidente eleito democraticamente, após praticamente trinta anos. Isso porque o último presidente eleito pelo voto popular tinha sido Jânio Quadros, em 1960. Com a renúncia de Jânio, assúmiu o governo o seu vice, João Goulart, apeado do poder, contudo, em 1964 por força de um golpe militar que instaurou um verdadeiro regime de exceção cuja vigência se estendeu até 1985, ano em que o presidente da república escolhido pelo colégio eleitoral (eleição indireta) morre ante de tomar posse, e a presidência é assumida por seu vice, José Sarney.

Sarney governa até 1989, ano em que se realiza, assim, a primeira eleição popular para escolha do presidente da república em trinta anos. Fernando Collor de Mello é eleito com uma plataforma de ideias muito ampla, notabilizando-se na campanha como sendo o "caçador de marajás".

Sua juventude, aliada à busca do novo, a ótima *performance* de Collor na televisão bem como o momento de renovação vivido pelo país certamente explicam em parte sua vitória no pleito eleitoral, devendo-se considerar, também, a pouca afeição do eleitor brasileiro a uma análise mais objetiva dos candidatos de um modo geral, ao menos naquele momento.

Collor, contudo, era integrante de um partido novo e com pouca expressão na cena política, o PRN, o que explica em boa parte sua pouca articulação com o Congresso Nacional, especialmente a Câmara dos Deputados, algo determinante para seu afastamento da presidência da república.

Em comum com Dilma, Collor foi igualmente tragado por diversas acusações de corrupção, uso de "caixa 2" em sua campanha, além do famigerado "esquema PC Farias", menção ao tesoureiro da campanha de Collor, Paulo César Farias. Segundo denúncias, Farias cobraria uma espécie de propina padrão de 10% sobre quaisquer contratações governamentais, partilhando o produto daí advindo com Collor e outros colaboradores.

O *impeachment* de Collor foi o resultado de um somatório de diversos elementos, alguns mais objetivos outros claramente imponderáveis. No campo objetivo podemos colocar a gravidade dos fatos e das denúncias envolvendo seu nome, assim como a ausência de uma rede política capaz de lhe proporcionar uma proteção, mínima que fosse. Essa rede sempre foi pequena, mas, com o desgaste contínuo do governo Collor, foi ficando ainda menor e mais frágil. Isso foi determinante para o desenlace do impedimento no Congresso.

No campo dos aspectos imponderáveis, destacamos ao menos três: inicialmente, o maior e principal delator de todo o esquema de corrupção foi ninguém menos que Pedro Collor, irmão do presidente. Certamente, ter que lidar com uma questão política e ao mesmo tempo familiar revelou-se como um desafio inédito e difícil para Fernando Collor.

Outro aspecto subjetivo, e imprevisível, foi a participação popular crescente nos protestos de rua contra Collor e seu governo. E, dentro desse aspecto, adquiriram especial relevo os estudantes transformados em pelo menos um dos grandes protagonistas das manifestações populares, personificando os famosos "caras-pintadas".

Por fim, não se pode deixar de lado o estilo pessoal de Collor, propositalmente direcionado para alguém firme, resoluto, destemido, como sua campanha sempre fez questão de destacar.

No desenvolvimento do processo de *impeachment*, talvez tivesse sido de mais valia a Collor adotar um tom mais conciliador, exercer alguma autocrítica. Claro que estamos aqui no campo das hipóteses, afinal, nunca se saberá se essa eventual mudança geraria alguma diferença concreta em favor do presidente ao final afastado.

Podemos concluir, assim, que a somatória dos elementos acima gerou como resultado o *impeachment* de Collor. Esquematicamente, podemos colocar do seguinte modo: democracia incipiente + governo frágil e mal articulado com o Congresso + denúncias de corrupção + estilo pessoal de Collor + pressão popular = *impeachment*.

Já Dilma tomou parte num processo de *impeachment* com uma dinâmica bastante diferente daquela observada no caso Collor, ao menos em alguns pontos. Um primeiro e fundamental ponto a favor de Dilma vem a ser justamente sua sustentação política, muito maior, mais forte e mais ampla do que a de Collor.

Objetivamente, o Partido dos Trabalhadores havia conseguido a eleição de Lula para a Presidência da República por dois mandatos (2003-2010), e Dilma, por sua vez, já havia cumprido um mandato na presidência (2011-2014).

No momento em que Dilma é reeleita (2015-2018), portanto, seu partido (PT) era simplesmente o segundo maior partido do país, contando com 1.590.000 filiados, atrás apenas do PMDB, com 2.350.000. Essa é certamente uma diferença considerável a separar as situações de Collor e Dilma.

Outro aspecto diferenciador entre os dois casos em análise são as campanhas eleitorais respectivas. Em 1989, o próprio clima político-social no Brasil era de extrema receptividade a uma eleição presidencial que, ao cabo e ao fim, obviamente teve o clima de disputa próprio das eleições, especialmente para presidente da república, mas transcorreu, digamos, dentro de marcos aceitáveis de enfrentamento.

A eleição de 2014 foi não apenas acirrada em sua disputa, mas apresentou uma agressividade inédita, algo que adquiriu dimensão amplificada com o uso das redes sociais. Foi também uma eleição que trouxe um elemento de alta imponderabilidade, que foi a morte do candidato Eduardo Campos, em plena campanha, num acidente de avião ocorrido em Santos. A entrada de sua vice na campanha, Marina Silva, acirrou ainda mais os ânimos já exaltados por parte de Aécio Neves do PSDB e de Dilma Rousseff, pelo PT.

Há, claro, pontos de contato entre Collor e Dilma referentemente aos seus respectivos impedimentos. Um primeiro ponto bastante evidente são as acusações de corrupção, devendo-se registrar, contudo, que Dilma não foi acusada e nem envolvida em atos de corrupção como sendo uma partícipe pessoal de tais atos, muito embora o maior dos focos de corrupção em seu governo, o chamado "Petrolão" – envolvendo a empresa estatal Petrobras numa série de irregularidades, malversação e desvio de verba pública, propinas, má gestão dolosa, dentre outras práticas deletérias – tivesse sido, em tese, criado e posto em marcha sob seu conhecimento ou, pelo menos, sua tolerância.

Um outro ponto de contato entre os dois impedimentos ora comentados foi a pressão popular, maior e mais forte no caso de Dilma. Neste ponto, deve-se acrescer todo um desgaste de doze anos de governo petista, aliás, um desgaste que qualquer governo que tivesse durado tanto experimentaria de algum modo, mas, no caso, essa fadiga política foi especialmente majorada pelo enfrentamento profundo, agressivo, como já se disse, observado na campanha de 2014 entre as candidaturas existentes, especialmente a polarização PSDB x PT.

Jairo Pimentel (2015:15-22), pesquisador da USP, em pesquisa de campo realizada nas manifestações populares de 15 de março e 12 de abril, ambas de 2015, especificamente na cidade de São Paulo, apurou alguns dados interessantes relativamente ao perfil dos manifestantes e, no ponto que nos interessa mais de perto agora, sobre que demandas os motivavam a se manifestar. Vejamos:

> A primeira hipótese é de descontentamento em relação à corrupção e de fato foi a razão mais citada pelos entrevistados (41%). Em segundo lugar vem a hipótese econômica de que o descontentamento seria derivado da má gestão de Dilma durante seu primeiro mandato, que inclusive a levou a fazer ajustes fiscais no começo de seu segundo mandato (com 19%). Em terceiro lugar aparece a hipótese de estelionato eleitoral (com 16%). Em quarto a hipótese de que o movimento seria um "terceiro turno", pelo não reconhecimento do merecimento de sua vitória em novembro (14%). Por fim, a última hipótese se refere à hipótese de antipetismo, mensurada pela ideia de que o PT já está há muito tempo no poder (com 10%).

E conclui o pesquisador em foco:

> Assim, os dados indicam que a corrupção é de fato o motivo principal para descontentamento dos entrevistados, entretanto, outras razões de desempenho do PT e de Dilma na presidência também aparecem com força como motivação para pedir o *impeachment*.

No caso de Dilma, a força das denúncias, delações e prisões da Operação Lava Jato, envolvendo antigos colaboradores de seu governo, políticos de sua base, além de empresas (especialmente empreiteiras) com um relacionamento amplo e profundo com o próprio PT, certamente trabalharam como elementos que foram agravando e aprofundando a crise governamental cada vez mais.

Isso, aliado a um eleitorado que se sentia derrotado por uma margem mínima – refere-se aqui aos eleitores dos outros candidatos, mas especialmente de Aécio Neves – acabou formando a base de um caldo político-cultural cada vez mais desfavorável à Dilma.

No campo subjetivo, há aspectos comuns a serem considerados. Se Collor era arrogante e prepotente, e isso certamente o prejudicou, Dilma revelou alguma soberba e muita inabilidade para lidar com a situação como um todo.

A estratégia adotada pelo PT, por Dilma e seu governo foi o enfrentamento, e isso mesmo em momentos em que a composição, a cessão, o "passo atrás", poderia ser mais efetivo. Sobre o ponto ora destacado, Eduardo Costa Pinto (2016) comenta o seguinte:

> A presidenta realmente achou que poderia enquadrar a cena política e o bloco no poder. Ela acreditou que o seu poder estatal (sua posição de presidente) decorria de uma força própria (ao estilo weberiano) distinta do poder de classe que possibilitaria a realização de mudanças estruturais. Bastaria um desenho de especialistas, destituídos de interesses de classe, e a vontade política do governante para realizar mudanças mais amplas. Doce ilusão!

Respondendo de modo objetivo à pergunta, ou seja, por que tivemos dois procedimentos dessa natureza no Brasil no espaço de menos de 24 anos, ambos ocorridos em ambiente democrático, parece-nos que a resposta natural é que a estrutura política e principalmente o modo de se fazer política não se modificaram substancialmente no período de tempo em foco.

O presidencialismo de coalização aqui vigente, formado por um laço de mútua dependência entre o presidente da república e o Congresso, uma estrutura na qual o governante loteia os cargos públicos de livre nomeação entre os congressistas que o apoiarão – a chamada "base de sustentação do governo" – e estes, por sua vez, se comprometem a aprovar tudo o que o governante enviar ao mesmo Congresso, fragiliza o sistema como um todo e o torna instável.

Referentemente à segunda questão, sobre se o saldo do *impeachment* de Dilma é positivo, especificamente para a jovem democracia brasileira, quer parecer que não, muito embora a análise a partir dessa conclusão deva ser posta de modo claro.

Como aspectos positivos desse processo como um todo, vimos um país em transe, como já dito, mas não houve sequer indícios de qualquer tipo de ruptura, notadamente um golpe – militar ou não. As teses, algumas expressamente antagônicas, foram expostas e defendidas por seus prosélitos com ampla liberdade. Especialmente as manifestações de rua, a favor ou contra o *impeachment*, foram desenvolvidas em ambiente de tensão, de enfrentamento ideológico, mas sem episódios mais extremos ou de violência física.

As instituições, ainda que sob críticas, seguiram funcionando de modo regular. Apenas para ilustrar, veja-se que a defesa de Dilma teve assegurado o direito de defesa o mais amplamente possível, inclusive ultrapassando as previsões legais, senão vejamos: manifestou-se quando a comissão do *impeachment* foi instalada na Câmara dos Deputados e voltou a se manifestar ao final dos trabalhos nessa comissão; manifestou-se no plenário da mesma Câmara antes da votação do prosseguimento do procedimento de *impeachment*; no Senado, tudo o que ocorreu na Câmara se repetiu na mesma comissão formada por senadores e, por fim, defesa prévia, oitiva de testemunhas e alegações finais articuladas com ampla liberdade.

3. O papel da imprensa no impeachment de Dilma: atuação democrática?

Há quem defenda um papel definitivo da imprensa e dos meios de comunicação no desfecho final do impedimento de Dilma[14]. Certamente houve "reforço nas tintas" por parte especialmente da grande imprensa, mas não se viu, e isso é importante registrar, criação de fatos ou boatos sobre os quais a mesma imprensa se manifestaria depois.

A própria situação, em si mesma, fornecia os fatos sobre os quais a imprensa se manifestava em seguida. E nada foi cerceado nesse campo também. Opiniões

14 A professora da PUC-GO Cileide Alves escreveu artigo em que busca analisar se três grandes jornais, O Globo, Folha de São Paulo e O Estado de São Paulo, apoiaram ou não o impeachment de Dilma. A conclusão da professora é que esses jornais apoiaram, sim, o impedimento da então presidente: "Trocam-se as palavras comunismo e totalitarismo de 64 e por lulopetismo e bolivarianismo. Formou-se, assim, o novo quadro ideológico que novamente uniu jornais, empresários, parte da população e políticos contra esta ameaça moderna que seria representada pelo governo de Dilma Rousseff. Na comparação dos editoriais de 1992 com os de 2016, desta vez os jornais não tentaram fazer apenas a crônica dos fatos jornalísticos. Eles mesmos se tornaram porta-vozes dos setores que defendem o impeachment, tomando partido a favor de um dos lados (aqui cabe ressalvar a posição mais neutra da Folha)". ALVES, Cileide. "Jornais apoiaram o impeachment de Dilma?" Revista Panorama, edição online, v. 6, n. 1, jan/jul. 2016, pp. 56-64.

de parte a parte foram veiculadas com liberdade, algo especialmente observado nas mídias sociais e na internet de um modo geral.

Não se nega certas tendenciosidades, notadamente dos jornais e revistas impressos, bem como da TV, inclusive com algum sensacionalismo (CARVALHO, 2016)[15]. Contudo, a pauta veio de fontes não controladas por esses órgãos, veio da rua, do Ministério Público, da Polícia, do Judiciário, do Legislativo, e mesmo do Executivo, que, como dito acima, exibiu algumas inabilidades neste processo como um todo e que se revelaram fatais ao final.

Obviamente há posicionamentos diferenciados neste tema, defendendo um papel determinante da mídia a favor do *impeachment* de Dilma, decorrente inclusive de uma concentração dos meios de comunicação entre poucas empresas, a maioria constituída por grupos familiares[16]. Nesse mesmo sentido, e especificamente quanto ao impedimento em destaque, dois pesquisadores (CARDOSO e SOUZA, 2016) observam que

> A mídia no Brasil é comandada por um pequeno grupo de famílias que decide o destino da comunicação no país. É este seleto grupo que escolhe o que a maioria da população merece saber e nem sempre os interesses dessa hegemonia favorecem as informações noticiadas.

E concluem:

> Tanto o telespectador, o ouvinte, o leitor ou o internauta são levados a entender o fato de um ponto de vista único que é quase sempre o ponto de vis-

---

15 Sobre o ponto destacado: "(...) podemos perceber o sensacionalismo sendo usado nas reportagens para construir 'personagens' do enredo político. O destinatário é transportado para o momento da ação e é levado para dentro da cabeça das principais figuras políticas do país: como agem com os mais íntimos, o que pensam, como reagem seus assessores. Apesar de serem construídos como uma coluna ou artigo político, o espaço destinado aos textos na edição é juntamente com reportagens e matérias. Os escândalos da Lava Jato e do impeachment são fortemente explorados e o foco do texto deixa de ser o fato jornalístico, para se tornar as emoções e desejos dos 'personagens'".

16 O relator da Organização das Nações Unidas para a Liberdade de Opinião e Expressão, Frank William La Rue, fez críticas à concentração de imprensa no Brasil e na América Latina, e afirmou que pretende fazer uma visita oficial ao país em breve. "A concentração de mídias traz concentração de poder político e isso atenta não só contra o direito à diversidade, mas também contra a democracia", destacou Frank. No Brasil, além da crescente participação de empresas de telefonia no setor de comunicação, também foi debatida a ligação de políticos com canais de TV e rádio, "muitos deles beneficiados com concessões públicas". Disponível em: http://reporterbrasil.org.br/2013/03/relator-da-onu-para-liberdade-de-expressao-critica-concentracao-de-midia-no-brasil/, acesso em: 30 nov. 2017.

> ta das próprias empresas jornalísticas que detêm uma ideologia conveniente aos seus objetivos. A forma de compreensão dos fatos também está de acordo com interesses políticos e particulares, que, muitas vezes, são contrários ao interesse do público.

Ainda quanto às diversas nulidades, ou irregularidades, ou abusos, ou ilegalidades cuja existência foi e ainda é defendida por muitos dos que se postaram contrariamente ao *impeachment*, inicialmente é preciso cautela tanto na análise quanto nas conclusões. Isso porque tais itens são, por sua natureza, itens afetos ao campo jurídico e, no caso, estamos falando de um processo 70 volumes e mais de 14.000 páginas.

Nota-se, assim, que as críticas e as invectivas pugnando nulidades, irregularidades e até cerceamento de defesa em desfavor de Dilma, seguem um caminho mais de adesão ideológica às teses de defesa da ex-presidente, o que pode ser adotado, com sinal trocado, em favor do *impeachment* se adotarmos a linha de argumentação da acusação.

A existência ou inexistência do crime de responsabilidade é um tema de mérito que não pode ser ombreado a uma nulidade. Um processo de *impeachment* será desenvolvido de modo jurídico em sua forma (judiciariforme), mas esse mérito é analisado de um ponto de vista político.

E não se pode dizer que havia uma gritante ausência de crime de responsabilidade a partir do momento em que a existência deste foi fundamentada pela acusação, assim como sua ausência for articulada pela defesa de Dilma. Estamos diante, pois, não de uma nulidade jurídica, mas de um antagonismo de teses, algo bastante típico de qualquer processo dessa natureza[17].

Prosseguindo, é claro evidente que os advogados de Dilma podem alegar quaisquer matérias e argumentos potencialmente ou concretamente vantajosos aos interesses de sua constituinte. Nada obstante, ao se exteriorizar tais elementos, ou seja, colocá-los fora do processo para uma análise tanto quanto possível isenta, eventuais idiossincrasias devem ser expurgadas para ceder espaço a uma visão mais objetiva.

---

17 Um bom exemplo de uma certa retórica ideológica aplicada a uma análise do impeachment é o artigo intitulado "Desmitificando quatro argumentos em favor do impeachment de Dilma Rousseff", de autoria de Victor Cezar Rodrigues da Silva Costa, publicado no site Justificando, em que o autor, partindo de uma base analítica cujas premissas são assumidamente marxistas, procura afastar os fundamentos que serviram de base ao processo de impeachment de Dilma. Disponível em: http://justificando.com/2016/04/01/desmitificando-quatro-argumentos-em-favor-do-impeachment-de-dilma-rousseff/, acesso em: 8 ago. 2017.

Um exemplo do acima exposto é verificar se houve ou não ampla defesa em favor da ex-presidente. Como se sabe, o inciso LV do artigo 5º da Constituição Federal garante a todos não apenas, de modo genérico, direito de defender-se, mas que possa fazê-lo do modo mais amplo possível.

No caso em análise, verifica-se que uma primeira manifestação da defesa de Dilma se deu na comissão de análise do pedido de *impeachment* instalada na Câmara dos Deputados. Essa defesa se deu em dois momentos: no início, quando instalada a comissão, e no final, quando encerrados os trabalhos de tal órgão e encaminhamento para votação entre os seus integrantes. Também em face das oitivas e depoimentos havidos nessa comissão, pôde a defesa de Dilma se manifestar livremente, inclusive com reperguntas.

Uma vez encaminhado ao plenário da Câmara dos Deputados o parecer da comissão antes citada, para sua formal apreciação, também nessa ocasião, antes da votação, a defesa de Dilma se manifestou uma vez mais. Encaminhada, por fim, ao Senado Federal a autorização para abertura de processo de *impeachment*, os advogados da ex-presidente tiveram as mesmas oportunidades já registradas junto à Câmara dos Deputados, tanto na comissão formada no Senado quanto depois, no plenário, especialmente em relação à votação final, não sendo demais registrar que foram ouvidas em favor de Dilma testemunhas altamente qualificadas[18].

A higidez de um processo dessa natureza não pode ser medida a partir de seu resultado. Se Dilma fosse inocentada, se teria promovido justiça ou tomado o melhor caminho e, em sentido contrário, estaríamos frente a uma flagrante nulidade? Esse não parece ser o parâmetro mais adequado para se aferir esse tipo de situação.

Uma crítica bastante interessante formulada contra o processo de impedimento de Dilma foi a de se enxergar em seu nascedouro e desenvolvimento uma motivação puramente política, tomando-se a expressão como política partidária.

O *impeachment*, por essa linha interpretativa, teria sido fruto de um concerto, ou de um golpe mesmo, de natureza parlamentar e, lateralmente, seria também resultado de uma espécie de vingança ou chantagem do então presidente da Câmara dos Deputados, Eduardo Cunha.

---

18 As testemunhas de defesa foram o economista Luiz Gonzaga de Mello Belluzzo, o consultor jurídico Geraldo Luiz Mascarenhas Prado, o ex-ministro da Fazenda Nelson Barbosa, a ex-secretária de Orçamento Federal Esther Dweck, o ex-secretário executivo do Ministério da Educação no governo de Dilma Rousseff Luiz Cláudio Costa e o advogado e o professor Ricardo Lodi.

Começando pelo final, Eduardo Cunha realmente pode ser responsabilizado por ter posto em pauta algo que estava "engavetado". Isso, porém, tem de ser visto em sua real dimensão. Cunha não tinha, àquela altura, condições políticas de formar uma maioria de parlamentares para votar contra Dilma e a favor do *impeachment*. Tanto não tinha que, logo adiante, pouco tempo depois, foi cassado por votação de seus pares, em plenário, por quebra de decoro parlamentar.

Por fim, um aspecto a ser levado em conta, e pouco encontrado nas análises contrárias ao *impeachment* em foco, é a pressão popular. Somente no primeiro semestre de 2015, foram registradas ao menos três grandes manifestações em caráter nacional bem como outras menores, todas em apoio ao afastamento de Dilma. A primeira dessas manifestações, em 12 de março de 2015, reuniu mais de 5 milhões de pessoas no Brasil todo.

Certamente isso pesou em favor do acatamento do *impeachment* em referência, todo ele conduzido no Congresso Nacional Brasileiro em que seus integrantes, via de regra, agem não apenas em defesa de seus próprios interesses, assim como procuram espelhar a vontade de seus eleitores.

4. Conclusões

A democracia brasileira, numa perspectiva histórica, mostra-se invariavelmente claudicante. Tivemos mais momentos de não democracia do que o inverso. A assembleia constituinte de 1823 foi dissolvida por Pedro I; a proclamação da República foi, em verdade, um golpe militar; Getúlio Vargas ascendeu por meios, digamos, heterodoxos em 1930 e tornou-se ditador de fato em 1937 (golpe dentro do golpe); e a morte do mesmo Getúlio Vargas se deu, em 1954, em meio a uma conjuração civil-militar, diga-se logo, com características muito semelhantes ao ocorrido em março e abril de 1964.

Entre um período e outro (1954-1964), tivemos, inclusive, a dificuldade de Juscelino Kubitschek em assumir o cargo de presidente da república, e, ainda em 1962, a mesma dificuldade foi vivida por João Goulart quando da assunção ao poder ante a renúncia de Jânio Quadros. Na sequência, tivemos o Golpe Militar de 1964, que pulverizou quaisquer esperanças democráticas até seu ocaso, em 1985.

Já na vivência plena da democracia, a partir de 1990, observa-se que o primeiro presidente da república eleito diretamente pelo voto popular após tantos anos de exceção, Fernando Collor de Mello, sofre *impeachment* em 1992.

Impossível, assim, não se concluir pela inconstância de nossa democracia. O que se observou, a partir de 2013, foi uma insatisfação generalizada da população com a classe política em geral, em manifestações de claro viés apartidário e até mesmo desprovidas de ideologia política definida.

Esse movimento, contudo, não foi adequadamente compreendido pelos políticos, desaguando numa eleição, a de 2014, marcada pela agressividade, pela inexistência de um debate real de ideias e pela situação econômica nacional com sinais já evidentes de fadiga, o que foi replicado no pleito de 2018, em que o grande vitorioso foi um sentimento de negatividade com relação a um partido ou a uma ideologia expressa por um partido, o antipetismo[19].

Quanto ao *impeachment*, obviamente não se elege um presidente para retirá-lo posteriormente, menos ainda sob os auspícios de um processo de impedimento de extremo desgaste não apenas para os diretamente envolvidos, mas para toda a sociedade. O aspecto positivo, nesse contexto, foi a observância dos ritos, da ampla defesa, pleno acesso ao Poder Judiciário, mas não se pode, repita-se, aceitar como regular ou corriqueiro um evento dessa natureza.

Vislumbra-se, a um só tempo, a força das instituições, a ausência de rupturas, aspecto observado de modo bastante claro em relação ao pleito eleitoral de 2018, contudo, também é certo que nossa democracia se encontra prenhe de vícios – notadamente na estrutura partidária – havendo um claro descompasso entre povo e representantes nesse particular.

A reforma política se exibe como algo obrigatório agora. E muito embora isso seja quase uma constatação acaciana, segue-se sem saber se os políticos, notadamente os integrantes atuais do Congresso Nacional, veem esse projeto com a mesma premência e profundidade que a população.

Concluindo, é em momentos agudos que a academia deve prestar-se a refletir sobre os fatos e acontecimentos com a maior isenção possível, o que não significa descompromisso. Aliás, nesse particular, o inspirador e mesmo a razão

19 Dois pesquisadores se debruçaram sobre a formação do voto entre o eleitorado brasileiro, notadamente para o pleito de 2018, e concluíram que, para a metade do contingente pesquisado, ser contrário a alguma agremiação política ajudaria na tomada de posições políticas e na decisão do voto para todos os cargos. Cf. SAMUELS, David; ZUCCO, Cesar. Partisans, Antipartisans, and Nonpartisans: Voting Behavior in Brazil. Cambridge: Cambridge University Press, 2018. Na mesma linha, para o cientista político Paulo Moura, em texto seu intitulado de "Sentimento de rejeição ao PT é o maior partido do Brasil", a verdade é que "o antipetismo hoje é o maior partido informal do Brasil". Disponível em: https://renovamidia.com.br/sentimento-de-rejeicao-ao-pt-e-o-maior-partido-do-brasil/, acesso em: 24 de novembro de 2018.

desta obra coletiva, professor Pedro Estevam Serrano, é excelente exemplo.

Faz de seu ofício uma tribuna de críticas por vezes contundentes, invariavelmente comprometidas com a democracia e sempre buscando uma elucidação, um aprofundamento, um esclarecimento e, acima de tudo, abrindo espaço (de verdade, e não apenas formal) para as eventuais dissensões.

É isso. Justamente momentos como os vividos num passado recente, e ainda experimentados no presente, que são aptos a gerar condições de se articular um real compromisso com a construção de uma democracia mais consistente, real e dinâmica para o nosso país, o que nos parece estar ocorrendo.

ALVES, Cileide (2016). Jornais apoiaram o *impeachment* de Dilma? *Revista Panorama,* edição *online*, v. 6, n. 1, jan/jul, pp. 56-64.

BOITO JUNIOR, Armando (2012). Governos Lula: a nova burguesia nacional no poder. In: BOITO JUNIOR, A; GALVÃO, A. (Orgs.). *Política e Classes Sociais no Brasil dos Anos 2000*. São Paulo: Alameda Casa Editorial.

CARDOSO, Yasmin Ribeiro Gatto e SOUZA, Rafael Bellan Rodrigues de (2016). *Dilma, uma "Presidente Fora de Si": O* impeachment *como um processo patriarcal, sexista e midiático*. Disponível em: http://177.101.17.124/index.php/pauta/article/view/9158/5386. Acesso em: 30 nov. 2018.

CARVALHO, Maria Mendes (2016). *O Jornalismo Político e o Sensacionalismo: Uma análise da cobertura do início do processo de* impeachment *de Dilma Rousseff*. Trabalho apresentado na Divisão Temática de Jornalismo, da Intercom Júnior – XII Jornada de Iniciação Científica em Comunicação, evento componente do XXXIX Congresso Brasileiro de Ciências da Comunicação. Disponível em: http://portalintercom.org.br/anais/nacional2016/resumos/R11-2559-1.pdf. Acesso em: 12 set. 2018.

COSTA, Victor Cezar Rodrigues da Silva (2016). *Desmitificando Quatro Argumentos em Favor do* Impeachment *de Dilma Rousseff*. Disponível em: http://justificando.com/2016/04/01/desmitificando-quatro-argumentos-em-favor-do-impeachment-de-dilma-rousseff/ Acesso em: 8 set. 2018.

GOHN, Maria da Glória (2015). *A Sociedade Brasileira em Movimento: Vozes das ruas e seus ecos políticos e sociais*. Disponível em: http://www.scielo.br/pdf/ccrh/v27n71/a13v27n71.pdf. Acesso em: 1º nov. 2018.

HUMBERT, Georges (2016). *Por Que o* Impeachment Não é Golpe. Disponível em: https://georgeshumbert.jusbrasil.com.br/artigos/255273833/por-que-o-impeachment-nao-e-golpe Acesso em: 20 dez. 2018.

MOURA, Paulo. *Sentimento de Rejeição ao PT É o Maior Partido do Brasil.* Disponível em: https://renovamidia.com.br/sentimento-de-rejeicao-ao-pt-e-o-maior-partido-do-brasil/. Acesso em: 24 nov. 2018.

PIMENTEL, Jairo (2015). *Impeachment,* Oposição e Autoritarismo – o perfil e demanda dos manifestantes em São Paulo. In *Em Debate*, Belo Horizonte, v.7, n. 2 pp. 15-22, abril.

PINTO, Eduardo Costa (2015). *Dilma: De "coração valente" à "presidenta acua-*

da". Disponível em: http://www.academia.edu/14967341/Dilma_de_cora%-C3%A7%C3%A3o_valente_%C3%A0_presidenta_acuada Acesso em: 15 dez. 2018.

RIBEIRO, Ricardo Lodi (2015). *Pedaladas Hermenêuticas no Pedido de* Impeachment *de Dilma Rousseff.* Disponível em http://www.conjur.com.br/2015-dez-04/ricardo-lodi-pedaladas-hermeneuticas-pedido-impeachment. Acesso em: 14 set. 2018.

SALIBA, Maurício Gonçalves e SANTIAGO, Brunna Rabelo (2016). *Bailarinas Não Fazem Política? Análise da violência de gênero presente no processo de* impeachment *de Dilma Rousseff.* Disponível em: http://apps.unibrasil.com.br/ojs235/index.php/rdfd/article/view/916/482. Acesso em: 30 nov. 2018.

SAMUELS, David; ZUCCO, Cesar. *Partisans, Antipartisans, and Nonpartisans: Voting Behavior in Brazil.* Cambridge: Cambridge University Press, 2018.

2. REVISITANDO CONTROVÉRSIAS PENAIS: JUSTIÇA PENAL NEGOCIADA

Cláudio José Langroiva Pereira[20]

Introdução

No ano 2002, escrevi artigo intitulado "Justiça Penal Negociada" (publicado na RT 806/418).

À época, absoluto entusiasta da Justiça Penal Negociada, e tendo defendido minha dissertação de mestrado com esse direcionamento (publicada em 2002: *Princípio da Oportunidade e Justiça Penal Negociada*, São Paulo: Editora Juarez de Oliveira, 2002), defendi arduamente uma reformulação sistêmica com o intuito de vislumbrar no princípio da oportunidade e, assim, na Justiça Penal Negociada, um caminho virtuoso para o processo penal brasileiro, sob a tutela de uma maior autonomia e liberdade ao Ministério Público para negociar soluções penais.

Como bem defendia Michel Proust: o tempo é senhor da razão.

Hoje, em uma justa homenagem ao professor Pedro Serrano, resgato parte de meus escritos, professados naquele momento, para revisar minha posição a respeito do que à prática coube comprovar, no sentido de que os detentores do poder de persecução penal não podem ficar sujeitos a uma discricionariedade sem regras ou a uma oportunidade sem limites legais e rigidamente verificados.

20 Professor Doutor de Direito Processual Penal dos cursos de graduação, mestrado e doutorado da Faculdade de Direito da Pontifícia Universidade Católica de São Paulo, líder do Grupo de Pesquisa "Políticas Públicas de Segurança e Direitos Humanos" da PUC-SP, coordenador do curso de Psicologia Judiciária da Coordenadoria Geral de Especialização, Aperfeiçoamento e Extensão da PUC-SP e advogado criminal.

Aliás, nosso sistema jurídico não permite isso, e qualquer iniciativa nessa direção deve ser considerada como ilegal, inconstitucional, imoral e antidemocrática, merecendo o repúdio social através da aplicação severa da reprimenda legal.

Não é possível exercer de forma irresponsável o poder do Estado.

A negociação penal, hoje instrumentalizada em nosso sistema jurídico, muito além daquele momento de inspiração e ideais nos anos 2000, nos apresenta cenários descontinuados e tormentosos à segurança jurídica e ao devido processo penal constitucional, apesar de possuir regras e limites claros e específicos na legislação.

Oportuno aqui nos apropriarmos do pensamento de Nassim Nicholas Taleb, para confirmar que, àqueles a quem o Estado atribui seu Poder também atribui responsabilidades institucionais e individuais na mesma medida, o que nos leva a exigir destes que se candidatam ao exercício do Poder que tenham "pele em jogo em prol dos outros, ou alma em jogo":

> Algumas pessoas têm opções, ou opcionalidade, à custa de outras. E as outras não sabem disso. Os efeitos das transferências de fragilidade estão se tornando mais graves à medida que a modernidade vem alocando mais e mais pessoas na coluna da esquerda, heróis ao inverso, por assim dizer. Assim, muitas profissões, a maioria fruto da modernidade, são afetadas, tornando-se mais antifrágeis à custa de nossa fragilidade[21].

Assim, o que devemos entender desse destaque é que, durante o exercício discricionário do Poder, a alienação de riscos do processo decisório fatalmente resultará em alocar esses riscos em outras pessoas.

Se a figura pública, investida de poder, também puder atuar e decidir de qualquer forma e não ser responsabilizada por essa decisão, essa ausência de responsabilização não deixa de produzir um ônus, que acaba sendo absorvido pela parte mais frágil, em especial no processo penal, que é o investigado, o colaborador, o acusado, o condenado e até mesmo a vítima, seja individualizada, seja social ou coletiva. Cabe destacar que esse processo decisório, invariavelmente, decorre de outros fatores sociais que o estimulam, mas nem sempre são considerados[22].

---

21 Idem, p. 479.

22 Vide http://ww.conjur.com.br/2010-set-26/juiza-punida-prisao-menina-adultos--culpa-servidor.

Deparamo-nos com uma pseudopolitização do sistema judiciário, o que é muito diferente de uma judicialização da política. A atuação dos agentes jurídicos (detentores do Poder do Estado) não se legitima pelo voto popular.

Não nos devemos render aos que veem no processo penal um arcabouço de instrumentos políticos de poder ou mesmo de repressão política, sob pena de desvirtuar o instrumento que viabiliza e materializa direitos e garantias fundamentais, no Estado Democrático de Direito, para entregá-lo às mãos dos corruptores do sistema jurídico.

A corrupção econômica fragiliza o Estado e a ordem social, a corrupção institucional destrói o Estado Democrático de Direito.

O que se vê, em verdade, é que, no Brasil, adotamos um sistema de defesa dos investidos no poder e não da instituição que os investiu, ou seja, priorizamos burocratas sem "pele em jogo" e, hoje, em complementação, agredimos o sistema ao invés de lutarmos contra a antifragilidade dos que o deturpam.

I - Revisitando o princípio da oportunidade no sistema penal brasileiro

A sociedade moderna encontra-se diante de uma contraposição entre os próprios fins do Direito Penal.

Sempre a restrição a direitos individuais aparece como medida necessária ao exercício regular do poder de punir do Estado, na garantia de valores e interesses comuns a todos os seus cidadãos.

Todavia devemos identificar que, apesar dessa obrigatoriedade da persecução penal por parte do Estado, quando noticiada a prática de ato infracional, também o princípio da oportunidade encontrou no devido processo legal sua aplicabilidade, sempre de maneira regrada, através de uma previsão constitucional que indica, de forma positiva, o seu acolhimento em nosso ordenamento[23].

Seu reconhecimento constitucional pode ser atribuído à própria atuação do Ministério Público na promoção da ação penal[24], ou não.

A legalidade e a legitimidade de o Ministério Público, em atuando, exercer um princípio de oportunidade regrada, nos termos da própria Constituição Federal, mas sempre limitado e orientado pelo estrito cumprimento da lei, exige a isonomia de tratamento de infrações penais, sob um critério valorativo, que se traduz na proporcionalidade, mas limitado, sempre, por direitos e garantias fundamentais.

---

23 Art. 98, inciso I, da Constituição da República Federativa do Brasil.
24 Art. 129, inciso I, da Constituição da República Federativa do Brasil.

Em um sistema normativo aberto, que pretende considerar a medida mais adequada para cada caso, a situação fática tem uma consideração individuada, longe da aplicação de soluções normativas de natureza lógico-reducionistas, mas devendo ficar estabelecida em hipóteses legais, com claras e inequívocas consequências decorrentes da relação preestabelecida.

A correspondência entre o meio adequado socialmente, resguardada a dignidade humana, e o fim almejado pela determinação normativa indicada para o caso concreto é uma exigência do Direito.

Na hipótese dos princípios da obrigatoriedade e da oportunidade, a mitigação de um em função de uma adequação social no momento da aplicação do outro, em uma proporcionalidade adequada aos fatos, afasta o limitado campo de atuação do positivismo jurídico, adotando-se a discricionariedade, mas limitada à regulação legislativa e ao respeito constitucional.

A Constituição de 1988 deferiu a exclusividade de interposição de ação penal pública ao Ministério Público[25], não podendo este usar ou não do direito de persecução com total liberdade, ressalvadas as condições e hipóteses de oportunidade regrada por lei[26].

Nesse contexto surge um princípio limitador do poder de punir do Estado, com natureza de política criminal, em um sistema que adota a obrigatoriedade como regra.

O princípio constitucional da isonomia[27], com o tratamento desigual na medida da desigualdade, acaba por fundamentar uma abordagem individuada, mais próxima da adequação social através do uso do princípio da oportunidade, devidamente acompanhado do olhar correcional do Judiciário.

Assim, afastamos alegações de afronta à sistemática jurídica quando, no Estado Democrático de Direito, o princípio do devido processo legal e todos os demais princípios e garantias a ele inerentes acolhem o princípio da oportunidade, ainda que na forma de exceção[28].

Não podemos desconsiderar essa realidade, seja com suas primeiras previsões, decorrentes da Lei nº 9.099/95, seja com a atual conjuntura existente com a ampla aplicação dos institutos negociados na colaboração premiada (espe-

25 Art. 129, inciso I, da Constituição da República Federativa do Brasil.
26 Art. 98, inciso I, da Constituição da República Federativa do Brasil.
27 Art. 5o, "caput", da Constituição da República Federativa do Brasil.
28 Art. 98, inciso I, da Constituição da República Federativa do Brasil.

cialmente na Lei 12.850/) e dos efeitos penais advindos dos acordos de leniência (lei anticorrupção).

II - Novamente a política criminal, a prevenção especial e a prevenção geral reintegradoras

Decisões valorativas político-criminais devem penetrar no sistema de Direito Penal, não ficando submetidas a limitações positivistas, proporcionando o reconhecimento da necessidade de uma valoração jurídica individual, afastando-se da ordenação sistemática e racional de controle de critérios[29], alterando a própria estrutura do delito e aproximando o sistema da realidade social.

Também o reconhecimento, nas teorias modernas, da denominada prevenção especial, agora reestruturada sob o prisma da ressocialização, onde a pena é vista como a melhor solução para o delinquente, um produto da sociedade e não simples equívoco social, exige uma adaptação do sistema penal.

O regime penitenciário, com altos custos pessoais e econômicos, demonstra que uma tentativa socializadora do delinquente ainda é desejada, visto que essa função não foi corretamente exercida pelo grupo social, o qual assume parte da culpa pelos seus atos.

Justificar uma não aceitação dessas ideias, fundada em pesquisas de reincidência, não é suficiente diante de uma criminalidade que, em sua maioria não é apurada por inúmeros motivos, ilustrando a falibilidade de pesquisas e estudos técnicos, realizados com fundamento em previsões inconsistentes.

As penas privativas de liberdade, em geral, institucionalizam o indivíduo e estigmatizam seus comportamentos.

Essa institucionalização cria uma errônea ideia de educação para a liberdade[30]. Entretanto, sua privação, afastando o homem dos problemas inerentes ao seu fracasso, acaba por conduzi-lo a adquirir outras técnicas sociais de convívio.

A vida em penitenciárias conduz o interno a uma nova ordem social, totalmente distanciada do grupo em que vivia, onde a legislação administrativa penitenciária e, também, a denominada "lei do cárcere", instituída pelos próprios detentos, regula seu modo de vida e evolução.

---

29 ROXIN, Claus. Política Criminal y Sistema Del Derecho Penal, tradução de Francisco Muñoz Conde, Casa Editorial Bosh, Barcelona, 1972.
30 HASSEMER, Winfried. Fundamentos del Derecho Penal, Casa Editorial Bosh, trad. Francisco Muñoz Conde e Luis Arroyo Zapatero, Barcelona, 1984.

A penalização de condutas e a tendência ao agravamento de penas, além de não solucionarem os atuais problemas de criminalidade mediana e grave, também induzem à ineficácia do seu cumprimento.

Assim, uma prevenção especial socializadora, reconhecendo um tratamento corretor como forma de reinserção social do delinquente, tem consequências duvidosas quanto ao alcance do objetivo buscado.

Uma única conclusão é ponto pacífico entre todos os estudiosos do Direito, sua principal característica é a grave intervenção na vida desse delinquente.

Uma visão de que o abandono do delinquente, ou melhor dizendo, seu isolamento por completo é solução possível, não deve ser entendida como uma opção madura.

O Direito Penal é meio necessário de controle social que exige a cominação e execução da pena, como garantia das normas sociais.

Dessa maneira, desistir da socialização afastaria preceitos de proporcionalidade entre ação e pena, ou entre direitos coletivos e individuais, dentro de uma mesma sociedade, o que é impossível no Estado Democrático de Direito.

Em outro aspecto de controle social, devemos entender que a norma surge como definidora do comportamento delituoso, a sanção como a reação a esse comportamento e o processo como o desenvolvimento regular e regrado desses conceitos para aplicação social.

Esta visão de política criminal substitui elementos de subjetividade, espontaneidade e surpresa por uma ordem prévia que garante publicidade, participação e respeito a direitos fundamentais, estabelecendo condutas desviadas da ordem social e suas respectivas sanções, e proporcionando a ordem jurídica.

Uma prevenção geral, como solução à aplicação e execução da pena, dentro deste modelo de controle, surge como reação ao conhecimento de normas sociais, e de conceitos de fato típico ou atípico, proporcionando metas preventivas, de forma mais enérgica e pública, assegurando normas indispensáveis ao grupo social, por meio da imposição e aplicação de sanções.

A seara de domínio não é exclusiva do Direito Penal, mas de toda uma base de processos de controle social, dentre as quais ele é apenas uma forma mais enérgica de atuação, afirmando e assegurando as demais normas.

Destacamos, neste conceito, o Direito Penal como última opção, após o fracasso ou a ineficácia dos demais meios de controle social, mas como parte integrante deste sistema.

Em um Estado moderno, fica impossível aceitar que toda a infração seja submetida à persecução penal, sem uma seleção de hipóteses realmente dignas de prestação jurisdicional.

Afastam-se, em um conceito moderno de Direito Penal e Política Criminal, considerações sobre a obrigação da persecução penal sempre que se verificarem presentes circunstâncias objetivamente previstas nas normas públicas, desconsiderando situações em que a paz social, uma das finalidades do Direito Penal, possa ser obtida através de outras modalidades de controle social.

Situações fáticas clássicas de lesões corporais múltiplas, ocorridas entre cônjuges na constância do matrimônio, em razão de problemas de ordem eminentemente particular do casal, são hipóteses que, por mais graves que sejam, preveem um possível arrependimento ou uma falta de interesse no decorrer do processo.

A falta de interesse social, e assim do próprio Estado, pode indicar a necessidade de medidas outras de controle social que não a persecução penal, sob pena de atingir a harmonia, a paz e a própria instituição familiar como um todo.

Na política criminal, o elemento humano diferenciador altera toda sistemática preestabelecida, criando uma nova concepção de bem comum.

O interesse particular, por vezes, pode ser solucionado, de forma mais adequada, quando da ausência da persecução penal.

III - O resgate da adequação social e do juízo valorativo

A atuação de um Direito Penal adequado socialmente, sob a forma de uma oportuna seleção regrada de casos, sem jamais exacerbar a função do legislador, que é quem determina as condutas que devem ou não ser punidas, no caso da seleção primária, pode e deve ser aceita.

A sociedade moderna exige uma celeridade de procedimentos, com movimentação válida e eficaz do sistema jurídico.

Existe a necessidade de uma interpretação constitucional de toda a legislação penal que conduza o aplicador do Direito a uma nova concepção de valores e de princípios. A simples interpretação literal da norma é realidade reducionista e insatisfatória que não pode mais ser aceita.

A adequação social das normas, em uma interpretação quase lógica, sob o estigma da igualdade jurídica, tem a finalidade de obter um juízo de valor de âmbito constitucional.

Essa adequação social e constitucional também está prevista nos preceitos normativos infraconstitucionais que identificam, em suas determinações, a necessidade desse juízo valorativo, em situações práticas que se apresentam na vida e na realidade do grupo social, quando da aplicação das normas legais.

Assim, reconhecemos que a presença do princípio da oportunidade regrada na Constituição Federal[31], que proporciona um exercício legítimo de alternativas de política criminal, desde que devidamente e expressamente reguladas pela lei, indica também que o sistema jurídico exige um novo estudo dos institutos, normas e preceitos, reguladores do Direito, além de uma verdadeira reformulação do pensamento dos intérpretes e aplicadores, quando da análise de casos em concreto e da solução social e política mais adequada à preservação da dignidade humana[32].

Sustentar a inconstitucionalidade desse pensamento, em face do princípio constitucional da inafastabilidade de apreciação judicial[33], deve ser considerado, pois em eventual afronta à Constituição Federal em caso de abuso de poder ou de desvio da própria função a que se presta o instituto jurídico negociado, caberá ao juízo a análise valorativa dos fatos, diante de sua devida regulamentação infraconstitucional.

Estamos diante de uma conclusão segura sobre a recepção desses preceitos pelo modelo atual de Estado Democrático de Direito, consolidado pela Constituição Federal, de 05 de outubro de 1988, desde que observada a competência correcional que cabe ao Poder Judiciário em relação ao exercício responsável desses institutos por parte do representante do Estado.

Superados conceitos de época, adotados por todo um sistema jurídico penal, são reconhecidos como inadequados para uma atual sociedade de risco, em uma reanálise de todos os princípios reguladores da atividade jurisdicional em nosso sistema.

O Direito Penal e o Direito Processual Penal não devem, nem podem, estabelecer critérios rígidos e imutáveis, salvo na preservação de direitos e garantias fundamentais, nos termos da Carta Constitucional. Assim, a busca de uma verdade jurídica, com respeito a direitos e garantias constitucionais, exige atualização e evolução social de seus conceitos e meios de atuação.

---

31 Artigo 98, inciso I, da Constituição da República Federativa do Brasil.

32 O Estado Democrático de Direito exige isto: Artigo 1o, "caput" e inciso III, da Constituição da República Federativa do Brasil.

33 "Art. 5o inciso XXXV – a lei não excluirá da apreciação do Poder Judiciário lesão ou ameaça a direito".

Analisar o fato com base em um princípio de adequação social, quando da iniciativa processual, não afronta princípios reguladores do processo penal. Sua aplicação apenas em casos de relevância social garante maior eficácia e, também, fiscalização mais segura do procedimento; exigências de legitimidade e legalidade na busca de uma solução justa e adequada.

IV - Uma releitura sobre a convivência harmônica da estrita legalidade e da oportunidade em nosso sistema jurídico

Discutir a manutenção do princípio da legalidade quando da adoção de critérios de oportunidade, apesar da constituição doutrinária desses dois princípios indicar uma condição adversária em sua permanência, está mais vinculado ao temor de que, com os órgãos institucionais decidindo através de razões de oportunidade sobre o dever ou não de realizar a persecução penal, crie-se o perigo político criminal da arbitrariedade.

Essa realidade vem recheada de comprovações na atuais experiências jurídicas vividas no Brasil, todavia cabe ao "guardião da lei e da Constituição" o dever de interferir e corrigir tais situações fáticas.

As restrições, decorrentes do princípio de oportunidade absoluta, de questionável validade e legitimidade, exigem que sua existência submeta-se a restrições e regulamentações legais sempre, num reconhecido controle de aplicabilidade, como ocorre, desde os "primeiros passos" da oportunidade regrada, nos institutos da Transação Penal e da Suspensão Condicional do Processo, previstos na Lei nº 9.099, de 26 de setembro de 1995.

As experiências dos Estados Unidos da América do Norte, acolhendo um princípio de oportunidade absoluta, possibilitando inúmeras omissões jurídicas quando do acolhimento da impunidade de alguns criminosos, em prol de uma eventual denúncia ou condenação de outros tantos delinquentes, sob um evidente princípio de que os fins justificam os meios, elevou a números alarmantes as negociações, inclusive de altas somas financeiras, sem uma tutela e um controle efetivo de legalidade.

Em compasso com essas medidas, a justificativa de que grandes criminosos foram presos e inúmeras operações ilegais foram impedidas não alcançou a satisfação social de um grandioso número de vítimas, que exigiam uma prestação jurisdicional digna da justiça democrática pregada por seus órgãos institucionais.

Inúmeras justificativas a favor do princípio de oportunidade regulado por lei, em uma atuação frente à inoperância e lentidão da justiça penal, encontrando a segurança de sua instituição na tutela e na fiscalização correcional do Judiciário, sustentam ideias de prevalência de liberdade e igualdade no sistema penal.

A edição legislativa moderna proporcionou uma abertura ao princípio da oportunidade, estimulando o Ministério Público ao rompimento com o dogma da obrigatoriedade, mas deveria criar uma consciência sobre a alternativa de acordos e a necessidade da análise de adequação social, como saídas modernas para um sistema estático e de baixa eficácia, desde que norteados pelos direitos e garantias fundamentais que devem guarnecer todo e qualquer procedimento, ainda que de negociação.

Técnicas de disponibilidade sobre a pena e o procedimento, desde longa data discutidas e abordadas, por exemplo, no Projeto Modelo de Código de Processo Penal para a América Latina, tratando do critério de oportunidade para fatos de insignificância ou falta de frequência, não afetando o interesse coletivo, ou onde a contribuição, ou a culpabilidade do agente no delito seja diminuta, atingiram a atual conjuntura social imposta ao sistema penal.

Assim, decididamente, delitos sem relevância concreta e de solução possível por outras modalidades de controle social que não o Direito Penal devem ser afastados e encontram respaldo nas medidas administrativas, uma alternativa mais adequada, rápida e efetiva.

Casos de dano ao patrimônio público são exemplos indiscutíveis dessa prática, onde depredações, utilizações indevidas de canteiros ou passeios públicos, inclusive alterando sua configuração original, conduzem à edição de medidas administrativas de imposição de multa, muito mais garantidas em sua eficácia e cumprimento que qualquer outra medida penal poderia ser.

A política criminal como solução para conflitos penais encontra eficácia na esfera de atuação de um princípio de oportunidade, como nas hipóteses de ausência de instauração de inquéritos policiais, diante de um critério de análise subjetivo da autoridade policial, quando da notícia de infrações sem gravidade expressiva.

Com os pedidos de arquivamento de inquérito por lesões de pequena gravidade, sob a guarida da política criminal bem como com a ausência de elementos suficientes à produção de uma sentença condenatória, e daí à ineficácia de um procedimento em que a prescrição do delito era inevitável, uma ação penal inócua e desaconselhável é afastada, numa clara aplicação de discricionariedade, que não pode levar a conclusão outra além da existência, seja na forma de interpretação legal, seja na forma de política criminal, dentro de nosso sistema jurídico penal, de um princípio regulado de oportunidade.

V - Crise da segurança jurídica do sistema penal

Tendo a sociedade direito à proteção de seus interesses, utilizando o Direito Penal como última e derradeira opção e, em sendo os infratores detentores de direitos individuais, constitucionalmente garantidos, a manutenção da segregação de liberdade como única opção, ou como a mais comum, demonstra uma falta de funcionalidade no sistema penal atual.

O infrator não pode ter restringido seu direito a um tratamento social digno. Sua liberdade de conviver em comunidade não pode ser simplesmente segregada.

Em uma sociedade moderna o Direito Penal retributivo não pode mais ser aceito.

Esse questionamento exige um estudo da realidade social do delito bem como a adoção de preceitos de prevenção especial ressocializadora, como um tratamento adequado para a delinquência[34].

A função social, na aplicação do Direito Penal, exige discussão dos valores que o bem jurídico tutelado pretende expressar, os quais podem, inclusive, descaracterizar seus objetivos.

Estamos sujeitos a ideais de legislação penal expansiva sem precedentes, como solução social para a criminalidade.

No Direito Penal brasileiro encontramos a criminalização de condutas e o aumento de penas como medidas paliativas que, sem qualquer possibilidade de eficácia, têm respaldo em uma sociedade de risco, em que a carência de meios objetivos de segurança pública conduz a uma presunção de impunidade. Essa insegurança pública acaba trazendo um panorama favorável a medidas populistas, distorcendo o conceito de bem jurídico e os fins do Direito Penal em nosso sistema.

Essa realidade do atual sistema vigente impõe medidas inúteis, que não têm apresentado bons frutos, nem mesmo estão alinhadas com o pensamento do Direito Penitenciário, o qual invoca uma permanência mínima em estabelecimentos prisionais, em se pretendendo uma eficaz readaptação social.

A própria imposição simbólica da pena, utilizada nos sistemas modernos

---

34 SÁNCHEZ, Jesús María Silva. Aproximación al Derecho Penal Contemporáneo, José Maria Bosh Editor S.A., Barcelona, 1992.

apenas como instrumento intimidador, indica um distanciamento da prisão como um meio socialmente adequado no panorama político criminal.

Uma crise conjuntural se apresenta, quando da análise dos fins do Direito Penal e, consequentemente, eventuais soluções que possam surgir esbarram em uma constante tensão existente entre liberdade e segurança, em que a opção por prevenção supera as garantias individuais. A legalidade como princípio preexistente, limitador e garantista no uso da política criminal, não mais soluciona problemas de segurança social.

Uma política criminal, com a adoção de métodos de combate ao delito adequados à realidade de cada sociedade, deve ser reconhecida como uma alternativa viável para essa crise.

O simples abandono da tutela jurídica estatal, em uma opção abolicionista, não pode ser considerada como alternativa viável. A insustentabilidade de determinadas lesões sociais não permite que o Estado dispense a persecução penal.

Todavia, determinadas áreas da criminalidade também não estão mais suportando, com a eficácia desejada, os sistemas fechados e formalistas de solução penal.

Para os delitos massificados de pequena e média potencialidade lesiva, uma alternativa conciliada com participação social inclui-se como tema aberto e frutífero de discussão.

Elementos de justiça reparatória e restitutiva são sugeridos para substituir os atuais conceitos de justiça retribucionista.

Políticas criminais, como as adotadas no sistema brasileiro, nas quais mecanismos informais de seleção de casos fundamentam decisões e pedidos de arquivamento, diante de uma aplicação ineficaz do processo penal, criam insegurança jurídica e ideias de impunidade em um eventual uso inadequado dessa política.

Práticas dessa natureza exigem correção adequada por parte do Poder Judiciário.

Valorizar a autonomia das vontades, fortalecendo o consenso entre acusação, defesa e vítima, sob o crivo do juiz, exige um distanciamento juridicamente seguro de qualquer influência política ou midiática, sempre submetendo a situação a um controle de garantias constitucionais.

Um juiz regulador e fiscalizador da política criminal deve ter uma concepção evoluída e adequada no Direito Penal, proporcionando segurança jurídica, na averiguação da eficácia e do respeito aos princípios e às garantias constitucionais.

A inércia e a imparcialidade como princípios orientadores da atividade jurisdicional devem ser reforçados, evitando uma politização do Poder Judiciário e, assim, impedindo que a pessoalidade e a emotividade, conduzidas pela comoção midiática, atropelem o Estado Juiz como garantidor da lei, da Constituição e do pleno exercício da dignidade humana.

Nessa crise devemos também apontar a existência da denominada "ignorância tendenciosa", no sentido da expropriação ou da superação dos limites no exercício de poder do Estado, que são conferidos pela Constituição Federal aos agentes públicos.

Situações como, por exemplo, a competência originária penal de tribunais superiores não são eminentemente questões de ordem penal ou processual penal nem podem ser atropeladas pelo exercício de poder, já que emanam da própria fonte constitucional.

As exceções constitucionais no exercício de procedimentos penais nos tribunais superiores possuem características próprias que dialogam com as características dos procedimentos de investigação e ação penal ordinárias, mas não se sujeitam exclusivamente a elas ou aos princípios penais que as orientam.

Aponte-se a ausência de um princípio de oportunidade plena no Brasil, limitado exatamente pela Constituição, que, no caso, também é a fonte regulamentadora desses procedimentos excepcionais, certo de que, na hipótese de exercício da persecução penal judicializada da questão, nenhum ente público pode substituir o Ministério Público no seu direito de agir, salvo diante de sua inércia.

No mesmo sentido, não cabe a outro que não seja o Poder Judiciário o poder legal e constitucional de arquivar a persecução penal!

A atuação conveniente e descolada da ordem legal e da ordem constitucional, na utilização de um princípio de oportunidade plena, sob o manto de um "entendimento discricionário", um subjetivismo interpretativo, não fundamentado e injustificado, em verdade acompanha muito mais previsões típicas penais do que um estrito cumprimento do dever legal.

Por isso mesmo o sistema jurídico brasileiro adotou a oportunidade regrada, de forma a expurgar a insegurança jurídica que advém de persecuções penais seletivas e, por vezes, com uma coloração política.

A posição das partes no processo penal (constitucional) não é de livre escolha de quem promove a persecução penal, mas uma consequência fática que é juridicamente interpretada, segundo o que define a lei e a Constituição Federal.

3. ÉTICA NA ETAPA PRELIMINAR DA PERSECUÇÃO PENAL

Édson Luís Baldan[35]

Introdução

Já se disse que o mundo está imerso num incêndio onde as chamas simbólicas queimam valores e certezas, fazendo crescer a fome, a exclusão, a violência, o descrédito, o deboche, o acinte[36]. Assim, conhecer alguns pontos fundamentais sobre ética não é mera questão acadêmica, mas também uma necessidade para a convivência social[37]. Aquele que se deixa interpelar eticamente pretende viver bem e corretamente consigo mesmo, nas suas relações pessoais e no seu âmbito profissional e civil[38].

Uma reflexão preocupante, implicada com a própria inquietude sobre o fim do indivíduo, foi trazida pela discussão ético-social do século XX: o homem moderno deixa de se conduzir eticamente não por *imoralidade*, mas sim – e isso é mais grave – *por amoralidade*. Estariam a imprensa, as ideologias, o Esta-

---

35 Pós-doutor em Democracia e Direitos Humanos pela Faculdade de Direito da Universidade de Coimbra, doutor e mestre em Direito Penal pela Pontifícia Universidade Católica de São Paulo (PUC/SP), pós-graduado em Criminologia pela Universidade de Leicester, Inglaterra, especialista em Direito Constitucional pela Universidade de Pisa, Itália, Especialista em Direito Penal pela Escola Superior do Ministério Público de São Paulo (ESMP/SP), pós-graduado em Direito Penal Pela Universidade de Salamanca, Espanha, pós-graduado em Justiça Internacional pela Universidade Castilla La Mancha, Espanha, pesquisador-livre do Instituto de Criminologia da Universidade de Cambridge, Inglaterra, membro da Sociedade Britânica de Criminologia.

36 NALINI, José Renato. Ética Geral e Profissional. São Paulo: RT, 2008, p. 504.

37 SUNG, Jung Mo; SILVA, Josué Cândido da. Conversando sobre ética e sociedade. Petrópolis: Vozes, 2007, p. 14.

38 MIETH, Dietmar. Pequeno estudo de ética. Aparecida: Ideias e Letras, 2007, p. 151.

do e os aparatos econômicos a impedir "a existência de cidadãos conscientes e participantes, de consciências com capacidade julgadora" [39]?

Com Nalini[40], cremos que aquele que resolve erigir-se num bastião de lucidez moral, enfrentando eticamente o dilema "vencer na vida a qualquer custo ou ser feliz", deve não perder de vista os seguintes nortes: moral é capacidade para enfrentar a vida frente à desmoralização; moral é busca da felicidade; moral é o desenvolvimento de capacidades em uma comunidade. Um protagonismo dessa natureza, verdadeiramente heroico, implica arrostar o consumismo, o narcisismo e a insensibilidade.

2. Ética como axiologia teorética e prática

Os estudos etimológicos da palavra "ética" apontam para uma ambiguidade na sua raiz originária grega "éthos", tornando ainda mais aberta a discussão da matéria: enquanto "éthos" (singular) identifica o hábito ou comportamento pessoal que resulta da natureza, da educação ou das convenções sociais, tem-se o termo "éthe" (plural), que significa os hábitos da coletividade e que podem corresponder aos próprios costumes[41].

Pode a ética, em termos genéricos, ser resumida como a "ciência da conduta"[42] ou, ainda, ser entendida "como um estudo ou uma reflexão, científica ou filosófica, e eventualmente até teológica, sobre os costumes ou sobre as ações humanas"[43]. Assim definiu-a o Rocha: "a ética é um conjunto de princípios morais para a criação de um caráter virtuoso e formação de hábitos, de onde resulte, naturalmente, um procedimento honrado e íntegro conforme as leis do dever"[44].

Trata a ética, portanto, das ações humanas. Nesse plano o fino equilíbrio sobre a modulação e a dosagem dos comportamentos é importante para a ética. E, com Bittar, entenda-se "ação humana" como "movimentação de energias que se dá no tempo e no espaço", a qual se perfaz mediante i) uma determinada

39 VALLS, Álvaro L. M. O que é ética? São Paulo: Brasiliense, 2006, p. 47.
40 NALINI, José Renato. Ética geral e profissional. São Paulo: RT, 2008, pp. 500-9.
41 BITTAR, Eduardo C. B. Curso de ética jurídica. Ética geral e profissional. São Paulo: Saraiva, 2007, p. 6
42 ABBAGNANO, Nicola. *Dicionário de filosofia.* São Paulo: Martins Fontes, 1998, verbete "Ética".
43 VALLS, Álvaro L. M. *O que é ética?* São Paulo: Brasiliense, 2006, p. 7.
44 ROCHA, Luiz Carlos. "O delegado de polícia e a ética profissional". In: Revista Arquivos da Polícia Civil, v. XLI, 2º semestre, 1983. São Paulo: Academia de Polícia Civil, 1983, p. 61.

manifestação de comportamento (p. ex. trabalhar, construir, destruir etc.), ii) um conjunto de intenções (v.g. intenção de ganhar dinheiro honestamente ou ilicitamente em prejuízo de outrem), iii) obtenção de determinados efeitos (e.g. deixar a própria contribuição ou apagar a dos outros)[45].

Como ciência do comportamento moral dos homens em sociedade, a ética constitui-se numa ciência, eis que dotada de objeto próprio, leis próprias e método próprio[46]. O estudo da ética representa, certamente, a região mais difícil, para a qual o pensamento reflexivo e discursivo está hoje menos preparado. Objetivo último da ética – e objeto da moral – é o bem enquanto bem do indivíduo, como fim último dessa direção axiológica. Daí dizer que o homem vale mais que toda a humanidade (não no sentido sociológico ou jurídico, mas como realce à apreciação do homem pela moral naquilo que é específico e singular da pessoa)[47].

Para Nalini, tem a ética como objeto a "moralidade positiva", isto é, aquelas regras de comportamento humano e formas de vida mediante as quais busca-se a realização do valor do bem. Fala-se, portanto, numa doutrina do valor do bem e da conduta humana que tem em mira a realização desse valor, daí se poder afirmar que a ética é uma das formas de atualização ou de experiência de valores (axiologia). Alicerce da ética é o conjunto de "valores do bom"[48].

Como entendidos por Miguel Reale, "os valores não são objetos ideais, modelos estáticos segundo os quais iriam se desenvolvendo, de maneira reflexa, as nossas valorações, mas se inserem antes em nossa experiência histórica, irmanando-se com ela"[49]. Embora a mudança de valores não deva provocar temores, não é coisa que, necessariamente, liberte. Não se nega que, nos dias atuais, a aptidão para a paz, a justiça para com o meio ambiente e a solidariedade sejam respeitadas moralmente como valores. No entanto, a maximização da autorrealização e da autodeterminação individuais podem impedir um respeito intenso e real do outro em sua alteridade[50].

De qualquer maneira, resta claro que a introdução de novos valores ou a defesa daqueles já vigentes no seio social não se processa unicamente com o recurso à força,

45 BITTAR, Eduardo C. B. *Curso de ética jurídica. Ética geral e profissional.* São Paulo: Saraiva, 2007, p. 3.
46 NALINI, José Renato. Ética geral e profissional. São Paulo: RT, 2008, p. 28.
47 REALE, Miguel. Filosofia do Direito. v. I. São Paulo: Saraiva, 1957, p. 266.
48 NALINI, José Renato. Ética geral e profissional. São Paulo: RT, 2008, pp. 29-30.
49 REALE, Miguel. Filosofia do Direito. v. I. São Paulo: Saraiva, 1957, p. 208.
50 MIETH, Dietmar. Pequeno estudo de ética. Aparecida, SP: Ideias e Letras, 2007, p. 29.

sendo necessário um mínimo de justificação ética: a consciência do bem e do mal (e o sentimento de justiça e injustiça daí decorrente) é inerente à condição humana[51].

O saber ético tende, pois, à investigação da ação humana nas suas amplas acepções de exterioridade, intencionalidade e finalidade. Preocupa-se com o estudo dos padrões e das formas de comportamento, bem assim dos valores envolvidos na ação ética. Preocupa-se com a distinção entre o bem e o mal, como distingui-los e como administrá-los. Embora construído metodologicamente para satisfação da necessidade de compreensão de seu objeto, o saber ético termina contribuindo para a reflexão do homem acerca de suas próprias capacidades habituais[52].

Em contrapartida, a ética prática consiste numa atuação conjugada da vontade e da razão, relevando-se a aferição prática da concordância entre atos exteriores e intenções, eis que as ações humanas vêm dotadas de intencionalidade e finalidade[53]. Para uma ética prática não basta a intenção de que determinada política de trabalho venha a vingar, sendo necessária, além, a assunção de condutas efetivas concordes com aquela intencionalidade. Tal exigência dúplice é realçada, especialmente, na seara da segurança pública onde todo policial é, simultaneamente, prestador e receptor das ações que visam à pacificação social. Não basta, ao policial ético, o desejo verdadeiro de paz pública, sendo necessário, ainda, o engajamento pessoal, permanente e sincero, na medida da capacidade e responsabilidade de cada qual, para alcance daquele desiderato.

3. *Ética, moral e Direito*

Se se adotar como ponto de partida a análise etimológica das palavras *moral* e ética, nenhum avanço terá uma tentativa de diferenciação entre ambas: "*ta êthe*" (em grego, os costumes) e *mores* (em latim, hábitos) possuem, com efeito acepções muito próximas uma da outra". Por tal motivo, não cometerá erro aquele que empregar indiferentemente os termos moral e ética, haja vista a origem semântica que fomenta essa identidade[54].

51 COMPARATO, Fábio Konder. Ética: Direito, moral e religião no mundo moderno. São Paulo: Companhia das Letras, 2006, p. 25.
52 BITTAR, Eduardo C. B. Curso de Ética Jurídica. Ética Geral e Profissional. São Paulo: Saraiva, 2007, p. 8.
53 Idem, pp. 8-9.
54 NALINI, José Renato. Ética Geral e Profissional. São Paulo: RT, 2008, pp. 29, 113.

Não está correta uma diferenciação absoluta que redunde em desvinculação completa entre eticidade e moralidade, vez que esta constitui-se no ferramental de mensuração daquela. A ética, enquanto saber especulativo sobre a moral, parte desta para elaboração de suas críticas, ou seja, "a moral é o conteúdo da especulação ética, pois se trata do conjunto de hábitos e prescrições de uma sociedade"[55]. Naturalmente que, de alguma maneira, cumpre à ética, com supedâneo numa antropologia cultural, uma função descritiva, pois necessita conhecer os costumes cambiantes no tempo e no espaço[56]. E, quanto mais reflexiva for a atitude ética sobre a moral controvertida, tanto maior será a importância daquela, pois inexiste dissensão sobre coisas sem importância[57].

Colhe-se em Marilena Chaui que "ética e moral referem-se ao conjunto de costumes tradicionais de uma sociedade e que, como tais, são considerados valores e obrigações para a conduta de seus membros"[58]. Também preleciona Sève, "se, numa acepção mais estrita e mais moderna (kantiana), identificarmos ética e moral, teremos então em vista uma última forma de ideal, aquela segundo a qual a finalidade da vida é o cumprimento do dever, da regra moral por si mesma"[59].

Como bem ressaltado por Bittar, ética e Direito convivem, já que o saber ético, ocupando-se do estudo do agir humano, possui fronteiras muito tênues com as do saber jurídico. Com as normas jurídicas interagem as normas morais, as quais, entretanto, preservam sua autonomia. Cogência e imperatividade são traços das normas jurídicas importantes à sua distinção frente às morais. É possível, ademais, uma especulação ética independente da ciência do Direito, pois nem sempre existe coincidência entre o juridicamente e o eticamente relevantes. Direito e ética ora divergem, ora convergem, afirmando o entrelaçamento das duas ciências e, ao mesmo tempo, possibilitando não confundir o campo da ética com o campo do jurídico[60].

Sintetiza Miguel Reale afirmando que "a ética é a realização da liberdade, e que o Direito, momento essencial do processo ético, representa a sua garantia

55 BITTAR, Eduardo C. B. Curso de Ética Jurídica. Ética Geral e Profissional. São Paulo: Saraiva, 2007, p. 11.
56 VALLS, Álvaro L. M. O que é ética? São Paulo: Brasiliense, 2006, p. 7.
57 MIETH, Dietmar. Pequeno estudo de ética. Aparecida: Ideias e Letras, 2007, p. 31.
58 CHAUI, Marilena. Convite à filosofia. São Paulo: Ática, 1998, p. 340.
59 SÈVE, René. A ética como necessidade. In: CHANGEUX, Jean-Pierre (dir.) Fundamentos naturais da ética. Lisboa: Instituto Piaget, 1993, p. 103.
60 ALMEIDA, Guilherme Assis de. Curso de Filosofia do Direito. São Paulo: Atlas, 2003, pp. 454-5.

específica"[61]. Liberdade não é, portanto, arbítrio, "mas identificação com a ordem objetiva do bem ético e condução responsável na vida"[62].

Nesse sentido, tratar da ética equivale a falar sobre a liberdade, pois essa ciência, num primeiro momento, evoca-nos normas e responsabilidades, levando à conclusão de que, se devemos observar determinada diretriz de conduta é pelo fato de que, em tese, temos a liberdade para descumpri-la, e não porque somos dirigidos por um cego determinismo[63]. Exprimindo um valor, a norma é dirigida a seres capazes tanto de cumpri-la quanto de violá-la[64]. Como lembra Mieth, "a liberdade não tem outro autor além de nós mesmos: as leis naturais ou as obrigatoriedades internalizadas por meio da socialização constituem apenas o 'material' da liberdade"[65]. Somente o ser humano é dotado de liberdade e responsabilidade, podendo escolher conscientemente as finalidades (boas ou más) de suas ações. É por isso, por sua própria essência, ético o ser humano, capaz tanto das maiores crueldades e vilanias quanto dos gestos mais heroicos e sublimes[66].

Alinha Nalini[67] diversos pontos de aproximação e distinção entre Direito e ética. Representam elementos de convergência: a) tanto direito quanto moral utilizam normas para impor condutas obrigatórias aos homens; b) as normas jurídicas e as morais exibem caráter imperativo, e não de mera recomendação; c) tanto as diretrizes morais quanto as jurídicas são preordenadas à garantia da coesão da sociedade; d) a alteração histórica do conteúdo e da função social da moral e do direito implicam sua modificação. Constituem, outrossim, aspectos de refração: a) enquanto a vida moral é interior, a vida jurídica é exterior, ou seja, a norma moral reclama o foro íntimo da consciência para sua observância, ao passo que a obediência à norma jurídica dispensa a consciência, podendo o agente cumpri-la ainda que não adira intimamente ao seu conteúdo ou não se convença do acerto dela; b) a coação é externa no Direito e interna na moral, podendo-se dizer que existe uma sanção concreta naquela e uma sanção virtual nesta última. O descumprimento da norma moral pode acarretar o remorso ou tênue

61 REALE, Miguel. Filosofia do Direito, v. I. São Paulo: Saraiva, 1957, p. 219.
62 ROBLES, Gregório. Os direitos fundamentais e a ética na sociedade atual. Barueri: Manole, 2005, p. 68.
63 VALLS, Álvaro L. M. O que é ética? São Paulo: Brasiliense, 2006, p. 48.
64 NALINI, José Renato. Ética Geral e Profissional. São Paulo: RT, 2008, p. 31.
65 MIETH, Dietmar. Pequeno estudo de ética. Aparecida: Ideias e Letras, 2007, pp. 126-7.
66 COMPARATO, Fábio Konder. Ética: Direito, moral e religião no mundo moderno. São Paulo: Companhia das Letras, 2006, p. 463.
67 NALINI, José Renato. Ética Geral e Profissional. São Paulo: RT, 2008, p. 124.

reprovação social, ao passo que a violação da norma jurídica induz à aplicação de sanções mais drásticas; c) o círculo da moral é mais amplo que o do Direito, sendo conhecida a figura dos círculos concêntricos, onde o menor é o do Direito porque contido no da moral, de raio maior; d) o Direito, como manifestação de um estágio mais aprimorado da convivência, foi precedido pela moral (voltada à garantia de coexistência já nas mais incipientes manifestações gregárias); e) é necessário o caráter positivo do Direito, enquanto que o da moral pode ou não sê-lo.

4. Delimitação da conduta ética

A consideração sobre determinada conduta ética exige do agente, segundo Bittar, os seguintes elementos: *conduta livre e autônoma*; *conduta dirigida pela convicção pessoal* e *conduta insuscetível de coerção*[68].

Primeiro, pois, deve a conduta ser *livre e autônoma*, isto é, da livre consciência do indivíduo é que deve partir a origem do ato. Não gera, portanto, responsabilidade ética a ação que não é livre em sua autoria por força de manipulação do agente para que aja inconscientemente. Por idêntico motivo não pode ser presumida a autonomia nas deliberações daquele oprimido pelo poder arbitrário ou por uma imposição coercitiva. Assim, sobre o policial que, obediente às determinações oficiais e às leis vigentes, reprime determinada espécie de infração penal, não pode recair uma censura ética por ter fomentado situação de injusta seletividade penal (por exemplo, com a alegação de que o Direito Penal criminaliza exclusivamente certos segmentos da sociedade e não outros).

Como segundo elemento tem-se a *convicção pessoal*, ou seja, o autoconvencimento que transforma as ideias em princípios da ação, sob propulsão dos interesses da pessoa. Embora possível a influência dos valores familiares, sociais etc., a sede da decisão deve ser individual. Esse autocomprometimento livre, segundo Mieth, é o senso para as noções que dão sentido à vida, vindas por meio do diálogo entre as diversas experiências do ser humano[69].

Como última demanda ética sobre o agente está a da *conduta insuscetível de coerção*, significando a inexistência de uma sanção mais grave e que torna peculiar a preocupação ética. O agente é levado a agir eticamente não porque temente

---

68 BITTAR, Eduardo C. B. Curso de Ética Jurídica. Ética Geral e Profissional. São Paulo: Saraiva, 2007, p. 5L.

69 MIETH, Dietmar. Pequeno estudo de ética. Aparecida: Ideias e Letras, 2007, pp. 26-7.

a um *metus cogendi poenae* (caso das normas jurídicas), mas sim por força de seu convencimento dentro de regras e costumes sociais.

Pode-se, por conseguinte, afirmar que a ética representa a realização da liberdade, pois a existência da norma de conduta só é possível se se admite em relação ao ser humano "um poder capaz de saltar por cima das funções naturalmente necessárias da vida psíquica, possibilitando o cumprimento da prescrição normativa: esse poder é a liberdade, domínio do homem sobre sua consciência"[70]. Os polos internamente relacionados que constituem o campo ético são, portanto, o agente ou o sujeito moral e os valores morais ou virtudes éticas.

No tocante ao sujeito, como ressalta Marilena Chaui[71], diferenciam-se a passividade e a atividade. O passivo não exerce a própria consciência, vontade, liberdade e responsabilidade e, assim, vai se deixando governar por seus impulsos, inclinações, paixões, pela opinião ou temor alheio etc. Em oposição, o ativo, ou virtuoso, revela-se autônomo ao deter o controle interno dos seus impulsos, inclinações e paixões, discutindo criticamente o sentido e a validade dos valores observáveis e dos fins postos, mantendo sua própria razão sem olvidar da consideração aos outros e, menos ainda, sem subordinar-se a eles.

Ao se falar num agir responsável não se coloca unicamente a competência da pessoa responsável, "mas também um contexto institucional, um conjunto de regras, a capacidade de realizar sua interpretação e um jeito pessoal sensato de lidar com sua aplicação"[72]. O que está permitido a alguém não deve ser proibido por outrem, dessarte, tendendo o princípio ético "a instituir uma coordenação objectiva do operar, manifestando-se por uma série correlativa de possibilidades e de impossibilidades de conteúdo com respeito a vários sujeitos"[73].

Não pode a ética consistir de uma listagem de convenções sociais transitórias. Há certos valores que se consolidam como perenes na história da humanidade, podendo-se até, como faz Comparato, fixar uma hierarquia normativa, em função da importância que assumem esses valores, a saber: a dignidade da pessoa humana; a verdade, a justiça e o amor; a liberdade, a igualdade, a segurança e a solidariedade[74].

---

70 REALE, Miguel. Filosofia do Direito. São Paulo: Saraiva, 1957, p. 219.

71 CHAUI, Marilena. Convite à filosofia. São Paulo: Ática, 1998, p. 338.

72 MIETH, Dietmar. Pequeno estudo de ética. Aparecida, SP: Ideias e Letras, 2007, p. 107.

73 VECCHIO, Girgio. Lições de Filosofia do Direito. Coimbra: Arménio Amado, 1979, p. 356.

74 COMPARATO, Fábio Konder. Ética: Direito, moral e religião no mundo moderno.

5. *A conduta policial ética: entre a probidade e a dignidade*

Didaticamente, o estudo teórico da ética é cindido em dois campos: num, repousam os problemas gerais e fundamentais; noutro, situa-se a aplicação concreta, como os da ética profissional, política, ambiental, bioética etc. Localizamos neste segundo quadrante a ética policial, como subespécie da ética profissional, no plexo maior do gênero ética. O agir correto pressupõe o conhecimento do que é certo. É necessário o encontro de definições claras e válidas para o que é certo e o que é errado. Por isso, perquirir a ética de determinada profissão, em particular, remete à questão da descoberta dos códigos culturais que orientam a deontologia e a censura dessa atividade.

Essa tarefa assume maior complexidade quando o objeto de estudo é a moralidade da atuação de polícia judiciária, haja vista que a incompreensão doutrinária e a insuficiência legal sobre o tema investigação criminal preliminar tornam os contornos desse serviço público extremamente imprecisos e, por conseguinte, penoso o tratamento teórico acerca do correto proceder daqueles que devem exercer tal mister.

O histórico descaso doutrinário pela fase preliminar investigatória da persecução somente agora vem apresentar seus agudos reflexos, com a instalação de verdadeira anomia em que poucos têm enxergado, com a clarividência desejável, os funestos resultados ao "*jus libertatis*" do cidadão imputado, indefeso à atuação de qualquer órgão estatal que se autodeclare competente para perscrutar seus atos e indigitá-lo, "*coram populo*", como infesto delinquente. O processo penal, em especial na fase administrativa, há muito deixou de ser o instrumento garantista para frear o ímpeto do "*jus puniendi*" em face do imputado na imposição da pena criminal para, agora, converter-se em melancólico espetáculo, qual fogueira da inquisição medieval, em cujas labaredas devem crepitar os neo-hereges (com todos os seus direitos, garantias e imagem) para euforia da choldra ensandecida que ao carrasco presta reverência. Os meios transmudaram-se em fim[75].

Alguns, como Bittar, traçam linhas genéricas do que seria o policial deontologicamente ideal: "aquele que é servidor da comunidade à qual se liga; aquele que é protetor incondicional das pessoas; aquele que é profissional responsável no

---

São Paulo: Companhia das Letras, 2006, p. 509.

75 BALDAN, Édson Luís; AZEVEDO, André Boiani. "A preservação do devido processo legal pela investigação defensiva: ou do direito de defender-se provando". Boletim IBCCRIM. São Paulo, v.11, n.137, pp. 6-8, abr. 2004.

exercício de suas atividades"[76]. Na realidade, como corretamente aponta Nalini[77], é possível agrupar o conteúdo de um código de ética policial nas seguintes abordagens: a) dignidade policial; b) poderes policiais e c) abusos policiais.

Bittar, ao tratar especificamente do delegado de polícia, lembra que este, como autoridade pública investida de instrumentos para o exercício da lei penal e processual penal, tem limites caracteristicamente constitucionais em sua autoridade, haja vista que somente ao Estado é dado o exercício coercitivo de seus mandamentos. O exercer o monopólio da força reclama moderação, pois somente legitima-se quando da ocorrência de necessidades emergenciais incontornáveis: "o cidadão não delega ao Estado um poder capaz de oprimi-lo por meio inclusive do uso da força, mas sim um poder capaz de libertá-lo e de favorecer ainda mais o progresso social"[78].

Por fim, mister asseverar que "o bem e o mal não existem apenas nas consciências individuais, mas também nas próprias estruturas institucionalizadas de um sistema"[79]. Veja-se o debate no cenário jurídico-político estadunidense há algum tempo acerca da pretensa tolerância oficial ao emprego da tortura para prevenção e repressão às ações terroristas. Debate análogo pode ser transplantado para a atividade policial com a indagação de se "os fins justificam os meios" ou se "o mal se torna bom diante de um mal maior" ou, ao revés, se tal mal é tão mau quanto aquele outro mal que se quer combater.

A fórmula de que é apenas *relativo* o mal praticado contra o mal *absoluto* marcou, mundialmente, no passado, o anticomunismo e, hoje, o antiterrorismo. A polícia brasileira não esteve, por largo período, imune a essa investida nos métodos operativos. O agente da lei que emprega a tortura como meio de investigação ou de castigo raciocina, em linhas gerais, da seguinte maneira: "o mal que eu faço é o bem, porque o mal que com ele combato é o mal absoluto". Como bem pondera Mieth, pode-se, com tal argumento, justificar, em última análise, qualquer guerra, pois, dito em linguagem bíblica, "como o outro tem uma trave no olho, posso negligenciar o cisco que está no meu"[80].

76 BITTAR, Eduardo C. B. Curso de Ética Jurídica. Ética Geral e Profissional. São Paulo: Saraiva, 2007, p. 548.
77 NALINI, José Renato. Ética Geral e Profissional. São Paulo: RT, 2008, pp. 29, 113.
78 BITTAR, Eduardo C. B. Curso de Ética Jurídica. Ética Geral e Profissional. São Paulo: Saraiva, 2007, p. 553.
79 VALLS, Álvaro L. M. O que é ética? São Paulo: Brasiliense, 2006, p. 73.
80 MIETH, Dietmar. Pequeno estudo de ética. Aparecida, SP: Ideias e Letras, 2007, p. 20.

A falsidade daquele raciocínio justificador é que o "mal do investigado", colocado sempre como "mal absoluto", terá o condão de sempre tornar "mal relativo" o "mal do investigante". Absolutizando um mal, imagina-se relativizar outro. Olvida-se que idêntico argumento pode ser esgrimido pela outra parte: o outro "mau", o criminoso, há-de imaginar que o mal por ele praticado acha-se justificado pelo mal do policial. Uma infâmia não justifica outra infâmia:

> [...] devo submeter os meios que emprego aos mesmos critérios a que submeto meus fins. Se eu submeter os meios meramente ao critério da eficiência no combate ao mal absoluto (que, por sua vez, também se entende como relativo, isto é, justificado pelo mal do outro), então qualquer meio é apropriado. Os 'danos colaterais' da minha ação constituem, nesse caso, efeitos colaterais obviamente indesejados, mas com os quais se deve contar. Pois eu propriamente quero sempre o bem, mesmo que temporariamente faça algo que seja próprio do mal que estou combatendo[81].

Admite-se, com essa negação do ético, que não se pode permanecer pessoalmente limpo no reino da sujeira. Copia-se o mal do outro, por este deixando-se determinar. Identifica-se com o mal do outro, que se propõe combater. Os meios maus obtêm a vitória sobre os fins bons. Nao é sustentável tal paradoxo sem o padecimento de um dano moral. Bem por isso, a preocupação das polícias no mundo é, ao lado da corrupção, a prática da tortura:

A tortura é inadmissível. Não por ser prática vedada pela Constituição, mas por constituir praxe desumana, hedionda e cruel. E o conceito de tortura deve ser dilargado. Não inclui apenas o sofrimento físico, mas qualquer lesão moral. As ameaças, mesmo que veladas, as pressões, a submissão de indiciados, a detenção ilegal, ainda que abreviada, a criação de situações fictícias como ser reais fossem e todas quaisquer outras formas de constrangimento hão de ser consideradas tortura. É lamentável, mas a tortura continua a existir, como se o profissional não dispusesse de inteligência para elucidar o crime e descobrir a autoria[82].

Ainda no terreno da exemplificação, é eticamente tolerável empregar um usuário de entorpecente numa diligência policial para garantir o êxito de vultosa apreensão e, a título compensatório pela colaboração, destinar-lhe certa porção do produto achado? Ou, ainda, o que dizer da extração de informação,

81 Idem, pp. 20-21.
82 NALINI, José Renato. Ética Geral e Profissional. São Paulo: RT, 2008, p. 445.

mediante inflição de maus tratos físicos, ao sequestrador que cala sobre o paradeiro do refém? Respondemos, ainda, com Mieth:

> [...] eficiência e moral não se contrapõem de modo absoluto, mesmo que se encontrem num conflito relativo. A moral que consegue entrar em aliança com a eficiência possui maior capacidade de se impor. A eficiência que consegue entrar em aliança com a moral logra maior êxito[83].

A polícia, como aparato estatal incumbido de reprimir a violência, não pode desempenhar essa função empregando redobrada carga do objeto de seu combate, já que existem formas científicas e inteligentes de combater a criminalidade, sem o recurso impulsivo e arbitrário à violência: o policial é inimigo do crime, não do criminoso[84]. Ademais, não se pode discordar de Zaccariotto quando escreve que

> [...] o êxito da atividade policial judiciária, se não chega a dispensar inteiramente o esforço físico, dele, a bem da verdade, não se faz em regra dependente. De fato, excetuadas raras situações de enfrentamento, dentre as quais poucas realmente devem se apresentar inesperadas ou imprevisíveis, a genuína lida investigativa – extra-hollywoodiana – pressupõe, em sua normalidade, uma outra espécie de vigor, qual seja o intelectual, integralmente voltado a descoberta de fatos e circunstâncias escondidos no passado[85].

Bem verdade que a ausência de eticidade muitas vezes não provém de conduta isolada de um policial de frágil formação moral e humanística, mas, por vezes, de padrões de atuação adotados pelo próprio Estado.

Acrescente-se, ainda, que balança ética não se satisfaz com a verificação de única e isolada ação moral de alguém, exigindo, além, a pesquisa de um certo estilo comportamental, uma determinada maneira de conduzir-se na vida. No estudo ético, impõe-se, por isso, postar-se "diante de uma ação cuja habitualidade comportamental confere ao indivíduo a característica de ser único e poder governar-se a si mesmo".[86].

---

83 MIETH, Dietmar. Pequeno estudo de ética. Aparecida, SP: Ideias e Letras, 2007, pp. 23-4.
84 NALINI, José Renato. Ética Geral e Profissional. São Paulo: RT, 2008, p. 448.
85 ZACCARIOTTO, José Pedro. A Polícia Judiciária no Estado Democrático. Sorocaba, SP: Brazilian Books, 2005, pp. 230-1.
86 BITTAR, Eduardo C. B. Curso de Ética Jurídica. Ética Geral e Profissional. São Paulo: Saraiva, 2007, p. 4

Requisito elementar, indispensável para a perfeita formação do policial é o senso de moral e de incorruptibilidade, pois, de todas as profissões existentes, a de policial é, sem dúvida, aquela mais exposta às tentações de toda espécie[87]. Bem por isso, toda forma de corrupção deve ser banida[88]:

> Desde a expressão mais grosseira da propina, à oferta de presentes ou estímulos para que o policial venha a cumprir sua missão. Se necessária a parceria entre o poder público e a polícia, para que esta possa se desincumbir a contento de suas tarefas, a colaboração privada há de estar claramente documentada. Os policiais devem reagir a qualquer tentativa de pessoa, grupo ou empresa influir em sua vontade ou captar sua simpatia. Estará dignificando a carreira o policial que arrostar tais praxes, na demonstração de que a postura ética não é privilégio de qualquer dos estamentos que congregam os operadores jurídicos.

É certo, como bem pontua Zaccariotto, que a falta de incentivos ao bom policial surge como triste realidade que, embora não justifique a corrupção, é desta um fator. Aqueles que não cedem ao aliciamento veem-se obrigados à busca de um trabalho extra para complementação de sua renda, com a tolerância muda dos governantes que, com isso, mostram-se tanto desinteressados no cumprimento da lei quanto da obrigação de oferecer dignas condições de trabalho e de existência aos policiais. Trata-se, assim, de um problema de fundo essencialmente político[89].

Por derradeiro, há que se lembrar da imprescindibilidade do dever de discrição do policial que, investigando, tem sob sua responsabilidade o direito à imagem, à intimidade e à presunção de não culpabilidade da pessoa investigada. É imperioso, por isso mesmo, que ele "seja discreto e cauteloso quando estiver investigando um caso e fale o menos possível sobre a natureza do assunto, assim mesmo medite primeiro antes de falar pesando as consequências daquilo que disser"[90].

---

87 TAVARES, Saul; SILVEIRA, Roberto Xavier da. Problemas da investigação criminal. Rio de Janeiro: Prado, p. 33.
88 NALINI, José Renato. Ética Geral e Profissional. São Paulo: RT, 2008, p. 447.
89 ZACCARIOTTO, José Pedro. A Polícia Judiciária no Estado Democrático. Sorocaba: Brazilian Books, 2005, p. 238.
90 TAVARES, Saul; SILVEIRA, Roberto Xavier da. Problemas da investigação criminal. Rio de Janeiro: Prado, p. 34.

A importância de um trabalho de polícia judiciária escorreito pode ser divisado nas palavras de Espínola Filho, que, com propriedade, escreveu que "muita vez, do ato policial nulo resultaram efeitos apreciáveis, que se entrosam na prova, objetivando a realidade dos fatos, de tal sorte que a sentença, embora despreze aquele ato, por imprestável, na verdade lhe dá, indiretamente, valor, por lhe aceitar as conseqüências"[91].

Constitui-se a etapa da investigação preliminar (ou do inquérito policial) como uma das fases da persecução criminal, antecedente à eventual instrução judicial, motivo por que deve subordinar-se, por inteiro, às balizas principiológicas que regram o processo em geral, como verdadeira "luta civilizada". Bem assevera Nalini que "o processo torna gradualmente à sua destinação natural: ser instrumento para a realização do justo e não fim em si mesmo. Para aprimorá-lo ainda mais, há de se exigir compromisso densificado de parte de todos os intérpretes"[92].

Os direitos humanos constituem pautas morais porque servem como critérios de deliberação de natureza moral e que devem ser considerados no instante da tomada de decisões políticas ou jurídicas. O caráter moral reside na referência a aspectos transcendentais de nossa vida, a certos aspectos ligados diretamente ao ser moral do homem, com sua dignidade e liberdade[93].

A transcendente dignidade é o que, sendo comum a todos os homens, distingue-nos dos demais seres vivos, impondo-se o respeito integral e escrupuloso a ela como consectário da finalidade da Justiça que, em sentido amplo, deve reconhecer a todos o que lhes é devido[94].

Todas as normas de atuação da polícia judiciária, sejam de natureza legal, sejam de natureza administrativa, devem ter como limites os direitos fundamentais da pessoa humana, pois "são as leis que se movem dentro dos direitos fundamentais e não os direitos fundamentais que se movem no âmbito das leis"[95].

---

91 ESPÍNOLA FILHO, Eduardo. Código de Processo Penal Brasileiro anotado. Vol. I. Rio de Janeiro: Rio, 1976, p. 274.
92 NALINI, José Renato. Ética Geral e Profissional. São Paulo: RT, 2008, p. 144.
93 ROBLES, Gregório. Os direitos fundamentais e a ética na sociedade atual. Barueri, SP: Manole, 2005, p. 12.
94 COMPARATO, Fábio Konder. Ética: Direito, moral e religião no mundo moderno. São Paulo: Companhia das Letras, 2006, p. 622.
95 CANOTILHO, José Joaquim Gomes. Estudos sobre Direitos Fundamentais. Coimbra: Coimbra (Editora), 2004, p. 149

4. A FINALIDADE DEMOCRÁTICA DO PROCESSO PENAL: UMA (RE)LEITURA DA TEORIA FAZZALARIANA

Eduardo Samoel Fonseca[96]

Anderson Bezerra Lopes[97]

1.A mentalidade prevalente da cultura inquisitória no processual penal

Não é tarefa fácil definir uma roupagem do processo penal brasileiro. Basta notar que para Jacinto Nelson de Miranda Coutinho há uma (clara) opção pelo modelo acusatório (constitucional) e a efetivação de práticas inquisitórias (decorrentes do Código de Processo Penal de 1941)[98]; enquanto Guilherme de Souza Nucci defende a existência de um sistema misto[99], dividido na primeira

---

96 Mestre em Direito Processual Penal pela Pontifícia Universidade Católica de São Paulo (2019), especialista em Ciências Criminais pela Pontifícia Universidade Católica de Minas Gerais (2016), especialista em Direito Penal pela Universidade de Salamanca, Espanha (2014), graduado em Direito pela Pontifícia Universidade Católica de São Paulo (2009).

97 Mestre em Processo Penal pela Faculdade de Direito da Universidade de São Paulo (2013), especialista em Direito Penal Econômico e Europeu pela Universidade de Coimbra em parceria com o Instituto Brasileiro de Ciências Criminais (2008), graduado em Direito pela Pontifícia Universidade Católica de São Paulo (2007), membro do conselho editorial do Boletim do Instituto Brasileiro de Ciências Criminais (IBCCRIM), membro da Associação dos Advogados de São Paulo (AASP), membro do Instituto dos Advogados Brasileiros (IAB).

98 COUTINHO, Jacinto Nelson de Miranda. Observações sobre os sistemas processuais penais. (Org.) Marco Aurélio Nunes da Silveira e Leonardo Costa de Paula. Curitiba: Observatório da Mentalidade Inquisitória, 2018. (Escritos do Prof. Jacinto Nelson de Miranda Coutinho; 1).

99 NUCCI, Guilherme de Souza. Manual de Processo Penal e Execução Penal. 6.ª ed. São Paulo: Editora Revista dos Tribunais, 2010.

fase como inquisitório (pré-processual) e, na segunda, acusatório (processual), sem, contudo, ignorar a opção acusatória feita pela Constituição Federal de 1988. Há também quem sustente que o Brasil não adota nenhum sistema processual penal, que o caso de Mauro Fonseca Andrade[100].

Nada obstante à escolha política feita em 1941 – ocasião em que se adotou uma roupagem processual inquisitória (autoritária[101]) –, é possível entender que a Constituição Federal de 1988 fez uma opção pelo processo penal de traço acusatório, devendo prevalecer esse não apenas por uma questão de hierarquia normativa (o que já seria motivo bastante), mas fundamentalmente por ser a única estética ajustável ao *paradigma* do Estado Democrático de Direito (art. 1.º da CF), o qual enaltece e protege a participação (ativa) do cidadão em tudo que lhe diga respeito.

Todavia, em hipótese alguma se ignora a dificuldade – e a resistência – de se abandonar a mentalidade inquisitória, aliás, essa luta epistêmica pela renúncia do modelo gestado no seio da Igreja Católica vem sendo travada, na atualidade, por Jacinto Nelson de Miranda Coutinho[102], tudo no sentido da implementação de um modelo democrático.

Ao denunciar a fraude embutida naquilo que se convencionou chamar de *misto*, o referido autor revelou que no sistema processual brasileiro vigora uma estética essencialmente inquisitória. Isso porque o menor dos ruídos/tremores na estrutura acusatória (e não são poucos no cenário brasileiro) seria o suficiente para relegá-lo/submetê-lo ao modelo inquisitório (ou, conforme a posição assimilada, *misto*).

Fala-se em abalo ao sistema acusatório justamente porque continua em cur-

---

100 ANDRADE, Mauro Fonseca. Sistemas processuais penais e seus princípios reitores. 2.ª ed. Curitiba: Juruá Editora, 2013.

101 Vale conferir os ensinamentos de Salah H. Khaled Jr., um dos autores que mais têm se ocupado de expor as deficiências do modelo inquisitório, principalmente o mantra da verdade real. Para o festejado autor, "o fetiche pela legislação infraconstitucional ainda seduz a imaginação persecutória de muitos magistrados: nosso Código de Processo Penal (de 1941) é tido como livro sagrado, continuamente apto a potencializar práticas visivelmente inquisitórias e antidemocráticas. Nada parece impedir a continuidade de sua aplicação e muitos menos que diante da perspectiva de um novo código, os juízes se manifestem temerosos com a possibilidade de retirada de poderes que lhes permitam buscar a verdade real". KHALED JUNIOR, Salah H. Discurso de ódio e sistema penal. 1.ª ed. Belo Horizonte: Casa do Direito. 2016a, p. 22.

102 COUTINHO, Jacinto Nelson de Miranda. Observações sobre os sistemas processuais penais. (Org.) Marco Aurélio Nunes da Silveira e Leonardo Costa de Paula. Curitiba: Observatório da Mentalidade Inquisitória, 2018. (Escritos do Prof. Jacinto Nelson de Miranda Coutinho; 1).

so, ainda que de forma inconstitucional, inúmeras hipóteses previstas no Código de Processo Penal que são contrárias à democracia, tais como: a requisição de diligências pelo juiz em qualquer fase da investigação/processo (art. 156, I e II, do CPP), o interrogatório do acusado em qualquer tempo (art. 196 do CPP), a inquirição de testemunhas além daquelas apontadas pelas partes (art. 209 do CPP), a medida de busca e apreensão de ofício (art. 242 do CPP), a privação da liberdade decretada de ofício (art. 310 do CPP), a alteração da classificação jurídica dada pelas partes (art. 383), o reconhecimento de agravantes e a condenação ainda que não requeridos (art. 385) etc.

Todas essas possibilidades estampadas no código inspirado no fascismo italiano revelam apenas uma única coisa: a atribuição de poderes instrutórios ao juiz[103]. E a atribuição de poderes ao juiz é um grave equívoco e desconfigura o pensar democrático do processo, ensejando o "primado (prevalência) das hipóteses sobre os fatos, porque o juiz que vai atrás da prova primeiro decide (definição da hipótese) e depois vai atrás dos fatos (prova) que justificam a decisão (que na verdade já foi tomada)"[104], ocasionando aquilo que ficou denominado de "quadros mentais paranoicos".

Como se nota, tais práticas (enraizadas na mentalidade processual) são perniciosas e atentam contra os postulados democráticos. Isto é, permite (e incentiva) a participação do juiz na revelação da verdade (que ainda se crê real[105] e possível), afasta as partes da gestão da prova (pois o juiz pode dirimir sua dúvida em qualquer fase antes da sentença) e, em razão disso, inibe a efetiva participação dos sujeitos processuais (partes) na construção da decisão judicial (sentença), permitindo-se, ainda, a utilização de elementos de provas

103 Diante dessa possibilidade de realizar tudo dentro do processo penal inquisitório, Jacinto Nelson de Miranda Coutinho afirma que "(...) muitos têm o juiz como um semideus (ou quase), desideologizado, o que é inaceitável. Mas poderia ser diferente com uma estrutura técnica como a que acabamos de verificar, onde eventuais críticas dizem tão-somente com o periférico? Até que ponto seria exigível de um magistrado, com tal formação, que não se sentisse um semideus? A realidade do cotidiano tem ajudado a desmitificar tal postura ou tem contribuído para a sua exasperação? Respostas a perguntas como estas é que poderão ajudar-nos a fazer uma releitura do papel do juiz no processo penal". COUTINHO, Jacinto Nelson de Miranda. Observações sobre os sistemas processuais penais. (Org.) Marco Aurélio Nunes da Silveira e Leonardo Costa de Paula. Curitiba: Observatório da Mentalidade Inquisitória, 2018. (Escritos do Prof. Jacinto Nelson de Miranda Coutinho; 1), p. 34.

104 LOPES JR., Aury. "Sistemas Processuais Penais: ainda precisamos falar a respeito?". In: GLOECKNER, Ricardo Jacobsen. Sistemas Processuais Penais. 1.ª ed. Florianópolis: Empório do Direito, 2017, p. 48.

105 FONSECA, Eduardo Samoel. Verdade real tem servido como uma espécie de curinga no jogo processual. Disponível em: https://www.conjur.com.br/2017-out-16/eduardo-samoel-verdade-real-usada-curinga-jogo-processual. Acesso em: 5 set. 2018.

coletados na fase pré-processual e, num jogo de linguagem ("cotejo", "corroborado" etc.), como razão para, inclusive, condenar (art. 155 do CPP).

Daí decorrem as dificuldades de se implementar, na via prática, os comandos constitucionais que assegurem o devido processo legal (art. 5.º, LIV), a ampla defesa e o contraditório (art. 5.º, LV), a presunção de inocência (art. 5.º, LVII), a publicidade dos atos (art. 5.º, LX), da fundamentação das decisões judiciais (art. 93, IX), da titularidade da ação penal conferida ao Ministério Público (art. 129, I) etc. Enfim, todas garantias decorrentes da vertente do Estado Democrático de Direito.

Nota-se, assim, a existência de uma tensão no interior do ordenamento jurídico, como observado por Salah H. Khaled Jr., na medida em que a Constituição consagra um processo acusatório e a realidade atesta a existência de outro modelo (inquisitório), o que nos levaria equivocadamente a pensar na existência de "um terceiro sistema que se diferencia do acusatório e do inquisitório emfunção das características próprias que lhe seriam supostamente peculiares"[106].

Esse descompasso também foi denunciado por Ricardo Jacobsen Gloeckner. Na sua visão, é fundamental que se compreenda a manifestação desse fenômeno, pois trata-se do "monstro de duas cabeças (inquisitório policial totalmente inquisitório e fase processual com 'ares' de acusatório [outro engodo, ensinará Jacinto na continuação]) é a nossa realidade diária, nos foros e tribunais do País inteiro"[107].

Constatada essa tensão, Jacinto Nelson de Miranda Coutinho claramente defende a mudança de cultura. E o caminho é o abandono da mentalidade inquisitória enraizada[108]. Isto é, o "Sistema Acusatório é uma prestação de contas com a realidade, principalmente porque depois de 1988 não mais faz sentido – começando pela inconstitucionalidade – nenhum ordenamento que se coloque de forma incompatível com a Constituição"[109].

106 KHALED JUNIOR, Salah H. Discurso de ódio e sistema penal. 1.ª ed. Belo Horizonte: Casa do Direito. 2016a, p. 23.

107.GLOECKNER, Ricardo Jacobsen. "Metástases do Sistema Inquisitório". Sistemas Processuais Penais. 1.ª ed. Florianópolis: Empório do Direito, 2017, p. 42.

108 Nesse contexto, Jacinto Nelson de Miranda Coutinho explica o porquê dessa dificuldade de superação da mentalidade inquisitória. Para ele, "a resistência à cultura do sistema acusatório, por outro lado, decorre também daqueles que têm no sistema inquisitório o conforto de um saber consolidado, na medida do possível, previsível". COUTINHO, Jacinto Nelson de Miranda. Observações sobre os sistemas processuais penais. (Org.) Marco Aurélio Nunes da Silveira e Leonardo Costa de Paula. Curitiba: Observatório da Mentalidade Inquisitória, 2018. (Escritos do Prof. Jacinto Nelson de Miranda Coutinho; 1), p. 84/85.

109 COUTINHO, Jacinto Nelson de Miranda. Observações sobre os sistemas processuais penais. (Org.) Marco Aurélio Nunes da Silveira e Leonardo Costa de Paula. Curitiba: Observatório da Mentalidade Inquisitória, 2018. (Escritos do Prof. Jacinto

Observa-se, portanto, que não se trata de uma simples estampa (inquisitório ou acusatório), mas sim da única forma compatível com a democracia (vontade soberana do povo). Vale dizer, a escolha de "um modelo de tipo acusatório não é senão a via escolhida para assegurar algo mais fundamental do que ele próprio: a sua bandeira é a da democracia e ele é o modo instrumental de a garantir"[110].

Sustentar a existência de uma roupagem mista (como se fosse possível a fusão de dois núcleos antagônicos) equivaleria a negar a orientação democrática, do processo participativo, o que não guarda nenhuma relação de compatibilidade com a expressão oriunda do mais alto grau da pirâmide normativa: a Constituição Federal. E negar a existência de uma estética mista, por sua vez, não equivale ignorar a manifestação expressiva, no interior da ordem processual penal, de modelos tão antagônicos.

Pode-se dizer, assim, que não obstante a nova ordem constitucional tenha elegido o sistema acusatório, ainda permanece em curso, no interior da sistemática, inúmeras práticas (inquisitórias) que inviabilizam a sua plena efetivação. Apostar na manutenção desse modelo ao argumento da inexistência de uma estrutura processual (código), mesmo após a Constituição Federal (1988) de cariz democrática, significa mudar para permanecer tudo exatamente como está.

No Estado Democrático de Direito, como é o caso do Brasil, o único modelo compatível é o *acusatório* (enquanto *opção* e conformidade política), na medida em que o juiz (re)aloca-se fora dos embates que são travados exclusivamente pelas partes (leia-se, apenas aqueles afetados pelo provimento judicial). Ele, o juiz, posta-se na condição de árbitro imparcial, resguardando a legalidade e a produção de provas pelas partes (devido processo legal), as quais possuem absoluto controle da gestão probatória. Para tanto, é fundamental a superação da cultura inquisitória ainda tão inserida na mentalidade processual penal brasileira, a qual não passa simplesmente por uma filtragem constitucional, pois, fosse assim, já se teria superado (de forma automática). Um dos caminhos desse giro, como dito anteriormente, é através da epistemologia crítica, pois a democracia é um exercício constante, imperfeito e inacabado.

Nelson de Miranda Coutinho; 1), p. 129, 130.
110 MARTINS, Rui Cunha. O ponto cego do direito. 3.ª ed. São Paulo: Editora Atlas, 2013, p. 73.

2. *A contribuição de Elio Fazzalari para a compreensão do processo enquanto procedimento em contraditório*

Para a efetiva realização do sistema acusatório, em todas as suas dimensões, faz-se igualmente pertinente a acolhida da visão de *processo* apresentada pelo jurista italiano Elio Fazzalari. E tal acolhida é oportuna, conforme a seguir será tratado, não apenas por se apresentar como novidade, mas fundamentalmente por enaltecer um traço importante na efetivação do sistema acusatório: o contraditório.

O agasalhamento dessa nova perspectiva implica, como haveria de ser, a renúncia[111] da definição apresentada em 1868, por Oskar Von Bülow, no sentido de que o *processo* equivale(ria) a uma relação jurídica, de modo que os sujeitos (autor, réu e Estado/juiz) – ligados em virtude da propositura da ação e cada qual revestido de poderes determinados pela lei – atuam em busca de um determinado fim (resultado).

Justamente em virtude da repetição exaustiva da relação jurídica – a qual pouco (ou nada) auxilia(va) nas definições dos conceitos de processo e procedimento – é que se inviabilizou a identificação da característica crucial do processo, o contraditório. Nas palavras do jurista italiano, "somente ontem o processo recebeu um significado próprio (significado distinto, mas não separado da noção de procedimento: somente um passo mais adiante) e se revelou em toda sua potencialidade de emprego"[112].

Esse referido passo adiante foi dado com a formação dos provimentos administrativos na Itália. Por força da Lei n.º 241 de 7 de agosto de 1990, restou "estabelecida, como regra geral, a participação dos interessados no procedimento administrativo, o que é mais do que a mencionada 'Parteiengehor' que se delineia como um embrionário contraditório, colocando-se assim na área do processo"[113].

Delimitado o ponto de largada, será apresentada a definição de procedimento – para logo em seguida haver um aprofundamento também na de pro-

111 Para Elio Fazzalari, "os processualistas têm sempre dificuldade, por causa da imponência do fenômeno (a trave no próprio olho...), de definir o 'processo' (esquema de disciplina de sua competência) e permanecerem ligados, ainda durante alguns decênios do século passado, ao velho e inadequado clichê pandetístico da 'relação jurídica processual". FAZZALARI, Elio. Instituições de direito processual. Campinas: Bookseller, 2006, p. 111.
112 FAZZALARI, Elio. Instituições de direito processual. Campinas: Bookseller, 2006, p. 112.
113 Idem, p. 113.

cesso –, tudo a permitir a justificação e a compatibilidade de tal acolhida na perspectiva do processo penal brasileiro.

É incontroverso que cada norma prescreve determinada conduta, seja uma obrigação (prestação jurisdicional do Estado), seja um direito (postular perante o Poder Judiciário). E é precisamente em face da sequência de normas reguladoras de comportamento que se obtém o procedimento. Dito de outra forma, o procedimento se apresenta como uma sequência coordenada de atos.

Na definição do processualista italiano, "o procedimento é, enfim, visto como uma série de faculdades, poderes, deveres, quantas e quais sejam as posições subjetivas possíveis de serem extraídas das normas em discurso", pois, uma vez que necessariamente ligadas, "um poder dirigido a um sujeito depois que um dever tenha sido cumprido, por ele ou por outros, e por sua vez o exercício daquele poder constitua o pressuposto para o insurgir-se de um outro poder"[114].

No que diz respeito à estrutura, o procedimento pode ser tanto breve (uma notificação expedida pela administração pública ao destinatário) quanto dilatado ou complexo (abertura de um expediente com intimação, possibilidade de apresentação de requerimentos, tomada de declarações, pareceres, publicações, provimentos etc.). Além disso, o seu desenvolvimento pode se dar em primeiro grau (pondo-se fim com a obtenção do provimento em razão da observância de determinados pressupostos); ou em segundo grau (iniciando-se a partir de um provimento anterior, o qual poderá ser alternado ou confirmado em sua plenitude).

O processo, por sua vez, também é um procedimento em sua essência, na medida em que igualmente se realiza estruturado na sequência de norma. Todavia, não é a simples existência de mais de um sujeito (plurissubjetivo[115]) que o qualifica, mas sim a existência de uma estrutura dialética. No caso, o contraditório.

114 Idem, p.114.

115 Ainda sob a ótica de Elio Fazzalari, "não basta, para distinguir o processo do procedimento, o relevo que o processo tem a participação de mais sujeitos, cujos atos que o constituem são movidos não somente pelo autor do ato final, mas também por outros sujeitos. Como ressaltado, quando se fala de procedimento 'plurissubjetivo', refere-se ao esquema de atividade em sequência, movida por mais sujeitos, que se distingue do esquema do verdadeiro e próprio processo. De resto, ninguém considera que a participação do privado consiste no pedido de licença de caça, e a participação do órgão consultivo que fornece ao autor do provimento o próprio parecer transforme o procedimento em processo. É necessária alguma coisa a mais e diversa; uma coisa os arquétipos do processo nos permitem observar: a estrutura dialética do procedimento, isto é, justamente, o contraditório". FAZZALARI, Elio. Instituições de direito processual. Campinas: Bookseller, 2006, p. 119.

Dessa forma, o contraditório é o elemento que eleva, qualifica o procedimento, alçando-o à categoria de processo. Isto é, o processo reclama a participação dos sujeitos destinatários do ato final desde a sua fase preparatória, em simétrica posição, cuja realização dos atos estão voltados a produzir ou impedir o provimento final (sentença).

Assim, na esteira do que preconiza Elio Fazzalari, o contraditório implica que "cada contraditor possa exercitar um conjunto – conspícuo ou modesto, não importa – de escolhas, de reações, de controles, e deva sofrer os controles e as reações dos outros, e que o autor do ato deva prestar contas dos resultados"[116].

O processo, portanto, preconiza a participação não apenas do autor, mas fundamentalmente de todos os destinatários dos seus efeitos, pois o resultado final (sentença) pode repercutir e influir diretamente nos interesses dos sujeitos (autor e réu) e de toda a sociedade. Daí o exercício do contraditório como característica elementar (e, por nós, legitimadora) do processo[117].

Trata-se, por assim dizer, de uma estrutura dialética que não apenas auxilia na superação inadequada da definição de relação jurídica, mas essencialmente porque permite aproximar o processo (procedimento que se desenvolve em contraditório) ao horizonte democrático (participação simétrica dos sujeitos potencialmente afetados pela decisão final). Na falta dessa estrutura, "é vão indagar acerca de um atual ou eventual conflito de interesses: onde é ausente o contraditório – isto é, onde inexiste a possibilidade, prevista pela norma, de que ele se realize – não existe processo"[118].

Essa perspectiva apresentada por Elio Fazzalari, no sentido de qualificar o procedimento através da estrutura dialética, foi objeto de estudos realizados por Rosa e Staffen. Para os referidos estudiosos, "a compreensão do processo como procedimento em contraditório representa um *plus* em relação à velha e impotente ideia de instrumentalidade do processo", isso "principalmente no que diz respeito à participação das partes em simétrica paridade de armas, a

---

FAZZALARI, Elio. Instituições de direito processual. Campinas: Bookseller, 2006, p. 119.

117 Dessa forma, "existe, em resumo, 'processo', quando em uma ou mais fases do iter de formação de um ato é contemplada a participação não só – e obviamente – do seu autor, mas também dos destinatários dos seus efeitos, em contraditório, de modo que eles possam desenvolver atividades que o autor do ato deve determinar, e cujos resultados ele pode desatender, mas não ignorar". FAZZALARI, Elio. Instituições de direito processual. Campinas: Bookseller, 2006, p. 120.

118 FAZZALARI, Elio. Instituições de direito processual. Campinas: Bookseller, 2006, p. 121.

qual produz um ato final democrático na medida em que todos contribuíram efetivamente no processo", permitindo, assim, "uma aproximação entre a Teoria Geral do Processo e a Constituição"[119].

Assim, "o contraditório, que para Fazzalari compreende a própria definição de processo, significa o espaço argumentativo em que as partes, em simétrica paridade, será garantida a participação na construção da decisão"[120]. Dessa forma, o contraditório é o traço que difere o procedimento do processo[121]; enquanto o primeiro se apresenta como uma (simples) sequência de atos, o segundo deve – além de obedecer a referida sequência de atos – pautar-se pela observância da estrutura dialética estabelecida pelos sujeitos (possivelmente) afetados pelo provimento jurisdicional.

Na compreensão de Aury Lopes Jr., "o processo, visto como procedimento em contraditório, supera essa visão formalista-burocrática do procedimento, até então reinante", uma vez que a teoria fazzalariana "resgata a importância do estrito respeito às regras do jogo, especialmente o contraditório, elegido o princípio supremo"[122].

Amparando-se nos ensinamentos de Elio Fazzalari, Alexandre Moraes da Rosa defende que o "processo é um procedimento realizado por meio do contraditório e, especificamente no processo penal, entre o Ministério Público e/ou querelante, e efetiva presença do acusado com defesa técnica", pois daí decorre "a necessidade de se entender o exercício da Jurisdição a partir da estrutura do processo como procedimento em contraditório"[123]. Nesse prisma, os sujeitos do processo, por assim dizer, são os possíveis destinatários da decisão a ser emitida

119 ROSA, Alexandre Morais da; STAFFEN, Márcio Ricardo. "A contribuição de Elio Fazzalari para a [correta] compreensão do princípio do juiz natural no âmbito do processo administrativo disciplinar". In: Revista Direitos Fundamentais & Democracia: v. 8, n. 8, 2010, p. 107.

120 DIAS, Ronaldo Brêtas de Carvalho; FIORATTO, Débora Carvalho. "A conexão entre os princípios do contraditório e da fundamentação das decisões na construção do Estado Democrático de Direito". In: Revista Eletrônica de Direito Processual - REDP, Rio de Janeiro, v. 5, n. 5, 2010. p. 240.

121 É importante consignar, conforme o fez Elio Fazzalari, que, para a identificação da existência do processo (procedimento em contraditório), é fundamental que "haja uma série de normas (e atos, e posições jurídicas) que se reportem aos destinatários dos efeitos do provimento, realizando entre eles um contraditório paritário". FAZZALARI, Elio. Instituições de direito processual. Campinas: Bookseller, 2006, p. 121.

122 LOPES JR., Aury. Fundamentos do processo penal: introdução crítica. 2.ª ed. São Paulo: Saraiva, 2016, p. 224.

123 ROSA, Alexandre Morais da. O processo (penal) como procedimento em contraditório: diálogo com Elio Fazzalari. Revista Novos Estudos Jurídicos, 2006, v. 11, n. 2, p. 222.

pelo poder jurisdicional. Logo, gozam eles (os sujeitos) de legitimidade para agir (impedindo ou perquirindo a produção do ato final).

Para Fazzalari, a própria essência do processo reclama a existência de ao menos dois sujeitos: um exercendo a condição de interessado e outro, a posição de contra-interessado, de modo que o ato final produzirá – de acordo com as provas – resultado favorável para um, e negativo para outro. Em consequência disso, o papel do juiz é absolutamente diverso do dos interessados (os quais hipoteticamente serão afetados pelo provimento jurisdicional), até porque, como bem observou Elio Fazzalari "o autor do ato final não é, ao contrário, um contraditor, sendo estranho aos interesses em contenda, não sendo parte daquela situação (como o juiz, o árbitro)"[124].

Nota-se, em virtude do quanto apresentado, que a concepção de processo de Elio Fazzalari guarda estrita compatibilidade com o processo penal brasileiro[125], pois – pensado enquanto instrumento de limitação do poder do Estado na vida do indivíduo – cabe (sempre) garantir que os sujeitos possivelmente afetados pelo provimento futuro participem, em contraditório[126], da constru-

124 FAZZALARI, Elio. Instituições de direito processual. Campinas: Bookseller, 2006, p. 123.

125 Ronaldo Brêtas de Carvalho Dias e Débora Carvalho Fioratto comungando mesmo pensar quanto à adequação dos contributos de Fazzalari para a (re)leitura do processo penal. Para os mencionados autores, "a Teoria de Fazzalari se adéqua ao Estado Democrático de Direito, uma vez que ela é compreendida no papel desempenhado pelas partes, através do contraditório. Deve-se ressaltar, no entanto, que apesar do contraditório distinguir o processo do procedimento, para Fazzalari, o contraditório é a simétrica paridade de armas e, portanto, não é trabalhado na perspectiva de garantia constitucional decorrente da relação Constituição e Processo, em que a tutela do processo efetiva-se pelo reconhecimento do princípio da supremacia da Constituição sobre as normas processuais". DIAS, Ronaldo Brêtas de Carvalho; FIORATTO, Débora Carvalho. "A conexão entre os princípios do contraditório e da fundamentação das decisões na construção do Estado Democrático de Direito". In: Revista Eletrônica de Direito Processual - REDP, Rio de Janeiro, v. 5, n. 5, 2010. p. 236.

126 Ao refletirem sobre o procedimento em contraditório formulado por Fazzalari, Alexandre Moraes da Rosa e Márcio Ricardo Staffen ressaltam a característica democrática desse modo de pensar, pois "possibilita, ainda, o processo como procedimento em contraditório, desenvolvido em simétrica paridade, um acordo semântico [decisão] resultante da fusão de horizontes, como quer Gadamer, do qual decorre uma decisão substancialmente democrática, pois possibilitou a ativa participação dos destinatários do ato final e, pedagogicamente válida no intuito de prevenir novas infrações. Portanto, levar o contraditório a sério, produzido mediante a fusão de horizontes dos argumentos trazidos pelos contraditores, resulta em um julgamento socialmente integrador da ordem jurídica". ROSA, Alexandre Morais da; STAFFEN, Márcio Ricardo. "A contribuição de Elio Fazzalari para a [correta] compreensão do princípio do juiz natural no âmbito do processo administrativo disciplinar". In: Revista Direitos Fundamentais & Democracia: v. 8, n. 8, 2010, p. 108. Para o constitucionalista mineiro

ção da decisão judicial. Essa participação (ativa) dos sujeitos de modo a influir no resultado, como será exposta no próximo tópico, representa mais do que a consolidação do modelo acusatório, cuja gestão da prova fica neles concentrada. Representa, por excelência, a própria legitimação do provimento final (sentença), pois é de democracia (participação) que se está a falar no Estado Democrático de Direito.

3. *A construção e a legitimação da decisão judicial através da participação (influência) democrática das partes*

Ao se pensar no processo penal inserido nessa estrutura dialética fazzalariana, busca-se identificar o elemento legitimador da decisão judicial, tomando-se por base o modelo de Estado Plural e Democrático de Direito. Nesse contexto, torna-se um dever tratar de um dos reclamos mais indicados por Paulo Bonavides[127] na crise democrática: a participação do sujeito.

Com efeito, toda e qualquer investida do Estado em face do cidadão deve sempre ser precedida do devido processo (ampla defesa, contraditório, presunção de inocência etc.), oportunizando-se o gozo de influência na decisão judicial ao indivíduo que – ao final – poderá sofrer privação ou algum tipo de mitigação de seus direitos. Vale dizer, na perspectiva democrática, a decisão judicial que não observa essa prerrogativa é absolutamente ilegítima por falta de participação. Por conta disso, não é razoável que se exija observância e obediência do indivíduo para com o resultado judicial que sequer teve presença simplesmente decorativa.

Consoante ao ensinamento dos catedráticos mineiros Leonardo Augusto Marinho Marques e Jânio Oliveira Donato, "a legitimidade das decisões judiciais em um Estado que se afirma 'Democrático' e de 'Direito' deve necessariamente re-

José Emílio Medauar Ommati, "o contraditório não é apenas o dizer e o contradizer e nem mesmo a chamada 'paridade de armas', mas sim iguais condições e possibilidades de discussão processual da questão em análise. Portanto, somente se pode falar em contraditório se for pressuposta também a isonomia entre os participantes do debate processual. Processo sem isonomia (igualdade enquanto igual respeito e condição) é uma farsa". OMMATI, José Emílio Medauar. Uma teoria dos direitos fundamentais, 3.ª ed. Rio de Janeiro: Lumen Juris, 2016, p. 184.

127 BONAVIDES, Paulo. Teoria Constitucional da Democracia Participativa. 3.ª ed. São Paulo: Malheiros, 2008.

sultar, desse modo, da ampla participação de todos os intérpretes do processo"[128], isso muito em função de que "não pode ser tomada somente como uma aptidão de aceitação de decisões ou de preparação para se recuperar de eventuais prejuízos, mas sim como poder de influência qualitativa sobre a motivação judicial"[129].

Bem por isso que, ao refletir sobre a participação dos sujeitos no processo, José Santiago de Assis Neto afirma que, no processo penal democrático, não há espaço para juiz protagonista, viciado na sobreposição das hipóteses aos fatos. Precisamente por isso que, nas palavras do mencionado autor, "o juiz deve deixar às partes a atuação ativa, apenas interferindo para fins de assegurar a isonomia entre os sujeitos"[130].

A participação, como se nota, é condição preponderante do processo penal democrático. Em razão disso, não há espaço para decisão surpresa, que ignora o debate simetricamente travado entre os contraditores.

Ao tratar da estrutura dialética do processo, Eugênio Pacelli de Oliveira argumenta que magistrado "não pode e não deve decidir segundo suas preferências e convicções pessoais, mas sim a partir do diálogo da interlocução mantida no processo com as partes"[131], pois ao seguir essa trajetória, "obtém-se algo mais próximo do que, em doutrina, se afirmar tratar-se do justo processo, encerrado por uma decisão democraticamente construída"[132].

Do ponto de vista democrático, Dierle José Coelho Nunes afirma que não mais é possível a realização de interpretações que não tome por base o modelo constitucional de processo e "sem perceber que além de se buscar a eficiência (geração de resultados úteis) há de se buscar uma aplicação que implemente a percepção dinâmica das normas constitucionais"[133], de sorte a "(...) permitir

---

128 MARQUES, Leonardo Augusto Marinho; DONATO, Jânio Oliveira. "Decisão Penal no Estado Democrático à Luz da Hermenêutica Filosófica e do Modelo Constitucional de Processo". In: Revista da Faculdade de Direito – UFPR, Curitiba, n. 54, 2011, p. 84.

129 MARQUES, Leonardo Augusto Marinho; DONATO, Jânio Oliveira. "Decisão Penal no Estado Democrático à Luz da Hermenêutica Filosófica e do Modelo Constitucional de Processo". In: Revista da Faculdade de Direito – UFPR, Curitiba, n. 54, 2011, p. 84.

130 SANTIAGO NETO, José de Assis. Estado Democrático de Direito e processo penal acusatório: a participação dos sujeitos no centro do palco processual. 2.ª ed. Rio de Janeiro: Lumen Juris, 2015, p. 214.

131 OLIVEIRA, Eugênio Pacelli de. Curso de Processo Penal. 18.ª ed. São Paulo: Atlas, 2014, p. 98.

132 OLIVEIRA, Eugênio Pacelli de. Curso de Processo Penal. 18.ª ed. São Paulo: Atlas, 2014, p. 98.

133 NUNES, Dierle José Coelho. "Teoria do Processo contemporâneo". In: Revista da

participação e legitimidade em todas as decisões proferidas. Inaugura-se uma concepção garantística do processo em contraponto e superação com a concepção publicística e socializadora"[134].

Justamente por isso que a participação, característica central do contraditório, "garante que as partes, ao participar na construção da decisão, influenciem através de seus argumentos, a própria sentença, que ao refletir a argumentação efetivamente debatida entre os legitimados, será legítima e racional"[135].

Dito de outra maneira, não se trata apenas de poder apresentar versões e alegações acerca da questão meritória do processo. Numa perspectiva maior, reclama-se que a participação possa influir e alterar o resultado final do provimento (sentença), o que poderá ser controlado através do necessário dever de fundamentação[136]. E tal capacidade de influência revela-se mais do que justa

---

Faculdade de Direito do Sul de Minas, edição especial, 2008, p. 2.

134 NUNES, Dierle José Coelho. "Teoria do Processo contemporâneo". In: Revista da Faculdade de Direito do Sul de Minas, edição especial, 2008, p. 2.

135 DIAS, Ronaldo Brêtas de Carvalho; FIORATTO, Débora Carvalho. "A conexão entre os princípios do contraditório e da fundamentação das decisões na construção do Estado Democrático de Direito". In: Revista Eletrônica de Direito Processual - REDP, Rio de Janeiro, v. 5, n. 5, 2010, p. 247.

136 Em memorável estudo, Ronaldo Brêtas de Carvalho Dias e Débora Carvalho Fioratto tratam da questão do controle da decisão judicial através do dever de fundação. Para eles, "O princípio da fundamentação é, portanto, uma garantia constitucional que 'desde a Declaração dos Direitos do Homem e do Cidadão de 1789, produzida pela Revolução Francesa, resguarda a sociedade contra o autoritarismo e o arbítrio que se manifestavam em nome da lei' (GONÇALVES, 1992, p. 167). Essa garantia oportuniza o controle das decisões pelas partes, já que ao serem proferidas pelos órgãos jurisdicionais deverão estar fundamentadas em argumentos jurídicos. Essas decisões devem ser o produto da argumentação das partes e não da interpretação única e subjetiva do juiz, sob pena de controle de constitucionalidade e interposição de recursos. Na atualidade, sempre enfatizado no âmbito do direito processual constitucional, referido princípio impõe aos órgãos jurisdicionais do Estado o dever jurídico da fundamentação de seus pronunciamentos decisórios, com o objetivo principal de afastar o arbítrio e as intromissões anômalas ou patológicas das ideologias, das subjetividades e das convicções pessoais dos agentes públicos julgadores (juízes) ao motivarem as decisões proferidas nos processos, quando decidem as questões neles discutidas, permitindo que as partes exerçam um controle de constitucionalidade da função jurisdicional e de qualidade sobre tais decisões, afastando-lhes os erros judiciários, por meio da interposição de recursos (BRÊTAS, 2005, pp. 147-161). Verifica-se a relevância dessa garantia para a consolidação do Estado Democrático de Direito. Logo, para integral compreensão desse princípio, comparar-se-á sua aplicação no ordenamento jurídico italiano, francês e alemão". DIAS, Ronaldo Brêtas de Carvalho; FIORATTO, Débora Carvalho. "A conexão entre os princípios do contraditório e da fundamentação das decisões na construção do Estado Democrático de Direito". In: Revista Eletrônica de Direito Processual - REDP, Rio de Janeiro, v. 5, n. 5, 2010, p. 247.

na medida em que poderá afetar diretamente os interesses dos sujeitos processuais, como sentenciou José Santiago de Assis Neto:

> O Estado Democrático de Direito é marcado pela participação dos afetados na construção das decisões às quais serão submetidos. Pela participação busca-se limitar a atividade do Estado e a sua intervenção na sociedade, além de possibilitar a construção de projetos individuais de vida. Porém, a participação, por si só, não seria suficiente, é imprescindível que sejam utilizados meios para o controle da participação visando garantir que esta se dê de maneira a assegurar que todos tenham iguais oportunidades e que a decisão não seja fruto da vontade do mais forte sobre o mais fraco, ou do mais esperto sobre o mais tolo. Dessa forma, o processo vem a atender à necessidade de participação isonômica dos sujeitos na construção do provimento[137].

A (efetiva) participação do indivíduo no processo penal acusatório, por assim dizer, representa o verdadeiro escudo democrático frente à possibilidade de interferência do Estado na vida do indivíduo. Portanto, pode-se dizer que, no âmbito do processo penal, sem participação não há legitimidade. E sem legitimidade não há provimento jurisdicional democrático, revelando-se a essência do arbítrio.

Considerações finais

Na atualidade, o Processo Penal democrático não compactua com a atuação isolada do juiz responsável por capitanear valores singulares em uma sociedade marcada fundamentalmente pelo pluralismo social, político, religioso, educacional etc. A tarefa do julgador não é funcionar como superparte(s) e dotado de uma consciência solipsista, mas sim assegurar o tratamento isonômico entre os protagonistas da cena processual. Nessa linha de raciocínio, o seu grande mister é agir como verdadeiro garantidor da intangibilidade dos direitos fundamentais das partes.

Em razão disso, o Ministério Público acaba por exercer os ônus definidos pela própria Constituição Federal, tais como dar início à persecução penal, provar aquilo que alega e seguir com a sua formulação inicial até a resolução do processo ou do inquérito em fase extrajudicial, tudo no sentido de confirmar

---

137 SANTIAGO NETO, José de Assis. Estado Democrático de Direito e processo penal acusatório: a participação dos sujeitos no centro do palco processual. 2.ª ed. Rio de Janeiro: Lumen Juris, 2015, p. 265.

a divisão de tarefas e atribuições do processo penal democrático. Em virtude da atuação do órgão de acusação, o indivíduo é chamado ao procedimento marcado pelo contraditório a responder, com simetria de possibilidades, tudo que entender conveniente para refutar a tese acusatória e, consequentemente, preservar incautos sua liberdade e seus direitos.

Por força da implementação do procedimento em contraditório, a decisão final emitida pelo Poder Judiciário passa a ser dotada de legitimidade, já que as partes se reconhecem diante do provimento jurisdicional, o qual é levado a conhecimento dos contraditores com todos os motivos e fundamentos que ensejaram tal conclusão.

O acolhimento dessa sistemática decorre da teoria do Processo Penal de Elio Fazzalari, no sentido de que os atos do processo devem ser realizados pelos contraditores (órgão de acusação e indivíduo) em simétrica condição de forças, o que é plenamente compatível com a Constituição Federal do Brasil, a qual consagra participação democrática em tudo que diga respeito e possa, eventualmente, afetar interesses dos indivíduos. Trata-se, assim, de verdadeira efetivação do sistema acusatório, com divisão de tarefas, gestão da prova pelas partes, fundamentação da decisão judicial e imparcialidade do órgão julgador.

Por tudo que foi dito, entendemos que o único escopo do processo penal é ser democrático. E ser democrático é justamente respeitar a participação efetiva dos sujeitos na influência e construção da decisão jurisdicional. E ser democrático é, ainda, afastar por completo qualquer conclusão que represente um monólogo do órgão julgador. É, por fim, reconhecer a dignidade do indivíduo – conferindo-lhe todas as condições para o seu justo exercício – em face do Estado.

ANDRADE, Mauro Fonseca. Sistemas processuais penais e seus princípios reitores. 2.ª ed. Curitiba: Juruá Editora, 2013.

BONAVIDES, Paulo. Teoria Constitucional da Democracia Participativa. 3.ª ed. São Paulo: Malheiros, 2008.

COUTINHO, Jacinto Nelson de Miranda. Observações sobre os sistemas processuais penais. (Org.) Marco Aurélio Nunes da Silveira e Leonardo Costa de Paula. Curitiba: Observatório da Mentalidade Inquisitória, 2018. (Escritos do Prof. Jacinto Nelson de Miranda Coutinho; 1).

DIAS, Ronaldo Brêtas de Carvalho; FIORATTO, Débora Carvalho. A conexão entre os princípios do contraditório e da fundamentação das decisões na construção do Estado Democrático de Direito. Revista Eletrônica de Direito Processual - REDP, Rio de Janeiro, v. 5, n. 5, 2010. p.228-260. ISSN 1982-7636. Disponível em: <https://www.e-publicacoes.uerj.br/index.php/redp/article/view/23088/16444>. Acesso em: 17 mai. 2019.

FAZZALARI, Elio. Instituições de direito processual. Campinas: Bookseller, 2006.

FONSECA, Eduardo Samoel. Verdade real tem servido como uma espécie de curinga no jogo processual. Disponível em: <https://www.conjur.com.br/2017-out-16/eduardo-samoel-verdade-real-usada-curinga-jogo-processual>Acesso em: 17 mai. 2019.

GLOECKNER, Ricardo Jacobsen. Metástases do Sistema Inquisitório. Sistemas Processuais Penais. 1ª ed. Florianópolis: Empório do Direito, 2017.

KHALED JUNIOR, Salah H. Discurso de ódio e sistema penal. 1.ª ed. Belo Horizonte: Casa do Direito. 2016a.

LOPES JR., Aury. Fundamentos do processo Penal: introdução crítica. 2.ª ed. São Paulo: Saraiva, 2016.

MARTINS, Rui Cunha. O ponto cego do direito. 3.ª ed. São Paulo: Editora Atlas, 2013.

MARQUES, Leonardo Augusto Marinho; DONATO, Jânio Oliveira. Decisão Penal no Estado Democrático à Luz da Hermenêutica Filosófica e do Modelo Constitucional de Processo. Revista da Faculdade de Direito – UFPR, Curitiba, n.º 54, 2011. p. 75-87. ISSN 2236-7284. Disponível em <https://revistas.ufpr.br/direito/article/view/30730/19843> Acesso em 17 mai. 2019.

NUCCI, Guilherme de Souza. Manual de Processo Penal e Execução Penal. 6.ª ed. São Paulo: Editora Revista dos Tribunais, 2010.

NUNES, Dierle José Coelho. Teoria do Processo contemporâneo. Revista da Faculdade de Direito do Sul de Minas – Edição Especial, Pouso Alegre,2008. p.13-29. Disponível em <https://www.fdsm.edu.br/adm/artigos/e6e2f27a-187cdf92f1b8300b4dc8a8a4.pdf> Acesso em 17 mai. 2019.

OLIVEIRA, Eugênio Pacelli de. Curso de Processo Penal. 18.ª ed. São Paulo: Atlas, 2014.

OMMATI, José Emílio Medauar. Uma teoria dos direitos fundamentais, 3.ª ed. Rio de Janeiro: Lumen Juris, 2016.

ROSA, Alexandre Morais da.; STAFFEN, Márcio Ricardo. A contribuição de Elio Fazzalari para a [correta] compreensão do princípio do juiz natural no âmbito do processo administrativo disciplinar. Revista Direitos Fundamentais & Democracia, Revista da UniBrasil-Faculdades Integradas do Brasil, Curitiba, vol. 8, nº 8, 2010. p.101-111. ISSN 1982-0496. Disponível em <http://revistaeletronicardfd.unibrasil.com.br/index.php/rdfd/article/view/20/19> Acesso em: 17 mai. 2019.

SANTIAGO NETO, José de Assis. Estado Democrático de Direito e processo penal acusatório: a participação dos sujeitos no centro do palco processual. 2.ª ed. Rio de Janeiro: Lumen Juris, 2015.

5. EXCEÇÃO E RESISTÊNCIA

Fernando Augusto Henriques Fernandes[138]

O convite para uma homenagem a Pedro Serrano chegou em abril de 2019, quando eu estava em além-mar, na capital inglesa, e acabava de ser preso Julian Assange. Pouco tempo depois cometeria suicídio o ex-presidente do Peru, Alan Garcia. Fatos da vida real que parecem transbordar do livro *Autoritarismo e golpes na América Latina*, editado em 2016 pelo homenageado.

O livro de Pedro nos ajuda a entender o momento atual, provendo nossas lentes investigatórias de instrumentos para a análise, somando-se na metodologia indiciária. O suicídio de Alan Garcia está conectado ao suicídio de Áureo Balthazar, da Universidade Federal de Santa Catarina (UFSC), ambos vítimas da Lava Jato, sendo o primeiro internacional, trazendo tristes lembranças da operação Condor. Fatos recentes como as ações do Supremo Tribunal Federal de censurar a entrevista de Lula, ou mesmo da matéria da *Crusoé*, tudo desembocando na vivência de uma exceção permanente.

Pedro nos traz a ideia de que a exceção, ou o Estado de Exceção, está ligada à noção de soberania de Carl Schmitt. O poder do soberano é suspender os direitos fundamentais do inimigo. Hitler teria utilizado a expressão "Estado de Exceção" da Constituição de Weimar para buscar legitimidade para a instauração da ditadura após o incêndio do Reichstag.

Sustenta Pedro, com toda a precisão, que os regimes autoritários contemporâneos não se declaram permanentes, mas transitórios, por meio de um discurso marcado pela temporariedade, "[n]a qual não há extinção dos direitos da

138 Doutor em Ciência Política pela Universidade Federal Fluminense (UFF) e mestre em Direito Penal e Criminologia pela Universidade Cândido Mendes (UCAM).

sociedade, mas sua suspensão"[139]. Assim foi nas ditaduras nazista e fascista e nas ditaduras militares na América Latina.

Há uma conquista que não é possível desmontar, tão somente deturpar ou suspender, a ideia cristã de que todos somos filhos de Deus, portanto iguais e irmãos, que se laicizou e se secularizou com o Iluminismo. "O conceito de pessoa humana talvez tenha sido o mais revolucionário da história do homem, traduzindo-se como contribuição da cristandade para nossa sociabilidade"[140].

Essa exceção constante, quase permanente na prática e temporária no discurso, segundo Pedro, na América Latina compreende dois planos de análise. Primeiramente, ao mesmo tempo que o Estado de Direito se opera, existe e coexiste com um Estado de Exceção geograficamente localizado contra o inimigo "bandido", nos nossos guetos, onde vive a população pobre e marginalizada do país, nas nossas cidades[141], mas também "da jurisdição como fonte de exceção"[142].

A "discricionariedade do julgador na aplicação do Direito, personificando verdadeiro poder soberano primário na acepção schimittiana do termo – aquele que tem a competência para decidir pela exceção e suspender os direitos da sociedade"[143], tem na América Latina um ponto fundamental no desmonte das conquistas de nosso Estado de Direito, e do retrocesso que estamos vivendo nesse momento histórico. No Brasil, Pedro pinça alguns exemplos: o do processo do Mensalão e o número de presos provisórios, cumprindo pena sem sentença.

Na América Latina, temos os casos de Honduras e Paraguai. Em Honduras, o presidente Manuel Zelaya foi deposto por uma decisão do parlamento em processo sumário, sem direito de defesa. A Suprema Corte daquele país determinou a sua prisão sem oitiva prévia, e ele foi preso pelo exército e depois expulso do país, tudo contra disposições da Carta Magna hondurenha. No Paraguai, em junho de 2012, Fernando Lugo também teve negado o direito de defesa, com interpretação da Suprema Corte paraguaia.

Documentos vazados pelo WikiLeaks revelam que uma mensagem por cabo foi enviada pela embaixada dos Estados Unidos em Tegucigalpa para Washington, endereçada a Tom Shannon, secretário assistente para assuntos de relação com o Ocidente, Harold Koh, Conselho Legal, Dan Restrepo, Conselho de Se-

139 SERRANO, Pedro Esteves Alves Pinto. Autoritarismo e golpes na América Latina: Breve ensaio sobre jurisdição e exceção. São Paulo: Alameda, 2016, p. 167.
140 Ibid, p. 164.
141 Ibid, *P. 149.*
142 Ibid, p. 157.
143 Ibid, p. 21.

gurança Nacional e diretor de relações para o Ocidente e para a Casa Branca, informando que o que se passava em Honduras era um golpe de Estado e que o presidente Manuel Zelaya sofria rapto e sequestro. Mesmo após esse telegrama, um mês depois o governo americano dá suporte ao novo regime[144].

O documento original[145] é mais que contundente. Nele, afirma-se que "A perspectiva da embaixada é que não existe nenhuma dúvida de que os militares, a Suprema Corte e o Congresso Nacional conspiraram em 28 de junho no que constitui um ilegal e inconstitucional golpe contra o Executivo".

Quanto ao Paraguai, outro documento da embaixada de Assunção, em 28 de março de 2009, dava conta de que o general Lino Oviedo e o ex-presidente Nicanor Duarte Frutos estavam trabalhando para assumir o poder por "meios legais" contra o presidente Lugo. A embaixada relatava já haver número suficiente para o que chamava de "golpe democrático". O telegrama relata que a parceria entre o ex-presidente Nicanor e Oviedo iniciou muito antes de Lugo assumir a presidência em agosto de 2009. O telegrama descreve, ainda, que dois anos antes Duarte usou sua influência e controle sob a Suprema Corte para soltar Oviedo da cadeia. Oviedo estava envolvido na morte do vice-presidente Luis Argana e no massacre em um protesto de estudantes, cuja crise foi denominada Março Paraguaio.

O telegrama também afirmou que não havia razões para um *impeachment*, mas que tudo era possível no Paraguai: "Rumores e a teoria da conspiração são parte do sangue da política do Paraguai, e devem ser vistos como norma. Devemos realmente começar a nos preocupar apenas quando os rumores pararem"[146], termina a mensagem.

Da mesma forma que a onda de golpes militares tomou a América Latina nos anos 1960 e 1970, os *impeachments* e o suporte do Judiciário para as exceções democráticas e perseguições tomam nossa década.

Na nossa realidade, segundo Pedro, o "paradigma subjetivo-idealista (esquema subjetivo-objeto) acabou, em nome de sua pureza metodológica, alargando

---

144 HUFFPOST, "WikiLeaks Honduras: State Dept. Busted on Support of Coup", 2010. Disponível em: https://www.huffpost.com/entry/wikileaks-honduras-state_b_789282. Acesso em: 24 abr. 2019.

145 Disponível em: <https://www.wikileaks.org/plusd/cables/09TEGUCIGALPA645_a.html>. Acesso em: 24 abr. 2019.

146 Disponível em: https://wikileaks.org/plusd/cables/09ASUNCION189_a.html. Acesso em: 24 abr. 2019.

os limites da discricionariedade judicial"[147] – e foi esse cenário que permitiu que as exceções fossem o móvel do que ocorreu com a Operação Lava Jato. A questão da exceção deixa de ser mero indício para ser afirmada categoricamente, como se vê na decisão CORTE ESPECIAL nº 0003021-32.2016.4.04.8000/RS, quando a Corte se deparou com um pedido de processo disciplinar para julgar a conduta de Moro de ter divulgado gravações entre a presidente Dilma Rousseff e o ex-presidente Lula, feitas depois do prazo autorizado. Do voto do relator des. federal Rômulo Pizzolatti:

> [...] De início, impõe-se advertir que essas regras jurídicas só podem ser corretamente interpretadas à luz dos fatos a que se ligam e de todo modo verificado que incidiram **dentro do âmbito de normalidade** por elas abrangido. É que a norma jurídica incide no plano da normalidade, **não se aplicando a situações excepcionais**, como bem explica o jurista Eros Roberto Grau:
>
> > **A 'exceção'** é o caso que não cabe no âmbito da 'normalidade' abrangida pela norma geral. A norma geral deixaria de ser geral se a contemplasse. Da 'exceção' não se encontra alusão no discurso da ordem jurídica vigente. Define-se como tal justamente por não ter sido descrita nos textos escritos que compõem essa ordem. É como se nesses textos de direito positivo não existissem palavras que tornassem viável sua descrição. Por isso dizemos que a 'exceção' está no direito, ainda que não se encontre nos textos normativos do direito positivo. Diante de situações como tais o juiz aplica a norma à exceção 'desaplicando-a', isto é, retirando-a da 'exceção' [AGAMBEN 2002:25]. A 'exceção' é o fato que, em virtude de sua anormalidade, resulta não incidido por determinada norma. Norma que, em situação normal, o alcançaria (GRAU, E. R. Por que tenho medo dos juízes

147 SERRANO, Pedro Esteves Alves Pinto. Autoritarismo e golpes na América Latina: Breve ensaio sobre jurisdição e exceção. São Paulo: Alameda, 2016, p. 107.

(a interpretação/aplicação do direito e os princípios). 6a ed. refundida do *Ensaio e discurso sobre a interpretação/aplicação do Direito*. São Paulo: Malheiros, 2013. pp. 124-25).

Ora, é sabido que os processos e investigações criminais decorrentes da chamada "Operação Lava Jato", sob a direção do magistrado representado, **constituem caso inédito (único, excepcional) no direito brasileiro.** Em tais condições, neles haverá situações inéditas, que escaparão ao regramento genérico, destinado aos casos comuns. Assim, tendo o levantamento do sigilo das comunicações telefônicas de investigados na referida operação servido para preservá-la das sucessivas e notórias tentativas de obstrução, por parte daqueles, garantindo-se assim a futura aplicação da lei penal, é correto entender que o sigilo das comunicações telefônicas (Constituição, art. 5o, XII) pode, **em casos excepcionais**, ser suplantado pelo interesse geral na administração da justiça e na aplicação da lei penal. A ameaça permanente à continuidade das investigações da Operação Lava-Jato, inclusive mediante sugestões de alterações na legislação, constitui, sem dúvida, uma situação inédita, **a merecer um tratamento excepcional**.

De início, impõe-se advertir que essas regras jurídicas só podem ser corretamente interpretadas à luz dos fatos a que se ligam e de todo modo verificado que incidiram **dentro do âmbito de normalidade** por elas abrangido. **É que a norma jurídica incide no plano da normalidade, não se aplicando a situações excepcionais".**[148]

O voto vencido do desembargador Rogério Favreto vai exatamente ao encontro da utilização da exceção ao caso:

De início, entendo **não ser adequada a invocação da teoria do estado de exceção,** sustentada por Eros Roberto Grau tanto em sede doutrinária quanto em alguns votos no Supremo Tribunal Federal. A propósito do tema, bem observam os professores Daniel Sarmento e Cláudio Pereira de Souza Neto: Em di-

148 Disponível em: <https://s.conjur.com.br/dl/lava-jato-nao-seguir-regras-casos.pdf>. .Acessem: 24 abr. 2019.

> versos votos proferidos no STF pelo Ministro Eros Grau, empregou-se a **teoria do estado de exceção para justificar a não aplicação de regras constitucionais** a casos em que, pelo seu texto, deveriam incidir, mas nos quais a presença de circunstâncias excepcionais justificaria o respectivo afastamento. Algumas dessas decisões poderiam ser explicadas por meio do recurso à ideia de equidade, ao invés da teoria do estado de exceção. Não nos parece apropriado (...) **atribuir ao STF o "poder soberano", no sentido de Carl Schmitt, de suspender a força de normas jurídicas para instaurar a exceção.** Esta linha argumentativa, além de desnecessária, pode revelar-se perigosa, se manejada por quem não tenha os mesmos compromissos democráticos do Ministro Eros Grau (SARMENTO, Daniel; SOUZA NETO, Cláudio Pereira de. *Direito Constitucional: teoria, história e métodos de trabalho.* 1ª edição. Belo Horizonte: Fórum, 2013, pp. 545-546).
>
> **Vale dizer que o Poder Judiciário deve deferência aos dispositivos legais e constitucionais, sobretudo naquilo em que consagram direitos e garantias fundamentais.** Sua não observância em domínio tão delicado como o Direito Penal, evocando a teoria do estado de exceção, pode ser temerária se feita por magistrado sem os mesmos compromissos democráticos do eminente Relator e dos demais membros desta Corte [...].

Cabe lembrar que, com base na gravação ilícita o ministro Gilmar Mendes suspendeu a posse o ex-presidente Lula como ministro, afirmando que "no momento, não é necessário emitir juízo sobre a licitude da gravação em tela. Há confissão sobre a existência e conteúdo da conversa, suficiente para comprovar o fato"[149]. Além dos efeitos políticos e midiáticos da divulgação da gravação, o impedimento da posse teve impacto direto no *impeachment* e o Supremo se quedou inerte diante da inexistência de crime de responsabilidade da presidente da república.

A decisão da 8ª Turma do Tribunal Regional Federal da 4ª Região, na Ação Penal nº. 5046512-94.2016.4.04.7000/PR que condenou o ex-presidente Lula, também afirma sua absoluta exceção. O des. relator admitiu a especial condição de exceção do caso:

> No caso, a corrupção passiva perpetrada pelo réu **difere do padrão dos processos já julgados relacionados à 'Operação Lava Jato'. Não se exige a demonstração de participação ativa de LUIZ INÁCIO LULA DA SILVA** em

149 Consultor Jurídico, "Gilmar Mendes suspende nomeação de Lula como ministro da Casa Civil", 2016. Disponível em: https://www.conjur.com.br/2016-mar-18/gilmar-mendes-suspende-nomeacao-lula-casa-civil. Acesso em: 24 abr. 2019.

> cada um dos contratos. O réu, em verdade, era o garantidor de um esquema maior, que tinha por finalidade incrementar de modo sub-reptício o financiamento de partidos, pelo que agia nos bastidores para nomeações e manutenções de agentes públicos em cargos-chaves para a empreitada criminosa.
>
> Das provas testemunhais e dos interrogatórios acima reproduzidos é possível apurar o contraste entre as versões da acusação e da defesa. **Um único ponto, todavia, deve ficar desde logo demarcado. As provas são seguras quanto à inexistência de transferência da propriedade no registro imobiliário em favor do apelante** LUIZ INÁCIO LULA DA SILVA ou sua esposa **e quanto à não ocorrência da transferência da posse**.

A situação sem precedentes, inovadora – para não usar outro adjetivo – é a tese utilizada para imputar ao paciente o delito de corrupção passiva: não há um ato de ofício, ou identificação do pedido ou do aceite da vantagem ilícita, mas uma espécie de posição de *garantidor geral*, que viabilizaria todos os outros supostos atos de corrupção, segundo o órgão acusatório e a autoridade julgadora. Já tínhamos opinado que essa excecionalidade afirmada pelo próprio acórdão mereceria uma suspensão de sua eficácia[150].

Outras chaves precisam ser acopladas à observação de Pedro de que "a jurisdição seja reconhecida como fonte de exceção (...) realidade prática constatada em países como o Brasil e, de modo geral, da América Latina"[151]. Gisálio Cerqueira Filho e Gizlene Neder apontam que, na passagem para o liberalismo, na disputa política pelo iluminismo, Portugal permaneceu resistente às mudanças, optando pelo tomismo arrogante, fechado e autossuficiente[152]. Nossa enorme dificuldade de aplicação do art. 5º quanto às garantias individuais está cravada na inexistência da formação da ideia de indivíduo em nossa modernidade, mas de pessoa que está intimamente ligada ao intimismo, intimidade cordialidade[153], vindo daí o "*self-service*" normativo[154].

---

150 FERNANDES, Fernando Augusto. "Prender após segunda instância não impede decisão excepcional, 2018". Disponível em: https://www.conjur.com.br/2018-abr-10/fernando-fernandes-prisao-antecipada-nao-impede-decisao-excepcional Acesso em: 24 abr. 2019.

151 SERRANO, Pedro Esteves Alves Pinto. Autoritarismo e golpes na América Latina: Breve ensaio sobre jurisdição e exceção. São Paulo: Alameda, 2016, p. 107.

152 CERQUEIRA FILHO, Gisálio; NEDER, Gizlene. *Ideias jurídicas e autoridade na família*. Rio de Janeiro: Revan 2007, p. 40.

153 CERQUEIRA FILHO, Gisálio. A ideologia do favor e a ignorância simbólica da lei. Rio de Janeiro: Centro Unificado de Ensino e Pesquisa da Vice-Governadoria do Rio de Janeiro, 1993,

154 CERQUEIRA FILHO, Gisálio; NEDER, Gizlene. apud FERNANDES, F. A. H.,

Importante observação fez Jessé Souza sobre o culturalismo tupiniquim, criticando a matriz de Sérgio Buarque e Raymundo Faoro, quanto ao patrimonialismo como centro único da análise. Jessé defende que essas teorias vêm apagar a real formação da nossa sociedade, que é escravagista. A tese de Jessé não pode ser encarada de forma absoluta, mas amalgamada, já que não é possível pensar no Brasil como uma ruptura a partir da escravidão. A herança portuguesa é muito maior que a patrimonialista e geradora de permanências históricas de longa duração e religiosas, que, misturadas como as permanências absolutistas, potencializam a escravidão brasileira na colônia até a contemporaneidade.

Jessé afirma que os vira-latas brasileiros se iludem "como se nos Estados Unidos e na Europa não houvesse privilégios fundados no personalismo e em relações pessoais"[155]. Essa ilusão e servidão cultural é móvel ideológico da Lava Jato, com seus agentes treinados e disciplinados pelos ventos frios do Norte. Assim como foram os militares brasileiros, no pós-guerra, para a construção da Doutrina de Segurança Nacional[156], e posteriormente os policiais e recentemente os promotores e juízes[157]. A defesa de *compliance*, do *money laundering*, da *organized crime*, do *plea bargain* entorta as bocas dando ar *cool* ao D^ireito^ (como não esquecer o "*Samba do Approach*" de Zeca Baleiro?). A enorme campanha contra o foro de prerrogativa, apelidado de privilegiado, como se isso fosse o centro da desigualdade e os Estados Unidos um exemplo.

O livro de Glenn Greenwald[158] destrói essa ideia de equidade nos Estados Unidos trazendo a falta de punição de Nixon, de Bush no escândalo do Irã-Contras, depois Bush filho em relação ao programa de interceptação de americanos bem como o porquê de não incluir Obama e todo o programa denunciado por Snowden. Pedro tem razão quanto ao Congresso ter sido o centro da articulação da exceção. Mas o judiciário americano trata de modo diverso os milhares de negros americanos e os ricos. Ou seja, com problemas e raízes diferentes, vivemos um mundo de exceção.

---

poder e saber: campo jurídico e ideologia, 2011, p. 202.

155 SOUZA, Jessé. A elite do atraso. Rio de Janeiro: Estação Brasil, 2019, p. 33.

156 FERNANDES, Fernando Augusto Henriques. Voz humana: a defesa perante os tribunais da República. Rio de Janeiro: Revan, 2004.

157 FERNANDES, Fernando Augusto Henriques. A geopolítica da Lava Jato. Trabalho em andamento.

158 GREENWALD, Glenn. With Liberty and Justice for Some – How the law is used to Destroy Equality and Protect the Powerful. Nova York: Picador, 2011.

Os planos de excepcionalidade para a América Latina são revelados pelo WikiLeaks. Quando da prisão de Julian Assange, o ex-presidente do Equador Rafael Correia, em entrevista afirmou: "Olha, cada vez inventam uma nova acusação contra mim. É uma perseguição brutal. Assim como estão perseguindo o Lula, a Cristina Kirchner, a todos. E porque somos líderes de esquerda não temos direitos humanos! Está em curso uma absurda deturpação midiática e da Justiça"[159]. Quanto às razões para o atual presidente do Equador ter expulsado Assange da embaixada, dispara terríveis informações:

> Porque ele se entregou ao governo dos Estados Unidos desde o princípio, uma traição sem precedentes aos compromissos de campanha. Lembre-se que ele assumiu no dia 24 de maio de 2017. Mas no dia 20 de maio ele se reuniu com o Paul Manafort, ex-chefe de campanha de Donald Trump, antes ainda de assumir, e ofereceu entregar Assange aos Estados Unidos em troca de ajuda financeira ao Equador. E isso aconteceu, porque em fevereiro o Fundo Monetário Internacional (FMI) deu um empréstimo de US$ 4,2 bilhões para o Equador com apoio do governo americano. E no ano passado o vice de Trump, Mike Pence, visitou o Equador e junto com Lenin chegaram a três acordos. O primeiro é isolar a Venezuela regionalmente – basta ver como o Equador está se comportando – o segundo é deixar a Chevron-Texaco na impunidade, deixando de processá-la [por derramamentos massivos de petróleo nos anos 1990]. E o terceiro é entregar Assange.

Tratamos[160] da revelação do WikiLeaks[161]quanto à participação do ex-juiz federal Sérgio Moro em um encontro desenvolvido pela embaixada americana para treinamento de juízes e promotores brasileiros, parte do Projeto Pontes. Tal "encontro" foi parte da estratégia de influência americana e, em 2009, como um "guarda-chuva" de um "novo conceito de treinamento", com a presença de

---

159 Disponível em: https://www.diariodocentrodomundo.com.br/para-rafael-correa-prisao-de-assange-e-vinganca-pessoal-do-presidente-equatoriano/ e https://exame.abril.com.br/mundo/prisao-de-assange-e-vinganca-de-lenin-moreno-diz-ex-presidente-do-equador/. Acesso em: 24 abr. 2019.

160 FERNANDES, Fernando Augusto Henriques. "A omissão da PF e das autoridades federais diante de atos terroristas, 2019". Disponível em: https://www.conjur.com.br/2019-mar-20/fernando-fernandes-omissao-governo-diante-atos-terroristas. Acesso em: 24 abr. 2019.

161 Disponível em: https://wikileaks.org/plusd/cables/09BRASILIA1282_a.html, tradução disponível em: http://www.patrialatina.com.br/da-vergonha-mas-e-preciso-ler-o-telegrama-moro-wikileaks. Acesso em: 24 abr. 2019.

juízes federais de 26 estados da federação, 50 agentes da polícia federal bem como 30 autoridades estaduais, entre promotores e juízes.

O treinamento, conforme relato na mensagem oficial vazada, "foi realizado na capital regional do Rio de Janeiro e financiada pelo coordenador do Estado para Contraterrorismo [orig. State Coordinator for Counter Terrorism (S/CT)]". O documento destaca "que [os brasileiros] historicamente sempre evitaram qualquer treinamento que tomasse por objeto o terrorismo, preferindo terminologia mais genérica, como crimes transnacionais". No documento constam referências às palavras da "Vice-coordenadora para Contraterrorismo na S/CT, Shari Villarosa", que "está elogiando juízes e policiais brasileiros, que militam na direção oposta à do governo eleito e seu Ministério de Relações Exteriores". O ex-juiz federal Sergio Moro esteve presente e falou sobre lavagem de ilícitos.

A metodologia indiciária[162] na pesquisa sociológica torna elementar que a influência americana tenha se alastrado em nossas forças policiais e judiciárias e, através delas, possibilitado a Lava Jato. Não é à toa que, passada a eleição, Sérgio Moro tenha sido nomeado ministro da Justiça, convite que chegou antes da eleição[163], e que a primeira viagem de Bolsonaro tenha sido para os Estados Unidos, onde foi o primeiro presidente latino-americano a visitar a CIA[164].

Pedro aborda o Estado de Exceção dentro do Estado de Direito em que vive parte da população pobre, marginalizada do nosso país. Na realidade há gigantescas regiões ocupadas pela milícia formada por policiais, que não formam um Estado paralelo, mas o próprio Estado (de exceção). Essas forças de exceção ganharam a eleição de 2018. Bolsonaro não só representa a exceção em pessoa – anos defendendo tortura, violência, homofobia – mas também a milícia. Em 2003, defendeu grupos de extermínio afirmando que

> Enquanto o Estado não tiver coragem de adotar a pena de morte, o crime de extermínio, no meu entender, será muito bem-vindo. Se não houver

162 GINSBURG, Carlo. Sinais: "Raízes de um paradigma indiciário". In: GINSBURG, Carlo. Mitos, emblemas, sinais: morfologia e história. São Paulo: Companhia das Letras, 1989, pp. 143-179. Ver também Gisálio Cerqueira Filho.

163 Folha de S. Paulo, "Confirmado ministro da Justiça, Sergio Moro se contradiz sobre convite ao cargo", 2018. Disponível em: https://piaui.folha.uol.com.br/lupa/2018/11/07/ministro-sergio-moro/. Acesso em: 24 abr. 2019.

164 Global News. "Brazil President Jair Bolsonaro visits CIA HQ. A critic called it an 'explicitly submissive position'", 2019. Disponível em: https://globalnews.ca/news/5070744/jair-bolsonaro-cia-visit/. Acesso em: 24 abr. 2019.

> espaço para ele na Bahia, pode ir para o Rio de Janeiro. Se depender de mim, terão todo o meu apoio, porque no meu Estado só as pessoas inocentes são dizimadas.

Em 2008, ao criticar o relatório final da CPI das Milícias, que indiciou 266 pessoas, entre elas sete políticos, Bolsonaro se manifestou da seguinte forma:

> Querem atacar o miliciano, que passou a ser o símbolo da maldade e pior do que os traficantes. Existe miliciano que não tem nada a ver com 'gatonet', com venda de gás. Como ele ganha 850 reais por mês, que é quanto ganha um soldado da PM ou do bombeiro, e tem a sua própria arma, ele organiza a segurança na sua comunidade. Nada a ver com milícia ou exploração de 'gatonet', venda de gás ou transporte alternativo. Então, sr. presidente, não podemos generalizar.[165]

Mas não seria possível sua eleição sem a sequência de exceções permitidas pelo Supremo Tribunal Federal. Nossa Suprema Corte permitiu a derrubada de Dilma, a ação interminável de um juiz evidentemente incompetente de Curitiba (nunca decidindo a questão do juiz natural), as prisões para tortura procedimental que visaram as delações, a quebra de sigilo sem ordem judicial (chamada de transferência de sigilo), a prisão em segunda instância como se não existisse presunção de inocência, a prisão de Lula. Deve-se registrar que o superjuiz incompetente somente foi viabilizado por um acúmulo de poderes nos relatores do TRF, STJ e STF, tonando-se todos preventos para tudo, e "matando no peito" as questões do juiz natural que nunca foram levadas a conhecimento de mérito. O STF prendeu senador da república que não pode ser preso preventivamente, dando falsa interpretação de flagrante delito (e o Senado permaneceu obediente à ordem), aplicou medidas alternativas à prisão a outro senador, mantendo-o em recolhimento noturno. Por fim, recentemente, extrapolando a sua autodefesa das *fake news*, que conduziu a campanha presidencial contra o candidato Haddad, estabeleceu a censura, instaurou inquérito fugindo a sua competência e determinou buscas e apreensões.

Lula continua preso. No Supremo Tribunal, Alexandre de Moraes recusou a censura imposta à revista. Toffoli e Fux, diante da reação da mídia em relação à censura da revista *Crusoé*, resolveram liberar a entrevista de Lula. As ações

165 The Intercept Brasil. "As ligações dos Bolsonaro com as milícias", 2019. Disponível em: https://theintercept.com/2019/01/22/bolsonaros-milicias/. Acesso em: 24 abr. 2019.

diretas de constitucionalidade visando restabelecer a presunção de inocência continuam esperando pauta para julgamento. Depois da gestão de Carmem Lúcia impedindo seu julgamento, e Toffoli não o permitindo durante as eleições, a OAB pediu o adiamento.

Pedro Serrano é testemunha dos fatos históricos e coautor da resistência. Move-se, e nos move, um desejo de que possamos ainda viver em uma América Latina em que homens não exerçam mais seus "podres poderes"[166], em que possamos viver sem nosso povo em um estado permanente de exceção, de miséria, abandono, violência e submissão. Viver um momento histórico de Estado de Direito pleno, sem exceção.

166 VELOSO, Caetano. Podres Poderes [1984]. Disponível em: https://www.youtube.com/watch?v=nZr1Op3FIkk, acesso em 24/04/2019.

6. SISTEMA PENAL E AUTORITARISMO NA CONTEMPORANEIDADE

Fernando Hideo Iochida Lacerda167

A jurisdição criminal do Estado burguês é o terror da classe organizada que não se distingue das chamadas medidas excepcionais utilizadas durante a guerra civil senão em certa medida."

Evgeni Bronislávovich Pachukanis[168]

Estado de Exceção no século XX

Excesso de riqueza, desigualdade social e formas violentas de exercício do poder são três elementos que caminharam juntos ao longo de toda a história humana. À medida que a concentração extrema da riqueza expande o abismo da desigualdade de classe, resta ao Estado o papel de assegurar a exploração e submissão do ser humano justificado por uma anunciada garantia da segurança e da paz.

O século XX foi marcado por *governos de exceção* que suspenderam provisoriamente (ao menos no discurso) o ordenamento jurídico para combater inimigos

167 Doutor em Filosofia do Direito pela Pontifícia Universidade Católica de São Paulo (2018). Mestre em Direito Processual Penal pela Pontifícia Universidade Católica de São Paulo (2013). Graduado em Direito pela Pontifícia Universidade Católica de São Paulo, com especialização em Direito Penal e título de menção honrosa (2010). Professor convidado dos cursos de pós-graduação em Direito Penal e Processual Penal da Pontifícia Universidade Católica - Cogeae, Escola Paulista de Direito - EPD e Universidade Nove de Julho. Professor no curso de graduação em Direito da Escola Paulista de Direito - Disciplinas: Direito Penal e Processual Penal. Professor de Direito Penal e Processual Penal nos cursos preparatórios para concurso da rede de ensino Federal Concursos. Membro do Conselho Editorial do Boletim IBCCRIM no Instituto Brasileiro de Ciências Criminais. Advogado.

168 Teoria Geral do Direito e marxismo, p. 124.

internos, especialmente a figura comunista. As ditaduras sustentavam-se na busca por lideranças carismáticas com amplo apoio social, reconhecidas por aclamação.

No continente europeu, o povo buscou *lideranças individuais* capazes de personificar essa busca pela homogeneidade social, o que pode ser enxergado à perfeição nos regimes nazifascistas. A busca pela paz resumia-se ao discurso de *ordem* a ser alcançada pelo combate à divisão, divergências e pluralidade ideológica ou existencial, originando mecanismos autoritários de eliminação do outro e extermínio do diferente.

Já a história brasileira do século XX revela a busca por um *estamento* e não exatamente por um indivíduo moralmente superior. As ditaduras militares são fruto da busca por um agrupamento da burocracia estatal dotado de uma suposta capacidade moral superior à da média da sociedade, que reuniria condições de força para assegurar a ordem no ambiente social.

A opção pelas forças armadas como liderança de governo é a negação explícita do regime democrático. Ao legitimar o exercício do poder estatal por uma categoria profissional que realiza formas de poder e violência independente dos mecanismos políticos democráticos, prestigia-se o discurso de ordem pela eliminação do inimigo interno comunista que ameaçaria a família, a propriedade e a sociedade.

Portanto, o século XX foi marcado por governos autoritários na América Latina e no continente europeu. Mediante a criação voluntária de estados de emergência, justificava-se a suspensão violenta da ordem jurídica vigente para que representantes do poder executivo impusessem seus atos de governo sem qualquer limitação ao ordenamento jurídico. Esses golpes de Estado caracterizaram a ascensão das ditaduras nazista, fascistas e dos regimes militares na América Latina.

Os governos autoritários originados a partir de tais movimentos possuíam características comuns que nos permitem agrupá-los como ditaduras características do século XX. Destacam-se três elementos: (i) a concentração de poderes no chefe do Executivo, (ii) a suspensão dos direitos fundamentais e (iii) o discurso da provisoriedade que justificaria tal suspensão e não a extinção do ordenamento jurídico então vigente.

Nesse contexto, podemos identificar as ditaduras características do século XX como arquétipo da concepção clássica sobre o Estado de Exceção. O termo "exceção" remete à Constituição de Weimar, que previa expressamente em seu artigo 48 a possibilidade do presidente do Reich suspender direitos individuais diante de instabilidades sociais, com a finalidade de solucionar problemas emergenciais mediante o emprego de medidas excepcionais como forma de restabelecer a ordem[169].

Ao caracterizar o Estado de Exceção, Carl Schmitt (2009, p. 13) defende a impossibilidade de se modificar a essência da Constituição, porém admite que as normas constitucionais possam ser suspensas diante das medidas praticadas pelo soberano durante o Estado de Exceção. Na frase que inaugura a obra *Teologia Política [Politische Theologie, 1922]*, o autor demonstra a intrínseca relação entre exceção e soberania em sua tradicional definição sobre o soberano como aquele que "decide sobre o estado de exceção".

No limite da intersecção entre o jurídico e o político, Giorgio Agamben (2007) caracteriza o Estado de Exceção como a *forma legal daquilo que não pode ter forma legal*, um patamar de indeterminação entre democracia e absolutismo que tende cada vez mais a se apresentar como paradigma de governo dominante na política atual, uma *terra de ninguém* entre o direito público e o fato político.

O que caracteriza o Estado de Exceção no século XX não é a existência de um direito especial, mas a própria *suspensão da ordem jurídica* diante de uma situação de necessidade social, instituindo-se um vazio jurídico que resulta na extensão dos poderes do Executivo em detrimento do Legislativo e do Judiciário.

Essa situação de necessidade capaz de justificar a suspensão do ordenamento jurídico apresenta-se na forma de um *combate ao inimigo*. Diante de um caso fabricado de instabilidade social, rompe-se a dicotomia abstrata entre lícito e ilícito com o propósito anunciado de se restabelecer a normalidade mediante a eliminação do inimigo. O inimigo a ser combatido é um ser desprovido da condição humana, abandonado da proteção jurídica e política inerente a todo ser humano.

Em síntese, pode-se concluir que os governos de exceção do século XX produziam uma zona de anomia pela suspensão dos direitos justificada pelo combate ao inimigo e sustentada por um discurso de provisoriedade da tirania

169 Art. 48, § 2º: "Caso a segurança e a ordem públicas estejam seriamente ameaçadas ou perturbadas, o Presidente do Reich (Reichspräsident) pode tomar as medidas necessárias a seu restabelecimento, com auxílio, se necessário, de força armada. Para esse fim, pode ele suspender, parcial ou inteiramente, os direitos fundamentais (Grundrechte) fixados nos artigos 114, 115, 117, 118, 123, 124 e 154".

e estímulo do medo. A finalidade declarada de preservação contínua da paz justificaria o autoritarismo durante um breve período. Portanto, a declaração da exceção tradicionalmente significava suspensão provisória dos direitos de todos e do próprio sistema jurídico, com o objetivo de suprimir a condição humana dos inimigos.

As medidas de exceção no século XXI

O exercício do poder na contemporaneidade não pode ser analisado simplesmente a partir de uma lógica conceitual binária que distinga democracia e ditadura. O regime político das sociedades ocidentais dos nossos tempos é marcado por um novo paradigma autoritário que se realiza (não por *governos de exceção* ou ditaduras aparentes, mas) por *medidas de exceção* específicas e pontuais, desempenhadas pelo sistema de justiça, que camuflam seu conteúdo autoritário de guerra contra o inimigo em uma roupagem democrática.

Em síntese, não há mais uma suspensão abstrata ou uma negação explícita dos direitos humanos como nos modelos tradicionais das ditaduras militares, mas uma lógica declarada de relativização e flexibilização dos direitos fundamentais e garantias constitucionais para combater inimigos específicos (rótulos como bandidos, corruptos, crime organizado, comunistas servem de pretexto para perseguições tirânicas camufladas pelo sistema de justiça).

As medidas de exceção são atos autoritários em sua essência, mas que se anunciam como se procedimentos democráticos fossem. Próprios de um regime de natureza ditatorial com aparência institucional democrática, promovem o esvaziamento de sentido das normas constitucionais contra um grupo perseguido e tratado como inimigo, desprovidos da proteção jurídica e política inerente a todo ser humano.

Se no século passado as ditaduras operavam por mecanismos explícitos de suspensão dos direitos indistintamente a todos os cidadãos, justificados pelo discurso da provisoriedade a pretexto de enfrentar situações extraordinárias de perigo, na atualidade as democracias ocidentais estão contaminadas por medidas tirânicas pontuais justificadas pelo discurso da seletividade. Não se anuncia uma ruptura formal com a democracia, mas o conteúdo dos atos estatais viola concretamente os direitos e liberdades de indivíduos apontados como inimigos, que passam a ser esvaziados de sentido por atos fraudulentos que se anunciam como *relativizações*.

Para que se possa compreender o funcionamento dos mecanismos autoritários na contemporaneidade, a premissa inicial a ser esclarecida é que as formas de tirania acompanham o desenvolvimento e a complexidade social, se adaptam às novas estruturas discursivas e se aperfeiçoam com o passar do tempo.

Mais convicções, menos fatos. Marca dos nossos tempos, a *pós-verdade* – eleita palavra do ano de 2016 pelo *Dicionário Oxford*[170] – traduz as circunstâncias em que fatos objetivos têm menos relevância do que apelos a emoções e crenças pessoais.

Ninguém precisa de censura na era da pós-verdade. O autoritarismo aprendeu a se camuflar em medidas de exceção ocultas sob o rótulo democrático. Pedro Estevam Serrano (2016a) aponta que essas novas formas de autoritarismo são abordadas por diversos autores: Ronald Dworkin trata da perda do *common ground*, Luigi Ferrajoli desenvolve o tema do poder desconstituinte, Norberto Bobbio aponta o surgimento de novos despotismos, Achille Mbembe apresenta o devir negro do mundo, Boaventura de Sousa Santos propõe a categoria da democracia de baixa identidade.

Nesse sentido, Pedro Estevam Serrano (2016a) distingue dois padrões em que as medidas de exceção são produzidas nas sociedades ocidentais: (i) países em que prevalece uma *legislação de exceção*, criando-se um regime jurídico especial em que o poder executivo atua violentamente na perseguição de inimigos; e (ii) países em que prevalece uma *jurisdição de exceção*, mantendo-se formalmente o mesmo regime jurídico a todos, porém com atuação seletiva do sistema de justiça na perseguição dos inimigos.

Nos Estados Unidos da América e no continente europeu, prevalece o modelo de *legislação de exceção*. As medidas de exceção são instituídas por *atos legislativos* ou de caráter normativo que ampliam o poder executivo como agente da exceção. Cria-se um regime jurídico especial que costuma ser justificado pela proteção à segurança nacional, destinado a combater alvos que colocariam em risco a sociedade. Rótulos como terroristas, traficantes e refugiados são em-

170 "After much discussion, debate, and research, the Oxford Dictionaries Word of the Year 2016 is post-truth – an adjective defined as 'relating to or denoting circumstances in which objective facts are less influential in shaping public opinion than appeals to emotion and personal belief'". Disponível em: <https://en.oxforddictionaries.com/word-of-the-year/word-of-the-year-2016> Acesso em: 16 jun. 2018.

pregados para ocultar a perseguição de pobres e imigrantes. Como exemplo, o *USA Patriotic Act*, as leis antiterrorismo e o controle de estrangeiros em campos de refugiados. Em síntese, a legislação de exceção estabelece um regime jurídico especial em que determinados grupos (inimigos) não têm acesso aos mesmos direitos e garantias que outros (cidadãos).

Na América Latina e especialmente no Brasil, desenvolveu-se um modelo de *jurisdição de exceção*. As medidas de exceção são praticadas por atos de um *sistema de justiça* amparado pelo discurso midiático na criação de apoio social. Não há criação de um regime jurídico especial nem apelo a questões de segurança nacional. O aparelho estatal destinado à produção de justiça concentra-se na repressão ao inimigo rotulado como *bandido*. Rótulos como ladrão e traficante amoldam-se perfeitamente à repressão da juventude pobre, enquanto a bandeira do combate à corrupção é fantasia eficaz para ocultar a perseguição política seletiva.

Assim, pode-se identificar entre nós a atuação do *sistema de justiça como fonte da exceção na contemporaneidade*, reproduzindo-se mecanismos elitistas de dominação colonial contra uma humanidade subalterna aos interesses econômicos, esvaziando de sentido a Constituição Federal em nome da manutenção dos privilégios da classe dominante.

O exercício desse poder autoritário se dá formalmente pela declarada "relativização" das normas constitucionais e dos direitos humanos, numa farsa que oculta a verdadeira natureza de *suspensão de direitos fundamentais e garantias individuais* para determinados grupos sociais.

> Então, o que temos no Brasil e na América Latina de um modo geral é a existência de um estado de exceção que governa com violência os territórios ocupados pela pobreza, amparado em um sistema de justiça que não pune os crimes cometidos contra os cidadãos. Só se fala de impunidade quando o crime é contra o Estado. E temos também o uso do Judiciário como instrumento de legitimação de processos de *impeachment* e de perseguição de adversários políticos (SERRANO, 2016b).

O propósito anunciado permanece o mesmo: *combater um inimigo*. Mas, se antes o discurso da exceção era construído especialmente com referências ideológicas (comunistas) ou étnico-religiosas (negros, judeus), atualmente a criação de personagens como *corruptos, bandidos, traficantes, ladrões e terroristas* são rótulos empregados na farsa judicial que visa combater uma humanidade subalterna à infraestrutura neoliberal.

> No universo latino-americano, por sua vez, a exceção se prestou ao esclarecimento de diversas realidades, entre as quais podemos citar as providências do Estado colombiano para enfrentar organizações paramilitares, as medidas de emergência econômica na Argentina durante a década de 90 do século passado e, mais recentemente, decisões judiciais, de natureza reconhecidamente excepcional, proferidas por autoridades judiciárias brasileiras a pretexto de "combater" a corrupção, a que se tem denominado "estado de exceção judicial" (VALIM, 2017, p. 12).

Desse modo, o sistema de justiça forja interpretações sobre os direitos humanos contrárias à Constituição Federal e ao ordenamento posto, com o propósito fraudulento de emprestar legitimidade democrática formal - através do procedimento institucionalizado das práticas judiciais - a atos materialmente autoritários que afrontam a soberania popular. Para fraudar as normas jurídicas, apela-se ao senso comum consagrado pelo discurso midiático que clama "direitos humanos para humanos direitos".

Neoliberalismo e luta de classes contemporânea

A luta de classes não desapareceu na sociedade neoliberal, mas se adaptou ao novo modelo de produção e acúmulo de riqueza. Se durante a fase industrial do capitalismo a dinâmica da luta de classes assentava-se na premissa segundo a qual um *grande contingente de pessoas teria sua força de trabalho explorada* e transformada no lucro dos proprietários dos meios de produção, o modelo neoliberal de produção, circulação e apropriação de riqueza produz um *grande contingente de pessoas a ser eliminado*.

Com efeito, o apego irrestrito aos privilégios e a ambição desmedida pelo lucro elevam a desigualdade a níveis insustentáveis e produzem um exército de seres humanos indesejáveis. Essa humanidade subalterna é produto das práticas reais de poder orientadas pela racionalidade neoliberal, no contexto de um processo de dominação em que "os riscos sistemáticos aos quais os escravos negros foram expostos durante o primeiro capitalismo constituem agora, se não a norma, pelo menos o quinhão de todas as humanidades subalternas" (MBEMBE, 2014, p. 16).

O capitalismo industrial produziu acúmulo de riqueza nas mãos dos donos das fábricas explorando a força de trabalho humana, de modo que era necessário um controle populacional rigoroso destinado a disciplinar indivíduos trabalhadores. Para que a mão de obra permanecesse desvalorizada, havia necessidade de uma população trabalhadora excedente e potencialmente disponível aos interesses dos exploradores.

A dinâmica da luta de classes na sociedade capitalista analisada por Karl Marx assentava-se na premissa de que, embora os meios de produção fossem propriedade privada de um pequeno grupo, o processo de transformação das mercadorias exigia a participação de um grande contingente de pessoas cuja força de trabalho seria objeto de exploração e transformação em lucro daqueles poucos proprietários dos meios de produção.

Todas as relações sociais intersubjetivas seriam estabelecidas a partir das relações econômicas com os meios de produção. Nesse passo, a origem de todos os conflitos da sociedade capitalista estaria, portanto, na *desarmonia entre os processos de produção e as relações de produção.*

> As ideias da classe dominante são, em cada época, as ideias dominantes; isto é, a classe que é a força *material* dominante da sociedade é, ao mesmo tempo, sua força *espiritual* dominante. A classe que tem à sua disposição os meios de produção material dispõe também dos meios de produção espiritual, de modo que a ela estão submetidos aproximadamente ao mesmo tempo os pensamentos daqueles aos quais faltam os meios de produção espiritual. As ideias dominantes nada mais são que a expressão ideal das relações materiais dominantes, são as relações materiais dominantes apreendidas como ideias; portanto, são a expressão das relações que fazem de uma classe a classe dominante, são as ideias de sua dominação (MARX; ENGELS, 2007, p. 47).

Assim, o motor transformador da história estaria na conflagração entre os processos de trabalho e as relações de produção estruturadas a partir da propriedade privada e da lógica capitalista de distribuição da riqueza. O fato de alguns grupos desejarem a conservação das relações de produção vigentes e outros grupos buscarem a transformação de tais relações de produção visando à adequação de novas forças produtivas estabeleceria a lógica dos conflitos sociais na sociedade capitalista.

Na sociedade capitalista analisada pela teoria marxiana, o conflito estruturava-se a partir da luta de classes entre os proprietários dos meios de produção (burguesia) e os trabalhadores que vendem sua força de trabalho (proletariado).

Nesse sentido, o fenômeno da produção de uma população trabalhadora excedente como produto necessário da acumulação de riqueza na sociedade capitalista é identificado por Karl Marx (2017) como um *exército industrial de reserva*, ou seja, um grande contingente populacional disponível como força de trabalho não utilizada, mas potencialmente utilizável, de modo a assegurar a continuidade do modo de produção capitalista.

À produção capitalista industrial não bastava de modo algum a quantidade de força de trabalho disponível fornecida pelo crescimento natural da população. Ela necessitava, para assegurar sua liberdade de ação, de um exército industrial de reserva independente dessa barreira natural (MARX, 2017, p. 710).

Desse modo, uma população trabalhadora excedente seria condição necessária da sociedade capitalista. Essa *humanidade potencialmente disponível* aos interesses dos exploradores asseguraria a continuidade da relação de dominação de classe, pois representa um exército de reserva sempre pronto para ser explorado, independentemente dos limites reais de aumento populacional.

> Em todos esses casos, é preciso que grandes massas humanas estejam disponíveis para serem subitamente alocadas nos pontos decisivos, sem que, com isso, ocorra uma quebra na escala de produção alcançada em outras esferas. A superpopulação provê essas massas. O curso vital característico da indústria moderna, a forma de um ciclo decenal interrompido por oscilações menores de períodos de vitalidade média, produção a todo vapor, crise e estagnação, repousa sobre a formação constante, sobre a maior ou menor absorção e sobre a reconstituição do exército industrial de reserva ou superpopulação. Por sua vez, as oscilações do ciclo industrial conduzem ao recrutamento da superpopulação e, com isso, convertem-se num dos mais enérgicos agentes de sua reprodução (MARX, 2017, p. 708).

Inclusive, os mecanismos de fixação do salário seriam regulados pela expansão e contração do exército industrial de reserva, orientados pela alternância periódica do ciclo industrial. A remuneração da força de trabalho não seria balizada pelo movimento do número absoluto da população trabalhadora, mas "pela proporção variável em que a classe trabalhadora se divide em exército ativo e exército de reserva, pelo aumento ou redução do tamanho relativo da superpopulação, pelo grau em que ela é ora absorvida, ora liberada" (MARX, 2017, p. 712).

Já o capitalismo financeiro anunciado como neoliberalismo gera concentração de riqueza nas mãos dos próprios donos do dinheiro, que se autorreproduz por mecanismos especulativos independentemente da força de trabalho humana. Além disso, mesmo na produção industrial e agropecuária o desenvolvimento de tecnologias tornou cada vez mais dispensável a população trabalhadora excedente.

Se no século XVIII era essencial para o capitalismo um exército de mão de obra reserva potencialmente disponível aos interesses dos exploradores, o desafio do poder econômico no século XXI é o que fazer com essa *humanidade subalterna descartável.*

O capital produzido pela exploração da força de trabalho na sociedade industrial – produto da transformação de dinheiro em mercadoria para posterior circulação e geração de mais dinheiro (D-M-D) – cede protagonismo para a circulação na forma de capital usurário, em que se troca dinheiro por mais dinheiro (D-D')

Esse movimento reconfigurou a dinâmica da luta de classes na sociedade contemporânea, produzindo uma massa populacional que precisa ser eliminada. Não são mão de obra necessária à produção dos bens ou prestação de serviços, tampouco consumidores dos produtos oferecidos pelo mercado. São apenas obstáculos ao ciclo da concentração de riqueza e privilégios nas mãos de uma parcela cada vez menor da população.

Portanto, é importante identificarmos como a racionalidade neoliberal tem atuado sobre a necessidade do trabalho humano em face do capital e do mercado mundial num processo de rearticulação da colonialidade do poder própria de nossos tempos. Antes indispensável à produção de riquezas no capitalismo industrial, o excesso humano torna-se um obstáculo à acumulação de riquezas e privilégios segundo a lógica neoliberal.

Se, no início da era capitalista, um grande número de desempregados era necessário como exército de reserva de mão de obra[171], o desenvolvimento do

171 "O desemprego em massa constitui o exército industrial de reserva, quanto maior ele é, melhor para o capitalista, que poderá assim afirmar ao proletário, no caso deste fazer greve, que pode contratar outra pessoa a um custo menor, fazendo o mesmo tra-

mais-valor relativo tornou dispensável o excesso de mão de obra disponível, o que, somando-se à extrema concentração de riquezas, resultou em um grande contingente de seres humanos inúteis e descartáveis.

No Brasil, um estudo divulgado pela Oxfam Brasil, no dia 25 de setembro de 2017, verificou que apenas seis pessoas concentram a mesma riqueza dos 100 milhões dos brasileiros mais pobres (ROSSI, 2018). Obviamente, a manutenção de tamanha desigualdade social necessita de uma estrutura permanente de repressão violenta estatal. A solução encontrada em nossos tempos tem sido a negação dos direitos humanos aos inimigos do poder econômico pelas práticas do sistema de justiça.

A criminalização da pobreza

A lógica da escravidão orienta o sistema penal brasileiro desde sua origem. Entre nós, a normalidade penal sempre foi uma relação de dominação das classes populares por uma elite interessada em preservar a ordem estabelecida. Essa forma violenta de dominação é naturalizada pela política criminal brasileira, que opera tradicionalmente mediante controle e eliminação de indivíduos imprestáveis ao sistema de produção e concentração de riquezas e privilégios. A normalidade penal histórica da sociedade brasileira é a *criminalização da pobreza*.

Se o direito penal é inevitavelmente um instrumento de controle – com maior ou menor intensidade – em toda e qualquer sociedade, no Brasil os alvos e os mecanismos da criminalização demonstram que o direito penal tem sido manipulado para atualizar continuamente a forma de dominação escravocrata ao longo da história, adaptando o discurso autoritário ao desenvolvimento da complexidade social.

O sujeito dominado pela escravidão passou a ser o sujeito controlado pelo direito penal. Desse modo, a *normalidade penal brasileira* tem sido a constante reedição de formas escravocratas de dominação violenta implementadas pelo Estado pelas classes superiores. Tal qual "o primeiro ato humano do escravo é o crime, desde o atentado contra o seu senhor à fuga do cativeiro" (GORENDER, 1980, pp. 62-63), a estrutura social representada por casa grande, senzala e capitão do mato apenas se atualizou e adaptou à complexidade de novos tempos.

---

balho. Daí que o exército industrial de reserva seja tão importante para o capitalismo" (Marx, 2017).

De um lado, a casa grande enquanto reduto do senhorio deu origem à forma jurídica de um Estado Democrático de Direito destinado à população incluída, onde direitos fundamentais e garantias individuais são assegurados de acordo com a conveniência de um pensamento dominado pela elite econômica. Para os *protegidos*, são reservadas instituições que promovem bem-estar social, educação, saúde, lazer e qualidade de vida.

Em situação diametralmente oposta, a senzala evoluiu para um Estado de Exceção permanente destinado aos excluídos, onde vige a lógica do combate seletivo à população pobre e marginalizada. Para os *perseguidos*, são reservadas as instituições de segurança pública que promovem a repressão violenta mediante a imposição do medo e do terror.

Por sua vez, a missão outrora atribuída aos capitães do mato, agentes da repressão e do castigo aos escravos, foi confiada ao sistema de justiça criminal, notadamente à Polícia Militar[172] – instituição incompatível com um regime democrático – que atua, por um lado, como força de proteção dos interesses (bens jurídicos?) da classe dominante e, de outra parte, como força de ocupação territorial e repressão à população pobre.

Nesse cenário, o modelo de dominação escravocrata foi substituído pela *criminalização da pobreza*. O sistema de justiça criminal estabeleceu duas zonas bem delimitadas nessa *justiça de classe*: um Estado de Direito, onde se protegem as classes superiores com as garantias individuais; e um estado permanente de exceção, onde se perseguem os escravos do nosso tempo sem direito de defesa. A figura do *bandido* sempre esteve associada à imagem do escravo.

Nosso primeiro Código Penal de 1830 estabelecia explicitamente a relação de dominação dos senhores em relação aos escravos, adotando causa excludente de ilicitude nas hipóteses de castigos impostos aos escravos por seus senho-

172 Para o comandante das Rondas Ostensivas Tobias de Aguiar (Rota), o 1.º Batalhão de Choque da Polícia Militar paulista, os policiais que atuam na região nobre e na periferia da capital paulista adotam formas diferentes de abordagem e contato: "É outra realidade. São pessoas diferentes que transitam por lá. A forma de ele abordar tem de ser diferente. Se ele for abordar uma pessoa da mesma forma que ele for abordar uma pessoa aqui nos Jardins, ele vai ter dificuldade. Ele não vai ser respeitado. [...] Da mesma forma, se eu coloco um da periferia para lidar, falar com a mesma forma, com a mesma linguagem que uma pessoa da periferia fala aqui no Jardins, ele pode estar sendo grosseiro com uma pessoa do Jardins que está ali, andando. [...] O policial tem de se adaptar àquele meio que ele está naquele momento". Disponível em: <https://sao-paulo.estadao.com.br/noticias/geral,abordagem-nos-jardins-tem-de--ser-diferente-da-periferia-diz-novo-comandante-da-rota,70001948516>. Acesso em: 24 ago. 2018.

res[173]. Aos escravos era reservada a pena de açoites, além do que "depois de os soffrer, será entregue a seu senhor, que se obrigará a trazel-o com um ferro, pelo tempo, e maneira que o Juiz designar" (1830, artigo 60).

Mesmo após a abolição da escravidão, o Código Penal de 1890 manteve a lógica escravocrata ao criminalizar a vadiagem e a prática da capoeira[174], visando à manutenção do controle e punição os mesmos alvos, remetendo-se ao Código Penal francês, de 1810, e ao inglês, de 1824.

Portanto, desde o início da Primeira República até os dias atuais a sociedade brasileira manteve suas práticas escravocratas. Embora formalmente o Código Penal de 1890 anunciasse a universalização da lei penal, os crimes tipificados revelam o propósito de dominação das classes populares e a imposição do trabalho. Ainda hoje, pune-se como contravenção penal aquele que se entrega habitualmente à ociosidade sem ter renda que lhe assegure meios de subsistência[175].

Na década de 1980, a política criminal de drogas de matriz estadunidense serviu de base para a criminalização e o aumento exponencial do encarceramento no Brasil, atingindo a parcela pobre do mercado de drogas, como mostrou largamente Vera Malaguti em suas pesquisas sobre a criminalização da juventude no país (MALAGUTI, 2003).

Durante a chamada *abertura democrática*, que culminou na promulgação da Constituição Federal de 1988, as drogas permaneceram como mote de controle, apoiado pela mídia, para a construção de novos estereótipos em torno do uso e da venda daquelas substâncias - para os jovens de classe média, atribuía-se um problema médico; para os jovens pobres, a criminalização e a necessidade de atendimento, transformando-os em *adolescentes infratores* (MALAGUTI, 2003, p. 3).

---

173 Em seu artigo 14, §6º, que "Será o crime justificavel, e não terá lugar a punição delle: [...] Quando o mal consistir no castigo moderado que os pais derem a seus filhos, os senhores a seus escravos, e os mestres aos seus discípulos; ou d'esse castigo resultar uma vez que a qualidade d'elle não seja contraria ás Leis em vigor"

174 Decreto nº 847, de 11 de outubro de 1890: "Art. 399. Deixar de exercitar profissão, officio, ou qualquer mister em que ganhe a vida, não possuindo meios de subsistencia e domicilio certo em que habite; prover a subsistencia por meio de occupação prohibida por lei, ou manifestamente offensiva da moral e dos bons costumes. [...] Art. 402. Fazer nas ruas e praças publicas exercicios de agilidade e destreza corporal conhecidos pela denominação capoeiragem; andar em correrias, com armas ou instrumentos capazes de produzir uma lesão corporal, provocando tumultos ou desordens, ameaçando pessoa certa ou incerta, ou incutindo temor de algum mal".

175 Decreto-lei nº 3.688, de 3 de outubro de 1941: "Art. 59. Entregar-se alguém habitualmente à ociosidade, sendo válido para o trabalho, sem ter renda que lhe assegure meios bastantes de subsistência, ou prover à própria subsistência mediante ocupação ilícita"

A política de drogas é responsável pelo encarceramento da juventude pobre e negra do país. No contexto de extrema desigualdade social e de oportunidades, enquanto alguns privilegiados estudam para se tornar profissionais de nível superior desejados pelo mercado, outros são recrutados como soldados do tráfico, facilitando a seletividade penal que se inicia na elaboração das normas penais orientadas por uma política criminal elitista e transborda nos mecanismos concretos do poder penal, desde a abordagem policial até a execução penal.

O levantamento nacional de informações penitenciárias (INFOPEN, 2017) descortina a triste realidade brasileira: com 726.712 pessoas privadas de liberdade, o Brasil assumiu o terceiro lugar no *ranking* dos países que mais prendem no mundo. Como se não bastasse a desonrosa medalha de bronze, face os nossos três concorrentes diretos nesse pódio autoritário (Estados Unidos, China e Rússia) somos o único país cuja população carcerária segue aumentando nos últimos anos.

Segundo os dados levantados pelo Departamento Penitenciário Nacional, a população prisional brasileira alcançou a marca de 726.712 presos no mês de junho de 2016, isso tudo sem contar as pessoas que se encontram em prisão domiciliar e as monitoradas eletronicamente.

O público-alvo do nosso sistema penal é bem definido: jovens negros de baixa escolaridade, acusados de tráfico e crimes patrimoniais. Os dados revelam que 55% dos presos têm até 29 anos, fração que se eleva a 74% se considerarmos os que possuem até 34 anos. No total, 64% são negros. Se considerados apenas a população do sistema penitenciário federal, 73% são negros. Do total de presos, 80% não concluíram o ensino médio. Em contrapartida, 0% possui ensino superior completo. Quanto aos homens, mais de 70% são acusados por tráfico ou crimes patrimoniais. Já com relação às mulheres, mais de 60% delas são acusadas por tráfico.

São números assustadores que revelam a seletividade do poder penal. Machado de Assis (1861) denunciou a dicotomia entre um *Brasil oficial* e um *Brasil real*, ainda no século XIX: "Não é desprezo pelo que é nosso, não é desdém pelo meu país. O país real, esse é bom, revela os melhores instintos; mas o país oficial, esse é caricato e burlesco". Não apenas seguimos com países distintos coexistindo numa mesma roupagem, mas institucionalizamos as diferenças por meio da aplicação do direito penal.

Diante desse cenário, está claro que há muito vivemos em guerra. O combate tem se destinado à eliminação de um inimigo interno: a população jovem, pobre e negra é descartável porque não interessa ao mercado. A essa humanidade subalterna aos interesses das classes superiores, reserva-se o poder penal que executa impunemente e prende cruelmente os excluídos, a pretexto de garantir a segurança pública e a paz social.

A criminalização da resistência

A década de 2010 assistiu à reconfiguração da normalidade penal brasileira. Contemporaneamente, o espetáculo criminal ilude a audiência ao anunciar que o inimigo é outro: políticos, empresários, intelectuais, comunicadores, membros do próprio sistema de justiça etc. O combate à corrupção, ao crime organizado e à impunidade alimenta uma fantasia penal que profetiza segurança e moralização da sociedade. Na realidade, além de acentuar a criminalização da pobreza, a nova curva autoritária inaugura um processo de *criminalização da resistência* à racionalidade neoliberal.

Se o direito penal é inevitavelmente seletivo e manipulado pelos donos do poder, as práticas reais revelam que os alvos do sistema de justiça criminal foram ampliados, mas o inimigo permanece o mesmo. De um lado, intensifica-se a *criminalização da pobreza*. De outro, promove-se a *criminalização da resistência*, direcionada especialmente aos adversários políticos, intelectuais críticos, comunicadores inconvenientes, advocacia combativa, servidores que permanecem leais à Constituição e setores estratégicos da economia nacional inconvenientes à lógica do mercado.

Do *Mensalão* à *Operação Lava Jato*, assistimos não apenas à ascensão do sistema de justiça como ator protagonista no cenário político (judicialização da política), mas vivemos uma época de imposição da subjetividade dos aplicadores do Direito por meio de atos que fraudam as normas constitucionais a pretexto de interpretá-las (politização da Justiça).

Se a expansão das matérias submetidas ao sistema de justiça pode ser apontada como fruto da *judicialização da política*, remetendo-nos a uma sociedade em que a justiça intervém em todos os aspectos da vida comum, o fenômeno que mais afeta o poder penal é a *politização da justiça*: ao abandonarmos os limites constitucionais, toda norma passa a ser aplicada como mero "ato de vontade", sujeita à atividade criativa pautada em valores exclusivamente morais dos aplicadores do Direito, a ponto de contrariar o próprio texto legal em situações extremas, num processo de esvaziamento de sentido da Constituição Federal.

O caso que entrou para a história como Mensalão, apontado pelo ministro Luís Roberto Barroso[176] como ponto fora da curva, foi a origem a um novo arco autoritário que traçou os contornos do atual *espetáculo penal midiático*, encenado para naturalizar a *relativização dos direitos fundamentais e garantias individuais* de determinados grupos, satisfazendo a opinião pública (da) na mesma proporção em que viola as normas constitucionais.

Fora da curva constitucional onde os direitos e garantias fundamentais ainda eram respeitados (ao menos a quem conseguia o *privilégio* de contar com uma defesa qualificada capaz de trazer as questões ao âmbito do Supremo Tribunal Federal), deu-se início a um novo arco histórico autoritário: o julgamento do *Mensalão* foi o primeiro passo do processo penal de exceção, segundo o qual o sistema de justiça criminal passou a ser manipulado de acordo com conveniências políticas, seletivamente direcionadas pelo poder econômico e pelo sistema midiático.

Nesse espetáculo, inaugurou-se a era dos julgamentos políticos voltados a atender ao desejo da audiência, nos quais é possível violar – declarando-se *relativizar* ou *reinterpretar* – direitos fundamentais e garantias individuais para atender ao clamor popular alimentado pela opinião pública(da). Dominados pelos interesses dos donos da riqueza, os meios de comunicação de massa dirigem o espetáculo que anuncia o direito penal como solução contra a violência urbana e a má administração pública.

A pretexto de se combater a corrupção e a impunidade de políticos, esse modelo que denominamos *processo penal de exceção* promove a corrupção dos direitos fundamentais e garantias individuais, acompanhada da impunidade dos operadores do Direito que servem aos interesses classistas do mercado contra a soberania popular.

Por mais que o discurso midiático anuncie que o sistema penal está *democratizando o arbítrio* ao condenar políticos e empresários, a realidade é que o público-alvo do nosso sistema penal permanece o mesmo: jovens negros de baixa escolaridade, acusados de tráfico e crimes patrimoniais[177]. Para cada con-

176 Durante sabatina na Comissão de Constituição e Justiça do Senado Luís Roberto Barroso afirmou que "o Mensalão foi, por muitas razões, um ponto fora da curva, mas não correspondeu a um endurecimento geral do Supremo" (Castro, 2013).

177 Os dados revelam que 55% dos presos têm até 29 anos, fração que se eleva a 74%

denação lavada a jato em audiência nacional, milhares de execuções e prisões silenciosas empilham corpos da juventude pobre e negra.

Até o início do século XXI, as medidas de exceção destinadas exclusivamente à tradicional criminalização da pobreza assumiam-se como táticas explícitas de exclusão, na forma de leis penais mais rigorosa contra os crimes patrimoniais e tráfico de drogas, de políticas públicas de negação ao direito de defesa a quem não tem recursos suficientes e desvalorização da Defensoria Pública bem como da condução das políticas jurídico-penais para perseguição de jovens, pobres e negros.

Se a normalidade penal brasileira pode ser apontada como a tradicional perseguição seletiva da pobreza, duas propostas se apresentavam como utopias para construção de um novo normal: (i) a *universalização efetiva dos direitos humanos* por meio da *inclusão* no ambiente dos direitos humanos dos grupos mais vulneráveis e tradicionalmente vitimados pelos arbítrios do poder penal ou (ii) a *universalização do arbítrio* mediante a *exclusão* da tutela dos direitos humanos daqueles grupos anteriormente inserido efetivamente no sistema jurídico.

A escolha do Supremo Tribunal Federal, replicada por todo o sistema de justiça brasileiro, tem sido por um modelo de direito penal máximo sustentado pela ilusão de que o processo penal seria um instrumento de segurança pública e pacificação social. Fazer justiça seria sinônimo de universalizar a crueldade, reprimindo severamente todos os desvios ao invés de estender a todos as mesmas garantias.

Todavia, a repressão criminal dirigida a uma parcela das lideranças políticas e a certos grupos empresariais brasileiros é apenas um truque, uma cortina de fumaça destinada a iludir as massas.

O processo de criminalização implica inevitavelmente a existência de uma zona de proteção e uma zona de perseguição. Ao anunciar a *universalização da intervenção penal*, o sistema de justiça promove apenas a exclusão de alguns grupos tradicionalmente privilegiados da zona de proteção, que se limita a acolher apenas aqueles que interessam ao mercado.

A expansão dos alvos do sistema penal produz dois efeitos nefastos à sociedade: de um lado, ocultam-se a proteção de grupos políticos alinhados à racio-

---

se considerarmos os que possuem até 34 anos. No total, 64% são negros. Se considerados apenas a população do sistema penitenciário federal, 73% são negros. Do total de presos, 80% não concluíram o ensino médio. Em contrapartida, 0% possui ensino superior completo. Quanto os homens, mais de 70% é acusado por tráfico ou crimes patrimoniais. Já em relação às mulheres, mais de 60% delas são acusadas por tráfico.

nalidade neoliberal e das corporações internacionais que dominam o mercado, de outro, intensifica o autoritarismo penal e a violência estatal contra as classes populares tradicionalmente atingidas pela normalidade penal.

Para Evgeni Bronislávovich Pachukanis (1988, p. 126), "a jurisdição penal não é somente uma encarnação da forma jurídica abstrata, mas também uma arma imediata na luta de classes". Portanto, é preciso ter em conta que a dominação de classe é inevitável ao direito penal.

É exatamente o que tem ocorrido no Brasil contemporâneo. As práticas neoliberais elevaram os níveis de concentração de renda e desigualdade social a patamares insustentáveis[178], que reclamaram a intensificação radical dos mecanismos violentos de repressão estatal. Desse modo, os direitos humanos passam a ser encarados como obstáculos transponíveis à eficiência punitiva de um Estado a serviço do mercado.

Considerações finais

No Brasil do século XXI, o poder soberano tem sido usurpado por uma articulação complexa entre o mercado, o sistema de justiça e os meios de comunicação de massa. Pedro Estevam Serrano (2016a) define esse fenômeno como *autoritarismo líquido*, fruto de *medidas de exceção* diluídas em atos, ritos e procedimentos democráticos. Atos tirânicos destinados a combater o inimigo, que violam o ordenamento jurídico a pretexto de aplicá-lo e se ocultam sob a forma institucionalizada da aparente legalidade dos atos do sistema de justiça.

Não há propriamente uma ditadura do Poder Judiciário, mas um sistema de justiça submisso à tirania do mercado soberano. Na sociedade brasileira dos nossos tempos, o Direito se tornou mera roupagem institucional manipulada pelo poder econômico com o propósito de ocultar a imposição de um conteúdo tirânico. As decisões políticas violam a soberania popular na medida em que

178 "Jorge Paulo Lemann (AB Inbev), Joseph Safra (Banco Safra), Marcel Hermmann Telles (AB Inbev), Carlos Alberto Sicupira (AB Inbev), Eduardo Saverin (Facebook) e Ermirio Pereira de Moraes (Grupo Votorantim) são as seis pessoas mais ricas do Brasil. Eles concentram, juntos, a mesma riqueza que os 100 milhões mais pobres do país, ou seja, a metade da população brasileira (207,7 milhões). Estes seis bilionários, se gastassem 1 milhão de reais por dia, juntos, levariam 36 anos para esgotar o equivalente ao seu patrimônio. Foi o que revelou um estudo sobre desigualdade social realizado pela Oxfam". ROSSI, Marina. Seis brasileiros concentram a mesma riqueza que a metade da população mais pobre. El país, 25 set. 2017. Disponível em <https://brasil.elpais.com/brasil/2017/09/22/politica/1506096531_079176.html> Acesso em: 22 jun. 2018.

todas as demandas socialmente relevantes passaram a ser definidas na arena judicial e a atuação do sistema de justiça se voltou à aclamação social como paradigma decisório em detrimento da legalidade constitucional.

O primeiro fenômeno observado nas práticas penais contemporâneas é a intensificação da *criminalização da pobreza*. Um sistema de controle característico da normalidade penal histórica brasileira, enquanto relação oligárquica e escravocrata de dominação das classes populares por uma elite interessada em preservar a ordem estabelecida. Os inimigos são os *pobres inúteis* que, diante da extrema desigualdade e do desenvolvimento do mais valor relativo, não são consumidores nem exército de mão de obra de reserva. O foco deixa de ser a docilização de corpos úteis, mas a *eliminação de corpos inúteis* mediante a execução brutal mascarada por autos de resistência forjados e o encarceramento cruel massificado da juventude pobre e negra nas zonas periféricas.

O segundo fenômeno que caracteriza o processo o penal de exceção é a deflagração da *criminalização da resistência*. Uma nova curva autoritária de repressão ao pensamento crítico na década de 2010, direcionada especialmente aos adversários políticos, intelectuais críticos, comunicadores inconvenientes, advocacia combativa, servidores que permanecem leais à Constituição e setores estratégicos da economia nacional inconvenientes à lógica do mercado dito globalizado. Junto à intensificação do autoritarismo penal tradicionalmente direcionado à criminalização da pobreza, deflagrou-se um sistema de *exclusão dos sujeitos inconvenientes* à imposição da racionalidade neoliberal. O foco é a eliminação física e/ou simbólica de todos os obstáculos à tirania do mercado, estimulada pelo discurso ilusório da eficiência penal em nome da moralidade administrativa e da segurança social, contra a corrupção e a impunidade.

Nessa estrutura autoritária, os direitos humanos passam a ser aplicados de forma seletiva, como mercadoria exclusiva aos privilegiados. O discurso do senso comum que clama "direitos humanos para humanos direitos" contamina as práticas concretas do sistema de justiça, voltadas não mais à legalidade constitucional, mas ao desejo de audiência fabricado pelos donos da riqueza.

No processo penal de exceção orientado por critérios utilitaristas, o sistema de justiça criminal promove a mais degradante forma de corrupção a pretexto de defender os direitos humanos de uns em detrimento de outros: os direitos fundamentais daqueles apontados como inimigos são violados impunemente, e suas garantias constitucionais passam a ser encaradas como obstáculos à eficiência punitiva.

Para cada Luiz Inácio, centenas de milhares de Rafaéis Braga[179]. Presos, executados, torturados, calados: cotidianamente injustiçados pelo assim chamado sistema de justiça criminal. O projeto constitucional de redução das desigualdades sociais e eliminação da miséria tem sido substituído por uma farsa anunciada como guerra ao crime e à impunidade, violando-se os limites normativos em prol de uma intervenção penal fundamentada no discurso midiático a serviço do poder econômico. A manipulação fraudulenta do processo penal brasileiro tornou-se arma de guerra na luta de classes contemporânea. Revelar esse jogo de aparências e descortinar a manipulação dos direitos humanos é o primeiro passo na tentativa de iluminar os caminhos da resistência em prol dos valores constitucionais e da soberania popular.

179 "Rafael Braga, único brasileiro condenado pelos protestos de junho de 2013 – por portar um frasco de desinfetante Pinho Sol, recebeu agora uma condenação por tráfico de drogas e associação para o tráfico. Em sentença publicada no dia 20, o juiz Ricardo Coronha Pinheiro, do Tribunal de Justiça do Rio de Janeiro, condenou o ex-catador de latas a 11 anos e três meses de prisão e ao pagamento de multa de 1.687 reais. A Braga foi atribuído o porte de 0,6 grama de maconha, 9,3 gramas de cocaína e um rojao. Desde seu primeiro depoimento em uma delegacia no Rio de Janeiro, o ex-catador afirma que tal material não lhe pertencia. Ele conta que, naquele 12 de janeiro de 2016, caminhava em direção à padaria para comprar pão quando foi abordado por policiais da UPP (Unidade de Polícia Pacificadora) da comunidade Vila Cruzeiro, na Penha. Braga cumpria sua pena pelo episódio de 2013 em regime aberto, com tornozeleira eletrônica. Ele afirma que, após ser revistado, os PMs ameaçaram jogar drogas em sua 'conta'. A defesa sustenta, ainda, que ele foi torturado e ameaçado de estupro. Segundo informações da Ponte Jornalismo, o juiz se recusou a ouvir uma testemunha arrolada pela defesa. Os únicos depoimentos considerados foram dados por policiais. Para a socióloga Nathalia Oliveira, coordenadora da Iniciativa Negra por Uma Nova Política sobre Drogas (INNPD), a Lei de Drogas brasileira é um instrumento de controle social das periferias. 'As pessoas são condenadas pelo CEP de onde moram, pela cor da pele e pelo testemunho do policial', diz. 'Basta a cena: sujeito periférico, de cor preta. Se a polícia disser que ele é traficante com base em um objeto forjado, essa tese será facilmente aceita pela Justiça. É uma lei que dá muita liberdade para o policial e para o juiz.' C" (Caso Rafael Braga: "A Justiça reforça a segregação racial no Brasil". Carta Capital, 26 abri. 2017. Disponível em: <https://www.cartacapital.com.br/sociedade/caso-rafael-braga-justica-reforca-a-segregacao-racial-no-brasil>. Acesso em: 09 jul. 2018).

Referências:

AGAMBEN, Giorgio (2007). Estado de exceção. São Paulo: Boitempo Editorial.

ASSIS, Machado (1861). "Comentários da semana". Publicado originalmente no 'Diário do Rio de Janeiro', Rio de Janeiro, 29 de dezembro de 1861 | Obra Completa, Machado de Assis, Rio de Janeiro: Edições W. M. Jackson, 1938.

CASARA, Rubens R. R. (2017). Estado pós-democrático: neo-obscurantismo e gestão dos indesejáveis. Rio de Janeiro: Civilização Brasileira.

GORENDER, Jacob (1980). O escravismo colonial. 3a. ed. São Paulo: Ática.

INSTITUTO DE PESQUISA ECONÔMICA APLICADA (2015). A aplicação de Penas e Medidas Alternativas. Rio de Janeiro. Disponível em: <http://www.ipea.gov.br/agencia/images/stories/PDFs/relatoriopesquisa/150325_relatorio_aplicacao_penas.pdf> . Acesso em 10 fev. 2018.

LACERDA, Fernando Hideo Iochida (2018). Processo penal de exceção. Tese (Doutorado em Direito) – Faculdade de Direito, Pontifícia Universidade Católica de São Paulo, São Paulo.

MALAGUTI, Vera (2003) "A juventude e a questão criminal no Brasil". In: CNJus. Disponível em: <http://www.cnj.jus.br/files/conteudo/arquivo/2016/02/1053773b21eb7 cc6e5600f16cc0663e4.pdf> Acesso em 15 fev. 2018.

MARX, Karl (2017). O capital: crítica da economia política: Livro I: o processo de produção do capital, 2ª ed. São Paulo, Boitempo.

MARX, Karl; ENGELS, Friedrich (2007). A ideologia alemã. São Paulo, Boitempo.

MASCARO, Alysson Leandro (2014). Filosofia do Direito. São Paulo: Atlas.

MBEMBE, Achille (2014). Crítica da Razão Negra. Lisboa: Editora Antígona.

PACHUKANIS, Evgeni (1988). Teoria geral do direito e marxismo, trad. Sílvio Donizete Chagas, São Paulo, Acadêmica.

ROSSI, Marina (2018). Seis brasileiros concentram a mesma riqueza que a metade da população mais pobre. El país, 25 set.2017. Disponível em <https://brasil.elpais.com/brasil/2017/09/22/politica/1506096531_079176.html> Acesso em 22 jun.2018.

SCHMITT, Carl (2009). Teología Politica. Madrid: Trotta.

SERRANO, Pedro Estevam Alves Pinto (2016a). Autoritarismo e golpe na América Latina: Breve ensaio sobre jurisdição e exceção. São Paulo: Alameda.

_____ (2016b). Entrevista: "O que parece estar ocorrendo na América Latina é a substituição da farda pela toga". Revista Fórum. Disponível em: < https://www.revistaforum.com.br/pedro-serrano-o-que-parece-estar-ocorrendo-na-america-latina-e-a-substituicao-da-farda-pela-toga/> Acesso em: 15.02.2018.

VALIM, Rafael (2017). Estado de exceção: a forma jurídica do neoliberalismo. São Paulo: Editora Contracorrente.

7. RETROCESSOS NA EFETIVAÇÃO DOS DIREITOS DOS POVOS ANCESTRAIS: DESTERRITORIALIZAÇÃO, DESCONSTITUCIONALIZAÇÃO E RECONSTRUÇÃO PERSPECTIVAS

Flávio de Leão Bastos Pereira[180]

Quem habita este planeta não é o homem, mas os homens. A pluralidade é a lei da tera.

Hannah Arendt

Algumas considerações sobre a democracia brasileira a partir da constituição republicana de 1988

Conhecemos o caminho maldito: rasgar a Constituição, trancar as portas do Parlamento, garrotear a liberdade, mandar os patriotas para a cadeia, o exílio e o cemitério.

Ulysses Guimarães, discurso em 5 de outubro de 1988 durante a sessão de promulgação da Constituição da República Federativa do Brasil, Brasília-DF[181].

---

180 Doutor e mestre pela Universidade Presbiteriana Mackenzie. Coordenador adjunto da Faculdade de Direito da Universidade Presbiteriana Mackenzie, onde leciona a disciplina Direitos Humanos. Especialista em Direitos Fundamentais pela Universidade de Coimbra (Instituto Ius Gentium Conimbrigae/IGC) e IBCCRIM. Egresso do International Institute For Genocide and Human Rights Studies (Zoryan Institute), University of Toronto (Canadá). Membro do rol de especialistas da Academia Internacional dos Princípios de Nuremberg/Alemanha. Conselheiro componente do Conselho Editorial da Imprensa Oficial do Estado de São Paulo (desde janeiro de 2019). Colaborador do Departamento de História, IFCH/Unicamp, desde 2018, sob supervisão de Pedro Paulo A. Funari.

181 GUIMARÃES, Ulysses. 50 Discursos que marcaram o mundo moderno, p. 215. BURNET, Andrew (Org.); MARCOANTONIO, Janaína (Trad.). Porto Alegre: L&PM, 2018.

A democracia não corre, mas atinge segura seu objetivo. Essa conhecida afirmação de Johan Wolfgang von Goethe apresenta, em essência, uma verdade da qual consequências inafastáveis são também constatáveis quando processos políticos de exceção geram interferências ou interrupções que inviabilizam o alcance de certos graus de densidade democrática, reduzindo, assim, a patamares iniciais ou rudimentares a experiência democrática de certa sociedade, que, presa às vicissitudes das próprias instabilidades sócio-políticas, permanece sob o domínio de espirais históricas ou círculos viciosos que impedem seu acesso ao legítimo e profundo estado democrático de alta intensidade.

A democracia brasileira que se pretendeu construir a partir da denominada Nova República, no período da redemocratização iniciado no ano de 1985, ano também da eleição indireta de Tancredo Neves e cujo ápice e momento catalisador das esperanças do povo brasileiro pode ser identificado com o histórico anúncio do deputado Ulysses Guimarães à nação da promulgação da nova Constituição da República Federativa do Brasil, e declarando o sentimento de ódio e nojo à ditadura pelo povo brasileiro, pode ser considerada como um período caracterizado pelo reconhecimento e sedimentação do resultado de diversas e distintas lutas iniciadas, algumas, há alguns séculos, como na hipótese da luta dos povos indígenas contra o extermínio e a espoliação de suas riquezas culturais e naturais; outras, em períodos mais recentes da história brasileira, como no caso dos enfrentamentos das sufragistas brasileiras pela conquista do direito ao voto feminino após a vitória judicial da professora potiguar Celina Guimarães Viana, que exigia poder exercer tal direito, no ano de 1928.[182] A constatação essencial em relação à referida ordem constitucional, sem dúvida alguma, refere-se ao estabelecimento de um cenário político-constitucional de reconhecimento dos distintos seguimentos da sociedade brasileira, considerada em todas as suas assimetrias e vulnerabilidades, a partir de então destinatárias de programas e políticas públicas estabelecidas pela Carta Maior e, como é cediço, inspirada pela ideia de *dignidade* da pessoa humana, valor que inaugura a ordem político-jurídica e, ao mesmo tempo, objetivo a ser efetivado sob a responsabilidade do Estado e da sociedade brasileira.

Encontramos, pois, a consagração de um amplo espectro democrático ca-

---

182 ORIÁ, Ricardo. "Mulher e cidadania: A conquista do voto feminino no Brasil", p. 34. Cadernos Aslegis, n. 38, pp. 30-38, set/dez 2009. Associação dos Consultores Legislativos e de Orçamento e Fiscalização Financeira da Câmara dos Deputados. Brasília: Biblioteca Digital Câmara, 2009.

racterizado pela busca de um cenário social de espraiamento da ideia de *cidadania* em seu mais profundo significado político-participativo, sob uma teia constitucional evidentemente marcada pela função previdente em relação às mais básicas e profundamente distintas necessidades do povo brasileiro, assim considerado cada indivíduo representante de cada grupo ou seguimento da sociedade brasileira.

Nesse sentido, o constituinte tomou em consideração, dentre vários aspectos da realidade brasileira, o multiculturalismo que a distingue e caracteriza, fator considerado ao longo da história brasileira tanto para a discriminação espoliativa de alguns grupos de cidadãos por parte de setores oligárquicos inspirados por influências colonialistas e, posteriormente, capitalistas, e que conduz o país à sedimentação de um racismo claramente estrutural[183] e que depende, para sua expansão, da manutenção de milhares de cidadãos, especialmente negros e indígenas, em situação de pobreza e dependência de subempregos, como na hipótese da mão de obra indígena, barata e única alternativa de sobrevivência para aqueles que foram expulsos de suas terras ancestrais; de outro lado, o dito multiculturalismo demonstra o grau e a diversidade linguística, artística, musical, gastronômica, medicinal, apenas para citar alguns exemplos, e que tornam o Brasil uma sociedade única no que tange à existência de manifestações populares das quais decorre intensa produção de riquezas materiais e, principalmente, imateriais.

Não sem razão, a constituinte de 1988 estabelece por meio da sistemática constitucional evidente valorização dos direitos econômicos, sociais e culturais, enquanto direitos humanos fundamentais, gerando com tal dinâmica uma agenda programática voltada ao Estado e à própria sociedade que não pode – e não deve – ser desconsiderada sob pretextos ideológico-partidários, não apenas porque constituem bases inafastáveis para a construção de uma nação vislumbrada pelos idealizadores da Carta de 1988, representantes do povo brasileiro, mas também porque traduzem direitos, prerrogativas e garantias que ocupam a pauta civilizatória – assim como os direitos civis e políticos, acima de qualquer agenda de governo e sob uma coluna de sustentação consistente na cláusula democrática, que deve ser respeitada, protegida, efetivada e promovida pelo Estado brasileiro.

Conjugada a essa consagração dos direitos fundamentais, a Constituição de

183 Sobre racismo estrutural, ver ALMEIDA, Silvio. O que é racismo estrutural?. Belo Horizonte: Letramento, 2018.

1988 também pavimenta a via adequada para o estabelecimento dos diálogos cabíveis com os sistemas global e regional de proteção aos direitos humanos, a ponto de permitir que o sistema hierárquico-normativo pátrio sofra as inserções, em seu âmbito, das normas internacionais em distintas posições, conforme a situação que se apresente, ora reconhecendo a posição supralegal dos tratados internacionais de direitos humanos, ora consagrando a posição equivalente à de Emenda Constitucional, especialmente após a aprovação da Emenda Constitucional de nº 45, de 30 de dezembro de 2004[184] e posteriormente também à decisão proferida por ocasião do Recurso Extraordinário nº 349.703, em dezembro de 2008, ocasião na qual o então ministro Menezes Direito afirmou que "[...] *há uma força teórica para legitimar-se como fonte protetora dos direitos humanos, inspirada na ética, de convivência entre os Estados com respeito aos direitos humanos* [...]"[185].

Vislumbra-se, pois, a estruturação e a existência de um sistema político e jurídico que busca indicar, para uma sociedade multifacetada e assimétrica, um caminho a seguir, sob as luzes da normalidade democrática, com instrumentos de controle e para exercício da cidadania consagrados pelo constituinte de 1988. A cláusula democrática, condicionante inafastável para interpretação e efetivação das garantias consagradas pelo texto maior, espraia-se por todos ângulos e recônditos sob influência das normas disciplinadoras projetadas pela Carta de 1988, incluído o tratamento conferido à demarcação das terras indígenas e a garantia de preservação do modo de vida e das centenas de distintas culturas brotadas e desenvolvidas pelas dinâmicas estruturais e sociais que identificam cada uma das mais de trezentas nações indígenas que habitam o território brasileiro, fator essencial para a elevação da intensidade e qualidade democrática de um país eminentemente multicultural.

Ainda assim, o respeito aos direitos dos povos indígenas no Brasil constitui patamar democrático ainda muito distante de sua efetivação e, conforme análise a seguir, sob real ameaça por parte do Estado brasileiro que desconsidera a

---

184 PRESIDÊNCIA DA REPÚBLICA – Casa Civil – Subchefia para Assuntos Jurídicos. Emenda Constitucional nº 45, de 30 de dezembro de 2004: Altera dispositivos dos arts. 5º, 36, 52, 92, 93, 95, 98, 99, 102, 103, 104, 105, 107, 109, 111, 112, 114, 115, 125, 126, 127, 128, 129, 134 e 168 da Constituição Federal, e acrescenta os arts. 103-A, 103B, 111-A e 130-A, e dá outras providências. Disponível em: http://www.planalto.gov.br/ccivil_03/constituicao/emendas/emc/emc45.htm. Acesso em: 18 mar. 2019.

185 SUPREMO TRIBUNAL FEDERAL. STF restringe a prisão civil por dívida a inadimplente de pensão alimentícia. Disponível em: http://www.stf.jus.br/portal/cms/verNoticiaDetalhe.asp?idConteudo=100258. Acesso em: 18 mar. 2019.

própria Constituição e as vigentes normas internacionais, às quais aderiu, sob nova proposta marcadamente assimilacionista e, portanto, distante do modelo democrático-constitucional vigente, com o delineamento de diretriz que se busca implantar a partir de janeiro de 2019 com a edição da Medida Provisória nº 870/2019, cujo teor concretiza real ameaça à integridade das bases fundamentais necessárias à existência de tais povos, tanto sob o ponto de vista físico quanto cultural, em verdadeira ruptura com a normalidade constitucional democrática inaugurada em 1988 no que tange aos direitos dos povos indígenas, e cuja matriz constitucional consta do texto de seu artigo 231 que impõe ao Estado brasileiro e à sua sociedade a obrigatoriedade do respeito às suas terras ancestrais, seu modo de vida e tradições[186], pilar essencial gerador de estabilidade democrática além de outras garantias consagradas pelo constituinte de 1988.

1. Exceção

O Estado de Exceção não é uma ditadura... mas um espaço desprovido de lei.

Giorgio Agamben

A previsão consagrada pelo artigo 231 da Constituição da República de 1988, autêntica garantia fundamental que consagra o direito dos povos indígenas à sua organização social, costumes, línguas, crenças e tradições, além dos direitos originários sobre as terras que tradicionalmente ocupam, devendo ainda a União demarcar as referidas terras bem como proteger e fazer respeitar todos os bens pertencentes a tais povos, pelo que, visando dar maior eficácia a tais prerrogativas fundamentais, é também garantida a posse permanente dos povos indígenas sobre referidas terras, ao que se soma sua inalienabilidade e indisponibilidade, apresenta significado ainda mais profundo e vital para as nações ancestrais em território brasileiro, se comparada a uma propriedade titularizada por um cidadão que viva em um grande centro urbano, na sociedade dominante. Citada garantia fundamental constitui, essencialmente, a fronteira político-constitucional que pode significar a supressão da vida coletiva dos

186 PLANALTO. Constituição consagra direito indígena de manter terras, modo de vida e tradições. Disponível em: http://www4.planalto.gov.br/consea/comunicacao/noticias/2017/abril/constituicao-consagra-direito-indigena-de-manter-terras-modo-de-vida-e-tradicoes. Acesso em: 18 mar. 2019.

referidos povos, acaso privados de seu modo de vida desenvolvido sobre suas bases territoriais. Conforme alertado por Casé Angatu Xukuru Tupinambá[187]:

> Nós não somos donos da terra, nós somos a terra. O direito congênito, natural e originário é anterior ao direito da propriedade privada. Não estamos lutando por reforma agrária. Pelo fato de nós sermos a terra, temos o direito de estarmos na terra e o direito de proteger o que chamamos de sagrado, a natureza; é ela que nos nutre e nós a nutrimos à medida que a protegemos.

A atenta leitura da profunda e importante manifestação acima traz à tona a percepção de que a relação entre os povos ancestrais e a terra originariamente ocupada é marcada pela inafastável condicionante *vida e morte*; significa dizer, não há viabilidade para a manutenção e continuidade da vida coletiva, física ou cultural, sob um contexto marcado pela espoliação das referidas terras. Tem-se, neste ponto, portanto, a existência de um direito indiscutivelmente *humano* e *fundamental*: humano, pois inerente à vida comunal dos povos indígenas; fundamental, pois dita garantia é reconhecida pela ordem jurídica pátria e se revela imprescindível à intensificação da democracia brasileira, da qual decorre. A Constituição, além de organizar o Estado e a sociedade, eleva diante desse mesmo Estado verdadeiro escudo protetor, cujos elos reconhecem e delineiam os direitos fundamentais, afinal, limites aos abusos próprios das autoridades. À medida que referidos direitos fundamentais se tornam mais qualificados, estáveis e imunes às rupturas de sua teia protetiva, dá-se o avanço na qualidade democrática. Nesse sentido, explana Ingo Wolfgang Sarlet[188]:

> Os direitos fundamentais, consoante oportunamente averbou Hans-P. Schneider, podem ser considerados, nesse sentido, *conditio sine qua non* do Estado constitucional democrático.

Os sucessivos governos eleitos, próprios do regime democrático, devem assim

187 MACHADO, Ricardo. "Nós não somos donos da terra, nós somos a terra". Revista do Instituto Humanitas - Unisinos. São Leopoldo/RS: IHU, Ed. n° 527, 27 de agosto de 2018. Disponível em: http://www.ihuonline.unisinos.br/artigo/7395-nos-nao-somos--donos-da-terra-nos-somos-a-terra. Acesso em: 18 mar. 2019.

188 SARLET, Ingo Wolfgang. A eficácia dos direitos fundamentais – Uma teoria geral dos direitos fundamentais na perspectiva constitucional, p. 60. Porto Alegre: Livraria do Advogado Editora, 2015.

observar os parâmetros vigentes que condicionam o exercício do Poder, evitando as relativizações oportunistas e populistas, muitas vezes reacionárias e motivadas por antigos racismos, movimentos de exceção normalmente manipulados por um capitalismo e por interesses econômicos que, ao invés de promoverem o compartilhamento e a redistribuiçãodos benefícios auferidos pela exploração da via econômica – afinal, diretriz estabelecida pelo artigo 170 da Constituição Federal de 1988 – de forma equânime entre as camadas sociais mais desfavorecidas e vulneráveis dependem, para sua expansão, exatamente da manutenção de mão de obra barata, para sua expansão, situação predominantemente vivenciada por membros de comunidades indígenas espoliadas e expulsas de suas terras, além dos cidadãos que habitam as milhares de favelas existentes no Brasil, em sua maioria, negros ou pardos. A relativização dos direitos humanos fundamentais tem sua possibilidade reconhecida, porém apenas em situações excepcionais, sob pena da exceção tornar-se a regra. Infelizmente, a partir da edição da Medida Provisória nº 870/2019, tal fenômeno parece ter se confirmado. A atuação dos Poderes da República e a observância do sistema de freios e contrapesos é essencial para a preservação dos direitos fundamentais de grupos vulneráveis. As atuais tentativas em curso no cenário político brasileiro, tanto no âmbito do Poder Executivo quanto do Poder Legislativo e Judiciário que alteram substancialmente ditas competências, em especial no que tange aos povos indígenas, como o desmonte da *Fundação Nacional do Índio* (Funai); a Proposta de Emenda Constitucional n° 215 (PEC 215) ou a *tese do marco temporal* discutida no âmbito do Poder Judiciário, comprometem os direitos e garantais fundamentais essenciais à existência dos povos ancestrais e, por via oblíqua, a própria normalidade democrática de um país multicultural; parecem caminhar no sentido de instrumentalizar o ser humano e reduzi-lo a uma certa condição desprovida de humanidade e personalidade, história e cultura próprios, tanto no plano individual quanto coletivo, que na luta por sobreviver perde o contato com seus aspectos e meandros que o diferenciam dos demais membros da sociedade. Portanto, desprovido de qualquer traço de dignidade. Afinal, uma vez privado do contato com sua terra originária, desaparecem as condições que conferem ao indígena identidade e o sentimento de pertencimento. Os governos, ao desconsiderarem as diretrizes constitucionais e de direitos humanos, geram o fracionamento da sociedade, normalmente privilegiando uma minoria e impondo a assunção de papéis subalternos e inferiorizados a grandes parcelas das populações, porém necessárias à manutenção de um sistema econômico racista e iníquo. Tais rupturas com os parâmetros democrático-constitucionais apresentam, normalmente, um recorte étnico-social e de gênero que Foucault e Achille Mbembe atribuirão ao que denominam de *biopoder*. Assim, por exemplo, negros normalmente constituem as principais vítimas em casos de homicídios no Brasil e raramente podem ser encontrados nas melhores universidades ou em postos de comando no mercado de trabalho[189]. Nas palavras de Achille Mbembe[190], ao comentar sobre a ideia do biopoder em Foucault:

> Na formulação de Foucault, o biopoder parece funcionar mediante a divisão entre as pessoas que devem viver e as que devem morrer. Operando com base em uma divisão entre os vivos e os mortos, tal poder se define em relação a um campo biológico – do qual toma o controle e no qual se inscreve. Esse controle pressupõe a distribuição da espécie humana em grupos, a subdivisão da população em subgrupos e o estabelecimento de uma censura biológica entre uns e outros. Isso é o que Foucault rotula com o termo (aparentemente familiar) 'racismo'.

Nota-se, pois, que além da inconstitucionalidade que marca o teor da M.P. 870/2019 em seu em seu artigo 21, inciso XIV, combinado com o §2º, ao que se soma a ausência de convencionalidade na medida em que confronta também com as normas internacionais e regionais protetivas dos direitos dos povos indígenas, outra consequência de extrema gravidade recai exatamente na deterioração e fragilização de bases consideradas fundamentais para a existência dos povos atingidos pela referida medida, já que a transferência da competência administrativa para a demarcação de terras indígenas do Ministério da Justiça para o Ministério da Agricultura, cuja agenda é flagrantemente conflitante com os interesses dos respectivos povos originários, demonstra o propósito do Estado brasileiro sob a atual gestão em excepcionar a ordem constitucional,

189 Ver Atlas da Violência de 2017: [...] A população negra corresponde a maioria (78,9%) dos 10% dos indivíduos com mais chances de serem vítimas de homicídios. Atualmente, de cada 100 pessoas assassinadas no Brasil, 71 são negras. De acordo com informações do Atlas, os negros possuem chances 23,5% maiores de serem assassinados em relação a brasileiros de outras raças, já descontado o efeito da idade, escolaridade, do sexo, estado civil e bairro de residência. [...]. Ipea e Fórum Brasileiro de Segurança Pública. Atlas da Violência 2017. Disponível em: http://www.ipea.gov.br/portal/images/170602_atlas_da_violencia_2017.pdf-. Acesso em: 18 mar. 2019.

190 MBEMBE, Achille. Necropolítica, p. 17. São Paulo: N1 Edições, 3ª edição, 2018.

injustificadamente, especialmente quanto ao comando do artigo 231 da Carta maior, que pretende esvaziar.

1. Desterritorialização e proteção holística aos direitos culturais próprias à democracia

Na medida em que a conexão dos povos e comunidades indígenas com suas terras originárias apresenta importância que transcende os aspectos puramente patrimoniais, qualificando-se tal relação pelos aspectos vitais que encerra, o desrespeito aos direitos previstos pelo texto constitucional conduz não apenas à privação da posse sobre a terra, mas, também, gera como consequência um efeito destrutivo sucessivo sobre o conjunto de bens materiais e imateriais pertencentes a tais povos. Ou seja, a terra significa, outrossim, a base sobre a qual as dinâmicas relacionais e estruturais de cada sociedade indígena encontram seu espaço para evolução e reinvenção. Sem a terra ou com sua terra explorada por agentes privados, lícita ou ilicitamente, sob as vistas e tolerância do Estado, que viola, portanto, seu dever de proteger os direitos humanos violados por terceiros, resta comprometida a existência mesma desses grupos humanos. Não se pode, assim, vislumbrar a normalidade democrática sob um cenário como o descrito, já que tal conjunto de violações, constantes, implica em resultados etnocidas, sob a justificativa desenvolvimentista, conforme já pudemos destacar, visto que as bases existenciais dos povos indígenas (a terra; seu modo e vida e de produção etc.) são consideradas obstáculos pelo Estado e, também, por parte do setor privado interessado na exploração de suas riquezas[191].

Atinge-se, portanto, a situação de *desterritorialização*, termo que, em princípio, pode transmitir a ideia de privação de acesso, posse e fruição da terra, mas que, em sua essência, traduz também o processo de ampla dilapidação do conjunto patrimonial material e imaterial dos povos indígenas. Vale dizer, sem a terra ancestral, não mais podem ser desenvolvidos, *v.g*, os grafismos indígenas ou quaisquer outras manifestações culturais, uma vez que toda e qualquer projeção identitária reflete um universo cosmológico único e irrepetível, razão pela qual dito processo confere vitalidade e concretude ao constitucionalismo multicultural e exige, para sua expressão, uma base territorial. Por tal razão, sua espoliação ilícita, seja pela tomada pura e simples, seja por meio da destruição

191 PEREIRA, Flávio de Leão Bastos. Genocídio Indígena no Brasil – Desenvolvimentismo entre 1964 e 1985, pp. 88-89. Curitiba: Ed. Juruá, 2018.

do ecossistema causada por tragédias ambientais fruto da omissão do Estado conjugada com ações destrutivas de entidades privadas, pode tipificar, até mesmo, o crime de *etnocídio*[192]. Isso, pois, a proteção constitucional conferida aos direitos culturais envolve um plexo de desdobramentos em outras e variadas garantias, como o direito ao desenvolvimento, a liberdade de pensamento e de culto, a proteção ao patrimônio imaterial, a preservação do idioma, garantia ao patrimônio genético etc., que resultam violados pelas medidas recentemente adotadas pelo Estado brasileiro, dentre as quais a edição da M.P. 870/2019.

No plano internacional, especificamente o sistema global, segue-se a mesma linha protetiva em relação ao conjunto patrimonial material e imaterial indígena bem como o acesso à propriedade sobre as terras ancestrais[193], como se depreende pelos textos da *Convenção nº 169 da OIT* (2004); da *Declaração das Nações Unidas sobre os Direitos dos Povos Indígenas* (2006) e, ainda, da *Declaração Americana sobre os Direitos dos Povos Indígenas* (2016). Portanto, as políticas públicas e decisões governamentais referentes a tais povos necessariamente passam por um sistema que será mais eficaz à medida que as interpretações e soluções político-jurídicas protetivas se mostrarem sistemáticas e holísticas. Nesse sentido, explica Sandra Akemi Shimada Kishi ao se referir aos povos tradicionais e seus direitos fundamentais[194]:

192.O termo etnocídio, assim como o termo genocídio, foram cunhados pelo jurista judeu-polonês Raphael Lemkin em sua clássica obra Axis Rule in Occupied Europe, publicada em 1944, nos termos seguintes: "[...] por genocídio entendemos a destruição de uma nação ou de um grupo étnico. Esta nova palavra, criada pelo autor para designar um antigo costume em sua expressão moderna, surge da antiga palavra grega genos (raça, tribo) e da latina cide (matar), e assim corresponde, em sua formação, a palavras tais como tiranicídio, homicídio, infanticídio etc. Poderia ser utilizado outro termo para a mesma ideia, a saber, etnocídio, composto pela palavra grega etnos – nação – e a palavra latina cide" (LEMKIN, Raphael, El Dominio del Eje en la Europa Ocupada, p. 153, tradução nossa). Trecho original, em Espanhol: "[...] por 'genocidio' entendemos la destrucción de uma nación o uN grupo étnico. Esta nueva palavra, acuñada por el autor para denotar una Antígua costumbre en su expresión moderna, surge de la antigua palavra griega genos (raza, tribu) y de la latina cide (matar), y así se corresponde, en suformación, a palavras tales como tiranicidio, homicídio, infanticídio, etc. Podria utilizar se otro término para la misma idea, a saber, etnocidio, compuesto por la palavra griega etnos – nación – y la palavra latina cide".

193 O artigo 231 da Constituição da República Federativa do Brasil não menciona propriedade, mas a posse permanente sobre suas terras.

194 KISHI, Sandra Akemi Shimada. "Conhecimentos e povos tradicionais: A valorização da dignidade humana pelo direito patrimonial cultural". In: Bens culturais e direitos humanos, obra coletiva. SOARES, Inês Virgínia Prado; CUREAU, Sandra (Org.), pp. 209-229. São Paulo: Edições Sesc São Paulo, 2015.

> A proteção jurídica dos povos tradicionais há de ser holística, integrando todos os demais valores de interface, como aqueles relacionados ao saneamento, à segurança, ao trabalho, aos serviços públicos, ao ambiente, à cultura, à economia e aos peculiares modos de vida daquelas comunidades. A dosagem equilibrada entre o fragmentarismo e uma visão holística na proteção dos povos e dos conhecimentos tradicionais tende a facilitar o caminho para um efetivo desenvolvimento desses povos e de sua cultura, com vital dignidade."

A tutela assim sistematizada e efetivada de modo a considerar todos os ângulos próprios a cada distinta cultura presente no território brasileiro, trate-se dos povos indígenas, cuide-se dos povos tradicionais, traduz via eficaz de densificação democrática e viabiliza o desenvolvimento sócio-econômico-cultural do povo brasileiro em suas múltiplas manifestações e referenciais culturais. Afinal, constitui fundamento da República Federativa do Brasil a cláusula democrática, cuja ótica é premissa para a interpretação das normas vigentes e norte para implementação das políticas públicas cabíveis. A edição da M.P. nº 870/2019 parece caminhar no sentido inverso, colaborando para evidente retrocesso democrático e corroborando para uma suposta crise de democracia. Referida medida concretizada pelo Estado brasileiro a partir de janeiro de 2019 conduz o cenário democrático, no que tange especificamente aos direitos dos povos indígenas, objeto da presente análise, a uma situação de exceção, além de provocar o desmonte das estruturas protetivas dos direitos humanos titularizados por referidos povos. A situação revela-se com tamanha gravidade, que atualmente não se é possível saber qual o órgão governamental responsável pela demarcação das terras indígenas, já que a Fundação Nacional do Índio (Funai) foi praticamente desmontada e esvaziada.

1. Relativização da normalidade constitucional-democrática. A estruturação administrativa como obstáculo à efetivação dos direitos fundamentais

> *Só cabe a nós definir como queremos viver e como queremos morrer.* Glicéria Tupinambá, líder indígena do povo Tupinambá, em discurso nas Nações Unidas, Genebra[195]

Passamos, neste ponto, a analisar o texto da própria M.P. nº 870/2019 e a tensão gerada quando confrontado seu artigo 21, inciso XIV, combinado com o §2º, com o texto constitucional e normas internacionais, na medida em que o sistema constitucional brasileiro, assim como os sistemas global e regional protetivos dos direitos humanos e, mais especificamente, dos direitos dos povos indígenas constituem estrutura lógica, bem sistematizada e fundada em princípios inafastáveis, de natureza pétrea e que marcam avanço civilizacional cujo retrocesso não é admissível.

Deve-se observar a sistemática constitucional, que tem a *dignidade* como valor fundante e que, em todo o seu texto, consagra os direitos fundamentais titularizados por todos os cidadãos que vivam em território brasileiro, como opção e busca do constituinte por legar ao país uma democracia de alta densidade e, como já afirmado, que reconhece os direitos e garantias também dos grupos mais vulneráveis da sociedade, bem como de suas minorias, o que, afinal, queda evidente por meio da sistemática constitucional programática que tem o Estado, mas também a sociedade, em certos casos, como destinatários de responsabilidades civilizacionais traduzidas em programas e ações sociais, econômicas e políticas necessárias ao cumprimento dos objetivos da República Federativa do Brasil constantes de seu artigo 3º.

Especificamente no que concerne ao tema objeto da presente análise, e considerando uma adequada interpretação sistemática em relação à opção constitucional vigente a partir de outubro de 1988, não é possível uma aferição precisa das consequências da edição da Medida Provisória nº 870/2019 sem a

195 COMBATE RACISMO AMBIENTAL. Glicéria Tupinambá, a voz da mulher indígena na ONU: "Só cabe a nós definir como queremos viver e morrer". Disponível em: https://racismoambiental.net.br/2019/03/22/gliceria-tupinamba-a-voz-da-mulher-indigena-na-onu-so-cabe-a-nos-definir-como-queremos-viver-e-morrer/. Acesso em: 23 mar. 2019.

consideração inicial de que constitui fundamento da República que se pretende um *Estado Democrático de Direito*, exatamente o pluralismo político, ideia cuja essência é adensada exatamente pela admissão de convivência entre o que é *diverso, plural, antagônico*, ao que se somam os fundamentos republicanos da *cidadania* e da *dignidade da pessoa humana*. Vale reafirmar: a ordem constitucional brasileira é estabelecida sobre pilares e bases democrático-pluralistas, o que significa a obrigatoriedade de respeito, preservação e defesa de absolutamente todo o plexo ou mosaico de especificidades culturais, étnicas, raciais, religiosas, nacionais, políticas e econômicas conviventes em território brasileiro. Especificamente em relação à proteção das centenas e distintas culturas indígenas existentes há milhares de anos em território nacional, o constituinte optou por considerar referida situação em seus artigos 215 *caput* e §1º; 231 e 232, todos da Constituição Federal de 1988, projeção de dinâmica legiferante lógica e que marca também a evolução internacional e nacional das normas protetivas dos direitos humanos, partindo de disposições gerais protetivas dos direitos titularizados por todos os grupos humanos existentes (por exemplo, em seus artigos 1º, 5º, 6º etc., dentre outros) até a normatização de direitos humanos por meio de prismas mais específicos e concretos, relacionados a grupos específicos, especialmente aqueles marcados por maior vulnerabilidade, conforme acima enfatizado.

Ao considerarmos ditos dispositivos, podemos estabelecer de modo sucinto alguns pontos inarredáveis e indispensáveis ao perfazimento e realização do pacto social civilizatório fruto da opção do povo brasileiro e de seus constituintes em 1988. De fato, sua consideração evoca aspectos civilizatórios localizados em patamares bem superiores a qualquer tendência ideológica que caracterize qualquer governo transitório num regime democrático ou momentaneamente no exercício do poder, quais sejam, dentre outros:

a) Garantia, apoio, difusão, incentivo, pleno exercício e acesso à cultura;

b) Acesso às manifestações das culturas populares, indígenas e afro-brasileiras, e das de outros grupos participantes do processo civilizatório nacional;

c) Valorização da diversidade étnica e regional;

d) Reconhecimento, aos povos indígenas, de sua organização

social, costumes, línguas, crenças e tradições, e os direitos originários sobre as terras que tradicionalmente ocupam;

e) Obrigatoriedade de demarcação e proteção das terras indígenas bem como reconhecimento de todos os seus bens, pela União;

f) Reconhecimento das terras tradicionalmente ocupadas pelos índios, as por eles habitadas em caráter permanente, as utilizadas para suas atividades produtivas, as imprescindíveis à preservação dos recursos ambientais necessários a seu bem-estar e as necessárias à sua reprodução física e cultural, segundo seus usos, costumes e tradições;

g) Reconhecimento da posse permanente bem como do usufruto exclusivo das riquezas do solo, dos rios e dos lagos existentes nas terras tradicionalmente ocupadas pelas nações indígenas;

h) Garantia de prévia consulta e autorização do Congresso Nacional para que se dê o aproveitamento dos recursos hídricos, incluídos os potenciais energéticos, a pesquisa e a lavra das riquezas minerais em terras indígenas, devendo-se garantir sua participação nos resultados da lavra, a ser regulado por lei;

i) Inalienabilidade e indisponibilidade das terras indígenas bem como imprescritibilidade dos direitos decorrentes;

j) Vedação de remoção dos grupos indígenas de suas terras, salvo, mediante concordância do Congresso Nacional, em caso de catástrofe ou epidemia que ponha em risco sua população, ou no interesse da soberania do País, após deliberação do Congresso Nacional, garantido, em qualquer hipótese, o retorno imediato logo que cesse o risco.

A consideração aos mandamentos constitucionais acima mencionados, à evidência caracterizados como cláusulas pétreas (artigo 60, §4º, CF/88), v.g., a garantia dos povos indígenas de não serem removidos de suas terras, conduz à inafastável afirmação de que a normalidade democrática que se busca com a consagração do texto maior de 1988 constitui regra não passível de relativização ou de exceção, salvo os casos expressamente previstos na própria Constituição (catástrofes ou epidemias, por exemplo), fator ausente e que justifique a proposta constante da Medida Provisória nº 870/2019, no que tange à alteração de competência para tratamento do tema *demarcação de terras indígenas*. Significa também afirmar que as novas diretrizes relacionadas à reorganização da administração pública na esfera federal, no que concerne ao tratamento dos direitos indígenas vem se revelando distante de qualquer razoabilidade passível de ser identificada, constituindo referida Medida Provisória autêntico exemplo de excepcionalidade ao Estado democrático de Direito. Até mesmo a consideração ao veículo normativo utilizado para dita reorganização, é flagrante a inconstitucionalidade formal por ausência de pressuposto objetivo, já que é claro e preciso o artigo 62, em seu §1º da Constituição da República Federativa do Brasil ao restringir e limitar os casos passíveis de serem disciplinados por Medida Provisória, sendo vedada sua edição sobre matéria relativa à cidadania, situação precisa quando se cuida de demarcação de terras indígenas, das quais dependem diretamente a existência dos referidos povos. Como dito, *as nações indígenas não possuem suas terras; eles são a terra.*

Porém, mesmo do ponto de vista material ou substancial, a Medida Provisória nº 870/2019 não resiste à mais superficial análise. O objetivo do Estado brasileiro, sob o governo que passou a exercer a administração do país a partir de janeiro de 2019, é permitir o acesso de terceiros particulares, especialmente mineradoras, fazendeiros, o agronegócio etc., às referidas terras, para sua exploração. Não sem razão, pela norma ora sob comento, a demarcação das terras indígenas foi transferida para a Pasta da Agricultura, medida que se revela absolutamente sem coerência do ponto de vista dos objetivos estabelecidos pelo constituinte[196]; ou, ainda, chama a atenção também a retomada de discussão de projeto em curso no Senado Federal, datado da década de 1990 e de autoria do então senador Romero Jucá (MDB-RR) e que altera a Constituição ao eliminar a necessária e prévia concordância dos povos indígenas para exploração, por mineradoras, de suas terras. Pelo projeto, as nações ancestrais seriam apenas informadas. Ainda que dito projeto garanta participação a tais povos no produto da lavra, a destruição do modo de vida do qual depende a existência de tais povos parecer ser o seu destino. Atualmente, muito embora a Carta de 1988 preveja a possibilidade de exploração por mineradoras em terras indígenas e participação na lavra, é necessária a prévia concordância dos povos a serem impactados, disciplinamento que vai de encontro ao artigo 6º, n. 1, alínea "a"

196 ESTADÃO. Governo Bolsonaro quer liberar produção agrícola em terra indígena, 2 de janeiro de 2019. Disponível em: https://economia.estadao.com.br/noticias/geral,-governo-bolsonaro-quer-liberar-producao-agricola-em-terra-indigena,70002664622. Acesso em: 30 mar. 2019.

da Convenção nº 169 da Organização Internacional do Trabalho (OIT), que impõe aos Estados signatários a necessidade de consultar previamente os povos indígenas *através de suas instituições representativas, cada vez que sejam previstas medidas legislativas ou administrativas suscetíveis de afetá-los diretamente.*[197] Entretanto, uma vez mais buscando alterar cláusula que, em nossa opinião, no que tange à prévia autorização dos povos indígenas como garantia constitucional e internacional posto necessária à manutenção de sua existência, revela-se como pétrea, o Estado brasileiro assume posição franca e contrária aos referidos direitos que, afinal, se violados, implicarão em verdadeira ruptura com as bases de vida mais elementares, sem as quais será acelerado o processo etnocida cometido contra os povos ancestrais em solo brasileiro.[198]

Mais do que o prévio consentimento acima apontado e consagrado pelas estruturas normativas e civilizacionais protetivas dos direitos humanos, nacionais e internacionais, foi reconhecida pela Corte Interamericana de Direitos Humanos a distinção entre a *consulta prévia* aos povos indígenas e o necessário e também prévio *consentimento* por parte dos citados povos, nos casos de *grandes projetos de empreendimento que provoquem perda de território ou seu grave comprometimento no que diz respeito ao acesso, uso e gozo dos recursos fundamentais à existência física e cultural do grupo*. Nesse sentido, fazemos referência à rica fundamentação proferida pela Corte Interamericana no caso Saramaka vs. Suriname, com sentença proferida em 28 de novembro de 2007.[199]

Excepcionar a ordem constitucional e internacional protetiva dos direitos humanos fundamentais implica no fortalecimento e no encaminhamento do Estado rumo à opressão. O fenômeno então decorrente pode ser facilmente já constatado, quando se verifica que a exceção se tornou a regra na relação entre o Estado brasileiro e sua população, em sua maioria carente da efetivação dos anseios e direitos sociais fundamentais. Ou seja, o Estado de exceção, enquanto

---

197 INTERNATIONAL LABOUR ORGANIZATION. C169 - Indigenous and Tribal Peoples Convention, 1989 (No. 169). Disponível em: https://www.ilo.org/dyn/normlex/en/f?p=NORMLEXPUB:12100:0::NO::P12100_ILO_CODE:C169. Acesso em: 30 mar. 2019.

198 O GLOBO. "Proposta do governo prevê que indígena não poderá vetar mineração", 8 de março de 2019. Disponível em: https://oglobo.globo.com/economia/proposta-do-governo-preve-que-indigena-nao-podera-vetar-mineracao-23506866. Acesso em: 30 mar. 2019.

199 MINISTÉRIO DA JUSTIÇA. Caso do Povo Saramaka Vs. Suriname. Jurisprudência da Corte Interamericana de Direitos Humanos/Secretaria Nacional de Justiça. Comissão de Anistia. Corte Interamericana de Direitos Humanos, pp. 257-303. Tradução da Corte Interamericana de Direitos Humanos. Brasília: Ministério da Justiça, 2014.

status político-econômico-social, migra do patamar de instrumento protetivo da visão constitucional para a situação na qual o Estado desconsidera e elimina os direitos fundamentais que conduziriam o povo a um ambiente social e econômico de equidade e justiça, portanto, também ético, incluídos em tal contexto os direitos indígenas. Como afirma Mário André Machado Cabral[200]:

> [...] A falta de acesso a direitos fundamentais garantidos constitucionalmente e a 'subinclusão' social e política de parcelas significativas da população indicam que as garantias democráticas e o Estado de Direito no subdesenvolvimento não encontram seara propícia à afirmação de seus significados, o que pode implicar um ambiente favorável ao autoritarismo e à exceção. Eis o que observa Celso Furtado: '... Um dos traços característicos do subdesenvolvimento é a exclusão de importantes segmentos da população da atividade política, privados que estão de recursos de poder'... De acordo com Bercovici... num segundo momento, com o triunfo dos movimentos constitucionalistas liberais do século XVIII e a consagração da supremacia da Constituição, o estado de exceção passou a ser um instrumento para a salvaguarda do texto constitucional... perante acontecimentos que ameaçassem a ordem constitucional posta... Com a ampliação da participação popular na democracia liberal, as Constituições passaram a incorporar demandas vindas do povo no sentido da implementação de justiça social, da igualdade das condições de vida da população e da modificação estrutural da organização socioeconômica da ordem estabelecida. Por isso, atualmente, o estado de exceção não seria mais utilizado necessariamente para a salvaguarda do Estado ou da Constituição. Conforme Bercovici, o estado de exceção seria invocado com o autoritarismo, a suspensão do direito, o desprezo pelo texto constitucional e a violação a garantias jurídico-constitucionais nele subentendidos [...].

A desconstrução dos direitos humanos fundamentais titularizados pelos povos indígenas em curso atualmente no Estado brasileiro implica no fortalecimento de um estado de exceção do ponto de vista econômico, cuja dinâmica é bem retratada acima pelo autor mencionado, assim como também do ponto de vista da cidadania, na medida em que, pouco a pouco, as medidas adotadas pelo

200 CABRAL, Mário André Machado. Subdesenvolvimento e estado de exceção – O papel da constituição econômica e do Estado no Brasil, pp. 17-18, 25. Rio de Janeiro: Lumen Juris, 2018.

governo a partir de janeiro de 2019 no sentido do afastamento das estruturas globais e regionais protetivas dos direitos humanos (objetivo bem declarado durante a campanha eleitoral no ano de 2018) implicará na própria extinção dos povos indígenas e seu modo de vida, autêntico genocídio.[201] Afirmamos em outra oportunidade, conjuntamente com Orlando Villas Bôas Filho[202] que:

> [...] A partir da matriz antidiscriminatória estabelecida pela Declaração Universal dos Direitos Humanos, tornou-se possível, como dito acima, a especificação e o reconhecimento dos direitos dos povos indígenas, especialmente por estabelecer a septuagenária declaração em seu artigo 2°, item 1, que todo ser humano tem capacidade para gozar os direitos e as liberdades por ela estabelecidos, sem distinção de qualquer espécie, seja de raça, cor, sexo, língua, religião, opinião política ou de outra natureza, origem nacional ou social, riqueza, nascimento, ou qualquer outra condição. Assim, por exemplo, a aprovação da Declaração Sobre os Direitos das Pessoas Pertencentes a Minorias Nacionais ou Étnicas, Religiosas e Linguísticas, de 1992 e aprovada pela resolução 47/135 da Assembleia Geral da ONU de 18 de dezembro de 1992, que estabelece claramente o direito das pessoas pertencentes às minorias nacionais ou étnicas, religiosas e linguísticas (doravante denominadas "pessoas pertencentes a minorias") de desfrutar de sua própria cultura, professar e praticar sua própria religião, e a utilizar seu próprio idioma, seja nas esferas públicas, seja nas esferas privadas, sem ingerência nem discriminação alguma.[...]

Nesse sentido, escore premente a necessidade de identificação de caminhos de reconstrução e com perspectivas a serem seguidos em face do cenário de desconstrução ora constatado.

---

201 Ver, por exemplo, Valor Econômico: "Brasil é voto isolado na OIT e ameaça deixar convenção sobre povos indígenas", 27 de março de 2019. Disponível em: https://www.valor.com.br/brasil/6183431/brasil-e-voto-isolado-na-oit-e-ameaca-deixar-convencao-sobre-povos-indigenas. Acesso em: 31 mar. 2019.

202 FILHO, Orlando Villas Bôas; PEREIRA, Flávio de Leão Bastos. "A Declaração Universal dos Direitos Humanos e seu impacto nos direitos dos povos indígenas: Diálogos entre o sistema global e o sistema interamericano de direitos humanos", p. 222. 1948-2018 – 70 Anos da Declaração Universal dos Direitos Humanos. ARRUDA, Eloisa de Sousa; PEREIRA, Flávio de Leão Bastos (Org.). São Paulo: Imprensa Oficial do Estado (Imesp), 2018.

1. Perspectivas e conclusões

A menção acima às declarações obra dos sistema global e regionais protetivos dos direitos humanos nos povos indígenas compõe um amplo e maior espectro de reconhecimentos sedimentados ao longo dos séculos e, ainda que contextos históricos, políticos e econômicos específicos possam levar a certas dúvidas e relativizações quanto à sua extensão e meios de efetivação, sua observância e seu reconhecimento, enquanto posturas indispensáveis à manutenção da existência própria de seus destinatários, não devem e não podem ser desconsiderados por qualquer governo que se diga democrático. Dessa maneira, e considerando a opção da constituinte de 1988 por uma República Federativa constituída como Estado Democrático de Direito, toda e qualquer projeção constitucional-normativa que implique no fortalecimento de toda a capilaridade de garantias e prerrogativas essencial à existência dos povos indígenas deve ser observada pelo Estado brasileiro e em face dele – e de seus agentes e servidores – deve ser oposta. Como ensina Robert Alexy[203]:

> [...] Algunos derechos humanos, como El derecho a la vida, se dirigen contra todos los que pueden ser sujetos de deberes y, com ello, contra toda persona, pero también contra todos los Estados y organizaciones [...].

Assim, se o direito à existência se mostra, por sua natureza e importância, como objeto de obrigatória efetivação todos, incluídos os Estados, a despeito de posturas ideológicas e governos que negam os direitos necessários à preservação e continuidade da existência de grupos humanos minoritários e vulneráveis, necessária é a identificação de caminhos e perspectivas que, se observados, poderão restabelecer vias democráticas, multiculturais e harmônicas com os direitos fundamentais. Importante a percepção de que a obrigação do Estado em relação à vida individual e de grupos humanos que componham a respectiva sociedade não se limita à observância (*achten*), mas também à efetiva proteção (*schützen*) contra a atuação de terceiros[204]. Cuida-se de obrigação da qual não pode o Estado

203 ALEXY, Robert. La Doble Naturaleza del Derecho –¿Derechos Humanos sin Metafísica?, p. 60. Madri: Editorial Trotta, 2016.

204 Referidas perspectivas foram reconhecidas pela jurisprudência do Tribunal Constitucional Federal da Alemanha, conforme explica Leonardo Martins: "[...] Os direitos fundamentais à vida e à incolumidade física nasceram, sem precedentes na história constitucional alemã, sob os impactos das atrocidades nazistas. Seu caráter originário era... de direito de resistência contra a intervenção estatal (Abwehrrecht). Contudo, o

brasileiro se afastar. Assim, diante de tal horizonte precisam os povos indígenas do Brasil e das Américas, juntamente com todas as forças sociais democráticas, reformular estratégias de ação, com ampla mobilização política, de modo a ocupar os espaços e os foros decisórios existentes tanto na sociedade quanto nas esferas de Poder; devem ocupar os parlamentos e reforçar a cidadania participativa e assim viabilizar novas propostas de convivência pluricultural, dentro do Estado. Nas palavras de Carlos Frederico Marés de Souza Filho[205]:

> [...] Seguramente não são idênticas as reivindicações de todos os povos, nem poderiam sê-lo, nem mesmo o entendimento que cada povo tem da coisa pública e do Estado Nacional em que vivem é homogêneo. Tudo isto ocorre em um Estado em crise que busca reformar-se a si mesmo e procura sua autossuperação. Esta busca explica a retórica pluralista das novas Constituições, mas também explica o descompasso delas com a prática dos Governos. Se os Estado não estão conseguindo pôr em prática o anunciado em suas constituições políticas, os próprios povos estão tratando de fazê-lo, e não só os indígenas, porque cada vez fica mais forte a necessidade de que todos sejam iguais em direitos, inclusive no direito de ser desigual.

Portanto, a via política prossegue como uma das principais no sentido da retomada da efetivação dos direitos fundamentais dos povos indígenas, especialmente se considerada a necessidade de reconstrução dos direitos sociais, culturais, coletivos e indígenas atualmente sob franca e declarada ofensiva.

A reconstrução de uma sociedade fraterna e pluralista, democrática e pluricultural, exigirá a atuação política de todos os que prezam a liberdade e a igualdade, tanto na esfera social quanto na seara política.

TCF vem desenvolvendo, desde a primeira decisão sobre o aborto (BVerfGE 39,1...), um segundo caráter que deu azo a uma dogmática expandida a outros direitos fundamentais: o caráter de dever estatal de tutela (staatliche Schutzpflicht) em face de agressões provenientes de particulares. Diz-se, na literatura especializada que o teor de dignidade humana nessa outorga é elevado. O direito fundamental à vida seria, nesse sentido, uma imediata derivação da dignidade humana. Por isso, o fundamento do dever estatal de tutela seria o Art. 2 II 1 c.c. Art. 1 /2 GG, com ênfase do verbo 'proteger' (schützen) em contraposição ao verbo 'observar' (achten), denotando o caráter positivo da proteção em relação ao tradicional caráter negativo." MARTINS, Leonardo. Tribunal Constitucional Federal Alemão – Decisões anotadas sobre direitos fundamentais, Volume 1, p. 175. São Paulo: Konrad-Adenauer Stiftung – KAS, 2016.

205 MARÉS, Carlos Frederico. O renascer dos povos indígenas para o Direito, p. 196. Curitiba: Juruá, 2012.

Referências

ALEXY, Robert. *La Doble Naturaleza del Derecho* -¿Derechos Humanos sin Metafísica?. Madri: Editorial Trotta, 2016.

ALMEIDA, Silvio. *O Que é Racismo Estrutural ?*. Belo Horizonte: Letramento, 2018.

CABRAL, Mário André Machado. *Subdesenvolvimento e Estado de Exceção – O Papel da Constituição Econômica e do Estado no Brasil.* Rio de Janeiro: Lumen Juris, 2018.

COMBATE RACISMO AMBIENTAL. *Glicéria Tupinambá, a voz da mulher indígena na ONU: "Só cabe a nós definir como queremos viver e morrer"*, 22.3.2019. Disponível em https://racismoambiental.net.br/2019/03/22/gliceria-tupinamba-a-voz-da-mulher-indigena-na-onu-so-cabe-a-nos-definir-como-queremos-viver-e-morrer/. Acesso em 23.03.2019.

ESTADÃO. *Governo Bolsonaro quer liberar produção agrícola em terra indígena*, 2 de janeiro de 2019. Disponível em https://economia.estadao.com.br/noticias/geral,governo-bolsonaro-quer-liberar-producao-agricola-em-terra-indigena,70002664622. Acesso em 30.03.2019.

FILHO, Orlando Villas Bôas; PEREIRA, Flávio de Leão Bastos. *A Declaração Universal dos Direitos Humanos e seu Impacto nos Direitos dos Povos Indígenas: Diálogos entre o Sistema Global e o Sistema Interamericano de Direitos Humanos.* 1948-2018 – 70 Anos da Declaração Universal dos Direitos Humanos – obra coletiva. ARRUDA, Eloisa de Sousa; PEREIRA, Flávio de Leão Bastos (Org.). São Paulo: Imprensa Oficial do Estado (IMESP), 2018.

GUIMARÃES, Uliysses. *50 Discursos que marcaram o mundo moderno.* BURNET, Andrew (Org.); MARCOANTONIO, Janaína (Trad.). Porto Alegre: L&PM, 2018.

INTERNATIONAL LABOUR ORGANIZATION. *C169 - Indigenous and Tribal Peoples Convention, 1989 (No. 169).* Disponível em https://www.ilo.org/dyn/normlex/en/f?p=NORMLEXPUB:12100:0::NO::P12100_ILO_CODE:C169. Acesso em 30.3.2019.

IPEA; Fórum Brasileiro de Segurança Pública. *Atlas da Violência 2017.* Disponível em http://www.ipea.gov.br/portal/images/170602_atlas_da_violencia_2017.pdf- acesso em 18.03.2019.

KISHI, Sandra Akemi Shimada. *Conhecimentos e Povos Tradicionais: A Valorização da Dignidade Humana Pelo Direito Patrimonial Cultural.* Bens

Culturais e Direitos Humanos, obra coletiva. SOARES, Inês Virgínia Prado; CUREAU, Sandra (Org.), p. 209-229. São Paulo: Edições SESC São Paulo, 2015.

LEMKIN, Raphael. *El Dominio del Ejeenla Europa Ocupada*. Buenos Aires: Prometeo Libros, 2009.

MACHADO, Ricardo. *"Nós não somos donos da terra, nós somos a terra"*. Revista do Instituto Humanitas - Unisinos. São Leopoldo/RS: IHU, Ed. n° 527, 27 de agosto de 2018. Disponível em http://www.ihuonline.unisinos.br/artigo/7395-nos-nao-somos-donos-da-terra-nos-somos-a-terra. Acesso em 18.03.2019.

MARÉS, Carlos Frederico Marés de Souza Filho. *O Renascer dos Povos Indígenas para o Direito*. Curitiba: Juruá, 2012.

MARTINS, Leonardo. *Tribunal Constitucional Federal Alemão – Decisões Anotadas sobre Direitos Fundamentais*, Volume 1. São Paulo: Konrad-Adenauer Stiftung – KAS, 2016.

MBEMBE, Achille. *Necropolítica*. São Paulo: N1 Edições, 3ª edição, 2018.

MINISTÉRIO DA JUSTIÇA. *Caso do Povo Saramaka Vs. Suriname*. Jurisprudência da Corte Interamericana de Direitos Humanos/Secretaria Nacional de Justiça. Comissão de Anistia. Corte Interamericana de Direitos Humanos. Tradução da Corte Interamericana de Direitos Humanos. Brasília: Ministério da Justiça, 2014.

O GLOBO. *Proposta do governo prevê que indígena não poderá vetar mineração*, 8 de março de 2019. Disponível em https://oglobo.globo.com/economia/proposta-do-governo-preve-que-indigena-nao-podera-vetar-mineracao-23506866. Acesso em 30.3.2019.

ORIÁ, Ricardo. *Mulher e Cidadania: A Conquista do Voto Feminino no Brasil*. Cadernos Aslegis, n.38, set/dez 2009. Associação dos Consultores Legislativos e de Orçamento e Fiscalização Financeira da Câmara dos Deputados. Brasília: Biblioteca Digital Câmara, 2009.

PEREIRA, Flávio de Leão Bastos. *Genocídio Indígena no Brasil – Desenvolvimentismo entre 1964 e 1985*. Curitiba: Ed. Juruá, 2018.

PLANALTO. *Constituição consagra direito indígena de manter terras, modo de vida e tradições*. Disponível em http://www4.planalto.gov.br/consea/comunicacao/noticias/2017/abril/constituicao-consagra-direito-indigena-de-manter-terras-modo-de-vida-e-tradicoes. Acesso em 18.03.2019.

PRESIDÊNCIA DA REPÚBLICA – Casa Civil – Subchefia para Assuntos

Jurídicos. Emenda Constitucional n° 45, de 30 de dezembro de 2004: *Altera dispositivos dos arts. 5º, 36, 52, 92, 93, 95, 98, 99, 102, 103, 104, 105, 107, 109, 111, 112, 114, 115, 125, 126, 127, 128, 129, 134 e 168 da Constituição Federal, e acrescenta os arts. 103-A, 103B, 111-A e 130-A, e dá outras providências.* Disponível em http://www.planalto.gov.br/ccivil_03/constituicao/emendas/emc/emc45.htm. Acesso em 18.03.2019.

SARLET, Ingo Wolfgang. *A Eficácia dos Direitos Fundamentais - Uma Teoria Geral dos Direitos Fundamentais na Perspectiva Constitucional*, p.60. Porto Alegre: Livraria do Advogado Editora, 2015.

SUPREMO TRIBUNAL FEDERAL. *STF restringe a prisão civil por dívida a inadimplente de pensão alimentícia.* Disponível em http://www.stf.jus.br/portal/cms/verNoticiaDetalhe.asp?idConteudo=100258. Acesso em 18.03.2019.

VALOR ECONÔMICO: *Brasil é voto isolado na OIT e ameaça deixar convenção sobre povos indígenas.* Disponível em https://www.valor.com.br/brasil/6183431/brasil-e-voto-isolado-na-oit-e-ameaca-deixar-convencao-sobre-povos-indigenas. Acesso em 31.3.2019.

8. A RESPONSABILIDADE POLÍTICA NO DIREITO CONSTITUCIONAL COMPARADO: IMPEACHMENT E REVOGAÇÃO DE MANDATO NO EQUADOR E NO BRASIL

Alessandro Soares[206] *& Gabriela Shizue Soares de Araujo*[207]

Introdução

O objetivo deste artigo é analisar de maneira comparativa aspectos relacionados a alguns instrumentos de responsabilidade política presentes nos atuais ordenamentos constitucionais de Brasil e Equador. Para isso, abordaremos os institutos do juízo político ou *impeachment* e da revogação de mandato. Cada um desses mecanismos constitucionais exerce funções próprias dentro de cada sistema político. Nosso argumento é o de que, em termos de responsabilidade política, comparativamente, a Constituição equatoriana de 2008 tem uma melhor regulamentação desses mecanismos do que a atual Carta Política brasileira de 1988. Melhor dizendo, o Texto Constitucional equatoriano tem maior probabilidade de servir como instrumento de amenização de crises e de defesa democrática – nesse sentido, pode-se afirmar que corresponde a um ordenamento mais racional. Dessa situação não devemos concluir que a Constituição equatoriana não tenha eventuais defeitos ou não mereça aperfeiçoamentos e críticas, mas, em termos comparativos, responde potencialmen-

206 Advogado. Doutor no programa de Administração, Fazenda e Justiça no Estado Social pela Faculdade de Direito da Universidade de Salamanca (Usal); doutor e mestre em Direito do Estado pela Universidade de São Paulo (USP); professor da Faculdade de Direito Constitucional da Universidade Presbiteriana Mackenzie (UPM).

207 Advogada. Doutoranda e mestre em Direito Constitucional pela Pontifícia Universidade Católica de São Paulo (PUC-SP); professora e coordenadora da extensão da Escola Paulista de Direito.

te melhor a dilemas latino-americanos. Em realidade, parece-nos que a instabilidade política vivenciada no Equador nos anos 1997, 2000 e 2005, momento em que presidentes eleitos foram substituídos rapidamente pelo Poder Legislativo, tem certa similitude contextual com a destituição de Dilma Rousseff em 2016 no Brasil. Se entendermos que a Constituição equatoriana de 2008 de alguma forma tenta responder às situações de crise que vivenciou o país, é possível dizer que talvez esse Texto Constitucional tenha algo a contribuir para uma discussão sobre o aperfeiçoamento da Carta Política brasileira de 1988.

1. O juízo político como responsabilidade política secundária

Como já adiantamos, o processo de *impeachment* ou juízo político e a revogação de mandato eletivo correspondem a modalidades de responsabilidade política.[208] Em verdade, impõe-se que façamos de início um apontamento terminológico sobre o "juízo político". Enquanto é comum na América hispânica a utilização da denominação "juízo político", no Brasil a Constituição de 1988 adotou a nomenclatura "crimes de responsabilidade", sendo que no campo acadêmico se fala em *impeachment*. De qualquer forma, ao longo desta exposição, utilizaremos preponderantemente a expressão juízo político[209].

---

208 Convém lembrar que a responsabilidade política encontra a sua origem na inversão da forma de legitimação do poder ocorrida sob o influxo do pensamento constitucional democrático. Antes do advento do Estado de Direito, o poder estatal sob a tutela do príncipe era um poder encarnado em sua própria pessoa ("L'État c'est moi"), e o exercício do poder estava submetido a fórmulas do tipo the king can do no wrong, um poder que só se responsabilizava perante esferas místicas para além das relações humanas. Nesse sentido, dizia nossa Carta monárquica brasileira de 1824, em seu art. 99, que "a pessoa do imperador é inviolável, e sagrada. Elle não está sujeito à responsabilidade alguma". Consoante Pedro Lomba: "O princípio da responsabilidade política, adoptado pelos regimes liberais e pelo constitucionalismo, remonta à preocupação da filosofia medieval com a moderação e legitimação do poder político. A sua implantação só se tornou possível com a revisão das concepções religiosas e teocráticas sobre a origem do poder político. Enquanto as comunidades políticas estiveram sob a autoridade e um Rex Dei Gratia, representante da vontade divina, a ideia de responsabilidade política não se pôde manifestar" (LOMBA, 2008, p. 26).

209 É no histórico do desenvolvimento das instituições políticas inglesas, particularmente a partir do século XIV, que encontramos as raízes do impeachment. Nesse sentido, deve se destacar que na prática anglo-saxã o processo de impeachment acabou por constituir um mecanismo pelo qual a Câmara dos Comuns apresentava uma acusação contra os ministros do rei perante a Câmara dos Lordes, que, por sua vez, detinha a competência de julgar e punir suas condutas. Vide nesse sentido: BROWN, Wrisley. The impeachment of the Federal Judiciary. Harvard Law Review, vol. 26, n. 8 (jun., 1913), p. 685; BERGER, Raoul. Impeachment: the constitutional problems. Mas-

Dito isso, importa notar que, como subespécies de responsabilidade, tanto o juízo político quanto a revogação de mandato estão marcados por características distintas. Nessa ordem de ideias, pergunta-se: como se constitui um cenário geral de responsabilidade política? De que modo podemos compreender e caracterizar tal tipo de responsabilidade a partir de princípios jurídicos constitucionais? De pronto, devemos afirmar e notar que o Estado de Direito moderno está completamente alicerçado na ideia de que um poder legítimo é um poder sob controle, limitado e, por isso, responsável. Toda a teoria do Estado liberal, cuja origem está nas revoluções burguesas do século XVII e XVIII, baseia-se nos limites ao poder estatal, que, em vez de ser destruído como esfera de poder, passa a ser relativizado e controlado.

O primeiro aspecto que se impõe observar é o de que a ideia de uma responsabilidade política só pode ocorrer na esfera de uma relação política. As relações que envolvem agente público administrativo (servidor público em geral) e administração destoam em larga medida daquelas que dizem respeito ao agente político. Neste último caso, põe-se em evidência uma relação de caráter democrático representativo, que envolve confiança popular, sufrágio e competição eleitoral, imperando a necessidade de satisfação de uma opinião pública para a manutenção do consenso democrático.

Agentes políticos assumem responsabilidades políticas, cujo ápice é o confronto eleitoral: "no regime democrático, determinados círculos mais amplos ou mais reduzidos do povo do Estado dispõem de um poder político eficaz que se revela praticamente, sobretudo, na nomeação, demissão e controle dos dirigentes políticos" (HELLER, 1968, p. 294).

Nesse sentido, a seguinte passagem de Madison é salutar:

> O objetivo de qualquer constituição política é – ou deve ser – antes de tudo escolher como dirigentes as pessoas mais capacitadas para discernir e mais eficientes para assegurar o bem-estar da sociedade; depois, tomar as mais seguras precauções no sentido de conservá-las eficientes enquanto desfrutarem da confiança pública. O processo eletivo de escolher dirigentes é a norma característica do governo republicano. Os meios com que conta esta forma de governo para evitar sua degeneração são numerosos e variados. O mais eficaz consiste na limitação do período dos mandatos, visando manter

sachusets: Harvard University Press, 1974, p. 26. VALENZUELA, Francisco Berlín. Derecho parlamentario. México: Fondo de Cultura Económica, 1993, p. 166.

uma adequada responsabilidade perante o povo (HAMILTON; MADISON; JAY, 1984, p. 451).

Com efeito, temos que responsabilidade política e representação política estão intrinsecamente ligadas. É o representante político, como agente mandatário do povo, que responde politicamente por suas condutas. Em termos históricos, a imagem categórica desse *status* de responsabilidade está no art. 15 da Declaração dos Direitos do Homem e do Cidadão de 1789, ao ditar que: "A Sociedade tem o direito de demandar contas a qualquer agente público de sua administração". Isso significa que não só o representante político deve atuar de maneira representativa, mas também que essa representação tem um caráter democrático, diga-se: é uma representação responsável frente ao eleitorado.[210] Fala-se, dessa forma, que o governo responsável é aquele que tem o dever de prestar contas (*accountability*).

Nesse sentido, Manin, Przeworski e Stokes (2003, p. 10) afirmam que:

> Os governos são "responsáveis" se os cidadãos são capazes de diferenciar os governos representativos dos não representativos e podem punir esses de forma adequada, mantendo no cargo os agentes que desempenharem bem o seu papel e destituindo do cargo aqueles que não o fizerem.

Na esteira desse raciocínio, Garcia de Enterría também é categórico, ao aduzir que "*Esta obligación de 'dar cuenta' es universal y debe ser efectiva, porque está en la raiz misma del princípio democrático*" (ENTERRÍA, 2003, p. 41). Assim, podemos considerar que, "como a representação procede das eleições, a responsabilidade política é também realizada pela via eleitoral" (LOMBA, 2008, p. 79).

---

210 Sartori capta essa questão de maneira peculiar e inteligente: "Etimologicamente falando, representar quer dizer: apresentar de novo, e por extensão, tornar presente alguma coisa ou alguém que não está presente. Pois bem, esta noção pode ser desenvolvida, em matéria política, em dois modos diferentes: no sentido de um corpo restrito que está para a coletividade inteira assim como (segundo a imagem de Mirabeau) uma carta geográfica está para o território que representa; ou então no sentido de que entre os ausentes e aqueles que estão presentes por eles se verifique uma obrigação de responder, algum liame e vínculo que exija deles prestação de contas. Na primeira hipótese representação é 'representatividade'; na segunda é 'responsabilidade'. O fato destas duas acepções poderem se acumular e apresentarem-se na realidade juntas, não impede que não devam ser confundidas, e que cumpre distinguir cuidadosamente uma 'correspondência' que é semelhança, da outra 'respondência' que é responsabilidade" (SARTORI, 1962, p. 51).

A eleição é o ponto-chave, pois, da responsabilidade política, representando a forma usual da ocorrência desse tipo de responsabilização:

> A infidelidade aos compromissos assumidos ou excessos, desmandos, abusos ou desvios que se cometam no exercício do mandato, com a violação das prescrições éticas cabíveis – mesmo sem chegar aos extremos da inconstitucionalidade ou da violação de deveres legais –, resolvem-se pelos processos políticos normais, e o sistema eleitoral aponta o caminho normal para a solução desse tipo de problema (ATALIBA, 2007, p. 68).

Convém, então, nomear a via eleitoral de responsabilização política como via originária ou primária, pois que realizada mediante a decisão da cidadania diretamente, expressão do poder soberano manifestado pelo sufrágio concretizado no voto. Logo se vê que, dentro de uma visão mais estrita, a responsabilidade política se refere somente a quem detém legitimidade democrática; assim, o sujeito passivo tradicional seria quem se submete ao crivo do voto popular e exerce funções políticas. Em um sistema presidencialista, há dois órgãos que, em geral, estão submetidos à regra eleitoral: o Executivo e o Legislativo. É possível, evidentemente, pensar em outros modelos institucionais nos quais haja mais órgãos estatais eletivos. De qualquer forma, os parlamentares e o cargo da Presidência e Vice-Presidência da República são selecionados pelo voto popular periódico. Estão, pois, sob o influxo da responsabilidade política eleitoral.

3. Juízo político: cenário geral e aspectos comparativos

Partindo do quadro exposto anteriormente, que tipo de análise podemos fazer do processo de juízo político? Em que medida é possível considerar esse instituto como de natureza política? Sobre o assunto, quais regras estão presentes nos ordenamentos constitucionais brasileiro e equatoriano atuais? Antes de responder a essas questões, convém afirmar que o juízo político constitui um procedimento geralmente instaurado pelo Poder Legislativo em face de determinada conduta grave cometida por um agente público, cujo objetivo principal é a destituição do cargo ocupado. Tendo isso em mente, exploraremos alguns aspectos teóricos e normativos.

O primeiro aspecto a ser notado é o de que a competência para instaurar e julgar um processo de juízo político é do Poder Legislativo. São os integrantes desse órgão que detêm, em regra, a faculdade de apresentar acusações políticas e julgá-las. No Brasil, a função legislativa é incumbida ao Congresso Nacional, que é composto de duas câmaras: Câmara dos Deputados e Senado Federal.[211] Já no Equador, o órgão legislativo nacional é unicameral: Assembleia Nacional.[212] Há, contudo, um detalhe específico na Constituição brasileira no que diz respeito ao juízo político, pois que no momento do julgamento final do processo, que ocorre no Senado Federal, os trabalhos são conduzidos pelo presidente do Supremo Tribunal Federal.[213] De qualquer forma, é o Poder Legislativo que atua e decide ao final. Trata-se, então, da aplicação de uma penalidade específica por parte de um órgão de natureza política, cujos membros são eleitos e gozam de legitimidade democrática.

Quanto aos agentes públicos que podem ser sujeitos passivos de um juízo político, sobressai no sistema presidencialista a figura do chefe do Poder Executivo, ou seja, o próprio presidente da república e também o seu vice. Encontramos regra nesse sentido tanto na Constituição brasileira quanto na equatoriana.

Esse quadro de sujeitos passivos de um juízo político pode ser ampliado ou restringido conforme o caso. No Brasil, por exemplo, além do presidente e do vice, estão aptos a sofrerem o processo de juízo político os ministros de Estado, os comandantes das Forças Armadas, os membros do Supremo Tribunal Federal, os integrantes do Conselho Nacional de Justiça e do Ministério Público, o procurador-geral da república e o advogado-geral da União.[214]

Conforme a Carta Política equatoriana de 2008, submetem-se a juízo político não apenas quem ocupa o cargo presidencial e de vice[215] mas também as ministras e os ministros de Estado, as autoridades máximas da Procuradoria-Geral do Estado, Controladoria-Geral do Estado, Fiscal-Geral do Estado, Defensoria do Povo, Defensoria Pública Geral e superintendências, além de membros do Conselho Nacional Eleitoral, do Tribunal Contencioso Eleitoral, do Conselho da Judicatura e do Conselho de Participação Cidadã e Controle Social.[216]

Conste-se ainda que a Constituição brasileira de 1988 possibilita que qualquer membro do Supremo Tribunal Federal seja sujeito passivo em juízo político, ao passo que a Constituição equatoriana de 2008 exclui explicitamente

211 Art. 44 da Constituição do Brasil de 1988.
212 Art. 118 da Constituição do Equador de 2008.
213 Art. 52, parágrafo único, da Constituição do Brasil de 1988.
214 Art. 52, I e II, da Constituição do Brasil de 1988.
215 Art. 129 da Constituição do Equador de 2008.
216 Art. 131 da Constituição do Equador de 2008.

os integrantes da Corte Constitucional do elenco de pessoas que podem sofrer um processo de juízo político.[217] Há, com certeza, possíveis problemas em se estabelecer a responsabilidade política de membros do Judiciário, e o maior de todos está relacionado à intervenção indevida na função jurisdicional por parte do Legislativo. Todavia, quando nos referimos a uma Corte Constitucional, não estamos falando de um Poder Judiciário puramente técnico, mas sim que toma decisões de implicações nacionais profundas. Muitas vezes, uma conduta indevida de um magistrado ou de uma magistrada da mais alta Corte do país pode ser tão grave que talvez demande responsabilidade política perante o Legislativo. Se as punições de conduta de um juiz de um Tribunal Supremo depender dos próprios membros, talvez o espírito de corpo dos pares prevaleça sobre o interesse público.

Afirmamos anteriormente que o principal sujeito passivo de um processo de juízo político são os ocupantes da função de Presidência da República e vice. Ocorre que, no juízo político, um órgão democraticamente eleito, que é o Poder Legislativo, está habilitado a destituir alguém também democraticamente eleito; afinal, no sistema presidencialista, como regra geral, a eleição da chefia do Poder Executivo e do Legislativo se dá pelo voto da cidadania, direta ou indiretamente. Tal perspectiva nos leva inevitavelmente a concluir que, nesse caso, temos a representação política eliminando decisão popular tomada na eleição presidencial. Há um conflito de implicação política grave. Ao contrário de um sistema parlamentarista, no presidencialismo não há vínculo direto de dependência do cargo presidencial com respeito ao Poder Legislativo. Dito isso, logo se vê que a responsabilidade política na hipótese de juízo político tem um caráter secundário ou derivado. As eleições periódicas é que correspondem ao terreno próprio da responsabilidade política popular direta. Com efeito, os casos de juízo político devem evidenciar situação excepcional e grave para que os representantes possam destituir alguém que ocupe o cargo presidencial.

Feita essa consideração, impende verificar que a utilização do instrumento do juízo político deve se dar em circunstâncias excepcionais de natureza grave. Nesse sentido, é preciso delimitar as condutas e as hipóteses em que se justifica a utilização do juízo político para destituir um alto funcionário público, principalmente se este ocupa o cargo presidencial. Embora a Constituição e a lei possam utilizar conceitos jurídicos amplos e de difícil determinação objetiva na

217 Art. 431 da Constituição do Equador de 2008.

caracterização de condutas graves que justificam a instauração de um juízo político, é importante que a descrição dessas condutas sempre tenha algum nível de densidade e determinação a ponto de não transformar o processo de juízo político em uma arma disponível de maneira ilimitada pelo Poder Legislativo. Em outros termos, a mera perda de maioria no Parlamento não pode acarretar a destituição por juízo político.

A Constituição equatoriana estabelece que o processo de juízo político poderá ser instaurado pela Assembleia Nacional contra a presidenta ou o presidente da república e vice em casos de: (i) delitos contra a segurança do Estado; (ii) delitos de concussão, suborno, peculato ou enriquecimento ilícito; e (iii) por delitos de genocídio, tortura, desaparecimento forçado de pessoas, sequestro ou homicídio por razões políticas ou de consciência.[218] Desde logo já se vê que as condutas passíveis de gerar um juízo político são bem particularizadas no regime constitucional equatoriano e correspondem a delitos penais.

Na Carta Política brasileira, por sua vez, determina-se que constituem crime de responsabilidade os atos do presidente da república que atentem contra a Constituição Federal, especialmente contra: (i) a existência da União; (ii) o livre exercício do Poder Legislativo, do Poder Judiciário, do Ministério Público e dos Poderes constitucionais das unidades da Federação; (iii) o exercício dos direitos políticos, individuais e sociais; (iv) a segurança interna do País; (v) a probidade na administração pública; (vi) a lei orçamentária; e (vii) o cumprimento das leis e das decisões judiciais.[219]

Não é necessário grande esforço para notar que a Constituição brasileira se utilizou de termos e denominações mais abrangentes para especificar as condutas que poderiam acarretar um processo de juízo político, enquanto a Carta Política equatoriana praticamente adotou definições de natureza penal (OYARTE, 2014, p. 706). Não surpreende que o próprio Texto Constitucional brasileiro informe que os crimes de responsabilidade serão definidos em lei especial, a qual estabelecerá as normas de processo e julgamento.[220] De fato, parece-nos que o atual ordenamento constitucional brasileiro possibilita maiores distorções e abusos na interpretação dos tipos de condutas que são puníveis por meio de um processo de juízo político. De todo modo, em ambas as constituições (Brasil e Equador), há necessidade de conduta devidamente direcionada do presidente

218 Art. 129, número 1, 2 e 3, da Constituição do Equador de 2008.
219 Art. 85, I a VII, da Constituição do Brasil de 1988.
220 Art. 85, parágrafo único, da Constituição do Brasil de 1988.

ou da presidenta da república. A vontade clara de trair os valores e princípios constitucionais afigura-se, a nosso ver, essencial para a tipificação da conduta.

Quanto ao procedimento e decisão, o Texto Constitucional equatoriano estabelece que, para a instauração de processo de juízo político contra quem ocupe o cargo de Presidência da República ou vice, há necessidade de solicitação de um terço dos integrantes da Assembleia Nacional.[221] Depois, a solicitação é apresentada ante a presidenta ou o presidente da Assembleia Nacional.[222] O juízo de admissibilidade é realizado inicialmente pelo Conselho de Administração Legislativa, o qual posteriormente envia à Corte Constitucional que, pela segunda vez, verifica o cumprimento dos requisitos constitucionais. Observa-se, dessa forma, que no ordenamento jurídico equatoriano há uma dupla análise prévia de admissibilidade do procedimento de juízo político contra titular de cargo presidencial e vice. Uma vez emitida a decisão (*dictamen*) favorável por parte da Corte Constitucional, será dado início ao procedimento de juízo político dentro da Assembleia Nacional.

Uma vez finalizado o procedimento, a Assembleia, em um prazo de 72 horas, deverá decidir motivadamente o caso. Para que ocorra a destituição do cargo, é preciso o voto favorável de dois terços de seus membros. A destituição do cargo presidencial nao inabilita a pessoa destituída a ter acesso a outras funções públicas.

Já na Constituição brasileira de 1988 não há menção de quem está legitimado a ofertar a denúncia contra o presidente ou a presidenta da república por crime de responsabilidade (juízo político). Coube, de fato, à lei que regulou o procedimento definir que qualquer cidadã ou cidadão pode denunciar o presidente da república ou ministro de Estado por crime de responsabilidade perante a Câmara dos Deputados.[223] O pedido é apresentado ao presidente da Câmara dos Deputados, que tem competência para decidir sobre o seu recebimento ou não.[224] Uma vez recebida a solicitação de juízo político, iniciam-se os trâmites processuais para que ocorra a autorização de instauração do processo de juízo político contra o presidente da república. Importante observar que, nessa primeira fase, compete à Câmara, por dois terços de seus membros, autorizar ou

221 Art. 129 da Constituição do Equador de 2008.
222 Art. 87 da Lei Orgânica da Função Legislativa do Equador.
223 Art. 14 da Lei n. 1.079/1950.
224 Art. 218, § 2º, do Regimento Interno da Câmara dos Deputados do Brasil.

não a instauração do processo de juízo político,[225] cabendo ao Senado Federal, posteriormente, processar e julgar o caso.[226] Há então uma fase de formação da acusação, a qual ocorre na Câmara dos Deputados, e de processo e julgamento, que tramitam no Senado.

É pertinente ressaltar que, caso o Senado Federal decida efetivamente instaurar o processo, de imediato a presidenta ou o presidente da república fica suspenso de suas funções, posto que, se a decisão final do processo não ocorrer em até 180 dias, a autoridade afastada provisoriamente retorna ao cargo enquanto o processo continua tramitando normalmente.[227] Para que se efetive a destituição do cargo presidencial, é preciso voto favorável de dois terços dos membros do Senado. Nesse sentido, o Texto Constitucional é claro ao afirmar que a perda do cargo em um processo de crime de responsabilidade gera como feito secundário a inabilitação, por oito anos, para o exercício de função pública, sem prejuízo das demais sanções judiciais cabíveis. Seria, assim, uma pena acessória.

A Constituição equatoriana de 2008 estipula que todas as autoridades de eleição popular são passíveis de ter os seus respectivos mandatos revogados pela cidadania (mínimo de 10% do eleitorado para autoridades em geral e 15% para cargo de presidenta ou presidente da república);[228] com efeito, podem figurar como sujeito passivo desse instrumento de democracia direta a presidenta ou o presidente da república e qualquer membro da Assembleia Nacional. No Texto Constitucional, não há determinação de ocorrência de causa específica como requisito para a apresentação de um pedido de revogação de mandato. Apesar disso, a legislação infraconstitucional estabeleceu que seria necessário o descumprimento do plano de trabalho, das disposições sobre a participação cidadã bem como das funções e obrigações estabelecidas na Constituição e lei,[229] afastando, assim, a ideia de que a mera insatisfação popular pudesse levar à queda da autoridade eleita. A constitucionalidade dessa norma nos parece discutível; no mais, cabe perguntar se o instituto poderia cumprir um papel relevante perante esse tipo de regra limitativa. Não será surpresa a judicialização quando da aplicação do instituto.

---

225 Art. 51, I, da Constituição do Brasil de 1988.

226 Art. 52, I, da Constituição do Brasil de 1988.

227 Art. 86, § 2º, da Constituição do Brasil de 1988.

228 Art. 105 da Constituição do Equador de 2008. Convém advertir que a legislação infraconstitucional trabalha com outros números, conforme a circunscrição, pois a Constituição impõe uma quantidade mínima de apoios, e não máxima.

229 Art. 25 da LOPC, de 20 de abril de 2010.

Quanto aos limites temporais, a Carta Política equatoriana impõe que somente após o primeiro ano de mandato e antes do último será possível apresentar um pedido de convocação de referendo revogatório; além disso, proíbe que uma autoridade seja submetida a mais de um processo de revogação durante o seu mandato. Essa última regra aparenta ser mais adequada a uma previsão normativa em que não haja requisitos fáticos para se dar impulso ao mecanismo. O pedido de revogação é feito perante o Conselho Nacional Eleitoral, que realiza um juízo de admissibilidade – sendo deferido, o órgão eleitoral entrega aos requerentes os formulários de recolhimento dos apoios. O prazo máximo para a coleta das assinaturas será de 180 dias para cargos nacionais e, atingido o número de respaldos, será convocado o referendo revogatório. Interessante que a lei equatoriana proíbe que potenciais beneficiários da revogação intervenham direta ou indiretamente na campanha.[230]

De acordo com o Texto equatoriano, o mandato eletivo será revogado se a maioria absoluta dos votos válidos assim decidir, com exceção do cargo presidencial, em que se requer maioria dos votantes (sufragantes). Resultando positivo o pedido de revogação, o efeito é imediato, e a autoridade deve sair de pronto do respectivo cargo, dando ensejo à sucessão conforme previsto na Constituição. No caso de revogação de autoridade titular de cargo presidencial, assumirá a pessoa ocupante da Vice-Presidência.

A revogação do mandato presidencial só gera a implementação de eleições diretas se ambos os ocupantes dos cargos (Presidência da República e vice) tiverem os seus respectivos mandatos extintos em um processo revogatório.[231] Revogada apenas a posição presidencial, abre-se a sucessão à vice-presidenta ou ao vice-presidente. No entanto, fica proibida a celebração de um referendo revogatório no último ano de mandato presidencial. Essa medida da Constituição equatoriana parece ser bem razoável, uma vez que a eleição ordinária já se aproxima e não faz sentido realizar um processo referendário revogatório.

Por seu turno, a Constituição brasileira de 1988 não alberga a revogação de mandato eletivo. O processo de disputa eleitoral é o núcleo da responsabilidade política em que a cidadania exerce o seu poder de veto em larga medida como jogador na dinâmica de competição pelo poder (CAGGIANO, 2013, p. 275). No que se refere ao cargo de presidente da república, o seu mandato tem um prazo definido de quatro anos, sendo possível uma reeleição consecutiva. Toda-

230 Art. 27 da LOPC, de 20 de abril de 2010.
231 Art. 146 da Constituição do Equador de 2008.

via, é possível que o seu cargo seja perdido mediante um processo de apuração de crime de responsabilidade (*impeachment*), como já vimos. No ambiente do Poder Legislativo, senadores e deputados respondem politicamente perante as suas respectivas Casas e pares; assim, podem ser destituídos a partir de um processo político-jurídico de cassação de mandato por quebra de decoro. Sendo esse o quadro formal do sistema político brasileiro, impende questionar em que medida seria necessária e importante a adoção do instituto da revogação de mandato no plano nacional. A resposta não é simples e demanda levar em conta aspectos contextuais.

Sabemos que o instituto da revogação de mandato tem ao menos duas funcionalidades evidentes: de um lado, é um veículo de participação democrática e "empoderamento" popular; de outro, corresponde a uma válvula de escape, mesmo que momentânea, para circunstâncias de alta tensão política. A perspectiva de sua introdução em um dado ambiente constitucional deve se dar a partir da busca de um efeito útil e saudável; para isso, é preciso que seja um instrumento de equacionamento ou amenização de instabilidades, e não o inverso.

4. "Parlamentarização" da democracia na América Latina

Convém sublinhar que, em relação à América Latina, diversas análises identificam uma tendência geral de instabilidade política contínua, cujo resultado tem sido invariavelmente uma queda presidencial – não por meios militares com a introdução de governos de fato explícitos, como tradicionalmente ocorria no passado, mas institucionais (HOCHSTETLER, 2008, p. 54; SERRAFERO, 2014, p. 68; VALENZUELA, 2008, p. 16). Essas interrupções de mandatos presidenciais correspondem a um tipo de responsabilização política, e a sua manifestação tem se apresentado de múltiplas formas, tais como renúncias forçadas, julgamentos políticos pelo Legislativo, declarações de insanidade, abandono e eleições antecipadas (PÉREZ-LIÑAN, 2008, p. 107).

Uma das questões relevantes aqui é a de que o cargo da Presidência da República é adquirido a partir do voto direto das eleitoras e dos eleitores; assim, qualquer interrupção de mandato deve ser analisada a partir da ótica democrática. Devemos atentar para o fato de que, muitas vezes, a extinção do mandato presidencial está vinculada à atuação do Poder Legislativo, que não raramente acaba por manejar de maneira inapropriada os seus poderes constitucionais [“uma variedade de procedimentos de remoção mais ou menos constitucionais” (HOCHSTETLER, 2008, p. 59)] no combate ao Poder Executivo, fazendo surgir, assim, o fenômeno do golpe legislativo, isto é, a expulsão da autoridade presidencial em circunstâncias que potencialmente violentam o processo democrático (PÉREZ-LIÑAN, 2008, p. 109), embora não resulte na derrubada do regime. Alguns podem ver nisso certa flexibilização ou “parlamentarização”[232] do modelo presidencialista, já que se trataria de uma espécie de perda de confiança em uma presidenta ou um presidente frente ao Parlamento, o que neutraliza a fixidez do mandato. De outro ângulo, relativiza do ponto de vista prático (não formal) a ideia de presidentes que exercem os seus poderes de maneira hiperpotencializada.[233]

É com base nesse tipo de situação narrada que podemos identificar as razões que levaram os representantes do povo equatoriano a adotar o mecanismo de revogação de mandato no Texto Constitucional de 2008. Vale lembrar que em três oportunidades sucessivas, antes do advento da Constituição de 2008, o Congresso equatoriano extinguiu mandatos presidenciais: em 06 de fevereiro de 1997, julgou Abdalá Bucaram mentalmente incapaz e, em 21 de janeiro de 2000 e 19 de abril de 2005, declarou abandono de cargo por parte de Jamil Mahuad e Lucio Gutiérrez, respectivamente. Em todas essas circunstâncias, as decisões tomadas pelos legisladores foram de constitucionalidade questionável. No fundo, vemos que a Constituição equatoriana de 2008 procura dar respostas a essas “revogações de mandato” à margem do ordenamento constitucional.

Haveria algo de similar na situação brasileira que indicaria essa predisposição a crises e quedas presidenciais? De fato, considera-se que o *impeachment* do presidente Fernando Collor de Mello, ocorrido em 30 de dezembro de 1992, teria inaugurado essa tendência regional latino-americana, sendo a partir de então considerado uma referência na mudança histórica quanto à utilização

232 De fato, se por um lado podemos imaginar a “parlamentarização” do sistema presidencial, por outro não haveria problemas também em se conceber algum tipo de processo inverso, isto é, a “presidencialização” do sistema parlamentar. Sobre esse ponto, segue a conceituação de Poguntke e Webb: “... presidentialization denominates a process by which regimes are becoming more presidential in their actual practice without, in most cases, changing their formal structure, that is, their regime-type” (POGUNTKE; WEBB, 2009, p. 01).

233 Constata então Pérez-Liñan (2009, p. 23): “La proliferación de juicios políticos también cuestionaba otro presupuesto generalizado entre los estudiantes del presidencialismo latino-amerciano: la idea de que los presidentes son demasiado fuertes y los legisladores, incapaces de pedirles cuentas de sus actos. La supremacía presidencial sobre el Congreso ha sido un rasgo histórico distintivo de la política latinoamericana...”.

do instituto (SERRAFERO, 2014, p. 68). Collor foi acusado pelo próprio irmão de ter enviado dinheiro fruto de corrupção para o exterior por meio de seu tesoureiro de campanha, Paulo César Farias (SERRAFERO, 1996, p. 143). Uma Comissão Parlamentar de Inquérito investigou o caso, e os seus resultados serviram de fundamento para a apresentação de denúncia por crime de responsabilidade perante a Câmara dos Deputados em 1º de setembro de 1992 (CARVALHO, 2015, *passim*). Um dia antes do julgamento final no Senado Federal, Collor apresentou uma carta de renúncia que foi ignorada pelos legisladores. De toda sorte, o procedimento de *impeachment* de Collor seguiu os ritos constitucionais,[234] e o seu envolvimento pessoal em condutas imorais, para dizer o mínimo, estava posto.

O *impeachment* da presidenta Dilma Rousseff corresponde a um evento político que aparentemente reafirma a tese geral da manutenção das crises presidenciais na América Latina sob um novo padrão de instabilidade a partir dos anos 1990, que não demandaria mais uma quebra do regime democrático, sendo, contudo, fatal para os governos democráticos (PÉREZ-LIÑAN, 2009, p. 23). Mais do que isso, múltiplos elementos factuais e jurídicos corroboram a ideia de que a sentença que determinou a saída da presidenta do cargo se deu à margem da Constituição. Com efeito, em 31 de agosto de 2016, o Senado (por 61 votos a favor e 20 contrários) decretou a extinção do mandato da presidenta por crime de responsabilidade.[235] Olhando apenas para a forma e as regras burocráticas seguidas ao longo do procedimento, alguém poderia dizer que os ritos foram tão legítimos quanto os adotados ao longo do julgamento político do presidente Fernando Collor. Uma análise mais acurada, no entanto, revela pontos obscuros e polêmicos que fazem da decisão, no mínimo, de duvidosa constitucionalidade.

A presidenta Dilma Rousseff não foi acusada de qualquer conduta imoral ou ilícita diretamente, visto que a decisão final que a retirou do cargo estava fundamentada em um conjunto de atos complexos de natureza técnico-fiscal/orçamentária que teriam sido emitidos violando a competência do Congresso Nacional.[236] Para os defensores da presidenta, a decretação da perda de seu

---

234 Sobre esse ponto, ressalta Hochstetler (2008, p. 59): "Sólo el juicio político brasileño en 1992, de libro texto, realmente pasó por todos los pasos legales del juicio político, desde la investigación al juicio político por un cuerpo al enjuciamiento final por otro".

235 Resolução do Senado Federal n. 35/2016.

236 A presidenta foi acusada de editar decretos de crédito suplementar sem autorização do Congresso Nacional previstos nos arts. 85, inc. VI, e 167, inc. V, ambos da

mandato democraticamente conquistado constituiu um abuso de poder por parte do Legislativo, uma vez que nenhuma conduta particular da presidenta se enquadrava na tipologia adotada pela Constituição de 1988 e pela lei como crime de responsabilidade. Os agentes parlamentares teriam atribuído ao aspecto político uma dimensão não condizente com o instituto do *impeachment*, desconsiderando o elemento jurídico que o compõe. Em síntese, o Congresso teria emitido uma espécie de voto de desconfiança de natureza puramente política, destituindo a presidenta do cargo obtido mediante o voto direto da cidadania.

Para além do cenário jurídico, note-se que o ambiente conjuntural que cercou o *impeachment* era de acirramento político intenso e envolvia uma série de fatores: crise econômica; insatisfação popular; manifestações de rua pró e contra a presidenta; decisões judiciais decretando prisão de políticos e empresários por corrupção, inclusive de integrantes do partido da presidenta; o vice-presidente articulando abertamente com forças congressuais a favor do *impeachment*; a descoberta de contas "secretas" na Suíça pertencentes ao presidente da Câmara dos Deputados, que havia autorizado a abertura de todo o procedimento contra Dilma; e os grandes conglomerados de mídia, principalmente televisiva, tomando posição ativa pelo *impeachment*. Todos esses fatos, como se vê, corroboram a tese do golpe legislativo[237] nos termos alinhavados por Pérez-Liñan, para quem "se os líderes políticos latino-americanos aceitam que é possível invocar o juízo político de forma flexível, como se fosse um voto parlamentar de desconfiança, então surgirá uma forma 'constitucional' de golpe legislativo".[238] Diante disso, não causa espanto o fato de que o presidente do Supremo Tribunal Federal, o qual conduziu os trabalhos do *impeachment* no Senado Federal, posteriormente classificou o episódio da queda de Dilma Rousseff como um "tropeço na democracia" (LINDNER, 2016).

Constituição brasileira de 1988, e também no art. 10, item 4, 6 e 7, e art. 11, itens 2 e 3, da Lei n. 1.079, de 10 de abril de 1950.

237 Quando se fala em golpe legislativo, a referência diz respeito ao órgão do qual parte o ato. Nessa perspectiva, pode-se dizer também golpe judicial. É exatamente essa a expressão que estudiosos do direito nos Estados Unidos adotam ao tratar do caso Bush vs. Gore, em que a Suprema Corte nacional desse país deu vitória a George W. Bush nas eleições presidenciais de 2000 (ACKERMAN, 2001; SHANE, 2003). Deixando de lado a dimensão subjetiva e lançando o olhar sobre o aspecto objetivo, podemos falar, de forma geral, em golpe administrativo.

238 Tradução nossa do original: "si los líderes políticos latinoamericanos aceptan que es posible invocar el juicio político en forma flexible, cono si fuese un voto parlamentario de desconfianza, entonces surgirá una forma 'constitucional' de golpe legislativo" (PÉREZ-LIÑAN, 2000, p. 74).

Narrado esse quadro, podemos concluir que é defensável advogar pela adoção da revogação de mandato no ordenamento jurídico constitucional brasileiro, para que sirva de válvula de escape legítima em circunstâncias políticas críticas, isto é, para que permita "ao corpo eleitoral a alteração dos detentores do poder político dentro da ordem institucional, sem a necessidade de eliminar as regras constitucionais" (FULIARO, 2016, p. 130).

O fenômeno da "parlamentarização" ou flexibilização do sistema presidencial gera uma anomalia com potencial efetivo de ferir a cláusula democrática da soberania popular e a lógica da responsabilidade política. Os representantes do Legislativo, ao forçarem sob qualquer pretexto a saída de uma presidenta ou um presidente da república, anulam a vontade política da soberania popular emanada pelo voto. Não se pode argumentar que as manifestações de rua organizadas por agrupamentos sociais abrem a possibilidade legítima de retirada de uma presidenta ou um presidente da república sem levar em conta os requisitos constitucionais (alegação da democracia das ruas). Politicamente, isso gera a seguinte indagação: "Por que a vontade das pessoas que estão tratando de remover o presidente deve prevalecer sobre a vontade das pessoas que votaram nele nas últimas eleições?".[239]

Devemos observar que a lógica eleitoral das cidadãs e dos cidadãos em nenhum momento ao longo do combate partidário de campanha trabalha com uma dependência direta entre o voto no Legislativo e a escolha da candidatura presidencial. Melhor dizendo, isso não é uma regra explícita e politicamente considerável no momento da emissão do voto. Nenhum eleitor ou eleitora vincula o seu voto no Legislativo com a eleição presidencial.

239 Tradução nossa do original: "¿Por qué la voluntad de la gente que está tratando de remover al presidente debe prevalecer sobre la voluntad de la gente que lo votó en las últimas elecciones?" (PÉREZ-LIÑAN, 2009, p. 333).

Referências

ACKERMAN, Bruce. Anatomy of a Constitutional Coup. *London Review of Books*, v. 23, n. 3, p. 3-68, Feb. 2001. Disponível em: <http://www.lrb.co.uk/v23/n03/bruce-ackerman/anatomy-of-a-constitutional-coup>. Acesso em: 20 out. 2016.

ATALIBA, Geraldo. *República e constituição*. São Paulo: Malheiros, 2007.

BERGER, Raoul. *Impeachment: the constitutional problems. Massachusets: Harvard University Press*, 1974.

BROWN, Wrisley. *The impeachment of the Federal Judiciary. Harvard Law Review*, Vol. 26, N. 8 (Jun., 1913), pp. 684-706.

CAGGIANO, Monica Herman Salem. O cidadão-eleitor, jogador com veto no processo eleitoral democrático: aspectos polêmicos e peculiaridades do cenário brasileiro. Eleições gerais/2010. In: INSTITUTO VICTOR NUNES LEAL (Org.). *A contemporaneidade do pensamento de Victor Nunes Leal*. São Paulo: Saraiva, 2013.

CARVALHO, Katia de. Síntese do rito processual seguido no impeachment do presidente Fernando Collor de Mello. Nota Técnica. Câmara dos Deputados, dez. 2015. Disponível em: <http://www2.camara.leg.br/documentos-e-pesquisa/publicacoes/estnottec/areas-daconle/tema6/2015_26571_sintese-rito-impeachment-collor_katia-de-carvalho>. Acesso em: 19 out. 2016.

ENTERRÍA, Eduardo Garcia. El principio de "la responsabilidad de los pode res públicos" según el art. 9.3 de la Constittución y la responsabilidad patrimonial del estado legislador. *Revista de Derecho Constitucional*, año 23, n. 67, p. 41, enero/abr. 2003.

FULIARO, Ana Paula. *Democracia na América Latina*: enfoque especial: alternância no poder. 2016. Tese (Doutorado em Direito) – Faculdade de Direito da Universidade de São Paulo, São Paulo, 2016.

HAMILTON, Alexander; MADISON, James; JAY, John. *O federalista*, n. 57. Brasília: Universidade de Brasília,1984.

HELLER, Herman. *Teoria do Estado*. São Paulo: Mestre Jou, 1968.

HOCHSTETLER, Kathryn. Repensando el presidencialismo: desafios y caídas presidenciales en el cono sur. *América Latina Hoy*, v. 49, p. 54, 2008. Disponível em: <http://gredos.usal.es/jspui/handle/10366/72667>. Acesso em: 18 out. 2016.

LOMBA, Pedro. *Teoria da responsabilidade política*. Coimbra: Coimbra Editora, 2008.

LINDNER, Julia. Lewandowski diz que impeachment de Dilma foi um "tropeço na democracia". *Estadão*, São Paulo, 28 set. 2016. Disponível em: <http://politica.estadao.com.br/noticias/geral,lewandowski-diz-que-impeachment-de-dilma-foi-um-tropeco-na democracia,10000078768>. Acesso em: 20 out. 2016.

MANIN, Bernard; PRZEWORSKI, Adam; STOKES, Susan C. *Democracy, accoutability and representation*. Cambridge: Cambridge University Press, 2003.

OYARTE, Rafael. *Derecho constitucional ecuatoriano y comparado*. Quito: Corporación de Estudios y Publicaciones (CEP), 2014.

PÉREZ-LIÑAN, Aníbal. Instituciones, coaliciones callejeras e inestabilidad política: perspectivas teóricas sobre las crisis presidenciales. *América Latina Hoy*, n. 49, p. 105-126, 2008. Disponível em: <http://revistas.usal.es/index.php/1130-2887/article/view/1352>. Acesso em: 18 out. 2016.

PÉREZ-LIÑAN, Anibal. *Juicio político al presidente y nueva inestabilidad política en América Latina*. Tradução de Silva Villegas. Buenos Aires: Fondo de Cultura Económica, 2009.

PÉREZ-LIÑAN, Aníbal. ¿Juicio político o golpe legislativo? Sobre las crisis constitucionales en los años noventa. *América Latina Hoy*, n. 26, p. 74, dic. 2000.

POGUNTKE, Thomas; WEBB, Paul. The presidentialization of politics in democratic societies. In: POGUNTKE, Thomas; WEBB, Paul (Eds.). *The presidentialization of politics*: a comparative study of modern democracies. New York: Oxford University Press, 2009.

RESOLUÇÃO DO SENADO FEDERAL N. 35/2016. Disponível em: <http://legis.senado.leg.br/legislacao/ListaTextoIntegral.action?id=250852&norma=270259>. Acesso em: 19 ago. 2016.

SARTORI, Giovanni. *A teoria da representação no Estado representativo moderno.* Minas Gerais: Revista Brasileira de Estudos Políticos, 1962.

SERRAFERO, Mario D. El "impeachment" en América Latina: Argentina, Brasil y Venezuela. *Revista de Estudios Políticos (Nueva Época)*, n. 92, p. 137-162, abr.-jun. 1996. Disponível em: <http://www.cepc.gob.es/publicaciones/revistas/revistas
electronicas?IDR=3&IDN=249>. Acesso em: 20 jul. 2016.

SERRAFERO, Mario D. Flexibilización del presidencialismo en América Latina: ¿un fenómeno nuevo? *Revista de Estudios Políticos (Nueva Época*), Madrid, n. 163, p. 68, enero-mar. 2014.

SHANE, Peter M. When inter-branch norms break down: of arms-for-hostages, "orderly shutdowns", presidential impeachments, and judicial 'coups'. *Cornell Journal of Law and Public Policy*, v. 12, n. 3, article 3, p. 503-542, 2003. Disponível em: <http://scholarship.law.cornell.edu/cjlpp/vol12/iss3/3>. Acesso em: 20 out. 2016.

VALENZUELA, Arturo. Presidencias latinoamericanas interrumpidas. *América Latina Hoy*, v. 49, p. 15-30, 2008. Disponível em: <http://gredos.usal.es/jspui/handle/10366/72674>. Acesso em: 17 out. 2016.

VALENZUELA, Francisco Berlín. *Derecho parlamentario*. México: Fondo de Cultura Económica, 1993.

9. O IMPÉRIO DOS JUÍZES *VERSUS* O IMPÉRIO DO DIREITO

Georges Abboud[240]

1. Aspectos introdutórios do problema do agigantamento dos poderes dos tribunais: breves notas sobre judicialização, ativismo e efeito vinculante.

Com imensa satisfação, recebemos o convite para escrever em obra que homenageia um dos maiores e mais democráticos juristas da atualidade: Pedro Serrano. Além da amizade que cultivamos na querida PUC-SP, nutrimos profunda admiração pela produção intelectual do homenageado. Por essa razão, o tema escolhido perpassa um dos assuntos mais trabalhados ao longo de sua obra consistente no risco de o sistema judicial ser utilizado como mecanismo de depredação da democracia constitucional.

É notório que, nas últimas décadas, o Judiciário se tornou o lugar comum para a resolução de diversas questões sensíveis à sociedade. O fenômeno da judicialização fagocitou, inclusive, temas altamente políticos, que antes eram reservados, com exclusividade, ao Poder Legislativo. Cotidianamente, os tribunais, sobretudo o Supremo Tribunal Federal e o Superior Tribunal de Justiça, são provocados e diversas vezes examinam, sem pudor, toda sorte de assunto.

Decerto, o Judiciário brasileiro se propõe a dar a última palavra sobre todo ou quase todos os assuntos. Infelizmente, nesse contexto, há ocasiões em que tem prevalecido o ativismo judicial, em que a resposta judicial é dada ao arrepio da legalidade vigente, muitas vezes sob a escusa de que é seu papel, enquanto

240 Doutor e mestre em Direito pela Pontifícia Universidade Católica de São Paulo – PUC-SP. Professor de Processo Civil da PUC-SP e do Programa de Mestrado e Doutorado em Direito Constitucional do Instituto Brasiliense de Direito Público – IDP-DF. Advogado e consultor jurídico. georges.abboud@neryadvogados.com.br.

órgão de vanguarda, estimular a evolução social. Cresce a legitimidade de discursos desse tipo conforme aumenta a frustração de determinados setores da sociedade ante o desempenho do órgão político por excelência – o Legislativo.

Demais disso, o Judiciário tem agido por diversas vezes como receptor de clamor social e vontade da maioria, tornando-se flexível para determinar qualquer tipo de prisão temporária/preventiva e extremamente fechado para concessão de *habeas corpus*. No presente artigo, tratamos de demonstrar como essa atuação do Judiciário em vez de lhe conferir até maior legitimidade social, bem como aos Tribunais Superiores, pelo contrário, tem enfraquecido essas Cortes e as sujeitado ao achaque social de uma parcela da sociedade que se revolta com qualquer decisão garantista e contramajoritária.

A judicialização, *per se*, não é digna de reprovação. Com efeito, cuida-se de um fenômeno social que ocorre quando o Judiciário é convocado para resolver um maior número de questões e, em grande parte, deriva do próprio constitucionalismo contemporâneo, que consagrou uma porção de direitos fundamentais *oponíveis ao* e *exigíveis do* Poder Público[241].

O que não se deve tolerar, em uma democracia constitucional, é que as questões, uma vez judicializadas, sejam resolvidas mediante *ativismo judicial*.

Decerto, após a Segunda Guerra Mundial, surgiram novos textos constitucionais, que, não bastasse reestruturarem a base normativa a ser observada pelo Poder Público, consagraram uma infinidade de direitos fundamentais e *consolidaram o controle de constitucionalidade*. Com isso, está posto o cenário em que o Poder Judiciário se torna o *locus* privilegiado para a resolução das questões

241 Neste sentido: "É possível perceber, portanto, que a judicialização é mais uma constatação sobre aquilo que vem ocorrendo na contemporaneidade por conta da maior consagração de direitos e regulamentações constitucionais, que acabam por possibilitar um maior número de demandas, que, em maior ou menor medida, desaguarão no Judiciário; do que uma postura a ser identificada como positiva ou negativa. Isto é, esta questão está ligada a uma análise contextual da composição do cenário jurídico, não fazendo referência à necessidade de se criar (ou defender) um modelo de jurisdição fortalecido. Por tudo isso, pode-se dizer que a judicialização apresenta-se como uma questão social. A dimensão desse fenômeno, portanto, não depende do desejou ou da vontade do órgão judicante. Ao contrário, ele é derivado de uma série de fatores originalmente alheios à jurisdição, que possuem seu ponto inicial em um maior e mais amplo reconhecimento de direitos, passam pela ineficiência do Estado em implementá-los e desaguam no aumento da litigiosidade – características de sociedade de massas. A diminuição da judicialização não depende, portanto, apenas de medidas realizadas pelo Poder Judiciário, mas, sim, de uma plêiade de medidas que envolvem um comprometimento de todos os poderes constituídos". TESSINARI, Clarrisa. Jurisdição e ativismo judicial: limites da atuação do Judiciário. Porto Alegre: Livraria do Advogado, 2013, p. 32.

político-constitucionais de maior relevância, não raro, mediante abuso dessas novas condições, surgidas no pós-Segunda Guerra[242].

Nada obstante a isso, parcela significativa da comunidade jurídica não se alarma frente ao agigantamento do Judiciário, expressado, sobretudo, na expansão de poderes dos tribunais superiores. Muito pelo contrário: cuida-se de um fenômeno que, amiúde, é bem recebido, muito em razão da desconfiança que, hodiernamente, o povo, não sem algumas gotas de razão, nutre diante do Legislativo e do Executivo.

O discurso retro é, no seio do próprio Judiciário, estimulado: vide, nesse sentido, as recentes colocações do ministro Roberto Barroso, em que, reiteradamente, invoca o STF a cumprir seu papel de "vanguarda iluminista" e "empurrar a história"[243], mesmo no que se refere às polêmicas que ainda não amadureceram no seio da sociedade, apropriando-se de pautas cujo juízo natural seria o Legislativo, órgão legitimado pelo poder popular ao exercício da atividade política.

Fidelidade partidária, legalização do aborto, financiamento privado de campanhas eleitorais, criminalização da homofobia: o STF não se furta ao debate de ne-

---

242 Nesse sentido, surgiram, na última década, diversos estudos, muitos no campo da ciência política, que abordam a expansão do judge made law no continente Europeu e, mais recentemente, pelos países emergentes, como é o caso do Brasil. É importante mencionar as seguintes obras: TATE, Chester Neal; VALLINDER, Torbjörn. The global expansion of Judicial Power: the judicialization of politics, cit.; SHAPIRO, Martin; SWEET, Alec Stone. On law, politics & judicialization. New York: Oxford University Press, 2002; HIRSCHL, Ran. Towards juristocracy. The origins and consequences of the new constitutionalism. Cambridge: Harvard University Press, 2007. Há também textos traduzidos para o português e publicados recentemente na Revista de Direito Administrativo da Fundação Getúlio Vargas: HIRSCHL, Ran. "O novo constitucionalismo e a judicialização da política pura no mundo", In: Revista de Direito Administrativo, n. 251, maio/agosto de 2009, pp. 139-175.

243 Conforme Luís Roberto Barroso: "Supremas cortes desempenham três grandes papéis em uma democracia: contramajoritário, representativo e iluminista. Sua atuação contramajoritária se dá, tipicamente, quando o tribunal declara a inconstitucionalidade de uma lei ou de um ato do Executivo. Essa é a única atribuição que vem expressa na Constituição. Por não enxergarem além da literalidade dos textos, há autores que só reconhecem esse papel. Cortes constitucionais, porém, desempenham também uma função representativa, quando atendem demandas sociais que não foram satisfeitas a tempo pelo Legislativo. Na história recente do Brasil, proibição do nepotismo, fim do financiamento eleitoral por empresas e fidelidade partidária se inserem nessa categoria: foram decididas na omissão ou contra a vontade do Congresso, para acudir inequívocas reivindicações da sociedade, não acolhidas em razão de um déficit de representatividade. Já o papel iluminista deve ser exercido com grande parcimônia e autocontenção, em conjunturas nas quais é preciso empurrar a história. Em alguns momentos cruciais do processo civilizatório, a razão humanista precisa impor-se sobre o senso comum majoritário". Disponível em: < https://www.conjur.com.br/2018-fev-23/artigo-barroso-defende-papel-iluminista-stf>. Acesso em: 10 mar. 2019.

nhuma questão de relevo político-constitucional e as decide, mesmo quando não existe supedâneo constitucional para tanto. O risco iminente é o de que o Judiciário aniquile até mesmo os espaços de liberdades individuais dos jurisdicionados[244]

Repita-se: a judicialização não é um problema em si. O que não se admite é que o Judiciário confira respostas ativistas às questões judicializadas, ou, ainda, que se antecipe ao próprio Legislativo, eliminando uma esfera democrática de discussão de determinados temas. Nesse contexto, o Judiciário, que é contramajoritário por excelência, passa a atuar em substituição ao Legislativo, e, assim, aniquila a discussão jurídico-legislativa democrática, o que termina por fulminar a própria legitimação da maioria que é ínsita a qualquer democracia.

No Brasil, o quadro se agrava diante do rol de provimentos vinculantes inaugurados pelo CPC/2015. O risco é simples de se analisar, se os tribunais superiores têm dado respostas ativistas, aumentar o poder dessas cortes por meio de provimentos vinculantes, significa real risco de aumento de decisões vinculantes ativistas. Cuida-se de um mecanismo que interfere sobremaneira no dinamismo do sistema e ocasiona o risco de consolidar-se um dado entendimento a partir de um único caso.

Os provimentos vinculantes estão estruturados de tal forma que os tribunais superiores precisam apreciar dada questão apenas uma vez: a decisão, nessa oportunidade formulada, nasce para se aplicar a todos os casos futuros semelhantes, de modo completamente autônomo e independentemente de sua qualidade. Na estrutura em questão, a decisão paradigmática nunca mais precisa ser reapreciada pelo STJ e pelo STF. Não se trata de afirmar que esses mecanismos repetitivos não possam trazer melhorias ao sistema. Pelo contrário, o que efetivamente objetivamos é estabelecer elementos para possibilitar ao menos dois pontos: 1) que provimento vinculante seja construído de forma cada vez mais qualificada mediante análise devidamente fundamentada de todos os argumentos levados ao Judiciário na ocasião e 2) mecanismos mais democráticos de reanálise de provimentos vinculantes para que não fiquem obsoletos em face de modificações históricos e também em virtude do surgimento de novos argumentos inexistentes no momento de sua formação.

Os efeitos nefastos da vinculação generalizada dos provimentos jurisdicionais, sem mecanismos flexíveis de superações e rígidos de *accountability*, podem ser compreendidos a partir da abordagem histórica da interpretação dada pela Supreme Court à 14ª emenda da Constituição Federal dos Estados Unidos.

---

244 MAUS, Ingeborg. "O judiciário como Superego da sociedade: o papel da atividade jurisprudencial na 'sociedade órfã'". In: Novos Estudos Cebrap, n. 59/2000, p. 190.

Em 1896, a Corte julgou o emblemático Plessy *versus* Ferguson, em que consagrou a constitucionalidade do direito dos Estados membros de instituir a segregação racial, mediante a doutrina do *separate but equal.*

A disputa se iniciou quando Homer Adolf Plessy, um cidadão afro-americano, recusou-se a viajar em vagões de trem reservados apenas para negros, sob o argumento de que a distinção, estipulada, em 1890, mediante lei no Estado de Louisiana, ofenderia seus direitos constitucionais.

Em 7 de junho de 1892, Plessy, munido do bilhete que havia comprado, adentrou o vagão destinado a brancos e se acomodou num dos assentos vagos. A resistência em abandonar o local resultou em sua prisão e posterior condenação em virtude da violação da lei de Louisiana. Com vistas a reverter o julgamento, Plessy apresentou petição contra John H. Ferguson, o juiz que presidiu o caso, mediante o argumento de que a lei usada para acusá-lo de transgressão violava a igualdade insculpida na 14ª emenda.

Ao examinar o caso, a maioria esmagadora dos juízes – sete dos oito que compunham a Corte– capitaneada por Henry Billigns Brown, decidiu que o regime discriminatório entre brancos e negros, implementado em Louisiana, não violava o princípio da igualdade, consagrado constitucionalmente. A 14ª emenda se limitaria aos direitos políticos e civis, excluídos, portanto, os direitos sociais, a exemplo do transporte, da cultura e da educação – raciocínio que autorizaria concluir pela constitucionalidade de escolas e teatros segregados, por exemplo. Para Henry Brown, o argumento de Plessy estava calcado na premissa de que os vagões reservados aos negros eram inferiores aos destinados à população de cor branca, o que não seria verdade.

O juiz John Marshall Harlan, único voto divergente, previu, com acerto, que o precedente seria dos mais negativos na história da Supreme Court, no que foi apoiado por parte significativa da doutrina.

O entendimento retrorreportado só seria revisto em 1954, quando do julgamento do caso Brown *versus* Board of Education of Topeka, um dentre os vários processos que contestavam o tratamento discriminatório da população negra. Na ocasião, a Corte julgou inconstitucional a segregação de crianças negras e brancas no sistema público de educação, em detrimento da *separate but equal doctrine.* Trata-se de um dos *overrullings* mais famosos – e felizes – da história do direito norte-americano. Não houve voto dissidente.

Fosse o precedente Plessy *versus* Ferguson firmado hoje, no Brasil, pelo STF, dificilmente poder-se-ia contar com um vindouro Brown *versus* Board of Education of Topeka, se não admitirmos que provimentos vinculantes devem ser reapreciados em face de novos argumentos. Em última instância, foi o dever de integridade que fez a Suprema Corte dos EUA modificar seu entendimento.

É pressuposto básico para que tribunais revisem seus posicionamentos a obrigatoriedade de avaliar com profundidade e julgar novos casos que tratem da mesma questão de fundo. A prática da vinculação, porém, caminha para abreviar o processo decisório e sufocar as vias para as cortes superiores: se estas cada vez mais julgam um caso para não julgarem mais aquele tema, consequentemente, muito menores são as chances de reverem os próprios erros e/ou enfrentarem velhas questões à luz de novos argumentos, exercício dialético essencial para a formação de uma jurisprudência legítima e de qualidade. Nessa perspectiva, que afirmamos a imprescindibilidade de estabelecermos reais mecanismos de possibilitar que os tribunais superiores possam reapreciar determinado entendimento vinculante já estabelecido. Em nossa avaliação, a reclamação precisará sofrer uma mutação para se transformar no mecanismo que possibilitará STF e STJ reapreciarem os fundamentos de validade de seus provimentos vinculantes já estabelecidos.

Para que a jurisprudência se construa como fonte do direito, na legítima acepção da palavra, deve ser fruto de históricas e reiteradas decisões dos tribunais, com as contradições e evoluções ínsitas a todo processo histórico. Vinculação em excesso engessa o processo de formação jurisprudencial e, ao fazê-lo, impede o seu desenvolvimento orgânico.

A legitimação da vinculação é um verdadeiro sintoma do agigantamento do Judiciário, extremamente pernicioso à democracia. A aposta cega e irrefletida no Judiciário, como instância privilegiada para decidir, com risco de definitividade (criado pela vinculação), qualquer questão. Nesse processo, olvida-se da possibilidade do *erro*, inerente a qualquer procedimento decisório conduzido pelo ser humano. Há uma crença irrefletida de que apenas o Judiciário deveria decidir os temas relevantes da sociedade. Essa crença vem desacompanhada de um ceticismo irrefletido no sentido de que toda decisão a ser tomada pela política seria ruim *per se*. É como se a comunidade jurídica operasse mergulhada no senso comum de que o juiz, testado do ponto de vista técnico em concurso de difícil aprovação, estivesse imune a equívocos.

Ideais desse tipo são um erro e um risco para qualquer regime democrático, pois fatalmente conduzem à arbitrariedade, sobretudo num país como o Brasil, onde o Judiciário tem se mostrado não raras vezes ativista inclusive em áreas como o direito penal. Onde há democracia não sobra espaço para a "*juristocracia*", e vice e versa.

2. Ativismo Judicial e Estado Constitucional (ou por que o Olimpo não é uma democracia)

Do quanto se disse no item anterior já se intui que não é possível, hoje, tratar da relação entre Judiciário e democracia sem abordar o tema "ativismo judicial". Questões relativas ao ativismo são sobremaneira delicadas e, não raro, tratadas de maneira equivocada pela doutrina[245][246].- É preciso, portanto, esboçar alguns parágrafos acerca do conceito de ativismo, para que possamos melhor compreender as consequências do agigantamento do Judiciário.

Desde já se adverte que não pretendemos realizar um estudo aprofundado sobre ativismo judicial, o que demandaria enfrentamento de institutos estrangeiros, radicados em países de tradição *common law*, a exemplo da *judicial review*[247] norte-americana e o *legislative override/Notwithstanding clause* canadense[248]. Nossa intenção é traçar um conceito preciso de ativismo, a

---

245 Cf. STEGMÜLLER, Wolfgang. *A filosofia contemporânea.* São Paulo: EPU, 1977, vs. 1 e 2, *passim.*

246 Para um exame aprofundado do tema, ver: STRECK, Lenio Luiz. *Verdade e consenso,* 4ª ed., São Paulo: Saraiva, 2011, n. 4.2, pp. 51/55. Do mesmo autor, *O que é isto? – Decido conforme minha consciência,* 2ª ed., Porto Alegre: Livraria do Advogado, 2011, *passim.* Ver, ainda, a dissertação de TASSINARI, Clarissa. *Ativismo judicial*: uma análise da atuação do judiciário nas experiências brasileira e norte-americana, dissertação de mestrado em direito apresentada na Universidade do Vale do Rio dos Sinos, 2012. Ver ainda: ABBOUD, Georges. *Processo Constitucional Brasileiro,* 2.ª ed., São Paulo: Revista dos Tribunais/Thomson Reuters, 2018, cap. 10.

247 Sobre o tema, merece destaque o trabalho de Mark Tushnet, no qual esse autor desenvolve duas perspectivas para se examinar a judicial review: a weak judicial review e a strong judicial review. A partir desses dois conceitos evidencia as vantagens e as desvantagens de cada uma delas, demonstrando como o processo democrático reage a cada uma delas. Ademais, ressalta o autor que o que efetivamente é constitucional nem sempre responde a um código binário (constitucional/inconstitucional), daí a depender da perspectiva adotada – se weak/strong judicial review –, modificam-se os principais agentes responsáveis pelas mudanças sociais em uma democracia, se o Legislativo ou o Judiciário. Sobre a questão, ver: TUSHNET, Mark. Weak Courts, Strong Rights: judicial review and social Welfare Rights in comparative Constitutional Law, New Jersey: Princeton University Press, 2008, cap. 1/3, em especial, pp. 16, 33/35, e p. 39.

248 Legislative override ou Notwithstanding clause constituem designações doutrinárias para descrever o dispositivo na Seção 33 da Canadian Charter of Rights and Freedoms, nos seguintes termos:

partir do qual poderemos analisar a postura dos nossos Tribunais, sobretudo do STJ e do STF.

No nosso sentir, ativismo judicial, na dimensão micro, é um fenômeno que ocorre no momento decisório e se qualifica pela substituição do bloco de legalidade vigente – leia-se, sistema jurídico, conformado pela CF, leis, súmulas, etc. –, pela subjetividade do juiz. É o caso, por exemplo, das decisões fundamentadas meramente no senso de justiça.

Por outro lado, ativismo judicial, na dimensão macro ou estrutural, se traduz na intitulada *juristocracia* ou Supremacia Judicial, que consiste, *grosso modo*, num agigantamento do Judiciário frente ao Legislativo e ao Executivo sem respaldo constitucional para tanto.

Do conceito retro, decorre uma inafastável conclusão: impossível diferenciar o bom ativismo do mau ativismo[249].O ativismo é prática sempre perniciosa ao Estado Democrático de Direito, porquanto privilegia as convicções pessoais

---

33. (1) Parliament or the legislature of a province may expressly declare in an Act of Parliament or of the legislature, as the case may be, that the Act or a provision thereof shall operate notwithstanding a provision included in section 2 or sections 7 to 15 of this Charter.
Marginal note: Operation of exception
(2) An Act or a provision of an Act in respect of which a declaration made under this section is in effect shall have such operation as it would have but for the provision of this Charter referred to in the declaration.
Mrginal note:Five year limitation
(3) A declaration made under subsection (1) shall cease to have effect five years after it comes into force or on such earlier date as may be specified in the declaration.
Marginal note: Re-enactment
(4) Parliament or the legislature of a province may re-enact a declaration made under subsection (1).
Marginal note: Five year limitation
(5) Subsection (3) applies in respect of a re-enactment made under subsection (4).
Assim, por meio do *legislative override,* o Parlamento tem a possibilidade de imunizar a lei em relação a uma decisão de inconstitucionalidade pelo prazo renovável de cinco anos. Ou seja, não apenas o Parlamento tem a possibilidade de *ignorar* a decisão da Corte Constitucional, ele ainda pode imunizar a lei por um período de cinco anos. A *Notwithstanding clause* tem sido pouquíssimo utilizada em sua força plena pelo Parlamento Canadense. Contudo, sua presença criou um sistema diferenciado de *judicial review* (*weak judicial review*), em que o Parlamento dialoga com maior frequência com o Judiciário para se definir o alcance e a inconstitucionalidade de determinadas leis. Ademais, o *legislative override* impõe debate sobre coalizões parlamentares e definições de políticas majoritárias pelo Tribunal Constitucional. Para exame sobre o tema, ver: TUSHNET, Mark. *Weak Courts, Strong Rights,* cit., Cap. 3, pp. 51-66.

249 Sobre bom e mau ativismo, ver: MANILI, Pablo L. El activismo en la jurisprudencia de la Corte Suprema, in n. II, pp. 1153 e ss.

do julgador em detrimento da legalidade vigente, estruturada pelos representantes do povo e porque ocasiona desequilíbrio fatal a tripartição de poderes.

Por óbvio que, ao caracterizarmos o ativismo como *afastamento da legalidade vigente*, não estamos afirmando que o jurista esteja vinculado à legalidade estrita. O que asseveramos é que ao Judiciário não é lícito deixar de aplicar a lei, salvo quando viciada de inconstitucionalidade. Por consequência, o *texto constitucional* configura limite intransponível para qualquer decisão judicial, mormente as prolatadas pelo Supremo Tribunal Federal.

Por exemplo, quando profere decisões aditivas/manipulativas, o Judiciário não se atém friamente à legalidade estrita, mas nem por isso é possível acusá-lo, *ex ante*, de ativismo. A possibilidade de decretar decisões desse tipo, que servem, *grosso modo*, à correção de deficiência e omissão da função legislativa, decorre da própria sistemática constitucional e visa à preservação de direitos fundamentais[250].Evidente que isso não quer dizer que o Judiciário está legitimado a substituir a função legiferante do Congresso Nacional.

No Brasil, o ativismo - entendido como o desapego à legalidade vigente a pretexto de fazer prevalecer a justiça da decisão - pode ser visualizado em diversas manifestações doutrinário-forenses, tais como; a alegação de mutação constitucional contra texto expresso da Constituição; a substituição, pelo Judiciário, da função constitucional legislativa, a automática necessidade de o Judiciário se substituir ao legislador em razão da ineficiência do último, necessidade de levar em conta a vontade social no ato de julgar, etc.

O ativismo não possui ideologia ou orientação política pré-definida. Pode ser extremamente liberal (*e.g.* análise puramente econômica do direito) ou de extrema esquerda (*e.g.* viés marxista). O que efetivamente caracteriza o ativismo é a substituição do bloco de legalidade vigente pelo senso de justiça e pelas convicções pessoais do magistrado da ocasião[251].

---

250 Nesse ponto, não se pode perder de vista que a decisão de um juiz que conceda tutela judicial atípica para fornecer remédio ou tratamento a segurado do INSS não deve necessariamente ser classificada como ativista. Pelo contrário, trata-se de decisão que concretiza direito fundamental do cidadão à saúde. Essa decisão, desde que devidamente motivada nos termos da CF 6º e CF 93 IX não deverá ser inquinada de ativista, porque está pautada na legalidade e na legitimidade constitucional.

251 Nesse contexto é que nos afigura inconstitucional qualquer atividade jurisdicional baseada na equidade que possa opor-se ao próprio texto constitucional, ainda que proferida em sede arbitral. Sobre a questão ver: NERY JUNIOR, Nelson. "Julgamento arbitral por equidade e prescrição". In: Revista de Direito Privado, n. 45, 2011, p. 323; ABBOUD, Georges. Jurisdição constitucional e direitos fundamentais, cit., n. 7.3.4, pp. 397-404.

A partir da figura do ativismo judicial, pretende-se imbuir de legitimidade decisões que são verdadeiramente inconstitucionais, fundadas em convicções pessoais, morais, religiosas, etc., o que é impensável em um Estado Democrático de Direito.

Nessa perspectiva é que a CF 5º II estabelece o princípio da legalidade, evidenciando a importância de a Constituição e as leis constituírem o fundamento de legitimidade para motivarem-se as decisões. Em outras palavras, no Estado Democrático de Direito, o Judiciário não pode decidir da forma que quiser. A aplicação da lei não é uma opção do juiz. O senso de justiça de cada magistrado não constitui fundamento legítimo para a motivação da decisão.

No Estado Democrático de Direito, o Judiciário tem o dever de demonstrar os fundamentos jurídicos que o fizeram decidir dessa ou daquela maneira. Desse modo, ainda que o juiz considere injustas as figuras, por exemplo, da revelia, da usucapião, da prescrição, deverá aplicá-las quando for o caso, porque contempladas na legislação vigente que, por sua vez, vincula sua atividade decisória.

Lei e Constituição constituem pré-compromissos democráticos de toda sociedade civilizada, que vinculam o exercício da função jurisdicional. Ao decidir certa lide, o juiz está previamente compromissado com a ordem constitucional posta, e, por isso, está obrigado a, na fundamentação do decisório, demonstrar as razões *jurídicas* – não as religiosas, morais, etc. –, sejam legais ou principiológicas, que o conduziram àquela conclusão.

Dito de outro modo, o exercício da função jurisdicional deve, sempre, ser fundamentado, em última análise, na Constituição. A fundamentação precisa explicitar as razões constitucionais que sustentam a conclusão assentada na decisão do magistrado. Ou seja, é ônus de todo julgador demonstrar que a resposta dada ao caso é a mais adequada à Constituição e às leis que desta emprestam validade[252]

252 Nesse ponto, necessária transcrição do posicionamento de Lenio Streck. Verbis: "Fundamentalmente – e nesse sentido não importa qual o sistema jurídico em discussão –, trata-se de superar as teses convencionalistas e pragmatistas a partir da obrigação de os juízes respeitarem a integridade do direito e a aplicá-lo coerentemente. Numa palavra: resposta correta (adequada à Constituição e não à consciência do intérprete) tem um grau de abrangência que evita decisões ad hoc. Entenda-se, aqui, a importância das decisões em sede de jurisdição constitucional, pelo seu papel de proporcionar a aplicação em casos similares. Haverá coerência se os mesmos princípios que foram aplicados nas decisões forem aplicados para os outros casos idênticos; mas, mais do que isso, estará assegurada a integridade do direito a partir da força normativa da Constituição". STRECK, Lenio Luiz. O que é isto? – Decido conforme minha consciência, cit., n. 7, p. 109.

O juiz e todos os tribunais, principalmente o STF, têm o dever de prestar contas à sociedade, demonstrando os fundamentos jurídicos de sua decisão. Daí o porquê de somente Zeus poder ser ativista: na condição de soberano do monte Olimpo, não precisava prestar contas a ninguém.

Em *Prometeu Acorrentado*[253], Ésquilo narra a história de Prometeu, filho de Titã, notoriamente conhecido por sua astúcia e inteligência, que teria roubado de Zeus o fogo para entregá-lo aos mortais. O ato despertou a ira de Zeus, que o condenou a um sofrimento sem fim: ser acorrentado em rochedo para que seu fígado fosse devorado todos os dias por uma águia.

No início do texto, menciona-se a vitória de Zeus sobre os Titãs (Cronos) e já se anuncia que, a partir daí, o Olimpo passava a ser regido por novas leis: as *arbitrárias leis* de Zeus. Agora absoluto, Zeus não precisava mais prestar contas a ninguém.

Prometeu, sempre ciente do ato que o condenou, lamentava-se por não compreender as razões que motivavam tamanha ira. Afinal, apesar de tudo, Prometeu havia sido importante na derrota dos Titãs.

O maior inconformismo de Prometeu era não ter sido condenado ao Inferno de Hades – Tártaro (que seria o mais natural). Em vez disso, Zeus determinou que sofresse todos os dias verdadeiro suplício.

Prometeu, já sentindo e percebendo a arbitrariedade e a severidade de Zeus, concluía que o senhor do monte Olimpo era duro e austero e *que a Justiça media-se por sua própria vontade.* A vontade de Zeus era critério para aferição da justeza das coisas.

É nessa perspectiva que afirmamos que somente Zeus poderia ser ativista. Apenas em um sistema em que predomina a vontade do mais forte é que essa, por mais absurda que fosse, poderia ser medida de justiça. No Estado Democrático de Direito, a justiça não se mede pela vontade de ninguém, nem pela do STF, pois todo juiz, ao decidir, precisa prestar contas do porquê de sua decisão ser a melhor para o caso, quais as razões de ser a decisão mais consentânea com o texto constitucional, bem como qual a sua principiologia.

O Olimpo, onde o ativismo é possível, não é uma democracia. Portanto, caso o Brasil deseje ser uma república verdadeiramente democrática, deve rechaçar o modelo decisório de Zeus.

---

253 Dentre diversas traduções, ver: Ésquilo. Prometeu acorrentado. São Paulo, Abril Cultural, 1982.

3. O STF e a prisão em segunda instância: análise de caso em que um easy case se transformou em hard case

Para melhor compreender os efeitos perniciosos do agigantamento do Judiciário, cabe um breve estudo de caso, no qual a jurisdição, sob diversas perspectivas, agiu de modo ativista, tendo gerado efeitos reais antidemocráticos. Em vez de o STF aplicar a regra prevista constitucionalmente e rechaçar prisões antes do trânsito em julgado, optamos por usar de conceitos indeterminados de forma vaga em desfavor da garantia da presunção de inocência, ou seja, o que era para ser um *easy case,* o ativismo transformou em *hard case.*

Recentemente, o Supremo Tribunal Federal, no julgamento do HC 126.292-SP, em decisão histórica, alterou entendimento acerca da constitucionalidade da execução provisória da pena, para reviver a posição restritiva, vencida desde o julgamento do HC 84.078-MG, em 05.02.2009. A lide, do ponto de vista fático, era simples: o paciente fora condenado à pena de cinco anos e quatro meses de reclusão em regime inicial fechado pela prática de crime de roubo, assegurado o direito de recorrer em liberdade. O Tribunal de Justiça de São Paulo negou provimento ao recurso da defesa e expediu mandado de prisão. Contra a ordem de prisão, houve HC para o STJ, cujo pedido de liminar foi indeferido.

Para desafiar a decisão que denegou a liminar, foi impetrado HC para o STF, com argumentação que gravitava em torno ausência de fundamentação para decretação de prisão preventiva e a inexistência do trânsito em julgado do édito condenatório.

Ao avaliar o caso, o STF, por sete votos a quatro, denegou a ordem. O fundamento principal era o de que o princípio do estado de inocência não inibiria a prisão após condenação em segunda instância; o acórdão – contra o qual não cabia recurso dotado de efeito suspensivo *ope legis* – seria, então, plenamente executável.

Antes de adentrar na avaliação do mérito da questão, é preciso uma advertência: execução provisória da pena em segunda instância não se confunde com prisão cautelar. A prisão cautelar é possível mesmo antes da sentença condenatória, desde que provados os requisitos exigidos pelo CPP. A discussão aqui proposta gira em torno da possibilidade de prender o réu que tem contra si acórdão condenatório, fundada a expedição do mandado de prisão meramente na exequibilidade da decisão, posto que não sujeita a recurso dotado de efeito suspensivo.

De nossa parte, adiantamos que a decisão prolatada pelo STF no HC 126.292-SP é exemplo de ativismo, posto que dada ao arrepio tanto da CF quanto da legislação regente. Conforme passamos a demonstrar nos parágrafos seguintes, o acórdão não resolve o conflito que existe entre o conteúdo do princípio da presunção de inocência e a execução provisória da pena. É, portanto, inarredavelmente inconstitucional.

Dos argumentos ventilados nos votos vencedores, destacamos dois para exame mais acurado: a) o de que STF e STJ estariam proibidos de examinar fatos e provas, e por isso o juízo de culpa consagrado pela segunda instância seria definitivo; e b) o da evolução do sentido da expressão "tratar como culpado", que autorizaria a concluir que, nos estágios mais avançados do processo, é possível apenar o réu, ainda que pendentes recursos.

A análise dessas linhas argumentativas depende da correta percepção das funções dos tribunais superiores e da compreensão da hermenêutica e os limites interpretativos que se colocam a todo aplicador do Direito, de que trataremos nos subitens a seguir.

3.1. Afinal, qual a principal função dos tribunais superiores?

A ideia de que o STF e o STJ não poderiam reexaminar matéria fático-probatória consta do seguinte trecho do voto do relator do HC 126.292-SP:

> Nessas circunstâncias, tendo havido, em segundo grau, um juízo de incriminação do acusado, fundado em fatos e provas insuscetíveis de reexame pela instância extraordinária, parece inteiramente justificável a relativização e até mesmo a própria inversão, para o caso concreto, do princípio da presunção de inocência até então observado. Faz sentido, portanto, negar efeito suspensivo aos recursos extraordinários, como fazem o art. 637 do Código de Processo penal e o art. 27, §2º, da Lei 8.038/1990.

Cuida-se de distorção que as cortes superiores cultivam acerca de suas próprias funções. Com efeito, a CF não diz, em momento algum, que está proibido o reexame dos fatos e provas em sede de Recurso Extraordinário e Especial. Ao contrário do que vem se repetindo, passado o juízo de cassação, a cognição do Supremo e do Superior Tribunal de Justiça é ampla. Dito de outro modo, no juízo de revisão, ambos funcionam como verdadeiro tribunal de apelação.

Demais disso, a própria definição do que é fato carece de melhor sistematização para o jurisdicionado não fica sujeito a discricionariedades de toda ordem. Temas como ilegalidade da ordem de prisão e inexistência dos requisitos para prisões cautelares configuram as maiores inconstitucionalidades/ilegalidades que podem ser perpetradas contra o jurisdicionado. Por conseguinte, a alegação de que elas seriam fatos esvaziaria, por completo, a função de preservação da ordem constitucional e dos direitos fundamentais que é ínsita ao STF.

De toda sorte, não se pode ignorar que questões predominantemente de direito podem levar à condenação equivocada por parte do tribunal. A própria qualificação jurídica do fato examinado poderia conduzir à liberdade do réu. Não é apenas o exame da autoria e da materialidade – que dependem majoritariamente da construção fática – que podem resultar em livramento (matérias como a prescrição não nos deixam mentir).

Associada à noção de que as os tribunais superiores não podem rever fatos e provas está a ideia de que o STF e o STJ têm a finalidade estrita de fixar teses jurídicas, o que os coloca muito aquém de sua missão constitucional. Para desfazer esse tipo de engano, é necessário perquirir qual é, afinal, a verdadeira função das cortes no Brasil.

Atualmente, há dois equívocos que parcela da doutrina[254] incorre ao tratar o tema e que têm sustentado grande parte de nossas reformas legislativas: (i) o resgate de um *realismo jurídico primitivo*, como se o Direito pudesse ser restrito àquilo que decidem os tribunais superiores; (ii) o deslocamento do foco do Poder Judiciário para as cortes superiores e sua padronização decisória, sem se preocupar com uma teoria da decisão judicial que anteceda o recrudescimento dos poderes desses tribunais. A tese gravita em torno de apenas um dos vértices (o superior), e ignora a questão do ativismo e da discricionariedade, questões cujo desenlace é fundamental para se trabalhar com reformas legislativas ou propostas doutrinárias que contribuam para aumentar o poder dos tribunais superiores.

No que tange à funcionalidade das cortes supremas, do mesmo modo, não é crível imaginar que o caso julgado possa ser considerado puro pretexto. Nem é preciso mencionar que *sem o caso concreto sequer haveria o próprio direito*. Nesse ponto, é importante destacar que, ao não aceitarmos a assertiva isolada de que o caso é puro pretexto, em nenhuma oportunidade, defendemos que o STF ao decidir um caso, a repercussão de seu julgado ficará puramente adstrito ao caso. Esse ponto é óbvio, além da existente repercussão geral, os julgados do STF, mesmo os não dotados de efeito vinculante, devem ser levados em con-

254 Ver por todos: MITIDIERO, Daniel. Cortes Superiores e Cortes Supremas, SP: RT, 2013, passim.

ta na argumentação jurídica das partes e na motivação das decisões porque são um dos elementos da construção e da evolução do Direito Constitucional brasileiro. Daí a possibilidade de eles serem argumentativamente rechaçados quando sua conclusão é diretamente oposta ao próprio texto constitucional que deveriam salvaguardar.

Afinal de contas, a norma somente existe diante da problematização de um caso concreto, seja real ou fictício. A norma não está contida na lei, numa decisão vinculante, súmula vinculante ou qualquer outro texto. Somente após a interpretação a norma é produzida: isso porque a norma é realizada na linguagem, diante da problematização, quando é contraposta aos *fatos jurídicos* e à controvérsia judicial que se pretende solucionar. Disso se extrai que a conclusão de que alguns órgãos jurisdicionais examinam o arcabouço fático e outros não é absurda.

Ademais, não há tribunal cuja função exclusiva seja a fixação e a criação de precedentes, até porque o precedente – desde que o genuíno precedente do *common law* e não qualquer decisão de tribunal dotada de efeito vinculante – é definido com o tempo, e pelas demais instâncias.

A análise sobre precedente judicial não pode perder de vista que esse não constitui decisão-piloto apta a solucionar diversos casos-paradigmas. Ou seja, o Tribunal Superior, ao julgar um *leading case,* não pode pré-determinar que sua decisão tenha valor de precedente judicial. Somente se, historicamente, a decisão for utilizada na argumentação das partes e na fundamentação de novas decisões judiciais é que começará a ganhar o *status* de precedente.

Com efeito, diferentemente do que se tem apregoado, o STF e o STJ não são tribunais destinados a, tão somente, fixar teses jurídicas. Tampouco estão proibidos de examinar fatos. As referidas cortes superiores têm a tarefa constitucional de *decidir lides*, isto é, resolver situações litigiosas de direitos subjetivos, seja no julgamento de recurso extraordinário pelo STF (CF 102 III),[255] seja no julgamento de recurso especial pelo STJ (CF 105 III).[256]

255 CF 102: "III – julgar, mediante recurso extraordinário, as causas decididas em única ou última instância, quando a decisão recorrida: a) contrariar dispositivo desta Constituição; b) declarar a inconstitucionalidade de tratado ou lei federal; c) julgar válida lei ou ato de governo local contestado em face desta Constituição; d) julgar válida lei local contestada em face de lei federal".

256 CF 105: "III: – julgar, em recurso especial, as causas decididas, em única ou última instância, pelos Tribunais Regionais Federais ou pelos tribunais dos Estados, do Distrito Federal e Territórios, quando a decisão recorrida: a) contrariar tratado ou lei federal, ou negar-lhes vigência; b) julgar válido ato de governo local contestado em face de lei federal; c) der a lei federal interpretação divergente da que lhe haja atribuído outro tribunal".

Aliás, por diversas vezes no STF, é fundamental que esses tribunais examinem fatos para poderem fixar seus próprios entendimentos vinculantes, *e.g.*, a definição sobre o momento de cumprimento da pena; a impossibilidade de financiamento privado por empresas de campanha e prazos prescricionais de toda ordem, uma vez que é imprescindível especificar qual suporte fático seja atingido por cada prazo prescricional.

O texto constitucional instituído pelo Poder Constituinte Originário estabeleceu expressamente a possibilidade de o STF e o STJ decidirem efetivamente lides jurídicas. Nosso sistema constitucional não autoriza o entendimento restritivo em sentido diverso. Ou seja, não é possível dizer que os referidos tribunais poderão apenas julgar teses jurídicas como se, ao avaliar lides intersubjetivas, estivessem exercendo algo necessariamente secundário, acidental e de menor relevância.

O STF e o STJ são os entes que integram, no organograma do Estado, o Poder Judiciário, e ambos exercem atividade jurisdicional plena. Desse modo, não se pode simplesmente afirmar que a natureza do processo desenvolvido nesses tribunais seja objetiva. O processo somente é objetivo quando inexiste proteção/discussão direta e imediata de direitos subjetivos e quando não há réu no polo passivo da demanda. O processo objetivo existe no STF, nos casos relacionados ao controle concentrado de constitucionalidade, que são da competência exclusiva do STF.

É de se salientar que a implementação da chamada objetivação das atividades do STF e do STJ, da forma como pretendida por setores dos tribunais superiores e da doutrina, pode causar graves prejuízos simbólicos, na medida em que se transmite a mensagem de que os tribunais superiores teriam a única função constitucional de fixar teses jurídicas e não de assegurar a proteção dos direitos fundamentais do particular.

Importante registrar que, se a objetivação for apresentada como uma tese para aumentar a valorização da influência das decisões do STF e STJ nas demais instâncias a partir de uma reconfiguração da importância desses tribunais, especialmente em virtude da atribuição de repercussão geral ao STF, nesse particular não teríamos grande dificuldade em aceitarmos essa perspectiva. Entretanto, a objetivação que busca dissociar o entendimento do STF/STJ das especificidades do caso concreto, possibilitando a fixação de teses como se esses tribunais estivessem exercendo uma função concorrente com o legislador, essa objetivação rechaçamos com veemência. Do mesmo modo, não concordamos com objetivação que argumente de forma discricionária, sem qualquer criteriologia mínima, que ora uma questão jurídica deve ser considerada fato e em outro momento deve ser vista como questão jurídica apreciável pelo STF/STJ.

Por óbvio que não ignoramos a necessidade de o STF e o STJ uniformizarem o entendimento sobre questões jurídicas de natureza constitucional e federal, respectivamente. O que não pode haver, *venia concessa*, é a minimalização da tarefa constitucional desses tribunais à *objetivação* dos processos que se encontram a seu cargo, notadamente porque a Constituição Federal lhes imputou a obrigatoriedade de decidir lides – revolvendo fatos e provas, inclusive – consoante expressa competência recursal estatuída, por exemplo, na CF 102 III e 105 III.

Aqui é fundamental esclarecer que não se trata de simplesmente afirmar que o STF e o STJ examinarão fatos sem nenhuma restrição ou coisa do tipo. O que se busca destacar é que o argumento de que *eles não devem examinar fatos*, na prática, tem escamoteado a formação de decisões sem o exame de circunstâncias particulares fundamentais bem como argumentos imprescindíveis para a correta compreensão do tema. Outrossim, quanto mais especificidades forem examinadas, maior o grau de integridade e robustez do provimento vinculante formado, o que, por sua vez, lhe assegura menor grau de indeterminabilidade e, consequentemente, maior universalização *pro futuro* em sua aplicação nas instâncias inferiores.

Tanto isso é correto que há dois juízos nos recursos excepcionais: a) de cassação; b) de revisão. Quando reconhecem que a decisão recorrida ofendeu a Constituição (CF 102 III *a*) ou negou vigência à lei federal (CF 105 III *a*), *cassam-na* para, em seguida, proferirem juízo de *revisão*, que nada mais é do que a "*aplicação do direito à espécie*" (Súmula 456 do STF; RISTJ 255, § 5º)[257], isto é, a resolução da lide, do caso concreto, do direito subjetivo.

Nesse sentido, acertadamente o CPC 1034 estatui que: "admitido o recurso extraordinário ou o recurso especial, o Supremo Tribunal Federal ou o Superior Tribunal de Justiça julgará o processo, aplicando o direito".

O texto do CPC 1034 *caput* incorpora o que já vinha determinado no STF 456 ("O Supremo Tribunal Federal, conhecendo do recurso extraordinário, julgará a causa, aplicando o direito à espécie") e no RISTJ 255, § 5º ("No julgamento do recurso especial, verificar-se-á, preliminarmente, se o recurso é cabível. Decidida a preliminar pela negativa, a Turma não conhecerá do recurso; se pela

257 Ver ABBOUD, Georges; NERY JUNIOR, Nelson. Direito Constitucional brasileiro, 2.ª ed., São Paulo: Revista dos Tribunais/Thomson Reuters, 2019, cap. 5.

afirmativa, julgará a causa, aplicando o direito à espécie"). Oportuna, portanto, a inclusão no texto legal da expressa previsão para o *juízo de revisão*, competência que têm o STF (RE) e o STJ (REsp).

Nosso sistema de recursos excepcionais (RE, REsp e RR) confere dupla competência recursal ao tribunal *ad quem* (STF, STJ e TST), que tem simultaneamente competência para proferir os juízos de cassação e de revisão.

No primeiro momento, o tribunal superior analisará a regularidade da decisão judicial recorrida. Caso esteja incorreta, porque viola texto constitucional ou nega vigência à lei federal, o órgão jurisdicional dará provimento ao recurso e cassará a referida decisão. Apenas após ter dado provimento ao recurso excepcional (cassando a decisão recorrida) é que o tribunal superior analisará o direito posto em causa, proferindo o juízo de revisão (rejulgando a causa).

No juízo de revisão, a atividade cognitiva da Corte é ampla. Atua, vale dizer, como se tribunal de apelação fosse. Por isso é que, ainda que se admitisse que apenas o exame de questões predominantemente fáticas poderia livrar de culpa o réu, isso não serviria para justificar a prisão em segunda instância, tendo em vista que o STF e o STJ podem, perfeitamente, examinar fatos e provas em determinadas condições específicas.

3.2. Os limites interpretativos do texto

O segundo argumento que nos propusemos a analisar é de cunho hermenêutico. Ao examinar o caso, o ministro Gilmar Mendes asseverou que a Constituição não estipula o significado de "tratar como culpado", cabendo ao legislador fazê-lo; disse, ainda, que a presunção de não culpabilidade é um princípio, não uma regra, e que, portanto, não se aplica pelo método "tudo ou nada".

O ministro Luís Roberto Barroso, em sentido semelhante, declarou a ocorrência de "nova" mutação constitucional. Posteriormente, pontuou a natureza principiológica da presunção de inocência, a sujeitá-la à ponderação em vista da tensão que gera com o interesse constitucional na efetividade da lei penal em prol da proteção dos bens jurídicos (e.g. vida, dignidade, integridade física e moral etc.). À medida que o processo avança e as condenações ocorrem em instâncias sucessivas, a dimensão de peso da presunção de inocência se reduziria, ao ponto de permitir a prisão.

A CF no inciso LVII de seu art. 5º, instituiu o princípio da presunção de inocência (*Unschuldsvermutung*), "ninguém será considerado culpado até o trânsito em julgado da sentença penal condenatória". O dispositivo em questão consagra verdadeiro princípio do Estado de Direito e determina que, no processo penal, a regra geral é a liberdade; a prisão apenas seria possível depois que a sentença adquirisse o atributo da *definitividade*, próprio da coisa julgada material.

Nessa linha, Aury Lopes Jr., escorado nos ensinamentos de Luigi Ferrajoli, a presunção de inocência assegura o cidadão frente ao Estado e o garante contra o arbítrio punitivo: ora, se a jurisdição é a atividade necessária para a obtenção da prova de que se cometeu o delito, enquanto a instrução probatória não é realizada mediante procedimento regular não é possível considerar ocorrido o crime, daí porque não se pode considerar o réu culpado e impor-lhe as devidas penas[258]. Sob o viés do julgador, a presunção de inocência institui um dever de tratamento ambivalente – de um lado, negativo, visto que o juiz não pode considerar o réu culpado antes do trânsito, e de outro, positivo, porque exige que o acusado seja tratado como se fosse efetivamente inocente[259].

O dever de tratamento retro é endoprocessual, no sentido de que determina que a carga da prova seja do acusador, que a dúvida conduza à absolvição e que as prisões cautelares sejam utilizadas com moderação. Contudo, é também um dever extraprocessual, pois exige que o acusado seja protegido contra a publicização abusiva do processo e a *estigmatização* precoce.

Do que consta nos parágrafos anteriores, é possível intuir que o conteúdo do princípio sob exame não se harmoniza à possibilidade de prisão anterior ao trânsito em julgado. Se a regra é a liberdade e o julgador está não apenas obrigado a se abster de adiantar a culpa do réu, como também compelido a tratá-lo como se inocente fosse, nenhuma razão assiste à expedição de mandado de prisão com base apenas na condenação pelo Tribunal.

Por outro lado, é necessário que se compreenda que nenhuma interpretação pode ocorrer contra o texto. Cuida-se de regra interpretativa inderrogável que compromete todo julgador no momento decisório. O texto em sua *textitude* deve servir sempre de limite interpretativo.

O processo interpretativo, à luz da teoria gadameriana, parte de uma projeção de sentido[260]. O intérprete, diante do texto, sempre adianta um sentido prévio,

---

258 LOPES JR., Aury. Direito Processual Penal. 10ª ed. São Paulo: 2013, p. 227

259 LOPES JR., Aury. Direito Processual Penal, cit., p. 228.

260 Conforme Gadamer: "Quem quiser compreender um texto, realiza sempre um projetar. Tão logo apareça um primeiro sentido no texto, o intérprete prelineia um sentido do todo. Naturalmente que o sentido somente se manifesta porque quem lê o texto lê a partir de determinadas expectativas e na perspectiva de um sentido deter-

formulado com base em seus pré-juízos, que deve, porém, ser visitado e revisitado conforme se aprofunde no objeto interpretado. Fatalmente, todo intérprete antecipa um conceito da coisa interpretada. *Contudo, essa antecipação deve, sempre, ser posta à prova diante da coisa mesma.* Afinal, "quem quer compreender um texto deve estar disposto a deixar que este lhe diga alguma coisa"[261][262].

Aí é que se coloca o óbice inafastável ao posicionamento esposado no HC 126.292-SP: colocado à prova, o entendimento não subsiste frente ao texto posto, especialmente em razão das expressões "considerado culpado" e "trânsito em julgado".

Conforme a CF 5º LVII, "ninguém será *considerado culpado* até o *trânsito em julgado* da sentença penal condenatória". Conclui-se, a partir do dispositivo retro, que o trânsito em julgado é o único evento que autoriza tratar o acusado como se culpado fosse. Dito de outro modo, apenas a partir da formação da coisa julgada é que o juiz estará livre do dever de tratamento (positivo e negativo) de que falamos ao início deste item. Enquanto não ocorrido o trânsito, é como se nada falasse contra a inocência do acusado, motivo pelo qual não é possível adiantar qualquer consequência da decisão condenatória, muito menos a mais gravosa: a privação da liberdade.

O trânsito, a seu turno, não ocorre após a prolação do julgamento de segunda instância, mas quando do esgotamento dos recursos cabíveis. É essa a orientação doutrinária, reforçada pelas disposições legais (LINDB 6ª, §3º e

---

minado. A compreensão do que está posto no texto consiste precisamente na elaboração desse projeto prévio, que, obviamente, tem que ir sendo constantemente revisado com base no que se dá conforme se avança na penetração do sentido". GADAMER, Hans-Georg. Verdade e método I: traços fundamentais de uma hermenêutica filosófica. 15ª ed. Petrópolis: Vozes, 2015, p.356. Sobre o tema: "Desde sempre, o sujeito da compreensão já está esgotado no mundo, dentro do qual as suas condições de possibilidade estão definidas (e se definem cotidianamente) na e pela linguagem. O sujeito da compreensão recebe o legado da tradição; esse legado é compulsório; não há possibilidade de a ele renunciar". STRECK, Lenio Luiz. Hermenêutica jurídica e(m) crise: uma exploração hermenêutica da construção do Direito. 11ª ed. rev., atual. e ampl. Porto Alegre: Livraria do advogado, 2014, p. 298.

261 GADAMER, Hans-Georg. Verdade e método I: traços fundamentais de uma hermenêutica filosófica. 15ª ed. Petrópolis: Vozes, 2015, p. 358.

262 Nesse sentido: "Os sentidos produzidos pelo intérprete adquirem validade na medida em que são compatíveis com a 'coisa ela mesma' ou com a 'coisa em si' presente no texto. Se esta alteridade entre texto e intérprete se mostrar incompatível com a 'coisa em si', há a substituição dos sentidos atribuídos pelo intérprete por outros mais autênticos, e, assim, sucessivamente". ABBOUD, Georges; CARNIO, Henrique Garbellini; OLIVEIRA, Rafael Tomaz de. Introdução à teoria e à filosofia do Direito. 3ª ed. rev., atual. e ampl. – São Paulo: Revista dos Tribunais, 2015, p. 449.

CPC 502). Conforme Barbosa Moreira, trânsito em julgado é, justamente, *o momento* em que a sentença passa da condição de mutável à imutável, em vista da extinção de todas as possibilidades de impugná-la no bojo de processo em que prolatada[263]. Só há trânsito quando esvaídos os recursos cabíveis. Não existe concessão semântica capaz de afastar essa conclusão.

Raciocínio em sentido diverso seria, inarredavelmente, contra as fronteiras postas pelo texto da Constituição, cujo respeito é imperativo, sob pena de transformar interpretação em alteração legislativa, mutação em reforma constitucional. *Não existe interpretação e muito menos mutação constitucional contra o texto posto*[264]. Outrossim, não existe *mutação previamente anunciada.*

Quando existe congruência entre o texto normativo constitucional e a realidade, duas hipóteses se apresentam. A primeira consiste na circunstância de a realidade seguir a norma, configurando a validez normal do direito constitucional. A segunda consiste no fato de a norma seguir a realidade, configurando reforma da Constituição.

A mutação constitucional caracteriza uma incongruência entre as normas constitucionais, por um lado, e a realidade constitucional de outro. Trata-se, pois, de situação de dissociação entre a Constituição escrita e a realidade constitucional. Só pode haver mutação constitucional em países que possuem constituição escrita[265].

Quando se anuncia ou prenuncia que determinada circunstância está sendo modificada pelo tribunal constitucional em virtude de mutação constitucional, na verdade o que ocorre é a ruptura do sistema, com ofensa flagrante ao texto e ao espírito da Constituição, porque o anunciador ou prenunciador demonstra, à evidência, sua *intenção* de modificar a Constituição sem o *due process* legislativo[266].

---

263 MOREIRA, José Carlos Barbosa. "A eficácia preclusiva da coisa julgada material no sistema do processo civil brasileiro". In: MOREIRA, José Carlos Barbosa. Temas de direito processual. São Paulo: Saraiva, 1977, p. 97. Ver também: TALAMINE, Eduardo. Coisa julgada e sua revisão. São Paulo: Revista dos Tribunais, 2005, pp. 31-32.

264 Sobre os limites da mutação constitucional, ver: CANOTILHO, José Joaquim Gomes. Direito constitucional e teoria da constituição, 7ª ed., Coimbra: Almedina, 2004, p. 1229; NERY JUNIOR, Nelson, NERY, Rosa Maria de Andrade. Constituição Federal Comentada, 3ª ed., São Paulo: Revista dos Tribunais, 2012, coment. 15 CF 52, p. 503.

265 Prefácio de Pablo Lucas Verdú In: Hsü Dau-Lin. Mutación de la constitución, Oñati: Instituto Vasco de Administración Pública, tradução de Pablo Lucas Verdú e Christian Förster, 1998, p. 9.

266 NERY JUNIOR, Nelson. Anotações sobre mutação constitucional: alteração da Constituição sem modificação do texto, decisionismo e "Verfassungsstaat". In: LEITE, George Salomão; SARLET, Ingo Wolfgang (coords.). Direitos fundamentais e estado constitucional: estudos em homenagem a J.J. Gomes Canotilho, São Paulo/

Mutação constitucional e interpretação contra o texto consubstanciam verdadeira usurpação das funções do Poder Legislativo. Ao Judiciário não cabe alterar a lei, mas aplicá-la. Alteração de texto é *reforma*, e, portanto, só pode ser realizada via processo legislativo. Daí o porquê de entendimento consagrado no HC 126.292-SP ser fatalmente ativista: nele, o STF se substituiu ao legislador constituinte, para antecipar o momento em que deveria ser considerada cessada a presunção de inocência. Ocorre que inexistia fundamento normativo para esse entendimento do STF, a sua formação, em sua maior parte, se deu a partir de uma percepção subjetivista acerca dos anseios populares contra a impunidade e da necessidade de privilegiar a "efetividade da lei penal" frente aos direitos fundamentais do acusado. Trata-se de um episódio em que o STF, além de não fazer valer a Constituição, enfraqueceu sua própria independência e legitimidade. A Corte Suprema, ao julgar ouvindo o clamor popular, em certa medida, condescendeu com pressões sociais de uma vontade social em relação à sua atuação. Decisões desse jaez, em vez de fortalecerem o STF, acabam por retirar sua independência, sujeitando o Tribunal a pressões sociais de toda ordem, inviabilizando, assim, o exercício de sua legítima função contramajoritária.

3.3. A lei somente pode ser afastada do caso concreto se constatada sua inconstitucionalidade. Da necessidade de abordar o CPP 283. Jurisdição de exceção e direitos fundamentais

Por fim, é preciso analisar o acórdão do HC 126.292-SP sob um aspecto que não foi expressamente endereçado nos votos que o compuseram. Com efeito, quando decidiram acerca da prisão em segunda instância, os ministros do STF ignoraram, por completo, as disposições infraconstitucionais acerca do tema, em especial o CPP 283, nos termos do qual

> Ninguém poderá ser preso senão em flagrante delito ou por ordem escrita e fundamentada da autoridade judiciária competente, em decorrência de sentença condenatória transitada em julgado ou, no curso da investigação ou do processo, em virtude de prisão temporária ou prisão preventiva.

Coimbra: Revista dos Tribunais/Coimbra Editora, 2009, pp. 79/109.

Como se nota, o legislador infraconstitucional determinou que a privação da liberdade, antes do trânsito, só seria possível quando fundamentada nas hipóteses de prisão temporária ou preventiva.

Permitir prisão automática, antes do trânsito, significa negar aplicação ao disposto no CPP 283, o que não é possível, salvo se demonstrada a sua inconstitucionalidade.

Decerto, em um Estado Constitucional, a legislação vincula a atuação dos juízes e, por consequência, só lhes é permitido afastá-la quando reconhecerem, mediante o controle difuso de constitucionalidade, a sua inconstitucionalidade.

Em outros termos, a lei vincula o Poder Judiciário, motivo por que deve interpretá-la e aplicá-la no caso concreto. Ao juiz não é dado aplicá-la quando a considerar adequada ou quando estiver em consonância com suas convicções pessoais, políticas ou morais.

Existe uma má prática judicial fomentada por parcela da doutrina que pensa ser discricionária a aplicação da lei, por conseguinte, considera a lei como algo que está à disposição do juiz, como se lhe fosse lícito deixar de aplicá-la.

Esse equívoco é oriundo de um déficit qualitativo das decisões, mais precisamente, da falta de motivação adequada, procedimento que infringe a CF 93 IX[267].

No caso comentado, essa má prática novamente apareceu, pois não existiu qualquer controle difuso de constitucionalidade que legitimasse a desaplicação da lei. Muito pelo contrário, ao fim, o STF suspendeu a legalidade vigente a fim de fazer prevalecer seu ponto de vista.

Por meio de decisões desse tipo, cria-se situação própria de Estados de Exceção, em que a necessidade do julgador o faz abrir mão da legislação vigente. Nessa perspectiva, a lei formalmente continua vigente e válida; todavia, sua aplicação é excepcionada [negada] em relação ao caso concreto, em razão dos interesses que consideram melhores ou maiores que aqueles protegidos pelo legislador[268].

O quadro se agrava quando se tem em vista que, no caso dos autos, a legislação foi desaplicada para que se desse azo a entendimento expressamente

---

267 Para uma análise empírica que demonstra o aumento de processos a despeito de recrudescimento do efeito vinculante, ver: ABBOUD, Georges. Jurisdição constitucional e direitos fundamentais, cit., n. 9, p. 445 et seq.

268 Sobre o tema, ver: AGAMBEN, Giorgio. Estado de exceção, São Paulo: Boitempo, 2004, passim. ABBOUD, Georges. Jurisdição constitucional e direitos fundamentais, cit., n. 4.4.2, p. 319 et seq. Ver também: NERY JUNIOR, Nelson, NERY, Rosa Maria de Andrade. Constituição Federal comentada, 3ª ed., cit., coment. 51 CF 5º, p. 226.

contrário à CF. Ou seja, afastaram lei vigente para restringir direito fundamental consagrado constitucionalmente. Cuida-se de prática característica daquilo que Pedro Serrano intitula *jurisdição de exceção.*

O fenômeno é trabalhado por Pedro Serrano no livro denominado *Autoritarismo e golpes na América Latina: Breve ensaio sobre jurisdição e exceção.* Conforme o autor:

> exceção na jurisdição pode ocorrer de duas formas[269]: por meio de decisões que ocasionem ou legitimem a interrupção inconstitucional da normalidade democrática[270] ou por meio de decisões que suspendam direitos fundamentais do ser humano[271]. No caso do HC 126.292-SP houve, justamente, negação de direito fundamental do processo penal: a presunção de inocência.

4. Conclusão. Por que não temos medo dos juízes?[272] Os perigos da juristocracia delegativa

Para compreender a relação entre Judiciário e Estado Democrático, não podemos deixar de mencionar os estudos sobre democracia delegativa realizados por Guillermo O'Donnell[273]. Obviamente, não faremos aplicação direta das teses de O'Donnell nos dias atuais. A sua análise será usada para demonstrar como ainda vivemos em um regime de democracia precário e não institucionalizado.

O conceito de democracia delegativa foi cunhado na década de 1990 para designar os regimes que surgem nos países latino-americanos após a derroca-

269 Idem, p.105.

270 "Tal fenômeno ocorre quando ascendem na América Latina governos de esquerda democrática e surge a necessidade de produção de atos formais para combatê-los. Esses atos formais são produzidos pelos poderes onde há espaço, no plano político, para expressão do conservadorismo, ou seja, o Legislativo e, na maior parte das vezes, o próprio judiciário. Já no executivo, por conta da soberania popular, os setores ligados aos trabalhadores são mais representados". Idem, p.110.

271 "O Poder Judiciário completa todo o percurso do soberano de Carl Schmitt. Titular da decisão última, soberano que é, estabelece a exceção declarando o inimigo e subtraindo dele sua condição igualitária e politicamente protegida como ser humano". Idem, p. 110.

272 A nomenclatura tem influência direta do importante livro de GRAU, Eros Roberto. Por que tenho medo dos juízes, 6.ª ed., São Paulo: Malheiros, 2013, passim.

273 O'Donnell, Guillermo. Democracia delegativa? Novos Estudos Cebrap, n. 31, out. 1991, p. 25-40.

da do autoritarismo, num contexto marcado por severos ajustes e reformas de inspiração neoliberal[274].

Na doutrina de O'Donnell, democracia delegativa é uma espécie de regime caracterizado como democrático, porque contempla eleições populares para a escolha dos governantes, mas cujas instituições ainda não se consolidaram em parâmetros genuinamente democráticos.

Conforme dito, a democracia delegativa surge após a passagem dos regimes autoritários para governos eleitos democraticamente. Contudo, a inexistência de instituições democráticas sólidas impede que haja completa transição. Apenas mediante superação da democracia delegativa é possível a efetiva consolidação e um avanço verdadeiramente institucional do regime democrático.

Derrotar um governo ditatorial e estabelecer eleições não assegura que a democracia representativa seja institucionalmente consolidada. Para que isso ocorra, é imprescindível que, de um governo eleito democraticamente, passemos a um regime democrático institucionalizado[275].

Por exemplo, no Brasil, desde 1988, temos governos eleitos democraticamente. Contudo, ainda não há, em diversos aspectos, uma democracia efetivamente institucionalizada.

Frise-se que a democracia delegativa não é alheia à tradição democrática. Em verdade, trata-se de modalidade de democracia fortemente majoritária para realizar eleições de quem deveria ser o intérprete principal dos altos interesses da nação. Em regra, a democracia delegativa precisa criar artifícios para conseguir gerar as maiorias eletivas, o mais utilizado é a eleição em turno duplo. São traços da democracia delegativa o seu caráter individualista no aspecto hobbesiano e não lockeano. Suas eleições constituem processos altamente emocionais e que envolvem grandes riscos e apostas. A participação do cidadão é altamente limitada. Depois da eleição, espera-se que os votantes retornem à condição de espectadores passivos em face do governo eleito[276].

Mas o que seria efetivamente o traço distintivo de uma democracia delegativa para a representativa? A diferença é sútil e essencial[277].

---

274 IAZZETTA, Osvaldo. "La democracia delegativa, veinte años después". In: IPPOLITO-O'DONNELL, Gabriela e D'ALESANDRO, Martín. La ciência Política de Guillermo O'Donnell. Buenos Aires: Eudeba, 2015, p. 259.
275 O'DONNELL, Guillermo. Democracia delegativa? Novos Estudos Cebrap, n. 31, out. 1991, p. 26.
276 Idem, p. 31.
277 IAZZETTA, Osvaldo. "La democracia delegativa, veinte años después". In:

De fato, a ideia de representação abrange a de delegação. Em ambas existe eleição para definir os políticos da nação. Ocorre que, na ideia de representação, está presente a noção de *accountability* (dever de prestar contas). Ou seja, de algum modo o representante é considerado responsável pela forma como age em nome daqueles que o elegeram. Nas democracias consolidadas, a *accountability* opera de forma vertical em relação àqueles que elegeram o político (os eleitores). Contudo, também opera de forma horizontal em relação a uma rede de poderes autônomos, ou seja, em face das outras instituições democráticas existentes[278].

Representação e *accountability* constituem aquilo que O'Donnell denomina dimensão republicana da democracia consubstanciada em uma cuidadosa distinção entre as esferas do espaço público e do privado em relação aos ocupantes de cargos públicos.[279]

Numa democracia delegativa, nada obstante os governos sejam escolhidos de acordo com a vontade da maioria, uma vez eleitos, nota-se um grave déficit na prestação de contas[280].

Outro traço distintivo da democracia delegativa é a forte concentração de poderes na figura do presidente da república. Na prática, o presidente não tinha nenhuma obrigatoriedade de *accountability* horizontal em relaçao às demais instituições da democracia[281].

Essa breve descrição da democracia delegativa é suficiente para demonstrar que, no Brasil, após a promulgação da Constituição Federal de 1988 – que institui um verdadeiro Estado Democrático de Direito –, vivenciamos muito mais uma democracia delegativa do que uma democracia verdadeiramente institucionalizada. Basta vislumbrarmos a nossa aposta num regime presidencialista forte e nossa escassa participação social direta nos assuntos políticos, sendo limitada, na maior parte dos casos, ao exercício do voto.

IPPOLITO-O'DONNELL, Gabriela; D'ALESANDRO, Martín. La ciência Política de Guillermo O'Donnell. Buenos Aires: Eudeba, 2015, p. 260.

278 O'DONNELL, Guillermo. Democracia delegativa? Novos Estudos Cebrap, n. 31, out. 1991, p. 32.

279 *Idem*, p. 32.

280 IAZZETTA, Osvaldo. "La democracia delegativa, veinte años después". In: IPPOLITO-O'DONNELL, Gabriela; D'ALESANDRO, Martín. La ciência Política de Guillermo O'Donnell. Buenos Aires: Eudeba, 2015, p. 260˙

281 O'DONNELL, Guillermo. Democracia delegativa? Novos Estudos Cebrap, n. 31, out. 1991, p. 32.

Os sintomas da democracia delegativa brasileira transcendem a esfera executiva, para serem sentidos em todos os âmbitos de poder, inclusive, o Judiciário.

O que existe, hodiernamente, é uma espécie de "juristocracia delegativa", marcada pelo agigantamento do Judiciário, ao arrepio da legalidade vigente, sob o falso pretexto de que o juiz, quando provocado, não pode se furtar a agir, devendo fazê-lo, inclusive, para suprir a inércia dos demais Poderes.

Ou seja, o Judiciário invoca para si a missão de resolver todos os problemas do país, inclusive aqueles de competência do Executivo e do Legislativo, não sem aplauso de alguns setores da sociedade brasileira, que noutras instâncias foram vencidos, consequentemente, não obtém suas conquistas ideológicas no *locus* apropriado (o político) e recorrem à jurisdição.

O Judiciário se tornou um atalho, e, quando dele nos socorremos, delegamos-lhe nossa esfera de liberdade: pior, outorgamos-lhe nossa democracia constitucional.

A judicialização é um fato social: ocorrerá, independentemente da vontade de quem julga, e, por vezes, com supedâneo constitucional. É, porém, dever do juiz, quando diante de questão indevidamente judicializada, reconhecer que o Judiciário não é a esfera adequada para promover aquele debate.

No intitulado *How Democracies Die*, Steven Levitsky e Daniel Ziblatt listam, enquanto um dos *guard-rails* (defesas) da democracia, a ideia de *forbearance* (na tradução livre, abstenção). Segundo os autores, a *forbearance* é uma norma crítica para a sobrevivência do regime democrático que consiste, basicamente, no ato de se autoconter no exercício de um direito ou poder legalmente estatuído: "*For our purposes*", dizem Levitsky e Ziblatt, "*institutional forbearance can be thought of as avoiding actions that, while respecting the letter of lhe law, obviously violate its spirit*"[282]. Por exemplo, quando a noção de *forbearance* é forte numa democracia, políticos evitam determinadas ações, mesmo que tecnicamente dentro de suas prerrogativas, se percebem que podem causar dano à estrutura do sistema[283].

Curioso notar que a *institutional forbearance* não nasce com os regimes democráticos. Sua origem remonta às próprias monarquias pré-democráticas: muito embora os reis pudessem, dada a sua legitimidade divina, agir como bem entendessem, buscavam podar-se e comportar-se com parcimônia. Se utilizassem, sempre, seu poder absoluto para fazer tudo o quanto pretendessem, eram

282 LEVITSKY, Steven; ZIBLATT, Daniel. How democracies die. Nova York: Crown, 2018, p. 106.
283 Idem, p. 106.

grandes as chances de que o sistema colapsasse[284]. Se mesmo as monarquias precisam de autocontenção, que dirá a democracia!

No Brasil, observa-se que o Judiciário peca pela não deferência à noção de *forbearance*. Muito embora, formalmente, possam dar respostas jurisdicionais a tudo ou quase tudo que chega a seu conhecimento, deveriam abster-se, como regra, de fazê-lo sempre que notassem que se substituiriam aos demais Poderes. Frise-se, o Judiciário, por diversas vezes, sequer tem exercido o *self-restraint* quando o deveria fazer. Pelo contrário aceita judicializar todo tipo de demanda inclusive aquelas que terminam em atuação insidiosa em relação aos demais Poderes sem respaldo constitucional.

A sociedade, em seu turno, precisa alcançar amadurecimento suficiente para compreender que o âmbito jurisdicional *não é* o lugar para a resolução de todas as questões.

Não podemos delegar ao Judiciário poder para definir todos os rumos da sociedade. O juiz não é um messias e nem o salvador da pátria[285]. Crença desse tipo é equivocada e decorre da idealização da figura do julgador, descrita à excelência por Jeremy Waldron. De acordo com Waldron, existe no imaginário da sociedade, a noção de que o Legislativo é o espaço próprio da negociata, da troca de favores e do *lobby*, ao tempo em que o Judiciário desempenharia função dotada de credibilidade e técnica, realizada de forma asséptica e sem qualquer influência política[286]. Em vista desse retrato, tendemos a legitimá-lo para substituição do legislador na resolução de questões sensíveis à nação. Consideramos bem-vinda a judicialização *contra legem* de todos os espaços, e, ao fazê-lo, contribuímos para a derrubada dos alicerces democráticos: em vez da democracia, erigimos a "juristocracia".

Essa visão maniqueísta precisa ser alterada. Judiciário e Legislativo possuem virtudes e vícios. A independência de ambos é crucial para um regime democrático.

A "juristocracia" é um fenômeno que não se restringe à modificação interpretativa do Direito, mas conduz à transformação da própria engenharia cons-

284 Idem, pp. 106-107.

285 Cf. IAZZETTA, Osvaldo. "La democracia delegativa, veinte años después". In: Ippolito-O'DONNELL, Gabriela; D'ALESANDRO, Martín. La ciência Política de Guillermo O'Donnell. Buenos Aires: Eudeba, 2015, p. 273.

286.WALDRON, Jeremy. A dignidade da Legislação. São Paulo: Martins Fontes, 2003, p. 2.

titucional[287], mediante invasão desmedida da esfera individual pelo Estado via decisões judiciais.

Dito de outro modo, a "juristocracia" é uma forma de degradação da democracia constitucional em que a autonomia e a separação dos poderes são golpeadas por um ativismo judicial. Além do desequilíbrio na relação entre os poderes, é traço distintivo desse modelo a crescente invasão da esfera de liberdade do cidadão pelo Judiciário. O agir livre do homem é substituído pela ação do Estado, manifestada em decisões judiciais, numa espécie de colonização do mundo da vida[288].

Ocorre que não há, para o jurisdicionado, nenhuma vantagem na "juristocracia". Não existe maior limitação do poder estatal, os direitos fundamentais não são mais efetivados, as liberdades não são mais protegidas. Muito pelo contrário. O julgamento do HC 126.292-SP é um belo exemplo de como o agigantamento do Judiciário pode se voltar perigosamente *contra* o indivíduo e seu plexo de direitos fundamentais.

287 SARTORI, Giovanni. Engenharia Constitucional. Brasília: UNB, 1996, p. 9; ABBOUD, Georges; OLIVEIRA, Rafael Tomaz de. "O Supremo Tribunall Federal e a Nova Separação de Poderes: entre a interpretação da Constituição e as modificações na engenharia constitucional". In: REPRO, v. 233/2014, p. 13 et. seq.

288 Cf. NEVES, Marcelo. Entre Têmis e Leviatã: uma relação difícil. São Paulo: Martins Fontes, 2006, p. 230; HANERMAS, Jürgen. Direito e Democracia: entre facticidade e validade, v. I, Rio de Janeiro: Tempo Brasileiro, 2003, p. 109 et seq.

10. A COEXISTÊNCIA DE ESTADOS: A IMPRESCINDIBILIDADE DO PROCESSO PENAL CONTRA MEDIDAS DE EXCEÇÃO

Gilney Batista de Melo[289]

A identidade constitucional de qualquer Estado define um *dever-ser* concebido pela vontade que domina a sociedade no momento – seja vontade do povo, de uma elite específica ou do rei – e é sempre amplamente trabalhado pelas relações de poder que guardam interesses condizentes com aqueles que direcionam o espírito constitucional.

Hodiernamente, tem-se a impressão de que a concretização do que viria a ser o aclamado *Estado de Direito* é sempre um plano em aberto, *"um projeto humano e político"*[290] inacabado, que nunca se efetiva nos termos do que preconiza a amplitude do próprio conceito. Entre as milhares de definições construídas pelos doutrinadores acerca do tema, revelando como cerne, será conceituado como a estreita consonância entre a jurisdição praticada pelo Estado e os ditames pré-definidos da ordem constitucional, porquanto instrumento e fundamento explícito de sua efetivação, tendo uma razão principal de ser: a dignidade da pessoa humana.

Nessa perspectiva, importante a observação de Marco Antonio Marques da Silva[291]: que a dignidade humana é fator irradiante de observância pelo Estado,

289Especialista em Ciências Criminais pela Pontifícia Universidade Católica de Minas Gerais (2019). Graduado em Direito pela Pontifícia Universidade Católica de São Paulo (2009). Advogado criminalista.

290 SERRANO, Pedro Estevam Alves Pinto. *Autoritarismo e golpes na América Latina: breve ensaio sobre jurisdição e exceção.* 1ª. ed. São Paulo: Alameda, 2016, p. 15.

291 SILVA, Marco Antonio Marques da. "Cidadania e Democracia: Instrumentos

não só ao dever de reconhecer e considerar todos os indivíduos como sujeitos de direitos, como também determinar a criação de condições de efetiva alteridade e realização.

No estado de exceção, transvertido de uma roupagem pretensamente jurídica, o totalitarismo reacionário enraizado na sociedade suspende ou interrompe as garantias e direitos fundamentais do dito *inimigo* e aplica para ele o rigor da lei, contrariando as normas do Direito posto com o expresso intuito de aniquilá-lo da cena político-social, de modo que resulte assegurado ou alterado o *status quo* conforme o seu interesse.

Desse modo, o direito penal do inimigo, proposto por Günther Jakobs, ganha real relevância dentro de um modelo de atuação do Estado, que tende a combater os indivíduos "escolhidos" pela ocasião do momento histórico, de maneira permanente, optando por renunciar, formal ou materialmente (ou ambos), os direitos e garantias dos que são considerados inimigos e/ou fonte de perigo aos bens jurídicos tutelados pela sociedade.

Nessa concepção, o direito penal e o (em especial) processual penal são instrumentalizados com a percepção de que há uma divisão entre duas categorias de indivíduos dentro do mesmo ordenamento jurídico, consistente um no referido inimigo e outro no cidadão, respectivamente, o primeiro não comportando seus direitos manipuladamente suspensos ou interrompidos em caráter excepcional, e, por outro lado, o cidadão, portador de garantias individuais fundamentais vigentes. Günther Jakobs[292] ressalva bem essas duas formas de atuação, ao expor que "o Estado pode proceder de dois modos com os delinquentes: pode vê-los como pessoas que delinquem, pessoas que tê*m* cometido um erro, ou indivíduos que devem ser impedidos de destruir o ordenamento jurídico, mediante coação".

Dito de outra forma, para Günther Jakobs há o cidadão que se comporta de acordo com a expectativa normativa; em contraparte, tem-se o inimigo para o qual tal norma é propositalmente descumprida, ocasionando um desequilíbrio social. Destarte, isso resulta que a classe cidadão não se estende a todos os seres

para a efetivação da dignidade humana". IN: MIRANDA, Jorge; SILVA, Marco Antonio Marques da (coords.). *Tratado luso-brasileiro da dignidade humana*. São Paulo: Quartier Latin, 2008, p. 224.

292 JAKOBS, Günther; MELIÁ, Manuel Cancio. *Direito Penal do Inimigo: noções e críticas*. Org. e Trad. CALLEGARI, André Luís ; GIACOMOLLI, Nereu José. 2ª ed. Porto Alegre: Editora Livraria do Advogado, 2007, p. 42.

humanos em determinados momentos, sob o fundamento de combate ao inimigo identificado com a figura a ser destruída.

Esse paradigma, Pedro Estevam Alves Pinto Serrano[293], citando Giorgio Agamben, brilhantemente denominou o estado de exceção contemporâneo como uma nítida *"guerra civil legal"*, pois justamente é travada (uma guerra) no interior do Estado amparada por *um discurso justiceiro* que subverte a exegese da sistemática normativa vigente, imputando as condutas do *inimigo* como caracterizadoras de infrações tipificadas no interior daquele discurso justiceiro, manifestamente moralista e hipócrita, como contrárias ao Direito, dando-se "ar" de legalidade a uma ilegalidade *per si*.

Em inúmeras – senão em todas – ditas democracias ocidentais contemporâneas, percebem-se atos estatais que concretizam o estado de exceção no nosso cotidiano. Pedro Estevam Alves Pinto Serrano[294] enumera alguns, apontando que:

> Os exemplos são vários e pertencem a quase todas as sociedades democráticas ocidentais: a prisão de Guantánamo e o Patriot Act nos EUA, o trato não humano destinado a estrangeiros em países europeus, o excesso de medidas provisórias no Brasil, as façanhas do Bope, além das medidas judiciais legitimadoras da exceção, tais como a decretação de prisões preventivas com finalidades transversas (obtenção de delações premiadas e confissões, por exemplo) e as condenações sumárias de presos políticos, sem obediência aos mais elementares direitos fundamentais.

O que Pedro Estevam Alves Pinto Serrano identifica como exemplos do estado de exceção que subjaz praticamente todas as democracias contemporâneas é a expressão mesma de um autoritarismo de cariz moralista que aponta para um inimigo concebido como *bode expiatório* que será responsabilizado por alguma questão social (necessidade de expurgar uma suposta corrupção, *ad exemplum*), sendo que a verdadeira funcionalidade de exceção é a ineficácia, ou um esvaziamento, frente aos direitos humanos desse oponente.

Destaca-se, assim, que a concepção de estado de exceção foi construída e nos remete ao pensamento clássico de Carl Schmitt, jurista alemão polêmico doutrinado no contexto do Entre Guerras, para quem o inimigo seria aquele

293 SERRANO, Pedro Estevam Alves Pinto. *Autoritarismo e golpes na América Latina: breve ensaio sobre jurisdição e exceção*. 1ª. ed. São Paulo: Alameda, 2016, p. 24.
294 SERRANO, Pedro Estevam Alves Pinto. *Autoritarismo e golpes na América Latina: breve ensaio sobre jurisdição e exceção*. 1ª. ed. São Paulo: Alameda, 2016, p. 26.

que não é nacional, o que faria sentido, de alguma forma, com muitas e muitas aspas, num interregno da história ocidental em que os *espíritos nacionalistas* estavam aflorados e entendia-se que o triunfo de um Estado se daria (sempre) com a deterioração do outro. Obviamente que designar o estrangeiro, o estranho, o outro, como identidade histórica, cultural, biológica, política e psicológica a ser aniquilada é completamente descabido hoje em dia, mesmo que a prática de quase todos os Estados modernos indique o contrário.

Naquele contexto histórico no qual o magistério de Carl Schmitt se desenvolveu, no qual os anseios nacionalistas da população eram mais facilmente identificáveis com os desígnios do chefe de Estado, cabia à figura do soberano dizer quem é o inimigo, sendo ainda o responsável – reitere-se – por suspender ou interromper até mesmo os direitos fundamentais deste em ocasiões de estado de exceção. Pedro Estevam Alves Pinto Serrano[295], comentando as ideias de Carl Schmitt, assinala que:

> Soberano para Carl Schmitt é aquele que pode decretar quem é amigo e quem é inimigo e, mais do que isso, soberania só existe no Estado de exceção – em que há a suspensão dos direitos individuais –, e não no Estado de direito. Pois neste a relação de cidadania limita a atuação do Estado – pelo reconhecimento de direitos dos cidadãos – e a soberania não se realiza de forma plena a fim de realizar a identificação desse povo.
>
> Na exceção, por sua vez, interessa apenas a vontade geral do povo e não os direitos individuais dos cidadãos, inclusive, com o reconhecimento da disponibilidade da vida do seu povo e, em especial, dos seus inimigos (fundamentação para o genocídio).

Importa, ainda, fazer uma interposição para dizer que Carl Schmitt entendia que o ato do soberano é que fundamenta a existência mesma do Estado e do Direito – em contraposição ao pensamento de Hans Kelsen, seu contemporâneo e conterrâneo –, evidentemente entendendo como pressuposto para tanto a pretensa infalibilidade do rei pela qual era legitimado o seu poder.

Em outras palavras, a legitimidade dos atos do soberano é proveniente não de uma norma regente do Estado, mas sim de sua própria pessoa. Daí a legitimidade – na visão de Carl Schmitt – do poder de vida e morte do soberano

295 SERRANO, Pedro Estevam Alves Pinto. *Autoritarismo e golpes na América Latina: breve ensaio sobre jurisdição e exceção.* 1ª. ed. São Paulo: Alameda, 2016, pp. 49-50.

sobre o inimigo, pois, além do fato de a autoridade estar vinculada a uma expressão político-teológica de transcendência, também corresponde à vontade geral da sociedade que vê – ou imagina – um inimigo na ocasião. Ao contrário de Hans Kelsen, que concebia uma norma fundamental que valida todo o ordenamento jurídico, servindo de matriz deontológica para todos os atos políticos e jurisdicionais, Carl Schmitt entendia que a força e o fundamento da norma eram a vontade do soberano, legítima por sua própria natureza.

Dessa maneira, tratar o *estrangeiro* como unidade a ser combatida faz parte do ideário cultural da civilização europeia, que propôs para si uma moralidade de amor ao próximo baseada numa religião de cunho universalista-ecumênico, mas ao mesmo tempo, na prática, decide exterminar seu irmão – todos são filhos do mesmo Deus, frise-se – caso ele seja considerado contrário aos ditames da sociedade. A base religiosa que "educou" culturalmente o mundo ocidental tinha por ideal o amor e por prática a imposição, não se sentindo moralmente constrangida por eliminar aqueles inimigos – inclusive povos inteiros – que obstavam sua expansão política e ideológica.

Esse contrassenso entre discurso constitucional e prática de atos estatais ainda impera, doravante sendo corriqueira a escolha de um inimigo para justificar ou ser considerado responsável por alguma emergência. Pedro Estevam Alves Pinto Serrano[296] esclarece que:

> Os eventos históricos marcados por Estados autoritários dos séculos XX e XXI têm como característica o exercício da soberania de forma prevalente ao direito, utilizando-se do discurso da provisoriedade, em que há não a extinção dos direitos fundamentais, mas a sua suspensão. Ou seja, existe o reconhecimento de que os indivíduos têm a garantia de um conjunto de direitos mínimos, entretanto, sob a justificativa de que há uma grave ameaça à sobrevivência do Estado, eles são suspensos.
>
> [...]
>
> Essa construção discursiva sempre se dá por meio da invocação da figura do inimigo, aquele ser desprovido de qualquer proteção política ou jurídica, de qualquer direito fundamental mínimo inerente ao ser humano. Esse inimigo clama pela figura de um Estado autoritário pelo medo que ocasiona na sociedade.

296 SERRANO, Pedro Estevam Alves Pinto. *Autoritarismo e golpes na América Latina: breve ensaio sobre jurisdição e exceção*.1ª. ed. São Paulo: Alameda, 2016, p. 70.

Nesse contexto das sociedades contemporâneas, no qual há inúmeros interesses em permanente conflito, uma determinada elite concebe um discurso que pretensamente defende os anseios da sociedade – quando, na verdade, só visa aos seus próprios interesses dissimulados – e é criado todo um aparato midiático propagandístico que objetiva convencer toda a sociedade de que a defesa (e punição) de determinadas demandas deve ser realizada pelo bem de todos. Esse estratagema, Marilena Chaui[297] há muito ponderava, em obra clássica do pensamento sociológico brasileiro, denomina tal fator como *ideologia*:

> A ideologia consiste precisamente na transformação das ideias da classe dominante em ideias dominantes para a sociedade como um todo, de modo que a classe que domina no plano material (econômico, social e político) também domina no plano espiritual (das ideias).

O discurso retro, de certo, significa que, embora a sociedade seja plural e subdividida, há dominação de um pequeno grupo sobre a maioria da sociedade, fazendo com que os membros da sociedade não se percebam e não se deem importância, por propagar ideias comuns a todos, por meio de uma aculturação e domínio dos meios de comunicação.

Como tais ideias não exprimem a realidade concreta, mas apresentam a aparência social do dever ser, as imagens das coisas e dos homens que nela vivem, é possível passar a considerá-las independentes da realidade e, mais do que isso, inverter a relação *criando mecanismos de estados de exceção, no que tange aos escolhidos como inimigos e a exclusão da parte pobre da sociedade da proteção jurídica e política que todo ser humano deve ter*, fazendo com que a realidade concreta seja tida como apenas vaga realização dessas ideias. Todos esses procedimentos consistem naquilo que é a operação intelectual por excelência da ideologia: procedimentos de criação de universais abstratos do grupo dominante como ideias universais para todos os homens, que não condizem com a realidade prática, ideologia.

Em que pese todo esse aparelhamento midiático e cultural a estruturar o poder da soberania contemporânea, o proceder jurídico guarda – ou deveria guardar – a contenção, sobretudo, no especial (maior) instrumento invasivo do Estado, que é o poder de punir por meio do processo penal, servindo o garan-

---

297 CHAUI, Marilena. *O que é ideologia*. 2ª ed. São Paulo: Brasiliense, 2008, pp. 85-86.

tismo de matriz iluminista, que concebesse a figura da pessoa humana como diretriz fundamental orientadora das ações e limitações do Estado, como fonte constitucional cumpridora do deve ser democrático.

Mesmo coexistindo com as recorrentes práticas antigarantistas que desprezem limites legais constitucionais, contando inclusive com amplo apoio popular manipulado por interesses escusos intermitentes, o garantismo penal como modalidade de legalidade estrita, no processual penal *acusatório* que garanta, enquanto conformação política o modelo de Estado Democrático de Direito, impondo o necessário respeito, que no contexto jurídico contemporâneo serve de baliza ao sistema, vincula o comportamento do poder estatal para com o particular.

Nessa relação, o garantismo não oculta a contradição de interesses existentes, assumindo, na verdade, essa aparente incompatibilidade como premissa de superação dialética a ser diariamente enfrentada pelos operadores do direito em prol de uma democracia substancial. Nas palavras de Rubens R. R. Casara[298]:

> No plano da teoria política, o modelo garantista diferencia-se, ao pugnar por uma democracia substancial, compatível com a dimensão substancial do Estado de Direito, defendida no plano da teoria do direito. A pedra de toque dessa democracia, nos sistemas que contam com constituições rígidas, é o respeito aos direitos fundamentais e demais cláusulas pétreas. Explica-se: a dimensão formal da democracia, que se refere ao "quem" decide e ao "como" decidir, e é regulada por normas que garantem o respeito à vontade da maioria, não é suficiente ao ideal democrático de vida digna para todos. Assim, exige-se o respeito aos direitos fundamentais e, em decorrência, regula-se "o que pode" e "o que não pode" ser objeto da deliberação de qualquer maioria.

O dito "anseio popular" contra demandas penais históricas – hoje, especificamente, o suposto combate à corrupção que toma conta dos meios públicos – é trabalhado pela ideologia dominante no sentido de fomentar uma pretensa unidade discursiva que autorize, ou justifique, por conta de, aparentemente, concordar com sua vontade momentânea, atos estatais manifestamente de exceção, espetacularizados para chocar a sociedade, mesmo que depreciem a existência de garantias fundamentais. Assim Rubens R. R. Casara[299] expõe que:

298 CASARA, Rubens R. R. *Mitologia processual penal*. 1ª. ed. São Paulo: Saraiva, 2015, pp. 83-84.
299 CASARA, Rubens R. R. *Processo penal do espetáculo: e outros ensaios*. 2. ed.

> No processo espetacular desaparece o diálogo, a construção dialética da solução do caso penal a partir da atividade das partes, substituído pelo discurso dirigido pelo juiz: um discurso que parte da convicção de quem adere ao enredo conhece o roteiro e já sabe como será o final do espetáculo; um discurso construído para agradar ao grande público, às maiorias de ocasião forjadas pelos meios de comunicação de massa, isso em detrimento da função contramajoritária de concretizar os direitos fundamentais.

Tempos que a exceção é algo corriqueiro e permanente, em que a jurisdição formaliza a exceção, ressalta-se a imensa importância da teoria clássica do garantismo penal de Luigi Ferrajoli[300], que, ao tratar dos direitos fundamentais no Estado de Direito, defende que as garantias liberais ou negativas, impõem ao Estado o dever de não fazer, enquanto que as garantias sociais ou positivas estariam relacionadas a obrigações estatais. Desse modo, enquanto o processo penal está ligado aos direitos negativos, a defesa da sociedade estaria protegida pelos direitos positivos.

Em outros termos, para Luigi Ferrajoli, as garantias individuais protegem o cidadão dos arbítrios do Estado, e não em desfavor dos cidadãos, colocando-se como verdadeiro limitador ao poder punitivo. Seguindo esse sentido do garantismo, e à luz da imposição da Constituição Federal de 1988, o processo penal ocupa o papel de garantidor e instrumento de maximização dos direitos do inimigo e da parte da sociedade excluída, ao tratar todos como cidadãos. Indubitavelmente, é o instrumento de freios ao poder punitivo e limitador, inclusive interpretativo, das ingerências do Estado junto à liberdade de todos, sendo o instrumento de afirmação da democracia.

Assim, certo que a temática do estado de exceção, *"que pode ser entendido como 'a contrafação do Estado de direito"*[301], situa-se nas sociedades modernas que dizem ser democráticas de Direito – reitere-se, como a brasileira após a Constituição Federal de 1988 –, questão ainda demais controversa e que necessita da devida análise epistemológica, porquanto evidente a existência de mecanismos e instrumentos de exceção no interior dessas ditas sociedades submetidas ao Estado de Direito, em particular da brasileira.

Para evitar-se ou minimizar-se a presença desses elementos que caracteri-

---

Florianópolis: Tirantlo Blanch, 2018, p. 31.

300 FERRAJOLI, Luigi. *Direito e razão: teoria do garantismo penal*. 3 ed. São Paulo: Revista dos Tribunais, 2010, p. 793/794.

301 SERRANO, Pedro Estevam Alves Pinto. *Autoritarismo e golpes na América Latina: breve ensaio sobre jurisdição e exceção*. 1ª. ed. São Paulo: Alameda, 2016, p. 16.

zam a presença de um Estado autoritário, deve ter por respeitado (sempre) o objetivo primordial do Estado Democrático de Direito, que são os direitos e garantias fundamentais estabelecidos na Constituição Federal, no sentido de que o dever de punir do Estado encontre limites dentro do próprio ordenamento jurídico, competindo sempre aos princípios, direitos e garantias constitucionais a importante tarefa de controlar o autoritarismo.

Ao denunciar no presente trabalho a coexistência de Estados, demonstrar e enfrentar essa crise dentro do ordenamento jurídico brasileiro no âmbito da teoria do direito, mais do que nunca, há uma grande preocupação (necessária) de eliminar os intentos autoritários de exceção verificados, mormente em contato com a ciência do Direito na contenção do braço mais forte do Estado – repise-se –, tentando a limitação ao poder de punir frente ao indivíduo, como mecanismo de proteção da democracia constitucional e, para isso, estabelecendo a imprescindibilidade de tratar da teoria compatível do processo penal democrático constitucional, em face das medidas de exceção.

Mais do que isso, no contexto pós-Constituição Federal de 1988, os fundamentos e a natureza jurídica do processo penal brasileiro se modificaram epistemicamente falando, e nesse sentido devem ser compreendidos seus (novos) vínculos, identificando o *princípio informador* do sistema processual penal adotado e as suas estruturas como um todo.

Questão essencial para isso é a releitura do Código de Processo Penal, até por uma demanda constitucional topográfica no ordenamento jurídico, que é o *paradigma* do Estado Democrático de Direito (art. 1.º da CF). Nessa perspectiva, Aury Lopes Jr.[302] esposa que a Constituição Federal de 1988 "*demarca o modelo acusatório, pois desenha ao afirmar que a acusação incumbe ao Ministério Público (art. 129), exigindo a separação das funções de acusar e julgar (e assim deve ser mantido ao longo de todo o processo) e, principalmente, ao definir as regras do devido processo no art. 5°, especialmente na garantia do juiz natural (e imparcial, por elementar), e também no inciso LV, ao fincar pé na existência do contraditório*".

Destarte, a identidade constitucional do Estado Democrático de Direito no Brasil define por meio de sua Constituição Federal de 1988 um *dever-ser*, concebido pela vontade que dominou a sociedade naquele no momento, determinando como o único modelo processual penal compatível o *acusatório* e, para a realização desse sistema, faz-se necessário reconhecer também a adoção

302 LOPES JR., Aury. *Direito processual penal.* 13ª. ed. São Paulo: Saraiva, 2016, pp. 44-45.

política da teoria do italiano Elio Fazzalari, da visão de *processo como procedimento em contraditório*, intrinsecamente ligado ao procedimento dialético, a democracia e a participação ativa das partes na decisão judicial.

Nesse caminhar, imprescindível estruturar o processo penal como sistema processual acusatório assegurando o núcleo fundante da democracia, que é a universalidade (de fato aplicável a todos) dos direitos humanos, devendo assegurar que no processo penal brasileiro: haja distinção entre as atividades de acusar e julgar; apenas as partes, defesa e acusação, tenham a iniciativa probatória; o juiz seja um terceiro imparcial, alheio ao labor investigativo, garantindo a paridade de armas; o contraditório e a possibilidade de resistência; a publicidade; a sentença pelo livre convencimento motivado; o devido processo legal substancial e formal e o duplo grau de jurisdição, entre outros, todos devidamente cumpridos, tanto no plano formal quanto material. Com isso, Aury Lopes Jr.[303]destaca que a "posição do juiz": "*quando o sistema aplicado mantém o juiz afastado da iniciativa probatória (da busca de ofício da prova), fortalece-se a estrutura dialética e, acima de tudo, assegura-se a imparcialidade do julgador*".

Esse é um dos pontos mais relevantes de análise, o processo penal acusatório e a sua estruturação jurídica, política e constitucional, senão continuar-se-á, no Brasil, a conviver com dois Estados dentro do mesmo ordenamento jurídico, um Estado pretensamente Democrático de Direito que governa os territórios ocupados pelo povo incluído; e um Estado de exceção permanente que governa "militarmente" territórios ocupados pela população pobre desprovida de qualquer direito humano.

Essa dita seletividade estratégica comum para a manutenção do neoliberalismo, quer dizer que a Justiça atua como instrumento de controle da população indesejável — pobres, negros e outras "pessoas escolhidas" a depender de cada momento histórico, agora *ad exemplum* direcionando-se para outros inimigos, como grupo de empresários de determinados ramos e alguns políticos e partidos, aumentando assim os selecionados que têm suspensos ou interrompidos seus direitos fundamentais.

E isso é tão evidente que basta verificar a população carcerária no Brasil, em 17 de julhos de 2019 a revista Época fala em 812.564[304] pessoas presas, e 42%

303 LOPES JR., Aury. *Direito processual penal.* 13ª. ed. São Paulo: Saraiva, 2016, p. 43.

304 Disponível em: https://epoca.globo.com/guilherme-amado/brasil-bate-recorde-tem-812-mil-presos-23812587?utm_source=Facebook&utm_medium=-

delas ainda não foram julgadas, mesmo havendo problemas de consistência e atualização no banco de dados do Depen-MJ (Infopen e Sisdepen), reunindo informações fornecidas pelos Estados e cuja última atualização refere a dados de 2016, e o Banco Nacional de Mandados de Prisão (BNMP) do Conselho Nacional de Justiça (CNJ), organizado a partir do registro dos mandados de prisão expedidos pelas autoridades judiciárias, demonstram, respectivamente, o número e o "padrão" das pessoas presas (inimigos).

Nesse contexto, o papel do processual penal acusatório e sua estruturação deve receber melhor atenção e estudo, uma vez que pode ser o principal instrumento de ação e resistência ao Estado de exceção no Brasil, evitando-se, de tal modo, a aplicação da jurisdição como construção ideológica de exclusão do inimigo e dos direitos humanos de parte da sociedade (com clara divisão entre duas categorias de indivíduos dentro do mesmo ordenamento jurídico), padronizando a higidez do sistema processual penal e dos direitos e garantias fundamentais ao modelo de Estado Plural e Democrático de Direito.

Social&utm_campaign=compartilhar&fbclid=IwAR0LnzAfJUtzqqRBQz9-fg-3zY99Rcc4JO-emzachAz0JdGuxF829CLbJmKE

LOPES JR., Aury. *Direito processual penal.* 13ª. ed. São Paulo: Saraiva, 2016.

CASARA, Rubens R. R. *Mitologia processual penal.* 1ª. ed. São Paulo: Saraiva, 2015.

CASARA, Rubens R. R. *Processo penal do espetáculo*: e outros ensaios. 2. ed. Florianópolis: Tirantlo Blanch, 2018.

CHAUI, Marilena. *O que é ideologia.* 2ª ed. São Paulo: Brasiliense, 2008.

FERRAJOLI, Luigi. *Direito e razão: teoria do garantismo penal.* 3 ed. São Paulo: Revista dos Tribunais, 2010.

JAKOBS, Günther; MELIÁ, Manuel Cancio. *Direito Penal do Inimigo: noções e críticas.* Org. e Trad. André Luís Callegari e Nereu José Giacomolli. 2ª ed. Porto Alegre: Editora Livraria Do Advogado. 2007.

SERRANO, Pedro Estevam Alves Pinto. *Autoritarismo e golpes na América Latina: breve ensaio sobre jurisdição e exceção.* 1ª. ed. São Paulo: Alameda, 2016.

SILVA, Marco Antonio Marques da. Cidadania e Democracia: Instrumentos para a Efetivação da Dignidade Humana. In: Miranda, Jorge; SILVA, Marco Antonio Marques da (coord.). *Tratado Luso-Brasileiro da Dignidade Humana.* São Paulo: Quartier Latin, 2008.

11. COLONIALISMO E ESTADO DE EXCEÇÃO

James Hermínio Porto da Silva[305]

Introdução

Este artigo monográfico pretende apresentar os fundamentos da relação entre o colonialismo e o Estado de Exceção na sociedade brasileira, de modo a permitir a reflexão sobre como o Direito pode ser mais efetivo na garantia dos bens jurídicos fundamentais à existência dos cidadãos. Para tanto, nos apropriamos de uma metodologia baseada no materialismo histórico-dialético, buscando aplicar alguns conceitos que lhe são caros (negação, contradição, movimento, superação etc.) ao caso concreto.

A obra do professor Pedro Estevam Pinto Serrano é incontornável para qualquer cientista do Direito, ou de qualquer outra área, que deseje se debruçar na urgente questão do Estado de Exceção. Buscamos ser coerentes com a influência desse professor, não só nas citações de sua obra, mas a partir de provocações a que são submetidos todos os que tiveram contato com suas aulas. Ressalto, aqui, uma que me é muito cara: a necessidade de "tropicalizar" alguns conceitos que foram formulados em um contexto eurocêntrico, sem negar aquilo que pode ser aproveitado na nossa condição de brasileiros.

Tendo essa missão em mente, refletiremos na obra do jurista italiano Luigi Ferrajoli, cuja concepção de "conotação genética" antifascista do Direito pode

305 Graduado em Direito pela Pontifícia Universidade Católica de São Paulo e mestrando em Direito na mesma instituição, como bolsista da Capes.

ter grande valor científico, se analisada de forma crítica e alinhada com as características históricas de nosso sistema político e normativo.

Constitucionalismo e negação

Segundo Nicos Poulantzas, o "Estado capitalista de exceção" pode se manifestar na forma de três fenômenos políticos específicos: o bonapartismo, a ditadura militar e o fascismo. Apesar das especificidades que lhe são atribuídas, segundo uma necessidade científica, na realidade concreta, um regime capitalista de exceção pode se organizar pela agregação de características de mais de um desses fenômenos, podendo-se identificar a prevalência circunstancial de um sobre o outro, ou seja: é possível que uma ditadura militar tenha características fascistas ou bonapartistas, por exemplo (POULANTZAS, 1972, pp. 5-8). Tais fenômenos, todavia, não são imutáveis, devendo ser analisados segundo especificidades históricas, sob risco de se reduzirem a abstrações conceituais (idem, p. 11).

Em termos de dialética materialista, o conceito de negação permite compreender a contradição na ordem constitucional que se estabelece após o término de um período anterior. Um novo regime político, seja qual for, não surge a-historicamente em uma sociedade, mas é consequência das relações de forças operantes no regime que o antecedeu. A transição de um regime para outro não elimina completamente os elementos do velho sobre as novas dinâmicas das relações sociais[306]. Nicolau Maquiavel tinha consciência das passagens de uma ordenação política para outra, sendo subjacente a uma as condições de existência para outra, "pois nada poderá impedir que resvale no seu contrário, pela semelhança que têm nesse caso a virtude [virtute] e o vício" (MAQUIAVEL, 2007, p. 14).

Tomemos o exemplo do caso brasileiro: com relação à Ditadura Militar, instaurada pelo golpe de 1964, a democracia constitucional brasileira, restabelecida em 1988, trouxe importantes inovações no escopo de direitos políticos, fundamentais e sociais, porém não inovou profundamente na organi-

306 Na lição do professor Pedro Estevam Alves Pinto Serrano, "os períodos históricos se interpenetram e a passagem de um tipo de Estado a outro não pode ser atribuído a um momento ou fato histórico pontual. Apenas didaticamente, para a construção da historicidade e a compreensão dos fenômenos, os classificamos por períodos determinados" (SERRANO, 2016).

zação e na competência de instituições como o Supremo Tribunal Federal e a Polícia Militar. Por outro lado, o restabelecimento da ordem constitucional não é uma mera retomada ao status quo ante do sistema jurídico instaurado pela constituição de 1946.

Tal como a Ditadura Militar no Brasil foi negada pela ordem constitucional que a sucedeu, algo semelhante aconteceu com a ordem constitucional italiana após a derrota do fascismo na Segunda Guerra Mundial. Segundo, Luigi Ferrajoli,

> [...] podemos dizer que o antifascismo é a conotação genética não só da democracia italiana, que o sancionou explicitamente em sua Constituição[307], mas, em geral, da democracia constitucional nascida dos destroços da Segunda Guerra Mundial e do fascismo: porque a democracia, depois dessas catástrofes, se redefiniu e tomou nova consciência de si mesma, estipulando em normas de direito positivo rigidamente sobrepostas à legislação ordinária aqueles limites e vínculos até então somente políticos - a separação dos poderes, a paz, a igualdade e a garantia dos direitos fundamentais - que o fascismo renegou (FERRAJOLI, 2014, p. 21).

Ferrajoli escreve a partir da experiência italiana, mas objetiva dar generalidade à sua afirmação de que "o antifascismo é a conotação genética" da democracia constitucional. Com base nisso, é importante respondermos às seguintes questões: qual é a conotação genética do fascismo que se espera negar? O sistema constitucional brasileiro deve ter como principal perspectiva o antifascismo bem como a negação da ditadura militar? O Estado de Exceção se manifesta somente nas três formas propostas por Poulantzas?

A conotação genética do fascismo

Sem a compreensão das condições objetivas de sua existência, o fascismo é uma abstração vazia. Conceber a realidade italiana ou alemã, sobretudo no período de 1920 a 1940, como resultado do pensamento fascista seria um

307 A disposição transitória e final XII, da Constituição da República Italiana, promulgada em 22 de dezembro de 1947, possui a seguinte redação: "É proibida a reorganização, sob qualquer forma, do dissolvido partido fascista. Em derrogação ao artigo 48, são estabelecidas pela lei, por não mais de cinquenta anos da entrada em vigor da Constituição, limitações temporárias ao direito de voto e à elegibilidade para os chefes responsáveis do regime fascista."

equívoco que comprometeria qualquer perspectiva de evitar uma hipotética repetição desse tipo de regime. José Chasin, a partir da dialética marxista, apresenta uma perspectiva concreta e crítica do fascismo, que evita tanto o politicismo (a política sem bases materiais) ou o economicismo (a economia alheia a outras formas de relações sociais).

> A deficiência mais frequente que se verifica, nos tratamentos analíticos que geralmente têm sido dispensados ao problema do fascismo, é precisamente o descaso comprometedor com as formas particulares de objetivação do capitalismo. Consequentemente, a concreção particular é desprezada, tomando lugar a universalização abstrata, que propende a crescer, sempre ideologicamente (CHASIN, 2018).

Para compreender a base material do fascismo, é preciso compreender o que Chasin considerava "a tragédia da via prussiana" (CHASIN, 1987, p. 27). Apesar de ter se tornado uma potência econômica, a Alemanha desenvolveu sua base industrial tardiamente, se comparada com outras nações capitalistas, como a França e a Inglaterra. Na França houve uma revolução de massas que consolidou novas bases políticas e econômicas essenciais para o desenvolvimento da burguesia. Essa transformação social de baixo para cima é a chamada "via francesa". No caso da Alemanha, essa transformação social se dá tardiamente, através da conciliação do velho e do novo, por meio de reformismo, de cima para baixo, pela chamada "via prussiana" (CHASIN, 2018). Ao comentar o caso alemão, Marx resumiu essa relação ao apontar que "a Coroa sacrificaria a nobreza à burguesia" e "a burguesia sacrificaria o povo à Coroa. Nesta condição o reino seria burguês e a burguesia seria régia" (MARX, 1987, p. 46).

> Categorias sociais, pois, vivendo o *inacabamento de classe* do seu retardo histórico e de seu desenvolvimento retraído, gerados pelo atraso econômico e determinando a atrofia política. Uma burguesia de acumulação industrial ainda débil, acovardada diante de um proletariado ideológica e politicamente dependente, abraça a salvação do conchavo com o absolutismo e a nobreza feudal, enquanto ao proletariado, ainda sem consciência e si, resta ficar à extrema esquerda da burguesia, pressionando sobre a ilharga desta (CHASIN, 1987, p. 28).

A compreensão do capitalismo tardio não se restringe só ao caso alemão, mas também à Itália. O grande impacto desse retardo econômico é a demora dos países referidos na dominação colonial que atingiu tantos povos na América, na África, na Ásia e na Oceania. Desse modo, na primeira metade do século XX, o domínio colonial alemão e italiano era irrisório, se comparado com o de outros Estados imperialistas. As pretensões capitalistas da classe burguesa desses "elos débeis" da "cadeia imperialista" só seriam satisfeitas forçando uma nova divisão do mundo, pela conquista de novos territórios e colônias, o que seria tentado nas duas guerras mundiais (CHASIN, 2018).

Como antecipara Friedrich Engels, em 1891, a disputa por territórios, como o caso da Alsácia-Lorena, pelas nações imperialistas, já indicava a possibilidade de uma guerra entre as nações europeias com proporções nunca antes vistas, como ocorreu nos anos de 1914 a 1918 e de 1939 a 1945.

> E não paira diariamente sobre as nossas cabeças a espada de Dâmocles de uma guerra em cujo primeiro dia todas as alianças firmadas entre os soberanos se dispersarão ao vento como farelo, uma guerra da qual nada se sabe ao certo a não ser a absoluta incerteza de sua origem, uma guerra de raças que sujeitará a Europa inteira à devastação por obra de 15 a 20 milhões de homens armados e que ainda não estourou pela única razão de que mesmo os maiores estados militares tremem diante da absoluta incalculabilidade de seu resultado final? (ENGELS, 2011, p. 188).

O nazifascismo não teve esse tremor diante dos riscos incalculáveis, e arrastou a Europa, e o resto do mundo, por uma segunda vez, a uma guerra ainda mais violenta que a primeira. É importante ressaltar que o fascismo surgiu como expressão do capitalismo tardio, com a necessidade de, pela violência, conquistar colônias dominadas por outras nações. Justamente por isso, o fascismo não floresceu no seio de países possuidores de vastos territórios coloniais, como a França e a Inglaterra, como explicado por Henri Lefebvre:

> Uma assombrosa mistura de nacionalismo e de democracia caracteriza a práxis e a vida francesa durante o período que consideramos. Ademais, não é evidentemente por azar que o fascismo não pôde triunfar sobre a democracia nas nações economicamente asseguradas, quer dizer, imperialistas e colonialistas com êxito: França, Inglaterra. O fascismo era nacionalista, e o nacionalismo ia ao fascismo contra a democracia. Porém, a democracia

> (burguesa) e a nação (burguesa) proporcionavam meios políticos e ideológicos melhores que o fascismo para a dominação colonial. O fascismo provia meios, a rigor, para a conquista de um Império colonial de um mundo já ocupado. É assim que o fetichismo da nação, tão poderoso na França, não pôde desembocar em um fascismo (LEFEBVRE apud CHASIN, 2018).

Desse modo, é possível compreendermos que a conotação genética do fascismo é o colonialismo, objetivamente na disputa por novas possessões coloniais. Assim, se a disputa por colônias foi superada, sobretudo pelos movimentos de descolonização que tomaram diversos países, após a Segunda Guerra Mundial, não se pode dizer que há bases materiais que fundamentem o ressurgimento do fascismo no âmbito estatal, ao menos não do mesmo modo que no século XX, ainda que existam apologistas, representados nos partidos e organizações de extrema-direita.

Todavia, ainda não nos é possível responder aos questionamentos feitos acima, sobretudo no que diz respeito ao caso brasileiro. Se afastarmos o fascismo como um risco real, cabe ao nosso sistema constitucional negar somente a ditadura militar? E mais: não estando a sociedade governada por um dos três regimes capitalistas de exceção demonstrados por Poulantzas, há de se falar em "Estado de Exceção"?

O Brasil e a via colonial

Tendo em perspectiva a formação colonial do Brasil e o retardo no desenvolvimento capitalista nacional, seria compreensível o emprego da teoria da via prussiana, que não se restringe somente à Alemanha. Neste trabalho, filiamo-nos à denominação empregada por Chasin, "via colonial", "para acentuar diferenças, e não para desqualificar ou minimizar as dores do penalizado processo da industrialização brasileiro", fazendo referência às palavras iniciais de Marx no 18 de Brumário de Luís Bonaparte, completa: "se a história se repete – uma vez como drama, outra como comédia –, a industrialização tardia da via prussiana é o drama, enquanto a industrialização hiper-tardia da via colonial é a penosa comédia" (CHASIN, 2018). Para compreendermos o emprego do conceito "via colonial", cabe ressaltar uma diferença entre o Brasil e os países europeus: não temos um passado feudal, mas colonial; não houve servidão, mas escravização de indígenas e negros. As grandes transformações sociais ignoraram, quando conveniente, lutas populares por melhorias nas condições de vida dos trabalhadores, recorrendo a acordos entre as diversas frações da burguesia, rural e urbana. Esse problema já estava colocado anteriormente à abolição, como explica Wlamyra Albuquerque:

> A ação de tais militantes deixava evidente a perspectiva desse abolicionismo negro que se popularizava por estabelecer a conexão estreita entre o fim do escravismo e as demandas dos trabalhadores por melhores condições de vida. Nesse sentido, eles ultrapassam o argumento muito utilizado na campanha abolicionista de mera afirmação do quanto o escravismo impedia o desenvolvimento nacional, atrasava o progresso do país[308]. Para os militantes negros e operários, as luzes da abolição libertariam os escravos e a nação, mas também deveriam garantir a igualdade e o exercício da cidadania para os egressos do cativeiro (ALBUQUERQUE, 2018, p. 330).

A proclamação da república se tornou possível quando as aspirações republicanas encontraram o descontentamento escravagista com a monarquia. Os "ex-escravos perceberam rapidamente que seus ex-senhores haviam trocado suas roupas de fazendeiros por fardas republicanas" (GOMES, 2005, pp. 20-21). Em suma: em vez de revolução, reformas por cima. Tais reformas não extirparam os elementos coloniais do seio de nossa sociedade, ainda que tenha havido uma série de reformas políticas e uma considerável – e hipertardia – industrialização em meados do século XX.

Colonialismo e racismo

Tendo estabelecido que o desenvolvimento histórico do Brasil se deu pela égide da via colonial, não podemos negar que o colonialismo ainda exerce influência na presente ordenação democrática brasileira. Tais elementos se manifestam por meio de uma violência que, no máximo, pode estar latente, quando não se manifesta de forma de franca. Esse violento aspecto colonial

308 Quanto a esta afirmação, são representativas as palavras de Joaquim Nabuco sobre os efeitos da escravização na terra e na população. Segundo o autor abolicionista, "a verdade é que as vastas regiões exploradas pela escravidão colonial têm um aspecto único de tristeza e abandono: não há nelas o consórcio do homem com a terra, as feições de habitação permanente, os sinais de crescimento natural. O passado está aí visível; não há, porém, prenúncio de futuro: o presente é o definhamento gradual que precede a morte" (NABUCO, 2011, p. 33).

subjacente à democracia é denominado pelo cientista político pós-colonial Achille Mbembe como o "corpo noturno da democracia" (MBEMBE, 2017). Cabe ressalvar que o colonialismo não se reduz a uma mera visão idealista de mundo, pois é fruto de uma organização econômica e política, baseada na expansão e exploração de territórios e subjugação de povos estabelecidos como inferiores (nativos de terras exploradas), para legitimar a exploração escravista do trabalho.

Por não ter como premissa a igualdade entre proprietários privados livres para a troca de mercadorias, como a venda da própria força de trabalho, não tem como fundamento os direitos do homem [burguês], ou seja, se fundamenta na violência contra homens colocados na condição de raça inferior. Cabe trazer à leitura as palavras de Friedrich Engels e Karl Kautsky, afirmando que "a concorrência, forma fundamental das relações entre livres produtores de mercadorias, é a grande niveladora, a igualdade jurídica tornou-se o principal brado de guerra da burguesia" (ENGELS; KAUTSKY, 2012, p. 19). Essa forma jurídica de igualdade entre trocadores existia horizontalmente entre os escravocratas, traficantes e fazendeiros, mas, na verticalidade da relação entre o "senhor" e o "escravo", a base era a violência. Como diz Mbembe, "o escravo não é um sujeito de direito, mas uma mercadoria como todas as outras" (MBEMBE, 2017, p. 35). O valor de uma pessoa escravizada era medido por regras capitalistas que definiam a condição de vida dos homens negros no Brasil e nos Estados Unidos. Conforme narra Henry Louis Gates Jr., com base em uma conversa com João José Reis, professor de História na Universidade Federal da Bahia,

> [...] os senhores de escravos podiam sempre substituir africanos mortos por africanos vivos, a custo módico. A maioria dos americanos não se dá conta do quanto o Brasil fica perto da costa ocidental da África, de forma que trazer novos escravos acabava sendo menos oneroso do que proporcionar alimento, remédios e acomodação decente a escravos mais idosos. Essa realidade não ocorria nos Estados Unidos, onde os custos de transporte dos escravos alcançavam valores substanciais e onde, por isso, contraditoriamente, dava-se muito valor à vida de cada um deles. No Brasil, porém, os portugueses muitas vezes faziam os escravos trabalhar até a morte, pois era mais barato substituí-los que cuidar deles (GATES JR., 2014, p. 40).

A violência colonial podia ser a exceção entre os proprietários, mas certamente era a regra sobre os negros explorados[309], seviciados e mortos. Compreender essa relação social violenta, que coexistia em paralelo à subjetividade jurídica dos proprietários privados, aliada à compreensão do nosso desenvolvimento histórico pela via colonial, é indispensável para uma leitura jurídica precisa de nossa ordem constitucional.

A lógica da violência contra negros, que persiste em nossa democracia por meio do racismo, deve ser confrontada com nosso passado escravista que não foi resolvido, dado que a abolição pela via colonial apenas tirou a população negra dos cativeiros, sem a integração política e social defendida pelos militantes abolicionistas negros, conforme citado acima. A própria existência do racismo tem relação causal com a escravidão, dado que "a escravidão não nasceu do racismo: pelo contrário, o racismo foi consequência da escravidão" (WILLIAMS, 2012, p. 34). Essa violência racial é revelada estatisticamente, conforme o Atlas da Violência 2019, do Instituto de Pesquisa Econômica Aplicada (Ipea) e do Fórum Brasileiro de Segurança Pública:

> Em 2017, 75,5% das vítimas de homicídios foram indivíduos negros (definidos aqui como a soma de indivíduos pretos ou pardos, segundo a classificação do IBGE, utilizada também pelo SIM), sendo que a taxa de homicídios por 100 mil negros foi de 43,1, ao passo que a taxa de não negros (brancos, amarelos e indígenas) foi de 16,0. Ou seja, proporcionalmente às respectivas populações, para cada indivíduo não negro que sofreu homicídio em 2017, aproximadamente, 2,7 negros foram mortos (Ipea, 2019, p. 49).

O alto índice de mortalidade negra no período escravista e na contemporaneidade pode ser entendido como consequência de uma ideologia, o racismo (de origem colonial), que se cristalizou na realidade social brasileira: como se a vida negra importasse menos, ou simplesmente não importasse. Com a abolição da escravização, novas formas de supressão da liberdade e da vida foram sendo acrescentadas. O professor Pedro Estevam Alves Pinto Serrano trabalha com a ideia de "inimigo", a quem os direitos são negados, e que no

309 Quanto à exploração dos negros escravizados, ainda nas palavras de Mbembe, no livro *Crítica da Razão Negra*, lê-se: "No que respeita à dominação, ela não consistia tanto em explorar o trabalho dos submissos como em transformá-los em objectos numa economia geral de usos e de sensações que o comércio mediava" (MBEMBE, 2017, p. 202).

Brasil não se apresenta explicitada na forma do negro, mas, na figura do bandido, conforme as palavras do professor Serrano:

> Embora seja mais difícil reconhecer medidas próprias de Estado de exceção e mecanismos de Estados de polícia em regimes democráticos, inegavelmente ambos existem. No Brasil contemporâneo, o inimigo é a figura mítica do bandido, o agente da violência que pretende destruir a sociedade. O bandido inimigo da sociedade não é o cidadão que erra, mas o sujeito que deve ter seus direitos suspensos, inclusive o direito à vida. Esses inimigos vivem sob a égide permanente de um Estado de polícia (SERRANO, 2016).

O nexo entre as pessoas negras e a figura do bandido pode ser comprovado pelo elevado índice de encarceramento[310] e mortes violentas, conforme demonstrado. A atuação estatal, nesse sentido, se dá pela chamada criminalização secundária. Enquanto a criminalização primária se dá pela "elaboração de leis penais" (ZAFFARONI et al., 2011, p. 43), a secundária opera segundo critérios de seletividade e vulnerabilidade, e

> por tratar-se de pessoas desvaloradas, é possível associar-lhes todas as cargas negativas existentes na sociedade sob a forma de preconceitos, o que resulta em fixar uma imagem pública do delinquente com componentes de classe social, étnicos, etários, de gênero e estáticos (idem, p. 46).

A égide permanente de um Estado de polícia no interior de uma democracia burguesa permite a proposição de que os três regimes despóticos citados acima não encerram as possibilidades da exceção. Isso não significa uma descrença fatalista diante do Direito, ainda que se reconheça criticamente suas limitações. Novas perspectivas de desenvolvimento do constitucionalismo se abrem quando se tem a dimensão real dos problemas de uma sociedade, tendo

---

310 Conforme estudo apresentado no Mapa do Encarceramento, a questão racial se mostrou do seguinte modo no sistema prisional: "Diante dos dados sobre cor/raça verifica-se que, em todo o período analisado, existiram mais negros presos no Brasil do que brancos. Em números absolutos: em 2005 havia 92.052 negros presos e 62.569 brancos, ou seja, considerando-se a parcela da população carcerária para a qual havia informação sobre cor disponível, 58,4% era negra. Já em 2012 havia 292.242 negros presos e 175.536 brancos, ou seja, 60,8% da população prisional era negra. Constata-se assim que quanto mais cresce a população prisional no país, mais cresce o número de negros encarcerados. O crescimento do encarceramento é mais impulsionado pela prisão de pessoas negras do que brancas" (BRASIL, 2015, p 33).

em vista que o Direito, tal como as relações sociais que lhe dão suporte, está em constante movimento.

O vício e a virtude

Interessa-nos, com base no que temos estudado ao longo destas páginas, retomar as palavras de Ferrajoli, quando afirma que o "antifascismo é a conotação genética" das democracias. Esse fascismo, a ser negado numa democracia, tem como sua conotação genética o colonialismo, como se apreende das seguintes palavras de Mbembe:

> Deste ponto de vista, as conquistas coloniais foram um campo privilegiado de experimentação. Dariam lugar a um emergente pensamento da força e da técnica, que, levado às suas últimas consequências, abriu caminho aos campos de concentração e às ideologias genocidas modernas (MBEMBE, 2017, p. 45).

Por sua vez, é a conotação genética da democracia, também é o colonialismo.

> Como ascendente da democracia, o mundo colonial não era a antítese da ordem democrática. Sempre foi o seu duplo ou, até, a sua face nocturna. Não há democracia sem seu duplo – a colónia, pouco importa o seu nome ou estrutura. Esta não é exterior à democracia nem está necessariamente situada fora das partes. A democracia contém em si a colónia, tal como a colónia contém a democracia, muitas vezes mascarada (MBEMBE, 2017, p. 49).

Retomando, ainda, os termos de Maquiavel, podemos concluir que o colonialismo está entre o "vício" do fascismo e a "virtude" da democracia, de modo que, ainda que não reconheçamos a existência de condições materiais para os elementos coloniais se cristalizarem em uma ditadura fascista, como aconteceu na Itália ou na Alemanha, compreendemos que um Estado democrático pode reproduzir em seu interior, por meio do Estado de Exceção, como no caso dos negros e negras, várias das práticas coloniais das quais o fascismo também se apropriou. Aimé Césaire apresenta de forma ilustrativa esta questão:

> Entre colonizador e colonizado, só há lugar para o trabalho forçado, a intimidação, a pressão, a polícia, o imposto, o roubo, a violação, as culturas obrigatórias, o desprezo, a desconfiança, a arrogância, a suficiência, a grosseria, as elites descerebradas, as massas aviltadas. Nenhum contacto humano, mas relações de dominação e de submissão que transformam o homem colonizador em criado, ajudante, comitre, chicote e o homem indígena em instrumento de produção (CÉSAIRE, 1978, p. 26).

Quanto às práticas de terror contra a população, o nazismo não inovou em relação ao colonialismo, mas ressaltar o terror nazista enquanto se esquece ou justifica as práticas coloniais só é possível devido a uma cumplicidade racista.

> Sim, valeria a pena estudar clinicamente, no pormenor, os itinerários de Hitler e do hitlerismo e revelar ao burguês muito distinto, muito humanista, muito cristão do século XX que traz em si um Hitler que se ignora, que Hitler vive nele, que Hitler é o seu demónio, que se o vitupera é por falta de lógica, que, no fundo, o que não se perdoa a Hitler não é o crime em si, o crime contra o homem, não é a humilhação do homem em si, é o crime contra o homem branco, a humilhação do homem branco e o ter aplicado à Europa processos colonialistas a que até aqui só os árabes da Argélia, os "coolies" da Índia e os negros da África estavam subordinados (CÉSAIRE, 1978, p. 18).

Ora, deve-se enfrentar a contradição de como o antifascismo pode ser a conotação genética do Direito, sendo que o fascismo e o Direito têm no colonialismo uma conotação genética comum. Com a devida deferência à contribuição de Ferrajoli, propomos a seguinte asserção: o anticolonialismo deve ser a conotação genética da democracia constitucional. Sem se deixar capturar, o Direito deve negar os elementos dessa forma de organização social ascendente do fascismo e de uma democracia que não é feita pelo e para o povo.

O Estado democrático de Direito no Brasil é fruto dessa conciliação entre o progresso e o atraso que representa a história nacional sob a perspectiva da via colonial. Se os elementos do retrocesso não forem continuamente negados até que se alcance uma superação histórica das velhas relações sociais, sucumbir-se-á a ponto de todo o Estado de Direito ser corrompido em Estado de Exceção, sem a necessária supressão formal.

A vigência de uma Constituição Federal não é sinônimo de existência de uma ordem constitucional que faça frente à exceção. Se "uma 'ordem' é um sistema de normas cuja unidade é constituída do fato de todas elas terem o mesmo fundamento de validade". (KELSEN, 2009. p. 33), qualquer flexibilização de garantias constitucionais que deveriam ser rígidas, especialmente por ação ou omissão judicial, implicará em uma destruição substancial do fundamento que impede o desmoronamento da democracia em um engodo simulado pela regularidade na convocação do povo ao sufrágio, para aferir a vontade da maioria, sem que os direitos e as garantias fundamentais das minorias estejam tutelados pelas instituições públicas em aparente funcionamento, pois

> [...] no século XXI, o Estado de exceção muda de natureza. Não há mais a interrupção do Estado democrático para a instauração de um Estado de exceção, mas a inserção dos mecanismos do autoritarismo típicos de exceção no interior da rotina democrática, como uma verdadeira técnica de governo – frise-se (SERRANO, 2016, p. 9).

A própria democracia deve ser limitada por uma constituição rígida, de modo que os representantes ocasionais das maiorias não possam decidir sobre abolição ou não prestação de direitos fundamentais. Esse conteúdo é definido por Ferrajoli como uma "dimensão substancial" da democracia. Uma norma pode ser inconstitucional e antidemocrática mesmo que cumpra todos os procedimentos legislativos previstos na constituição e seja politicamente popular. A política passa a ser submetida pelos vínculos impostos pelo Direito (FERRAJOLI, 2014, p. 23).

A rigidez dos princípios e direitos constitucionais será possível por meio de duas ordens de garantias constitucionais, definidas por Ferrajoli como primárias e secundárias. A garantia primária "consiste na proibição de derrogar e na obrigação de atuar os princípios, os direitos e os institutos garantidos pela Constituição", tendo um aspecto negativo e outro positivo. As garantias primárias negativas impedem o legislador de legislar contra os ditames formais e substanciais da Constituição, enquanto as garantias primárias positivas determinam que o legislador atue de forma a "estabelecer uma legislação de atuação dos direitos constitucionalmente estipulados". A garantia secundária, por sua vez, se refere ao controle jurisdicional de constitucionalidade, de modo a retirar do sistema normas que representem antinomias, sanar lacunas e determinar a obrigação de fazer da autoridade estatal (FERRAJOLI, 2014, pp. 27-28).

A Constituição Federal aponta politicamente para um horizonte de objetivos que não se deve quedar em utopismo, pois está juridicamente positivado[311], de modo que sua satisfação possa ser reivindicada pelos jurisdicionados e a plenitude de sua eficácia seja reconhecida pelo judiciário a fim determinar ou interditar atos de agentes públicos, quando estes se conduzirem contrariamente aos limites legais. A via colonial só leva para o caminho contrário a esse horizonte de "objetivos fundamentais da República".

A via colonial que modula verticalmente as transformações sociais, conciliando atraso e progresso, se fundamenta na garantia de privilégios fundados nas desigualdades sociais, raciais, de gênero ou orientação sexual frente aos direitos fundados na universalidade e busca de igualdade e liberdades humanas reais, e não somente formais entre proprietários privados.

A garantia secundária fundamentada na negação não significa o esquecimento das contradições existentes na realidade, mas uma consciente tomada de posição com base nos arcabouços jurídicos ideologicamente progressistas que se desenvolvem historicamente, não a partir da consubstanciação da ideia no homem na condição de julgador, mas a partir das condições materiais de existência, em que interesses subjetivos e políticos estão em constante conflito. Em suma: aplicar à realidade concreta as garantias constitucionais que se desenvolvem a partir de uma realidade em constante conflito e movimento.

Nesse sentido, a garantia do acesso à Justiça é um instrumento constitucional que, se devidamente aplicado, permite o desenvolvimento do ordenamento jurídico a partir da apreciação de demandas das classes sociais despossuídas que estejam em consonância com os ditames da Constituição Federal. Para tanto, é indispensável que parcela considerável da população, negros e pobres, tenha reconhecida a sua cidadania, de modo que o Judiciário não a aprecie enquanto uma massa de "inimigos" que deve ser afastada da sociedade em presídios onde a ordem constitucional simplesmente não existe.

311 Art. 3º Constituem objetivos fundamentais da República Federativa do Brasil: I – construir uma sociedade livre, justa e solidária; II – garantir o desenvolvimento nacional; III – erradicar a pobreza e a marginalização e reduzir as desigualdades sociais e regionais; IV – promover o bem de todos, sem preconceitos de origem, raça, sexo, cor, idade e quaisquer outras formas de discriminação.

Em uma sociedade que se desenvolveu e mantém suas relações de acordo com a vida colonial, duas perspectivas se colocam diante do Direito: a manutenção da ordem social vigente, conciliando elementos do atraso e do progresso, sem permitir um desenvolvimento pleno e reforçando desigualdades, ou ser um instrumento de garantia dos direitos fundamentais e sociais conquistados ao longo da história e assumir um lado pela superação dos elementos coloniais. Mesmo nesta segunda hipótese, o Direito é ainda limitado, de modo que não se pode depositar nele a perspectiva de superação de todas as contradições sociais.

Apesar de termos focado a nossa análise no caso brasileiro, não podemos desconsiderar que o desenvolvimento do Direito e do Estado de Exceção é complexo e não se restringe à experiência colonial.

Dentre os elementos coloniais que dão sustentação ao Estado de Exceção tal como o temos conhecido, compreendemos que a questão racial é de notável importância, devido à sua incidência diante de diversos casos de assassinato e encarceramento em massa, o que se compara a práticas genocidas. Enquanto o racismo for presente, saberemos que o mais pernicioso elemento do regime colonial não foi superado.

Compreendemos que, dentre as instituições públicas existentes, o Judiciário tem a enorme responsabilidade de aplicar o Direito dentro de uma perspectiva pós-colonial. Procuramos apresentar, ainda que brevemente, as linhas para uma análise jurídica que fundamente a negação do colonialismo, que não se dá num único momento histórico, mas na prática cotidiana. Todavia, sem uma transformação na forma de acesso à carreira de justiça, de modo que esta não represente mais uma classe social dominante, cuja maioria é branca e elitizada, não se pode esperar mais que alguns atos de coragem de julgadores sensíveis às questões sociais.

ALBUQUERQUE, Wlamyra. Movimentos sociais abolicionistas. In: *Dicionário da escravidão e liberdade*: 50 textos críticos. São Paulo: Companhia das Letras, 2018.

BRASIL. *Mapa do encarceramento: os jovens do Brasil/Secretaria-Geral da Presidência da República e Secretaria Nacional de Juventude*. Brasília: Presidência da República, 2015.

CHASIN, José. "Marx no tempo da Nova Gazeta Renana". In: *A burguesia e a contra-revolução*. São Paulo: Ensaio, 1987.

______. *A via colonial de entificação do capitalismo* (1978). Disponível em: <https://www.marxists.org/portugues/chasin/1978/mes/via.htm>. Acesso em: 12 jun. 19.

Constituição da República Italiana. Disponível em: <https://www.senato.it/application/xmanager/projects/leg18/file/repository/relazioni/libreria/novita/XVII/COST_PORTOGHESE.pdf>. Acesso em: 12 jun. 19.

ENGELS, Friedrich. Introdução (1891). In: *A guerra civil na França*. Trad. Rubens Enderle. São Paulo: Boitempo, 2011.

ENGELS, Friedrich; KAUTSKY, Karl. *Socialismo jurídico*. Trad. Lívia Cotrim e Márcio Bilharinho Naves. 2. ed. rev. São Paulo: Boitempo, 2012.

FERRAJOLI, Luigi. *Poderes Selvagens – A crise da democracia italiana*. Trad. Alexander Araujo de Souza. São Paulo: Saraiva, 2014.

GATES JR., Henry Louis. *Os negros na América Latina*. Trad. Donaldson M. Garschagen. São Paulo: Companhia das Letras, 2014.

GOMES, Flávio. *Negros e política (1888-1937)*. Rio de Janeiro: Zahar, 2005.

INSTITUTO DE PESQUISA ECONÔMICA APLICADA; FÓRUM BRASILEIRO DE SEGURANÇA PÚBLICA (org.). *Atlas da Violência*. Brasília: Rio de Janeiro: São Paulo: Instituto de Pesquisa Econômica Aplicada; Fórum Brasileiro de Segurança Pública, 2019.

KELSEN, Hans. *Teoria pura do Direito*. Trad. João Baptista Machado. 8. ed. São Paulo: Editora WMF Martins Fontes, 2009.

MAQUIAVEL, Nicolau. *Discursos sobre a primeira década de Tito Lívio*. Trad. MF. São Paulo: Martins Fontes, 2007.

MARX, Karl. A burguesia e a contra-revolução. Trad. J. Chasin, M. Dolores Prades. Marcia Valéria Martinez de Aguiar. São Paulo: Ensaio, 1987.
MBEMBE, Achille. *Crítica da razão negra*. Trad. Marta Lança. 2. ed. Lisboa: Antígona, 2017.
MBEMBE, Achille. *Políticas da inimizade*. Trad. Marta Lança. Lisboa: Antígona, 2017.
NABUCO, Joaquim. *O que é abolicionismo*. São Paulo: Penguin Classics Companhia das Letras, 2011.
POULANTZAS, Nicos. *Fascismo e ditadura – A III Internacional face ao fascismo* – I volume. Trad. João G. P. Quintela e de M. Fernanda s. Granado. Porto: Portucalense editora, 1972.
SERRANO, Pedro Estevam Alves Pinto. *Autoritarismo e golpes na América Latina. Breve ensaio sobre jurisdição e exceção*. São Paulo: Alameda, 2016.
WILLIAMS, Eric. *Capitalismo e escravidão*. Trad. Denise Bottmann. São Paulo: Companhia das Letras, 2012.
ZAFFARONI, E. Raúl. et al. *Direito Penal Brasileiro – I*. 4. ed. Rio de Janeiro: Revan, 2013.

12. O MOVIMENTO DE INDEVIDA CRIMINALIZAÇÃO DA ATIVIDADE POLÍTICA COMO FATOR DE DESESTABILIZAÇÃO E CRISE DEMOCRÁTICA

Antônio Carlos de Almeida Castro[312] *e Marcelo Turbay Freiria*[313]

Muito se discute hoje no país sobre o atual modelo político, sobretudo a respeito do financiamento eleitoral de campanhas políticas, e de ao menos um aspecto ninguém ousa discordar: é tempo de se debater e realizar mudanças necessárias, de se aperfeiçoar o sistema e reequilibrar forças políticas, sociais e econômicas em favor de um modelo democrático representativo que restabeleça a ótica de máxima proteção às garantias constitucionais e ao equilíbrio institucional entre os poderes da república.

O Brasil já passou por diversas turbulências: nascido como colônia de Portugal, em 1822 foi proclamada a independência, surgindo o Império do Brasil. Apenas dois imperadores depois, em 1889, nasceu a República Velha, dominada pelas elites oligárquicas e seus currais eleitorais, controlada pela política do café com leite e na qual era negado o direito ao sufrágio feminino e o voto de analfabetos – grande parcela da população.

Transcorridos menos de 41 anos desde o nascimento da república, o Brasil viu Getúlio Vargas ascender ao poder após a Revolução de 1930, tornando-se posteriormente ditador e ocupando o cargo máximo da nação até 1945. Encer-

312 Advogado criminalista, graduado em Direito pela Universidade de Brasília-UnB, sócio-fundador do Instituto de Garantias Penais – IGP

313 Advogado criminalista, graduado em Direito pela Universidade de Brasília-UnB, mestre em Direito e Estado pelo IDP, conselheiro seccional da OABDF, professor universitário.

rado o governo de Vargas, nasceu a Nova República, curto e turbulento período democrático, o qual foi brutalmente interrompido pelo Golpe Militar de 1964.

A democracia direta só voltaria efetivamente à nação em 1990, com a posse de Fernando Collor na presidência da república – vale lembrar que a eleição em 1985 de José Sarney, primeiro presidente civil desde 1964, foi indireta.

O governo Sarney, contudo, deu início à recente democracia brasileira, com a promulgação da Constituição Cidadã em 1988, pedra fundamental da história recente do Brasil.

Como se observa, a experiência republicana brasileira ao longo dos séculos XIX e, sobretudo, XX, foi extremamente turbulenta. No entanto, cada uma das vivências que a nação enfrentou serviu como aprendizado para o aprimoramento das regras do jogo democrático.

E é rigorosamente assim que se constrói uma nação: nenhum país, nenhuma sociedade nasce com seu desenho institucional pronto e acabado. São necessárias várias experiências, tentativas, erros, canais abertos de diálogo e aperfeiçoamento, tudo norteado pela estabilidade e segurança jurídicas e por uma constituição forte e soberana. Isso é natural, é saudável e é desejável para uma sociedade que pretende ser cada vez mais justa e democrática.

E vale considerar que mesmo antes da completa redemocratização brasileira, já pós-regime militar, se discutia sobre a falência, ou ineficiência, do ideal de freios e contrapesos do sistema tripartido de poderes no país, voltando-se as críticas a um apontado e excessivo fortalecimento do Poder Executivo desde a era Vargas, o que certamente não mais se vislumbra na atual conjuntura política nacional.

De toda sorte, àquele tempo (era Vargas), o Poder Legislativo empenhou-se em criar mecanismos de representação que, de forma protecionista e para fazer frente a esse Executivo robustecido, foi acusado de clientelismo e, em certa medida, de uma certa promoção oligárquica da política, atendendo a grupos muito setorizados que exerceriam um tipo de monopólio da atividade legislativa.

Tal fenômeno foi identificado como a chamada "crise da representação política" ou "crise da democracia representativa", que favoreceu a busca de alternativas para minimizar esse distanciamento dos representantes políticos e dos correlatos partidos políticos com aqueles que os elegeram, dentre as quais: a atuação de instituições representativas capazes de exercer pressões e demandar espaços abertos e democráticos de diálogo direto com os parlamentares, como: associações, sindicatos, cooperativas, igrejas, universidades, institutos, organizações profissionais, empresariais, patronais e empregatícias, dentre muitas outras.

Tais colocações não são mero preciosismo, pois demonstram o ponto de chegada que contextualiza e explicita a longa caminhada histórica para se alcançar um modelo representativo desejado por décadas na história recente brasileira, em que a criação de canais de comunicação, de encaminhamento de demandas, de discussão franca de interesses entre a sociedade civil e o Poder Legislativo era considerado um ideal a ser alcançado.

E alguns parlamentares têm atualmente se empenhado em justamente afastar esse modelo já falido e historicamente criticado de clientelismo parlamentar e, conferindo efetividade ao sistema representativo democrático, estão buscando viabilizar canais institucionais de diálogo e discussões sobre expedientes legislativos de interesse desses grupos de pressão[314].

Esse modelo de aproximação representativa – almejado e alcançado como resultado de um longo e árduo debate promovido na história democrática recente do país, como o resultado da chamada crise do sistema representativo – parece razoável aos objetivos do próprio sistema e extremamente recomendável para conferir sentido ao próprio sufrágio, já que possibilita ao cidadão se aproximar de seu representante eleito.

Mas, contraditoriamente, o que se vê hoje é uma campanha midiática acusatória contra a política, contra o exercício da atividade parlamentar, em que não faltam acusações infundadas e generalizações grosseiras, que provocam desconfiança por parte da sociedade, do eleitorado em relação a seus representantes escolhidos pelo voto, que criam novamente distanciamentos, insegurança e propiciam um odioso abalo nas instituições.

A explicação não é outra senão a de que o país volta a enfrentar uma aguda crise de desequilíbrio na tripartição de poderes, agora em maior complexidade e com a participação de personagem noviço na histórica democrática brasileira, o Ministério Público. Assiste-se, ao que parece, a um redimensionamento do sistema de freios e contrapesos, a um conflito dinâmico e nunca antes visto na história do país, em que os poderes da república lutam para preencher espaços em meio à volatilidade e rapidez dos acontecimentos políticos.

Nesse contexto, o Poder Executivo sofria até pouco tempo, dizem alguns, uma crise de legitimidade, o Poder Legislativo é atacado e criminalizado de

---

314 BONAVIDES, Paulo. *Ciência política.* 10ª ed., São Paulo: Malheiros, 2003.

forma massacrante, enquanto isso, o Poder Judiciário vem tomando espaços que, historicamente e constitucionalmente, não lhe pertencem.

E talvez, aproveitando a oportunidade para buscar seus espaços de poder em meio ao embate entre os poderes, alguns setores do Ministério Público vêm promovendo campanhas publicitárias milionárias para cooptação de pessoas e grupos políticos, alimentando mídias sociais, disseminando ideais de recrudescimento do direito penal, de maximização de punições e do encarceramento como uma medida supostamente eficaz em favor de um alegado combate à corrupção a qualquer custo.

Mas o Ministério Público não é um dos três poderes da república, como equivocadamente alguns insistem em afirmar, ao chamá-lo quarto poder.

A respeitável instituição – nascida e fortalecida nos braços da democracia, em meio aos livres e abertos espaços de discussão próprios da atividade parlamentar, antes festejada – é politicamente um grupo de pressão, na melhor acepção do termo, com seus interesses republicanos, suas demandas legítimas, seus orçamentos a serem discutidos no Congresso Nacional, seus representantes eleitos a ocuparem cadeiras no Parlamento, que evidentemente e naturalmente defendem e representam seus eleitores.

E assim deve ser! E, vale a reflexão: talvez, se pudesse a instituição Ministério Público realizar doações eleitorais a determinados candidatos que a representam, certamente o faria. E, institucionalmente, certamente procuraria tais representantes eleitos para solicitar audiências, encaminhar demandas, ofícios, trocar *e-mails* debatendo, sugerindo, cobrando legitimamente proposições legislativas, não o faria? Sim, sem dúvidas.

Bem se sabe que esse mesmo Ministério Público, como é natural e como há de ser, também bate às portas do Parlamento para discutir suas necessidades, expectativas, demandas que julga interessantes à própria instituição, que, aliás, conta com servidores especificamente designados e alocados dentro do Congresso Nacional para exercer atribuições de assessoria legislativa, que muitos preferem chamar de "*lobby*".

Ainda assim, numa lógica incoerente, continuam a promover campanhas e ataques ao Poder Legislativo e ao sistema representativo, sem parar para pensar nas nefastas consequências que poderão resultar desse jogo autofágico que assola a democracia brasileira.

A criminalização da política, empreendida por setores do Ministério Público, parece se assemelhar analogicamente ao enredo da "fábula do escorpião", pois o órgão acusatório ataca as balizas democráticas que sustentam seu próprio *status* constitucional, ou seja, parece preferir se afogar na travessia do lago do que renunciar a sua própria natureza e deixar de inocular seu veneno naquele que trabalha em seu favor.

Tais evidentes excessos fazem proliferar um sentimento de insegurança e desconfiança com as instituições, alimentam a intolerância e, talvez sem perceber a desastrosa proporção de seu messianismo simplista, favorecem o fortalecimento de personagens com um discurso autoritário de ódio, de preconceito, mas que, claro, afirmam querer combater a corrupção.

Vale ponderar, todavia, se esse discurso monotemático de ataque ao Poder Legislativo, travestido de combate à impunidade e à corrupção, não está a advogar justamente pela redução dos espaços, pela eliminação desses canais autênticos e institucionais de comunicação e pelo fim desse processo de aproximação entre a sociedade e seus representantes.

Nesse contexto, o crime de corrupção passiva parece emergir como uma ponta de lança desse momento punitivista em que se tenta romper o paradigma de subsidiariedade do direito penal, pois alguns operadores do Direito, defensores desse modelo de recrudescimento, têm forçado a dilatação do conceito de ato de ofício e, com isso, tentado romper as amarras do princípio da taxatividade em relação ao crime.

Um outro grave problema que começa a assaltar a consolidada doutrina brasileira a respeito dos chamados crimes de colarinho branco insere-se no tratamento da prova no processo penal, que tem, mais recentemente, sofrido tentativas de afrouxamento no âmbito do devido processo legal, entre as quais: indevida valorização do indício para fins de condenação penal, inversão do ônus da prova, incompreensão da dúvida razoável no processo penal, falta de tratamento adequado da prova extrínseca com relação à colaboração premiada e à chamada de corréu.

Tais preocupações igualmente se inserem nesse mesmo contexto de utilização do crime de corrupção passiva como "curinga" do movimento de hiperpenalização que ataca o sistema penal econômico brasileiro, pois tem alvejado justamente elementares típicas do crime de corrupção como a indispensabilidade do "ato de ofício", como forma de afrouxamento do princípio da legalidade estrita.

E esse movimento de utilização do direito penal como arma de ataque, sobretudo, à atividade parlamentar, que tem o crime de corrupção como sua "granada de mão" tem o objetivo muito claro de desestabilizar o sistema tripartido e, assim, tentar inserir esses novos agentes da criminalização – que se autodenominam combatentes da corrupção –, inclusive, como atores no processo legislativo.

Ora, mas a quem pode interessar essa nova ordem política que poderá desastrosamente resultar dessa recente crise de tripartição de poderes? A quem interessa o retorno do clientelismo oligárquico implantado e arraigado dentro do Parlamento, como motor e razão de ser do sistema representativo antigo? Talvez a determinados grupos que se julgam "empoderados", que se julgam parte dessa nova realidade, em alguma medida, oligárquica, não mais aquela agrícola-feudal, mas uma nova, ainda sem uma roupagem definida.

Essa malfadada tentativa de criminalização da atividade parlamentar, principalmente por intermédio da ampliação do alcance do crime de corrupção passiva, é um desserviço desastroso ao país, que tende a provocar um retorno àquele modelo clientelista de poder, em que os espaços de debate representativo eram movidos a interesses obscuros e fatores de pressão inconfessáveis.

E o que dizer da reforma política e do modelo de contribuição privada para as campanhas eleitorais?

Existem diversos projetos de lei em curso no Congresso Nacional tratando do tema, já foram aprovadas medidas legais de reforma – como a Lei da Ficha Limpa – e o próprio Poder Judiciário tem emprestado contribuições ao sistema político-eleitoral-democrático brasileiro, como na ADI 4.650/DF, que tratou de financiamento político-partidário por pessoas jurídicas.

Uma preocupação que se deve ter sempre em mente para evitar o cometimento de injustiças é o respeito ao processo de evolução e aprimoramento natural de uma democracia, que passa necessariamente pelo respeito às leis, às regras do jogo, favorecendo o equilíbrio e o respeito mútuo entre os poderes.

Por óbvio, não se pode discutir e alterar leis mediante o pagamento de vantagens indevidas, tampouco se pode coagir os congressistas com campanhas publicitárias de massa que atacam todos aqueles que discordam desse ou daquele projeto proposto pelo Ministério Público, por grupos políticos ou entidades de classe quaisquer. Agir assim significa realizar duas faces de uma mesma violência, que ataca e assola o Poder Legislativo e que, ao distorcer o sistema representativo, corrompe a própria liberdade e a democracia.

Cabe aos operadores do Direito buscar o extremo oposto, a preservação e a proteção das instituições e, evidentemente, o aperfeiçoamento do sistema, mas desde que utilizando dos mecanismos próprios do regime tripartido e do equilíbrio de poderes, da democracia representativa e em plena conformidade com a Constituição Federal.

A crítica – de indevido ataque a esse sistema representativo democrático – deve ser feita a parlamentares que ousaram infringir seus deveres e atender interesses escusos em troca de benefícios ilícitos, mas igualmente alcança aqueles que violentamente atacam parlamentares que se colocam criticamente e publicamente contra propostas de alterações legislativas questionáveis, senão inconstitucionais. Nas duas formas de violência, sofre a democracia. A história do Brasil não deixa margem para dúvidas de que o desenho político-institucional sempre foi objeto de controvérsias e experiências equivocadas. Isso, no entanto, não exclui a boa-fé de todos aqueles que, em cada momento de nossa história, tentaram fazer o sistema funcionar de acordo com as regras postas. O processo de aprendizado institucional entra em cena justamente neste contexto: se o sistema, a despeito de todas as tentativas, falha, ele precisa ser aperfeiçoado, mas de forma legítima e constitucionalmente permitida.

Por vezes, ao longo de nossa história, as mudanças foram para pior. Mas o país também vivenciou grandes momentos de aprendizado e evolução institucional, que culminaram no sistema vigente.

O financiamento eleitoral por pessoas jurídicas, por exemplo, foi pensado como algo positivo e, em razão disso, implementado. É importante rememorar a manifestação do Ministro Gilmar Mendes no julgamento da ADI 4.650/DF[315], pontuando que, após os erros vistos nas eleições de 1989, que culminaram no escândalo PC Farias, o aprendizado institucional caminhou no sentido de pensar que o financiamento de empresas era positivo para a democracia.

A história seguiu, o debate democrático no ambiente jurídico e parlamentar prosseguiu, como deve ser. E foi assim que o Supremo, em caso clássico de mutação constitucional – julgou parcialmente procedente a ADI 4.650/DF[316], declarando a inconstitucionalidade de normas legais que permitiam que pessoas jurídicas doassem recursos para partidos e candidatos.

E o tema volta a percorrer o Parlamento, em meio aos debates sobre a reforma política, em plena efervescência atualmente no país.

Nas regras antigas do jogo político, o financiamento de empresas era perfeitamente lícito e usual. Talvez alguns possam ponderar que pode ter sido um modelo sujeito a distorções ou inadequado para a democracia que se quer cons-

---

315 STF, ADI 4650, Relator(a): Min. LUIZ FUX, Tribunal Pleno, julgado em 17/09/2015, PROCESSO ELETRÔNICO DJe-034 DIVULG 23-02-2016 PUBLIC 24-02-2016.

316 *Ibidem*.

truir no Brasil, então caberia aos cidadãos e aos grupos de pressão organizados discutir tais problemas legitimamente junto ao Parlamento, em pleno respeito à independência e ao equilíbrio entre os poderes.

Este é grande legado que se deve perseguir incessantemente: o respeito às instituições, a busca da segurança jurídica, a valorização do sistema democrático representativo que o país alcançou à custa de anos de evolução democrática, de muitos erros e acertos. Esse é o verdadeiro marco civilizatório capaz de prestigiar e fazer perpetuar o Estado Democrático de Direito.

13. COMPREENDER O PAPEL A SER DESEMPENHADO PELA JURISDIÇÃO CONSTITUCIONAL NO ESTADO DEMOCRÁTICO DE DIREITO COMO CONDIÇÃO DE POSSIBILIDADE PARA A SUPERAÇÃO DA CRISE DO ESTADO E DO DIREITO

Lenio Luiz Streck[317]

Introdução

Crise do Direito. A questão faz parte da agenda de uma série de Estados, sobretudo, daqueles considerados de modernidade tardia, como o Brasil, por exemplo. O tema é atual, mas não é novo. De há muito convivemos com essa discussão. Eros Roberto Grau, ao apresentar meu *Hermenêutica Jurídica E(m) Crise*[318], já atestava a inegável existência desse fenômeno, estendido, também, ao Poder Judiciário. Essa condição, vale destacar, não é originalmente sua, quero dizer, do Direito, mas sim produzida *no* e *pelo* Estado, espaço não apenas de produção normativa, mas, ainda, também de acesso a um conjunto de demandas, fragilizado por uma série de influxos neoliberais a também tentar acessá-

317 Pós-doutor em Direito Constitucional pela Universidade de Lisboa. Doutor em Direito do Estado pela Universidade Federal de Santa Catarina (UFSC). Professor Titular da Universidade do Vale do Rio dos Sinos (Unisinos) e da Universidade Estácio de Sá (Unesa). Professor Visitante da Universidade Javeriana de Bogotá (Colômbia) e de outras universidades internacionais. Presidente de Honra do Instituto de Hermenêutica Jurídica (IHJ). Membro catedrático da Academia Brasileira de Direito Constitucional (ABDConst). Ex-Procurador de Justiça do Estado do Rio Grande do Sul. Advogado.

318 STRECK, L. L. *Hermenêutica Jurídica e(m) crise*: uma exploração hermenêutica da construção do Direito. 11. ed., atual. e ampliada. Porto Alegre: Livraria do Advogado Editora, 2014.

-lo. Eis, aí, que todos os seus produtos passam a exibir os traços que acenam a essa fragilização – ou aos sinais dessa crise, que já não é nova. E o Direito, por evidente, não se furta a esse quadro. Assim, diante desse contexto, a tarefa posta ao jurista, estudioso do Direito e do Estado, é, pois, não somente descrever os contornos que dão forma a essa mesma crise, mas, sobretudo, apontar novos e distintos caminhos que permitam superá-la.

Nesse cenário, torna-se imprescindível discutir a crise do Direito, do Estado e da dogmática jurídica, e seus reflexos na sociedade, a partir do papel da justiça constitucional. Torna-se necessário, pois, rediscutir as práticas discursivas dos juristas. Visivelmente há uma crise que, em primeiro lugar, precisa ser percebida como tal, e que se dá, sobretudo, porque o velho modelo de Direito, de traço liberal, individualista e normativista, não morreu. Eis o ponto fulcral da discussão: o *novo* modelo, forjado a partir do Estado Democrático de Direito, precisa vir à presença: esse é o desafio.

Por tudo isso, a discussão acerca do Constitucionalismo Contemporâneo, que não se confunde com o Neoconstitucionalismo, é tarefa que se impõe. Afinal, se mesmo a "democracia deixa de ser vista apenas como um regime de Estado e passa a ser entendida como uma forma de vida social", como vai dizer Pedro Serrano[319], as noções de Constituição Dirigente, da força normativa da Constituição, de Constituição Compromissária, enfim, não podem ser relegadas a um plano secundário, mormente em um país como o Brasil, onde as promessas da modernidade, contempladas no texto constitucional de 1988, longe estão – passadas três décadas – da efetivação e, como já referido em outra oportunidade, não têm passado de um simulacro[320].

Destaque, aqui, para os problemas que fizeram com que a expressiva parcela dos dispositivos da Constituição não obtivesse, até hoje, efetivação: a prevalência/dominância do paradigma da filosofia da consciência, refratário à guinada linguístico-hermenêutica, de cunho objetificante – portanto, meta-

319 Em oportuno texto, Serrano faz uma relevante reconstrução histórica de sentido da democracia para desvelar o excessivo uso de determinadas conduções coercitivas nesta quadra da História. Sua abordagem, entretanto, também permite reforçar o argumento que aqui se pretende assentar, qual seja, a de que o *novo*, compreendido como o Estado Democrático de Direito, precisa vir à tona. SERRANO, P. Não há imoralidade maior do que a degradação de direitos. *Revista Consultor Jurídico*. Disponível em: https://www.conjur.com.br/2017-dez-11/pedro-serrano-nao-imoralidade-maior-vulnerar-direitos. Acesso em: 10. Jan.2019.

320 STRECK, L. L.; BOLZAN DE MORAIS, J. L. *Ciência Política & Teoria do Estado*. 8. ed. rev. e atual. Porto Alegre: Livraria do Advogado Editora, 2014.

físico –, que provocou a entificação do *ser* (sentido) do Direito e, sobretudo, da Constituição; a não existência de um Estado Social no país, ainda que frente ao forte intervencionismo do Estado e do Direito; a prevalência do paradigma liberal de Direito, mormente pela coexistência promíscua de um ordenamento infraconstitucional não filtrado constitucionalmente; o não estabelecimento de um tribunal constitucional *ad hoc* e o processo de globalização, responsável pelo alargamento das desigualdades internamente, e das políticas neoliberais. Esses são alguns fatores que obstaculizam a implantação daquilo que aqui denomino de "realização das promessas da modernidade". A discussão, assim, passa por esses elementos, e um dos pontos fundamentais para um melhor entendimento e enfrentamento de toda essa problemática exige, por óbvio, uma discussão acerca do papel do Direito (portanto, da Constituição) e da jurisdição constitucional no Estado Democrático de Direito.

O agir político-estatal estabelecido pela Constituição

Como contraponto às teses procedimentalistas[321], Mauro Cappelletti[322] já de há muito sustentava que o Poder Judiciário pode contribuir para o aumento da capacidade de incorporação do sistema político, garantindo a grupos marginais, destituídos dos meios para acessar os poderes políticos, uma oportunidade para a vocalização das suas expectativas. Em um Estado de orientação pluralista, com *bancadas* de interesse no Congresso[323], o *espaço de acesso* seria, a esses grupos, o Direito. Embora classificável como defensor de uma posição liberal-contratualista, Dworkin[324] se aproxima, em alguns pontos, dessa posição,

321 Em apertada síntese, o paradigma procedimentalista pretende ultrapassar a oposição entre os paradigmas liberal/formal/burguês e o do Estado Social de Direito, utilizando-se, para tanto, da interpretação da distinção entre política e direito à luz da teoria do discurso. Parte da ideia de que os sistemas jurídicos surgidos no final do século XX, nas democracias de massas dos Estados Sociais, denotam uma compreensão procedimentalista do Direito.

322 CAPPELLETTI, M. *Juízes Legisladores?* Porto Alegre: Fabris, 1988.

323 Muitas são conhecidas, como a Bancada do Boi, a da Bala, a Evangélica etc. A última a ganhar relevo é a da Lama, à luz com a tragédia em Brumadinho-MG, que, conforme o jornal *Folha de S. Paulo*, agia de acordo com o interesse de mineradoras. **FOLHA DE S. PAULO**. *Bancada da Lama barra ações para melhorar segurança em barragens*. Disponível em: https://www1.folha.uol.com.br/cotidiano/2019/02/bancada-da-lama-barra-acoes-para-melhorar-seguranca-em-barragens.shtml. Acesso em: 04 fev. 2019.

324 À evidência, as teses dworkianas, em determinados aspectos, não podem escapar às necessárias críticas. Assim, a delegação em favor do juiz para apoiar-se em si mes-

entendendo que a criação jurisprudencial do Direito também encontraria o seu fundamento na primazia da Constituição[325].

Nesse sentido, veja-se, para tanto, a tese de Laurence Tribe, um dos mais ferrenhos defensores dos valores substantivos constitucionais[326], e que faz, consequentemente, importante crítica aos fundamentos das teorias dos valores adjetivos ou procedimentalistas, ou seja, que percebem a Constituição apenas como garantidora do acesso aos mecanismos de participação democrática no sistema. E afirma: o procedimento deve completar-se com uma teoria dos direitos e valores substantivos. Parte, aqui, do caráter substantivo da maioria dos mandatos constitucionais mais importantes, em que a Primeira Emenda, a Décima Terceira (abolição da escravidão) ou a Cláusula do Devido Processo Legal são bons exemplos. Por outro lado, também são substantivos o significado e o propósito das normas que regulam os procedimentos de participação.

Certamente – vai dizer Tribe – decidir que classe de participação demanda a Constituição requer uma teoria dos valores e dos direitos plenamente substantiva. Assim, os direitos ao procedimento do devido processo têm em sua base a dignidade pessoal (ser ouvido é parte do que significa ser pessoa). Do mesmo modo, a questão de "quem vota" ou a regra "um homem, um voto" possuem caráter substantivo. As teorias procedimentalistas não parecem apreciar que o processo é algo em si mesmo valioso. Porém, dizer que o processo é em si mesmo valioso é afirmar que a Constituição é inevitavelmente substantiva[327].

Mais ainda, esse mesmo autor vai dizer que a proteção das minorias isoladas e sem voz, excluídas do processo de participação política, possuem também um fundamento substantivo. A legislação que discrimina qualquer categoria de pessoas deve ser rechaçada com base em uma ideia sobre o que significa ser pessoa. Tal posicionamento, por outro lado, só pode ser rechaçado encontran-

mo, a partir de uma espécie de privilégio cognitivo, enfim, a ideia do juiz Hércules, bem como a tese de que sempre há uma única decisão correta não se coadunam com o pensamento pós-metafísico, isto é, com a viragem linguística.

325 Consultar CAPPELLETTI, M. *Juízes Legisladores?*Porto Alegre: Fabris, 1988; DWORKIN, R. *L'empire du Droit.* Paris: PUF, 1994; *Taking Rights Seriously*. Cambridge: Harvard University Press, 1977;WERNECK, V. L. et al. *A judicialização da política e das relações sociais no Brasil.* Rio de Janeiro: Revan, 1999.

326 Observando-os também como guia do processo hermenêutico-constitucional.

327 TRIBE, L. The Puzzling Persistence of Process-Based Constitutional Theories. In: *The Yale Law Journal*, vol. 89, 1073, 1980, p. 1065 e segs.; *American Constitutional Law.* 2. ed. New York: The Foundation Press, 1988; Taking Text and Structure Seriously: reflection on free-form method in constitutional interpretation. In: *Harvard Law Review*, vol. 108, n. 6, 1995.

do base constitucional para afirmar que, em nossa sociedade, tais ideias estão substantivamente fora do lugar. Ou seja, circunscrever a interpretação constitucional à abertura política supõe um círculo fechado. E é por isso que as teorias defensoras da Constituição como processo ou, de outro modo, como garantia de abertura e de participação, supõem um empobrecimento do papel da teoria constitucional: a Constituição pareceria estar dirigida somente aos juízes, e não aos cidadãos nem a seus representantes, frente à sua incapacidade para informar, no conteúdo do debate, discussão e decisão política[328]. Eis, aqui, um importante ponto a acenar com o tema desta obra, que interroga sobre a crise do Estado, da democracia e do Direito, passados trinta anos da Carta de 1988.

Por outro lado, a corrente substancialista entende que, mais do que equilibrar e harmonizar os demais poderes, o Judiciário deveria assumir o papel de um intérprete que põe em evidência, inclusive contra maiorias eventuais, a vontade geral implícita no Direito Positivo, especialmente nos textos constitucionais, e nos princípios selecionados como de valor permanente na sua cultura de origem e na do Ocidente[329]. O modelo substancialista[330], portanto, trabalha na perspectiva de que a Constituição estabelece as condições do agir político-estatal, a partir do pressuposto de que o Texto Magno é a explicitação do contrato social (contrato social também deve ser entendido, aqui, a partir do paradigma hermenêutico, e não como um ponto de partida congelado, destituído de qualquer traço de historicidade). É o Constitucionalismo Dirigente que ingressa nos ordenamentos dos países após a Segunda Guerra. Consequentemente, é inexorável que, com a positivação dos direitos sociais fundamentais, o Poder Judiciário (e, em especial, a Justiça Constitucional) passe a ter um papel de absoluta relevância, mormente, no que se refere à jurisdição constitucional.

Em defesa da relevância do Judiciário em países de modernidade tardia: judicialização da política não é ativismo judicial

Nessa perspectiva sustentada, ou seja, na que projeta a relevância do Judiciário, entendo que tal Poder (compreendido, aqui, como justiça constitucional) deve

328 Idem, ibidem.
329 VIANNA, L. W. et al, op. cit.
330 Que, em parte, aqui subscrevo, ressalvando sempre o problema do "fundamento" da Constituição que, por seu turno, não pode ser entendida como uma categoria ou hipótese, mas, antes disso, como um paradoxo.

ter uma nova inserção no âmbito das relações institucionais do Estado, levando-o a transcender as funções de *checks and balances*, mediante uma atuação que leve em conta a perspectiva de que os valores constitucionais têm precedência mesmo contra textos legislativos produzidos por maiorias parlamentares (que, nunca é demais lembrar, devem, claro, obediência à Constituição). Assim, parece acertada a tese de Freeman[331], que entende a Constituição como um instrumento da soberania democrática que *não se limita* a definir procedimentos para elaborar e aplicar as leis, mas organiza e qualifica esses procedimentos ordinários, procurando evitar a usurpação da soberania popular por parte de instituições públicas ou privadas.

Para os objetivos desta abordagem, importa lembrar que, em termos de doutrina brasileira, Paulo Bonavides[332] justifica a tese substancialista, admitindo, por motivos pragmáticos, a judicialização da política (que não se confunde com o ativismo judicial[333]) em países de terceiro mundo. A tese substancialista parte da premissa de que a justiça constitucional deve assumir uma postura que, no contexto aqui exposto, pode ser entendida como intervencionista, longe, portanto, da postura absenteísta própria do modelo liberal, individualista e normativista que permeia a dogmática jurídica brasileira. Dialoga, pois, com o contexto de crise do Estado e do Direito.

É preciso, contudo, advertir: quando estou falando de uma função intervencionista do Poder Judiciário, não estou propondo uma (simplista) judicialização da política e das relações sociais (e, tampouco, a morte da política, típico traço das formas de organização social, em que o poder é exercido de forma horizontal)[334]. Quando clamo por um "intervencionismo substancialista", refiro-me ao

331 FREEMAN, S. Original Meaning, Democratic Interpretation and the Constitution. In: **Philosophy & Public Affairs**, vol. 21, n. 1, 1992, p. 13.

332 BONAVIDES, P. **A Constituição Aberta**. Belo Horizonte: Livraria Del Rey, 1993, p. 9-10; também ver SIQUEIRA CASTRO, C. R. de. **A Constituição Aberta e Atualidades dos Direitos Fundamentais do Homem**. Rio de Janeiro: UERJ, mimeo, 1995, p. 20-21, além de VIANNA, L. W. et al. op. cit., p.40-41.

333 Em *Verdade e Consenso*, esclareço a diferença, referindo que a judicialização da política é "inexorável e contingencial, porque decorre de condições sociopolíticas, bem como consiste na intervenção do Judiciário na deficiência dos demais Poderes". STRECK, L. L. **Verdade e Consenso**.Constituição, Hermenêutica e Teorias Discursivas. 6. ed. São Paulo: Saraiva, 2017, p. 65. Já o ativismo, bem pontua Clarissa Tassinari, deriva de "julgamentos realizados a partir de um ato de vontade do aplicador". TASSINARI, C. **Jurisdição e ativismo judicial**: limites da atuação do Judiciário. Porto Alegre: Livraria do Advogado Editora, 2013, p. 148.

334 Como bem assinala Bruce Ackerman, ao tratar da problemática norte-americana, declarando inconstitucional um determinado dispositivo legal, o Tribunal está desem-

cumprimento dos preceitos e princípios ínsitos aos Direitos Fundamentais Sociais[335] e ao núcleo político do Estado Social previsto na Constituição de 1988. Ou seja, como bem salienta Krell, ali "onde o processo político (Legislativo, Executivo) falha ou se omite na implementação de políticas públicas [ou seja, nos *meios* para as *finalidades* constitucionais], e dos objetivos sociais nela implicados, cabe ao Poder Judiciário tomar uma atitude ativa na realização desses fins sociais através da correição de prestações dos serviços sociais básicos".

É evidente que tais questões podem esbarrar naquilo que se denomina "financeiramente possível", ou, ainda, nas "escolhas trágicas" de que fala Fernando Scaff[336] e na (de)limitação do âmbito(político) de esfera de competência. Calha, nesse sentido, a lição de Cristina Queiroz[337] , para quem,

> [...] quando existe um direito, este mostra-se sempre como justiciável. Sucede é que, por vezes, no caso dos direitos de natureza econômica e social, estes necessitam ainda de uma configuração jurídica particular a levar a cabo pelo legislador. A 'reserva do possível', 'no sentido daquilo que o indivíduo pode razoavelmente exigir da sociedade' (BverfGE 33, 303, 333; 43, 291, 314), não tem como consequência a sua ineficácia jurídica. Essa cláusula

penhando uma função dualista crítica. Ele está indicando à massa de cidadãos privados que algo especial está ocorrendo nos corredores do poder; que seus pretendidos representantes estão tratando de legislar com pouca credibilidade; e que, uma vez mais, há chegado o momento de determinar se nossa geração responderá fazendo o esforço político requerido para redefinir, como cidadãos privados, nossa identidade coletiva. ACKERMAN, B. *La política del diálogo liberal.* Barcelona: Gedisa, 1999, p.203.

335 Nesse sentido, Sarlet, por exemplo, entende que o art. 5º, parágrafo 1º, da Constituição, impõe aos órgãos estatais a tarefa de "maximizar a eficácia dos Direitos Fundamentais". Os Direitos Fundamentais Sociais na Constituição de 1988. In: SARLET, I. (Org.) **O Direito Público em Tempos de Crise**. Porto Alegre: Livraria do Advogado, 1999, p. 130.

336 SCAFF, F. F. Você nem sabe, mas vive entre a reserva do possível e as escolhas trágicas. *In:***Consultor Jurídico**. Disponível em: https://www.conjur.com.br/2018-jan-23/contas-vista-vivemos-entre-reserva-possivel-escolhas-tragicas. Acesso em: 25 jan. 2019.

337 QUEIROZ, C. **Interpretação e Poder Judicial**– sobre a epistemologia da construção constitucional. Coimbra: Coimbra, 2000, p. 65. Veja a esse propósito o seguinte acórdão do Tribunal Constitucional de Portugal: "Todo este complexo normativo, que não é meramente programático e contém antes uma vinculação para o legislador ordinário, não pode desprender-se de princípios fundamentais consagrados na Constituição como seja o empenhamento da República 'na construção de uma sociedade livre, justa e solidária', o objectivo da 'realização da democracia econômica, social e cultural', as tarefas fundamentais do Estado de promover 'a efectivação dos direitos econômicos, sociais e culturais' e assegurar 'o ensino e a valorização permanente'." Ac. TC 148/94.

> expressa unicamente a necessidade da sua ponderação. Konrad Hesse fala, a esse propósito, de uma 'obrigação positiva' de 'fazer tudo para a realização dos direitos fundamentais, ainda quando não exista a esse respeito nenhum direito subjectivo por parte dos cidadãos'.

De qualquer sorte, no plano do agir cotidiano dos juristas no Brasil, nenhuma das duas teses é perceptível. Ou seja, se estamos longe da postura substancialista – e a prática nos tem demonstrado tal assertiva, em face da inefetividade da expressiva maioria dos direitos sociais previstos na Constituição e da falta de uma filtragem hermenêutico-constitucional das normas anteriores à Constituição–, por outro lado também não se pode afirmar que convivemos com uma prática procedimentalista. Ora, a submissão do Congresso Nacional à reiterada utilização indiscriminada de medidas provisórias por parte do Poder Executivo, por exemplo, deixa muito claro o quanto estamos distantes de promover o que Habermas denomina de "combinação universal e a mediação recíproca entre a soberania do povo institucionalizada e não institucionalizada"[338], ou seja, o quanto estamos longe da criação democrática de direitos e da garantia da preservação dos procedimentos legislativos aptos a estabelecer a autonomia dos cidadãos.

Dito de outro modo, enquanto o paradigma procedimental habermasiano "pretende apenas assegurar as condições necessárias, a partir das quais os membros de uma comunidade jurídica, por meios de prática comunicativas de autodeterminação, interpretam e concretizam os ideais inscritos na Constituição"[339], é preciso ter claro que a realidade brasileira aponta exatamente na direção contrária, sobretudo, pelo fato de que o assim denominado Estado Social não se concretizou no Brasil (foi, pois, repita-se, um simulacro), em que a função intervencionista do Estado serviu para aumentar ainda mais as desigualdades sociais.

Além disso – entre tantos fatores que poderiam ser aqui assinalados, e que ajudam a moldar o contexto de crise do Estado e do Direito que impulsiona esse texto – é de se destacar a fragilidade e um certo grau de utopia nas teses procedimentalistas, as quais, por sua especificidade formal, longe estão de estabelecer as condições de possibilidade para a elaboração de um projeto apto à

338 HABERMAS, J. Direito e Democracia – entre facticidade e validade. vol. II. Rio de Janeiro: Tempo Brasileiro, 1997, p. 186.
339 HABERMAS, J. Más Allá del Estado Nacional. Madrid: Trotta, 1997, p. 99.

construção de uma concepção substancial de democracia, em que a primazia (ainda) é a de proceder à inclusão social (sem perder de vista que o Brasil é uma República que visa erradicar a miséria e a desigualdade...) e o resgate das promessas da modernidade, exsurgente da refundação da sociedade proveniente do processo constituinte de 1988.

A Crítica Hermenêutica do Direito como caminho ao (novo) papel da jurisdição constitucional

Assentada a justificativa para uma nova inserção da atuação judiciária no âmbito das relações institucionais do Estado, conclui-se igualmente que a compreensão deste (novo) papel a ser desempenhado pela jurisdição constitucional no Estado Democrático de Direito implica uma ruptura paradigmática. Com efeito, a crise que fustiga o Direito – que, sem dúvida, causa (ou deveria causar) um mal-estar na comunidade jurídica preocupada com o Direito enquanto fator de transformação social – se projeta opaca frente a um imaginário dogmático que continua refém de um sentido comum teórico, no interior do qual o *ser* da Constituição (compreendia no seu papel constituidor, dirigente e compromissário) se apaga. Daí que a ausência de função social do Direito e, portanto, a sua (não) inserção no horizonte de sentido proporcionado pelo Estado Democrático de Direito, compreendido a partir das condições de possibilidade de sua existência e, desse modo, a partir das possibilidades do intérprete *ser-no-mundo* e *ser-com-os-outros*, perde-se em meio a uma "baixa constitucionalidade", composta por um discurso jurídico alienado da condição histórica da sociedade brasileira. É, de modo muito sucinto, *a negação da própria historicidade que nos molda*.

Em consequência, o jurista – refém do sentido comum teórico –, aplica (porque interpretar é sempre aplicar) o Direito repetindo-o (reproduzindo-o) a partir de pré-juízos não suspensos, sem pertinência ao mundo histórico, ficando, assim, impossibilitado de penetrar nesse mundo falado (pré-dito). É nesse contexto que uma análise do problema à luz da hermenêutica, procura estabelecer uma clareira (*Lichtung*) apta a iluminar a noite que se abateu sobre a operacionalidade do Direito em *terrae brasilis*.

Nesse sentido, não é desarrazoado referir que, no campo jurídico, ocorre uma extração de *mais-valia do ser do Direito*, que pode facilmente ser detectada a partir do quotidiano enfraquecimento do sentido da Constituição. Há uma corrupção da atividade interpretativa, cujo resultado é uma *cultura standartizada, reprodutiva* e *manualizada*, no interior da qual o Direito não é mais pensado em seu acontecer. Na ausência de uma reflexão crítica, ocorre uma colonização do mundo jurídico, através de uma metodologia de cunho metafísico, como se a atividade interpretativa fosse o resultado de métodos, que assegurariam o devir da subjetividade. Esse é o ponto: nesse imaginário de crise, uma das consequências é que a doutrina não mais doutrina, sendo, na verdade, doutrinada pelos tribunais. As decisões, transformadas em resumidos *prêt-à-porters*, servem para o balizamento da doutrina produzida pelos manuais. Não é demais referir, nesse contexto, portanto, que as críticas dirigidas ao ensino jurídico e a operacionalidade do Direito, feitas ao longo de quase quatro décadas, continuam atuais. Considerável parcela das decisões judiciais continua a fundamentar-se em verbetes jurisprudenciais, retirados de manuais jurídicos e citados de forma descontextualizada, obstaculizando o aparecer da singularidade dos casos. É o que se denomina, a partir da filosofia hermenêutica, de objetificação do processo interpretativo, em que o verbete (doutrinário ou jurisprudencial) serve como "categoria" para o operador elaborar "deduções" ou "subsunções", circunstância que faz do intérprete – sem que disso ele se dê conta – um refém da metafísica.

Ora, é preciso ter claro que o acontecer da interpretação ocorre a partir de uma fusão de horizontes (*Horizontverschmelzung*), porque compreender é sempre o processo de fusão dos supostos horizontes para si. Sempre interpretamos, pois. E para interpretar, necessitamos compreender. Para compreender, é preciso uma pré-compreensão (por exemplo, para uma adequada compreensão da Constituição, necessitamos de uma prévia teoria da Constituição), constituída de estrutura prévia do sentido – que se funda essencialmente em uma posição prévia (*Vorhabe*), uma visão prévia (*Vorsicht*) e uma concepção prévia (*Vorgriff*) – que já une todas as partes (textos) do "sistema".

É, pois, a *condição-de-ser-no-mundo* que vai determinar o sentido do texto (e não o método de interpretação). O sentido não exsurge a partir da revelação da essência das coisas e nem, tampouco, é produto de um *cogito privilegiado* (a consciência de sido pensamento pensante da filosofia da consciência inaugurada por Descartes). É impossível reproduzir sentidos. O processo hermenêutico é sempre produtivo (afinal, nós nunca nos banhamos na mesma água do rio). A pergunta pelo sentido do texto jurídico é uma pergunta pelo modo como esse sentido (ser do ente) se dá, qual seja, pelo intérprete que compreende esse sentido. Por isso, hermenêutica é existência. É faticidade. É vida. O intérprete não é um *outsider* do processo hermenêutico. Há um *já-sempre-compreendido* em todo processo de compreensão.

No conto está o contador. É por isso que Heidegger vai dizer que o mensageiro já vem com a mensagem. É por isso que não se pode falar, de forma simplista, em "textos jurídicos". O texto não existe em si mesmo. O texto não segura, por si mesmo, a interpretação que lhe será dada[340]. Do texto sairá, sempre, uma norma. A norma será sempre o produto da interpretação do texto. O texto será sempre o "já normado" pelo intérprete. É por isso que um mesmo texto dará azo a várias normas. A norma será sempre, assim, resultado do processo de atribuição de sentido a um texto. Esse texto, porém – repita-se –, não subsiste como "um ente disperso" no mundo. O texto só é na sua norma. Quando o olhamos, o nosso olhar já atribuirá uma determinada norma a esse texto. É nesse sentido que, no plano da filosofia hermenêutica aqui trabalhada, o ser será sempre o ser de um ente.

A partir de tais considerações, é possível afirmar que, sendo um texto jurídico válido tão somente se estiver em conformidade com a Constituição, a aferição dessa conformidade exige uma pré-compreensão (pré-juízos) acerca do sentido de (e da) Constituição (que é o fundamento que será utilizado pelo intérprete para atribuir a norma àquele texto). Não se interpreta, assim, um texto jurídico (um dispositivo, uma lei etc.) desvinculada da antecipação de sentido representado por aquele que o intérprete tem da Constituição. Se os pré-juízos do intérprete estiverem corrompidos por um sentido comum teórico no interior do qual a Constituição tem pouco valor e a jurisdição constitucional ainda é mal compreendida, inexoravelmente esse intérprete terá sérios prejuízos na aplicação da norma. Dito de um modo mais simples: se o intérprete possui uma baixa pré-compreensão, isto é, se o intérprete pouco ou quase nada sabe a respeito da Constituição (e, portanto, da importância da jurisdição constitucional, da Teoria do Estado, da função do Direito etc.), estará condenado à pobreza de raciocínio, ficando restrito ao manejo dos velhos métodos de interpretação e do cotejo de textos jurídicos no plano da (mera) infraconstitucionalidade (por

340 Como refiro em meu *Hermenêutica Jurídica e(m) crise*, não há equivalência entre texto e norma e entre vigência e validade, em face do que se denomina na fenomenologia hermenêutica de diferença ontológica. Sustentar que há uma diferença (ontológica) entre texto e norma não significa que haja uma separação entre ambos (o mesmo valendo para a dualidade vigência-validade).

isso, não raro juristas e tribunais continuam a interpretar a Constituição de acordo com os Códigos, e não os Códigos em conformidade com a Constituição). Numa palavra: para esse tipo de jurista, vigência é igual à validade, isto é, para eles, texto e norma significam a mesma coisa[341].

Ora, é preciso ter claro que o intérprete não interpreta por partes, como que a repetir as fases da hermenêutica clássica: primeiro conhecendo, depois interpretando, para, finalmente, aplicar... No plano da hermenêutica aqui trabalhada – e Gadamer sempre foi bem claro a esse respeito –, esses três momentos ocorrem em um só: a *applicatio*. Logo, quando o intérprete interpreta um texto, estará no entremeio do círculo hermenêutico. Há um movimento antecipatório da compreensão, cuja condição ontológica é o círculo hermenêutico. É impossível ao intérprete desprender-se da circularidade da compreensão. Ou seja, como assinala Ernildo Stein, nós, que dizemos o ser, devemos primeiro escutar o que diz a linguagem. A compreensão e explicitação do ser já exige uma compreensão anterior.

Isso significa poder afirmar que o próprio sentido da validade de um texto jurídico tem um caráter ontológico (no sentido da diferença ontológica de que fala Heidegger). Ou seja, se ele somente tem sentido (válido) se estiver de acordo com a Constituição, ontologicamente esse sentido exsurgirá da antecipação do sentido proporcionado pelo movimento da circularidade, em que o ser somente *ser-em*, isto é, o ser é sempre o ser de um ente (ou, de modo mais simples, a norma é sempre o resultado da interpretação de um texto). Enfim, nem o texto infraconstitucional pode ser visto apartado do sentido da Constituição e nem esta (a Constituição) pode ser entendida como se fosse um "ser sem o ente", ou uma categoria ou uma hipótese.

Não é difícil constatar, assim, que a análise da jurisdição constitucional deve estar atravessada por essa perspectiva hermenêutica. Esse viés se torna mais presente e mais forte quando do exame das questões atinentes aos efeitos das decisões de (in)constitucionalidade e dos mecanismos da interpretação conforme e da nulidade parcial sem redução de texto, além da problemática que envolve a relação jurisdição-legislação, a partir da inexorável atribuição de sentido (*Sinngebung*) que se apresenta nas decisões interpretativas dos tribunais brasileiros e dos outros países que podem ser utilizados como parâmetros para

341 No plano da hermenêutica, a isto se chama de "entificação do ser".

o exame dessa problemática[342]. Por isso, insisto, *a hermenêutica, mais do que contributo, transforma-se em condição de possibilidade para a construção das condições de possibilidade da elaboração de um discurso apto a desmi(s)tificar as teses que, historicamente, obscureceram/obstaculizaram as possibilidades transformadoras do Direito*, colocando-se como alternativa às crises que movem este texto. É dizer, é caminho às condições a um amplo acesso à Justiça e um autêntico processo de capilarização da jurisdição constitucional, em que assume especial relevância o controle difuso.

É necessário, pois, um novo olhar sobre o velho Direito, a partir do (novo) paradigma do Estado Democrático de Direito. O "véu do ser" que se abateu sobre o Direito necessita de uma "clareira" (*Lichtung*). A crise que se abate sobre a ciência jurídica, nos seus mais variados aspectos, que vão desde o ensino jurídico até a operacionalidade do Direito, longe está de ser superada, e, mais do que isso, carece de uma identificação mais precisa. Relevante, pois, a discussão proposta nesta obra.

O avanço da filosofia e a invasão da filosofia pela linguagem (viragem linguística ou *linguistic turn*) proporcionaram sensíveis avanços nesse campo no decorrer do século XX. De registrar, sobremodo, que, com a superação dos projetos sistemáticos da modernidade, o pensamento humano ocidental teve a primeira chance de diversificar a sua leitura do mundo. A filosofia do século XX, ainda que tenha retomado várias tradições através dos diversos *neos* (neokantismo, neopositivismo etc.), procurou também linhas de interpretação que significavam a superação dos movimentos terminais da metafísica. É assim que as diversas teorias da linguagem e do significado da primeira metade do século XX e o movimento fenomenológico se apresentaram como pensamentos que não queriam apenas repetir, mas inovar.

Nesse sentido, ao analisar a problemática do Direito e do Estado, suas crises e as implicações da revolução copernicana provocada pelo constitucionalismo do segundo pós-guerra, procuro inserir-me nesse paradigma fenomenológico-hermenêutico. É deste campo que emerge a capacidade e a possibilidade de um questionar que se insere na tradição, mas que pensa nas próprias condições de possibilidade da tradição.

Há que se ter claro que isso nos é imposto pela historicidade do sentido. Qualquer tentativa formal explicitadora de uma área do Direito implica, taci-

342 Ver, para tanto, STRECK, L. L. **Jurisdição Constitucional e Hermenêutica**. Uma nova crítica do Direito. Porto Alegre: Livraria do Advogado, 2002.

tamente, na discussão das condições de historicidade do perfil dessa área. Isso é decisivo, e é nessa direção que apontam as presentes análises. Elas não se voltam contra aquilo que é desenvolvido no quotidiano da racionalidade jurídica, mas acenam, fundamentalmente, para um lugar que essa racionalidade pode silenciar, mas do qual ela se alimenta.

Afinal, qual a função da justiça constitucional (enfim, do Poder Judiciário)? Parece que a resposta pode ser encontrada na materialidade constitucional, que tem como *holding* o núcleo essencial que a ponta para a realização do Estado Social[343] (art. 3o. da CF), a partir do efetivo resgate das promessas da modernidade, historicamente sonegadas à imensa maioria da população, e que conformam a Constituição naquilo que o pacto constituinte, de cariz comunitarista, decidiu estabelecer como a condição de possibilidade para o exercício da democracia: de meras expectativas simbólico-sociais,os direitos fundamentais-sociais foram alçados à categoria de direitos subjetivos públicos. Nisso reside o *plus* normativo representado pelo Estado Democrático (e Social) de Direito: a função transformadora assumida pelo Direito, que exsurge do caráter dirigente e compromissário do Texto Constitucional. De disciplina dirigida, o Direito Constitucional foi alçado à disciplina dirigente. E enquanto esse novo paradigma não se realizar em *terrae brasilis*, não se pode admitir a morte da Constituição Dirigente e compromissária.

Para encerrar, é inegável, nesse contexto, perceber a Constituição de 1988 como Texto Magno de traço social, lado a lado com as Constituições europeias do pós-guerra. Mais do que isso, é uma Constituição Dirigente, contendo no seu ideário a expectativa de realização dos direitos humanos e sociais. Mas, igualmente, é imperioso concluir: não basta a vigência do texto; é preciso efetivá-lo. Numa palavra, é necessário ter claro que o cumprimento do texto constitucional é condição de possibilidade para a implantação das promessas da modernidade, em um país em que a modernidade é (ainda) tardia e arcaica.

Por evidente, salta aos olhos, no coração dessa crise, que o Direito Constitucional tem sido relegado a um plano secundário em nosso país. Isso ocorre por-

343 Es función básica del Estado del Bienestar la llamada procura existencial, es decir, la responsabilidad de garantizar condiciones dignas de existencia a los ciudadanos. Esto significa que los Estados tienen la obligación de asegurar unos niveles mínimos de alimentación, salud, alojamiento e instrucción, y que todos esos servicios del Estado se consideran parte de los derechos de los ciudadanos, y no como caridad. URIARTE, E. Introducción a la ciencia politica: la politica en las sociedades democráticas. Madrid: Tecnos, sb. 100.

que, como já mencionado introdutoriamente, a nossa cultura jurídica positivista, permeada e calcada em um paradigma liberal, individualista e normativista, concebe a Constituição apenas como um marco, entendendo que a dimensão dos direitos fundamentais se resume a um leque de direitos subjetivos de liberdades voltados para a defesa contra a (indevida) ingerência do Estado. Enfim, trabalha-se ainda com a concepção de que o Direito é ordenador, o que, à evidência, caminha na direção oposta de um direito promovedor-transformador do Estado Social e Democrático de Direito. Eis, aí, a crise do Estado, sobretudo, compreendido a partir de suas finalidades, e do Direito, seu produto.

Para vivificar o texto constitucional, é preciso, portanto, superar o paradigma liberal e individualista do Direito. Torna-se, para isso, indispensável uma nova postura hermenêutica, que envolve um "dar-se conta" do (novo) papel do Direito no Estado Democrático de Direito. O processo hermenêutico deve ser um devir constante. Interpretar é dar sentido a cada momento. No processo interpretativo, o jurista produz sentido e não reproduz um sentido primordial/fundante da norma.

O novo modelo constitucional supera o esquema da igualdade formal rumo à igualdade material, o que significa assumir uma posição de defesa e suporte da Constituição como fundamento do ordenamento jurídico e expressão de uma ordem de convivência assentada em conteúdos materiais de vida e em um projeto de superação da realidade alcançável com a integração das novas necessidades e a resolução dos conflitos alinhados com os princípios e critérios de compensação constitucionais.

Enfim, é a partir da superação da crise paradigmática do Direito (crise de modelos de Direito e de Estado) é que poderemos dar um sentido eficacial à Constituição, inserida no novo modelo de cunho transformador que é o Estado Democrático de Direito, rumo à emancipação social. Ao lado disso, é imprescindível uma nova hermenêutica jurídica, que possibilite ao operador do Direito a compreensão da problemática jurídico-social, inserida no contexto de uma sociedade excludente como a brasileira, em que a dignidade da pessoa humana tem sido solapada deste o seu *des-cobrimento*.

ACKERMAN, B. *La política del diálogo liberal.* Barcelona: Gedisa, 1999.

BONAVIDES, P. *A Constituição aberta.* Belo Horizonte: Livraria Del Rey, 1993

CAPPELLETTI, M. *Juízes legisladores?*Porto Alegre: Fabris, 1988.

DWORKIN, R. *L'empire du Droit.* Paris: PUF, 1994.

DWORKIN, R. *Taking Rights Seriously.* Cambridge: Harvard University Press, 1977.

FREEMAN, S. Original Meaning, Democratic Interpretation and the Constitution. In: *Philosophy & Public Affairs,* vol. 21, n. 1, 1992.

FOLHA DE S. PAULO. *Bancada da Lama barra ações para melhorar segurança em barragens.* Disponível em: https://www1.folha.uol.com.br/cotidiano/2019/02/bancada-da-lama-barra-acoes-para-melhorar-seguranca-em-barragens.shtml. Acesso em: 04. fev. 2019.

HABERMAS, J. *Direito e Democracia* - entre facticidade e validade. vol. II. Rio de Janeiro: Tempo Brasileiro, 1997.

HABERMAS, J. *Más Allá del Estado Nacional.* Madrid: Trotta, 1997.

QUEIROZ, C. *Interpretação e Poder Judicial_*– sobre a epistemologia da construção constitucional. Coimbra: Coimbra, 2000.

SARLET, I. Os Direitos Fundamentais Sociais na Constituição de 1988. In: SARLET, I. (Org.) *O Direito Público em tempos de crise.* Porto Alegre: Livraria do Advogado, 1999.

SCAFF, F. F. Você nem sabe, mas vive entre a reserva do possível e as escolhas trágicas. *In: Consultor Jurídico.* Disponível em: https://www.conjur.com.br/2018-jan-23/contas-vista-vivemos-entre-reserva-possivel-escolhas-tragicas. Acesso em: 25 jan. 2019.

SERRANO, P. Não há imoralidade maior do que a degradação de direitos. *Revista Consultor Jurídico.* Disponível em: https://www.conjur.com.br/2017-dez-11/pedro-serrano-nao-imoralidade-maior-vulnerar-direitos. Acesso em: 10. Jan.2019.

SIQUEIRA CASTRO, C. R. de. *A Constituição_Aberta e atualidades dos Direitos Fundamentais do Homem.* Rio de Janeiro: UERJ, mimeo, 1995.

STRECK, L. L. *Hermenêutica Jurídica e(m) crise:* uma exploração hermenêutica da construção do Direito. 11. ed., atual. e ampliada. Porto Alegre: Livraria do Advogado Editora, 2014.

STRECK, L. L.; BOLZAN DE MORAIS, J. L. *Ciência Política & Teoria do Estado*. 8. ed. rev. e atual. Porto Alegre: Livraria do Advogado Editora, 2014.

STRECK, L. L. *Verdade e consenso*. Constituição, Hermenêutica e Teorias Discursivas. 6. ed. São Paulo: Saraiva, 2017.

STRECK, L. L. *Jurisdição Constitucional e Hermenêutica*. Uma nova crítica do Direito. Porto Alegre: Livraria do Advogado, 2002.

TASSINARI, C. *Jurisdição e ativismo judicial*: limites da atuação do Judiciário. Porto Alegre: Livraria do Advogado Editora, 2013.

TRIBE, L. The Puzzling Persistence of Process-Based Constitutional Theories. In: *The Yale Law Journal*, vol. 89, 1073, 1980.

TRIBE, L. *American Constitutional Law*. 2. ed. New York: The Foundation Press, 1988.

TRIBE, L. Taking Text and Structure Seriously: reflection on free-form method in constitutional interpretation. In: *Harvard Law Review*, vol. 108, n. 6, 1995.

URIARTE, E. *Introducción a la ciênciapolitica*: la politica en las sociedades democráticas. Madrid: Tecnos, ub.

WERNECK, V. L. et al. *A judicialização da política e das relações sociais no Brasil*. Rio de Janeiro: Revan, 1999.

14. O ESTADO DE EXCEÇÃO E O ANIQUILAMENTO DO INIMIGO NA OBRA DE PEDRO SERRANO

Leonardo Isaac Yarochewsky

1. Estado de Exceção:

A expressão "Estado de Exceção", segundo Pedro Serrano, teve "origem no dispositivo da Constituição democrática de Weimar, cuja indeterminação conceitual foi utilizada por Hitler para buscar legitimidade, quando da instauração de uma ditadura após o incêndio do Reichstag".

Sobre o Estado de Exceção, o filósofo italiano Giorgio Agamben observa que:

O totalitarismo moderno pode ser definido, nesse sentido, como a instauração por meio de estado de exceção, de uma guerra civil legal que permite a eliminação física não só dos adversários políticos, mas também de categorias inteiras de cidadãos que, por qualquer razão, parecem não integráveis ao sistema político. Desde então, a criação de um estado de emergência permanente (ainda que, eventualmente, não declarado no sentido técnico) tornou-se uma das práticas essenciais dos Estados contemporâneos, inclusive dos chamados democráticos.

Ainda de acordo com Agamben, dialogando com Carl Schmitt, O Estado de Exceção "define um 'estado de lei' em que, de um lado, a norma está em vigor, mas não se aplica (não tem 'força') e em que, de outro lado, atos que não têm valor de lei adquirem sua 'força'". Para Agamben, o "Estado de Exceção" é um espaço anômico onde o que está em jogo é uma força de lei sem lei.

Em incursão às obras de Carl Schmitt, Adamo Dias Alves e Marcelo Andrade Cattoni de Oliveira, no que se refere ao Estado de Exceção em Schmitt, observam que:

> A exceção em Schmitt desempenha elemento central. Para Schmitt, somente diante da excepcionalidade (Ausnahmezustand) pode-se vislumbrar quem é o soberano, pois é justamente o soberano quem decide sobre o estado ou situação de exceção (...)

Por estado ou situação de exceção, Schmitt busca um conceito geral da Teoria do Estado, não uma decretação de emergência ou um estado de sítio, posto que a exceção, no sentido amplo da palavra, sentido buscado por Schmitt, não pode advir da norma abstrata.

Carl Schmitt, nota Pedro Serrano, concebe a ideia de soberania a partir da noção de exceção, já que o soberano é quem vai decidir e proclamar a exceção. Ainda, de acordo com Pedro Serrano, os principais pilares do Estado autoritário schmittiano são a existência (ou criação) de um inimigo, que justifique a instauração da exceção e, consequentemente, a suspensão e supressão de direitos visando o aniquilamento do inimigo.

Grosso modo, pode-se dizer que o Estado de Exceção, em que a ordem jurídica vigente é suspensa objetivando restabelecer uma suposta "normalidade", se opõe ao Estado de Direito. No Estado de Exceção, a democracia é substituída pelo autoritarismo ou pela "pós-democracia", pela restrição de direitos e garantias fundamentais.

Contudo, verifica-se que a exceção virou a regra, como bem observa Rubens R. R. Casara ao referir-se ao Estado pós-democrático.

Hoje, são as regras e, em especial, os direitos e garantias fundamentais, que aparecem como o principal conteúdo rejeitado pelos órgãos estatais de nossa época, por mais que o discurso oficial insista na existência de um Estado Democrático de Direito. Os direitos fundamentais não são mais percebidos como trunfos contra a maioria ou como garantias contra a opressão do Estado.

Mais adiante, Rubens Casara salienta que

Não há mais Estado de Exceção (ou em termos benjaminianos, na tradição dos oprimidos, o Estado de Exceção é a regra). É justamente a normalização da violação aos limites democráticos, o fato de ter se tornado regra, que caracteriza o Estado Pós-Democrático (...) O que era exceção no Estado Democrático torna-se a regra da pós-democracia.

No Estado Pós-Democrático, os julgamentos – transformados em espetáculos – ignoram os princípios fundamentais que regem o processo penal democrático. Assim, o devido processo legal, o contraditório, a ampla defesa, a proibição da obtenção de provas por meio ilícito, o julgamento por um juiz imparcial, a presunção de inocência, entre outras garantias fundamentais, são atropelados, notadamente, em nome de um fantasmagórico combate à corrupção. Em nome desse combate e da perversa lógica de que "os fins justificam os meios", bem como de uma utilização política da corrupção e do aniquilamento do inimigo, os direitos e garantias fundamentais – verdadeiros limitadores do poder punitivo estatal – são violados.

No século XXI, observa Pedro Serrano, que o Estado de Exceção muda de natureza. "Não há mais interrupção do Estado democrático para a instauração de um Estado de exceção, mas a inserção dos mecanismos de autoritarismo típicos de exceção no interior da rotina democrática, como verdadeira técnica de governo".

No Estado de Exceção, alimentado pelo autoritarismo e pela negação de direitos e garantias fundamentais, a figura do inimigo passa a ser construída para manutenção do próprio Estado. O Estado de Exceção constitui campo fértil para aniquilamento daqueles que foram elegidos à condição de inimigo.

Nesse diapasão, o Estado de Exceção se serve da concepção de inimigo de Schmitt e de Jakobs, segundo a qual o inimigo não é pessoa e, portanto, não faz jus às normas que valem para os "cidadãos" e que são próprias do Estado de Direito.

2. O inimigo:

A diferenciação entre amigo e inimigo, especificamente política, à qual podem ser relacionados as ações e os motivos políticos, de acordo com Carl Schmitt, é a diferenciação entre amigo e inimigo, fornecendo uma definição conceitual no sentido de um critério, não como definição exaustiva ou expressão de conteúdo. Na medida em que não é derivável de outros critérios, ela corresponde para o político aos critérios relativamente autônomos de outras antíteses: bom e mau no moral; belo e feio no estético etc.

O inimigo para Schmitt não é o concorrente o adversário. "Inimigo é apenas um conjunto de pessoas em combate ao menos eventualmente (...) inimigo é somente o inimigo público, pois tudo que se refere a um conjunto semelhante de pessoas, especialmente a todo um povo, se torna por isso, público".

Segundo Ulfrid Neumann, quando Günther Jakobs, na jornada de Direito Penal de 1985, em Frankfurt Main, desenvolveu os modelos contrapostos do 'direito penal do inimigo' e do 'direito penal do cidadão', o conceito de 'direito penal do inimigo' foi compreendido pelo auditório como categoria analítica com potencial crítico. O enquadramento, como 'direito penal do inimigo', de determinados tipos da parte especial do Código Penal Alemão (StGB), assim como a regulamentação da punibilidade de meros ajustes para o futuro cometimento de delitos na parte geral (§ 30 StGB), servia – era impressão geral – à deslegitimação de tais determinações. A isso corresponde a duradoura aprovação conferida à conferência de Jakobs opor parte de defensores de um direito penal acentuadamente liberal e de acordo com o Estado de Direito.

É certo que, da conferência proferida em 1985 – para alguns um sinal de alerta – aos dias atuais, operou-se uma grande mudança na concepção de direito penal do inimigo. Jakobs passou a admitir que determinados indivíduos fossem tratados como não pessoa e, assim, fazer uma distinção entre o chamado "direito penal do cidadão" e o "direito penal do inimigo". O primeiro, destinado aos indivíduos denominados "pessoas", para quem são assegurados todas as garantias e direitos e, os últimos, os denominados "inimigos" ou "não pessoas", para quem são negados direitos e garantias.

Apresentam-se como características típicas do direito penal do inimigo: a) a ampla antecipação da punibilidade; b) pena desproporcional nos tipos correspondentes; c) a transição para uma "legislação de combate"; d) o desmantelamento de garantias processuais.

Em um primeiro momento, Jakobs se coloca como um observador do fenômeno que, segundo ele, era inevitável. Para Jakobs, um direito penal do inimigo bem delineado acaba sendo menos perigoso, do ponto de vista do Estado de Direito, do que deixar que todo o direito penal seja permeado com fragmentos do direito penal do inimigo.

Em escrito de 1985 intitulado "Criminalização no estado prévio a lesão de um bem jurídico", Günther Jakobs atribui ao princípio da proteção de bens jurídicos uma das principais responsabilidades por ocasionar a antecipação da tutela penal para estágios prévios à afetação do bem.

Nessa perspectiva, o direito penal do inimigo é marcado pela função de afastar perigos futuros (prevenção) para proteção de bens.

Günter Frankenberg, para quem Jakobs tenta se afastar de Schmitt, observa que diferentemente de Schmitt, Jakobs define o "inimigo" como "não pessoa", "que não se deixa dominar por uma constituição civil nem se separa pontualmente dela, mas 'afastou-se permanentemente do direito em um grau não apenas incidental e, nessa medida, não garante a segurança cognitiva mínima de conduta pessoal'". Assim, prossegue Frankenberg, são considerados "inimigos" não os cidadãos delinquentes, mas as "pessoas perigosas".

Ao inimigo, como já dito, é negada a condição de pessoa. A ele (inimigo) são negados os direitos e as garantias fundamentais. Assim, o conceito de inimigo jamais se compatibiliza com o Estado de Direito. O conceito de inimigo é próprio de um Estado de Exceção ou de uma guerra.

Referindo-se ao inimigo no direito penal, Zaffaroni assevera que:

> O poder punitivo sempre discriminou os seres humanos e lhes conferiu um tratamento punitivo que não correspondia à condição de pessoas, dado que os considerava apenas como entes perigosos ou daninhos. Esses seres humanos são assinalados como inimigos da sociedade e, por conseguinte, a eles é negado o direito de terem suas infrações sancionadas dentro dos limites do direito penal liberal, isto é, das garantias que hoje o direito internacional dos direitos humanos estabelece universal e regionalmente.

Mais adiante, o jurista argentino afirma: a história do exercício real do poder punitivo demonstra que aqueles que exerceram o poder foram os que sempre individualizaram o inimigo, fazendo isso da forma que melhor conviesse ou fosse mais funcional – ou acreditaram que era conforme seus interesses em cada caso, e aplicaram esta etiqueta a quem os enfrentava ou incomodava, real, imaginária ou potencialmente. O uso que fizeram deste tratamento diferenciado dependeu sempre das circunstâncias políticas e econômicas concretas, sendo em algumas vezes moderado e em outras absolutamente brutal, porém os eixos centrais que derivam da primitiva concepção romana do hostis são perfeitamente reconhecíveis ao longo de toda história real no exercício do poder punitivo no mundo. Até hoje subsistem as versões do hostis alienígena e do hostis judicatus.

Sendo certo que o inimigo – politicamente assinalado – pode ser qualquer um, qualquer grupo ou classe, dependendo do que se pretenda. Pode ser o terrorista, o traficante, o corrupto, o imigrante, o negro ou mesmo os movimentos sociais. Na ditadura brasileira, o inimigo era o comunista. Hodiernamente, em vários países da América Latina, em ditaduras, o Estado de Exceção se serve da concepção de inimigo para usurpar o poder dos indesejáveis. Indesejáveis que geralmente estão comprometidos com políticas sociais e a inclusão na sociedade dos mais vulneráveis.

Na Europa e nos Estados Unidos, observa Pedro Serrano,

> [...] a figura do inimigo está claramente identificada com o estrangeiro, o imigrante ilegal, o terrorista, o muçulmano, ou seja, não se identifica com seus próprios cidadãos. Já na América Latina, o inimigo é o pobre, uma categoria de pessoas que corresponde a uma parte majoritária da própria sociedade.

Interessante notar, conforme observação de Muñoz Conde, que Jakobs concebe o direito penal do inimigo, inclusive, nas sociedades democráticas configuradas conforme o modelo do Estado de Direito. Para Jakobs, afirma Muñoz Conde, toda sociedade tem "direito a manter sua identidade e um mínimo de segurança (...) e para isso, é inevitável que se utilize outra classe de direito penal..."

Uma vez escolhidos os inimigos,o processo de aniquilamento se inicia através da mídia e de medidas judiciais seletivas e arbitrárias.

Além dos poderes da mídia, que transforma o processo penal em processo midiático, e do espetáculo no qual "as dúvidas acerca do delito, circunstâncias e autoria são transformadas em certezas. O possível autor do fato criminoso é tratado como culpado e julgado pela opinião pública que cuida de impor ao indivíduo a pena da estigmatização", os direitos e garantias daquele que foi apontado como inimigo lhe são negados, em nome da perversa lógica de que "os fins justificam os meios" e de que para aniquilar o inimigo, "medidas de exceção" e "remédios excepcionais" podem e devem ser adotados.

Raúl Zaffaroni observa que:

> O inimigo declarado (hostis judicatus) configura o núcleo do tronco dos dissidentes ou inimigos abertos do poder de plantão, do qual participarão os inimigos políticos puros de todos os tempos. Trata-se de inimigos declarados, não porque declarem ou manifestem sua animosidade, mas sim porque o poder os declara como tais: não se declaram a si mesmo, mas antes são declarados pelo poder. A instituição do hostis judicatus romano cumpria a função de deixar o cidadão em condição semelhante à do escravo, para tornar-lhes aplicáveis as penas que eram vedadas para os cidadãos (...)

Raúl Zaffaroni enxerga no conceito de inimigo um vínculo estreito com o da guerra no Estado de Direito, o que leva ao Estado absoluto. Como já dito, o conceito de inimigo é incompatível com o Estado de Direito. Ainda, de acordo com o jurista argentino,

> o que se discute em doutrina penal é a admissibilidade do conceito de inimigo no direito penal (ou no direito em geral) do Estado de direito, considerando como tal aquele que é punido só em razão de sua condição de ente perigoso ou daninho para a sociedade, que seja relevante saber se a privação dos direitos mais elementares à qual é submetido (sobretudo, a sua liberdade) seja praticada com qualquer outro nome diferente do de pena, e sem prejuízo, tampouco, de que se lhe reconheça um resíduo de direitos mais ou menos amplo.

Não se pode olvidar, conforme observa Pedro Serrano, que o Poder Judiciário "completa todo o percurso do soberano de Carl Schmitt". Na qualidade de titular da decisão última, como soberano que é, estabelece a exceção "declarando o inimigo e subtraindo dele sua condição igualitária e politicamente protegida como ser humano". Destaca-se, ainda, a chancela do Poder Judiciário aos "atos políticos de interrupção institucional e suspensão democrática".

3. *Conclusão:*

Pedro Serrano em sua obra, notadamente em Autoritarismo e golpes na América Latina: breve ensaio sobre jurisdição e exceção, partindo do conceito schmittiano de Estado de Exceção, passando pela figura do inimigo que deve ser aniquilado como justificativa do próprio Estado de Exceção, inclusive com incursão na obra de Jakobs, ao final conclui pela coexistência de dois modelos antagônicos: "um de direito, de fato, e outro de exceção, que suspende os direitos fundamentais apenas da parcela da sociedade não incluída".

É certo que no Estado de Exceção, através do direito penal e do processo penal – como formas de manifestações e instrumentos de poder – que o autoritarismo e o fascismo brotam e se desenvolvem. Por meio do direito penal e do processo penal se busca controlar a sociedade e neutralizar os indesejáveis – eleitos como inimigos – seja na concepção de Carl Schmitt ou de Günther Jakobs.

O autoritarismo no Direito (penal e processual penal) – via direito penal do inimigo – é empregado, notadamente, para combater problemas sociais, entre os quais: desigualdade social, pobreza, subdesenvolvimento e alguns casos de insurgência. Quanto mais autoritário é o Estado, mais abusa ele da legislação penal como forma de contenção dos problemas sociais.

O inimigo, necessário salientar, é moldado conforme os interesses ocasionais do Estado de Exceção. Assim, pode o inimigo ser qualquer um que o Estado de Exceção considere, em determinado momento, como indesejável. Como já foi, por exemplo, o judeu no Estado nazista e o comunista nas ditaduras militares. Nas sociedades subdesenvolvidas, notadamente na América Latina, o "bandido", portanto indesejável, é o pobre, o negro, são os vulneráveis.

Note-se que, para aniquilar o inimigo, o Estado de Exceção se utiliza da falsa ideia de que sacrificando direitos e garantias e a própria liberdade se obtém mais segurança e ordem.

É deplorável que em pleno século XXI, após a barbárie, a inquisição, as duas grandes guerras mundiais, o holocausto e uma série de guerras e conflitos que continuam matando milhões de pessoas e aniquilando povos, o Estado de Exceção ainda se faça presente, preponderando sobre o Estado de Direito, e o discurso do ódio, do inimigo e da guerra ao crime, em nome de uma ilusória segurança pública e do manipulável e vago conceito de "ordem pública", prevaleçam sobre os direitos e garantias fundamentais.

15. JUDICIÁRIO E DEMOCRACIA: QUANDO A CRISE É O PROJETO

Marcelo Semer[344]

1. Introdução: a colocação do problema

Se por mais não fosse, há um motivo concreto pelo qual essa homenagem faz muito sentido em se corporificar, tanto mais em um delicado momento como este. Pedro Estevam Serrano é um dos principais responsáveis por resgatar o conceito de exceção, numa quadra em que a comunidade jurídica se sentiu absolutamente sem paradigmas[345]. Desde o trâmite pouco linear e nada discreto da ação penal 470, que se tornou conhecida pela alcunha de Mensalão[346], até a decisão do STF que comprimiu a constitucional presunção de inocência, como um presente de grego às três décadas de existência da Carta, tem sido difícil encontrar parâmetros para explicar a racionalidade da interpretação jurídica. Um sem-número de conceitos vêm sendo desprezados ou, na moderna linguagem neoliberal, flexibilizados. Passamos, de uma hora a outra, a conviver com

344 Marcelo Semer é Juiz de Direito no TJSP e escritor. Mestre em Direito Penal e Doutor em Criminologia pela Faculdade de Direito da Universidade de São Paulo. Membro e ex-presidente da Associação Juízes para a Democracia. Autor de Crime Impossível e a Proteção dos Bens Jurídicos (Malheiros), Princípios Penais no Estado Democrático (Estúdio Ed.), Brasil em Fúria (Letramento), o romance Certas Canções (7 Letras) e Entre Salas e Celas. Dor e Esperança nas Crônicas de um Juiz Criminal (Autonomia Literária)

345 SERRANO (2016), entre uma série de artigos, cursos e entrevistas sobre o tema.

346 Idem, p. 157: "A nosso ver o julgamento em questão pode ser inequivocamente enquadrado como caso típico da jurisdição como fonte de exceção, e não do direito, pois alguns dos seus réus foram condenados pela importância política dos cargos que ocupavam no governo, e não pela condutas em si, cuja ilicitude sequer fora devidamente comprovada no processo."

figuras que até então não faziam parte de nossa tradição jurídica, como a delação remunerada, premida por uma prisão provisória decretada justamente para exigi-la, a condução coercitiva de indiciados não contumazes e um uso sorrateiro e desproporcional dos mecanismos excepcionais da prisão temporária e da busca e apreensão de forma quase ilimitadas. Aprendemos a conviver, ainda, com a perversão do conceito do domínio do fato, como mecanismo sub-reptício para contornar a insuficiência de provas, e incorporar como cláusula de validade constitucional a expectativa da comunidade acerca das decisões judiciais.

Como em outras plagas que presenciaram a virada punitiva ainda nos seus primórdios, nas décadas finais do século XX, o populismo penal também nos pegou de chofre. O mais delicado é que se encontrou não com uma penologia previdenciária, calcada na perspectiva social e na recuperação do réu, para confrontá-la; mas já em um ambiente que, contaminado pela exorbitância de um legado autoritário, sempre deu, e continua dando, muito mais atenção à ordem do que propriamente à lei.

Foi nessa barafunda de ações, decisões, inovações e omissões, que Pedro Serrano achou por bem recuperar o conceito do Estado de Exceção para tentar compreender as situações nas quais o Direito é, se não totalmente negligenciado, empregado de forma inusitada e casuística, subordinando-se a hipotéticas razões de estado ou outras expectativas supostamente populares. Seu trabalho inestimável foi tentar amenizar a nossa angústia, na vã expectativa de racionalizar as rupturas que víamos a nossa frente. Tudo o que era sólido no Direito, enfim, começou a desmanchar no ar, e a ideia de exceção, escancarando a natureza pouco democrática de nossas instituições, apesar de tudo, ainda foi uma visão otimista, em face da perspectiva de que o Direito pudesse ter alguma chance, por menos que transparecesse, de logo reassumir o papel regulador em um Estado Democrático.

O que vimos, todavia, em que pesem os esforços colossais de reconstruir a racionalidade jurídica, é que as instituições, à sua maneira, não deixaram de "funcionar", enquanto terminávamos a transição entre o final dos *regimes de exceção* (que supúnhamos ter deixado para trás com a redemocratização, mas isso também nunca foi inteiramente verdadeiro) e a chegada de uma era marcada por *medidas de exceção*. Saímos, como preleciona ainda Serrano, dos consensos produzidos pelos Executivos; ingressamos em um legalismo desfigurado pela seletividade, cuja vulneração de direitos provém especialmente do órgão responsável pela sua proteção: o Judiciário[347]. Progredimos, e corremos o risco de voltar para o mesmo lugar.

347 SERRANO (2016, p. 108): "Enquanto na Europa se observam medidas de exceção de caráter legislativo, pelo fato de que se reconhece nesses países uma tradição maior

O que nos interessa neste capítulo é compreender a relação do Judiciário com o binômimo crise e democracia e, eventualmente, os impactos recíprocos entre ambos, naquilo que pudesse, de alguma forma, explicar as encruzilhadas nas quais nos perdemos para chegar até aqui. Nesse caminho, tendemos a reconhecer que a-) há uma larga tradição autoritária que se espraia para os juízes como agentes censores mais do que garantidores de direitos; b-) todas as tentativas de se inserir, como protagonista, no quadro de crise, têm levado o Judiciário mais a contribuir com os problemas do que propriamente participar das soluções. Buscamos aqui correlacionar as estruturas do Judiciário e suas reformas com os mecanismos e paradigmas com que responderam às diversas crises.

A esse momento preliminar do texto, portanto, cabe indicar a pergunta que procuramos responder ao final destas curtas páginas. Na linha clássica da provocação com que Darcy Ribeiro pretendeu descortinar o desmazelo do país com o ensino: *a crise da educação é um projeto*. Para nós, importa trafegar no sentido de perscrutar o que é crise e o que é projeto dentro dessa tumultuada história recente do Judiciário.

2. *Justiça e ditadura: notas acerca do legado autoritário*

Ingo Muller, relatando a história d'**Os Juristas do Horror**, explica como os magistrados alemães tiveram muito mais dificuldade em conviver com a República de Weimar[348] do que propriamente com os nazistas, a quem saudaram logo de cara:

> A maioria dos juízes alemães foram rápidos em resolver suas dúvidas, no entanto, apesar do 'Decreto para a Proteção do Povo Alemão' e o 'Decreto para a Proteçao do Povo e do Estado'. Através desses decretos, como já vimos, o governo havia revogado, o que equivalia a um golpe de estado, uma boa parte da Constituição, apesar das táticas de terror da SA durante a campanha eleitoral de 1933 e as manobras de golpe que permitiram a ela controlar a polícia na

de universalização dos direitos fundamentais, o mesmo não se constata na América Latina e em países de capitalismo periférico e democracia incipiente. Isso porque não existe a necessidade, no processo de dominação, de se estabelecer a exceção por norma geral e abstrata, já que, de fato, a exceção já está inserida nas suas tradições, chancelada, muitas vezes, pela jurisdição"

348 MULLER (2014, p. 21/22). "*Quando o Império Alemão chegou ao fim e um social-democrata declarou uma república, foi um golpe terrível para os membros do Judiciário que tinham sido muito monárquicos. 'Toda a majestade caiu', lamentou o primaz da Federação dos juízes, Johannes Leeb, 'incluindo a majestade da lei'. Nas leis da república, ele viu um 'espírito de mentira', 'um direito bastardo de partido e classe'.*".

> maioria das províncias alemãs, o Conselho de Juízes da Federação emitiu uma declaração em 19 de março que expressava aprovação quanto à 'vontade do novo governo em por fim ao imenso sofrimento do povo alemão' e ofereceu sua cooperação na 'tarefa de reconstrução nacional.[349]

Não se pode dizer que o Judiciário brasileiro teve, para com a nossa ditadura, um relacionamento muito mais distante ou abertamente conflituoso, em que pese alguns poucos momentos históricos de confronto, de lado a lado, como a cassação dos ministros do STF Victor Nunes Leal, Hermes Lima e Evandro Lins e Silva, ou a condenação da União à indenização no caso Herzog.

A participação do sistema de justiça se insere, desde os primórdios do golpe, com a tácita anuência do STF à falsa declaração de vacância de João Goulart em sessão do Parlamento, a *pedalada fiscal* com que se buscou, sem muita convicção, dar uma mínima roupagem jurídica ao golpe. Lembra Alexandre Zaidan Carvalho que o presidente do STF, Álvaro Ribeiro da Costa, não apenas houvera participado da sessão no Congresso Nacional na qual se declarou vaga a Presidência da República, como, dias após o golpe, em 17 de abril de 1964, discursou em apoio ao regime *justificando o sacrifício provisório de algumas garantias constitucionais*[350]

Como observa Carvalho, a propósito, o uso político do léxico *revolução* teve significado peculiar, sobretudo, no discurso dos juristas empenhados em oferecer uma justificativa ao golpe[351]. De uma forma ou de outra, como se acostumou a aclarar nos momentos mais candentes de ruptura política, as instituições permaneceram funcionando, embora não muito mais do que formalmente. Com as severas restrições impostas pelos atos institucionais que foram seguidamente excluindo da apreciação judicial a lesão de determinados direitos (das cassações de políticos, do AI-1, aos *habeas-corpus* para crimes "políticos", do AI-5), a jurisdição se tornava relativamente inócua no que referia a qualquer mecanismo possível de controle do poder.

Para o historiador Robert Gellately, na Alemanha não houve necessidade de os nazistas realizarem um expurgo relevante no sistema policial e judicial porque a maior parte dos seus integrantes não teve qualquer dificuldade em se ajustar:

---

349 Idem, p. 58.
350 Idem.
351 CARVALHO (2017, p. 4): "Nas manifestações públicas de aclamação da subida ao poder dos militares pelos juristas, a característica mais marcante foi a negação da expressão 'golpe de Estado'...

> Muitos integrantes do quadro da polícia e da Justiça tinham simpatia pela abordagem nazista e ficaram felizes em fazer parte de um regime que queria combater o crime e dar à polícia mais poder para operar da maneira que achasse mais apropriada.[352]

Aqui, tampouco. Tirante poucas exceções, a magistratura prosseguiu o seu rumo. O esvaziamento das funções, a subalternidade até poderia ser um motivo por si só para uma generalizada reprovação da categoria em tais circunstâncias. Mas a violência ao Estado de Direito acabou mesmo sendo normalizada, inserida na rotina, e fazendo parte dos novos paradigmas. Como relata Lédio Rosa de Andrade:

> (...) por volta de 1975, em um Congresso Nacional dos Magistrados, o então juiz de Direito, João Baptista Herkenhoff, hoje companheiro alternativo, em sessão plenária, propôs uma moção pedindo tão-só a volta do Estado de Direito (não incluiu a palavra Democrático) e foi derrotado de forma esmagadora, recebendo apoio apenas de três ou quatro congressistas. Os juízes, desembargadores e ministros presentes não quiseram a volta do Estado de Direito. Aqui surge uma grande questão. Como pode ser normal a atividade do Poder Judiciário, incumbido de fazer Justiça, sob uma ditadura militar?[353]

Como apontou Carvalho, a resposta está na *expressividade semântica* da independência judicial, que variou de acordo com uma série de condicionantes políticas:

> Este diagnóstico parece se adequar à observação de que, quando em jogo a interpretação constitucional, o sentido da independência judicial no STF tem sido definido em torno da manutenção da ordem institucional e da garantia da governabilidade no regime presidencialista[354].

Tampouco se pode dizer, propriamente, que toda repressão dos anos de chumbo tenha funcionado como um direito penal subterrâneo, à sorrelfa, escapando ao controle judicial –embora parte significativa dos atos tenha se dado exclusivamente nos porões da ditadura. Parte das prisões, todavia, resultou em processos criminais, apreciados em ambas as instâncias da Justiça Militar e, por vezes, reapreciados no Supremo Tribunal Federal. Por certo, o controle se exercia apenas sobre uma face visível

352 GELLATELY (2011, p. 46).
353 ANDRADE (1998, p. 14) .
354 CARVALHO (2017, p.2).

da violência de Estado, mas mesmo nesta, com escassa revisão, seja pela convergência, pela submissão ou simples negação dos fatos que aconteciam. Circunstância das mais relevantes sobre a validade das provas, fundamentalmente a confissão policial (o objeto do desejo das torturas) vem a ser analisada na Comissão Nacional da Verdade, e fornece uma pequena mostra de como o assunto fora tratado judicialmente:

> De acordo com pesquisa conduzida por Swensson Junior, durante o regime militar de 1964, o STF julgou 292 recursos ordinários criminais relativos a 565 réus – a grande maioria, recursos apresentados pelos acusados contra decisões que lhes eram desfavoráveis –, negando provimento a 376 réus, na maior parte das vezes por unanimidade. No período entre 1969 e 1974, foram 127 os recursos e 222 réus; no período de 1975 a 1979, 143 recursos e 312 réus. Com fundamento nesses recursos, o STF estabeleceu o entendimento de que as confissões extrajudiciais – aquelas obtidas na fase do inquérito policial militar, muitas vezes sob tortura – seriam admissíveis como prova quando testemunhadas e não contrariadas por outras provas (RC 1.254, ministro relator Moreira Alves, julgado em 2 de abril de 1976; RC 1.261, ministro relator Moreira Alves, julgado em 10 de fevereiro de 1976). Como assentado no RC 1.255, as "**confissões judiciais ou extrajudiciais valem pela sinceridade com que são feitas ou verdades nelas contidas**" (RC 1.255, ministro relator Cordeiro Guerra, julgado em 20 de agosto de 1976). Em um dos julgados sobre essa questão (RC 1.234, julgado em 25 de abril de 1975), embora se tenha entendido que as evidências existentes contra os acusados não convenciam, o ministro relator Cordeiro Guerra não deixou de sublinhar a importância atribuída às confissões feitas nos inquéritos, mesmo quando houvesse denúncia de obtenção mediante tortura: **Não acolho, porém, a orientação doutrinária esposada pela douta Procuradoria-Geral da República, de que todas as confissões extrajudiciais, pelo simples fato de serem repelidas em juízo, sob a alegação de terem sido prestadas por coação, não comprovada de qualquer modo, devem ser havidas como destituídas de valor probante.** [...] **O inquérito policial ou militar pode conter provas, diretas ou indiretas, que, não infirmadas por elementos colhidos na instrução criminal, demonstrem a procedência da acusação, justificando a convicção livre do julgador**. [fls.85-86[355]]

355 BRASIL. COMISSÃO NACIONAL DA VERDADE (2014).

O prestígio do inquérito policial como elemento significativo de prova no processo penal representa, por assim dizer, uma correia de transmissão desde o Código de Processo Penal de 1941, de inspiração fascista, até os dias atuais, passando incólume e prestigiado não apenas pelas duas ditaduras como pelos respectivos períodos de redemocratização. O abandono de um sistema inquisitorial jamais se concluiu.

A transposição dos elementos de inquérito aos autos de um processo judicial permite que sejam utilizados como meios de prova, porque, a uma, não existe tarifação das provas que posicionem umas em relação a outras; a duas, porque o juiz se ampara no livre convencimento para amealhar, entre todos os elementos reunidos nos autos, provas para proferir a sua decisão.

Os perigos desse método também já foram descritos por Jacinto Coutinho:

> Pesa, nele, em todos os quadrantes, a sobreposição de funções do órgão jurisdicional e do órgão da acusação. Quando o juiz é o senhor plenipotenciário do processo – ou quase – e pode buscar e produzir a prova que quiser a qualquer momento (na fase de investigação e naquela processual), não só tende de sobremaneira para a acusação como, em alguns aspectos, faz pensar ser despiciendo o órgão acusatório.[356]

A questão do aproveitamento do inquérito policial é um legado inquisitório que se combina com a *livre apreciação da prova*, com o que se mantém a dinâmica autoritária como epicentro do processo. Assim explica Ricardo Gloeckner, analisando a montagem do Código de Processo Penal, pelo ministro Francisco Campos:

> Campos depositará em duas categorias estruturantes esta função extraprocessual de 'combate' à criminalidade exercida pelo direito processual penal: a-) nas mãos dos juízes os poderes instrutórios (poderes instrutórios *ex-oficcio*) e b-) nas mãos destes juízes o princípio da livre apreciação da prova. Em última instância, o julgador, repetindo-se como protagonista do processo penal, poderá produzir e interpretar, 'em conformidade com a sua própria consciência', os elementos probatórios. Temos, portanto, uma ideia de monopólio de prova no processo penal, garantindo aos magistrados uma ampla e irrestrita liberdade no campo semântico e pragmático.[357]

356 COUTINHO (2009, p. 111).
357 GLOECKNER (2018, p. 132).

Verdade seja dita, tais críticas podem ser endereçadas também aos juízes dos períodos democráticos, na característica mais marcante, aliás, do nosso legado autoritário: a enorme prevalência das permanências sobre as rupturas. É uma incômoda permanência que justifica, ademais, a relutância na apreciação judicial dos crimes contra a humanidade. Como explica Anthony Pereira, se, de um lado, a judicialização da repressão brasileira pode ter refreado parte das ações subterrâneas, de outro, é circunstância determinante para que os crimes praticados não sejam apurados[358]. O Judiciário permanece até os dias atuais impondo os falsos óbices da prescrição e da anistia, inaptos a impedir o julgamento dos crimes contra a humanidade, como é jurisprudência pacífica no âmbito do direito internacional.

Mas a verdade é que esse quadro de mais permanências que rupturas, de uma certa convivência entre sistemas, acompanha o Brasil em muitos momentos. Lembremos da Constituição de 1824, pretensamente iluminista, que varria a escravidão para debaixo do tapete e na qual ainda havia a convivência de leis liberalizantes e draconianas, que não raro provocam inusitadas inversões, como a Parte Geral do CP 1984, aprovada ainda no curso da ditadura, e a Lei dos Crimes Hediondos, após a edição da Constituição Cidadã. Importante assinalar que no horizonte da convivência, tal como na informalidade (na regra das leis que pegam e as que não pegam), acresce-se de importância o fator juiz – de cuja garantia, afinal, todos os direitos dependem. Pouco importa se inscrevemos na Constituição a inviolabilidade do domicílio, se a exigência de mandado judicial para a sua invasão, para fins investigatórios, é refutada justamente pelos juízes, a cada sentença de tráfico de drogas que valida a prova assim obtida.

A estrutura formada pelas reformas da ditadura privilegiou a hierarquia e mutilou a cidadania; amoldou-se como uma luva ao pensamento do positivismo-jurídico, acrescido da perversão de se alhear de questões constitucionais, de natureza política. No âmbito da administração dos processos, nem a *dura lex sed lex* foi capaz de encarar a plêiade de conflitos de um país emergente, de recente industrialização e abrupta urbanização. As contradições amortecidas da sociedade foram, passo a passo, pressionando os tribunais. Na insuficiência do gerenciamento, o pontapé para as reformas como soluções da crise, que foram, em cadeia, provocando outros problemas.

358 PEREIRA (2004).

Crise é, portanto, um atributo constantemente vinculado ao mundo que rodeia a atividade jurisdicional. Nos anos 1970, impunha-se a chamada *crise do STF*, ou dos recursos extraordinários, convivendo com um crescimento de litigiosidade de uma sociedade que se tornava cada vez mais complexa, e as enormes dificuldades de manter o Supremo Tribunal Federal à distância das avalanches dos processos.

Na época, vigia uma jurisprudência defensiva de extrema restritividade. O STF de então abonava, sem freios, a vedação à análise dos atos *interna corporis*, em especial do Legislativo (porque a política era efetivamente um assunto vedado), e uma restrição quase absoluta à análise do mérito de atos administrativos; a legitimidade processual completamente atomizada (dinâmicas de reconhecimento das demandas coletivas, praticamente inexistentes), e ainda havia a imersão positivista que restringia a natureza dos princípios ao papel subsidiário de interferência nas lacunas da lei, conjugada a extensa adesão à ideia das normas programáticas, pelos quais determinações constitucionais eram tidas, tão somente, como referências políticas ao legislador – o ordenamento jurídico da época, sejamos realistas, tampouco era pródigo em uma exposição de princípios constitucionais. Como convinha à legislação de um estado autoritário, as normas impostas cuidavam, sobretudo, das estruturas do poder e só lateralmente, enunciados, ainda que retóricos, de direitos individuais.

Ainda assim, o Judiciário foi usado como pretexto para que o governo militar baixasse o Pacote de Abril – segundo a versão oficial, porque o MDB, único partido de oposição permitido, resistiria injustamente à votação das propostas de reforma do sistema de justiça. Foram duas semanas de Congresso fechado, com aprovação *manu militari* de alterações constitucionais pelo Executivo, com destaque a mudanças no processo eleitoral, com o objetivo de impedir, ou ao mesmo dificultar, a derrota do partido do governo (Arena) no pleito seguinte. Com esse propósito, foram criados os cargos de senadores biônicos (indicados pelo governo, sem eleição), a sublegenda ao Senado, para acomodar as múltiplas candidaturas oficiais, realizada a alteração da distribuição das cadeiras na Câmara dos Deputados (de modo a comprimir a proporcionalidade e valorizar os menores Estados, onde o partido do governo tinha mais penetração). Ampliou-se, ainda, o mandado presidencial, que era fruto de eleição indireta e, portanto, sob controle do regime, e reduziu-se o *quórum* de emenda constitucional, viabilizando mudanças com maiorias menos amplas.

É o caso de observar que foi justamente com esse Congresso formatado ilegitimamente para dar sobrevida à ditadura que se votou a Lei da Anistia, em 1979 – em um movimento politicamente controlado para impedir punições futuras, e muitas vezes mal-compreendido como fruto de um acordo político.[359]

O Pacote de Abril, para o Judiciário, teve uma função estruturante, resultando, como sua principal consequência, um esforço de nacionalização da carreira, constitucionalizando atributos que até então eram regidos por leis estaduais, e abrindo caminho para a Lei Orgânica da Magistratura Nacional (Loman), que viria logo depois, em 1979. Solidificou, por assim dizer, regras que teriam enorme dificuldade de ser alteradas posteriormente. Até hoje a Lei Orgânica da Magistratura Nacional mantém-se intacta, porque sua alteração depende de proposta a ser enviada ao Legislativo exclusivamente pelo próprio STF, que resiste em fazê-lo há mais de trinta anos.

A Emenda 7/77 instituiu uma fissura na vitaliciedade, ao inserir a regra do estágio probatório, antes do qual o atributo não era aplicável aos juízes de primeira instância. Mas seria a Loman que disciplinaria de uma forma assaz rígida a sobreposição da antiguidade sobre o exercício do poder, numa réplica da disciplina militar. A impossibilidade de que juízes de primeiro grau tomassem parte nas eleições internas permanece até os dias de hoje, em especial pelas omissões das reformas posteriores, já no âmbito da democracia, sinal inequívoco que, no que respeita à democratização interna, as diferenças não se mostram muito relevantes. O poder normativo da Loman, um entulho autoritário de grande longevidade, resistiu mais fortemente do que as próprias normas constitucionais, que seriam alteradas algumas vezes depois (1988 e 2004).

Se a função do Pacote de Abril no âmbito eleitoral foi a de retardar o retorno à democracia, no âmbito do Judiciário isso significou praticamente impedi-lo. A carreira foi exaustivamente organizada, com mais regras de âmbito nacional e, com essas, a hierarquização acabou por se tornar um elemento

359 ZELIC (2010): "A auto-anistia e a farsa de um acordo nacional" com base no estudo dos trabalhos da Comissão Mista que encaminhou a proposta no Senado, recheado de importantes registros. O relato do senador Teotônio Vilela (MDB-AL), por exemplo, que resumiu, assim, a situação: "Ficou exclusivamente a proposta oficial"; outro senador emedebista, Pedro Simon (RS), foi peremptório: "Sem os biônicos, o resultado seria outro [a proposta foi aprovada por 206 x 201]; a Lei 6683/79 é resultado da imposição e controle do Executivo sobre o Legislativo".

distintivo. Os reflexos dessa hierarquização, enfim, seriam mais sentidos justamente após a Constituição de 1988, quando a contradição entre o aparelhamento de instrumentos próprios para a defesa dos direitos humanos e a incapacidade judicial de utilizá-los viria à tona. Em grande medida, o desestímulo do novo, a perseguição ao diferente e a incompreensão de outros paradigmas fazem da jurisprudência um grilhão aos juízes. Quanto maior o senso de hierarquia e disciplina, menor a capacidade de decidir de forma independente e, por isso mesmo, imparcial.

Com maestria, Zaffaroni nos ensinaria por que uma carreira como o Judiciário, tão dependente da imparcialidade e, assim, da independência, jamais poderia se traduzir em uma analogia da carreira militar, hierarquizada:

> A independência interna somente pode ser garantida dentro de uma estrutura judiciária que reconheça igual dignidade a todos os juízes, admitindo como únicas diferenças aquelas derivadas da diversidade de competência. Este modelo horizontal constitui justamente a estrutura oposta à verticalizada bonapartista, cuja expressão máxima foi a judicatura fascista. Deve-se logo dizer que o modelo fascista foi amplamente superado por alguns disparates originais latino-americanos.[360]

Entre os pontos essenciais do Pacote de Abril, que indicavam elementos de nacionalização da carreira, e assim o aprofundamento de sua verticalizaçao, encontram-se ainda a criação da avocatória (pela qual o STF poderia antecipar sua jurisdição, se assim provocado), a arguição de relevância (como trava ao recurso extraordinário) e a criação do Conselho Nacional da Magistratura, curiosamente, ainda que de formas um pouco distintas, propostas que voltariam, com uma melhor embalagem, na Reforma do Judiciário em 2004[361].

A lei orgânica que viria em sua complementação não apenas prestigiou em demasia a antiguidade como silenciou juízes com proibições draconianas e desnecessárias, como a de tolher manifestações sobre decisões de outros juízes. Essa espécie de incorporação de um padrão ético como norma (que foi, sintomaticamente, reproduzida pelo CNJ anos depois) instaurou uma verdadeira confusão entre preceitos que deveriam garantir a independência – evitar ações

360 ZAFFARONI (1995, p. 89)
361 CONSULTOR JURÍDICO (1999): "Comissão do Judiciário aprova adoção da avocatória", que, ao final, acabou excluída do projeto da Reforma.

que signifiquem pressões a juízes, ainda que partindo dos próprios – para ações que pretendiam, simplesmente, amputar a cidadania. E embora se possa dizer que um desrespeito sem tamanho à liberdade de expressão jamais poderia ter sido recepcionado pela Constituição que veio a seguir, o STF jamais reconheceu a incompatibilidade dessas proibições.

No âmbito disciplinar, nem a Constituição de 1988 e, tampouco, o regimento do CNJ romperiam com o regime de castas judiciais, pelo qual se impôs *status* político e disciplinar distintos entre juízes e desembargadores, esvaziando sem muitos argumentos a ideia de igualdade que foi um dos estandartes da CF 88.

Ainda assim, com toda a construção de uma jurisprudência defensiva de respeito, e a instituição da arguição de relevância, a principal trava para a expressiva maioria de recursos extraordinários, de fundamentação oculta, como incumbia a um Judiciário na ditadura, não se impediu a permanência do gargalo no STF, tanto que a Constituição que nasce da derrocada da ditadura cívico-militar foi tentar resolvê-la com a criação de outro tribunal superior, o STJ, para desafogar o STF na análise das questões ligadas à lei federal.

Por outro lado, a Loman estende e cristaliza o direito dos magistrados a sessenta dias de férias, que havia sido consignado aos juízes federais, com a Lei 5.010/66 – que organizava a Justiça recriada pelo AI-2. Férias especiais que se mantêm até os dias atuais, além de uma plêiade de gratificações contempladas pela Loman (ajuda de custo para moradia, ajuda para transporte e mudança, diárias, verbas de representação etc.).

Uma carreira encastelada entre benefícios e restrições foi o legado que a estrutura da ditadura deixou aos magistrados; no âmbito jurídico, a aposta na atomização das demandas. cujo resultado, ao longo dos anos, não poderia ser diferente do que foi: milhões de processos repetidos, cujo equacionamento inviável resiste a quaisquer mudanças organizacionais dos novos tempos.

3. Constituição Federal de 1988: a reforma da redemocratização

A Constituição de 1988 trouxe um desenho muito distinto de Estado daquele que fora imposto na chamada Emenda 1, de 1969 (nossa Constituição, afinal de contas) e os remendos oportunistas do Pacote de Abril.

Assentou um Estado Democrático de Direito, que pode ser traduzido em quatro pilares fundamentais: a-) a expansão do Estado liberal, com as garantias negativas, que impunham restrições ao poder, no âmbito dos chamados direitos humanos de primeira dimensão – com destaque não apenas para um rol extenso dos direitos fundamentais, mas para a abertura explícita à recepção dos princípios (art. 5º, §2º), como ainda a peculiaridade de protegê-los dos ânimos de retrocesso, com a criação das cláusulas pétreas; b-) a conformação do Estado social, e os direitos positivos a serem exigidos do Estado em busca da redução de desigualdades que é também objetivo da República (como o direito à educação, saúde, lazer); c-) a perspectiva democrático-constitucional e a prevalência da dignidade humana como norma de referência e a afirmação do pluralismo; e d-) a adesão ao sistema internacional dos direitos humanos, com a valorização da recepção dos tratados a que o país se submete.

A articulação de todos esses direitos e garantias, aliados à inafastabilidade da jurisdição como um direito em si mesmo, impunham ao juiz uma tarefa de garantidor, não adequadamente percebida, todavia. A ausência de mudanças na estrutura certamente contribuiu para a dificuldade desta percepção: se não há mudanças no *status* do juiz, por que supor que haveria em sua postura?

Assim, a despeito de todo esse bafejar democrático na sociedade, o Judiciário permaneceu um enclave autoritário. Ali, não houve o espraiamento da racionalidade democrática que, em tantos aspectos, tomava conta das demais instituições. O ingresso no Estado Democrático de Direito trazia a constitucionalização do direito de greve, um novo perfil de entidade familiar, fora do patriarcado compulsório, e promessas de igualdade que, gradualmente foram sendo cobradas em diversas áreas. Retomamos o processo eleitoral para todos os cargos, revogamos as hipóteses de censura e abrimos um veio garantista no processo penal que, tudo indicava, se casaria com uma legislação minimalista.

Mas não lembramos de democratizar o poder Judiciário, como se não fora essencial estender os espaços da participação. Sobre o *espaço limitado*, dizia Bobbio:

> Quando se quer saber se houve um desenvolvimento da democracia num dado país, o certo é procurar perceber se aumentou ou não o número dos que têm o direito de participar das decisões que lhes dizem respeito, mas nos espaços nos quais podem exercer esse direito[362].

Continuamos com o mesmo Judiciário hierarquizado de antes; com duas castas de profissionais exercendo os cargos do poder: os desembargadores com direito

---

362 BOBBIO (1986, p. 28).

a voto nas eleições dos tribunais; os juízes não, porque foram alocados à parte dentro do sistema. Escolhidos, promovidos, fiscalizados, remunerados e punidos por tribunais dos quais, na letra da lei, não faziam parte.

Não é certo dizer que essa distribuição equiparada ao voto censitário do Império tenha evitado o ingresso da política nos tribunais, como se apregoava; basta ver a vinculação das nomeações dos juízes por presidentes e governadores e o franco e promíscuo relacionamento entre os presidentes de tribunais e os chefes do poder executivo[363]. Menos ainda que ao abrigar apenas a casta dos desembargadores tenha evitado algum tipo de pressão corporativa. Instaurou-se o corporativismo de cúpula, em que benesses como carros oficiais e distribuições represadas significam alto cacife político.

O que a ausência de democracia interna fez foi manter a ideia de hierarquia, com drásticas consequências para um desejado perfil democrático de instituição, justamente quando essa mudança de postura seria mais necessária para garantir a transição rumo à democracia. À ausência de mudanças específicas no Judiciário, concluiu-se, não raro equivocadamente, que a Loman, legado do Pacote de Abril ao Judiciário, havia sido recepcionada em toda a sua dimensão – tanto que, mesmo com o comando constitucional de se aprovar um Estatuto da Magistratura, o STF deixou passar trinta anos sem o fazer, a despeito de ter reconhecido, algumas vezes, a omissão legislativa com atrasos bem inferiores.

Vários foram, sem dúvida, os avanços da Constituição de 1988 no sistema de justiça, a começar pelo equacionamento da independência do Ministério Público e a criação da Defensoria Pública. A independência externa do Judiciário foi assentada, afastada a participação dos governadores nos mecanismos de promoção de juízes (embora não o presidente em relação aos tribunais federais), bem ainda na possibilidade constitucional de formulação do próprio projeto orçamento.

Mas sem a mudança da cultura dos juízes, os avanços foram exageradamente lentos. Só a partir de meados dos anos 2000 é que a jurisprudência do STF incorporou uma abordagem principiológica, abrindo um vasto campo para as decisões de inconstitucionalidade (Lei de Imprensa, Lei dos Crimes Hediondos, Lei de Videoconferência, direito de apelar, aborto de feto anencefálico, união homoafetiva etc.). E, verdade seja dita, com ampla resistência pelos juízes das instâncias inferiores.

A Constituição de 1988 também não resolveu os gargalos do Judiciário e, a bem da verdade, estes acabaram por ser fortemente expandidos após sua pro-

363 A propósito, CARDOSO (2018, p. 344/62), alertando para uma relação de promiscuidade, sobretudo, a partir das decisões das suspensões de liminar e segurança.

mulgação. Seja porque os mecanismos pensados para a solução desses conflitos surtiram efeitos contrários, como a criação do STJ e o acréscimo de uma instância, praticamente sem reduzir a amplitude dos recursos extraordinários, ou a implantação dos juizados especiais, provocando a explosão de uma enorme demanda reprimida, uma série de conflitos que não eram judicializados por seu próprio custo, seja porque a institucionalização dos atores privilegiados, como o Ministério Público e a Defensoria Pública, expandiriam por si só toda uma nova litigiosidade, como a dos direitos difusos e a gradual incorporação dos estratos mais vulneráveis da sociedade aos meandros da justiça (em ritmo demasiado lento, admita-se, em face da precariedade com que os Estados, e também a União, instituíram suas respectivas defensorias). Ainda assim, um clima de menor repressão e de maior transparência certamente ajudaram a ampliar o conhecimento de direitos e, assim, novos mecanismos de luta. Especialmente no que se refere a ações questionando medidas governamentais, também impulsionadas pela liberdade de imprensa. A democracia e, nela, o reconhecimento de uma sociedade complexa que passava a ter e conhecer direitos, obviamente tinha o seu preço.

A constitucionalização dos direitos sociais, por exemplo, abriu vasto campo à judicialização das políticas públicas, cujo crescimento constante tem sido ainda mais aguçado nas últimas décadas, ainda que não em todos os campos. Curiosamente, a judicialização é amplamente recepcionada em questões que se iniciaram nas classes médias e a elas também aproveitam, como a saúde (a partir, principalmente, do cipoal de ações para a busca de medicamentos de alto custo), mas, de outro lado, fortemente resistente nas demandas que são exclusivas dos extratos mais vulneráveis, como, por exemplo, as ligadas à moradia. O que demonstra, de certa forma os limites impostos à preservação incondicional do direito à propriedade – que esvaziou quase por completo a ideia de função social, encartada no texto constitucional. O apreço desmedido pelo resguardo da propriedade, é preciso dizer, lança luzes sobre a postura conservadora dos juízes nos conflitos fundiários[364], e extremamente rigorosa na esfera penal.

364 FOLHA DE S. PAULO (2015), em uma entrevista com o então presidente do Tribunal de Justiça de São Paulo, José Renato Nalini: "*Segundo o presidente do TJ-SP, em geral, os juízes se formaram antes das novas disposições da Constituição de 1988 e do Estatuto da Cidade, que criaram o direito à moradia e vincularam o direito à propriedade privada ao cumprimento de sua função social. Além disso, mesmo os juristas que se formam hoje não recebem esse treinamento, porque os cursos estão ainda desatualizados nessa questão, o que leva a decisões baseadas apenas no direito de propriedade, diz Nalini*".

4. *A reforma neoliberal: Emenda 45*

Pressões pela reforma do Judiciário foram recorrentes ao longo da vigência da Constituição de 1988, ainda que por motivos nem sempre convergentes. Como os gargalos da crise anterior não haviam sido resolvidos e a explosão de litigiosidade deixou o sistema de justiça entupido, sem que houvesse quaisquer mecanismos de gestão que efetivamente confrontassem, por exemplo, a permanência de práticas tradicionais, como o represamento de julgamento de recursos em tribunais, uma certa sensação de insatisfação pela *Justiça que tarda*, foi recorrente. Mas a nova configuração política da Justiça também atraía críticas de lado a lado.

A expectativa de ampla democratização restava, relativamente, frustrada, para o reclamo dos setores mais progressistas da sociedade, sobretudo acerca do elitismo do Judiciário, que as normas constitucionais por si só não teriam sido suficientes para debelar. Tal como ocorreu na transição espanhola, que saiu de uma longeva ditadura para a redemocratização, os poderes políticos são fácil e rapidamente trocados, mas o estamento Judiciário depende de uma demorada transição; tratando-se de uma estrutura ainda hierarquizada e, sobretudo, pautada no critério da antiguidade, as cúpulas do poder são justamente aquelas que mais tempo conviveram com os postulados mais tradicionalistas. Para resolver a questão, do impacto do Judiciário excessivamente franquista como óbice à redemocratização, a Espanha criou um Tribunal Constitucional por sobre as estruturas então existentes[365]. A proposta por aqui veio a ser derrotada na Constituinte. O Judiciário continuaria intacto –e some-se a isto a persistência do recrutamento classista para seus quadros, sobretudo pelos concursos teóricos, dirigidos em regra pelos próprios membros do poder, tendendo a sua auto-reprodução, bem ainda pela seletividade da meritocracia, em face do conhecido e profundo desnível educacional.

Falava-se em controle externo do Judiciário como elemento de contraposição ao padrão conservador e de elite que se enxergava no poder, na promiscuidade com poderosos e na enorme distância para com os vulneráveis. Acrescia esse mal-estar a ideia de que a desigualdade para os desiguais, quase sempre se dirigia a estabelecer facilidades aos que menos delas precisavam, como o foro privilegiado, que mantinha tanto políticos quanto altos servidores, juízes ali incluídos, relativamente inacessíveis.

365 PEREZ TREMPS (2003, p. 9).

De outro lado, o reclamo dos setores mais fisiológicos da política partidária de que o Judiciário, a partir de uma nova hermenêutica constitucional paulatinamente se libertava da clausura do positivismo. Também pela crescente judicialização das políticas públicas e da atividade institucional do Ministério Público, era inexorável que os juízes começassem a decidir questões sensíveis à vida política, transformando-se, assim, em atores de maior presença e menor controle, fragilizando, portanto, a previsibilidade no jogo político.

A reforma do Judiciário foi prenunciada por uma comissão de inquérito que abriu o palanque eletrônico sobre denúncias variadas de corrupção no sistema, algumas contundentes (a principal delas, a construção do Fórum Trabalhista de São Paulo), outras nem tanto. Mas, conquanto houvesse pleitos da esquerda à direita por alterações, além de uma plêiade de interesses corporativos, dos juízes e carreiras vizinhas, a reforma só se corporifica em uma proposta consistente, a partir de sua compreensão como uma das reformas de Estado, como outras que haviam sido propostas na mesma presidência de FHC: reforma administrativa, reforma patrimonial e reforma previdenciária –ou seja, quando o governo assume sua articulação e o insere em sua pauta de redesenho do Estado.

A ideia central da Reforma do Judiciário neoliberal estava descrita em documentos que partiriam do Banco Mundial com recomendações ao Judiciário da América Latina; a preocupação residia em aumentar o grau de previsibilidade jurídica para estímulo a investimentos:

> Estes elementos tomados como um todo foram desenvolvidos para aumentar a eficiência e eficácia do Judiciário - isto é, sua habilidade em solver conflitos de uma maneira previsível, justa e rápida. Um governo eficiente requer o devido funcionamento de suas instituições jurídicas e legais para atingir os **objetivos interrelacionais de promover o desenvolvimento do setor privado, estimulando o aperfeiçoamento de todas as instituições societárias e aliviando as injustiças sociais (g.n.).**[366]

A concentração de poder na cúpula do Judiciário –inclusive a criação de organismo com poder correcional de âmbito nacional – tinha como objetivo reduzir as possibilidades de questionamentos individuais – como as medidas de cautela que à época, se deduziam contra o racionamento de energia em 2001[367].

---

366 BANCO MUNDIAL (1996).

367 Resolvido, aliás, com o emprego da sistemática da Ação Direta de Constituciona-

Para esse desiderato, portanto, a concentração de poder no STF, a maior facilidade de acesso à corte superior e a possibilidade de uniformidade e disciplina dos juízes, em especial com dois poderosos instrumentos: o Conselho Nacional de Justiça e as Súmulas Vinculantes. O poder estava deixando de ser um arquipélago, como gostava de caracterizá-lo o então ministro da Justiça, Nelson Jobim, para se transformar de fato em uma pirâmide. Apesar disso, é preciso indicar que a reforma produzida nas entranhas do governo FHC, só acabou sendo aprovada no primeiro mandato do governo Lula.

A reforma, como as anteriores, também não teve seu epicentro na gestão democrática do Poder Judiciário. A democracia interna recebeu um pálido sinal com a proibição das sessões secretas e a eleição de metade dos membros dos órgãos especiais criados nos tribunais com mais de 25 desembargadores. Nem mesmo a criação do Conselho Nacional de Justiça fez ampliar esse quadro: ao revés, de um lado, o próprio Conselho começou ele mesmo a realizar sessões reservadas, como quando se dispôs a regulamentar as eleições de metade dos integrantes dos Órgãos Especiais, tomou a postura mais restritiva possível, abrindo os pleitos apenas após a aposentadoria dos membros que lá oficiassem, postergando a tímida inclusão dos representantes eleitos. O CNJ jamais levou adiante uma articulação para as eleições diretas e manteve, no sistema disciplinar, a mesma divisão de juízes e desembargadores nos tribunais. Replicou, ademais, em uma resolução, regras ainda mais rígidas de comportamento aos juízes, com o inadequado título de Código de Ética, esgarçando o princípio da legalidade na estipulação de condutas vedadas.

A escolha de seus membros mantém-se concentrada nos tribunais superiores e, em muitas vezes, uma aliança tática entre as cúpulas dos tribunais e das associações corporativas. Não por outro motivo, o Conselho jamais se pautou por um controle social do poder e permanece palco de disputas internas na corporação jurídica.O controle entre cúpulas de tribunais e de associações, aliado à formatação quase nada *externa* ao sistema, contribuiu para aprofundar o corporativismo que supostamente viria a combater. Embora tenha tido papel de protagonismo na definição administrativa do teto salarial, o CNJ vem dando abrigo a inúmeros pleitos de cunho corporativo, como a extensão aos juízes de auxílio-alimentação e a regulamentação do controverso auxílio-moradia.

---

lidade (introduzida na CF pela PEC 3/93 e regulamentada pela Lei 9868/99) que, de certa forma, antecipou a dinâmica sobrevalorizada das ações concentradas, prestigiada na Reforma do Judiciário.

De certa forma, a partir da atuação correcional e, em especial, das revisões administrativas, o CNJ quebrou um certo coronelismo dos tribunais, notadamente quanto a punições e promoções com parcas fundamentações republicanas, até então, todavia, inalcançáveis.

A reforma caminhou no sentido de exigir uma maior experiência dos novos ingressantes, de pelo menos três anos de prática jurídica, posteriormente atenuada pelo próprio CNJ para incorporar também a possibilidade de pós-graduação nesse interregno, muitas vezes papel do próprio curso preparatório. O perfil do juiz ingressante, seja pela ausência de mudanças efetivas na LOMAN, seja pela modulação realizada pelo CNJ, não se alterou: concursos de grande proeminência teórica, de conhecimento acumulado, que exige preparação intensa mais do que experiência prática. Como resultado, as vagas continuam sendo muito mais preenchidas por estudantes recém-formados de universidades públicas do que propriamente de advogados militantes –mantendo o perfil classista. A ausência quase absoluta de examinadores externos (a banca limita-os ao representante oficial da Ordem dos Advogados do Brasil), mantém, por outro lado, uma reprodução dos perfis existentes no próprio Judiciário. Só mais recentemente, algumas decisões do CNJ que acenam para a gradual mudança do quadro: a extinção das entrevistas reservadas, veículo para extenso controle ideológico e preconceitos de todos os matizes, bem como a adesão às cotas raciais nos concursos.

A supervalorização da competência correcional do CNJ, e seu trato mais aberto à mídia acabou por impor, de certa forma, um quociente de espetacularização no processo administrativo, que viria a acompanhar o novo paradigma do processo penal midiático que, supõe-se, seria função controlar.

Do ponto de vista jurídico, ademais dos instrumentos de gestão administrativa que impulsionaram o final de práticas tradicionais, tem-se que a concentração de poder nas cúpulas também projetou uma jurisdição muito mais uniforme, seja por intermédio das Súmulas Vinculantes e dos demais instrumentos, como as repercussões gerais e mecanismos de soluções de demandas repetitivas criadas, primeiro pelas reformas parciais e depois acolhidas pelo novo Código de Processo Civil. Ainda assim, o estoque de processos descia muito lentamente, sobretudo pela criação contínua de novas demandas de massa.

5. A Justiça sob a ruptura institucional (a desconstrução do modelo democrático);

Se é certo que no período imediatamente antecedente à reforma, bem como no imediato posterior, pode-se atribuir ao STF um desapego às tradições francamente positivistas que haviam marcado sua história, com decisões que de certa forma representaram uma superação dos paradigmas anteriores, no acolhimento principiológico, no cumprimento das omissões legislativas e até transbordando o ativismo em questões próximas ao ambiente político, há uma guinada, cujo processo se torna visível com o julgamento do Mensalão e se aprofunda na até hoje inconclusa decisão da chamada "prisão em segundo grau", ou a permissão do início da execução da pena, antes do trânsito em julgado. No meio do caminho, uma ruptura institucional assistida e legitimada pelo Supremo.

Foi o então advogado Luís Roberto Barroso quem primeiro diagnosticou, em público, em sua sabatina no Senado, o giro hermenêutico do STF. A decisão do Mensalão teria sido, para o então futuro ministro, *um ponto fora da curva*[368]. O controle escasso das acusações, o rigor excessivo das penas, o desvio interpretativo das provas, fundado na presunção, enfim, mecanismos com os quais a jurisprudência do STF não estaria suficientemente familiarizada. Barroso pode ter querido atenuar eventuais críticas –e acabou jogando água no moinho da exceção. Mas duas particularidades do julgamento, que ingressaram pela via do inusitado acabaram se normalizando: a espetacularização do processo criminal e uma perspectiva estratégica do julgador.

Até então não havia tido um julgamento criminal tão exposto à sociedade, pelo volume incomensurável da cobertura da mídia, e, mais do que isso, pela presença do retrato da opinião pública que acabou por condicioná-lo. O STF sucumbiu a uma agenda eleitoral, sob o pretexto, ilusório, da urgência de uma prescrição que nem sequestrava próxima. Para caber no cronograma eleitoral, inovou-se com o presidente do Tribunal designando data para o julgamento da ação, antes mesmo que o revisor lançasse sua vista aos autos. E embora o STF tenha feito reuniões para discutir a forma do julgamento, mais de uma vez foram elas abruptamente alteradas para, entre outras particularidades, contemplar a votação de julgador que estava à beira da aposentadoria. O volume da pressão midiática foi tal que o decano da corte, ministro Celso de Mello, que votou quase que integralmente com o relator

368 O GLOBO (2013).

e, portanto, com a posição majoritária, reclamou do assédio na semana em que esteve com vistas dos autos, apenas com o propósito de apreciar o cabimento dos embargos infringentes: "*Nunca a mídia foi tão ostensiva para subjugar um juiz*"[369].

O acirramento dos ânimos da plateia virtual foi uma constante, construindo-se uma narrativa mocinho-vilão que foi particularmente custosa para o ministro Enrique Lewandowsky – ao mesmo tempo em que adulatória ao relator, ex-ministro Joaquim Barbosa, que posteriormente se apresentaria como candidato a candidato a presidente da República. O heroísmo da acusação mais tarde seria vestido pelo juiz Sérgio Moro, dentro dos processos criminais derivados da chamada Operação Lava Jato. Em mais de uma oportunidade, Sérgio Moro, Deltan Dallagnol e outros atores do processo, incentivariam e agradeceriam o aplauso popular, sem o qual, expressamente admitido, jamais teriam tido o êxito alcançado.

Neste ínterim em que a justiça penal ganhou as ruas, instrumentos de compressão da defesa ganharam as cortes, como as conduções coercitivas de indiciados que não haviam sido sequer intimados, ou as prisões provisórias como instrumento para a obtenção de delações. A popularidade midiática da operação acabou sendo ela mesma um importante combustível para sua ratificação, em grande medida, pelo STF.

Nenhuma ação ligada à espetacularização do processo foi tão intensa quanto a divulgação, pelo próprio juiz Sérgio Moro, de material proveniente de interceptação telefônica, que a lei expressamente impõe o sigilo. Esta providência teve consequências diretas e imediatas no julgamento do impeachment da então presidenta Dilma Rousseff[370], mas não teve qualquer consequência sob o ponto de vista disciplinar: o Supremo Tribunal Federal registrou brevemente o erro, o Conselho da Justiça Federal o entendeu justificável em face da "excepcionalidade" da situação; o Conselho Nacional de Justiça, enfim,deixou o tempo transcorrer sem julgar as representações que lhe foram apresentadas.

A presunção de inocência foi outra vítima fatal da exceção.

Em fevereiro de 2016, o STF promove novo giro hermenêutico para se contrapor à decisão que tomara por 7x4 em 2009, reconhecimento a inconstitucio-

369 FOLHA DE S. PAULO (2013).

370 Logo em seguida, a posse do ex-presidente Lula no Ministério veio a ser interditada por uma liminar do ministro Gilmar Mendes, do STF, em um processo cujo mérito jamais foi julgado; nem a liminar repetida, pois em circunstâncias similares (a acusação era de desvio de finalidade, pela garantia do foro pela prerrogativa de função), Moreira Franco se tornara ministro de Michel Temer.

nalidade da execução antecipada (HC 84078/MG). A decisão anterior representava uma evolução coerente da jurisprudência, em relação a outras tomadas no mesmo período e acabou por provocar a própria mudança da lei processual (que incorporou a proibição da execução antecipada no art. 283, do Código de Processo Penal). A nova decisão (HC 126.292/SP), bafejada com os ares da Operação Lava Jato (que a defendia fortemente, para não inviabilizar novas delações, baseadas no medo da prisão imediata) inverteu totalmente o sentido. Considerou, enfim, que a execução antecipada da pena não violava o princípio da presunção de inocência, podendo a manutenção de decisão condenatória em segundo grau ser motivo suficiente para seu início, não obstante a clareza meridiana do texto constitucional -*Ninguém será considerado culpado, antes do trânsito em julgado da decisão condenatória.*

A prisão como execução antecipada da pena, antes do trânsito em julgado, sem qualquer motivação cautelar, equivale até mais do que "considerar" culpado, pois "trata" como culpado (só a culpa, no caso a justifica). Nos bastidores jurídicos, consta que a decisão decorreu justamente da pressão da "Lava Jato", por uma prisão que não aguardasse a revisão dos tribunais superiores, e que servisse de alento para a continuidade da intimidação que conduzisse a novas delações, oxigênio indispensável para o sucesso da operação.

No resumo, a rendição dos princípios ao apelo popular que, ironicamente, foi também mais bem descrita pelo próprio Luís Roberto Barroso, agora já ministro, e expoente da bancada do apoio popular: "*como regra, um tribunal deve ser capaz de interpretar e atender o sentimento da sociedade*"[371]. O papel contramajoritário do juiz é simplesmente rifado: "*...pode acontecer que o Supremo produza uma decisão contrária ao sentimento social. Às vezes, a boa interpretação da Constituição não corresponde ao que a sociedade queira. Mas isso éexcepcionalmente*"[372].

Seja pelo ativismo desenfreado, seja pela omissão qualificada, o Judiciário de forma inequívoca, acabou por solidificar os passos da ruptura institucional, tornando-se álibi de uma normalidade, das instituições que permanecem funcionando, quando, no dizer de Rubens Casara, "*a democracia não desaparece, mas perde seu conteúdo*".[373]

371 O ESTADO DE S. PAULO (2019).
372 Idem.
373 CASARA (2017, p. 19).

Os ministros do STF se exauriram até o meio de uma madrugada de sábado, para discutir os mínimos detalhes dos rituais do impeachment, como a localização dos Estados no mapa. Mas jamais foram capazes de questionar a real existência de um crime de responsabilidade em relação ao qual os próprios parlamentares cuidaram de afastar na imposição de sanções que lhe eram próprias, além da própria deposição. Os ministros tomaram a decisão *geográfica*, após uma de muitas manobras anunciadas pelo deputado presidente da Câmara, Eduardo Cunha, a quem mantiveram incólume em seu cargo até o afastamento da presidenta, quando, enfim, foi ele também afastado, por fatos que lhe eram atribuídos por pelo menos cinco meses antes. O Judiciário da estratégia foi também o Judiciário do timing, das decisões contraditórias, e das indignações seletivas.

O percurso foi notabilizado por uma contundente perversão entre a adesão ao sistema de princípios, que era uma obrigação de cariz constitucional, para um caminho ilimitadamente decisionista[374], pela qual os juízes não só estabelecem o que é o direito, mas como buscam, para esse desiderato, a ausculta do sentimento popular, fruto de paixões muitas vezes irracionais. Um arcabouço de direitos humanos foi construído exatamente para não se tornar refém deste "sentimento da sociedade", pois os regimes mais populares foram, não raro, os mais horripilantes, justamente por esta ausência de controle.

O *looping* constitucional assim se completa: interpretar os direitos fundamentais pela regra do interesse geral (ou, basear-se na expectativa popular para fulminar com a presunção de inocência) significa esvaziá-los de qualquer sentido relevante. É um retorno, pela via neoliberal, do populismo e espetacularização dos processos, aos direitos esvaziados da época pré-democrática –o que nem sequer pode se traduzir numa surpresa, como muito bem dissertou Márcio Sotelo Felippe falando sobre os antepassados da decisão de apego popular:

> Estabelecer como regra o "sentimento da sociedade" é uma máxima que tem a ver com a apropriação do Romantismo Filosófico pelo nazismo e absolutamente nada a ver com o Iluminismo, que pretendia uma razão objetiva (que está, por exemplo, na Constituição de 1988. O Romantismo não apreciava normas exceto as que derivassem de um sujeito que era livre tal qual

374 Ninguém demonstrou e combateu mais o decisionismo do que Lenio Streck, a partir de sua coluna Senso Incomum, na Revista Consultor Jurídico. Entre os diversos artigos em forma de denúncia, "Justiça entre exegetismo e decisionismo: o que fazer"

um artista para criar. O nazismo foi buscar no legado filosófico do Romantismo alemão o fundamento de seu processo penal e de seu direito penal.[375].

6. *Conclusão*

Pode-se dizer assim que, numa visão resumida:

a-) as reformas da ditadura (Pacote de Abril e Lei Orgânica da Magistratura) organizaram de forma estrutural o Judiciário e plantaram as bases para sua nacionalização; fincaram estruturas hierarquizadas que não foram posteriormente removidas; restringiram na forma a jurisdição do STF (pela arguição de relevância) e no conteúdo, pelo consenso de uma visão tradicional, de conflitos atomizados e uma compreensão essencialmente positivista da jurisdição. A marca deste período é a submissão, o encolhimento da independência, disfarçado sob um registro de falsa neutralidade, ou o alheamento da política e, com isso, a anuência à normalidade de um estado repressivo.

b-) a reforma da redemocratização (Constituição Federal de 1988) solidificou a independência externa do Poder Judiciário, ampliou o papel dos atores privilegiados, incrementando significativamente a autonomia do Ministério Público e constitucionalizando a Defensoria Pública; ampliou fortemente a teia de direitos fundamentais e consagrou a inafastabilidade da jurisdição, mas manteve a estrutura hierarquizada do Poder; reduziu a competência do STF pela criação de outro tribunal superior, mas ao mesmo tempo diminuiu as travas aos recursos extraordinários. A marca do período é o aprendizado democrático, a explosão dos litígios e a crise fiscal. No âmbito jurisdicional, o descompasso entre um direito de vanguarda e uma jurisprudência tradicional, repetindo a convivência de legislação liberal e prática autoritária, tão comum em nossa história.

c-) a reforma neoliberal (Emenda 45, 2004) solidificou a nacionalização da carreira, apostando na verticalização, estabelecendo mecanismos de uniformização, concentrando administração e jurisdição nos tribunais superiores; criou o Conselho Nacional de Justiça, mas o inseriu dentro da estrutura judiciária (e não como órgão externo), e com ele impulsionou fortemente os mecanismos de gestão. A jurisprudência do STF ampliou-se no período, aceitando a judicialização

375 FELIPPE (2019).

das políticas públicas, e avançando sobre a competência do próprio Legislativo, sob o pretexto de suas omissões. Seja pela interface do CNJ, que estreitou os laços com a mídia, seja pelo âmago da criminalização da política e do processo eleitoral (a ampliação da competência judicial sobre as candidaturas, a partir da Lei da Ficha Limpa), aumenta o protagonismo do STF, por onde passam questões significativas da política nacional: eleições que se decidem, sobretudo, na admissão judicial das candidaturas. A marca do Judiciário pós-reforma não é apenas de mais ativismo e de jurisdição concentrada nos órgãos de cúpula, mas também mais fortemente inserido no trato da política e cada vez mais refém da opinião pública, com instrumentos que tendem a erodir os avanços conquistados.

d-) A desconstrução do Estado Democrático de Direito encontra o Judiciário em uma posição de protagonismo submisso; de um lado, se arroga numa amplitude de competência que não raro invade as áreas contíguas da administração e da produção legal; incorpora o lado mais farsesco da criminalização da política e obtém popularidade quando acolhe pleitos condenatórios; de outro, submete-se a uma lógica que admite estratégias, dilacera princípios e convive com decisões oportunistas. No cotejo dos pleitos populares, abandona sua função contramajoritária e esvazia a proteção dos direitos fundamentais, cujo percurso teve a função de concretizá-los.

Mas a incapacidade de lidar com os atributos democráticos é um projeto que, em diferentes formas, vem sendo delineado desde sempre em um Estado com forte legado autoritário. Embora a Constituição de 1988 tenha desenhado um Estado Democrático de Direito, fundado na dignidade humana, lastreado por um então inédito repositório de direitos fundamentais e assentado na inafastabilidade da apreciação judicial, o juiz permanece se assumindo mais como um agente censor do que propriamente um garantidor de direitos.

A omissão contumaz em relação aos desvios do poder, em especial, acerca do poder punitivo e, se casa com a adesão sem freios ao populismo penal. Como aduz Denis Salas, a transformação do *direito de punir* em uma *vontade de punir* se faz como expressão da necessidade coletiva de segurança. O apelo ao povo é, sobretudo, um apelo contra os outros e por isso mesmo *impõe uma retórica de guerra na via democrática*[376].

Tudo acaba por contribuir para que um enorme instrumental de Direitos Humanos incorporado pela Carta, inclusive a partir de tratados internacionais,

376 SALAS (2017, p. 54)

se subordine ao papel de mantenedor da ordem social. A estrutura hierárquica resiste aos comandos constitucionais e a independência do juiz é posta à prova seja no âmbito interno, quando confronta com os pilares da jurisprudência tradicionalista, seja no âmbito externo, quando adere à pauta política.

O paradigma constitucional oscila entre o atavismo de seu descumprimento e o ativismo de sua superação.Não à toa, o mesmo Judiciário que permitiu uma roupagem jurídica ao golpe com meios militares, também normalizou a ruptura institucional que permitiu a retomada neoliberal, em 2016 – mesmo à custa da suspensão do estado social por vinte anos, da regressão nos direitos trabalhistas ou mais recentemente, na imersão no revisionismo histórico. O que explica, de certa forma, como combinamos no período pós-ditadura um volume tão expressivo de atrocidades estatais – referido por Susanne Karstedt, a partir das estatísticas do *Genocide Watch*[377].

Enfim, o Judiciário não só foi ponto importante que evitou contestação jurídica do golpe de 64, e mesmo de suas consequências tão logo terminado, como foi também peça fundamental para a ruptura institucional que permitiu a retomada do projeto neoliberal, em 2016 –ponto a partir do qual a gradativa desconstrução do Estado Democrático também conta com sua adesão.

Sob esse ponto de vista, não há dúvida: a ausência de um paradigma democrático mais consistente no Judiciário não revela uma crise temporária; é um projeto e muito bem sucedido.

377 KARSTEDT (2018, p. 302).

ANDRADE, Lédio Rosa de. O que é Direito Alternativo. Florianópolis, Editora Obra Jurídica, 1998.

BANCO MUNDIAL. Documento Técnico 319. Disponível em https://www.anamatra.org.br/attachments/article/24400/00003439.pdf, acesso em 04/03/2019, às 19h00.

BOBBIO, Norberto. O futuro da Democracia. Uma defesa das regras do jogo. Trad. Marco Aurélio Nogueira. Rio de Janeiro, Paz e Terra, 1986.

BRASIL. COMISSÃO NACIONAL DA VERDADE. Relatório final. Brasília, Governo Federal, 2014. Disponível em http://www.cnv.gov.br/, acesso em 01/03/19, as 17h30.

CARDOSO, Luciana Zaffalon Leme. A política da justiça: Blindar as elites, criminalizar os pobres. São Paulo: Hucitec, 2018.

CARVALHO, Alexandre Douglas Zaidan de. "Entre o dever da toga e o apoio à farda. Independência judicial e imparcialidade no STF durante o regime militar", *in* Revista Brasileira de Ciências Criminais, vol. 32, nº 94, junho/2017.

CASARA, Rubens R. R. O Estado Pós-Democrático: Neo-obscurantismo e Gestão dos Indesejáveis. Rio de Janeiro: Civilização Brasileira, 2017.

CONSULTOR JURÍDICO. "Comissão do Judiciário aprova adoção da avocatória", edição de 10/11/1999, disponível em https://www.conjur.com.br/1999-nov-10/deputados_aprovam_adocao_avocatoria, acesso em 02/03/2019, às 10h00.

COUTINHO, Jacinto Nelson de Miranda. "Sistema acusatório. Cada parte no lugar constitucionalmente demarcado", *in* Revista de Informação Legislativa. Senado Federal, v. 46, n. 183, p. 103-115, jul./set. 2009.FELIPPE, Marcio Sotelo. "O gato preto do ministro Barroso e as ilusões juridicistas", *in* Coluna Além da Lei, Revista Cult, edição 08/04/2019, disponível em https://revistacult.uol.com.br/home/luis-roberto-barroso-stf/, acesso em 08/04/2019, às 18h00.FOLHA DE S. PAULO. "Nunca a mídia foi tão ostensiva para subjugar um juiz, diz ministro Celso de Mello". Edição de 26/09/2013, disponível em https://m.folha.uol.com.br/colunas/monicabergamo/2013/09/1347507-nunca-a-midia-foi-tao-ontensiva-para-subjugar-um-juiz-diz-ministro-celso-de-mello.shtml, acesso em 02/04/2019, às 18h30.-"TJ de São Paulo quer varas específicas para julgar conflitos fundiários". Edição de 17/02/2015, disponível em https://

www1.folha.uol.com.br/poder/2015/02/1590794-contra-decisoes-arcaicas-tj-sp-quer-varas-de-conflitos-fundiarios.shtml, acesso em 04/04/2019, às 19h00.
GELLATELY, Robert. Apoiando Hitler. Consentimento e coerção na Alemanha nazista. Trad. Vitor Paolozzi. Rio de Janeiro, Record, 2011.
GLOECKNER, Ricardo Jacobsen. Autoritarismo e Processo Penal:Uma genealogia das ideias autoritárias no Processo Penal brasileiro. Rio de Janeiro: Tirant lo Blanch, 2018.
KARSTEDT, Susanne. "Atrocity: the Latin American experience", *in* Alternative Criminologies (CARLEN, Pat e FRANÇA, Leandro Ayres, orgs.). Nova York: Routledge, 2018.
O ESTADO DE S. PAULO. "Temos hoje uma sociedade que deixou de aceitar o inaceitável". Edição de 31/03/2019, disponível em https://politica.estadao.com.br/blogs/fausto-macedo/temos-hoje-uma-sociedade-que-deixou-de-aceitar-o-inaceitavel/, acesso em 01/04/2019, às 19h00.
O GLOBO. "Barroso diz que julgamento do Mensalão foi ponto fora da curva". Edição de 05/06/2013, disponível em https://oglobo.globo.com/brasil/barroso-diz-que-julgamento-do-mensalao-foi-ponto-fora-da-curva-8596481, acesso em 01/04/2019, às 19h00.
MULLER, Ingo. Los Juristas del Horror:La justicia de Hitler: El pasado que Alemania no puede dejar atrás.Tradução: Carlos Armando Figueiredo [para o espanhol]. Bogotá:Alavaro Nora, 2014.
PEREIRA, Anthony (entrevista). "Via judicial da repressão evitou mortes, afirma brasilianista". Folha de S. Paulo, edição de 05/04/2004, disponível em https://www1.folha.uol.com.br/fsp/brasil/fc0504200414.htm, acesso em 01/03/2019, às 18h00.
PÉREZ TREMPS, Pablo. Tribunal Constitucional y Poder Judicial. Madri: Fundacion Alternativas, 2003.
SALAS, Denis. La volonté de punir:Essai sur le populisme penal.Paris:Pluriel, 2017.
SERRANO, Pedro Estevam Alves Pinto. Autoritarismo e golpes na América Latina: Breve ensaio sobre jurisdição e exceção. São Paulo: Alameda, 2016.
STRECK, Lênio Luiz. "A justiça entre o exegetismo e o decisionismo: o que fazer", *in* Consultor Jurídico, edição de 27/03/2014, disponível em https://www.conjur.com.br/2014-mar-27/senso-incomum-justica-entre-exegetismo-decisionismo, acesso em 02/04/2019, às 20h00.

ZAFFARONI, Eugenio Raul. O Poder Judiciário. Crises, acertos e desacertos. Trad. Juarez Tavares. São Paulo, RT, 1995.

ZELIC, Marcelo. "A autoanistia e a farsa de um acordo nacional", *in* Brasil de Fato, edição de 06/10/2010, disponível em https://www.brasildefato.com.br/node/3677/, acesso em 08/04/2019, às 17:00.

16. DEMOCRACIA, CAPITALISMO E NEOLIBERALISMO

Marcio Sotelo Felippe[378]

Introdução

Em termos genéricos democracia expressa a ideia de diluição do poder. Essa diluição supõe-se virtuosa na medida em que, quanto mais diluído o poder entre os cidadãos, mais amplos os interesses atendidos e mais justa a sociedade.

A noção de democracia, com esse sentido genérico, nos foi legada pela Atenas de Péricles, justamente do seio da civilização que inaugurou o modo de produção escravo. Anteriormente a escravidão era, nas palavras de Perry Anderson, "uma condição juridicamente impura" sob a forma de servidão por débitos ou sanção penal. É nas cidades-Estados gregas que ela passa de sistema auxiliar a modo sistemático de produção. "O modo de produção escravo foi uma invenção decisiva do mundo greco-romano, que constituiu a base definitiva tanto para suas realizações quanto para seu eclipse."[379]

Essa contradição entre uma estrutura social perversa e um regime que se pretende virtuoso existe hoje tal qual na Atenas de Péricles. Democracia e capitalismo são compatíveis? A resposta depende do real conceito de democracia, mas desde logo registre-se a frase de Marx: "a antítese entre o Estado represen-

378 Marcio Sotelo Felippe é pós-graduado em Filosofia e Teoria Geral do Direito pela Universidade de São Paulo. Procurador do Estado, exerceu o cargo de Procurador-Geral do Estado de 1995 a 2000. Publicou Razão jurídica e dignidade humana (1996). Foi diretor da Escola Superior da Procuradoria Geral do Estado de 2007 a 2009, oportunidade em que elaborou o projeto pedagógico e implantou o curso de pós-graduação lato sensu em Direitos Humanos

379 ANDERSON, Perry. *Passagens da Antiguidade ao Feudalismo*. 5ª. ed. São Paulo: Editora Brasiliense, 1994, p. 21.

tativo democrático e a sociedade burguesa é o apogeu da antítese clássica entre a comunidade pública e a escravidão".[380]

1. Duas concepções de Estado

Ao longo de 25 séculos, a Filosofia Política nos legou duas concepções de Estado. Uma, o modelo aristotélico, de largo curso, cujas noções se incorporaram à tradição e ao senso comum. O segundo modelo, moderno e crítico, está na base da ideia de transformação e de lutas sociais. É o de Rousseau do *Discurso sobre a Desigualdade.*

Em linhas gerais, no primeiro modelo o Estado é uma forma política cujo sentido é o bem comum, e nele todos os cidadãos estão contemplados. Diz Aristóteles na *Política* que a pólis é uma associação, e toda associação se constitui tendo em vista algum bem. A comunidade política é a mais alta de todas porque engloba todas as demais e, portanto, visa ao bem mais alto de todos.

A pólis constitui-se por associações sucessivas e necessárias. A associação entre homens e mulheres, que são incapazes de existir um sem o outro. A associação entre os que por natureza comandam e os que por natureza obedecem, senhores e escravos. Dado que isso é por natureza, essa associação é do interesse visa a conservação de ambos.

Tais associações constituem a família. Diversas famílias uma aldeia. A pólis agrega as aldeias. Tudo isso é uma realidade natural, as comunidades, a pólis e, por consequência, o homem é animal político (*politikón zôon*, ou seja, um animal político porque sua natureza é viver na pólis). Quem, por natureza, está fora da pólis é um ser degradado, "sem clã, sem lei e sem lar", de acordo com a expressão que Aristóteles toma da *Ilíada*, e "ávido de combates". A comunidade política tem como regra a justiça.

Ao longo dos séculos o conceito de Estado como expressão do bem comum, por mais distintas que fossem as formas políticas, teve grande fortuna. Podemos encontrar variações da mesma ideia em praticamente todos os clássicos. Em Tomás de Aquino a ordem feudal estava de acordo com a lei divina e a lei natural. Nos contratualistas sai-se do estado de natureza e constitui-se a sociedade política para pôr fim à guerra de todos contra todos. A sociedade política é virtuosa porque atende o interesse de todos ao assegurar a paz, o comércio, a

380 Marx, Karl. A Questão Judaica. 2ª. ed. São Paulo: Editora Moraes, 1991, p. 99

prosperidade. A concepção de Estado de Hegel, que Marx ataca na *Crítica da Filosofia do Direito de Hegel*, é de viés aristotélico.

> O Estado, para ele, [Hegel] é a realização da vontade livre, racional. Na Filosofia do Direito, o Estado realiza o seu conceito quando suprassume os estágios abstratos da família e da sociedade civil e alcança sua unidade como universal concreto. O Estado é a vontade livre tornada autoconsciente, a "vontade livre que quer a vontade livre", e o fim racional do homem é a vida no Estado. A constituição, em cada um de seus três poderes, realiza a ideia de Estado como unidade de opostos.[381]

Rousseau inverte rigorosamente Aristóteles para formular o segundo modelo. Na primeira parte do *Discurso sobre a Desigualdade* descreve o estado de natureza primitivo, anterior à sociedade política, em que seres humanos subsistiam sem vícios ou virtudes. Ao contrário da ideia aristotélica segundo a qual fora da pólis o ser humano é um degradado, é na sociedade que os seres humanos se degradam, e essa é a origem de todos os males sociais. Tal como no *Gênesis*, há a queda do humano. A maçã é a propriedade.[382]

O célebre início da segunda parte do *Discurso* abre a descrição do humano degradado: "o verdadeiro fundador da sociedade civil foi o primeiro que, tendo cercado um terreno, lembrou-se de dizer, 'isto é, meu' e encontrou pessoas suficientemente simples para acreditá-lo". Quantos crimes, prossegue Rousseau, guerras, assassínios, misérias e horrores não pouparia ao gênero humano quem tivesse arrancado aquelas estacas e convencido seus semelhantes a não ouvir o impostor.

É a partir da propriedade que surge a sociedade política. Na descrição de Rousseau, o homem no primitivo estado de natureza, que subsistia da caça e da pesca, descobriu as vantagens da agricultura, que implicava posse da terra. Da posse derivou a propriedade. A propriedade gerou a ambição, o ardor de elevar sua fortuna, a tendência a prejudicarem-se uns aos outros, rivalidade, competição: "todos esses males constituem o primeiro efeito da propriedade e o cortejo inseparável da desi-

381 ENDERLE, Rubens. *Apresentação da Crítica da Filosofia do Direito de Hegel, de Marx*. São Paulo: Boitempo Editorial, 2005, pp. 21-22.
382 A primeira frase do *Emílio*: "Tudo está bem nas mãos do criador das coisas. Tudo degenera nas mãos do homem".

gualdade nascente".[383] A propriedade e a desigualdade são anteriores ao Estado, à sociedade política, que é estabelecida para conservá-las.

Na descrição retórica de Rousseau, a sociedade política, a submissão de todos a um poder supremo, se realiza por meio de um discurso enganoso em que os despossuídos convencem-se de que essa submissão é também do interesse deles. "Tal foi ou deveu ser a origem da sociedade e das leis, que deram novos entraves aos fracos e novas forças ao rico".[384] Elas destruíram a liberdade natural e estabeleceram para sempre a lei da propriedade e da desigualdade, *"fizeram da usurpação sagaz um direito irrevogável e, para lucro de alguns ambiciosos, daí por diante sujeitaram todo o gênero humano ao trabalho, à servidão e à miséria".*[385]

Observa Ernst Cassirer que Rousseau se apropria de uma expressão de Thomas Morus: "vocês precisam de mim", diz o rico ao pobre, "pois sou rico e vocês são pobres. Vamos então fazer um contrato entre nós: eu lhe darei a honra de poderem me servir sob a condição de que me deem o pouco que ainda lhes resta por eu estar tendo o incômodo de comandá-los".[386]

A história das sociedades é compreendida como a história da propriedade e das relações sociais que dela derivam. Ainda nas palavras de Cassirer, "todas as lutas sociais da atualidade continuam sendo tocadas e acionadas por esse impulso original" [de Rousseau]. "Elas têm sua raiz nessa consciência de uma responsabilidade da sociedade que Rousseau foi o primeiro a possuir e cuja semente ele implantou em toda posteridade".[387]

As conclusões especulativas de Rousseau aparecem na rigorosa análise histórica de Marx. Sem a superada categoria estado de natureza, vemos n'*A Ideologia Alemã* uma análise da História não a partir da narrativa de guerras, conflitos e conquistas, mas, como Rousseau esboçara, a partir da propriedade e das relações sociais correspondentes. N'*A Ideologia Alemã* Marx descreve o desenvolvimento da propriedade, do estágio tribal, em que se caça e pesca e a agricultura é pouco desenvolvida, e as formas antigas, feudais e modernas de propriedade. Dessa perspectiva, não se compreende as formas políticas e jurídicas desvinculadas das relações sociais de propriedade, o que era o sentido

383 Rousseau, Jean-Jacques. *Discurso sobre a Desigualdade*. 5ª. ed. São Paulo: Nova Cultural, 1991, p. 267.
384 Id., p. 269
385 Id., p. 270
386 CASSIRER, Ernst. *A Questão Jean-Jacques Rousseau*. São Paulo: Editora UNESP, 1999, p. 60/
387 Id., p. 74/75.

do que disse Rousseau no segundo *Discurso*.Na *Questão Judaica* Marx faz uma precisa análise da sociedade burguesa e da noção então vigente de direitos humanos a partir do exame da constituição francesa de 1793 e da Declaração de 1791. A liberdade ali aparecia como o poder de fazer tudo aquilo que não prejudique a ninguém. O limite no qual todo homem pode mover-se em direção a outro é determinado pela lei, tal como as estacas marcam o limite ou a linha divisória entre duas terras. Logo, tem-se a "a liberdade do homem como de uma mônada isolada, dobrada sobre si mesma". [388]

Essa liberdade é tão somente o direito à propriedade privada, prossegue Marx, citando o artigo 16 da Constituição de 1793. Propriedade é "o direito assegurado a todo cidadão de gozar e dispor de seus bens, rendas, dos frutos de seu trabalho e de sua indústria como melhor lhe convier". Essa aplicação da liberdade individual constitui "o fundamento da sociedade burguesa (...) que faz com que todo homem encontre noutros homens não a realização de sua liberdade, mas, pelo contrário, a limitação desta". [389]

Nessa perspectiva, a igualdade é apenas essa liberdade que se resolve na propriedade privada, o homem como a mônada dobrada sobre si mesma. Abolidos os privilégios feudais, abre-se a luta de homens contra homens, indivíduos contra indivíduos. N'*A Sagrada Família* Marx vê a sociedade burguesa como a guerra de uns contra outros. Ecoa nesse texto o estado de natureza de Hobbes, que Marx reescreve como a sociedade burguesa. A anarquia é a lei da sociedade burguesa, e a anarquia da sociedade burguesa é a base do moderno estado de coisas público, assim como o estado de coisas público é o que garante essa anarquia. Contrapõem-se e condicionam-se mutuamente. Esse é o papel do Direito e do Estado burguês: o paradoxo de estabelecer uma ordem para que flua a anarquia.

O contraponto disso é uma passagem do *Contrato Social* que Marx cita na *Questão Judaica*. A sociedade burguesa é antitética à ideia de uma real comunidade humana, que seria o conceito de uma real democracia.

> Quem se propõe a tarefa de instituir um povo deve transformar a natureza humana (quer dizer, o homem em seu estado natural) de um todo perfeito e solitário a parte de um todo maior, de substituir a existência física e independente por uma existência parcial e moral. Deve ser despojado de suas

388 *Questão Judaica*, p. 42.
389 Id., p. 43

> próprias forças para que receba outras, que lhe são estranhas e das quais só possa fazer uso com a ajuda de outros homens.

Qualquer concepção de democracia construída sobre a base da noção de Estado como expressão do bem comum, que se apresenta como conciliando satisfatoriamente os conflitos e contradições sociais e ao fazê-lo realiza os interesses de todos, que tanto servia a Aristóteles para apresentar a escravidão como um fato da natureza quanto a Hegel para apresentar o Estado prussiano como o fim da História, a realização da Ideia, a razão culminante do Espírito Absoluto, conduz a uma falsa noção do real. Evidente que tantas concepções assentadas sobre a expressão bem comum significam que a expressão não significa nada.

2. A democracia burguesa e a categoria do jurídico

Dizia Marx na *Questão Judaica* que na sociedade burguesa o privilégio é substituído pelo direito. O Estado sob o modo de produção capitalista é uma forma específica e singular de mando político. Nas palavras de Alysson Leandro Mascaro temos:

> Em modos de produção anteriores ao capitalismo, não há uma separação estrutural entre aqueles que dominam economicamente e aqueles que dominam politicamente: de modo geral, são as mesmas classes, grupos e indivíduos – os senhores de escravos ou os senhores feudais – que controlam tanto os setores econômicos quanto os políticos de suas sociedades. Se alguém chamar por Estado o domínio antigo, estará tratando do mando político direto das classes econômicas exploradoras. No capitalismo, no entanto, abre-se a separação entre o domínio econômico e o domínio político. O burguês não é necessariamente o agente estatal. As figuras aparecem, a princípio, como distintas. Na condensação do domínio político em uma figura distinta do burguês, no capitalismo, identifica-se especificamente os contornos do fenômeno estatal.[390]

A sintética expressão "o privilégio é substituído pelo direito" condensa um oceano de conteúdo. No modo de produção capitalista tudo, aparentemente, se passa como se sujeitos autônomos estabelecessem livremente um contrato, ao contrá-

390 MASCARO, Alysson Leandro. *Estado e Forma Política*. 1ª. ed.. São Paulo: Boitempo, 2013, pg. 17

rio dos modos de produção anteriores em que a posição do trabalhador direto tinha um vínculo extracontratual de subordinação. A função do Estado, prossegue Mascaro, é de consolidar "as instituições jurídicas, sujeito de direito, garantia de contrato e autonomia da vontade, sem as quais o domínio do capital sobre o trabalho assalariado seria domínio direto – portanto, escravidão ou servidão".[391]

A relação de trabalho capitalista jamais é livre. Em primeiro lugar, não detendo os meios de produção, nada mais resta ao trabalhador do que vender sua força de trabalho. É o constrangimento econômico. Não pode haver relações sociais livres quando os sujeitos estão dessa forma desigualados. Em segundo lugar, não obstante a separação entre os detentores dos meios de produção, da propriedade e a esfera política, o Estado cumpre o papel de garantidor dessa relação e tem a seu dispor a coatividade. Como assinala Alaor Caffé Alves, a igualdade do contrato entre partes iguais e livres "pressupõe a necessária, permanente e implícita possibilidade de evocação do Estado, o que resulta na sua presença submersa e constante para assegurar a vigência e execução da relação contratual".[392] E por fim o componente ideológico. Toda a aparência desse fenômeno constrói o manto da ilusão da liberdade e igualdade, dessa forma é legitimado e induz à submissão.

Dois séculos após Rousseau e mais de 150 anos após Marx, temos o desafio de desvendar o complexo fenômeno da chamada democracia burguesa, que obviamente não poderia estar em seus horizontes. Após Marx dizer no *Manifesto Comunista* que o Estado era um comitê de negócios da burguesia, tendo já, antes, espancado os direitos humanos tal como concebidos pós-Revolução Francesa, no século XIX, afirmando que na sociedade burguesa a liberdade era a de mônadas dobradas sobre si mesmas, uma espécie de estado de natureza hobbesiano em que se organiza o caos, o Estado e as instituições políticas sofreram transformações que não podem ser ignoradas.

No entanto, tais transformações jamais poderiam significar que a essência do Estado no modo de produção capitalista se alterou. Por isso o tópico se inicia por uma análise da categoria do jurídico no plano das relações estruturais capitalistas, ao modo de um atalho pelo qual se chega rapidamente à real natureza das instituições políticas porque desvenda a estrutura social e parte do aparato ideológico que a encoberta.

---

391 Id., p.41

392 ALVES, Alaor Caffé. *Estado e Ideologia*. São Paulo: Editora Brasiliense, 1987, p. 264.

Fundamentalmente, lutas sociais foram responsáveis por essas transformações do Estado e das instituições políticas, a par da eclosão da Revolução Bolchevique. O que denominamos democracia burguesa é a estrutura do modo de produção capitalista convivendo com direitos sociais, políticos e jurídicos que não o colocam em risco, mas que importam para a emancipação dos excluídos.

Uma história desse processo de transformação do Estado, nessa perspectiva estrita, pode ser traçada a partir das constituições do México, de 1917, e da República de Weimar, em 1919, chegando ao Estado de bem-estar social europeu do segundo pós-guerra. A Constituição do México elevou à condição de direitos fundamentais tanto o direito trabalhista quanto os direitos políticos e as liberdades individuais. Foi limitada a jornada de trabalho, o trabalho de menores e previu-se a proteção da maternidade, entre outros direitos. Em igual sentido a Constituição de Weimar consagrou direitos sociais como direitos humanos. Quase cem anos depois de Marx ter denunciado a sociedade burguesa como a de mônadas dobradas sobre si mesmas, uma constituição sob a estrutura capitalista contemplava direitos e atenção às condições de vida dos trabalhadores e despossuídos.

Em um quadro de ascensão das lutas sociais, marcado pela Revolução Bolchevique, as revoltas húngara e espartaquista de 1919, entre outras, a reação foi o fascismo. Especialmente sem a Revolução Bolchevique, que pela primeira vez na experiência histórica aboliu a propriedade privada dos meios de produção, não teria havido fascismo.

Fascismo é uma forma de dominação burguesa que não se limita à coerção e ao aparato ideológico trivial. Alia à violência estatal desmedida um controle da consciência da massa de modo a tornar o padrão ideológico, cultural, político e social da sociedade burguesa a medida do "normal". A sociedade seria como um organismo que tem que ser mantido saudável. O que está fora desse padrão é doença social e constitui uma sub-humanidade, privada de direitos e apta a ser exterminada fisicamente.

Sobre os escombros da derrocada dos regimes fascistas houve uma retomada do que se iniciara com as Constituições do México e de Weimar: os Estados de bem-estar social, que impunham limites ao livre funcionamento do mercado pela intervenção do Estado, políticas públicas, garantias sociais, saúde, educação, habitação, previdência pública. No plano estritamente jurídico garantiam-se os direitos fundamentais, o acesso ao Judiciário, o devido processo legal.

Na Alemanha, sob o impacto do terror e das atrocidades praticadas pelo nazismo, o artigo 1º da Lei Fundamental da Alemanha, de 1949, estabelecia que "a dignidade da pessoa humana é inviolável". Interpretada a princípio em modo negativo – ou seja, apenas limitadora da ação do Estado de modo a garantir a inviolabilidade física e espiritual dos cidadãos – harmonizava-se, no entanto, com as políticas públicas de bem-estar social. Seria o hegeliano fim da História, ou, enfim, a realização da ideia aristotélica do Estado como a forma política que assegura o bem comum?

Em primeiro lugar, o Estado de bem-estar social atenua desigualdades de modo a garantir algo de sobrevivência digna para os trabalhadores, mas não, evidentemente, a injustiça da estrutural divisão entre proprietários e não proprietários. É um remendo para uma estrutura que não pode, pela sua própria natureza, contemplar a igualdade plena, uma condição universal digna em que não haja privilégios, em que todos têm o mesmo ponto de partida e as mesmas oportunidades. É contentar-se com pouco assegurar uma renda ao desempregado, alguns bens de consumo, uma cama ao trabalhador doente ou um teto ao excluído ao mesmo tempo em que parcela mínima da população mundial detém a maior parte da renda e do patrimônio.

Em segundo lugar, o Estado de bem-estar social é uma experiência localizada, fruto de contingências históricas, praticamente limitado à Europa Ocidental, e muitas de suas políticas públicas nunca existiram sequer na maior potência capitalista, os Estados Unidos, como a assistência à saúde e educação de boa qualidade acessível à população de baixa renda.

No entanto, apontar as deficiências, falhas e a condição estrutural ainda injusta do Estado de bem-estar social, ou da democracia burguesa, não significa desprezá-lo, o que seria grave equívoco. Na expressão "democracia burguesa" há os dois termos, "democracia" e "burguesa", e compreendê-la significa saber exatamente que papel cada um dos termos desempenha no conceito. Como é possível conciliar o que aparentemente é uma contradição em termos?

É burguesa obviamente porque nela há a dominação de classe, a extração da mais-valia, a condição estruturalmente injusta, a desqualificação, o tratamento desigual, o parasitismo do capital financeiro a sugar recursos e riqueza gerados pelos trabalhadores, há os despossuídos de toda sorte, consequência necessária do capitalismo.

Mas há democracia, o tanto quanto possível a não ameaçar a dominação de classe, mas há. Políticas públicas, políticas sociais, direitos e garantias fundamentais, certa proteção contra a violência do Estado, liberdades públicas, liberdade de expressão, de organização, liberdade sindical.

É possível conciliar relativamente a contradição para justificar o valor positivo da democracia burguesa se considerarmos o conceito de democracia real ao modo de ideia regulativa.

Há uma interessante e pouco conhecida passagem de Engels em que invoca o conceito de democracia de um modo que poderíamos dizer ontologicamente platônico:

> Não estamos falando sobre a democracia *real* que a Europa inteira apressa-se em adotar e que consiste em uma democracia bastante especial, diferente de todas as outras democracias anteriores (...) Não estamos falando sobre coisas que pertencem ao século XIX, e que são ruins e efêmeras, mas sobre categorias que são eternas e que existiam antes de "as montanhas terem sido criadas". Em suma, não estamos discutindo aquilo sobre o que se tem falado, mas de uma coisa bastante diferente.[393]

Democracia é a livre associação de homens livres. Livres no sentido pleno que só é possível pressuposta a igualdade e inexistência de qualquer jugo de homens sobre homens. Livres para decidirem seus próprios destinos, autônomos, em uma sociedade sem divisão de classes, sem privilégios. Não a liberdade burguesa das mônadas dobradas sobre si mesmas, a liberdade de oprimir e de ter a sua existência garantida pelo trabalho alheio, seja o escravo, seja o servo, seja o do trabalhador assalariado cuja desigualdade e condição semelhante à de escravos e servos é ocultada pelo manto da igualdade formal.

A democracia é como o reino dos fins de Kant. Uma comunidade em que um homem, pela sua dignidade, jamais seja meio para outro homem, mas fim em si mesmo.

Os direitos são o vislumbre de uma sociedade livre e realmente democrática. São frutos das conquistas históricas dos trabalhadores, de muito sangue derramado nas lutas sociais ao longo do desenvolvimento da sociedade burguesa.

393 ENGELS, Friedrich. O Festival das Nações em Londres, apud O Enigma da Democracia em Marx, Pogrebinschi, Thamy. Disponível em: http://www.scielo.br/scielo.php?script=sci_arttext&pid=S0102=69092007000100005-&lng=en&nrm=iso&tlng-pt. Acesso em: 12 abr. 2019.

Os direitos são uma antevisão de uma sociedade de indivíduos solidários que poderiam usufruir integralmente a condição humana. Uma democracia perfeita seria uma comunidade em que sequer a expressão "direitos" teria sentido. A vida humana seria tão plena que prescindiria da expressão.

Pode-se facilmente dizer que se trata de uma utopia. O sentido etimológico de utopia, derivado do grego, é "lugar nenhum", lugar que não existe. Mas os direitos são alguma coisa – são muita coisa – e a democracia é um ente lógico que repercute na experiência ao modo de ideia regulativa.

A expressão "ideia regulativa" foi utilizada por Kant para expressar entes que não são encontrados na experiência, não são empíricos, pois, mas que, postuladas como ideias da razão, indicam caminhos ou regras – regulativo é o que estabelece regras. Deus, por exemplo, seria uma ideia regulativa, posto que não o encontramos na experiência, mas a postulação da sua existência indica condutas ou rumos.

A democracia é uma ideia regulativa. A experiência histórica jamais a encontrou. Mas o seu sentido, de uma comunidade livre de homens realmente livres, está presente na experiência de algum modo como direitos, como uma antecipação lógica e empírica da ideia de democracia. Quando dizemos que algo é democrático, nossa fonte é a ideia de democracia que Engels disse que existia antes de as montanhas serem criadas

Denominamos democracia burguesa o regime em que, sob o modo de produção capitalista, direitos relevantes são garantidos. O que responde, pois, pelo termo "democracia" na expressão são os direitos.

3. *Neoliberalismo*

O Estado de bem-estar social, a forma mais avançada de democracia burguesa, começou a ser desmantelado a partir dos anos 1980 do século passado, com Reagan e Thatcher. A ofensiva neoliberal, orientada basicamente pelas ideias do economista austríaco Frederic Hayek, que sustentava que qualquer forma de intervenção do Estado era opressora, promoveu a desregulamentação do mercado, privatizações, enfraquecimento das organizações dos trabalhadores e aniquilação de direitos. O neoliberalismo tem como fundamento uma grave distorção do sentido da existência humana. Essa distorção é sua base ideológica. A partir dos anos finais do século XX, sob o influxo do neoliberalismo, prosperaram concepções individualistas, meritocracia, noções marcadas pelo egoísmo e ausência de solidariedade social.

> [...] esta Filosofia surgiu como uma tentativa consciente de remodelar a vida humana e alterar o foro de poder. Ela enxerga a concorrência como a característica definidora das relações humanas. Ela redefine os cidadãos como consumidores, cujas escolhas democráticas são melhor exercidas por compra e venda, um processo que premia o mérito e pune a ineficiência. Ela sustenta que "o mercado" proporciona benefícios que nunca poderiam ser alcançados pelo planejamento [estatal].
>
> Tentativas de limitar a competição são tratadas como inimigas da liberdade. Impostos e regulações devem ser minimizados, serviços públicos devem ser privatizados. Organizações do trabalho e negociações coletivas de sindicatos são retratadas como distorções de mercado que impedem a formação de uma hierarquia natural de vencedores e perdedores. A desigualdade é remodelada como algo virtuoso: recompensa pela utilidade e geradora de riqueza, que escorre para enriquecer a todos. Esforços para criar uma sociedade mais igualitária são tanto contraproducentes quanto moralmente corrosivos. O mercado garante que todos recebam o que merecem.
>
> Nós internalizamos e reproduzimos suas crenças. Os ricos se convencem de que adquiriram sua riqueza através do mérito, ignorando as vantagens – como educação, herança e classe [social] – que podem ter ajudado a retê-la. Os pobres começam a se culpar por seus fracassos, mesmo quando podem fazer pouco para mudar suas circunstâncias.
>
> Não importa o desemprego estrutural: se você não tem um trabalho é porque não tem iniciativa. Não importam os custos impossíveis de habitação: se o seu cartão de crédito está no limite, você é irresponsável e imprevidente. Não importa que seus filhos já não tenham uma quadra de esportes na escola: se eles ficarem gordos, a culpa é sua. Em um mundo governado pela competição, aqueles que ficam para trás são tidos e autodefinidos como perdedores.[394]

"O trabalhador tem que se sentir inseguro", declarou certa vez Alan Greenspan, presidente do FED (equivalente ao nosso Banco Central) no Congresso norte-americano. No interior dessa visão de mundo e das relações sociais era estra-

394 George Monbiot, em texto originalmente publicado no *The Guardian* e reproduzido pela *Carta Maior*: https://www.cartamaior.com.br/?/Editoria/Economia/Neoliberalismo-a-ideologia-na-raiz-de-todos-os-nossos-problemas/7/36031. Acesso em: 13 abr. 2019.

tégico o enfraquecimento das organizações de trabalhadores. Duas tremendas derrotas sindicais abriram o caminho para a hegemonia neoliberal. Nos EUA, a greve dos controladores de voos em 1981 reivindicando limitação da jornada de trabalho e melhorias salariais foi derrotada por Reagan, que declarou a paralisação ilegal, deu prazo de 48 horas para a retomada do trabalho e substituiu imediatamente os controladores por profissionais de antemão preparados. Vencido o prazo, demitiu cerca de 11 mil grevistas e proibiu que fossem readmitidos no serviço público.

Em 1984 a greve dos mineiros no Reino Unido contra a política neoliberal de Thatcher também redundou em fracasso. Thatcher via na derrota do movimento o momento crucial para a hegemonia do neoliberalismo, a grande oportunidade de pôr abaixo o movimento sindical a partir do aniquilamento do poderoso sindicato dos mineiros. A paralisação, duramente reprimida, durou um ano. Thatcher fechou e privatizou as minas, provocando desemprego e redução de salários. As 130 minas de carvão, duas décadas depois, estavam reduzidas a 6, e os 200 mil mineiros a cerca de 1.800:

> Ao quebrar o então mais poderoso sindicato do país, Thatcher fez valer seu programa de fechar as minas, mas conseguiu mais do que isso. Daquele ponto em diante, todos os sindicatos do país sabiam que não era possível contestar o governo, que o neoliberalismo e o enfraquecimento dos direitos trabalhistas estavam ali para ficar.[395]

A ofensiva e hegemonia do neoliberalismo resultaram em aumento da desigualdade, em apropriação de renda e patrimônio pelos mais ricos. Segundo dados do World Wealth and Income Database (WID), banco de dados que tem entre seus coordenadores Thomas Piketty, o 1% mais rico da população mundial detém hoje 20% da renda mundial. Os 50% mais pobres, 9%, mas essa porcentagem não evolui desde 1980, ao passo que o rendimento dos mais ricos saltou de 16% em 1980 para os atuais 20%.

4. Neoliberalismo e forma política

A essa nova forma de domínio de classe, de apropriação de renda e patrimônio, correspondeu uma nova forma política. No neoliberalismo essa forma se

395 LEITE, Pedro Dias. *Folha de São Paulo*, edição de 3 de maio de 2009.

manifesta pela manutenção das instituições liberais clássicas, cuja inexistência caracterizava as antigas ditaduras, mas agora como formas desprovidas do conteúdo democrático que tinham no Estado representativo democrático tal como construído no pós-Guerra, particularmente no ocidente europeu e, entre nós, como pretendido pela Constituição de 1988.

Para identificar aspectos dessa forma política podemos colher o resultado das pesquisas de Pedro Estevam Serrano sobre o Estado de Exceção. Os estudos de Serrano não partem, ao contrário deste trabalho, do pressuposto da luta de classes[396]. No entanto, se tomarmos o recorte do Estado de Exceção tal como ele nos apresenta, temos a forma política do neoliberalismo, que passa a ser, desse ponto de vista, uma nova forma de dominação de classe, um regime específico ao lado de outros que a experiência histórica nos mostrou, como o Estado burguês do século XIX, as ditaduras fascistas, ou com ingredientes fascistas ou apenas autoritárias, as democracias do Estado do bem-estar social do pós-guerra etc.

Serrano distingue dois Estados de Exceção. Um que ele denomina de aparente, "estabelecida de forma autorizada e regulada pelo Direito, apresentando-se como um direito especial e formalmente reconhecido pelo ordenamento jurídico". Trata-se dos casos de guerra, estado de sítio etc., classicamente reconhecidos pelo Direito constitucional e nos quais "há ainda a preservação e o respeito a um rol de direitos mínimos dos cidadãos. Outro, a "exceçao real, em que, por vontade política soberana, decisionista, há a suspensão do direito, implicando a submissão do jurídico ao político".[397]

Assim, no século XXI, prossegue Serrano, o Estado de Exceção, o real, muda de natureza. Não há uma ruptura do Estado democrático, mas "a inserção dos mecanismos de autoritarismo típicos de exceção no interior da rotina democrática, como uma verdadeira técnica de governo". Os exemplos são o *Patrioct Act*, as leis de combate ao terrorismo na Europa, os golpes em Honduras e Paraguai. Na Europa e nos Estados Unidos o inimigo é o estrangeiro, o imigrante ilegal, o terrorista, o muçulmano. Na América Latina o inimigo é o pobre, diz Serrano, a categoria de pessoas que é parte majoritária da sociedade.

---

396 Em seu *Autoritarismo e Golpes na América Latina* esclarece: "não adotaremos, por outro lado, a teoria da luta de classes como critério de demarcação histórica própria do marxismo, desconsiderando, portanto, como foco principal, as tensões e contradições da dinâmica relacional entre o trabalho e o Capital" p. 22

397 Id., p.167.

Rubens Casara enfrenta o desafio de interpretar essa nova realidade da seguinte forma:

> Por pós-democrático, na ausência de um termo melhor, entende-se um Estado sem limites rígidos ao exercício do poder, isso em um momento em que o poder econômico e o poder político se aproximam, e quase voltam a se identificar, sem pudor. No Estado pós-democrático a democracia permanece, não mais com um conteúdo substancial e vinculante, mas como mero simulacro, um elemento discursivo apaziguador. O ganho democrático que se deu com o Estado moderno, nascido da separação entre o poder político e o poder econômico, desaparece na pós-democracia e, nesse particular, pode-se falar em uma espécie de regressão pré-moderna, que se caracteriza pela vigência de um absolutismo de mercado.[398]

Casara, com apoio em Pierre Dardot e Christian Laval, estabelece a relação entre pós-democracia e neoliberalismo: "o neoliberalismo está levando à era pós-democrática".

Com esses aportes, o caso brasileiro, a derrocada real da Constituição de 1988 e todo o processo que se desenvolve hoje a partir do golpe de 2016 pode ser tomado como modelo dessa nova forma de dominação. Nele estão ingredientes do Estado de Exceção real tal como descrito por Serrano no interior da tradição de estudos e pesquisas do constitucionalismo, e é uma pós-democracia que tem a ver com a ascensão e hegemonia do neoliberalismo – como sustentado por Casara – que pôs abaixo a democracia burguesa.

É uma dominação de novo tipo e um novo tipo de ditadura. O que, em uma expressão genérica e sintética, caracteriza uma ditadura é a ausência de limites ao exercício do poder. Sendo isto que estamos vivendo, não há por que deixar de denominá-la de uma ditadura de novo tipo, que tem a ver com a ascensão e hegemonia de uma "lúmpen-burguesia" no âmbito do neoliberalismo. Há dois aspectos centrais nesse fenômeno: o político-jurídico e o jurídico penal.

No aspecto jurídico-político, ele se caracteriza pela manutenção de instituições políticas e jurídicas próprias do Estado de Direito clássico, da democracia representativa, e nominalmente de princípios e valores correspondentes. Repartição de poderes, Parlamento e Judiciário funcionando, uma

398 CASARA, Rubens. *Estado Pós-Democrático*. 1ª. ed. Rio de Janeiro: Civilização Brasileira, 2017, p. 23.

Constituição que contempla os direitos e garantias fundamentais, direitos sociais, eleições em todos os âmbitos, mecanismos de contenção do Poder Executivo, mecanismos jurídicos de proteção de direitos, individuais e coletivos, como mandado de segurança e, enfim, todo o aparato institucional das clássicas democracias representativas.

A novidade é que, antes, um golpe era uma ruptura nesse processo. Dava-se desde logo atingindo esse aparato institucional. O Parlamento era fechado, o Judiciário perdia sua autonomia, direitos e garantias fundamentais ficavam sem proteção, havia prisões arbitrárias, opositores políticos eram exilados, ocorria cerceamento expresso das liberdades públicas e também torturas e assassinatos.

O objetivo era o controle político da sociedade em função de interesses de classe. Assim, o golpe de 1964, que seguiu o modelo clássico das ditaduras, pôs fim ao projeto das reformas de base de João Goulart, como a reforma agrária, por exemplo, que ameaçava os latifúndios, e reformas que visavam dar o mínimo de cidadania e direitos a uma massa excluída que deixava o campo e vivia miseravelmente na periferia das grandes cidades e nas favelas, a massa despossuída que era também legado da escravidão. Estabeleceu um modelo econômico que favorecia as classes dominantes e propiciava um ganho no processo de acumulação de capital.

Em 2016, outro golpe foi dado. Mas não mais pelo fechamento ou amputação do Congresso, pela cassação de juízes, pela prisão arbitrária, exílio ou assassinato de opositores políticos, pela tortura. A Constituição não foi revogada e substituída por outra, autoritária. A presidenta constitucional foi deposta por um golpe jurídico-parlamentar, com o uso formal de mecanismos da Constituição democrática. O principal opositor político não foi preso arbitrariamente, exilado ou torturado, mas "regularmente" processado com todo o aparato formal do devido processo legal. Foi encarcerado em clara violação a um preceito constitucional de modo a não concorrer às eleições presidenciais e não influir nelas, o que certamente faria com enorme peso político se, livre, fosse impedido de disputar a eleição.

Segue-se então a política econômica e social regressiva, tal como em 1964. Reforma da legislação trabalhista, entrega das riquezas nacionais ao grande capital internacional, a investida contra a previdência, cortes nos gastos com saúde e educação para favorecer bancos e grandes rentistas, a oligarquia financeira.

Quanto ao segundo aspecto, o jurídico-penal, o objetivo é o controle da massa excluída, que é uma exigência e uma consequência do neoliberalismo. Nas palavras de Rubens Casara:

> A razão neoliberal leva a um regime complexo que é liberal em relação aos detentores do poder político e econômico, público para a qual vigora o *laissez-faire*, e, ao mesmo tempo, busca anestesiar ampla parcela da população com promessas de consumo, enquanto, para os indesejáveis, os indivíduos ou grupos que "não prestam" segundo a razão neoliberal, reserva medidas penais de controle e exclusão, em uma espécie de paternalismo punitivo.[399]

Com isso entende-se o extraordinário crescimento da população carcerária, que vai chegando, no Brasil, à casa de 1 milhão. Graças a esse Direito Penal hipertrofiado, aliado ao viés ideológico e de classe da esmagadora maioria dos juízes. O verdadeiro genocídio que é praticado pelas polícias à margem do ordenamento, atingindo negros e pobres, pretende-se incorporar ao ordenamento com o projeto em tramitação que confere licença para matar à polícia.

Em síntese, esse modo de dominação caracteriza-se por consentir com uma constituição democrática mas sem eficácia, pelo controle político da sociedade mas mantendo todo o aparato institucional do Estado de Direito, pela utilização do *lawfare*, processos judiciais formalmente regulares para a imobilização de opositores políticos em vez da prisão arbitrária, exílio ou assassinato.

É uma nova categoria do político. A uma forma de dominação corresponde uma categoria política. Ditaduras clássicas não são mais necessárias porque a visão de mundo do neoliberalismo incorporou-se de tal modo ao senso comum que o controle ideológico da sociedade torna desnecessário destruir as instituições políticas e jurídicas liberais.

É hoje uma forma política que atende aos interesses da "lúmpen-burguesia". A expressão lúmpen – farrapo, trapo, em alemão – foi utilizada por Marx para designar os desenraizados das camadas populares, sem compromisso ou consciência de classe, que exerciam um papel contrarrevolucionário. O "lúmpen-proletariado" era a base social de apoio de Luiz Napoleão. Em uma passagem do *18 Brumário*, Marx enumera algumas dessas figuras: trapaceiros, donos de bordel, ex-soldados, mendigos, filhos arruinados da burguesia etc. Mas a categoria lúmpen também podia ser aplicada ao topo da sociedade burguesa. Em *A Luta de Classes na França de 1848*

399 P. 186.

a 1850, Marx diz que a aristocracia financeira, seja em seus métodos de aquisição como nos seus prazeres, é o renascimento do "lúmpen-proletariado" na elite da sociedade burguesa.

O economista argentino Jorge Beinstein afirma que há hoje uma "lúmpen-burguesia" global dominante como resultado da decadência sistêmica geral.[400] Isso significa o predomínio do capital financeiro. As consequências da hegemonia do capital financeiro nesse nível nos aproximam de um caos social, com a queda dos investimentos produtivos, o aumento consequente da massa global de excluídos, pauperização geral. O que reforçará o outro aspecto de neoliberalismo, a necessidade da violência e do rigor punitivo para controle dessa massa excluída.

Se olharmos hoje para o que nos governa temos duas espécies de lúmpens: a classe dominante entreguista, ignorante, rasa, inculta, incapaz de ver qualquer coisa além de seu interesse mesquinho imediato, hegemonizada pelo capital financeiro; e seus representantes políticos, que se exemplificam com um nome: Jair Bolsonaro, o lúmpen por excelência, a quintessência do lumpesinato. Diante da íntima conexão, ou melhor, a submissão completa do político ao mercado, própria do neoliberalismo, somos agora a República dos Lúmpens.

Considerando essa forma de dominação como uma ditadura, e não uma democracia enfraquecida em que pode ter papel relevante a luta e a via no interior das instituições, deve-se atentar para uma conclusão que deriva da História: ditaduras se enfrentam de fora para dentro e não no interior delas.

400 http://resistir.info/beinstein/lumpen_burguesias.html.

17. A PARTICIPAÇÃO DAS MULHERES NOS ESPAÇOS DE PODER E O FORTALECIMENTO DA DEMOCRACIA

Marina de Mello Gama[401]

Vitor Marques[402]

Artigo em homenagem ao Professor Dr. Pedro Estevam Alves Pinto Serrano, pessoa fundamental em nossa formação acadêmica. Responsável por lapidar e aprimorar valores democráticos e humanistas, tão fustigados nesta quadra da história, mas ainda assim, insculpidos com primor na Constituição Federal de 1988.

1. Introdução

A Democracia é o regime que permite a participação de todos os cidadãos nas escolhas dos assuntos públicos. Revela-se uma resposta, a partir do acúmulo político e social humano, de superação ao regime monárquico, característico dos regimes absolutistas. Mesmo com a existência de alguns regimes que con-

401. Advogada. Mestre em Democracia e Bom Governo pela Faculdade de Direito da Universidade de Salamanca (USAL). mamg31@gmail.com

402. Advogado. Mestre em Filosofia do Direito pela PUC-SP. Professor Assistente em Direito Administrativo na PUC-SP. vitor@cmmadvogados.adv.br

294

tenham a monarquia, a tripartição de poderes encontra-se estruturada e consolidada, restando para os reis e rainhas da atualidade um papel representativo, absolutamente diferente do da Idade Média.

Desse modo, o futuro da comunidade não estaria restrito a um número reduzido de pessoas escolhidas a partir de um critério que impeça a ampla participação popular.

Para além da possibilidade da comunidade decidir os assuntos públicos, é a democracia representativa que permite e almeja que os mais diversos segmentos da sociedade decidam e, também, participem da vida pública. Logo, para além de escolher, tem-se a possibilidade de ser escolhido para representar seus pares.

Numa sociedade diversa e complexa como a atual, a representatividade e a participação política tem um grande desafio de agregar os mais amplos setores sociais, evitando, portanto, que a falta de representatividade enseje a descrença no modelo político.

Atualmente, observa-se que a América Latina vive uma das maiores crises democráticas das últimas décadas. Os resultados ao longo de alguns anos parecem temerosos para uma instância fundamental da democracia: sua face representativa.

Nesse sentido, foi publicado em novembro de 2018, o *Informe Latinobarometro2018*[403], que demonstrou como os indicadores econômicos, políticos e sociais alcançaram as piores cifras desde o início das medições, em 1995, e confirmam que os latino-americanos estão insatisfeitos com as suas democracias e se inclinam cada vez mais para modelos autoritários.

A diretora do instituto afirma que 2018 foi um "annus horribilis" para nossa democracia. Isso porque os dados do estudo surpreendem e podem confirmar que a população está insatisfeita como nunca esteve com seus regimes políticos.[404] Um dos pontos que chamam a atenção é a falta de confiança nas instituições públicas: no Brasil somente 12% da população confia no Congresso Nacional e apenas 7% da população confia no governo.

403 O Latinobarómetro é um estudo de opinião pública que é aplicado anuamente em 18 países da América Latina. Investe no desenvolvimento da democracia, da economia e da sociedade em conjunto, usando indicadores da opinião pública.
Disponível em: http://www.latinobarometro.org/lat.jsp.

404 Houve um declínio geral nos indicadores: no ano de 2018, diminuiu para 48% (cinco pontos a menos que no ano anterior) o índice de apoio aos regimes democráticos, ou seja, pouco menos da metade da população prefere a democracia como forma de governo; 15% não têm simpatia por um regime democrático e 28% se mostram indiferentes. Entre os 28%, a maioria não votaria em partidos políticos.

Isso demonstra um grave indício de fadiga da democracia e, consequentemente, um descrédito com os partidos políticos, que viram seu protagonismo e sua capacidade de canalizar identidades decaírem, assim como sua capacidade de aglutinar a população e manter a confiança dos cidadãos. Sem a confiança nos partidos, as democracias não funcionam, como afirma Lagos em seu estudo sobre a pesquisa (LAGOS, 2018)[405].

Nesse sentido de crise nas instituições políticas, de representatividade e da qualidade das democracias, podemos observar um fator que chama a atenção em nossa democracia atual: a falta de mulheres em cargos decisórios em poderes públicos. Em um recorte ainda mais específico: a escassa presença de mulheres em altos cargos do Poder Executivo e o baixo número das mesmas no Congresso Nacional.

Os dados da ONU Mulheres e o "Mapa de Mulheres na Política de 2019[406]" indicam a porcentagem de mulheres desempenhando funções mais altas de seus Estados: 6,6 % como chefes de Estado e 5,2% como chefes de governo. Nesse total mundial, observa-se que, até o mês de janeiro de 2019, não havia nenhuma mulher como chefe de Estado ou de governo na América Latina.

Já o número de ministras, chega a 20,7%[407]. Em relação às mulheres nos parlamentos, a média mundial na câmara é de 24,3%, e nas câmaras altas (senado) o número médio é de 24,1%.

2. Razões que suscitam a baixa representatividade

A diferença de tratamento em função do sexo, a falta de oportunidades e os baixos índices de mulheres nas elites parlamentares e do Executivo estão diretamente vinculadas ao desequilíbrio histórico das relações de poder entre homens e mulheres, nos mais diversos âmbitos sociais.

Nessa perspectiva, como afirma Clara Araújo,

> Compreender o cenário atual da presença feminina nas instâncias de representação implica trabalhar com multiplicidade de causas, envolvendo diferentes dimensões de análise, sistêmicas e não sistêmicas, e incorporando o

405 Disponível em: https://static.poder360.com.br/2018/11/Annus_Horribilis.pdf.

406 http://www.unwomen.org/es/digital-library/publications/2019/03/women-in-politics-2019-map.

407 Vale a pena mencionar que dentro desses 20%, a minoria das mulheres está em pastas centrais ou estratégicas: maioria dos assuntos que as ministras chefiam são sociais, de família, juventude, crianças, conforme se observa no mapa.

> contexto específico a fim de que possam ser identificados traços comuns e particulares de gênero e poder político. Em outras palavras, faz-se necessário contemplar as interseções entre as relações sociais de gênero, com os seus estereótipos e preconceitos que se manifestam nos diferentes espaços públicos, e as características do sistema político e eleitoral ao qual a análise está remetida, e que podem ser mais ou menos favoráveis aos setores que historicamente se encontram excluídos e lutam para ingressar no campo político. Nesta perspectiva, o problema da representação das mulheres envolve dimensões analíticas distintas, que vão desde antecedentes comuns de exclusão histórica, passando pelas suas trajetórias sociais marcadas pela condição de gênero e por aspectos relacionados com as condições socioeconômicas, até aspectos do sistema político tais como a cultura política e os sistemas partidário e eleitoral (ARAÚJO, 2001. p. 239).

Observa-se, então, que existem alguns fatores que são capazes de interferir diretamente no acesso das mulheres às esferas de poder: culturais, socioeconômicos e políticos. Os culturais remetem aos valores gerais da sociedade, os socioeconômicos têm relação com os graus de escolaridade e nível social e a questão política tem ligação com o sistema eleitoral, partidário e de representação (ARAÚJO, 2009).

Não há consenso sobre a maior ou menor influência desses fatores, mas abordaremos a questão a partir de uma perspectiva histórica, cultural, e considerar-se-á aspectos do sistema eleitoral brasileiro.

2.1. Contexto histórico e cultural

O contexto social de participação, no Legislativo e no Executivo, nunca foi favorável à presença de mulheres. Considerado como marco do sufrágio feminino, na Inglaterra[408] elas conquistaram esse direito em 1918, ano em que foi aprovada pelo parlamento inglês uma lei de reforma eleitoral que conferia o direito de voto às mulheres britânicas. Porém a igualdade política total só foi alcançada em 1928.

408 De acordo com historiadores, o movimento sufragista inglês surge articulado com outros grupos marginalizados da época, como os escravos e operários, e teve influência nos sufrágios femininos dos Estados Unidos e do Brasil.

As mulheres brasileiras conquistaram o direito ao voto no ano de 1932[409], porém com algumas restrições em relação aos direitos políticos dos homens. Com a promulgação da Constituição de 1934, no governo de Vargas, as restrições ao sufrágio feminino foram suprimidas, embora a obrigatoriedade fosse um dever masculino. Somente em 1946, a obrigatoriedade do voto foi estendida às mulheres.

Esse pode ser considerado como o primeiro fator de relevância para explicar o ingresso tardio de mulheres ao poder. Mesmo com o direito ao voto garantido, as mulheres continuavam excluídas da participação política. Somente em meados da década de 1980, com uma realidade de mais mulheres no mercado de trabalho e no ensino superior[410], começa-se a identificar um acesso tímido às esferas de poder.

Historicamente, os espaços públicos decisórios são criados para os homens, e os privados, para mulheres. Como afirma Genovese, a política ou a vida pública do Estado costumam ser um espaço masculino, enquanto para as mulheres está reservado o espaço privado como território de sua propriedade (GENOVESE; THOMPSON, 1997).

Ora, as mulheres nunca foram convidadas a participar dos processos políticos, a inserção ocorreu principalmente por meio dos movimentos sociais e movimentos feministas que reivindicaram a ocupação de espaços públicos, e mesmo quando finalmente têm acesso ou chegam a cargos decisórios, nem sempre se inserem nesses espaços. Os autores alertam justamente sobre esta questão:

> El mantenimiento de las distinciones a causa del género resulta más evidente cuando se hace el recuento de los desafíos y oportunidades a los que las futuras líderes se enfrentaron en su ascenso hacia la cumbre. La profundidad y arraigo de los estereotipos sobre el género si evidencian al comprobar que continúan influyendo sobre los individuos, incluso después de alcanzar la posición última (GENOVESE; THOMPSON, 1997. p. 21).

---

409 Aqui vale mencionar a importância dos movimentos feministas no Brasil para alcance desse direito. As sufragistas brasileiras ao longo das décadas de 1920 e 1930 fortaleceram seu movimento e lutaram por direitos políticos para as mulheres, buscando influenciar a opinião pública e os parlamentares do Congresso da época. Outros métodos de que se valeram foram o uso da imprensa e da publicidade, nas tentativas de convencimento dos políticos e de ganhar o aval da população.

410 Em 1973, mulheres representavam 30% da população economicamente ativa (PEA). Em 2009, essa participação passou para 49,7%. Com relação à educação, em 1970, de todas as pessoas que haviam completado o ensino superior, somente 25,6% eram mulheres. Nos anos 2000 esse número passou para 52, 8% (dados do IBGE).

O problema da falta de representatividade é grave, uma vez que não há mulheres eleitas ou nomeadas para cargos de altos postos é mais difícil a inserção de seus interesses nas agendas públicas. Acaba-se criando um "círculo vicioso" de exclusão e marginalização da mulher na vida política e na falta de representantes.

2.2. Partidos políticos e sistema eleitoral

O sistema eleitoral de um país é responsável por estabelecer o método de organização e captação de votos para que seja composta a representação política. Sendo assim, é tema de extrema relevância, pois, a depender do método adotado, o resultado poderá ser modificado.

Dessa maneira, garantir uma forma de governo que considere as complexidades sociais contemporâneas e os elementos que influenciam o processo eleitoral é o desafio que os países democráticos enfrentam nesta quadra da história. Ocorre que atualmente, no Brasil, temos um cenário complexo, de pouca representatividade, considerando a diversidade da sociedade brasileira e a alta fragmentação política.

Logo, o sistema eleitoral é crucial para o processo de escolha e resultado do pleito eleitoral, representando o conjunto de normas que regulamentam o processo eleitoral, envolvendo a escolha a partir do voto pelos cidadãos e influenciando o resultado. Ter, portanto, um sistema eleitoral que identifique as complexidades sociais e permita que o pleito se desenvolva com condições de identificar e traduzir em seu resultado a complexidade cultural, contribuiria para aprimorar o sistema democrático.

O quadro de subrepresentação feminina está presente na maioria dos sistemas eleitorais, mas o acesso das mulheres e sua representação podem ser maiores ou menores a depender do sistema. Ao realizar essa análise, Clara Araújo (2009) aponta três principais características que podem afetar a presença de mulheres nas esferas de poder: o tipo de representação, a magnitude do distrito e o sistema de voto e de candidatura.

As análises formuladas até hoje concluem, em sua maioria, que os sistemas proporcionais e os distritos de alta magnitude beneficiam mais a presença de mulheres nos cargos eletivos do que os sistemas majoritários.

Além da proporcionalidade, a lista fechada bem como a exigência de composição de mulheres faria com que a representatividade pudesse caminhar em busca de maior participação delas.

É, portanto, fundamental que as reformas políticas futuras tenham a sensibilidade política para estruturar mecanismos de participação que considerem a complexidade da atual sociedade brasileira e o seu déficit representativo.

3. *Alguns instrumentos que fortalecem o regime democrático*

A presença das mulheres é importante para constituir uma massa crítica para que seus interesses sejam defendidos, porém, somente isso não é suficiente. É necessária uma consciência de gênero, para que, na prática e de maneira formal, se chegue à real implementação de políticas públicas, capazes de dar respostas a todas as necessidades práticas e estratégicas das mulheres.

Nesse sentido, como prevê a Declaração da ONU mulheres (ONU Mulheres 2011), o primeiro passo para o alcance da paridade de gênero na sociedade é estabelecer o efetivo direito das mulheres de participar dos governos dos seus países e serem eleitas livremente e com base equitativa aos homens.

É evidente que a igualdade formal e material é um dos fatores que contribuem diretamente na qualidade das democracias. Justamente para acelerar essa igualdade na política são necessários instrumentos legais para corrigir esse atraso do sistema social, como, por exemplo, as ações afirmativas ou ações positivas.

A ação afirmativa designa todo trato formalmente desigual que tem como objetivo avançar até um patamar de igualdade substancial a favor de grupos historicamente preteridos. A finalidade desse tipo de "discriminação" seria resolver um problema histórico, causado pela falta de oportunidades de determinado grupo social (PICAZO, 2008).

Refere-se justamente à busca de iguais oportunidades e também de possíveis estratégicas ou instrumentos para alcançar um maior equilíbrio representativo. No caso do Brasil, esse tipo de medida surge como objetivo de alcançar a igualdade política entre homens e mulheres e foi adotada nacionalmente na década de 1990.

As cotas de gênero foram introduzidas no ordenamento brasileiro por meio da Lei nº 9.100/1995. A norma previa que o percentual recomendando era de 20% de candidaturas femininas para o universo total de candidatos. Em 1997, com o advento da Lei nº 9.504/1997, o percentual de cotas recomendado aumenta para 30%, e a medida é ampliada para os demais cargos eleitorais por voto proporcional.

Em 2009, a Lei nº 12.034 altera a redação do § 3º do artigo 10[411] da Lei Eleitoral nº 9.504/1992 e determina a obrigatoriedade dos partidos preencherem as vagas de acordo com os percentuais mínimos (30%) e máximos (70%) por sexo, tendo por base de cálculo o número de candidatos efetivamente lançados. A expressão "deverá reservar", passou a ser "preencherá".

4. Retrato da situação atual das mulheres no poder

A falta de representatividade das mulheres nos espaços de poder é um grave problema para a democracia, traz fraqueza para instituições e, como consequência, falta de legitimidade ao sistema político.

A distribuição desigual de renda e os aspectos estruturais influenciam nas oportunidades que cada um dispõe nos âmbitos sociais, inclusive na política. Em uma década, de 2003 até 2013: quatro mulheres alcançaram o posto mais alto de seus países na América Latina[412]. Uma delas foi a presidenta Dilma Rousseff: esse fato, e também o aumento de mulheres em certas instituições públicas foram considerados grandes avanços em comparação às décadas anteriores. Observa-se que isso foi possível graças a um processo amplo de mudanças socioeconômicas e de desenvolvimento em todo continente nos últimos vinte anos.

Porém, nesse ano 2019, de fadiga da democracia, observa-se que voltamos à mesma situação de há mais de uma década: todos os países da região presididos por homens. Além disso, a maioria dos nossos parlamentos continua sendo do sexo masculino, o que revela que os resultados de igualdade de gênero não chegaram ao resultado esperado.

4.1. A participação nos Poderes Executivo e Legislativo

O acesso ao poder pelas mulheres no Brasil está muito abaixo da média mundial. No último ranking mundial de mulheres no Poder Executivo, medido pela

411 "Art. 10. Cada partido ou coligação poderá registrar candidatos para a Câmara dos Deputados, a Câmara Legislativa, as Assembleias Legislativas e as Câmaras Municipais no total de até 150% (cento e cinquenta por cento) do número de lugares a preencher (...). § 3º Do número de vagas resultante das regras previstas neste artigo, cada partido ou coligação preencherá o mínimo de 30% (trinta por cento) e o máximo de 70% (setenta por cento) para candidaturas de cada sexo (Redação dada pela Lei nº 12.034, de 2009)."

412 Michelle Bachelet no Chile(2006-2010 e 2014-2018);Cristina Fernández de Kirchner na Argentina (2007- 015), Dilma Rousseff en Brasil (2011-2016) e de Laura Chinchilla na Costa Rica (2010-2014).

ONU Mulheres[413], o Brasil ficou na 167ª posição em um universo de 174 países. Para elaboração do ranking foi observada a quantidade de ministros de ambos os sexos em cada país.

Em janeiro de 2017, entre os 25 ministros do Governo Federal, somente havia uma mulher ministra, ou seja, 4% do total. Em janeiro de 2019, em um governo predominantemente masculino, havia duas mulheres, em um total de 22 ministérios.[414]

Já a porcentagem de mulheres na Câmara dos Deputados e no Senado Federal é de 15% e 14,8%[415], respectivamente. Os números do nosso Poder Legislativo são mais baixos do que a média anual e do previsto pelas Cotas de Gênero (30% previstos na Lei de Cotas). Nesse quesito, Brasil é um dos últimos da América.

4.2. Quadro espanhol

É possível asseverar que em países com culturas mais igualitárias e estruturas sociais e econômicas com menos desigualdade de gênero, há uma tendência a se valorizar mais a participação de mulheres no poder e, por isso, a participação política de mulheres é uma realidade cada vez mais sólida.

Nesse sentido, daremos um breve exemplo da realidade na Espanha. Em 2019, pela primeira vez se cumpriu em favor das mulheres a paridade prevista na Lei de Igualdade (Ley Orgánica nº 03/2007)[416], que fixa a necessidade de ao menos 40% de representação de cada sexo nas esferas do poder público.

---

413 "Brasil fica em 167º lugar em ranking de participação de mulheres no Executivo, alerta ONU". Disponível em: https://nacoesunidas.org/brasil-fica-em-167o-lugar-em--ranking-de-participacao-de-mulheres-no-executivo-alerta-onu/.

414 Um dado relevante é que, de 2003 até 2015, nos governos de Luiz Inácio Lula da Silva e Dilma Rousseff existia a Secretaria Especial de Políticas para as Mulheres, que possuía *status* de ministério. Em outubro de 2015, a pasta foi transformada formalmente em Ministério da Mulher, da Igualdade Racial e dos Direitos Humanos. Porém sete meses mais tarde a pasta acabou extinta por Temer, voltando a ter *status* de secretaria.

415 https://www12.senado.leg.br/noticias/materias/2019/01/31/bancada-feminina--no-senado-diminui-em-2019. https://www2.camara.leg.br/atividade-legislativa/comissoes/comissoes-permanentes/comissao-de-defesa-dos-direitos-da-mulher-cmulher/noticias/bancada-feminina-na-camara-sobe-de-51-para-77-deputadas

416 A Lei para Promoção Efetiva de Igualdade entre Homens e Mulheres de 2007 (Ley Organica 03/2007), conhecida como Lei de Igualdade, foi aprovada no governo socialista de Zapatero. Ela prevê a igualdade de gênero em diversos setores da sociedade e identifica algumas das principais áreas de atuação como: emprego, educação e esferas de poder. Prevê paridade (40/60) tanto nas listas eleitorais dos partidos políticos, como nos comitês executivos das empresas privadas.

Nas últimas eleições de maio de 2019, o parlamento teve 47,4% de congressistas mulheres eleitas. Além disso, no governo do socialista Pedro Sánchez, em março de 2019, havia um total de 52,4% de mulheres ministras, ou seja, mais da metade das ministras são mulheres[417].

Tais números converteram esse parlamento da Espanha no mais igualitário e com a maior porcentagem de ministras da história do país, e analisando formalmente esses quesitos, pode ser considerado um dos mais igualitários da Europa.

4.3. Acesso ao poder no Brasil

A igualdade de gênero na política é um desafio dos nossos tempos. Pouco mais da metade da população brasileira (51,7%) é composta por mulheres, de acordo com os dados do Instituto Brasileiro de Geografia e Estatística (IBGE[418]).

Porém, o índice de mulheres em posição de destaque em empresas e o de representação feminina nos parlamentos e no Poder Executivo ainda é muito baixo, o que demonstra grandes desafios das nossas elites políticas. Em outras palavras: observa um desequilíbrio entre a população e seus representantes. Por isso a contribuição das mulheres e sua participação política são temas essenciais que devem ser discutidos e estudados: quanto mais mulheres chegam ao poder, maior a possibilidade de variação na distribuição do poder político.

Independentemente dos avanços registrados nas últimas décadas, observa-se a necessidade de fortalecer a participação e a presença de mulheres na política para a realização de políticas públicas e avanço em discussões de gênero.

5. Conclusão

A história não se desenrola em linha reta. É feita de avanços e retrocessos, como as ondas do mar.

Pudemos observar que a sub-representação nos Poderes Executivo e Legislativo na América Latina não é um fator isolado, nem uma causalidade, mas sim uma consequência da crise da democracia representativa que vivemos. E essa baixa participação política de populações historicamente excluídas apre-

417 A maioria das onze ministras chefia pastas de grande relevância como: Educação, Saúde, Defesa, Justiça, Fazenda e Economia. Dados de março de 2019. https://elpais.com/politica/2019/03/06/actualidad/1551869959_552156.html

418 Conforme o IBGE e os dados da PNAD-C (Pesquisa Nacional por Amostra de Domicílios Contínua) 2018, a população brasileira é composta por 48,3% de homens e 51,7% de mulheres.

senta-se como um dos fatores determinantes da falta de confiança nas instituições por parte de todos os cidadãos.

Um regime democrático estável se faz possível quando se respeita a igualdade e a liberdade de todos. Sem mulheres em cargos eletivos ou políticos decisórios, não é possível alcançar o pleno exercício da democracia representativa e a realização das políticas públicas de maneira efetiva.

Por essa razão, nesse momento de crise é urgente a busca de mais instrumentos e mecanismos para a maior presença de mulheres nesses espaços. Realização de agendas e políticas públicas efetivas que motivem um comportamento eleitoral crescentemente autônomo, que possa levar a mudanças estruturais na nossa sociedade.

É papel dos atores políticos e das dinâmicas organizativas buscar a inclusão nesse processo, não somente na chegada ao poder, mas a permanência ali em condições igualitárias.

Diante de todos os retrocessos vividos, os direitos civis – quem somos – apresentam-se como grande trincheira da resistência, impedindo, portanto, que o retrocesso aniquile por completo o indivíduo.

Nesse esteio, o movimento feminista e a sua proposta de intersecção com os mais diversos campos da sociedade, entre eles as esferas de poder, coloca-se como uma necessidade premente e necessária, para que a democracia seja aprimorada e as mulheres possam ser parte das decisões e da condução dos rumos do país.

Referências

ALCÁNTARA, Manuel. Gobernabilidad, crisis y cambio. Fondo de cultura Económica. México, 2004.

ALCÁNTARA, Manuel; GARCIA, Mercedes; SÁNCHEZ, Francisco. Funciones, procedimientos y escenarios: Un análisis del Poder Legislativo en América Latina. Salamanca: Ediciones de la Universidad de Salamanca, 2005.

ARAÚJO, Clara. As cotas por sexo para a competição legislativa: o caso brasileiro em comparação com experiências internacionais. Dados [online] v. 44 n.1, 2001.

________. Potencialidades e Limites da Política de cotas o Brasil. Estudos Feministas vol. 9, N. 1, pp. 231-252, 2001.

________. Gênero e acesso ao Poder Legislativo no Brasil: as cotas entre as instituições e a cultura. Revista Brasileira de Ciência Política, v.2: 2009, pp. 23-59.

GENOVESE, Michael A. Mujeres líderes en política. Modelos y prospectiva. Madrid: Narcea S.A. Ediciones, 1997.

GENOVESE, Michael A.; THOMPSON, Seth. Las mujeres dirigentes del ejecutivo. ¿Qué importancia tiene género? In: GENOVESE, Michael A. Mujeres líderes en politica. Modelos y prospectiva. Madrid: Narcea S. A. Ediciones, 1997, pp. 19-32.

JAIRO, Nicolau. Sistemas eleitorais/Jairo Marconi Nicolau. 6ª ed. Ver. e atual. – Rio de Janeiro: Editora FGV, 2012.

MENDES, Gilmar Ferreira; BRANCO, Paulo Gustavo Gonet. Curso de Direito Constitucional. 13ª ed. São Paulo: Saraiva, 2018.

MORLINO, Leonardo. La calidad de las democracias en América Latina. Informe para IDEA Internacional, 2013.

NORRIS, P. The impact of electoral reform on women's representation. Acta Politica. v. 41, 2006, pp. 197-213.

PICAZO, Luis María Diez. Sistema de Derechos Fundamentales. 3ª ed. Madrid: Thomson Civitas, 2008.

RUIZ SEISDEDOS, Susana; GRANDE GASCÓN, María Luisa. Participación política y liderazgo de género: las presidentas latinoamericanas. América Latina Hoy, Salamanca, v. 71, 2015, pp. 151-170, dic. 2015. ISSN 2340-4396. Disponível em: <http://revistas.usal.es/index.php/1130-2887/article/view/

alh201571151170/14182>. Acesso em: 08 jun. 2019.
SERRANO, Pedro Estevam Alves Pinto. A Justiça na Sociedade do Espetáculo: Reflexões públicas sobre Direito, política e cidadania. 1ª ed. São Paulo: Editora Alamaeda, 2015.

Outras fontes:
<https://nacoesunidas.org/brasil-fica-em-167o-lugar-em-ranking-de-participacao-de-mulheres-no-executivo-alerta-onu/>. Acesso em: 08 jun. 2019.
<https://elpais.com/internacional/2013/12/21/actualidad/1387641046_041453.html> Acesso em: 1º jun. 2019.
<https://elpais.com/politica/2018/06/05/actualidad/1528225386_478208.html> Acesso em: 08 jun. 2019.

18. A INTEGRIDADE DE DWORKIN E AS DECISÕES JURÍDICAS NO DIREITO INTERNACIONAL

Nathalia Penha Cardoso de França[419]

Introdução

O Estado, utilizando-se do seu poder político, deve sempre se submeter ao Direito, já que ele cria, regula e limita a força, em todas as situações, inclusive em casos de ataques exteriores ou de emergências. Na linhagem política que adotamos, a exemplo de Locke, o Direito precede o Estado: "Nenhum indivíduo, nenhum poder, pode se isentar das obrigações que essa lei eterna lhes impõe. Elas são tão grandes e tão fortes no caso das promessas, que a própria onipotência pode estar a elas vinculadas."[420]

Por outro lado, inevitável reconhecer que as relações internacionais são mais schmittianas do que liberais ou de Estado de Direito, e que a inexistência de um Estado Mundial se opera por conta das nações mais fortes, já que o Direito Internacional interessa, com maior atenção, às ditas nações mais fracas, pois protege certos valores, direitos e relações jurídicas que desagradam as nações tidas como fortes. O poder, de fato, assume papel principal nas relações entre Estados no plano internacional, e o Direito serve muitas vezes de mera justificativa formal.

Os anos 1970, entretanto, introduziram relações multilaterais através de um novo capitalismo, os exércitos não se limitaram a ser tão somente força militar

419 Advogada, mestranda e graduada em Direito pela Pontifícia Universidade Católica de São Paulo. Especialista em Direito Internacional Público pela The Hague Academy of International Law. Pesquisadora do Núcleo de Estudos em Tribunais Internacionais da Universidade de São Paulo, membra-fundadora do Grupo de Pesquisa Estado de Exceção da Pontifícia Universidade Católica de São Paulo.

420 LOCKE, John. *Segundo Tratado sobre o Governo Civil*. Petrópolis: Vozes, 2001, p. 88.

interna, passaram a agir como polícia mundial. A invasão do Oriente Médio tem por justificativa a existência de armamentos capazes de "ameaçar a paz mundial" - a conhecida lógica hobbesiana de proteger a existência do Estado acima de todo o restante - e a governabilidade global teria dever de intervir e reprimir. O discurso da excepcionalidade convence, mas restou claro o interesse econômico-petrolífero na região

As relações entre países não é apenas brutalidade, Hobbes[421], Schmitt[422], Aron[423], é também campo de modulações jurídicas cuja eficácia cresce com o tempo - vejamos os tribunais internacionais. Pode-se dizer que caminhamos em avanço para uma maior organização do Direito Internacional. Hoje já temos inúmeros avanços em comparação ao século passado. O Direito é, na visão mais pessimista, ao menos uma limitação discursiva. Exige-se sempre uma justificativa jurídica dos Estados para as intervenções: conselhos, regramentos, debates, burocracia imposta etc. que condicionam o agir estatal. O papel do Direito se cumpre em limitar condutas através da sua linguagem jurídica, e há, sim, uma esfera de poder e ação na qual vale o Direito, e não a força no cenário internacional.

No campo da decisão jurídica, as teorias positivistas excludentes continham uma verdadeira "não teoria" da decisão, pois afastava do Direito a sua aplicação, deixando-a para a política. Confiava-se na democracia universal para as decisões da vida social, acima de tudo. Compreensível, pois manter o pressuposto positivista, digamos, por exemplo, em Kelsen, no período do pós-guerra, era a verdadeira semente antifascista, a afirmação de que o povo detém o poder.

Teorias em resposta ao positivismo surgiram, sobretudo, com viés avaliativo, ou seja, a crítica não se limitava mais ao cidadão, externo ao debate jurídico, mas dentro do Direito, como é o caso de Dworkin, Alexy e Serrano. Em Dworkin, leva-se em conta o direito que todos têm de obter a melhor decisão possível, preservando a moralidade da sociedade política - ou o *common ground* jurídico, historicamente construído na civilidade, cujo núcleo principal são os Direitos Humanos - e os valores estruturados. Esse feixe intergeracional consensual e histórico de moralidade política forma uma estrutura normativa inviolável, cuja suspensão reiterada e padronizada configura uma patologia no Direito Internacional

---

421 HOBBES, Thomas. *Do Cidadão.* São Paulo: Martins Fontes, 1998.

422 SCHMITT, Carl. *Teologia Política.* Tradução de Elisete Antoniuk. Belo Horizonte: Del Rey, 2006.

423 ARON, Raymond. *Paz e Guerra entre as Nações*. Brasília: Universidade de Brasília, Imprensa Oficial do Estado, Instituto de Pesquisa de Relações Internacionais, 2002.

– para esta autora, a Exceção internacional, mas esse não é o escopo do presente texto, vejamos como se inicia a relação jurídica interestatal.

Soberania: de Westfália à saliência dworkiniana

A Paz de Westfália, que encerrou a Guerra dos Trinta Anos, em 1648, é geralmente entendida como um momento de virada no desenvolvimento do sistema internacional moderno, composto de Estados soberanos, cada um com autoridade exclusiva dentro de seus próprios limites geográficos. O modelo de Estado soberano westfaliano, baseado nos princípios de autonomia, território, reconhecimento mútuo e controle, oferece uma imagem simples. É uma suposição analítica para o neorrealismo e o institucionalismo neoliberal. É uma regularidade empírica para várias teorias sociológicas e construtivistas da política internacional. É uma referência para os observadores que reivindicam uma erosão da soberania no mundo contemporâneo.

Na teoria do Direito, a doutrina internacionalista tentou transportar Hart[424] – e o positivismo no geral – para o Direito Internacional, mesmo que o autor não o tenha feito com vigor. Tentou-se construir uma descrição do Direito Internacional a partir de sua versão do positivismo.

Dessa maneira, assume-se que um Estado soberano está sujeito ao Direito Internacional, mas, em regra, apenas na medida em que consentiu em ficar vinculado a esse corpo jurídico, ou seja, toma-se esse princípio de consentimento para fornecer uma "regra internacional de reconhecimento". Essa é a visão positivista do Direito Internacional, não se explica o porquê de um Estado ter aderido a um tratado ou se tornado signatário de uma convenção, isso é apenas uma questão de história. O positivismo nessa versão é aceito por grande parte dos estudiosos do Direito Internacional, haja vista a reiterada recorrência ao art. 38 (1) do Estatuto da Corte Internacional de Justiça para explicar as fontes do Direito Internacional[425].

---

424 HART, H. L. A. *The concept of law.* Oxford: Clarendon Press, 1975.

425 Art. 38 (1), Estatuto da CIJ: A Corte, cuja função é decidir de acordo com o direito internacional as controvérsias que lhe forem submetidas, aplicará: a. as convenções internacionais, quer gerais, quer especiais, que estabeleçam regras expressamente reconhecidas pelos Estados litigantes; b. o costume internacional, como prova de uma prática geral aceita como sendo o direito; c. os princípios gerais de direito, reconhecidos pelas nações civilizadas; d. sob ressalva da disposição do Artigo 59, as decisões judiciárias e a doutrina dos juristas mais qualificados das diferentes nações, como meio auxiliar para a determinação das regras de direito.

O Direito Internacional, dessa forma, basear-se-ia no que as nações – ou pelo menos a vasta maioria daquelas que as outras consideram ser "civilizadas" – consentiram em tratar como direito. Presume-se que os signatários de um tratado consentiram que suas provisões tenham força jurídica para eles apenas por sua assinatura. Os Estados que assumiram, em suas práticas, que certas regras internacionais são leis para eles, consentiram para tanto. Se Estados suficientes para constituir "a comunidade internacional" reconheceram regras fundamentais como peremptórias e inegociáveis, então elas serão imperativas e não negociáveis para toda a comunidade internacional. Se há evidência de que uma prática geral é amplamente aceita como direito, ou que se for reconhecida por todas as nações civilizadas, então é direito para todas as nações. Há um bom aspecto nessa visão, pois, por basear a lei no consentimento, resolvemos um aparente paradoxo nascido do sistema estatal moderno: o Estado soberano se submete ao Direito Internacional porque ele (ou pelo menos a vasta maioria dos Estados em seu lugar) aceitou, no exercício de sua soberania, ser obrigado por ele.

É ainda mais fundamental para a tese do consentimento a alegação de que os tratados criam obrigações internacionais apenas para as partes desses documentos. Os tratados são assinados em um momento específico da história: a importantíssima Carta das Nações Unidas, por exemplo, há 74 anos. As nações, contudo, mudam dramaticamente durante esses períodos de tempo, as fronteiras mudam, os regimes e as estruturas constitucionais também mudam. Nós personificamos os Estados quando os consideramos, em vez de seus cidadãos, como os sujeitos do Direito Internacional, e podemos, portanto, ser levados a dizer que, assim como as pessoas são obrigadas por suas promessas mesmo muito depois de fazê-las, também são os Estados, apesar de todas essas mudanças.

Porém, a ficção de uma pessoa jurídica contínua, distinta de sua estrutura de governo e de seus cidadãos individuais, não consegue suportar esse peso. Parece injusto que as pessoas sofram sérias desvantagens apenas porque os políticos escolhidos por pessoas completamente diferentes, sob diferentes constituições, assinaram um documento há muitas gerações. Cabe ressaltar que isso não se justifica por qualquer analogia com o *pacta sunt servanda* contratual.

Portanto, não podemos tomar o consentimento autolimitado de nações soberanas como base fundante do Direito Internacional. Adotar essa visão, de fato, torna o Direito Internacional compatível com a doutrina clássica da soberania do Estado, bem como parece ser uma concepção muito difundida de legitimidade política: a que o domínio coercitivo só pode ser justificado pelo consentimento unânime daqueles sujeitos a esse domínio. Essa concepção de legitimidade gerou a tradição do contrato social na filosofia política e as concepções artificiais de consentimento que eram necessárias para sustentar essa tradição.

Por outro lado, precisamos localizar a fonte da obrigação política em outro lugar, adotando um conceito interpretativo do direito. Qualquer teoria sobre a análise correta de um conceito político interpretativo deve ser uma teoria normativa, ou seja, uma teoria da moralidade política sobre as circunstâncias em que algo deve ou não deve acontecer.

Identifica-se o direito de uma comunidade perguntando quais regras seus indivíduos têm capacidade de exigir que sejam executadas por suas instituições sem qualquer decisão política coletiva subsequente ou adicional. Para isso, é necessária uma teoria política que combine uma concepção de legitimidade política com uma visão convincente da virtude política, especialmente da justiça, que torna a história, a convenção e a expectativa particularmente pertinentes à identificação de direitos que são executáveis imediatamente.

A maioria dos tratados internacionais começa descrevendo os assuntos tradicionais do Direito Internacional: o mundo é dividido, segundo a história convencional, em Estados soberanos, e estes são, em princípio, imunes à interferência de outros Estados. Nenhum deles tem a permissão para impor governantes a qualquer um dos outros, ou ditar sua religião, suas leis ou suas escolhas políticas. O poder soberano de cada um desses Estados pode ser limitado apenas pelos atos voluntários de suas próprias instituições. Esse regime é o chamado de sistema westfaliano da ordem internacional.

Esse sistema foi inicialmente estabelecido em uma série de tratados europeus do século XVII agrupados sob esse nome. O sistema westfaliano foi criado a partir dos interesses das monarquias que pretendiam substituir a competição econômica pelos sangrentos conflitos religiosos que haviam marcado o século anterior.

O poder político só é consistente com a dignidade dos cidadãos se puder ser justificado não apenas em autoridade e forma – o *pedigree* hartiano que Dworkin menciona – mas em substância, a maneira como é exercido, também. No entanto, a questão sobre o que justifica a coercibilidade do poder político surge não só dentro de cada um dos Estados soberanos que são membros do sistema de Westfália, mas também sobre o sistema em si mesmo, isto é, sobre a decisão em sede discricionária de cada Estado de respeitar os princípios desse sistema.

Segundo Dworkin, da obrigação geral de cada Estado em melhorar sua legitimidade política, inclui-se uma obrigação de tentar melhorar o sistema internacional no geral[426]. Se um Estado pode facilitar uma ordem internacional de modo a melhorar a legitimidade de seu próprio poder político, então ele tem a obrigação política de fazer o que puder nessa direção. Obviamente, essa obrigação exige apenas o que, dadas as circunstâncias, seja viável. Não é necessário que nenhum Estado ignore a divisão do mundo em Estados distintos ou que garanta para os cidadãos de outras nações as mesmas proteções que exerce sobre os seus. Contudo, requer de um Estado a aceitação de restrições ou limites viáveis em seu próprio poder político. Eis a base moral do Direito Internacional.

Um Estado é evidentemente ilegítimo no exercício de seu poder político se viola Direitos Humanos fundamentais dos seus próprios cidadãos. Qualquer Estado, até mesmo aquele que, por grande parte do tempo, já age de modo justo, melhora sua legitimidade quando promove e apoia uma ordem internacional efetiva que impediria sua própria degradação futura, como o desague em tirania.

Num segundo momento, o Estado também é deficiente em sua legitimidade quando não pode proteger aqueles sobre os quais reivindica o monopólio da força em invasões a outros povos. Qualquer Estado, portanto, tem uma razão para trabalhar em direção a uma ordem internacional que garanta que a comunidade de nações o ajudaria a resistir a invasões. Há um problema claro no sistema westfaliano que ameaça a legitimidade de uma maneira diferente, pois as pessoas em todo o mundo acreditam que têm – e de fato têm – uma responsabilidade moral de ajudar a proteger pessoas de outras nações contra crimes de guerra, genocídio e outras violações de Direitos Humanos, mas seu governo fica aquém de seu dever de ajudá-los a exercer essa responsabilidade moral quando adere a definições de soberania que os impede de intervir para impedir tais crimes ou para amenizar seus efeitos desastrosos. Cunhamos um regime mais complexo que estabelece a intervenção coletiva nos assuntos dos Estados individuais que esse sistema proporciona.

Além disso, os governos fracassam na legitimidade de uma terceira forma, um pouco menos clara, quando aceitam um sistema internacional que impos-

---

426 DWORKIN, Ronald. *A New Philosophy of International Law*. Journal of Philosophy and Public Affairs. Nova Jersey: Wiley, 2013, p. 17.

sibilita ou desencoraja a cooperação internacional, que é muitas vezes essencial para evitar desastres econômicos, comerciais, médicos ou ambientais. Internamente, os governos conseguem responder a desafios como evitar a degradação de uma reserva ambiental, afirmar direitos sociais de uma comunidade quilombola ou processar e punir criminalmente assassinatos, por exemplo, mas apenas quando esses podem ser resolvidos localmente, adotando e aplicando leis.

Alguns problemas, como a pesca predatória nos mares, a distribuição da riqueza, o tráfico internacional de pessoas, os desastres resultantes de guerras, a comunicação pela internet e a poluição da atmosfera com o gás carbônico, por exemplo, não podem ser atendidos pelos governos individualmente, cada um agindo apenas para o seu próprio território. As pessoas nos Estados, separadamente considerados, precisam da proteção que somente uma política coordenada e apoiada por todos ou quase todos os governos pode oferecer. O sistema westfaliano absoluto não resolve e simplesmente repete o dilema no nível internacional: se nenhum Estado puder ser forçado a cooperar, todos terão ao menos um motivo para não participar, sua livre escolha baseada na soberania ilimitada.

Cada Estado tradicional, na visão que defendemos, tem o dever de buscar os meios disponíveis para mitigar as falhas e os riscos do sistema westfaliano de Estados soberanos. Esse dever de mitigação fornece o princípio estrutural mais geral e o fundo interpretativo do Direito Internacional. Além disso, Dworkin apresenta o princípio da saliência: se uma quantidade significativa de Estados, abrangendo uma população significativa, desenvolveu um "código de prática" acordado, seja por tratado ou por outra forma de coordenação, então os outros Estados têm pelo menos um dever *prima facie* de se submeter a essa prática também – esse dever se aplica apenas se a ampliação dessa prática aumentar a legitimidade do Estado e da ordem internacional como um todo.

Se um conjunto de princípios humanitários, que limitam as ocasiões justificadas de guerra e os meios de guerra, ganharem ampla aceitação, por exemplo, então todas as nações têm o dever de seguir esse conjunto de princípios. A Declaração Universal dos Direitos Humanos anuncia assim no "considerando" final de seu preâmbulo: "Considerando que uma compreensão comum desses direitos e liberdades é da mais alta importância para o pleno cumprimento desse compromisso". O princípio da saliência tem um efeito de bola de neve, uma vez que, à medida que mais nações reconhecem o dever de aceitar e seguir princípios amplamente aceitos, esses princípios, portanto ainda mais amplamente aceitos, têm maior força moral.

No século XVII, a saliência foi fornecida por duas tradições: o cristianismo e o *ius gentium*. Em primeiro lugar, o sistema Westfaliano era europeu e a Europa era cristã. O ensino da Igreja, na medida em que era pertinente, poderia ser tratado como o pilar principal do desenvolvimento do Direito Internacional. Em segundo lugar, a ideia herdada da Roma imperial, agora usada em diferentes situações, é o *ius gentium*, ou seja, os princípios jurídicos comuns às nações do sistema de Westfália. O Direito Internacional incipiente refletiu ambas as influências.

O mundo que emergiu da Segunda Guerra Mundial foi bem diferente, o Direito Internacional renasceu. Não havia mais uma tradição religiosa dominante em todo o mundo, e o secularismo generalizado na Europa e na América do Norte negou a influência da maior parte das tradições desse tipo, exceto o conceito de pessoa humana, que veremos à frente. Guerra e economia fizeram diferentes nações com diferentes culturas e tradições, como a União Soviética e a China, serem cruciais para a ordem mundial. A confiança no "só há dever de obediência se formalmente consentido" não era mais possível.

Um novo foco do princípio da saliência foi necessário e foi rapidamente fornecido em São Francisco. A Carta da ONU e as instituições das Nações Unidas são melhor entendidas não como acordos vinculantes apenas como um contrato e seus signatários, mas como uma ordem em que todas as nações têm agora a obrigação moral de tratar como direito. A obrigação é criada não pelo consentimento, mas pela força moral da saliência como um caminho para uma ordem internacional satisfatória. De fato, os acordos multilaterais que estabelecem concepções de tal ordem, como a Carta da ONU, as Convenções de Genebra, os Acordos sobre Genocídio e o Tratado de Roma que cria o Tribunal Penal Internacional são feitos para todos, não apenas para seus signatários iniciais, através desse princípio.

A interpretação correta de um documento internacional, como a Carta da ONU, é a interpretação que faz o melhor sentido do texto, dado o objetivo subjacente do Direito Internacional, que é tomado como a criação de uma ordem internacional que protege as comunidades políticas das relações externas, da agressão, protege os cidadãos dessas comunidades contra a barbárie, facilita a coordenação quando necessário e fornece alguma medida de participação das pessoas em sua própria governança em todo o mundo. Esses objetivos devem ser interpretados em conjunto: devem ser entendidos de modo a torná-los compatíveis.

Uma escolha moral

Desde Paulo de Tarso que se pretende incutir na mente humana que todos somos filhos do mesmo Pai, e, por isso, iguais em todos os aspectos, irmãos entre nós mesmos, como lembra Marsílio de Pádua em *O Defensor da Paz*[427]. A secularização desse conceito resulta na proteção individual conferida pelos direitos humanos.

Enquanto humanidade, principalmente pós-Segunda Guerra Mundial, fizemos uma escolha moral. Escolhemos proteger todo e qualquer ser humano, reconhecendo que há o direito a uma igualdade mínima, apenas pelo fato sê-lo.

Os direitos humanos cumprem papel de importância maior para levar o rol mínimo de direitos inerentes a todo ser humano na vida cotidiana de toda a cidadania, resgatando a todos sua condição política e jurídica de pessoa humana. É um dos maiores desafios de cunho internacional e constitucional que temos na atualidade, pois conseguir expandir o território social de garantia de direitos e efetivar a proteção do ser humano apenas por reconhecê-lo enquanto tal, combatendo medidas de exceção infiltradas na vida social e concretizar plenamente os pilares do Estado de Direito Democrático é direito e dever de todos.

Em sendo a comunidade internacional inegavelmente hipercomplexa, fragmentada e descentrada, Jónatan Machado diz que o Direito Internacional vem pautado em princípios normativos universais para manter viável tal comunidade. Isso necessariamente nega, na visão dele, modelos conceituais que tomam como pressuposto arbitrariedades e acidentalidades na evolução humana.

> Assim, o direito internacional não tem que sucumbir prematuramente perante os ditames naturalistas do darwinismo social e da sociobiologia, devendo proceder à articulação e especificação dos objectivos, das razões e das condições morais da sua legitimidade, propondo a liberdade, a igualdade,

427 The fruits of peace and tranquillity, then, are the best, as we said, while those of its contrary, strife, are unendurable harm. For this reason we must desire peace, seek to acquire it when we do not have it, keep it once acquired, and fight off its opposite, strife, with every effort. Individuals who are brothers to each other, and all the more so collective bodies and communities, are moreover bound to help each other towards these goals, from feelings of heavenly charity as much as the bond or right of human society. PÁDUA, Marsílio. *The Defender of the Peace.* Nova York: Cambridge University Press, 2005, p. 6.

> a justiça, a paz e a autodeterminação democrática como valores político-morais fundamentais da comunidade internacional e não como grandezas naturalísticas aleatórias[428].

A pretensão da Declaração Universal dos Direitos Humanos, que cumpriu setenta anos no último 10 de dezembro, era a de fazer reconhecer todos os humanos da Terra como uma grande família. Os motivos sociais, políticos e jurídicos por trás do documento traduzido para mais de quinhentos idiomas são inteiramente compreensíveis.

Os anos que precederam 1945 foram de pura barbárie, atrocidade e terror. Ainda que não houvesse normativa internacional que previsse todos os atos atentatórios à humanidade, entendemos, enquanto civilização, que não era possível admitir a mera chance de reiteração desses atos. Eis que cresce com rapidez a ideia de normatização dos direitos humanos.

A Declaração faz questão de considerar, no seu preâmbulo, que o desprezo e o desrespeito pelos direitos humanos até então testemunhados resultaram em ultraje da consciência humana, e que, naquele ato, os Estados proclamavam o advento de um mundo no qual todos gozam de liberdade de palavra, de crença e da liberdade de viver a salvo do temor.

Era o Direito tomando para si a proteção do ser humano a nível interno e internacional, para que ele não se visse obrigado a recorrer à rebelião contra a tirania e a opressão.

Nos anos subsequentes, a proteção dos Direitos Humanos foi-se tornando mais vasta na seara internacional. Para além da própria Carta da ONU (1945) e da Declaração Universal dos Direitos Humanos (1948), sobrevieram os Pactos de Direitos Civis e Políticos e de Direitos Econômicos, Sociais e Culturais, ambos de 1966, inúmeras Convenções sobre temas específicos, como prevenção e punição da tortura, eliminação da discriminação racial, eliminação da discriminação contra as mulheres, direitos da criança, da pessoa com deficiência, bem como foram encartadas convenções regionais de Direitos Humanos.

Essa escolha moral à qual nos referimos aqui está plasmada cristalinamente na Carta da ONU. A Organização, segundo o documento fundador, não exerce poder sobre os Estados-membros, mas consiste num espaço no qual, por convenção entre todos eles, haverá discussões acerca das atitudes tomadas em nível

---

428 MACHADO, Jónatan. *Direito Internacional:* Do paradigma clássico ao pós-11 de setembro. 3ª ed. Coimbra: Coimbra Editora, 2006, p. 16.

internacional e apenas após consulta a seus órgãos é que o Estado poderá agir da maneira que pretende com relação a outro. Como é o caso do Conselho de Segurança no assunto de intervenção.

Eis o preâmbulo da Carta:

> **NÓS, OS POVOS DAS NAÇÕES UNIDAS, RESOLVIDOS** a preservar as gerações vindouras do flagelo da guerra, que por duas vezes, no espaço da nossa vida, trouxe sofrimentos indizíveis à humanidade, e a reafirmar a fé nos direitos fundamentais do homem, na dignidade e no valor do ser humano, na igualdade de direito dos homens e das mulheres, assim como das nações grandes e pequenas, e a estabelecer condições sob as quais a justiça e o respeito às obrigações decorrentes de tratados e de outras fontes do direito internacional possam ser mantidos, e a promover o progresso social e melhores condições de vida dentro de uma liberdade ampla. **E para tais fins** praticar a tolerância e viver em paz, uns com os outros, como bons vizinhos, e unir as nossas forças para manter a paz e a segurança internacionais, e a garantir, pela aceitação de princípios e a instituição dos métodos, que a força armada não será usada a não ser no interesse comum, a empregar um mecanismo internacional para promover o progresso econômico e social de todos os povos. **Resolvemos conjugar nossos esforços para a consecução desses objetivos.** Em vista disso, nossos respectivos Governos, por intermédio de representantes reunidos na cidade de São Francisco, depois de exibirem seus plenos poderes, que foram achados em boa e devida forma, concordaram com a presente Carta das Nações Unidas e estabelecem, por meio dela, uma organização internacional que será conhecida pelo nome de Nações Unidas.

Um dos maiores cenários de violação de direitos humanos é o uso da força de maneira deturpada. O uso da força na Carta da ONU está mencionado no art. 2º (4), em tom negativo, proibitivo: "Todos os Membros deverão evitar em suas relações internacionais a ameaça ou o uso da força contra a integridade territorial ou a dependência política de qualquer Estado, ou qualquer outra ação incompatível com os Propósitos das Nações Unidas". Além disso, o próprio preâmbulo assevera que os signatários se comprometem a não recorrer à força para resolver os conflitos com os Estados vizinhos, também mencionando uma linguagem simbólica proibitiva de tal prática: "praticar a tolerância e viver em paz, uns com os outros, como bons vizinhos, e unir as nossas forças para manter a paz e a segurança internacionais, e a garantir, pela aceitação de princípios e a instituição dos métodos, que a força armada não será usada a não ser no interesse comum".

Sobre ações relativas à ameaça e à ruptura da paz ou de atos de agressão, os artigos 41 e 42 dialogam no sentido de: o primeiro atribui ao Conselho de Segurança decisões sobre a efetividade de seus comandos sem envolver o emprego de forças armadas; enquanto o segundo prevê que, se ineficientes as táticas do artigo anterior, a ONU poderá se utilizar de forças aéreas, navais ou terrestres, desde que consultado e sob o comando da Comissão de Estado Maior, para maior segurança. O artigo 51, todavia, garante o uso da força pelo Estado com relação a um ataque armado contra si ou contra uma coletividade, em nome da legítima defesa, mas apenas até que a ONU tenha tomado medidas suas a respeito do ataque.

Portanto, a única justificativa do uso da força pelos Estados é na legítima defesa, e, mesmo assim, se comunicada e se não houver ainda decisão ou medida da ONU. Quanto à organização, o uso da força apenas será colocado em prática se as demais medidas não belicosas se mostrarem insuficientes, já que máxima da criação da instituição é justamente a paz, e não a guerra para solução de conflitos.

Outro argumento muito utilizado pelos que defendem ser inevitável a guerra é o controle populacional, sob pena da humanidade não se sustentar. Essa foi a teoria principal de Malthus. Ou deve haver controle populacional através de guerras, pois são naturais do ser humano e perpassam a nossa história, ou não sustentaremos todos.

No *Ensaio sobre o Princípio da População*, de 1798, Malthus descreve que o aumento populacional corre em progressão geométrica, enquanto a produção alimentícia cresce em produção aritmética, jamais sendo possível alcançar o número de pessoas vivendo no planeta.

A história o provou errado. Em primeiro lugar, a nenhuma população cresceu na proporção por ele apontada. Em segundo, o pastor anglicano parecia ignorar o fato de que a produção alimentícia não alcançava toda a população em virtude da altíssima concentração nos Estados ricos. Curiosamente, apenas os países ditos "pobres" sofreriam em grande escala com controle de natalidade, mortes em guerras e fome, caso os dois primeiros não fossem implementados. Por fim, restou provado que o desenvolvimento da tecnologia, na verdade, gera a capacidade de produzir alimentos e de gerar satisfação das necessidades básicas de todos.

Apesar dos números ainda serem catastróficos e lutarmos para erradicá-los, hoje vivemos o momento da história humana com os menores índices de fome. O desenvolvimento da tecnologia, portanto, tem a capacidade de ir resolvendo aos poucos os problemas humanos, desde que respeite a condição humana de todos aqueles que habitam o planeta.

Considerações finais

A partir do exposto, seria sensato adotar uma teoria dos fundamentos do Direito Internacional que dificilmente será aceita por nações poderosas, porque seu poder seria limitado. Primeiro, porque até as nações poderosas reivindicam ter ao seu lado o Direito Internacional, mesmo que seja mero discurso, mero pretexto: elas apelam para a sua concepção do que a ordem jurídica internacional permite justificar suas ações. O governo Bush repetidamente declarou que o Direito Internacional permitia o tratamento de suspeitos de terrorismo da maneira que o fez e toda a subsequente Guerra ao Terror, por exemplo. Seria importante enfraquecer tais alegações mostrando que uma interpretação muito mais íntegra do Direito Internacional as contradiz. Em segundo, lugar, chegará um momento – se o presente não for o suficiente – em que necessidade de um Direito Internacional efetivo será mais óbvia do que é agora. A mudança climática, a comunicação via internet, os grandes deslocamentos humanos e os desastres resultantes de possíveis guerras absolutas, por exemplo, podem provocar essa mudança de opinião.

O fato de uma teoria jurídica não ser geralmente aceita num curto espaço de tempo não significa que seja errada, mas imediatamente impraticável. Se aceitarmos a abordagem positivista do Direito Internacional, que fundamenta a adesão à ordem jurídica internacional sobre o consentimento, então, é claro, uma teoria à qual quase ninguém é capaz de consentir é obviamente uma teoria falsa. Contudo, percebemos que não é útil adotar a visão positivista para os conflitos atuais. Uma teoria mais compatível, que fundamenta o Direito Internacional no princípio moral, pode mostrar que uma reivindicação particular do Direito Internacional é infundada se não houver perspectiva de endosso geral.

Em vez de ser tratado como um conjunto de regras constitutivas ou como uma suposição analítica, o modelo de Estados soberanos é mais bem entendido como um exemplo de hipocrisia organizada. Os líderes políticos enfrentam inevitavelmente situações nas quais as ações que tomam e as normas que endossam não serão coerentes entre si. Isso é característica dos ambientes internacionais porque os atores, sejam Estados, organizações internacionais ou quaisquer outros, têm diferentes níveis de poder e os governantes das diferentes entidades políticas realizarão diferentes decisões jurídicas que podem, ou não, ser compatíveis com as normas internacionais, e, a depender de sua força econômico-política, essas decisões se manterão.

Contudo, apesar da "soberania como autoridade", tem havido uma tentativa de autores avaliativos, sobretudo, desde o pós-guerra, com maior intensidade nos anos 1990, de redefinir a soberania para incluir a noção de responsabilidade ao lado da autoridade. Isso significa acrescentar o respeito a um padrão mínimo de Direitos Humanos como um atributo essencial da soberania. Tal responsabilidade, de acordo com essa linha de raciocínio, é devida pelo Estado aos seus povos, à comunidade internacional e às suas instituições que passaram a ser vistas como guardiãs das normas internacionais de comportamento civilizado. Em outras palavras, o Estado deve agir com relação a seus cidadãos de maneira que atenda não apenas à aprovação deles, mas também de outros Estados e das organizações internacionais.

Qualquer doutrina que permita que nações poderosas justifiquem uso da força como uma proteção dos Direitos Humanos corre grave risco de abuso. A justificativa humanitária não foi oferecida antecipadamente por oficiais americanos ou britânicos na invasão do Iraque, por exemplo, mas foi sugerida por funcionários de ambos em retrospecto, e pode-se esperar que ela seja oferecida com muito mais frequência se estabelecida no Direito Internacional. É nesse diapasão que Dworkin nos oferece uma visão em respeito à moral política da comunidade internacional muito além da justificativa positivista de cumprimento das normas por razão de consentimento – trata-se, por outro lado, de obrigatoriedade perante o Direito Internacional, mesmo se reiterada e patologicamente se descumpre, em respeito ao que historicamente acordamos ser o *common ground* jurídico da vida civilizada.

A tensão analisada neste texto, portanto, provavelmente permanecerá conosco por muito tempo. Ela será resolvida somente quando conseguirmos reduzir a lacuna de poder entre os chamados Sul e Norte Globais. Enquanto isso, a sociedade dos Estados terá que lidar continuamente com essa questão e equilibrar as demandas dos dois lados de tal maneira que o compromisso básico de nenhum dos lados seja rompido e que aliança global não seja posta em perigo. Ignorar o abismo do poder político na seara internacional e as lacunas perceptivas entre o Norte e o Sul é trabalhar no pressuposto errôneo de que existe uma comunidade de interesses dentro da sociedade dos Estados no que se refere à decisão jurídica internacional, como o caso de intervenções como uso da força. Devemos fechar o cerco para manter avaliáveis as decisões jurídicas mesmo no plano internacional, que parecem viver no limbo das relações políticas internacionais e não sofrer a crítica do direito.

ARON, Raymond. *Paz e Guerra entre as Nações*. Brasília: Universidade de Brasília, Imprensa Oficial do Estado, Instituto de Pesquisa de Relações Internacionais, 2002.
DWORKIN, Ronald. *O Império do Direito*. São Paulo: Martins Fontes, 2014.
________. A New Philosophy of International Law. *Journal of Philosophy and Public Affairs*. Nova Jersey: Wiley, 2013.
HART, H. L. A. *The concept of law*. Oxford: Clarendon Press, 1975.
HOBBES, Thomas. *Do Cidadão*. São Paulo: Martins Fontes, 1998.
LOCKE, John. *Segundo Tratado sobre o Governo Civil*. Petrópolis: Vozes, 2001.
MACHADO, Jónatan. *Direito Internacional:* Do paradigma clássico ao pós-11 de setembro. 3ª ed. Coimbra: Coimbra Editora, 2006.
PÁDUA, Marsílio. *The Defender of the Peace*. Nova York: Cambridge University Press, 2005.
SCHMITT, Carl. *Teologia Política*. Tradução de Elisete Antoniuk. Belo Horizonte: Del Rey, 2006.

19. COMENTÁRIOS SOBRE A DEMOCRACIA E AS FORÇAS ARMADAS NO BRASIL CONTEMPORÂNEO

Pietro Alarcón[429]

Introdução

Para além de um jogo de maiorias e minorias resultado de eventuais processos eleitorais, democrática é uma sociedade que é capaz de enxergar e iniciar o processo de reproduzir, com o empenho e a lealdade de seus membros, certos valores, como a liberdade, a igualdade, a tolerância e a solidariedade; que estabelece um modelo de convivência para a satisfação das necessidades mais elementares dos seres humanos e para a contenção da arbitrariedade dos governantes, submetendo-os aos imperativos do interesse coletivo.

Assim, fazer democracia requer de tempo. Não é possível construí-la se os processos políticos que poderiam conduzir a seu amadurecimento são inconclusos, muito menos quando interrompidos pela truculência e a violência que desativa a legitimidade e a participação popular.

Começamos dessa maneira estas brevíssimas reflexões porque nos parece que pensar regressivamente na experiência brasileira mais recente obriga a interpretar o desmonte acelerado de algumas das balizas mais importantes do Estado Constitucional arquitetado para a democracia em 1988. Sobretudo exige examinar o presente saldo de incerteza sobre o porvir das instituições democráticas e as condições de efetividade dos direitos fundamentais individuais e sociais.

Chama a atenção que neste tempo, que alguns qualificam como especialmente sombrio, e desde antes do resultado eleitoral de 2018 que conduziu a JB

429 Professor doutor da Pontifícia Universidade Católica de São Paulo. Professor dos cursos de graduação e pós-graduação da PUC/SP e do Centro Universitário de Bauru/SP (CEUB).

à presidência, contínuas declarações de altos mandos militares colocaram de presente que, para além da retórica, as Forças Armadas estariam dispostas a um papel novo não só no quadro de recomposição da dinâmica das classes sociais e setores com projetos diversos numa sociedade tão plural, senão na estrutura governamental e no desenho da política.

Logicamente, e embora se deva dizer que as Forças Armadas de hoje não apresentam a mesma vocação hegemônica para o domínio tanto da estrutura estatal como das relações de poder que as caracterizou no período ditatorial, essa importante novidade indica a reconfiguração do modelo constitucional que lhes reserva um papel diretamente voltado para situações excepcionais de defesa da Pátria, da lei e da ordem.

O ponto nevrálgico, em nosso juízo, consiste em que essa realidade é resultado de uma situação sintomática que começa, pelo menos na sua fase mais aguda, em 2016, com o processo de *impeachment* a Dilma Rousseff. Esse fato descortina o cenário de descumprimento de dispositivos constitucionais que conduzem à anormalidade jurídica e política, colocando as condições de possibilidade para uma plataforma de retrocessos e a perda de elementos da *Constituição-garantia*. Assim, questões que não suscitariam dificuldades tornaram-se alvo de intensos debates, direitos foram suspensos ou revistos, a presunção de inocência foi flexibilizada sem levar em conta se tratar de regra histórica que hoje, se não houver manifestação do STF, continuara a ser reduzida a postulado de baixo perfil.

O presente ensaio não pretende, nem de longe, analisar todas as variáveis combinadas da atual situação, mas apenas contribuir para o esclarecimento de como a relação entre política, Direito, Forças Armadas e democracia é estreita e se encontra marcada por fatores históricos, que supõem diagnosticar os restos do passado e as dificuldades do presente do Estado, de modo a tentar compreender as razões de uma metamorfose que empurra e organiza a presença das Forças Armadas no atual governo.

A marca do pensamento do caro amigo, professor e jurista Pedro Estevam Serrano assinala alguns pontos que servem de resguardo nesta análise. Seus escritos, compilados, para alegria de todos, na obra A Justiça na Sociedade do Espetáculo. Reflexões públicas sobre Direito, política e cidadania alertam para questões que acabaram de algum modo se confirmando. E inspirados na sua leitura, permita-nos indagar in paralelo a artigo no qual se refere às ações da

Polícia Militar, se de fato as Forças Armadas se adaptaram à democracia.[430]

Recolhemos, por assim dizer, do acervo do professor, o questionamento quanto ao protagonismo das Forças Armadas, para propor descobrir se resulta da exteriorização de uma ansiedade nunca esquecida de reabilitar seu status dominante no bloco atual de poder ou se se trata de uma debilidade progressiva do Estado de Direito a partir de 2016, acompanhado de um desgaste de forças civis, que encabeçavam projetos que tendem a ser reconsiderados na última etapa, e que no traçado atual suscitam a delegação e o deslocamento das faculdades na intimidade governamental.

Essa pergunta não é estranha no contexto e vai acompanhada da necessidade de constatar se há um patamar de indeterminação entre a democracia desejada e o retorno a formas arbitrárias de governo, lamentavelmente com apoio de alguns segmentos da sociedade. A preocupação, no quadro histórico da composição atual da luta de classes, torna-se urgente se levamos em conta, reiteramos, a perda relativa de padrões constitucionais expostos em 1988 para o funcionamento e a interação dos órgãos que exercem poder, em cujo cauce temos presenciado a extrapolação de atribuições, a espetacularização e a coerção judicial sem limites em casos pontuais, para apenas mencionar questões que resultam escandalosamente ordinárias.

Não esquecemos tampouco que nas experiências da "excepcionalidade jurídica e política", as resistências populares ocasionadas pelos processos de concentração econômica e congelamento dos direitos sociais, costumam ser contestadas com o incremento da repressão social. Qual será o papel das Forças Armadas em tais circunstâncias?

Cogitações sobre esses assuntos, com alguns subsídios teóricos que ajudam a ir além da contemplação, constituem o resultado do trabalho que ora apresentamos com as nossas homenagens ao professor Pedro Serrano.

430 Nos referimos a um valioso texto do professor Serrano intitulado "A PM não se adaptou ao regime democrático", publicado na Carta Capital em 30.09.2012.

1. A "POLITIZAÇÃO" DAS FORÇAS ARMADAS, O GOVERNO CUSTODIADO E A DEMOCRACIA RESTRINGIDA

1.1. O que é "politização" das Forças Armadas?

Não há como negar que na qualidade de complexo de unidades e serviços militares, as Forças Armadas são imprescindíveis para a existência do Estado, seja ele o antigo, o medieval, o moderno ou o contemporâneo. Instalada esta premissa, o problema passa a ser identificar qual deve ser o seu caráter e a sua função no modelo democrático de sociedade, caracterizado, como sabemos, pelas formas de cidadania participativa e deliberativa e a busca de desenvolvimento e mobilização de diversos atores para efetivar direitos fundamentais.

Essa percepção sobre sua imprescindibilidade, bem como as indagações sobre suas formas de ação e limites, pode ser claramente detectada em autores que partem de referenciais explicativos divergentes. Nesse compasso, para quem considera que o Estado é fruto da evolução e expansão territorial das famílias, "a organização militar" era continuamente preparada para ofender o inimigo; se, de outra banda, se afirma que o Estado é aparelho de contenção de conflitos sociais ou instrumento de dominação de classe sobre outra, então, nas duas hipóteses a instituição militar tem sua existência plenamente justificada.

Numa primeira visualização o que será comumente advertido é que as estruturas orgânicas militares existem associadas às necessidades administrativas territoriais. Agem através de um sistema técnico defensivo-ofensivo integrado diante de inseguranças ou instabilidades. Há algo que se lhes exige ou solicita em tempos de crise. Bem por isso ao abordar os serviços militares, Sérgio Bova comenta que o que mais comumente se requer das Forças Armadas é a "defesa da pátria". Entretanto, o próprio autor aponta que essa ideia pode envolver várias acepções, adaptadas ao longo do tempo. [431]

Em perspectiva histórico-analítica se torna evidente é que a ação militar desde o início da organização política da sociedade é ferramenta privilegiada para fortalecer a capacidade coercitiva do Estado quando se trata de repelir ingerências externas e para superar as ameaças de forças dissidentes que se opõem à continuidade ou às políticas conjunturais do governo. Resumindo:

---

431 Sérgio Bova. Verbete Forcas Armadas. In: *Dicionário de Política.* BOBBIO, MATEUCCI e PASQUINO. Brasília: EDUNB. Coord. da Tradução: João Ferreira, pp. 504-509.

as Forças Armadas atuam tanto externa como internamente, em situações de colapso ou estagnação, e o significado de defender a pátria tem sido usado para contrarrestar a ação do "inimigo externo" e do chamado "inimigo interno".

Destarte, parece-nos um artificialismo aceitar que sejam apenas "instrumentalizadas pela classe dominante". Na verdade, sua ação se verifica com a naturalidade de que elas são regulares e presentes mesmo quando não existem ameaças ao Estado. São, por essência, "dominantes", sujeitas, também por isso, às contradições, oposições, reconciliações e contraposições que se geram no seio das forças econômicas e políticas da estrutura social. Por outras palavras, são atores políticos.

Sendo assim, cabe perguntar a que se referem as críticas a sua "politização". E indo nessa direção parece existir duas tendências: a primeira, ligada à exigência de que, numa concepção plenamente liberal, o fato de constituir um aparelho armado dentro da comunidade ordenada pelo Direito, com condições concretas de desequilibrar o desenlace de qualquer conflito interno, não possam estar identificadas com nenhuma das forças civis que concorrem no debate público e, particularmente, no debate eleitoral. Isto é, que não tomem partido, ainda que não se encontrem afastadas da realidade da política. A segunda consiste em que as Forças Armadas constituem um corpo centralizado e hierarquizado, o que origina um condicionamento ideológico que muito amiúde coincide com a transmissão forçada da ideologia da classe que está no poder.[432] Assim, as Forças Armadas ocupam eventualmente ou durante tempos de previsão indefinida, o controle do Estado com a simpatia e aquiescência de setores civis dominantes.

Logicamente, as exigências de "não ingerência" interna ou de "não politização" propõem o exame do vínculo entre as Forças Armadas e a democracia, em cujo cerne está a compreensão dos traços constitucionais demarcados para sujeitar o aparelho militar ao cumprimento e à defesa dos valores democráticos.

1.2 O desenho constitucional do papel das Forças Armadas

Os traços característicos do ordenamento jurídico e político nos Estados latino-americanos foram expostos sobre o fundamental argumento da soberania, determinando formas constitucionais calcadas dos modelos surgidos das revoluções burguesas, que foram embasadas pela ideologia democrático-liberal

432 Sérgio Bove. *Op. Cit.* P. 507.

e sustentadas por aparelhos de justiça e corpos armados nacionais. Tal e como aconteceu na Europa, guardadas as devidas proporções e detalhamentos históricos próprios de sociedades periféricas, o Estado aparece como um sujeito unitário abstrato, no entanto capaz de manifestar sua vontade e realizar ações através dos seus órgãos. [433]

A função unificadora da Constituição, sem embargo, foi permanentemente desafiada em suas características "normais", como aponta Moncayo Cruz, ou por inflexões autoritárias e ditatoriais ou pela ingerência de instituições privadas que substituíam na prática o monopólio estatal. [434]O escoamento da força normativa das constituições, a baixa densidade dos órgãos estatais e o desconhecimento dos direitos acompanhavam - e acompanham ainda - processos políticos inconclusos, num campo de contradições e sobreposições de relações de constante dominação.

Em retrospectiva não linear, mas em meio de constantes transformações, convulsões, autoritarismos e revoluções, se num certo passado a violência institucional era praticada impunemente pelas Forças Armadas em nome do "combate ao comunismo", a partir da década de 1980 - e no Brasil com o advento da Carta de 1988 - a continuidade do uso da força militar dar-se-á para a *preservação da ordem democrática, das instituições e da lei, acompanhando as alterações da geopolítica.* [435]

O contrapé dessa situação poderia ser uma representação jurídica de forte conteúdo democrático no qual a precisão conceitual nos textos normativos constitucionais sobre as funções militares fosse um elemento determinante. Entretanto, essas representações jurídicas derivadas da solução ou síntese das lutas contra as ditaduras militares no sul da América, para citar apenas nossa realidade mais imediata, não foi tão esclarecedora a esse ponto. Na verdade, o desenho é o de Forças Armadas sujeitadas formalmente ao poder civil presidencial, cuja filosofia de trabalho encontra-se atrelada a sua função de guarda das fronteiras nacionais, mas cujo detalhamento funcional é difuso, com conceitos indeterminados, como "defesa da Pátria" ou "segurança nacional", "segurança cidadã" ou "defesa da nação", dentre outras.

---

433 Sobre a caracterização dos Estados europeus, consultar ZAGREBELSKY, Gustavo, *El Derecho dúctil.* Trad. Marna Gascón. Madrid: Trotta, 1995.

434 Victor Manuel Moncayo Cruz. Hacia la verdad del conflicto. In: *Conflicto social y rebelión armada en Colombia*. Jairo Estrada *et al.* Bogotá: Gentes del Común, 2015, pp. 11-93.

435 Vieira & Mondragón. *Que Estado é esse? A perene criminalização das lutas sociais e a violência estatal na América Latina.* pp. 359-360. In: *As revoluções da América Latina contemporânea. Entre o ciclo revolucionário e as democracias restringidas.* Medellín: Pulso & Letra. Universidad de Antioquia, 2017, p. 333-381.

Perspicazmente, Álvarez Veloso destaca essa confusão conceitual, admitindo que se trata de questões que de forma genérica fazem referência à garantia de bem-estar da sociedade ou à proteção do corpo social de ameaças violentas através de meios armados, no caso, através de uma tática militar.[436]

A Constituição brasileira de 1988 não escapa dessa dificuldade, atribuindo, do artigo 142, às Forças Armadas a função de "defesa da Pátria", "garantia dos poderes constitucionais" e "defesa da lei e da ordem".

Com relação ao tema, a análise de Sérgio Bova é pertinente ao expor cinco acepções da expressão "defesa da Pátria": a) defesa de uma agressão externa ao território, ao espaço aéreo e às águas territoriais nacionais; b) defesa das instituições que garantem o funcionamento e a vida democrática, como o Legislativo, o governo e em geral o sistema político; c) conquista de territórios considerados parte integrante da Pátria, por razões históricas, étnicas, geográficas, culturais e de outras ordens; d) defesa dos territórios controlados pela administração estatal, como as colônias; e) defesa da ordem pública e da salvaguarda interna. [437]

Neste último caso, o autor menciona que, além de trabalhar em caso de catástrofes naturais, a classe dominante faz coincidir o conceito de "defesa da pátria", com o de *defesa da ordem econômica e social vigente*".[438] Destarte, as Forças Armadas são o instrumento de regulação interna dos conflitos desempenhando funções de contenção de protesto^s sociais e atuando ainda como autênticas polícias na repressão do crime comum.

Fácil advertir que o desalinhamento conceitual tem consequências na dimensão factual porque não há como concretizar um itinerário de ações pré-definido. Ao final, como notam Vieira e Mondragón, as Forças Armadas terminam participando de sistemas de segurança que aplicam os mesmos métodos contra o crime comum e contra qualquer manifestação de descontentamento contra as medidas governamentais. Daí sustentar que ademais das constituições promulgadas ou retomadas após os períodos ditatoriais não reconhecerem o crime político, permanecem sujeitas a postulados que permitem que a própria Constituição seja suspensa para direcionar um Estado de Exceção. [439]

---

436 Consultar: Fuerzas Armadas en Chile. In: *El Papel de las Fuerzas Armadas en América Latina.* David Alvarez Veloso *et al.* Buenos Aires: Clacso, 2012, pp. 63-14, especialmente a partir da página 68, em que o autor aborda as Forças Armadas nos novos tempos.

437 Sérgio Bova, *Op. Cit.*, pp. 505-506.

438 *Idem, ibid.* mesma página.

439 Vieira & Mondragón. *Op. Cit.*, p. 361.

Parecem-nos procedentes tais argumentos, se observamos, apenas exemplificativamente, que há pouco menos de um ano, o presidente Mauricio Macri, na Argentina, através do Decreto 6893 de 2018, autorizou a utilização das Forças Armadas para combater inimigos internos. Com efeito, diz o ato do executivo desse país:

> *DEFENSA NACIONAL*
> *Decreto 683/2018. Modificación. Decreto N° 727/2006.*
>
> CONSIDERANDO (...) Que tanto el Sistema de Defensa como su Instrumento Militar se justifican a partir de la existencia misma del Estado y no de la definición de determinado escenario temporal y sus correspondientes amenazas, y que su esencia se relaciona con el eventual ejercicio del monopolio de la fuerza para la resolución del conflicto en toda su gama, desde la crisis hasta la guerra o el conflicto armado internacional, según lo disponga el PODER EJECUTIVO NACIONAL; Que es responsabilidad política establecer los parámetros y criterios a tener en cuenta para la misión, organización y funcionamiento del Sistema de Defensa en general y, en particular, de las FUERZAS ARMADAS para que se constituyan en un instrumento de disuasión real, de acuerdo con la percepción de amenazas a los intereses de la Nación y sus correspondientes riesgos presentes y futuros; Que la disuasión es una de las formas a través de las cuales actúa y se expresa la Defensa Nacional; Que la Ley de Defensa Nacional expresa claramente en su artículo 2° que aquella "...es la integración y la acción coordinada de todas las fuerzas de la Nación para la solución de aquellos conflictos que requieran el empleo de las Fuerzas Armadas, en forma disuasiva o efectiva, para enfrentar las agresiones de origen externo"; Que este tipo de agresiones no solo son de carácter estatal militar, sino que en ocasiones se manifiestan de otras formas que, sin dejar de tener su origen en el exterior, se desarrollan en nuestro territorio y/o tienen efectos en él, afectando intereses que la Defensa Nacional puede y debe contribuir a preservar (...).

Em clave de resistência há como contestar o teor do ato presidencial. Isso porque a defesa do país não engloba a segurança, senão o contrário, a segurança das pessoas engloba a defesa. Por isso, como afirma acertadamente Garzón Vergara, não se deveria aplicar o instrumento militar à totalidade de casos de segurança porque isso significaria aplicar à sociedade leis e regras da guerra e militarizar o poder político. [440]

O que o exemplo argentino revela é a inclinação à criminalização do protesto social no subcontinente e a intenção de continuar as Forças Armadas a exercer atividades de polícia, regularmente sujeitas aos interesses urgentes e imediatos dos setores no controle governamental.

Sem embargo, admitir não significa facilidade para sustentar. O próprio Garzón Vergara observa que pelo menos formalmente a Carta Democrática de 11 de setembro de 2001, firmada em Lima e que constitui um ícone de atuação militar no continente, proclama que "Os povos da América têm o direito à democracia e seus governos a obrigação de promovê-la e defendê-la" para ao final alertar que "*No se debe ignorar que sí hay tendencias que pretenden conservar el marco de la denominada Doctrina de Seguridad Nacional y militarizar cada vez más cuestiones como la protesta social o los movimientos de oposición*". [441]

Corroborando a apreciação, vale a pena levar em conta que na reunião da Junta Interamericana de Defensa (JID) do ano 2011, na qual participaram os delegados militares de 22 Estados da OEA, se usou a expressão "novas ameaças" para indicar as reclamações de grupos sociais que pretenderiam uma "mudança no sistema". [442]

Ao nos determos na importância dessas reuniões, observamos que são realizadas desde 1995 com a participação dos Ministérios de Defesa e têm-se constituído em parâmetros para projetar mudanças nessa amálgama construída de poder civil e militar e seu vínculo com a democracia.

Retornando um pouco no tempo, por exemplo, na reunião de Cartagena, em 1998, o título do evento foi "Funciones Complementarias de las Fuerzas Armadas en Sociedades Democráticas". O nome sugere o apoio militar ao desenvolvimento econômico e social. Contudo, a assembleia também abordou a análise das normas do Direito Internacional humanitário aplicáveis aos conflitos regionais e às operações de manutenção da ordem pública interna. Na reunião seguinte, em Manaus, o tema central foi "Defesa e Desenvolvimento: possibilidades de cooperação nacional", na qual, paradoxalmente, se iniciaram os debates sobre o fortalecimento das Escolas Superiores de Defesa e em geral as redes de educação em

440 Veja-se o artigo La Seguridad y las Fuerzas Armadas em América Latina y el Caribe. In: *El Papel de las Fuerzas Armadas en América Latina.* David Alvarez Veloso *et al.* Buenos Aires: Clacso, 2012, pp. 11-62.
441 Ibid. p. 26.
442 http://www.jid.org/?page_id=2435&lang=pt. Acesso em: 10 mar. 2019.

escolas militares. Esse assunto prosseguiu na reunião de Santiago em 2002, cujo eixo foi "Defesa e Sociedade", abordando a participação dos civis na defesa do Estado. E o debate prossegue, com especial interesse nas questões mais atuais, nas reuniões de 2018 e na última reunião, de janeiro de 2019.

Veja-se que aquilo que acontece no hemisfério tem impacto para traçar as pautas e as diretrizes para cada um dos Estados no que se refere à ação militar. Há coerências entre a definição de um plano doutrinário sobre o papel das Forças Armadas que passa pela revisão do marco doutrinário hemisférico. A recíproca é verdadeira: a definição dos princípios reitores da segurança hemisférica está ligada às políticas nacionais.

Desde logo, cada Estado tem experiência transmitir dependendo do grau de exigência que coloca o avanço da luta popular. Nesse sentido, a participação dos civis tem sido condenável, tendo em vista sua vinculação ao cumprimento de tarefas de segurança privada. Como amostra, em países como Colômbia foram institucionalizadas as autodefesas no marco das operações de contrainsurgência, e durante o governo de A. Uribe, a Lei de Justiça e Paz – Lei 975 de 2005 – foi bastante generosa, praticamente oferecendo garantias para uma desmobilização paramilitar cujos resultados a esta altura ainda são discutíveis.

A opção civis-armados é grave para o funcionamento do sistema não só porque cria uma dimensão que foge das hierarquias da oficialidade militar, estabelecendo uma estrutura paralela, senão também porque o desplegue ativo de forças com finalidades de combate a quem desafia o status quo político se deriva da necessidade de sobrevivência do Estado, e esse desafio, por sua vez, decorre regularmente da imposição político-econômica. Assim, o paramilitarismo termina servindo a poderes regionais e locais contra as formas diversas de manifestação popular reivindicativa de direitos.

Nesse país, setores das Forças Armadas terminaram sustentando logisticamente grupos paramilitares e comprometidos em violações aos direitos humanos, relatados e consignados em inúmeros depoimentos à jurisdição para a paz no marco do sistema de justiça e reparação que atualmente se adianta. [443]A externalização dessa lógica de tratamento do protesto, tendo como base o para-

443 Sobre o tema, sugerimos, para além de um quadro estatístico, o artigo de Dario Azzellini, Paramilitarismo colombiano: el brazo armado ilegal de elites y capital. In: Ugalde & Freytter-Florián. *Presente y futuro de Colombia en tiempos de esperanza.* Universidad del país Vasco: 2014, pp. 185-213.

militarismo, traz a vantagem para os governos de que essas entidades não são consideradas em princípio como "agentes estatais".

Muito embora nos Estados latino-americanos o desenho constitucional seja diversificado, a intenção parece ser encalçar as ações das Forças Armadas nos moldes da tradicional defesa diante de perigos externos; sem embargo, sua participação no cenário interno se acentua, mantendo-se cada vez mais presentes como um fator real de poder armado e desequlibrante, questionando o déficit de democracia, a insuficiência dos partidos e a fragilidade das instituições e, em casos mais graves, atuando a favor de esquemas de domínio regional em vários lugares do subcontinente.

1.1. DEMOCRACIA E FORÇAS ARMADAS

Para o chamado "mundo ocidental" - e sem ingressar nos justos pormenores críticos a essa expressão - um demarcador da época emergida das ruínas da Segunda Guerra é a tentativa de promover e consolidar um projeto de convivência política de inspiração liberal transversalizado por uma economia de orientação keynesiana.

No limite, a partir de medidas de planejamento e controle orçamentário, procurou-se minar os caminhos de uma resistência popular organizada que contava com a experiência da luta de pré-guerra por direitos sociais. Como a economia não é tudo, a estratégia política situava centralmente o Estado-nação, administrador da liberdade e agente de distribuição do ingresso, seja na qualidade de proprietário ou controlador dos agentes privados.

Entretanto, o Estado Social resultante da equação teve as contestações mais duras desde as entranhas do próprio sistema e especialmente a partir de F. Hayek e seu O Caminho da Servidão. O retorno a um Estado mínimo condensou o ideal conservador e descaracterizador da visão keynesiana e abriu as portas para o domínio do capital financeiro que já assomava no cenário. Cohen e Rogers identificaram, ao menos, dois flancos de crítica: o primeiro, centrado no econômico, fixava sua atenção na internacionalização dos mercados, especialmente sob as condições de distribuição do poder civil e militar, limitou a capacidade dos Estados nacionais. O segundo, centrado na democracia social, defendia que os problemas de saúde, meio ambiente, educação, segurança pública e outros tantos pertinentes aos âmbitos políticos revelavam as desigualdades profundas no exercício do poder nos atores afetados. Os agentes privados poderiam assumir essas responsabilidades, enquanto o Estado se ocuparia das questões centrais da política, da democracia e da cidadania.[444]

Entretanto, se esse debate tinha nas sociedades centrais uma importância fundamental, para as sociedades periféricas e semiperiféricas a questão adquiria outra dimensão, posto que o Estado Social ficou no papel. Muito embora as constituições determinassem a necessidade de implementar um rol de direitos sociais para abrir espaço a uma democracia de fôlego, as possibilidades de um projeto político democrático esbarraram no discurso da "ameaça comunista". Na verdade, as elites da América Latina, sem pretensões de assumir uma abertura à cidadania, fundaram sua alternativa de manutenção do poder vinte ou trinta anos depois do fim da Segunda Guerra, no autoritarismo, gerando, por um lado, claros modelos de exceção, como no caso das ditaduras do cone sul, ou, pelo outro, modelos mistos, nos quais o poder civil se mantinha como poder central, enquanto algumas regiões consideradas problemáticas ou de resistência social sofreram a intervenção militar encabeçada pelas Forças Armadas.

Daí que com razão afirme Teotônio dos Santos que em países como o Brasil, o chamado Estado fascista não foi gerado por um movimento fascista, mas por uma ocupação militar. Enquanto na Europa a experiência fascista tem base pequeno-burguesa, o fascismo brasileiro é dependente, sua base ideológica foi a *doutrina da segurança* nacional, sua base social parte de um pacto com o apoio de grandes capitalistas, e, nesse emaranhado, é substituída a figura presidencial por u*ma elite tecnocrático-militar e civil.* [445]

Com o retorno ao constitucionalismo, as Cartas pós-ditaduras, como a própria Constituição brasileira de 1988, bem como aquelas surgidas de novos processos políticos com alta participação dos chamados "novos atores", dentre eles indígenas e afrodescendentes, como no caso da Bolívia e do Equador, e até forças insurgentes de volta à vida civil, como no caso da Colômbia, geraram novas condições para a democracia, ampliando a ideia de mera representatividade, partidos e sufrágio. [446]

---

444 Cohen Joshua & Joel Rogers. El Poder y la Razón. In: Fung Archon e Wright, Erik Olin. *Democracia en profundidad.* Bogotá: Universidad Nacional, 2003, pp. 397-426.
445 Theotônio dos Santos. Socialismo y Fascismo em América Latina Hoy. In: *Revista Mexicana de Sociologia, 1.* Janeiro-março de 1979, pp. 83-85.
446 Tem-se chamado a esse lapso de tempo de surgimento de constituições na América Latina de período do "Novo Constitucionalismo Latino-americano". Assim, como referentes, encontramos, além da Constituição do Brasil de 1988, a colombiana de

É claro que não estamos a fazer um detalhamento dos acontecimentos de período tão extenso da vida dos Estados da América Latina. Tal propósito foge das finalidades do nosso ensaio. Por isso, o que queremos remarcar com especial atenção são duas questões emergentes: a primeira, que a chance, naquela época, de construir uma democracia de amplo espectro, que contempla a efetividade de direitos com cidadania participativa, foi momentaneamente perdida com a ação da classe dominante e do poder militar. A ênfase não está no que já tem sido constatado por muitos, ou seja, que o as Forças Armadas, apoiadas por setores civis, especialmente controladores da economia e das finanças, usurparam a soberania popular, senão porque a história é processo, e a ditadura se deparou, no seu interior, com os gérmens da sua própria destruição porque não houve um movimento fascista, houve um golpe para instalar medidas fascistas; a segunda, que um projeto democrático não pode sobreviver sem um projeto econômico de redistribuição da riqueza, que, inclusive, supere os limites do keynesianismo.

Em pleno vigor das constituições que negam o passado ditatorial ou estabelecem direitos como o direito à paz e à democracia, a curiosa imagem de Forças Armadas atuantes e com voz e poder rompe de tempos em tempos, ora recortada, ora abertamente imposta. Lembremos que a reconstrução de um modelo participativo não é linear, especialmente porque, como adverte Zagrebelsky, a proposta de soluções e coexistências pautada pelas constituições não implica necessariamente o compromisso e a lealdade de todos os atores do pluralismo.[447] Nesse terreno pantanoso de adesões e abandonos aos propósitos constitucionais, as Forças Armadas jogam um papel variável. Sua contribuição ao equilíbrio – desequilíbrio – e seu grau de adesão à democracia se modifica conforme a necessidade de coesão, pressão de grupos de interesses, intensidade da disputa ideológica internacional, mobilização de setores contestadores do tipo de Estado e a própria ação governamental.

Uma contribuição para entender esse fenômeno é trazida por Kruijt e Koonings, que se referem ao militarismo político[448] resultante de experiências no subcontinente. Destarte, os autores sintetizam:

1991, a da Venezuela de 1999, a equatoriana de 2008 e a boliviana de 2009.

447 Zagrebelsky. *Op. Cit.*. p. 14.

448 Krujit, Dirk & Koonings, Kees, *Fuerzas Armadas y Política en América Latina: perspectivas futuras*. Iberoamérica II. Nº 8. 2002, pp. 15-17.

a) Situação de "retorno aos quartéis", que identifica a institucionalização consolidada e exitosa dos governos civis. Neste caso se registra o funcionamento do sistema eleitoral e dos partidos políticos e se verifica a concorrência entre diversos setores e projetos nos marcos da democracia liberal. O caso da Costa Rica seria ideal, tendo o país abolido o Exército e limitado a influência política das Forças Armadas.

b) *Democracia blindada*, que se refere a uma democracia vulnerável com conflitos políticos permanentes entre diversos setores civis e o Estado. No caso, as Forças Armadas tutelam a democracia, aceitando a legalidade, mas realizando tarefas pontuais de intervenção militar para a restauração da ordem pública.

c) *Aliança civil-militar*, que é a versão na qual o Estado assume uma característica de tutela militar permanente. O caso da Colômbia é emblemático, assumindo as Forças Armadas o papel de agente de uma contrarrevolução preventiva.

Ainda que a classificação mereça reparos diante da diversidade de formas de atuação das unidades e setores militares, o último critério postula uma situação de condomínio de vontades entre os vários segmentos do poder civil e as Forças Armadas, que se tornam guardiãs de uma democracia fragilizada – situação que não raro retrata a procura de níveis mais elevados da democracia por parte de setores vulnerados historicamente –.

Essa condição peculiar regularmente começa com a utilização de faculdades constitucionais para impulsionar ações cívico-militares logo misturadas com ações propriamente militares, ocasionais ou permanentes,para finalmente concluir com a governabilidade compartilhada.

O rol ativo das Forças Armadas acompanha a ação da Polícia, generalizando uma ação repressora cujo alvo são os protagonistas da ação organizada do movimento social, compreendendo desde estudantes até lideranças sindicais, *cocaleros* na Bolívia, sem terra no Brasil, indígenas e afrodescendentes na Colômbia, além de outros atores do pluralismo.

Sobra argumentar que nessas condições a democracia se restringe e que essa tendência a um regime de cidadania cerceada inclui o fortalecimento do Executivo, amparado por uma estrutura de especial protagonismo militar, adicionada a instrumentalização do Legislativo, do Judiciário e do Ministério Público, de maneira a reduzir as possibilidades de controle formal republicano.

O complemento, mas que uma consequência exclusiva, é a redução de espaços de participação dos partidos políticos, em particular daqueles que representem aspirações populares de maneira mais direta.[449]Também a legislação eleitoral se endurece, de forma a acomodar os partidos da ordem na visão dominante e se equiparam figuras jurídicas como o terrorismo ao direito ao protesto. [450]

Como se vê, o modelo substitui o esquema binômico de democracia e ditadura e constitui uma fórmula de compromisso entre setores das Forças Armadas e civis, que pode impulsionar uma agenda aberta ao retrocesso social ou que pode se acomodar a formas de contenção militar combinadas.[451]

No Brasil, o compromisso para a governabilidade civil-militar começa a ser construído a partir de 2016 quando se fratura o regime político quebrando-se a sequência constitucional no Executivo. Com efeito, no curto período de mandato de Michel Temer, as Forças Armadas obtiveram alguns favorecimentos legislativos e uma ampliação das suas faculdades constitucionais através da figura da intervenção federal.

Assim, em outubro de 2017 foi sancionada a Lei 13.491, que transferiu para a Justiça Militar da União o processo e julgamento de crimes dolosos contra a vida praticados contra civis por militares, quando em exercício de atividade operacional estabelecida pelo presidente ou o ministro da Defesa; meses depois, o Decreto 9.288 de 2018 determinou a intervenção federal no Estado do Rio de Janeiro. Como complemento, convém notar como nesse contexto membros do governo federal expuseram a "tese" de mandados de busca e apreensão coletivos e os "mandados de múltiplos alvos".

Na sequência, os pronunciamentos militares em plena campanha eleitoral no ano 2018 bem como as opiniões sobre o papel da Corte Constitucional brasileira apontaram para a confirmação da aliança.

Sem embargo, deve resultar claro que os significados, aspirações e concepções da vida social se entrelaçam de tal maneira que qualquer acordo que tenha pretensões de governabilidade estará sujeito a inúmeras contradições. Não há dúvidas de que podem existir divergências no tocante a aspectos que não

449 Veja-se o caso das cláusulas de barreira nos termos da legislação eleitoral brasileira, Lei 9.096 de 1995.

450 No Brasil, por exemplo, se discute a ampliação da Lei 13.260 de 2016, denominada de Lei Antiterrorismo, com o objetivo de avançar na criminalização do protesto social.

451 Alvaro Oviedo. Democracia restringida o apertura democrática. Bogotá: Suramérica, 1985, p. 92.

podem ser considerados secundários nessa aliança civil-militar, e que passam, naturalmente, pelo tratamento das questões internas, especialmente pela intensidade e dosimetria da força estatal (relação cidadão, direitos e Estado) bem como pelo exame das alternativas econômicas (relação entre necessidades públicas e tamanho e interferência estatal) e por questões externas, especialmente pela adesão ou não adesão do Estado as políticas que possam diminuir o alcance da sua independência no campo internacional.

2. *ELEMENTOS DE COMPREENSÃO DA RELAÇÃO ENTRE FORÇAS ARMADAS E GOVERNO NA ATUAL QUADRA DA HISTÓRIA BRASILEIRA*

Reiteramos que não existe pretensão alguma de esgotar, pautar ou reduzir um debate de tamanho interesse e atualidade. O que conta, em nosso juízo, é a tentativa de destacar dois aspectos relativos às transformações que hoje assume o Estado. São, portanto, fatores que convidam a uma reflexão mais apurada sobre a renovação que se operacionaliza na prática.

2.1. A expectativa conservadora de maior concentração de riqueza e o retorno ao neoliberalismo em estado puro

Não há democracia com concentração selvagem de renda. No Brasil a crise entre os anos 2014 e 2016 levou a uma queda acumulada da produção industrial de 16,7%. Em 2017 a indústria somente reportou crescimento na ordem dos 2,5%. Sem embargo o ritmo decaiu, e a produção de 2018 foi menor que a de 2005. O capital financeiro, privilegiado e improdutivo, rapidamente demonstrou que não é capaz de dinamizar a economia e muito menos de estabelecer uma plataforma para efetivar direitos sociais.

Destarte, hoje, enquanto uma franja do capital brasileiro ligada à produção exige subsídios, queda da carga tributária e incentivos, o governo reinicia um plano de desindustrialização e privatizações, inclusive de setores estratégicos, à margem do conceito de interesse nacional estampado na Constituição de 1988, especialmente no Titulo VII da Ordem Econômica e Financeira.

A intenção de renunciar ao multilateralismo e aos BRICS, avançando numa agenda respaldada pelos Estados Unidos, denota o ensaio de um pacote econômico já fracassado em outros países da América Latina, além de obstaculizar a possibilidade de cumprir com o desiderato constitucional de uma comunidade latino-americana de nações sobre a base da integração econômica, política, social e cultural (artigo 4º da Carta de 1988).

A maior concentração da riqueza dos grupos financeiros, que expressam diretamente os interesses do capital nacional e transnacional, se refletem em concepções excludentes e autoritárias, que promovem uma disseminação de discursos e iniciativas contra os opositores ao modelo. Por essa via se reacionariza a vida social. A tendência mais negativa cerceia liberdades individuais e promove uma agenda dirigida a uma sociedade homogeneizada, que deve cultuar o militarismo, a força e a violência.

O projeto para o retrocesso requer uma salvaguarda que encontra nas Forças Armadas a possibilidade de impedir a presença de objeções sérias. Ainda que seja um enfoque mecanicista que não leva em conta outros determinantes sociais, para a direita mais reacionária e conservadora centrada na experiência brasileira, a imposição dessa agenda implica a consensualidade com todas as estruturas capazes de alterar o quadro de poder desenhado. Numa espécie de precaução, explicitada pelos oferecimentos de ocupação de membros das Forças Armadas de cargos no governo, a direita mais extrema procura se cercar de uma estrutura permanente e muito mais sólida que qualquer partido político.

2.2. O "vazio de poder"

Infelizmente, no Brasil, não se consolidou, durante estes anos de Constituição posteriores à ditadura, uma cultura de respeito e efetividade dos direitos fundamentais. A dinâmica política, econômica e social prosseguiu com um perfil de privilégios a setores que muito a contragosto aceitaram formalmente as formulações para um Estado de bem-estar social na Constituição de 1988 e que manifestaram prontamente sua escassa vontade de exercitar o pactuado.

Há um caminho paralelo à Constituição, trilhado por setores poderosos que impediram de avançar a formas democráticas de cidadania social e a implementação de um projeto nacional de crescimento e transformação da estrutura produtiva, organizado para a redução das desigualdades sociais e regionais, a erradicação da pobreza e a marginalização, como estabelecido no artigo 3º, III da Carta.

As eleições pós-1988 refletem esse quadro de contradições entre os setores ancorados nos privilégios que condenam a cultura republicana e democrática e os setores da mudança social. Nestes 31 anos, os resultados eleitorais geraram governos neoliberais e governos de extração popular. Sem embargo, a possibilidade de manter o ritmo das iniciativas de consolidação da democracia e dos direitos fundamentais viu-se profundamente afetado pela pressão interna e externa. Assim, logo após os governos de Lula da Silva (2003-2011), ficou evidente a intenção manifesta de provocar um retrocesso institucional e social.

Destarte, no terreno político, o reaparecimento do protagonismo das Forças Armadas tem como fundamento a necessidade de responder a uma espécie de "vazio de poder", ocasionado, por um lado, pela forma como os atores econômicos e políticos resistentes às mudanças importantes para efetivar a Constituição de 1988 implementaram seu desmonte a partir da fratura da ordem democrática com o processo de impeachment de 2016 e, pelo outro, pela fragilidade dos setores que poderiam pautar uma agenda de caráter social, mas que foram colocados à defensiva não só pela recomposição das elites, mas também pela ação maciça dos meios de comunicação e seletividade penal encampada por setores do Ministério Público e do próprio judiciário.

Vale a pena lembrar que durante o governo de Dilma Rousseff, a pressão nas ruas pela efetividade dos direitos sociais exigia uma reorientação do gasto público nos momentos de gestação da crise cíclica do capitalismo internacional. Entretanto, as vacilações na condução do processo econômico - cujo pano de fundo é de um capitalismo internacionalizado, com a presença de grandes empresas e corporações que não tomam suas decisões em função do interesse brasileiro ou da política econômica do país mas das suas perspectivas de lucro - as alianças amplas e flexíveis para poder manter as condições de governo, configuraram um quadro contraditório no seu interior.

Nessas condições se produz o realinhamento dos setores mais conservadores, que implicou o desconhecimento das diretrizes da Carta de 1988, incluindo os postulados clássicos da separação de funções e no seu interior temático, o do crime de responsabilidade e dos checks and balances - freios e balanços. Esse artifício criou um clima de desilusão com a democracia, passando-se a uma situação de excepcionalidade em virtude da truculência à margem do Direito.

O vazio de poder é precisamente gerado porque o governo pós-impeachment de 2016 foi alta e abertamente contestado pelas forças democráticas. Na sequência a vitória presidencial de Bolsonaro representou uma virada radical do ciclo político desde a Constituição de 1988 e um avanço eleitoral da extrema-direita que se afirma política e idelogicamente em segmentos das camadas médias da população.

O quadro ficou completo com a tendência dos setores civis mais à direita a impulsionar o caudilhismo,_sustentado numa linguagem de força e de violência, agressivo e hostil às lutas de setores sociais.

A nosso ver, as Forças Armadas se posicionaram funcionalmente face à crise, não para refundar a ordem política como em 1964, mas para projetar-se na estrutura do poder sobre o cenário da organização estatal. Passam por isso a trabalhar no sentido de participar das deliberações, tomar decisões e articular interesses sociais. Nisso consiste seu papel na atual etapa.

Dos quatro ministros que despacham na sede do Executivo brasileiro, três são militares, o ministro-chefe do Gabinete de Segurança Institucional (GSI), a Secretaria Geral da Presidência, a Secretaria de Governo da Presidência e os Ministérios de Minas e Energia, Ciência e Tecnologia, Defesa, Transportes e Transparência, e um deles civil, precisamente o ministro-chefe da Casa Civil.

Igualmente, existe a intenção, já anunciada pelo Executivo, de não fazer concursos públicos para preenchimento de vagas na administração pública, mas aproveitar um contingente de mais de 150 mil reservistas. Conforme a minuta da reforma da previdência proposta pelo governo, uma lei poderia determinar regras específicas para que os reservistas exerçam atividades civis. Vale lembrar que os militares passam para a reserva após trinta anos de contribuição e ficam até os 65 anos nessa condição, podendo ser chamados novamente à ativa em tempo de guerra.

Conclusões

Sobre o questionamento em torno de se as Forças Armadas exteriorizam rol protagonista nesta etapa como manifestação de uma ansiedade de poder ou se existe uma debilidade do Estado de Direito concluímos que esta última hipótese merece acolhida. Especialmente se consideramos dois períodos sucessivos e determinantes: o primeiro, o advento dos governos de extração popular, que atuaram sob uma agenda de afirmação da Constituição não só no terreno dos direitos sociais e dos objetivos fundamentais da República senão também na ampliação da democracia e da inclusão social de atores outrora invisíveis na história do país. O segundo, o período que começa com a crise econômica internacional e a pressão sobre o governo brasileiro, que tem como hiato o impeachment de Dilma Rousseff e que, fraturado o Estado constitucional, termina com a posta em marcha de uma democracia restringida que alguns autores, inclusive o Pedro Estevam Serrano, sustentam com ênfase, fundamenta um autêntico Estado de Exceção.

Na América Latina, o uso das excepcionalidades se torna usual, corriqueiro, um costume diante dos cenários de protesto pelos direitos. Isso porque os sistemas de segurança interna incorporam formalmente as normas do Estado de Direito, mas mantêm a lógica de atuação dos Estados de fato, ou de exceção, reproduzindo uma cultura de repressão, enquanto se fragiliza a cidadania e a apropriação dos direitos humanos.

No Brasil há elementos evidentes de uma aliança civil-militar. As Forças Armadas se posicionaram funcionalmente, mas sua intenção não é promover um cenário ditatorial clássico, mas projetar-se na estrutura do poder sobre o cenário da organização estatal.

As forças que atualmente lutam pela democracia plena devem estar atentas ao quadro de regressão dos direitos fundamentais e ser propositivas na perspectiva de uma abertura democrática, para tanto é preciso criar um arco plural, procurando a confluência de setores que, ainda que distantes do ponto de vista ideológico, têm em comum a rejeição ao modelo.

ALVAREZ; VELOSO; DAVID et al. Fuerzas Armadas en Chile In: El Papel de las Fuerzas Armadas en América Latina. Buenos Aires. CLACSO. 2012, pp. 63-14.

AZZELLINI, Dario. Paramilitarismo colombiano: el brazo armado ilegal de elites y capital In Ugalde & Freytter-Florián. Presente y futuro de Colombia en tiempos de esperanza. Universidad del país Vasco: 2014. Pp. 185-213.

BOVA, Sérgio. Verbete Forças Armadas. In: Dicionário de Política. BOBBIO; MATEUCCI; PASQUINO. Brasília: EDUNB. Coord. da Tradução: João Ferreira, pp. 504-509.

CHEVIGNI, Paul. Definindo o papel da polícia na América Latina. In: PINHEIRO, Paulo Sérgio. O Estado de Direito e os Destituídos na América Latina. São Paulo. Núcleo de Estudos da Violência. USP. 2004

COHEN Joshua; ROGERS, Joel. El Poder y la Razón. In: FUNG, Archon; WRIGHT, Erik Olin. Democracia en profundidad. Bogotá: Universidad Nacional. 2003, pp. 397-426.

GARLAND, David. Crimen y Castigo en la Modernidad Tardía. Trad. Manuel Iturral. Bogotá: Universidad de los Andes/Javeriana, 2007.

GARZÓN VERGARA, Juan Carlos. La Seguridad y las Fuerzas Armadas em América Latina y el Caribe. In: El Papel de las Fuerzas Armadas en América Latina. David Alvarez Veloso et al. Buenos Aires:Clacso, 2012. pp. 11-62.

KRUJIT, Dirk; KOONINGS, Kees, Fuerzas Armadas y Política en América Latina: perspectivas futuras. Iberoamérica II. Nº 8. 2002

MONCAYO CRUZ, Victor Manuel. Hacia la verdad del conflicto. In: Conflic to social y rebelión armada en Colombia. Jairo Estrada et al. Bogotá: Gentes del Común, 2015, pp. 11-93.

OVIEDO. Àlvaro. Democracia restringida o apertura democrática. Bogotá: Suramérica, 1985.

SANTOS, Teotônio dos. Socialismo y Fascismo em América Latina Hoy. In: Revista Mexicana de Sociologia, 1. Janeiro-março de 1979, pp. 83-85.

VIEIRA, Vera Lúcia; MONDRAGÓN, Hector. Que Estado é esse? A perene criminalização das lutas sociais e a violência estatal na América Latina. In: As revoluções da América Latina contemporânea. Entre o ciclo revolucionário e as democracias restringidas. Quinteros, Maria Cristina e Viel Moreira, Luiz

Felipe (Org.) Medellín: Pulso & Letra. Universidad de Antioquia, 2017, pp. 333-381.
ZAGREBELSKY, Gustavo, El Derecho dúctil. Trad. Marna Gascón. Madrid: Trotta, 1995.

20. O DISCURSO JURÍDICO NAZISTA: NOTAS SOBRE A OBRA DE OLIVIER JOUANJAN

Rafael Tubone Magdaleno

> Mais un jour, il suffit qu'il sorte dans la rue, jonchée par les éclats de vitre des fenêtres qu'ont secouées les détonations, pour que sa foi dans le caractère naturel de ses habitudes soit ebranlée[452]

Foi assim que Czeslaw Milosz descreveu a sensação de abalo que sofre a consciência daqueles que pensam viver numa ordem natural, perfeita, eterna – no melhor dos mundos possíveis. Apesar do diagnóstico ter sido elaborado para explicar a atitude dos intelectuais frente à sua Polônia ocupada pela União Soviética, utilizo-me do trecho para exemplificar o efeito que o professor Pedro Serrano exerceu num aluno de primeiro ano de Direito, no (não tão) longínquo ano de 2010. *L'éclat de vitre de fenêtre qu'a secoué les détonations.*

Lembro de uma figura que alternava entre a seriedade de um Naphta ao ingressar em sala de aula, com uma postura rígida, direcionando-se ao centro da sala; e um Settembrini, com seus arroubos de sorrisos, gracejos e tiradas espirituosas que seguiam este primeiro momento de seriedade. Talvez ele não soubesse à época, mas nutríamos uma sensação de admiração e temor: admiração por pensarmos quão alegre pode ser a vida de um professor, de um pesquisa-

452 MILOSZ, Czeslaw. *La Pensée Captive*. Tradução de A. Prudhommeaux. Paris: Gallimard, 1953. p. 50.

dor, de um erudito dedicado às causas da humanidade – melhor seria dizer, um intelectual, na esteira dos franceses –, temor por pensarmos que talvez nunca chegássemos a ser dignos de suas aulas. Era nosso primeiro ano, e a discussão que se travava era: *quem deve ser o guardião da Constituição? Quem tinha razão: Kelsen ou Schmitt?*

Reflito sobre a melhor maneira de definir a posição político-jurídica ensinada por nosso professor – *eram tempos de partido e de homens partidos* – e para isto preciso recorrer à obra de Arthur Koestler, *O zero e o Infinito*. Nascido em Budapeste, educado na *Viena Fin-de-siècle*, no *mundo de ontem* descrito por Zweig, Koestler foi um intelectual comunista que compreendeu os dilemas da revolução no século XX; e, antes de deixar completamente de lado o sonho comunista, escreveu um romance sobre os Processos de Moscou promovidos pelo nº 1, ou melhor, Stalin. Rubachov, a personagem principal, um antigo membro importante do partido e da burocracia soviética, é preso e submetido a longas sessões de interrogatório. Numa delas, Ivanov, seu interrogador, manifesta-se sobre duas possíveis concepções de ética, que reproduzo abaixo:

> Não aprovo a mistura de ideologias – continuou Ivanov. – Só há duas concepções de ética humana, e estão em polos opostos. Uma delas é cristã e humana, declara o indivíduo inviolável e afirma que as regras da aritmética não se devem aplicar a unidades humanas. A outra parte do princípio básico de que um alvo coletivo justifica todos os meios, e não apenas permite, mas exige, que o indivíduo, sob quaisquer condições, se subordine e sacrifique ao bem da comunidade, que pode dispor dele como de um coelho de laboratório ou de um cordeiro imolado em holocausto. A primeira concepção poderia ser chamada moralidade antivivisseccionista; a segunda, moralidade vivisseccionista.[453]

Sabiamente evitando discutir sobre qual é a linha teórica que mais influencia o pensamento de nosso professor, dado que sua ampla erudição percorre desde a escola de Bobbio até Ferrajoli, desde o positivismo inclusivo até Carl Schmitt, desde os *populistas* de esquerda até os conservadores céticos, diria que seu intento é desenvolver um direito antivivisseccionista – mas vinculado às esquerdas e comprometido com as causas populares.

---

453 KOESTLER, Arthur. *O zero e o infinito*. Tradução de Juvenal Jacinto. Rio de Janeiro: Globo, 1987. p. 146.

Trilhando o caminho ensinado por Pedro Serrano, após essa longa loa de introdução, desenvolvo no texto abaixo algumas considerações sobre o discurso jurídico nazista. Afinal, foi com ele que aprendi que Kelsen não era o teórico do nazismo, mas havia outros, muitos outros a trabalhar neste "confim do direito" (Norbert Rouland).

Alguns poderão questionar por qual via obscura este assunto se inter-relaciona com o tema-guia deste livro de homenagens. Outros vão bradar insinuações de que talvez eu frequente o belo e grande hotel abismo. Paciência. O filósofo às vezes tem dificuldades em fazer contundentes análises e prefere a arte de escrever nas entrelinhas, afinal vive o conflito entre si e a cidade.

Não escrevo este texto, entretanto, com uma ambição unicamente escolar. A identificação do direito nazista, ainda que atuando na antessala do diagnóstico dos nossos tempos, pode contribuir para sabermos onde estamos e para onde queremos ir. Para os mais kantianos, diria que há uma função a princípio *negativa*, mas que também abre um imenso espaço para a prática. Ou para fé, já que vivemos em tempos em que a resistência e o apelo aos céus (conseguem ler nas entrelinhas?) parecem ser as únicas opções possíveis.

Parafraseio Vladimir Safatle, em sua aula sobre as psicologias do fascismo. Meu objetivo é dizer: "Isto é o direito nazista. Dito isto, que cada um use sua capacidade de análise para saber em que situações atuais esta descrição encaixa"[454]. Se devemos levar a sério o *Avant-Propos* da obra de Olivier Jouanjan sobre a história do pensamento jurídico na Alemanha (1800-1918)[455], as histórias do pensamento jurídico devem ser consideradas um romance policial. Nelas, são jogadas vidas, destinos, trajetórias; nelas, há homens brutos, sensíveis, vítimas, feitores. E até alguns inocentes. Raros, mas existem. Os pensamentos, no que dizem respeito ao direito, não são involuntários. São fábricas de álibis, são produtos, são metateorias justificadoras.

O trabalho do jurista é a arte da justificação por meio de argumentos, arte que visa convencer os outros de que esses argumentos são normativos. Afinal, "há um momento retórico no direito, no trabalho do jurista, momento que os antigos sabiam bem, mas que os modernos se esforçaram por mascarar"[456]. Toda a arte do direito consiste em *fazer crer*, ainda que seus autores estejam efe-

454 SAFATLE, Vladimir. Psicologias do Fascismo. Aula 1. Mimeografado.
455 JOUANJAN, Olivier. Une Histoire de la Pensée Juridique en Allemagne(1800-1918). Paris: PUF, 2005.
456 JOUANJAN, Olivier. Qu'est-ce qu'un discours « juridique » nazi. Mimeografado.

tivamente convencidos por si mesmos, que a justificativa de sua solução equivale a uma pretensa *fundação em direito.*

Eis a razão pela qual Olivier Jouanjan escreve:

> Eu chamo 'teoria do direito' a crítica desta ideologia do direito na medida em que ela dissimula a verdade das práticas, quer elas sejam puramente intelectuais, isto é, o que os juristas amam chamar *ciência do direito*, ou diretamente operacionais, tais quais as que nós encontramos notadamente nas motivações das decisões jurisdicionais.

Ou seja, designo, nesse meu propósito, o pensamento jurídico e a teoria do direito como aqueles produzidos por *juristas*. Como trabalho de juristas, uma produção continuada de discursos. Juristas – ainda que isto possa surpreender alguns – pensam, como escreve Jouanjan, às vezes pensam barbaridades, às vezes amenidades, mas ainda assim pensam.

O que dizer, portanto, daqueles juristas que se colocaram como os porta-vozes do direito nazista, ou melhor, da ideologia jurídica nazista?

Este é o objetivo de Jouanjan em seu livro "Justifier L'Injustifiable: L'ordre du discours juridique nazi". Estranhos tempos em que a busca da "filosofia prática de um sistema político e jurídico", "as montagens estruturais que têm por finalidade justificar os agires sociais", ou seja, o discurso jurídico do período nazista tanto pode contribuir para a compreensão da irracionalidade de nosso tempo.

Pensar o direito nazista com Olivier Jouanjan é tentar compreender o discurso daqueles juristas engajados que se propuseram a construir a ideologia jurídica adequada ao regime, é tomar *a sério* seus discursos. A tentativa de qualificar o direito nazista como *direito*, como um outro *direito* possível, é tentar levar ao extremo aquilo que o jurista pode considerar como seu objeto.

Assim como no domínio da linguagem, segundo Klemperer[457], houve uma ressignificação dos termos, também uma imensa ressignificação dos conceitos jurídicos foi produzida pelos juristas nazistas: por essa razão, o direito nazista pode, segundo Jouanjan, ser considerado um *direito monstruoso;* um direito que é vinculado a uma espécie, mas está em seus confins. Devemos ir, portanto, aos confins do direito para ler as transformações ocorridas naquele tempo – mas que pode retornar, e retornará sempre que a arte da justificação

457 KLEMPERER, Victor. LTI: a linguagem do terceiro reich. Rio de Janeiro: Contraponto, 2019.

de regimes não possuir em sua contraface uma *teoria do direito* que seja uma *crítica dos argumentos e da liberdade dos juristas e autoridades em relação às suas fontes.*

Se o trabalho de Jouanjan é correto, o anúncio de que a ciência jurídica alemã de 1933 em diante é uma "ciência política" ressoa fortemente. Qual é essa ciência política nova, que possui autoridade jurídica junto às autoridades judiciais? É aquela que torna o direito um trabalho de desmontagem dos universais, que torna o jurista (renomeado o protetor do direito, o *Reichtswahrer*) um soldado e que passa a designar o inimigo. Inimigo? Sim, o judeu, "os juristas nazistas designaram no positivismo jurídico o seu inimigo principal (...), viram nele a expressão exata do 'legalismo judeu', uma doutrina do inimigo absoluto, então"[458].

Portanto, a tese de Radbruch, retomada numa conhecida querela entre Danièle Lochak e Michel Troper, de que o positivismo legalista contribuiu para a banalização do direito nazista, não pode ser considerada verdadeira. A fórmula de Radbruch, além de fazer coincidir um "positivismo" da escola da exegese com a imensa construção doutrinária austro-alemã do positivismo jurídico-científico (a chamada *Fórmula de Radbruch*: "o positivismo, em sua convicção de que 'a lei, é a lei', privou, com efeito, os juristas alemães de toda defesa contra as leis arbitrárias e criminosas"), também não reconhece que o direito nazista é, em primeiro lugar, "um direito eminentemente político, polarizado entre amigos e inimigos, e tudo isto é absolutamente incompatível com a concepção positivista que postula a neutralidade axiológica. O positivismo jurídico é o 'inimigo principal' de toda doutrina nazista"[459]. Dito de outra forma, Radbruch se equivocou: os juristas nazistas designaram o próprio positivismo jurídico como o seu inimigo principal: viram nele a expressão de um "legalismo judeu", não só na forma, mas também por vincularem as origens étnicas dos grandes mestres germanófonos do positivismo com as suas obras: Paul Laband, Georg Jellinek e Hans Kelsen eram todos de origem judaica.

Remontando ao debate entre romanistas e germanistas, entre os codificadores e os defensores da escola histórica do direito[460], os juristas nazistas posicionaram-se no campo da escola histórica, precisamente ao lado dos que nela diziam que o direito romano era *ruim* por ser um direito individualista, en-

458 JOUANJAN, Olivier. L'Ordre du Discours Juridique Nazi. Paris: PUF, 2017.
459 JOUANJAN, Olivier. L'Ordre du Discours Juridique Nazi. Paris: PUF, 2017, p. 30.
460 Cf. JOUANJAN, Olivier. Une Histoire de la Pensée Juridique en Allemagne (1800-1918). Paris: PUF, 2005.

quanto o direito germânico era *bom*· pois era um direito das corporações, dos organismos, das associações.

Para os juristas nazistas, um direito das corporações, um direito organicista tinha diversas virtudes. A principal dizia respeito ao fato do direito se desenvolver no seio de um organismo (uma *volksgemeinschaft*, uma comunidade do povo). Mas o requisito para que esse direito pudesse se desenvolver plenamente, para que se pudesse fundar um direito verdadeiramente alemão, era a perfeita limpeza dessa comunidade a fim de torná-la sadia, sã e sem qualquer impureza.

É interessante notar, contudo, que os "germanistas" no século XIX eram em sua imensa maioria progressistas, enquanto os "conservadores" e "reacionários" estavam do lado dos romanistas. Os germanistas, inclusive, ocupavam uma posição majoritária no seio da Assembleia de Frankfurt no pós-movimento revolucionário de 1848. Eles tinham conseguido promulgar uma constituição democrática, liberal, que fixava direitos coletivos, corporativos e até mesmo alguns direitos individuais do cidadão contra o Estado. Quem nunca ouviu falar do neologismo inventado por Johann Wilhelm Placidus para caracterizar a escola jurídica kantiana, mas que assumiu uma semântica distinta com o tempo – o termo *Rechstaat*?[461].

Esse posicionamento progressista dos germanistas gerava sérios problemas para a absorção de seu pensamento pelos juristas nazistas. Naquela época ainda não se tinha dúvida se o nazismo era ou não de direita... Os juristas nazistas, em sua imensa maioria, estavam vinculados à chamada Revolução Conservadora alemã, ainda que entre ela e o nazismo uma imensa distinção exista. Esse oximoro, de toda forma, servia a designar, segundo Michel Grunewald,

> uma forma de espírito e grupos que recusavam a política dos partidos e tinham, após a derrota de 1918 e frente a uma República recusada por eles, por objetivo dotar as forças vivas do *Reich* de um corpo ideológico próprio a organizar de maneira inovadora o futuro da Alemanha sem negar o seu passado, e ainda se projetando voluntariamente ao seu futuro[462].

A ascensão de Hitler ao poder produz uma adesão repentina de antigos quadros da direita weimarienna vinculados à Revolução Conservadora. O argu-

461 Cf. CHEVALLIER, Jacques. L'état de droit. Paris: Montchrestien, 2010, pp. 14-23
462 GRUNEWALD, Michel. Révolution Conservatrice. In: Le Dictionnaire du Conservatisme. Paris: Les éditions du Cerf, 2017.

mento com o qual se convenciam nessa conversão era simples: se eles deviam relembrar ao homem alemão qual era a essência da Alemanha e vinham elaborando mitos redentores, a rapidez com que Hitler se eleva em maio de 1933 os faz supor que poderiam oferecer a esse homem loquaz, uma figura quase *mítica* em seus atos e intenções, uma *intelligentsia* capaz de guiá-lo, poderiam dar aele a elite intelectual que suas gesticulações mereciam[463]. Entre esses juristas, podemos nomear, por exemplo, Edgar Julius Jung.

O que importa para nós, no entanto, é dizer que os juristas nazistas tentaram de todas as maneiras "nazificar" o debate jurídico alemão entre romanistas e germanistas. E a maneira como conseguiram fazer isso com o organicismo germanista foi "nazificando-o": não era mais o espírito popular ou a consciência do povo que vinculava o povo alemão entre si e com sua história, agora o espírito se unia ao sangue, e o sangue ao espírito, como escreveu Karl Larenz: o sangue "transmite [ao indivíduo] o espírito de seu povo e o determina assim, numa certa medida, com uma necessidade de natureza"[464]. Não à toa Johann Chapoutot tenha identificado nessa noção do sangue o princípio fundador da moralidade *nazi:*

> Manter viva a raça foi o princípio fundador e o objetivo final deste conjunto abertamente particularista e holístico de normas: nós precisamos agir apenas pela raça nNórdica-germânica (ou apenas pelo povo alemão) – não pela humanidade, que é uma perigosa e dissolvente quimera – e precisamos agir pela comunidade, não apenas por nossos interesses pessoais"[465].

Em um texto publicado no ano de 1997[466], Olivier Jouanjan enunciou quais foram os elementos centrais dessa arte de justificar o injustificável que foi o discurso jurídico nazista. Eis as suas linhas de força, são cinco:

---

463 Para os desencontros entre os intelectuais e o poder, podemos pensar nas experiências de Platão junto ao Tirano de Siracusa. Cf. DELACAMPAGNE, Christian. Le Philosophe et le Tyran. Paris: PUF, 2000. Também LILLA, Mark. A Mente Imprudente. Tradução de Clóvis Marques. Rio de Janeiro: Record, 2017.

464 LARENZ, Karl. Deutsche Rechtserneuerung und Rechtphilosophie. Tübingen: Mohr, 1934. p. 34.

465 CHAPOUTOT, Johann. The Law of Blood: Thinking and Acting as a Nazi. Traduzido por Miranda Richmond Mouillot. Cambridge/London: The Belknap Press of Harvard University Press, 2018.

466 JOUANJAN, Olivier. Doctrine et Ideologie. Logique d'une science juridique nazie. In: KOUBI, G., Doctrines et doctrine en droit public. Toulouse: Presses des sciences sociales de L'université de Toulouse: 1997.

A primeira delas é o ódio ao jurista tradicional e ao seu bizantinismo, traços relacionados ao "domínio judaico" do direito: deve-se opor ao raciocínio jurídico, às abstrações dos conceitos, a concreção, a realidade, o bom senso popular, o *gesundes Volksempfiden*. Esse ponto será reencontrado abaixo.

Na sequência, temos a saturação do discurso jurídico pelo tema da *comunidade* (*Gemeinschaft*): um mito jurídico que, ao retomar a divisão proposta por Tönnies, entre sociedade e comunidade, uma espécie de senso comum do debate intelectual e político da época, pretende *revolucionar o direito* numa retomada falsa de um pretenso direito comum alemão das hordas bárbaras: o direito, ultrapassando a realidade do ser e dever-ser, é uma "ordem de vida comunitária", que retoma temas do movimento *volkïsch*, interpretando-o sob uma ótica do sangue.

Nessa visão de comunidade, podemos ler os principais itens da ideologia nacional-socialista: a força e a masculinidade; o vínculo pessoal de fidelidade, que nada tem que ver com a obediência legal ou a uma dominação – de matriz weberiana – "legal-racional"; a ideia de que o homem apenas pode considerar-se livre quando pertence a um corpo de almas, a um grupo, quando tem um chefe a seguir, quando o homem apenas pode considerar-se liberto ao engajar-se num nível de estar disposto a perder sua vida em nome desse grupo, e além disso, nessa toada de estar livre sob qualquer aspecto, era obstada toda e qualquer forma de neutralidade; a ideia de mobilização total, a camaradaria do *front*, a *Kameradschaft*; e, por fim, a ideia de não existir separação ou distância concebível entre o chefe e o seu bando, entre o chefe e a sua malta[467].

Em terceiro lugar, a aceitação das oposições radicais e a necessidade da doutrina jurídica tomar algum partido: ela é a estrita oposição entre a "ciência política" do direito e o normativismo positivista e cientificista; o direito, em oposição ao legalismo judeu, deve ser a ciência das ordens concretas e das regras que essas ordens subsumem.

Se, conforme Ernst Rudolf Huber, a essência da sociedade civil burguesa, da *bürgerliche Gesellschaft*, repousava sobre uma série de separações fundamentais[468] (público e privado, sociedade civil e Estado, poder civil e poder militar, norma e vida, direito e moral, representantes e representados), o discurso jurídico nazista devia defender uma reunificação e indiferenciação. "O discurso

467 Cf. CANETTI, Elias. Massa e Poder. Tradução de Sérgio Tellaroli. São Paulo: Companhia das Letras, 1995.
468 Cf. a defesa das separações em MANENT, Pierre. Cours Particulier de Philosophie Politique. Paris: Gallimard, 2004.

jurídico nazista se propunha em construir uma teoria pura da identidade. E tal é a razão pela qual o 'princípio da encarnação' era o corolário necessário do 'princípio da incorporção' no qual Claude Lefort via o motivo ideológico instituitivo do totalitarismo"[469].

Aqui encontramos novamente o primeiro elemento. O pensamento nacional-socialista opõe-se ao "legalismo abstrato do Judeu" ao construir um pensamento "concreto e substancial". Na obra de Karl Larenz, encontramos a explicação de que o termo "concreto" provém etimologicamente de "*cum crescere*", ou seja, o que cresceu conjuntamente, isto é, a coesão, o ser vivo e o todo orgânico[470]

Em seguida, como quarto elemento, o pensamento da ordem e da organização: o seu principal teórico, Carl Schmitt, opõe de maneira clara *Ordnunge Gestaltung*, a decisão jurídica deve se basear em ordens previamente dadas.

E, por fim, a guerra contra o personalismo abstrato: a comunidade não é uma ordem de indivíduos, senão de membros que compõem funções em seu interior. O judeu, em sua posição dentro da comunidade, portanto, é um parasita em sua função. O parasita não possui função no corpo de seu hospedeiro. Se a norma, como todos os que leram Schmitt sabem, pressupõe a situação normal, a situação normal nazista pressupõe uma sanidade biológica normal em seu corpo comunitário. O diferente se reconhece numa situação de *Artfremd*, de distinção de espécie, é um parasita. A moralização do discurso jurídico nazista é uma operação de polícia sanitária.

Uma história que exemplifica este ponto é contada por Johann Chapoutot no começo de seu livro *La loi du sang*. Se o absinto é mais facilmente deglutido, como Lucrécio nos sugere, colocando nas bordas de seu copo o mel, considero que essa história pode ajudar o meu argumento.

Em 1945, dezoito médicos de Hamburgo foram levados frente ao tribunal alemão de justiça criminal sob ordens das forças de ocupação britânicas. Eles acabaram sendo condenados pelo ato de terem matado 56 crianças por meio de injeções letais. Essas crianças tinham sido diagnosticadas como permanentemente "inaptas", não sadias. Em 1949, o *Landgericht* de Hamburgo afastou as acusações. Sim, disseram, eles efetivamente mataram as crianças. Sim, isso era contra a lei. No entanto, os jurados argumentaram que os médicos acreditavam

469 JOUANJAN, Olivier. Qu'est-ce qu'un discours « juridique » nazi. Mimeografado.
470 LARENZ, Karl. Volksgeist und Recht. Zur Revision der Rechtsanschauung der historichen Schule ». Apud JOUANJAN, Olivier. Qu'est-ce qu'un discours « juridique » nazi. Mimeografado.

que os seus atos estavam sob a proteção do direito. Um dos médicos acusados, frente à acusação de crime contra a humanidade, defendeu-se da seguinte forma: "um tal crime apenas pode ser cometido contra o povo, enquanto que as criaturas viventes que nós fomos requeridos a tratar não podem ser qualificadas como seres humanos". Assustador, é o mínimo que podemos dizer.

Há uma linha direta entre a moralização do discurso jurídico nazista e essa política sanitária de extermínio e perseguição do outro, do inimigo. Nos tempos em que vivemos é importante nos atentarmos a quem deseja construir sempre novos inimigos, ainda mais se nos situamos nessa frágil posição – ou oposição.

Pedro Serrano é uma figura ímpar dentro de nossas letras jurídicas. Dedico a ele estas notas sobre a ordem do discurso jurídico nazista. Com ele aprendi que viver é tomar posição. Viver é tomar posição, mas uma posição refletida e respeitante daqueles que de nós discordam. Democracia é conflito, sempre diz. Acima de tudo, no entanto, democracia é a possibilidade e a capacidade de convivermos com a diferença, com os diferentes. Foi diferindo do pensamento desse incrível autor e professor que pude me constituir enquanto professor, pesquisador e filósofo. Por tudo isso, agradeço.

CANETTI, Elias. *Massa e Poder*. Tradução de Sérgio Tellaroli. São Paulo: Companhia das Letras, 1995.

CHEVALLIER, Jacques. *L'état de droit*. Paris: Montchrestien, 2010.

DELACAMPAGNE, Christian. *Le Philosophe et le Tyran*. Paris: PUF, 2000.

GRUNEWALD, Michel. Révolution Conservatrice. In: *Le Dictionnaire du Conservatisme*. Paris : Les éditions du Cerf, 2017.

JOUANJAN, Olivier. *Une Histoire de la Pensée Juridique en Allemagne (1800-1918)*. Paris: PUF, 2005.

JOUANJAN, Olivier. *Qu'est-ce qu'un discours « juridique » nazi*. Mimeografado.

JOUANJAN, Olivier. *L'Ordre du Discours Juridique Nazi*. Paris: PUF, 2017.

KERVEGAN, Jean-François. *Que faire de Carl Schmitt?*Paris: Gallimard :2011.

KLEMPERER, Victor. *LTI: a linguagem do terceiro reich*. Rio de Janeiro: Contraponto, 2019.

KOESTLER, Arthur. *O zero e o infinito*. Tradução de Juvenal Jacinto. Rio de Janeiro: Globo, 1987.

LARENZ, Karl. *Deutsche Rechtserneuerung und Rechtphilosophie*. Tübingen: Mohr, 1934.

LILLA, Mark. *A Mente Imprudente*. Tradução de Clóvis Marques. Rio de Janeiro: Record, 2017.

MANENT, Pierre. *Cours Particulier de Philosophie Politique*. Paris: Gallimard, 2004.

21. PEDRO SERRANO E AS MEDIDAS DE EXCEÇÃO NA MODERNIDADE PERIFÉRICA: SISTEMATIZAÇÃO DOS ELEMENTOS CONCEITUAIS

Rômulo Monteiro Garzillo[471]

Introdução

O presente estudo tem como objeto o conceito de *medidas de exceção* desenvolvido pelo constitucionalista brasileiro Pedro Serrano. Limitando ainda mais o tema, não se estuda todo e qualquer tipo de *medida de exceção,* senão aquelas manifestadas no interior de democracias de países de modernidade periférica. O objetivo deste artigo é oferecer uma sistematização do conceito elaborado por Serrano, organizando, assim, seus elementos constitutivos. O método utilizado será o analítico, via interpretação das *medidas de exceção* presentes na obra *Autoritarismo e Golpes na América Latina: breve ensaio sobre jurisdição e exceção*, do mencionado autor.

1. O Nascimento de um novo Autoritarismo

Após o período de guerra e totalitarismo que marcou a primeira metade do século XX, a luta pela proteção dos direitos fundamentais tornou-se ferramenta indispensável e destinada a impedir o retorno das atrocidades civilizatórias de outrora[472]. Para tanto, muitos países adotaram uma nova postura constitucio-

471 Mestrando em Filosofia do Direito pela Pontifícia Universidade Católica de São Paulo (PUC-SP).

472 Nesse sentido, Antonio Padoa Schioppa aduz que "Na segunda metade do século XX, os fundamentos da concepção que liga o direito ao Estado e à lei voltam a ser postos em discussão. As degenerações ocorridas entre 1915 e 1945 – com a guerra de trincheiras, com o sacrifício de milhões de soldados, com o envolvimento das

nal, com a finalidade precípua de garantir a efetividade dos direitos constitucionais[473]: passando da mera literalidade textual para a concreta regência da vida social[474].

A partir dessa nova fase, destaca-se a atuação do Poder Judiciário que, por meio da jurisdição constitucional, tornou-se intérprete último dos valores civilizatórios expressos nas respectivas Cartas Políticas. Esse período, comumente chamado de pós-guerra, foi marcado por um momento de relevante avanço na concretização de direitos fundamentais e por uma prosperidade econômica sob vestes *keynesianas*[475]. Por outro lado, também é verdade que essa nova "cultura constitucional" demorou para influenciar o constitucionalismo de países de modernidade periférica do Atlântico Sul[476], como o caso do Brasil, cuja mudança constitucional, nestes termos, deu-se apenas com a promulgação da Constituição Federal de 1988, após o fim do regime militar (1964-1985)[477].

---

populações civis, até o genocídio – havia mostrado em quais abismos poderia cair o Estado soberano, arrastando consigo povos inteiros através da repressão das liberdades, mas também com o apoio do voto popular. E a quais aberrações poderia chegar a legislação, na ausência de limites éticos e de freios institucionais. O resultado dessa crise pode ser resumido no que concerne aos ordenamentos da Europa continental, na fórmula do 'Estado constitucional'". SCHIOPPA, Antonio P. História do direito na Europa: da Idade Média à Idade Contemporânea. Tradução: Marcos Marcionilo, Silvana Cobucci Leite. São Paulo: Editora Martins Fontes, 2014, p. 436. No mesmo sentido, Mário Losano, ao denominar o fenômeno como "direito pós-bélico". LOSANO, Mário G. Sistema e Estrutura no Direito, v. 2, São Paulo: Martins Fontes, 2010, p. 185.

473 Nesse sentido, Luís Roberto Barroso entende o conceito de *efetividade constitucional* como a própria materialização normativa. Trata-se, pois, da concretização da norma abstrata no mundo fático social. BARROSO, Luís R. *O direito constitucional e a efetividade de suas normas: limites e possibilidades da Constituição brasileira.* 4ª ed. Rio de Janeiro: Renovar, 2000, p. 85.

474 Sobre o tema vide STRECK, Lenio Luiz. *Jurisdição constitucional e decisão jurídica.* 4ª ed. São Paulo: Revista dos Tribunais, 2014, pp. 37-47. Nada obstante, clássica é a obra de Konrad Hesse, *A força normativa da constituição,* que tornou-se símbolo desta nova fase do constitucionalismo, desta vez, em busca da efetividade das normas constitucionais. Vide HESSE, Konrad. *A força normativa da constituição.* Tradução de Gilmar Ferreira Mendes. Porto Alegre: Sérgio Antônio Fabris Editor, 1991.

475 HOBSBAWN, Eric. *Era dos extremos: o breve século XX (1914 – 1991).* Tradução Marcos Santarrita. São Paulo: Companhia das Letras, 1995, p. 253- 281.

476 Sobre a "demora" na adequação do constitucionalismo brasileiro aos moldes das constituições do *pós-guerra*, vide BARROSO, Luís R. *Neoconstitucionalismo e constitucionalização do Direito (O triunfo tardio do direito constitucional no Brasil).* Revista de Direito Administrativo, Rio de Janeiro, v. 240, p. 1-42, abr. 2005. Disponível em: <http://bibliotecadigital.fgv.br/ojs/index.php/rda/article/view/43618>. Acesso em: 23 mai. 2019;

477 ABBOUD, Georges. *Processo constitucional brasileiro.* 2ª ed. São Paulo: Revista dos Tribunais, 2018, p. 357.

Contudo, como afirma Serrano, o aludido avanço democrático-constitucional do *pós-guerra* passou a sofrer um profundo desgaste axiológico, com a erosão do sistema de garantias construído naquele período[478]. Esse enfraquecimento do sistema de valores democráticos – estruturado pelo constitucionalismo do *pós guerra* – levou Serrano a indicar o surgimento de um tipo de autoritarismo. Para o autor, esse novo autoritarismo surgiu a partir do estabelecimento do fenômeno político-econômico conhecido como *neoliberalismo*[479].

Referindo-se ao fenômeno *neoliberal*, Pedro Serrano entende que:

> O aumento das medidas de exceção no interior das sociedades democráticas sem a adoção da suspensão da ordem vigente a partir principalmente dos anos sessenta e setenta do século passado decorre, inegavelmente, da formação de uma nova fase do capitalismo, que deixa de ser predominantemente industrial e se torna indubitavelmente financeiro. Um sistema capitaneado pelo capital financeiro, com apoio tecnológico e militar, em que a presença do autoritarismo estatal torna-se fundamental instrumento de garantia tanto para a segurança das operações financeiras dos grandes grupos econômicos (há uma credibilidade nas suas instituições, pois o Estado torna-se o garantidor dessas operações em última instância – uma espécie de "mão invisível do Estado") bem como para conter a violência gerada pelo aumento da desigualdade social, consequência intrínseca do atual estágio do capitalismo[480].

---

478 Não à toa, consagrados autores das ciências políticas e jurídicas passaram a retratar essa nova realidade, conforme indica Pedro Serrano: "De alguma forma, vários autores nacionais e estrangeiros perceberam esse fenômeno que pesquisamos desde 2007 e que temos denominado de medidas de exceção adotadas como técnicas de governo no interior das sociedades democráticas. Norberto Bobbio chama de novos despotismos, que apesar de tratar da Itália na sua fase berlusconista, é uma forma que se universaliza; Luigi Ferrajoli descreve o processo de esvaziamento da constituição e da crise democrática italiana como 'poder desconstituinte', conceito que também pode ser partilhado entre os países de constituições rígidas adotadas no pós-Segunda Guerra; Ronald Dworkin aponta a perda do '*common ground*' da sociedade; Boaventura de Souza Santos fala de 'democracia de baixa intensidade'; Claus Roxin chama de 'populismo penal'; Rubens Casara de 'Estado Pós-Democrático' e, finalmente, 'Estado de exceção' em Giorgio Agamben, conceito que adotamos e estudamos neste livro em capítulo anterior, e que também é utilizado por diversos autores, tais como: Carpentier, Codaccioni, Goupy, Rafael Valim, Georges Abboud, Lenio Luiz Streck, Fernando Hideo I. Lacerda, Gilberto Bercovici, entre tantos outros que tratam do tema". SERRANO, Pedro E. A. P. *Autoritarismo e golpes na América Latina: breve ensaio sobre jurisdição e exceção*. 2ª ed. São Paulo: Alameda, 2016. *no prelo*, *n. p.*

479 Ibid. *n. p.*

480 Ibid., *n. p.*

Nessa esteira, antes de adentrar ao conceito jurídico de *medidas de exceção*, necessário se faz – a fim de respeitar à lógica do pensamento de Serrano – mergulhar em sua concepção do fenômeno político, conforme a seguir exposto.

1. O Fenômeno Político para Pedro Serrano

Pedro Serrano põe em diálogo o Direito – em seu sentido normativo – e a realidade que o permeia. Assim, temas aparentemente alheios ao Direito, como a Economia, a Ciência Política, a Sociologia e a Psicologia, constituem o objeto de seu estudo[481]. Nessa esteira, é imperiosa, como ponto de partida, a compreensão do sentido que Serrano dá ao fenômeno político. Embora não tenha formalizado os fundamentos dessa perspectiva política em nenhum texto, o entendimento que dá à política é largamente apresentado em suas aulas de Teoria do Direito, ministradas na graduação e pós-graduação da Pontifícia Universidade Católica de São Paulo (PUC-SP).

Como Serrano busca repetir em suas aulas, o fenômeno político tem seu fundamento na ideia de *afeto*[482]. Significa dizer que a política é um fenômeno que se origi-

481 Nota-se que o objeto de estudo de Pedro Serrano não é aquele proposto por Kelsen em sua *Teoria Pura do Direito,* onde o autor alemão busca limitar a Ciência do Direito a um âmbito estritamente jurídico-normativo, isto é, sem a presença de elementos alheios ao Direito, como a Sociologia, a Economia, a Filosofia. Nesse sentido vide KELSEN, Hans. *Teoria pura do direito.* Tradução de João Baptista Machado. 8ª ed. São Paulo: Martins Fontes, 2009, pp. 79-120. Em sentido inverso ao *kelseniano,* pode-se verificar o posicionamento de Peter Härberle – constitucionalista alemão posterior a Kelsen – que entende que as *forças pluralistas* de uma sociedade representam um pedaço da própria realidade constitucional, sendo impossível separar tais forças tanto da vida sócio-política do fenômeno constitucional, como do próprio objeto de estudos em si. Vide HÄBERLE, Peter. *A sociedade aberta dos intérpretes da constituição: contribuição para a interpretação pluralista e "procedimental" da constituição.* Tradução de Gilmar Ferreira Mendes. Porto Alegre: Sergio Antônio Fabris Editor, 2002, p. 33. Já no Brasil, posicionamento semelhante pode ser verificado no pensamento de Luís Virgílio Afonso da Silva, para quem "as condições fáticas, sociais e institucionais para a produção dos efeitos de uma norma jurídica *são parte do fenômeno jurídico.* Mais do que isso: fazem parte do objeto de estudo da *dogmática jurídica* – sobretudo em sua dimensão empírica. Aquilo que se costuma chamar de efetividade das normas constitucionais é, portanto, parte do objeto de estudo da ciência jurídica". SILVA. Luís Virgílio Afonso da. *O conteúdo essencial dos direitos fundamentais e a eficácia das normas constitucionais.* Tese apresentada para o concurso de provas e títulos para provimento do cargo de Professor Titular na Faculdade de Direito da Universidade de São Paulo, 2005, p. 317.

482 Definição de *afeto* de Espinosa: "Por afeto compreendo as afecções do corpo, pelas quais sua potência de agir é aumentada ou diminuída, estimulada ou refreada, e, ao mesmo tempo, as ideias dessas afecções". SPINOZA, Baruch. Ética. Edição bilíngue Latim-Português. Tradução: Grupo de Estudos Espinosanos. Coordenação: Marilena Chaui. São Paulo: Edusp, 2015, p. 237.

na por meio de um circuito *afetivo* dinâmico[483], em que indivíduos dotados de afetividade – como os sentimentos de nação e de pertencimento a um grupo – disputam o poder em determinado espaço social. Tal visão, que remonta às ideias de Espinosa, coloca o conflito como característica inerente ao próprio fenômeno político[484].

Assim como Espinosa, Carl Schmitt compreende a ideia do conflito, no caso, entre amigos e *inimigos*, como condição essencial à própria política[485]. Para ele, a política se dá mediante uma verdadeira disputa – em sentido bélico – cuja finalidade é o estabelecimento de uma unidade e homogeneidade valorativa de uma nação, face seus *inimigos*[486]. Assim, para Schmitt, para que um grupo de indivíduos seja soberano, será necessário aniquilar aqueles que ameaçam sua existência, isto é, será necessário eliminar seus *inimigos* políticos[487].

Em que pese a clara influência de Carl Schmitt em seu pensamento, Serrano busca harmonizá-lo às ideias políticas de Chantal Mouffe – outra autora *schmittiana*. Para Mouffe, o político não se confunde com a política. Isso porque, enquanto o primeiro – o político – revela o viés antagônico e violento da disputa entre amigos e *inimigos*, a política é, justamente,"o conjunto de práticas, discursos e instituições que procuram estabelecer uma certa ordem e organizar a coexistência humana em condições que são sempre conflituais porque são sempre afetadas pela dimensão do 'político'"[488].

483 O termo "circuito afetivo" é uma proposital referência à obra *O circuito dos afetos,* de Vladimir Safatle. Nesse texto, o autor aduz que "Basta que haja circuito de afetos para que haja corpos em relação, mas o que não pode existir é política sem corpos. Há de se insistir nesse ponto porque a política não opera no vazio instaurador". SAFATLE, Vladimir. *O circuito dos afetos: corpos políticos, desamparo e o fim do indivíduo*. 2ª ed. São Paulo: Grupo Autêntica, 2015, p. -65.
484 Nesse sentido, Marilena Chaui explica a noção de conflito presente na obra de Espinosa: "Com efeito, a Cidade é habitada por um conflito entre a potência coletiva e a potência individual que, como todo conflito, segundo a Ética, só pode ser resolvido se uma das partes tiver poder para satisfazer e limitar a outra, pois uma paixão nunca é vencida por uma razão ou por uma ideia, mas por uma outra paixão mais forte do que ela". CHAUI, Marilena. Espinosa: poder e liberdade. In: *Filosofía política moderna. De Hobbes a Marx Boron*, Atilio A. CLACSO, Consejo Latinoamericano de Ciencias Sociales; DCP-FFLCH, Departamento de Ciências Políticas, Faculdade de Filosofia Letras e Ciências Humanas, USP, Universidade de São Paulo. 2006, p. 136. Disponível em: http://bibliotecavirtual.clacso.org.ar/ar/libros/secret/filopolmpt/06_chaui.pdf.
485 SCHMITT, Carl. *O conceito do político; Teoria do Partisan.* Tradução de Geraldo de Carvalho. Belo Horizonte: Del Rey, 2008, p. 58.
486 Ibid., p. 34-35.
487 Ibid., p. 39-48.
488 MOUFFE, Chantal. *Por um modelo agonístico de democracia.* Revista de Sociologia e Política nº 25, 11-23 de novembro, 2005, p. 20. Disponível em: http://www.scielo.br/pdf/rsocp/n25/31108.pdf. Nota-se como a concepção de "política" de Chantal pode

Em suma, a visão política de Serrano, baseada na dinâmica *afetiva* dos indivíduos, pressupõe a ideia de conflito. Tal ideia, no entanto, não deságua no estado de guerra entre amigos e *inimigos*, da pura afetividade, uma vez que a razão humana sempre poderá ser utilizada como elemento pacificador e fortalecedor dos valores da democracia. Nesse sentido, Pedro Serrano aduz que:

> Quando o debate público perde a racionalidade e ganha o território da emoção, passa-se a produzir certas visões de mundo mais pautadas em afeto e menos em lógica e coerência. E só será possível superar esse tipo de posição afetiva, normalmente mais autoritária, desarticulando-se esses afetos e criando-se um mínimo de predisposição à convergência e à formação daquilo que Dworkin chama de *common ground*, ou seja, de padrões mínimos de consenso, o que fortalece a democracia[489].

Uma vez estabelecido o marco teórico quanto à política, passa-se à análise conceitual do fenômeno jurídico das *medidas de exceção.*

Três Camadas Conceituais das medidas de exceção em países de modernidade periférica.

Chega-se ao ponto mais importante deste trabalho: a sistematização dos elementos constituintes do conceito de *medidas de exceção* manifestadas em países de modernidade periférica. Essa sistematização será realizada por meio de

---

ser relacionada com a de Espinosa, tal como bem explica a professora Marilena Chaui. "De fato, o *conatus* desconhece valores e, em estado de Natureza, nada proíbe que os homens sejam contrários uns aos outros, invejosos, coléricos, vingativos ou assassinos. Todavia, o *conatus* está submetido a uma lei natural e é sempre determinado por ela: a do útil. Ainda que a imaginação dos homens passionais desconheça a verdadeira utilidade (conhecida por homens racionais), o princípio da utilidade determina suas ações, uma vez que o útil não é senão o que é experimentado como auxílio à autoconservação. Em estado de natureza, o útil gera nos homens dois reconhecimentos: em primeiro lugar, que a guerra de todos contra todos não fortalece ninguém e enfraquece a todos, pois, vivendo sob o medo recíproco, ninguém é senhor de si e livre; em segundo lugar, reconhecem que para sobreviver cada um precisa de muitas coisas que sozinho não pode conseguir, mas que as obterá na cooperação com outros. Assim, o útil ensina ao *conatus* que é bom livrar-se do medo, adquirir segurança e cooperar "a fim de que possam gozar da melhor maneira o próprio direito natural de agir e viver, sem dano para si e para os outros" (TTP, XVI). Ou como diz, sem moralismo Espinosa, os homens passam do estado de Natureza ao Estado civil quando descobrem que lhes é mais vantajoso trocar muitos medos por um único temor, aquele inspirado pela lei". CHAUI, Marilena. *Op. cit*, p. 129.

489 SERRANO, Pedro E. A. P. *op. cit. n. p.*

uma análise descritiva do conceito proposto por Pedro Serrano, identificando e separando cada um de seus elementos constitutivos. Para facilitar a análise, o objeto de estudos - *medidas de exceção em países de modernidade periférica* - será dividido em três camadas conceituais, sendo elas (1) o conjunto de conceitos do *Estado de Exceção* propostos por Carl Schmitt; (2) os elementos de adaptação dos conceitos *schmittianos* à dinâmica da contemporaneidade, os quais recebem o nome de *autoritarismo líquido*, e (3) os elementos circunstanciais das *medidas de exceção*, quando manifestadas em países de modernidade periférica, como é o caso do Brasil e dos demais países da América Latina.

3.1. Primeira camada conceitual: os elementos do Estado de Exceção de Carl Schmitt

A primeira camada conceitual das *medidas de exceção* refere-se à sua estrutura nuclear e essencial. Diz-se estrutura nuclear e essencial, uma vez que se trata dos elementos que caracterizam as *medidas de exceção* enquanto espécie do gênero *autoritarismo*. Nesse caso, Pedro Serrano toma como ponto de partida do fenômeno autoritário o conceito de *Estado de Exceção* elaborado por Carl Schmitt, no início do século XX[490]. E, nesse sentido, o *Estado de Exceção* pode ser bem sintetizado como o ato *decisório*[491]de *suspensão* normativa constitucional[492], de caráter *soberano*[493], voltada contra um *inimigo* político[494] e com a finalidade de garantir a unidade e hegemonia política de um povo[495], protegendo, assim, a própria Constituição[496]. Além de Carl Schmitt, Serrano também retira importantes lições do jusfilósofo italiano Giorgio Agamben. Diferentemente de Schmitt, Agamben não concebe o fenômeno da *exceção* como uma medida de caráter *provisório* - que subsiste junto à situação de anormalidade - mas como uma medida *permanente*, utilizado como *paradigma* ou *técnica de*

490 SCHMITT, Carl. *Teologia política.*Tradução Elisete Antoniuk. Belo Horizonte: Del Rey, 2006.
491 Ibid., p. 7.
492 Ibid., p. 8.
493 Ibid., p. 7.
494 Id., 2008, p. 49.
495 Nesse sentido, Carl Schmitt afirma que "Un Estado nacionalmente homogéneo aparece entonces como lo normal; un Estado al que esa homogeneidad falta, tiene algo de anormal que pone en peligro la paz". SCHMITT, Carl. *Teoría de la Constituición.* Tradución de Francisco Ayala. Madrid: Aliança Editorial S.A, 1996, p. 228.
496 Id., 2008, p. 13

governo. Como exemplo, basta mencionar o longo período de duração regimes de *exceção* como o nazismo, fascismo, stalinismo e as ditaduras militares da América Latina[497].

3.2. Segunda camada conceitual: os elementos do autoritarismo líquido

No que tange à segunda camada conceitual, trata-se de uma adaptação dos conceitos *schmittianos* elaborados na primeira metade do século XX – há quase cem anos – à nova realidade político-jurídica em que vivemos. Dessa feita, com base na obra do sociólogo Zygmunt Baumann[498], Serrano chega ao conceito de *autoritarismo líquido*[499].

Do conceito de *autoritarismo líquido* extraem-se três outros elementos, quais sejam, (1) o *conjunto harmônico de decisões singulares*; (2) o *esvaziamento material normativo* e (3) a *influência da decisão de exceção por agentes do mercado.* Embora esses elementos estejam separados para fins didáticos, em realidade, manifestam-se de modo inseparável, constituindo, assim, o fenômeno do *autoritarismo líquido.*

497 Nesse sentido, Agamben leciona que "Diante do incessante avanço do que foi definido como uma 'guerra civil mundial', o Estado de Exceção tende cada vez mais a se apresentar como o paradigma de governo dominante na política contemporânea. Esse deslocamento de uma medida provisória e excepcional para uma técnica de governo ameaça transformar radicalmente – e, de fato, já transformou de modo muito perceptível – a estrutura e o sentido da distinção tradicional entre os diversos tipos de constituição. O Estado de Exceção apresenta-se, nessa perspectiva, como um patamar de indeterminação entre democracia e absolutismo". AGAMBEN, Giorgio. *Estado de exceção.* Tradução de Iraci D. Poleti. São Paulo: Boitempo, 2004, p. 131.

498 Em sua clássica obra *Modernidade líquida,* Bauman lançou o conceito de "liquidez" – em termos sociológicos – para referir-se a uma característica essencial da modernidade, atinente ao constante derretimento e rápida transformação de tudo aquilo que já foi um dia sólido, fixo ou imóvel. Nesse sentido, o *autoritarismo líquido* é um autoritarismo que, apesar de *não possuir a forma jurídica* dos antigos autoritarismos (soviético, nazista, fascista e demais ditaduras do século XX,) ainda assim, conserva em si um conteúdo autoritário. Sobre o conceito de *liquidez* ver: BAUMAN, Zygmunt. *Modernidade líquida.* Tradução de Plínio Dentzien. Rio de Janeiro: Zahar, 2001, pp. 7-22.

499 Nesse sentido, Fernando Hideo: "Para compreendermos o funcionamento dos mecanismos autoritários na contemporaneidade, o ponto de partida é reconhecer que as formas de tirania acompanham o desenvolvimento e a complexidade social, adaptam-se às novas estruturas discursivas e se aperfeiçoam com o passar do tempo. O autoritarismo aprendeu a se camuflar sob o rótulo democrático, dando forma àquilo que Pedro Estevam Serrano define como autoritarismo líquido". LACERDA, Fernando H. I. *Processo penal de exceção.* Tese (Doutorado). Faculdade de Direito, Pontifícia Universidade Católica de São Paulo, 2018, p. 95.

3.2.1. *Conjunto harmônico de decisões singulares*

As *medidas de exceção*, ao contrário dos *estados de exceção* comuns no século XX, não se manifestam a partir de um ato centralizado visível de *suspensão* total das normas constitucionais - como, por exemplo, o AI-5 no Brasil[500]. Isso porque, é característica das *medidas de exceção* sua incidência mediante um *conjunto harmônico de decisões singulares* inconstitucionais. Embora essas *decisões* sejam isoladas entre si - e daí vem o termo *medida de exceção* ao invés de *Estado de Exceção* - formam, quando proferidas em coesão, aquilo que Luigi Ferrajoli chama de uma *patologia* do sistema constitucional[501]. Portanto, as *medidas de exceção* sempre se manifestam via um *conjunto de decisões singulares* e, no entanto, *harmonicamente* direcionadas, que operam como *desconstituinte*[502], esvaziando o conteúdo axiológico-normativo constitucional. A título de exemplo, pode-se citar um conjunto *harmônico de decisões* judiciais que, embora individualmente fragmentadas, decretam uma série de prisões preventivas sem o devido respeito às normas constitucionais. O conjunto dessas decisões - for-

500 O Ato Institucional de nº 5 foi assinado pelo então presidente da república, Costa e Silva, em 13 de maio de 1968, cujo teor está disponível em: http://www.planalto.gov.br/ccivil_03/AIT/ait-05-68.htm. No caso do AI-5, a suspensão de direitos e garantias era visível e explícita, conforme consta em seu art. 4º, ao impor que "No interesse de preservar a Revolução, o Presidente da República, ouvido o Conselho de Segurança Nacional, e sem as limitações previstas na Constituição, poderá suspender os direitos políticos de quaisquer cidadãos pelo prazo de 10 anos e cassar mandatos eletivos federais, estaduais e municipais". Sobre o tema, ver: GASPARI, Elio. *A ditadura escancarada*. São Paulo: Companhia das Letras, 2002.

501 Nesse sentido, Ferrajoli entende que "Certo grau de inefetividade e de ilegitimidade é, contudo, inevitável e, portanto, fisiológico em qualquer democracia constitucional (...). Além de certo limite, todavia, o grau de inefetividade do paradigma constitucional pode tornar-se patológico". Ora, toda norma é criada para ser aplicada e, logo, efetiva. FERRAJOLI, Luigi. *Poderes selvagens: crise da democracia italiana*. Tradução de Alexander Araújo de Souza. São Paulo: Saraiva, 2014, p. 29-30. Desta feita, uma Constituição que se torna incapaz de atingir sua finalidade precípua – isto é, de efetivamente reger a vida de uma dada sociedade – pode ser considerada doente. Em paralelo, pode-se pensar nos olhos que, ao serem acometidos por uma grave patologia, perdem sua finalidade funcional de enxergar.

502 Ibid., p. 13-16. Neste ponto, Serrano é claro quanto ao conceito de Ferrajoli, ao afirmar que "O esvaziamento do sentido democrático da Constituição brasileira de 1988, ou processo desconstituinte como trata Luigi Ferrajoli, vem sendo diuturnamente aprofundado com direitos e garantias fundamentais mais elementares sendo alijados dos seus titulares, formados por grande parcela da sociedade seletivamente escolhida para ser combatida através de uma construção discursiva da periculosidade que representam, que, como veremos, em verdade, busca apenas salvaguardar os interesses da classe dominante e manutenção dos privilégios do poder econômico". SERRANO, Pedro E. A. P. *Autoritarismo e golpes na América Latina, op. cit.*, p. 15.

madas a partir de inúmeros processos subjetivos com efeitos *inter partes* - dá luz a uma *jurisprudência de exceção*, resultando na efetiva *suspensão* de direitos fundamentais, como a presunção de inocência, o direito à liberdade e o princípio fundamental da dignidade da pessoa humana[503].

3.2.2. O esvaziamento material normativo

O outro elemento que compõe o *autoritarismo líquido* é o *esvaziamento material normativo* das *medidas de exceção*. Este elemento atine à capacidade que as *medidas de exceção* têm de se camuflarem no interior do sistema democrático. Isso porque, embora essas medidas sejam legais em sentido *formal*, sua essência autoritária - de suspensão às normas constitucionais - encontra-se no ventre de seu conteúdo *materialmente* ilegal[504]. É por isso que Serrano as descreve como "medidas de exceção no interior da democracia"[505], no sentido de que, embora *materialmente* arbitrárias, tais medidas não necessitam romper com a ordem democrática formalmente estabelecida[506].

Novamente pode-se usar o processo como exemplo. Nesse sentido, para o processualista Fernando H. Lacerda, as *medidas de exceção* podem se manifestar no âmbito da própria jurisdição, cuja aparência formal - de procedimento judicial - falseia e encobre seu conteúdo material autoritário. A esse fenômeno Lacerda dá o nome de *antiprocesso*, na medida em que se trata da inversão do sistema processual garantista[507].

3.2.3. Apropriação decisória da exceçao pelos agentes do mercado financeiro.

O último elemento do *autoritarismo líquido* refere-se à influência do modelo *neoliberal* sobre a *decisão* de *exceção*, por meio do mercado financeiro. Ora,

---

503 Nesse sentido, ao julgar a ADPF 347, o próprio Supremo Tribunal Federal reconheceu o *estado de coisas inconstitucional* do sistema prisional brasileiro: "Presente quadro de violação massiva e persistente de direitos fundamentais, decorrente de falhas estruturais e falência de políticas públicas e cuja modificação depende de medidas abrangentes de natureza normativa, administrativa e orçamentária, deve o sistema penitenciário nacional ser caracterizado como 'estado de coisas inconstitucional'".

504 NERY JUNIOR, Nelson; ABBOUD, Georges. *Direito constitucional brasileiro: curso completo.* São Paulo: Editora Revista dos Tribunais, 2017, p. 655.

505 SERRANO, Pedro. E. A. P.*op. cit.,* p. 15.

506 LACERDA, Fernando H. I. *op. cit.,* p. 131.

507 Ibid, p. 410.

se em termos *schmittianos* "soberano é quem decide pelo estado de exceção", então todo aquele que tem a capacidade de *suspender* as normas constitucionais é *soberano*. Seguindo essa linha, é possível verificar que a crescente influência do mercado financeiro na vida política dos países – desde o avanço do modelo *neoliberal* – é capaz de alterar o protagonismo de *decisões* sobre a *exceção*. Portanto, a constante pressão – exercida pelos mercados sobre os Estados nacionais – é apta a modificar a figura do *soberano*. Não significa dizer que o próprio ente abstrato do mercado esteja *decidindo* diretamente pela *suspensão* das normas constitucionais. Em verdade, o que ocorre é apenas uma modificação do agir estatal, que, ao ver-se pressionado pela mídia por uma política de *lobbies*[508], deixa a defesa do *interesse público* à revelia e passa à defesa dos *interesses privados* do mercado[509].

Serrano entende que o fortalecimento do mercado financeiro – enquanto agente político de relevante papel *decisório* – alterou a lógica da *soberania* estatal. Para o autor, é consequência direta do *neoliberalismo* e da globalização a perda de *soberania* dos Estados, os quais têm sua capacidade de *decisão* cada vez mais diluída e prejudicada, face à força do capital especulativo, de matiz sempre mais global e menos nacionalizado[510]. Por fim, vale reforçar que essa

---

508 Nesse sentido vide DOWBOR, Ladislau. *A era do capital improdutivo: Por que oito famílias têm mais riqueza do que metade da população do mundo?* São Paulo: Autonomia Literária, 2017, p. 116.

509 Nesse sentido, Gilberto Bercovici: "Esta crise de financiamento do setor público é ainda mais grave nos países periféricos, como o Brasil, em que há insuficiência de recursos para o financiamento público da acumulação de capital. Portanto, para garantir a atração dos investimentos privados, o Poder Público brasileiro tem que estabilizar o valor real dos ativos das classes proprietárias. Ou seja, o orçamento público deve estar voltado para a garantia do investimento privado, para a garantia do capital privado, em detrimento dos direitos sociais e serviços públicos voltados para a população mais desfavorecida. Assim, nesta etapa, o direito financeiro, na organização do espaço político-econômico da acumulação, passa a servir a uma nova função do Estado – a tutela jurídica da renda do capital e da sanção de ganhos financeiros privados, a partir da alocação de garantias estatais ao processo sistêmico de acumulação liderado pelo capital financeiro". BERCOVICI, Gilberto; MASSONETTO, Luís F. *A Constituição Dirigente Invertida: A Blindagem da Constituição Financeira e a Agonia da Constituição Econômica*. Boletim de Ciências Econômicas, vol. XLIX. Coimbra: Universidade de Coimbra, 2006, pp. 68-69. Por outro lado, interessante também o posicionamento da filósofa brasileira, Marilena Chaui, quando define *neoliberalismo* como "o encolhimento do espaço público dos direitos e o alargamento do espaço privado dos interesses de mercado".CHAUI. Marilena. *A ideologia da competência*. Organizador André Rocha. Belo Horizonte: Autêntica Editora, São Paulo, 2014, p. 88.

510 Cf. BERCOVICI, Gilberto. *Soberania e Constituição: Para uma crítica do Constitucionalismo*. 2. ed. São Paulo: Quartier Latin, 2013. VALIM. Rafael. *Estado de Exceção: a forma jurídica do neoliberalismo*. São Paulo: Editora Contracorrente, 2017,

influência do mercado financeiro, também pode ocorrer pela mídia - cada vez mais difundida na sociedade global - como ferramenta apta a pressionar a tomada de *decisões* no âmbito de tribunais, parlamentos e governos[511].

3.3. *Terceira camada conceitual: medidas de exceção em países de modernidade periférica*

Esta última camada conceitual do *autoritarismo líquido* refere-se às peculiaridades das *medidas de exceção* quando manifestadas em países de modernidade periférica, como é o caso do Brasil e demais países da América Latina[512]. Para Serrano, o elemento distintivo das *medidas de exceção,* nesses casos, caracteriza-se pela atuação do Poder Judiciário como agente da *exceção*, ao passo que, em países desenvolvidos, as *medidas de exceção* possuem um viés legislativo[513]. O autor percebeu que, na América Latina, as *medidas de exceção* migraram de

---

p. 33. DOWBOR, Ladislau. *op. cit.*, pp. 115-137.

511 Sobre a influência dos meios de comunicação, Pedro Serrano leciona que "Na relação entre a mídia e o tribunal, entre o sistema de comunicação social e o sistema jurídico, a lógica própria do direito, do lícito-ilícito, sucumbe em favor da exclusão do inimigo. A racionalidade transversal entre os sistemas conviventes numa sociedade democrática complexa não ocorre. Outras formas de consenso social construído também contribuem para a formação da figura do inimigo e para a formação da decisão de exceção que lhe atinge. O juiz que ousa contradizer o consenso midiático de julgador vira réu. De magistrado passa a criminoso e, talvez, novo inimigo público". SERRANO, Pedro E. A. P. *op. cit.*, p. 109.

512 Importante, antes de tudo, compreender o que Serrano quer dizer com países de *modernidade tardia*. Neste ponto, o conceito de *modernidade tardia* pode ser colocado, como o próprio termo indica, como países cujo desenvolvimento político, econômico e social, encontra-se "atrasado", se comparado a países que já alcançaram esse nível de desenvolvimento. Aqui, pode-se colocar o termo *modernidade tardia* em paralelo ao conceito de *subdesenvolvimento*, sempre presente na obra de grandes pensadores brasileiros, dentre eles, Celso Furtado. Sobre o tema, um interessante guia de estudos: BRESSER-PEREIRA, Luiz C. *As três interpretações da dependência.* Perspectivas: Revista de Ciências Sociais (Unesp. Araraquara. Impresso), v. 38, pp. 17-48, 2010. Quanto a trabalhos que analisam a exceção e o subdesenvolvimento, vale mencionar: CABRAL, Mário A. M.. *Subdesenvolvimento e Estado de Exceção: aspectos do pensamento de Celso Furtado.* Monografia apresentada ao Prêmio Centro Celso Furtado e BNB 2011, nos termos do Edital 03/2011, de 10 de dezembro de 2010, e do Edital de Prorrogação, de 07 de junho de 2011 e; BERCOVICI, Gilberto. O Estado de Exceção econômico e a periferia do capitalismo. *Revista Pensar*, v. 1, p. 95- 99, Fortaleza, fev, 2006.

513 Nesse sentido, Pedro Serrano afirma que "enquanto nos países do denominado 'primeiro mundo' chamam a atenção medidas de cunho legislativo, como as leis antiterrorismo (*Patriot Act*, nos EUA), na América Latina observam-se medidas de cunho jurisdicional, realizadas por meio do chamado ativismo judicial". SERRANO, Pedro E. A. P. *op. cit.*, p. 170.

decretos do Poder Executivo – comuns nas ditaduras da América Latina do século XX – para o sistema de justiça[514]. Serrano ainda dividiu a manifestação desse fenômeno em duas frentes distintas, sendo elas: o sistema penal de justiça penal e a interrupção democrática de governos[515].

3.3.1. *O sistema de justiça penal*

Para Serrano, parte substancial das *medidas de exceção* no interior das democracias periféricas é protagonizada pelo Poder Judiciário[516]. Vale dizer que a *exceção* encabeçada pelo Judiciário, assim como as demais, ocorre a partir da *suspensão* de direitos em face da figura do *inimigo*, sob o pretexto de proteção da segurança pública, do Estado e como se viu, do próprio mercado (primeira camada conceitual). Além disso, enquadram-se dentro do chamado *autoritarismo líquido*, pois se manifestam através de um *conjunto harmônico de decisões isoladas*, camufladas por uma *aparente legalidade* de cunho procedimental e são, na maioria das vezes, insufladas pelos meios de comunicação (segunda camada conceitual)[517]. Quanto ao sistema de justiça penal, Serrano o concebe como resultado de três outros fatores, sendo eles (1) a apropriação privada da norma pelo intérprete (hermenêutica política); (2) a adoção de um modelo de Direito Penal de matiz *neoliberal* e (3) o comum contexto de desigualdade social existente nos países periféricos[518].

No que tange ao fator hermenêutico, é importante dizer que a abordagem feita por Pedro Serrano é demasiado profunda para este trabalho, o qual se restringe à proposição de um critério sistemático para a organização do objeto de estudo *in casu*. Desta feita, com a devida responsabilidade intelectual, nos limitaremos a uma breve síntese da questão. Para Serrano, as *medidas de exceção* podem resultar de um procedimento hermenêutico que suspenda a efetividade da norma jurídica aplicável. Significa dizer que o juiz, ao adotar determinada postura moral ou política – haja vista o caráter sempre político da *decisão* da *exceção* – utiliza-se da interpretação como forma de negar ou burlar a própria lei[519]. Serrano ainda indica a existência – cada vez mais comum – de normas

514 Ibid., *n. p.*
515 Ibid., p. 105.
516 Ibid., pp. 103-142.
517 Ibid., p. 109.
518 Ibid., p. 105.
519 Ibid., p. 111-142. Ver também STRECK, Lenio Luiz. *op. cit.*, pp. 47-57; KEN-

penais *hipernômicas,* isto é, sem a devida restrição e precisão linguística[520]. Tal *hipernomia,* para o autor, facilita esse tipo de burla hermenêutica, à qual denomina *apropriação privada da linguagem pelo intérprete*[521]. Segundo Serrano, trata-se de uma *apropriação privada da norma pelo intérprete,* uma vez que este preenche eventual vácuo normativo com seus próprios valores, para alcançar seus próprios fins, ignorando o conteúdo normativo-axiológico e a finalidade da própria Constituição[522].

Quanto ao segundo fator, Serrano chama a atenção para o novo papel assumido pelo Direito Penal a partir da implementação do modelo *neoliberal.* Para ele, essa postura criminal remonta ao período em que Nixon - já no início dos nos anos 1970 - introduz sua conhecida política penal de combate às drogas[523]. Serrano percebe o ingresso desse mesmo modelo penal no Brasil a partir dos anos 1990[524], justamente quando, ao democratizar-se, o país mergulhava em políticas ditadas pelo FMI e pelo Banco Mundial[525].

NEDY, Duncan. *Izquierda y Derecho: Ensayos de La teoria jurídica crítica.* 1ª ed. Buenos Aires: Siglo Veintiuno Editores, 2010, pp. 64-68.

520 Nesse sentido, Pedro Serrano entende que "Pela produção hipernômica no campo penal e pela indeterminação intencional da norma, a sociedade como um todo se torna um potencial criminoso. Trata-se de um mecanismo de medida de exceção muito sutil porque usa da forma do Estado de direito que é a lei, para expurgar essa separação. Sob o ponto de vista da decisão legislativa tudo é ilícito e cabe ao agente aplicador da lei o poder anômico (quer dizer uma hipernomia que gera anomia) de poder selecionar quem será aprisionado ou não". SERRANO, Pedro E. A. P. *op. cit., n. p.* Por sua vez, Luigi Ferrajoli alerta que o "uso de palavras equivocadas e de juízo de valor na descrição dos fatos imputados e na realização das provas representa, melhor, uma técnica de esvaziamento das garantias penais e processuais por parte dos juízes, não menos difundida do que a adotada analogamente pelo legislador na formulação das leis". FERRAJOLI, Luigi. *Direito e Razão. Teoria do Garantismo Penal.* 3. ed. São Paulo: RT, 2010, p. 121.

521 SERRANO, Pedro E. A. P. *op. cit., n. p.* Cf. STRECK, Lenio Luiz. *Verdade e consenso: constituição, hermenêutica e teorias discursivas.* 5ª ed. São Paulo: Saraiva, 2014, pp. 61-66.

522 SERRANO, Pedro E. A. P. *op. cit., n.p.* No mesmo sentido, Lacerda afirma que o "texto passa a ser manipulado de acordo com as preferências subjetivas do intérprete – contaminado pelos mecanismos ideológicos de dominação –, dando forma a um sistema de justiça demagogo". LACERDA, Fernando H. I. *op. cit.,* p. 131. Vide também KENNEDY, Duncan. *op. cit.* pp. 44-62.

523 Ibid., p. 113.

524 Idem.

525 Cf. HADLER, João P. de T. C.. *Dependência e subdesenvolvimento: a transnacionalização do capital e a crise do desenvolvimento nacional em Celso Furtado.* Dissertação de Mestrado apresentada ao Instituto de Economia da Unicamp. Campinas, 2009, p. 89 e; AMARAL, Marisa S.. *Teorias do imperialismo e da dependência: a atualização necessária ante a financeirização do capitalismo.* Tese apresentada ao Departamento de Economia da Faculdade de Economia, Administração e Contabili-

O terceiro fator remete à flagrante desigualdade social dos países periféricos. Tal desigualdade, caracterizada por um abismo econômico entre os mais ricos e os mais pobres, faz coexistir, segundo Serrano, dois Estados nos países subdesenvolvidos, quais sejam, (1) um Estado de Direito no interior dos centros econômicos e (2) um Estado de Exceção restrito a zonas periféricas, alheias dos centros econômicos. Desta feita, enquanto o Estado de Direito rege efetivamente regiões próximas aos grandes centros econômicos, mostra-se incapaz de concretizar-se em regiões marginalizadas e periféricas. Nesses locais, por sua vez – onde há a ausência do Estado de Direito – impera o Estado de Exceção (ou Estado de Polícia). Em outras palavras, enquanto no Estado de Direito tanto a administração pública como a polícia são eficientes para a proteção de moradores, trabalhadores e consumidores de bairros nobres, as regiões periféricas, por outro lado, são marcadas pela violência policial e descaso da administração pública. Nesses locais periféricos, é possível notar como há a inequívoca *suspensão* de normas constitucionais, haja vista a completa inefetividade de direitos sociais (saúde, educação, moradia) e de direitos individuais (liberdade, devido processo legal e dignidade da pessoa humana)[526]. Além da suspensão das normas nos bairros periféricos, há – nesses locais – a evidente presença da figura *schmittiana* do *inimigo* que, para Serrano, resulta da própria desigualdade social brasileira[527]. Para Serrano, o combate ao *inimigo* ocorre tan-

dade da USP. São Paulo, 2012, p. 99.

526 Interessante como a ideia de Serrano, acerca da coexistência de um Estado de Direito com o Estado de Exceção, encaixa-se perfeitamente com a obra *Thedual state,* de Ernst Fraenkel, de 1941. Nesse texto, Fraenkel, ao estudar Alemanha nazista, enxerga – assim como Serrano, no Brasil contemporâneo – o aspecto dual daquele regime totalitário, por meio da coexistência de um *Estado prerrogativa* (Estado de polícia) com um *Estado normativo* (Estado de Direito). Nas palavras de Frankel: "*We have not attempted and exhaustive picture of the whole of the emerging legal system; rather we have sought to analyze the two states, the 'Prerrogative State' and the 'Normative State', as we shall call them, which co-exist in National-Socialist Germany. By the Prerrogative State we mean that governmental system which exercises unlimited arbitrariness and violence unchecked by any legal guarantees, and by the Normative State and administrative body endowed with elaborate powers for safeguarding the legal order as expressed in statutes, decisions of the courts, and activities of the administrative agencies*". FRAENKEL, Ernst. *The dual state: a contribution to the theory of dictatorship.* Nova York: Oxford University Press, 1941, p. xiii.

527 Nesse sentido, Pedro Serrano entende que "Muito mais difícil, no entanto, é identificar medidas de exceção e Estado de polícia funcionando dentro dos Estados democráticos, mas elas seguramente existem. No Brasil contemporâneo, por exemplo, a figura do inimigo deixou de estar dispersa por toda a sociedade, como acontecia em relação ao inimigo comunista da ditadura, que não possuía feição, podendo estar presente em qualquer segmento social. Hoje, identifica-se o inimigo na figura mítica

to pela violência policial[528] quanto pelo sistema de justiça, por meio de prisões arbitrárias, como as já citadas prisões preventivas arbitrárias[529].

3.3.2. Interrupção da normalidade democrática

Além da política de cunho criminal, Serrano vê a manifestação de *medidas de exceção* no interior da democracia dos países latino-americanos por meio da *interrupção institucional da normalidade democrática* desses países. Em seu estudo, Serrano enumera o caso de Honduras e Paraguai, que, nas palavras do autor, foram regimes democráticos "inconstitucionalmente interrompidos, golpeando presidentes legitimamente eleitos, por obra ou o apoio das respectivas cortes supremas".

No caso de Honduras, em 2009, Serrano vê inequívoca ilegalidade no ato formal de deposição do presidente Manuel Zelaya, uma vez que "não lhe foi oferecido qualquer direito de defesa, e por uma ordem liminar da Corte Suprema daquele país, que determinou sua prisão sem oitiva prévia"[530]. Quanto ao Paraguai, no episódio de destituição do presidente Fernando Lugo em 2012, Serrano vê desrespeito ao art. 17 da Constituição paraguaia que "estende o di-

---

do bandido, o agente da violência que quer destruir a sociedade". Em outro trecho, Serrano afirma que "Esse fenômeno se justifica na medida em que o inimigo a ser combatido e que ameaça a sociedade não se identifica mais com a figura do comunista das ditaduras militares, por exemplo, que estava disperso por toda a sociedade e sem identidade física específica, mas sim com a figura do bandido, impreterivelmente associado com uma condição social de pobreza. O inimigo das sociedades menos desenvolvidas do Ocidente, sobretudo na América Latina, é o pobre". SERRANO, Pedro E. A. P. *op,* cit., pp. 145-151.

528 Ibid., p. 29.

529 Sobre este tema, importante ressaltar o conceito de *processo penal de exceção*, elaborado por Fernando L. Hideo. Nesse trabalho, realizado sob o amparo de conceitos *serranianos*, Hideo entende que o processo penal, a partir do sistema de justiça, é utilizado como ferramenta política de aprisionamento em massa da população pobre no Brasil. Para este autor, o *processo penal de exceção* seria um *antiprocesso*, uma vez que não apenas anula, mas inverte os preceitos do garantismo penal. Cf. LACERDA, Fernando H. I, *op. cit.,* p. 235.

530 Para o autor, "Essa ordem judicial poderia até ser compatível com a Constituição, não fosse o presidente preso pelas forças armadas, e não pela força de segurança pública, conforme ordenado pela Constituição hondurenha. E ainda, se não tivesse sido expulso do país por seus detentores, em flagrante desrespeito ao dispositivo específico da referida Carta, que impede a expulsão de cidadão hondurenho, o que também lhe impediu o exercício da defesa no processo crime por não estar presente no país. A nulidade da ordem judicial só foi reconhecida pela Corte Suprema depois do término do que deveria ter sido seu mandato". SERRANO, Pedro E. A. P. *op.* cit., p. 147.

reito de defesa do processo penal a qualquer outro tipo de processo que possa derivar pena ou sanção"[531]. Nas palavras de Serrano, "Lugo foi submetido a um julgamento em que o prazo de defesa foi exíguo, impedindo a oferta da devida dilação probatória"[532].

Interessante que Serrano publicou a primeira edição de seu *Autoritarismo e Golpes na América Latina* antes mesmo do *impeachment* de Dilma Rousseff, em 2016. Para o autor, também aí houve uma *medida de exceção*, uma vez que o processo "de apuração da denúncia do cometimento de crime de responsabilidade não observou minimamente os requisitos constitucionais indispensáveis para se instaurar um processo desta natureza"[533]. Para o autor, o papel do Judiciário, nesse caso, foi de omissão, uma vez que não declarou a inconstitucionalidade da medida. Quanto à natureza de "golpe", Serrano entende que o

> "fato de se tratar de uma medida de exceção não retira, evidentemente, a legitimidade de o ativista político utilizar a expressão 'golpe' para se manifestar e traduzir a ideia de ameaça de uma grave agressão à democracia e à Constituição. Sob o ponto de vista técnico, de teoria do Estado, porém, não há um golpe, mas sim uma medida de exceção"[534].

1. Conclusão

Uma vez percorrido todo o caminho argumentativo dos tópicos acima, já é possível enumerar algumas conclusões a fim de alcançar o objetivo perseguido neste trabalho: a sistematização dos elementos constitutivos do conceito de *medidas de exceção* em países de modernidade periférica, tal como proposto pelo constitucionalista brasileiro Pedro Serrano.

Em primeiro plano, conclui-se que a sistematização proposta segue um critério, qual seja, a adaptação do conceito de *Estado de Exceção* elaborado por Carl Schmitt a duas circunstâncias, uma de caráter *temporal* e outra *geopolítica.* Desse modo, enquanto a adaptação *temporal* refere-se à manifestação do *Estado de Exceção* em um contexto *neoliberal* de *autoritarismo líquido,* a adaptação *geopolítica* insere o *Estado de Exceção* em um contexto de subdesenvolvimento político-econômico, típico em países periféricos, como o Brasil e os demais paí-

---

531 Ibid., p. 148.
532 Ibid., p. 148.
533 Ibid., p. 157.
534 Ibid., p. 123.

ses da América Latina. Portanto, a divisão do conceito de *medidas de exceção* em três distintas camadas segue, justamente, o critério de adaptação *temporal* e *geopolítico* acima descrito.

Ou seja, enquanto a primeira camada conceitual nada mais é senão o próprio conceito de *Estado de Exceção* de Carl Schmitt, ao passo que a segunda camada refere-se às adaptações *temporais* e a terceira camada às adaptações *geopolíticas*.

ABBOUD, Georges. *Processo constitucional brasileiro.* 2ª ed. São Paulo: Revista dos Tribunais, 2018.

AGAMBEN, Giorgio. *Estado de Exceção.* Tradução de Iraci D. Poleti. São Paulo: Boitempo, 2004.

AMARAL, Marisa Silva. *Teorias do imperialismo e da dependência: a atualização necessária ante a financeirização do capitalismo.* Tese apresentada ao Departamento de Economia da Faculdade de Economia, Administração e Contabilidade da USP. São Paulo, 2012.

BARROSO, Luís Roberto. *O direito constitucional e a efetividade de suas normas: limites e possibilidades da Constituição brasileira.* 4ª ed. Rio de Janeiro: Renovar, 2000.

____. *Neoconstitucionalismo e constitucionalização do Direito (O triunfo tardio do direito constitucional no Brasil).* Revista de Direito Administrativo, Rio de Janeiro, v. 240, 2005. Disponível em: <http://bibliotecadigital.fgv.br/ojs/index.php/rda/article/view/43618>. Acesso em: 23 mai. 2019.

BAUMAN, Zygmunt. *Modernidade líquida.* Tradução de Plínio Dentzien. Rio de Janeiro: Zahar, 2001.

BERCOVICI, Gilberto; MASSONETTO, Luiz F. *A Constituição Dirigente Invertida: A Blindagem da Constituição Financeira e a Agonia da Constituição Econômica.* Boletim de Ciências Econômicas, vol. XLIX. Coimbra: Universidade de Coimbra, 2006.

____. *O Estado de Exceção econômico e a periferia do capitalismo.* Revista Pensar, v. 1, p. 95-99, Fortaleza, fev, 2006.

____. *Soberania e Constituição: Para uma crítica do Constitucionalismo.* 2. ed. São Paulo: Quartier Latin, 2013.

BRASIL. *Ato Institucional nº 5*, de 13 de dezembro de 1968. Disponível em: <http://www.planalto.gov.br/ccivil_03/AIT/ait-05-68.htm>. Acesso em: 31 mai. 2019.

BRESSER-PEREIRA, L. C. *As três interpretações da dependência.* Perspectivas: Revista de Ciências Sociais (UNESP. Araraquara. Impresso), v. 38, p. 17-48, 2010.

CABRAL, Mário André Machado. *Subdesenvolvimento e Estado de Exceção :*

aspectos do pensamento de Celso Furtado. Monografia apresentada ao Prêmio Centro Celso Furtado e BNB 2011, nos termos do Edital 03/2011, de 10 de dezembro de 2010, e do Edital de Prorrogação, de 07 de junho de 2011.

CHAUI, Marilena. *Espinosa: poder e liberdade.* En publicación: Filosofía política moderna. De Hobbes a Marx Boron, Atilio A. CLACSO, Consejo Latinoamericano de Ciencias Sociales; DCP-FFLCH, Departamento de Ciências Políticas, Faculdade de Filosofia Letras e Ciências Humanas, USP, Universidade de São Paulo. 2006. Disponível em: http://bibliotecavirtual.clacso.org.ar/ar/libros/secret/filopolmpt/06_chaui.pdf.

____. *A ideologia da competência.* Organizador André Rocha. Belo Horizonte: Autêntica Editora, São Paulo, 2014.

DOWBOR, Ladislau. *A era do capital improdutivo: Por que oito famílias têm mais riqueza do que a metade da população do mundo?* São Paulo: Autonomia Literária, 2017.

FERRAJOLI, Luigi. *Direito e Razão.* Teoria do Garantismo Penal. 3. ed. São Paulo: RT, 2010.

____. *Poderes selvagens: crise da democracia italiana.* Tradução de Alexander Araújo de Souza. São Paulo: Saraiva, 2014.

FRAENKEL, Ernst. *The dual state: a contribution to the theory of dictatorship.* Oxford University Press, Nova York, 1941.

GASPARI, Elio. *A ditadura escancarada.* São Paulo: Companhia das Letras, 2002.

HADLER, João Paulo de Toledo Camargo. *Dependência e subdesenvolvimento: a transnacionalização do capital e a crise do desenvolvimento nacional em Celso Furtado.* Dissertação de Mestrado apresentada ao Instituto de Economia da UNICAMP. Campinas, 2009.

HÄBERLE, Peter. *A sociedade aberta dos intérpretes da constituição: contribuição para a interpretação pluralista e "procedimental" da constituição.* Tradução de Gilmar Ferreira Mendes. Porto Alegre: Sergio Antônio Fabris Editor, 2002,

HESSE, Konrad. *A força normativa da constituição.* Tradução de Gilmar Ferreira Mendes. Porto Alegre: Sérgio Antônio Fabris Editor, 1991.

HOBSBAWN, Eric. *Era dos extremos: o breve século XX (1914-1991).* tradução Marcos Santarrita. São Paulo: Companhia das Letras, 1995.

KELSEN, Hans. *Teoria pura do direito.* Tradução de João Baptista Machado. 8ª ed. São Paulo: Martins Fontes, 2009.

KENNEDY, Duncan. *Izquierda y Derecho: Ensayos de La teoria jurídica crítica.*

1ª ed. Buenos Aires: Siglo Veintiuno Editores, 2010.
LACERDA, Fernando Hideo Iochida. *Processo penal de exceção.* Tese (Doutorado). Faculdade de Direito, Pontifícia Universidade Católica de São Paulo, 2018.
LOSANO, Mario G. *Sistema e Estrutura no Direito.* v. 2, São Paulo: Martins Fontes, 2010.
MOUFFE, Chantal. *Por um modelo agonístico de democracia.* Revista de Sociologia e Política nº 25, 11-23 de novembro, 2005.
NERY JUNIOR, Nelson. *Direito constitucional brasileiro: curso completo.* São Paulo: Editora Revista dos Tribunais, 2017.
SAFATLE, Vladimir. *O circuito dos afetos: corpos políticos, desamparo e o fim do indivíduo.* 2ª ed. São Paulo: Grupo Autêntica, 2015.
SCHIOPPA, Antonio Padoa. *História do direito na Europa: da Idade Média à Idade Contemporânea.* Tradução de Marcos Marcionilo, Silvana Cobucci Leite. São Paulo: Editora Martins Fontes, 2014.
SCHMITT, Carl. *Teoría de la Constituición.* Tradução de Francisco Ayala. Madrid: Alianza Editorial S.A, 1996.
____. *Teologia política.*Tradução Elisete Antoniuk. Belo Horizonte: Del Rey, 2006.
____. *O conceito do político/Teoria do Partisan.* Tradução de Geraldo de Carvalho. Belo Horizonte: Del Rey, 2008.
SERRANO, Pedro Estevam Alves Pinto. *Autoritarismo e golpes na América Latina: breve ensaio sobre jurisdição e exceção.* 2ª ed. São Paulo: Alameda, 2016. No prelo.
SPINOZA, B. Ética. Edição bilíngue Latim-Português. Tradução: Grupo de Estudos Espinosanos. Coordenação: Marilena Chauí. São Paulo: Edusp, 2015.
STF. ADPF 347 MC. Relator: Min. MARCO AURÉLIO, Tribunal Pleno. Julgado em 09/09/2015. DJe: 18/02/2016. Publicado em: 19-02-2016.Disponível em:http://redir.stf.jus.br/paginadorpub/paginador.jsp?docTP=TP&docID=10300665. Acesso em: 31 mai. 2019.
STRECK, Lenio Luiz. *Jurisdição constitucional e decisão jurídica.* 4ª ed. São Paulo: Revista dos Tribunais, 2014,
_____. *Verdade e consenso.* 5ª ed. São Paulo: Saraiva, 2014.
SILVA. Luís Virgílio Afonso da. *O conteúdo essencial dos direitos fundamentais e a eficácia das normas constitucionais.* Tese apresentada para o concurso de

provas e títulos para provimento do cargo de Professor Titular na Faculdade de Direito da Universidade de São Paulo, 2005.

VALIM. Rafael. *Estado de Exceção: a forma jurídica do neoliberalismo*. São Paulo: Editora Contracorrente, 2017.

22. O RISCO À CIVILIZAÇÃO E O SURGIMENTO DO HOMO *STUPIDUS STUPIDUS*

Rubens Casara[535]

Para Pedro Serrano, que luta por um mundo aberto ao conhecimento e à reflexão

Guerras, catástrofes e crises são cada vez mais necessárias ao capitalismo. A capacidade de produzir, acumular e circular valores a partir da desgraça e do infortúnio explica, em muito, o sucesso de um modelo que muitos acreditavam estar fadado a desaparecer a partir de suas contradições. O ato de destruir, para em seguida reconstruir, torna-se natural e, ao mesmo tempo, pode ser tido como fundamental à manutenção de uma estrutura em que até a dor e o sofrimento acabam transformados em mercadorias.

Não por acaso, hoje, vários retrocessos são percebidos em todo o mundo (não se pode, porém, descartar que o Brasil ocupe uma posição de destaque na dinâmica mundial como um laboratório em que se testa a mistura entre conservadorismo, ultra-autoritarismo e neoliberalismo). Voltar para evitar o fim, repetir e reconstruir para lucrar a qualquer custo, isso em um espiral infinito.

Para compensar o caos social, produzidos em razão da adoção de medidas neoliberais, os detentores do poder econômico estimulam promessas e discursos que satisfazem um imaginário que projeta o retorno a um passado idealizado de segurança (um passado que, na realidade, nunca existiu e que constitui o

535 Doutor em Direito, Mestre em Ciências Penais, Juiz de Direito do TJ/RJ, Coordenador de Processo Penal da EMERJ.

que Zygmunt Bauman chamou de retrotopia). Um passado que pode ser identificado com a ditadura empresarial-militar brasileira instaurada em 1964, transformada em mais uma mercadoria que promete segurança contra os inimigos, ainda que imaginários (como o comunismo em 1964 e, novamente, em 2018).

Retrocessos, como o retorno de práticas inquisitoriais e a substituição da política pela religião, ou mesmo o abandono tanto do projeto da modernidade (sintetizado nos valores "liberdade", "igualdade" e "fraternidade") quanto dos limites democráticos (e o principal desses limites era a necessidade de respeitar os direitos e as garantias fundamentais), tornam-se oportunidades de negócios cada vez mais lucrativos.

No grande supermercado da pós-democracia, nessa imagem do Deus-Mercado que revela a agonia de uma civilização, são encontrados (e vendidos) antídotos para o fundamentalismo religioso ao lado de produtos para fanáticos religiosos, armas ao lado de Bíblias, feminismos domesticados, marxismos conformistas, obras de religiosos "cristãos" que defendem a tortura e a violência ou de "intelectuais" que ainda contestam o heliocentrismo e a teoria da relatividade.

Para Marx, as forças produtivas (meios de produção, força de trabalho, modo de trabalho etc.), que se desenvolveriam continuamente, tenderiam a entrar em contradição com as relações de produção dominante (propriedade e dominação), o que acabaria por provocar mudanças nas relações de produção e, em dado momento, o fim do capitalismo. Não contava o velho Marx com o fato de que a mudança acabaria por se dar no campo das forças produtivas, em especial na dimensão humana da equação. O trabalhador tornou-se cada vez mais dispensável, mas a principal mudança, fruto de uma racionalidade que transforma tudo em mercadoria e busca o lucro ilimitado, foi a transformação do sujeito potencialmente transformador em um completo idiota.

Trata-se de um movimento que ameaça os pilares da civilização e que tende a levar ao progressivo desaparecimento do *Homo sapiens sapiens* e ao colapso civilizatório, com o concomitante surgimento de uma nova espécie a que Vittorino Andreoli, por simetria, sugere chamar de *Homo stupidus stupidus*.

A hipótese que gostaria de levantar aqui é simples: para a manutenção do capitalismo é necessário que as pessoas pensem cada vez menos. O empobrecimento da linguagem, a dessimbolização e a correlata transformação de tudo e todos em objetos negociáveis são fenômenos que funcionam como verdadeira condição de possibilidade para naturalizar diversas opressões (classe, gênero, raça, plasticidade etc.), conviver com as guerras e outras formas de destruição planejadas no interesse de grandes corporações, aceitar mortes evitáveis, remédios caríssimos e prisões desnecessárias (daqueles que não interessam ao projeto neoliberal), enquanto lucros obscenos passam a justificar a pobreza extrema.

Não faltam "causas" para a emergência do *Homo stupidus*, desde a produção da indústria cultural até os algoritmos, passando por próteses de pensamento (basta pensar na importância da televisão na formação cultural brasileira) e instituições como as igrejas (que aderiram tanto à teologia da prosperidade quanto a uma visão teológica empobrecida da luta entre o bem e o mal), criou-se uma espécie de racionalidade que condiciona e pressiona à conformidade, naturaliza o empobrecimento da linguagem e leva à crença de que a simplificação do pensamento é uma dádiva e não a maldição que está levando à agonia da civilização.

Aqui, peço licença ao leitor para um breve esclarecimento: conheço a advertência feita por Robert Musil de que quem se aventura a escrever sobre temas como a "estupidez" e a "idiotice" corre o risco de ser interpretado como presunçoso ou até mesmo passar como portador de um distúrbio cognitivo similar ao daqueles sobre os quais escreve. De fato, existem exemplos de perfeitos idiotas que escreveram sobre a figura do "idiota" (livros, importante dizer, que tiveram ampla aceitação entre idiotas).

Porém, a estupidez e a idiotice, em especial diante da emergência do *Homo stupidus stupidus*, são fenômenos que devem ser levados a sério e precisam ser objeto de reflexão e estudo aprofundado.

Não são poucos os exemplos históricos de idiotas que foram ignorados até produzirem muitos danos à civilização. Muitas pessoas que inspiravam risos, em pouco tempo, nos fizeram chorar. Alguns chegaram a ser eleitos para cargos importantes, outros passaram em concursos público nos quais a reflexão e o pensamento crítico não se faziam necessários: todos exerceram poder... De forma idiota e com consequências trágicas. Há, portanto, de se considerar a idiotice como um importante fator político, isso porque, diante do processo de idiotização da população, ela assegura uma significativa base demográfica e eleitoral.

Feita a pausa, vale recorrer à etimologia. Idiota é uma palavra que tem origem no grego antigo para designar um "cidadão privado", ou seja, alguém que se apartasse da vida pública, um indivíduo incapaz de entender a importância da comunidade e de agir de acordo com o "comum". A palavra "estúpido", por sua vez, tem origem no latim *stupidus*, que significa a pessoa sem ação, inerte, incapacitado. A racionalidade neoliberal deseja indivíduos apartados da vida pública e inertes para que não prejudiquem os negócios e a acumulação tendencialmente ilimitada de capital. O *Homo stupidus* não só é mais facilmente explorado como também é o modelo de consumidor ideal, acrítico e domesticado.

No mundo do *Homo stupidus stupidus* o egoísmo é percebido como virtude, enquanto o "comum" acabou demonizado. Há uma regressão que pode ser percebida nas interações sociais, na dificuldade de argumentação, na capacidade de apreender e seguir normas éticas e jurídicas. Mas, não é só. Tem-se o declínio da verdade e o desaparecimento da objetividade, ou melhor, a perda de importância dos fatos, da ciência e da reflexão em um mundo em que, ao lado das *fake news*, ganham prestígio a ciência falsa (por exemplo, os negacionistas das mudanças climáticas e da eficácia das vacinas), a história falsa (no Brasil, temos os negacionistas da ditadura instaurada a partir de 1964) e até perfis falsos nas redes sociais que ganham "*likes*" igualmente falsos que se somam aos "*likes*" dos idiotas.

Se o *Homo sapiens sapiens*, que surgiu há mais de 300 mil anos na África, se caracteriza pela linguagem, pelo raciocínio abstrato, pela introspecção e pela resolução de problemas complexos, o *Homo stupidus stupidus* pode ser identificado por seu pensamento extremamente simplificado, estereotipado (com a repetição de chavões e *slogans*), pelo uso de uma linguagem empobrecida e pela incapacidade de reflexão e raciocínios complexos. Enquanto o *Homo sapiens* busca a verdade, inclusive sobre si mesmo, uma vez que tem por características a autoconsciência, o desejo de saber e a racionalidade, o *Homo stupidus* contenta-se com aquilo que confirma as certezas a que previamente aderiu. O que hoje se chama "pós-verdade" é a verdade do *Homo stupidus*.

Porém vale lembrar com Carlo M. Cipolla que uma pessoa estúpida é capaz de causar danos a outras pessoas ou grupos de pessoas sem auferir qualquer vantagem para si mesmo (podendo, inclusive, suportar perdas em razão de sua ação). O *Homo stupidus* acredita estar livre de coações externas e de restrições impostas por terceiros. Ele foi levado a acreditar e a agir como um empresário-de-si, cujo sucesso econômico (o único que ele reconhece) depende apenas de seus próprios méritos (incapaz de perceber o sujeito que se encontra ao lado como um eventual aliado na construção ou manutenção de algo em comum, trata as demais pessoas como concorrentes ou inimigos). Não percebe que, em razão da racionalidade neoliberal, acaba mais explorado (e, agora, se trata de uma autoexploração que se sustenta na ignorância e leva à depressão e a outras doenças psíquicas) do que era o antigo proletário, que pelo menos tinha a possibilidade de adquirir consciência de classe e de sua exploração. Essa incapacidade de refletir sobre a sua condição, que faz do homem *sapiens,* é indispensável à construção de um mundo melhor, em que os valores da liberdade, da igualdade e, principalmente, da fraternidade voltem a importar no projeto normativo da sociedade.

23. PODER JUDICIÁRIO E ESTADO DE EXCEÇÃO

Ricardo Marcondes Martins[536]

1. Introito

Pedro Estevam Alves Pinto Serrano, constitucionalista da PUC-SP, em estudo publicado em 2016, apresenta uma tese que, pela sua importância, provoca acuradas reflexões. Considera que nos países de capitalismo tardio e periférico, como os países da América Latina, incluído o Brasil, vivencia-se um "estado de exceção permanente" que convive com um "estado de direito permanente"[537]. Esse "estado de exceção" é estabelecido com base na "figura do inimigo"[538]: na Alemanha Nazista elegeu-se como inimigo o judeu, um inimigo étnico; nos Estados Unidos da América, após os atos terroristas de 11 de setembro de 2001, elegeu-se como inimigo o muçulmano, de feição religiosa; na ditadura militar brasileira elegeu-se como inimigo o comunista; contemporaneamente, no Brasil elegeu-se a figura mítica do "bandido", "pobre que vive à margem da população economicamente incluída"[539]. Se, atualmente, nos países desenvolvidos a exceção geralmente é produzida pelo legislador, tendo como foco cidadãos estrangeiros, nos países subdesenvolvidos, afirma Pedro Serrano, a principal fonte da

536 Idem, p. 69 et seq.
537 Idem, p. 99-100.
538 Idem, p. 105 e 143 et seq.
539 A perspectiva dogmática considera certos pontos de partida insuscetíveis de discussão, como a supremacia da Constituição e, em decorrência dela, a invalidade das normas que a contrariam; a perspectiva zetética não admite pontos que sejam indiscutíveis. Sobre ambas: FERRAZ JR., Tercio Sampaio. *Introdução ao estudo do direito*. 5. ed. São Paulo: Atlas, 2007, p. 39-51.

exceção é a jurisdição e tem como foco os nacionais[540]. Em suma, o Judiciário brasileiro seria fonte de um Estado de Exceção permanente para um expressivo contingente de brasileiros pobres.

Em homenagem ao professor Pedro Serrano, jurista de escol, propõe-se submeter sua tese a uma análise crítica. Fixa-se, de início, um ponto de partida: pretende-se realizar uma reflexão sobre o Poder Judiciário e o Estado de Exceção sob uma perspectiva jurídico-dogmática[541], com base em uma compreensão normativista do direito brasileiro. Esse pon+to de partida exige algumas explicações. O significado do Direito é uma questão aberta a múltiplas compreensões[542]. Assim, neste estudo adota-se uma perspectiva normativista, inspirada em Hans Kelsen[543], e considera-se o Direito uma ordem normativa, um conjunto de normas vigentes em determinado território e em determinado momento histórico. A análise jurídica diz respeito à identificação das normas vigentes, à compreensão de seu sentido e alcance, à verificação de sua validade e de sua aptidão para serem aplicadas. Qualquer abordagem estranha à existência, validade e eficácia normativas é uma abordagem, nessa perspectiva, não jurídica[544]. A título de exemplo, considerações sobre o número de homicídios cometidos diariamente no Brasil ou sobre a relação entre a desigualdade social e esse número, apesar de importante, não é questão jurídica. Ainda que muitas pessoas morram de "morte matada"[545], ainda que a aberrante injustiça social contribua para o aumento da criminalidade, esses fatos não alteram a validade da proibição da conduta de matar, estabelecida no artigo 121 do Código Penal.

Sob essa perspectiva, interessa o que deve ser (plano deôntico) e não o que é (plano ôntico). Retomando o exemplo: é proibido (plano jurídico do dever-ser), no ordenamento jurídico brasileiro, o homicídio, independente do fato de que muitos homicídios ocorrem diariamente (plano real do ser). Juridica-

540 Diferentemente do que ocorre em outras searas do conhecimento humano, cf. HART, Herbert Lionel Adolphus. *O conceito de Direito*. Tradução de A. Ribeiro Mendes. 3. ed. Lisboa: Calouste Gulbenkian, 2001, p. 5.
541 KELSEN, Hans. *Teoria pura do Direito*. Tradução de João Baptista Machado. 6. ed. Coimbra: Armênio Amado Editora, 1984, p. 57.
542 Cf. BANDEIRA DE MELLO, Celso Antônio. *Serviço público e concessão de serviço público*. São Paulo: Malheiros, 2017, p. 67.
543 MELO NETO, João Cabral de. Morte e vida severina. In: MELO NETO, João Cabral de. *Serial e antes*. Rio de Janeiro: Nova Fronteira, 1997, p. 147.
544 Cf. TAVARES, Juarez. *Fundamentos de teoria do delito*. Florianópolis: Tirant lo Blanch, 2018, p. 366-370.
545 STF, ADPF 347 MC, Rel. Min. Marco Aurélio, Tribunal Pleno, j. 09.09.2015, Processo Eletrônico DJe-031, Divulg. 18.02.2016, Public. 19.02.2016.

mente, a pobreza e, pois, a desigualdade social, não são, em si, suficientes para afastar a responsabilização penal. Contudo, esta pode ser excluída pela miserabilidade, pois as condições sociais de marginalização, em que o sujeito perde a capacidade de se orientar pela norma, podem excluir a antijuridicidade[546]. O exame dos pressupostos dogmáticos da responsabilização penal consiste em um estudo jurídico-positivo.

A tese de Pedro Serrano, sob uma perspectiva empirista, não jurídico-positiva, é praticamente indiscutível. Não há como negar que um contingente significativo de pessoas, em geral as parcelas mais pobres da população, é alvo de reiterados erros na aplicação do direito pelo Judiciário. Mais do que erros pontuais: em uma perspectiva sociológica reconhece-se que o pobre é tomado como "inimigo", negando-se a ele os direitos fundamentais. Basta invocar como exemplo o sistema penitenciário brasileiro, já reconhecido formalmente pelo Supremo Tribunal Federal como violador da dignidade da pessoa humana, configurador de um verdadeiro "estado de coisas inconstitucional"[547], tema retomado adiante. É inegável a tese de que, sociologicamente, o Poder Judiciário vem sendo, em grande medida, responsável por essa situação, e, nesse sentido, é fonte de um Estado de Exceção. A questão que Pedro Serrano traz à baila oferece uma rica problemática para vários campos de estudo: política, sociologia, psicologia social. O que se propõe aqui é examiná-la com base em uma perspectiva jurídico-positiva ou dogmático-normativa.

2 Estado de Exceção lícito

Do ponto de vista jurídico-positivo, deve-se diferenciar o Estado de Exceção lícito do Estado de Exceção ilícito. Como bem observa José Afonso da Silva, a expressão é grafada em letra minúscula para se referir a uma situação, a uma conjuntura, e não a um modelo jurídico de Estado[548]. A Constituição brasileira vigente disciplina no Capítulo I do Título V o chamado "sistema constitucional das crises"[549], conjunto de normas constitucionais relativas à "defesa da Constituição contra processos violentos de mudança ou perturbação da ordem cons-

546 SILVA, José Afonso. *Curso de direito constitucional positivo*. 11. ed. São Paulo: Malheiros, 1996, p. 695.
547 Idem, p. 693.
548 Idem, ibidem.
549 Idem, p. 694; SANTOS, Aricê Moacyr Amaral. *O estado de emergência*. São Paulo: Saraiva, 1981, p. 33.

titucional"[550]. Preveem-se duas situações de exceção: o estado de defesa e o estado de sítio, disciplinados nos artigos 136 a 141. Dois princípios fundamentais regem essas situações jurídicas: o princípio da necessidade, sem observância do qual há "puro golpe de Estado", e o princípio da temporariedade, sem observância do qual há pura "ditadura"[551]. Segundo Aricê Moacyr Amaral Santos, nessas situações a "legalidade normal" é substituída por uma "legalidade extraordinária"[552], mas isso se dá dentro do Estado de Direito e sob a égide da Constituição. São estados de exceção lícitos, não contrários ao Direito.

Tanto o estado de defesa como o estado de sítio são estabelecidos pela edição de um decreto do presidente da república, ouvidos os Conselhos da República e de Defesa Nacional (*condicionamentos formais*). Ambos são admitidos para situações específicas (*condicionamento objetivo*). O estado de defesa é admitido em duas situações: a) grave e iminente instabilidade institucional; b) calamidades de grandes proporções na natureza. O estado de sítio é admitido em quatro situações: a) comoção grave de repercussão nacional; b) ocorrência de fatos que comprovem a ineficácia das medidas adotadas no estado de defesa; c) declaração de estado de guerra; d) resposta à agressão armada estrangeira. Ambos

550 Idem, ibidem.

551 A expressão foi utilizada por Caio Tácito, ao tratar da competência discricionária administrativa (O abuso de poder administrativo no Brasil. In: TÁCITO, Caio. *Temas de direito público*: estudos e pareceres – v. 1. Rio de Janeiro: Renovar, 1997, p. 52).

552 Mesmo os direitos fundamentais estabelecidos sem cláusula de reserva expressa podem ser restringidos pelo legislador, pela administração pública ou pelos particulares. A admissão dessa possibilidade tornou absolutamente superada a diferenciação proposta por José Afonso da Silva entre normas de eficácia plena e normas de eficácia contida, em que só as últimas poderiam ter sua eficácia restringida pelo legislador (*Aplicabilidade das normas constitucionais*. 4. ed. São Paulo: Malheiros, 2000, p. 81 et seq.). Sobre a possibilidade de restrição com base em uma cláusula de reserva implícita: ALEXY, Robert. *Teoria dos direitos fundamentais*. Tradução de Virgílio Afonso da Silva. São Paulo: Malheiros, 2008, p. 291 et seq. Sobre a superação da teoria de José Afonso da Silva com base nessa admissibilidade: SILVA, Virgílio Afonso da. *Direitos fundamentais*. São Paulo: Malheiros, 2009, p. 218 et seq. José Afonso da Silva, em sua obra mais recente, manifestou-se sobre as críticas e manteve sua posição (*Teoria do conhecimento constitucional*. São Paulo: Malheiros, 2014, p. 565 et seq.). Para tanto, considerou artificial a teoria do suporte fático amplo, segundo a qual tudo que se subsume ao texto em que se extrai a norma do direito fundamental faz parte do suporte fático do referido direito, mas, ao mesmo tempo, também rejeitou a teoria do suporte fático estrito por também considerá-la artificial. Ao rejeitar ambas as teorias sob o singelo argumento de que as premissas que as apoiam são artificiais, expressou uma tautologia. No fundo, adota, sem reconhecer, a teoria do suporte fático estrito, que exclui do suporte fático dos direitos fundamentais certas condutas abrangidas pela enunciação textual. O grande problema dessa posição é que essas exclusões não são submetidas a um controle rigoroso.

só são admitidos por um período determinado (*condicionamento temporal*): o estado de defesa deve durar no máximo trinta dias, admitida a prorrogação apenas uma vez, por igual período; o estado de sítio pode durar todo o tempo em que perdurar a guerra ou a agressão estrangeira ou, nas demais hipóteses, até trinta dias, admitindo-se, em relação a elas, quantas prorrogações forem necessárias, desde que cada prorrogação não seja superior a trinta dias. O estado de defesa é admitido para uma finalidade específica (*condicionamento teleológico*): a necessidade de "preservar ou prontamente reestabelecer a ordem pública ou a paz social". Em relação ao estado de sítio, a finalidade está implícita: ou a necessidade de defesa da soberania nacional em decorrência de agressões estrangeiras ou o agravamento das razões justificadoras do estado de defesa. Em ambos os casos, deve haver grave e concreto risco ao Estado ou às instituições democráticas. O estado de defesa deve se restringir a "locais restritos e determinados"; o estado de sítio pode abranger todo o território nacional, mas deve indicar expressamente as áreas em que serão executadas as medidas estatais nele admitidas (*condicionamento espacial*).

Além de todos esses condicionamentos, esses estados não estabelecem o arbítrio, atribuindo um "cheque em branco"[553] às autoridades estatais. O efeito jurídico de seu estabelecimento é a possibilidade de determinadas restrições a certos direitos fundamentais que não são admitidas em situações de normalidade. Em relação ao estado de defesa, admitem-se: a) restrições aos direitos de reunião, sigilo de correspondência e de comunicação telegráfica e telefônica; b) ocupação e uso temporário de bens e serviços, apenas na hipótese de calamidade pública, devendo a União responder pelos danos e custos decorrentes; c) prisão por crimes contra o Estado determinada por ordem do executor da medida, não superior a dez dias, devendo ser comunicada imediatamente ao juiz competente, que deve relaxá-la se for ilegal, comunicação essa acompanhada de declaração da autoridade do estado físico e mental do detido no momento de sua atuação, sendo direito do preso requerer exame de corpo de delito à autoridade policial. Em relação ao estado de sítio, admitem-se: a) obrigação de permanência em localidade determinada; b) detenção em edifício não destinado a acusados ou condenados por crimes comuns; c) restrições à inviabilidade de correspondência, sigilo de comunicações, prestação de informações e à liberdade de imprensa, radiodifusão e televisão, na forma da lei;

553 Para uma explicação das restrições aos direitos fundamentais com base na teoria dos princípios formais, vide: MARTINS, Ricardo Marcondes. *Teoria jurídica da liberdade*. São Paulo: Contracorrente, 2015, p. 71-72.

d) suspensão do direito de reunião; e) busca e apreensão de domicílio; f) intervenção nas empresas de serviço público; g) requisição de bens.

Nas situações de legalidade normal, fora dos estados de defesa e de sítio, os direitos fundamentais podem ser restringidos, seja pelo legislador, seja pela administração pública, desde que respeitados o núcleo essencial do direito fundamental e a proporcionalidade. Não existem direitos fundamentais absolutos: todos são passíveis de restrição[554]. Há restrições estabelecidas diretamente pelo texto constitucional, como a vedação do anonimato à manifestação do pensamento (art. 5º, IV). Quando fundamentada em regra constitucional expressa, a restrição se assenta no princípio formal que dá primazia às ponderações do constituinte (Pfco)[555]. Há restrições que são estabelecidas pelo legislador com fundamento em uma cláusula de reserva expressa. Assim, por exemplo, o sigilo de comunicação telefônica pode ser restringido, por ordem judicial, "nas hipóteses e forma que a lei estabelecer" para fins de investigação criminal ou instrução processual penal (art. 5º., XII). A Lei Federal nº 9.296/96, ao disciplinar as interceptações telefônicas, ampara-se nessa cláusula de reserva expressa. Nesses casos, as restrições se assentam no princípio formal que dá primazia às ponderações do legislador (Pfl), mas esse princípio é reforçado pelo princípio formal que dá primazia às ponderações do constituinte (Pfco). Admitem-se, também, restrições estabelecidas pelo legislador, mesmo sem cláusula de reserva expressa. O inciso XII do artigo 5º, por exemplo, não prevê a possibilidade de o legislador restringir o sigilo de correspondência, mas é inequivocamente constitucional o parágrafo único do artigo 41 da Lei de Execução Penal (Lei nº 7.210/84), que prevê a possibilidade de o diretor do presídio restringir o direito de correspondência do preso. A restrição assenta-se em uma cláusula de reserva implícita e, pois, no princípio formal que dá primazia às ponderações do legislador. Ademais, as restrições podem decorrer diretamente da ponderação de princípios realizada no plano concreto, estando, nesse caso, alicerçadas no princípio formal que dá primazia às ponderações da administração pública[556],

554 Sobre o tema, vide: MARTINS, Ricardo Marcondes. Direito fundamental de acesso à informação. A&C – *Revista de Direito Administrativo & Constitucional*, Belo Horizonte, ano 14, n. 56, p. 127-146, abr./jun. 2014.

555 Cf. MARTINS, Ricardo Marcondes. *Abuso de direito e constitucionalização do direito privado*. São Paulo: Malheiros, 2010, p. 74 et seq.

556 O texto constitucional, nas palavras de Konrad Hesse, é o "limite último da interpretação" (A interpretação constitucional. Tradução de Inocêncio Mártires Coelho. In: HESSE, Konrad. *Temas fundamentais do direito constitucional*. São Paulo: Saraiva, 2009, p. 106). Apesar de a interpretação não estar aprisionada à literalidade, não é dado

se estabelecidas pela administração, ou no princípio formal que dá primazia às ponderações privadas, se estabelecidas pelos particulares[557].

Sem embargo, as restrições aos direitos fundamentais devem respeitar os condicionamentos estabelecidos no texto constitucional e os respetivos pesos abstratos deles decorrentes. Quanto mais a decisão infraconstitucional se afastar das decisões extraídas da literalidade do texto, maior é o ônus argumentativo exigido para justificá-las. Por isso, é praticamente impossível, por exemplo, que seja considerada lícita uma interceptação telefônica não estabelecida por "ordem judicial", para fins diversos da "investigação criminal ou instrução processual penal" e pela forma e para hipóteses não previamente estabelecidas em lei (CF/88, art. 5º, XII). Outro exemplo: é praticamente impossível que a prisão de alguém – fora da flagrância do delito ou de transgressão militar ou crime propriamente militar –, seja lícita se não for determinada por ordem escrita e fundamentada da autoridade judiciária competente (CF/88, art. 5º, LXI). A teoria da ponderação, ainda que pressuponha a relatividade dos valores e, em decorrência dela, a resolução definitiva de problemas jurídicos tendo em vista a consideração das especificidades do caso concreto, não autoriza desprezar as regras constitucionais expressas[558].

---

ao intérprete reescrever o texto normativo. Sobre o tema: MARTINS, Ricardo Marcondes. Paradoxo da interpretação literal. *Revista Colunistas de Direito do Estado*, n. 102, 07.03.2016. Disponível em: <http://goo.gl/bneUDH>. Acesso em: 06 mar. 2019.

557 Em 13.03.1974, o deputado federal Chico Pinto subiu à tribuna da Câmara dos Deputados para realizar um discurso em protesto contra a visita do ditador Pinochet e a homenagem feita a ele pelo governo brasileiro. Ernesto Geisel, ditador militar, mandou processar o deputado. Tratou-se da ação penal n. 219, que tramitara no STF. Em 26.09.1974, o Tribunal Regional Eleitoral da Bahia aceitou o pedido de impugnação da candidatura de Chico Pinto para mais um mandato de deputado, sob o argumento de que ele estava sendo processado no STF por crime contra a segurança nacional, decisão confirmada pelo TSE em 15.10.1974. Em 10.10.1974, o STF considerou não tipificado crime contra a segurança nacional, mas sim crime de difamação, condenou-o a seis meses de detenção, aplicou-lhe multa e suspendeu seus direitos políticos enquanto perdurassem os efeitos da condenação. Como ele repetira as afirmações de seu discurso em uma entrevista dada à Rádio Cultura de Feira de Santana, foi novamente processado, e a ação fora levada a julgamento em 1977, quando o crime de difamação já havia prescrito. Cf. RECONDO, Felipe. *Tanques e togas*: o STF e a ditadura militar. São Paulo: Companhia das Letras, 2018, p. 235-253. Esse fato está certamente por trás da expressa ressalva estabelecida no parágrafo único do art. 139 da CF/88: não se incluem nas restrições do estado de defesa "a difusão de pronunciamentos parlamentares efetuados em suas Casas Legislativas, desde que liberada pela respectiva Mesa".

558 Por todos: SILVA, José Afonso. *Curso de direito constitucional positivo*, op. cit., p. 697-698 e 701-702.

Essa ressalva é fundamental para entender, juridicamente, os estados de defesa e de sítio: são situações próprias do Estado de Direito em que se admitem restrições a certos direitos fundamentais não seriam admitidas fora delas. Assim, por exemplo, em ambos é possível que a prisão seja determinada por autoridade diversa da autoridade jurisdicional fora das hipóteses discriminadas no inciso LXI do artigo 5º. Outro exemplo: no estado de defesa é possível a censura, o que não se admite em situação de normalidade democrática (CF/88, arts. 5º, IX, e 139, III)[559]. Considera-se inapropriada a expressão "legalidade extraordinária", utilizada para caracterizar esses estados de exceção: neles vigora a "legalidade normal", pois as medidas extraordinárias são disciplinadas na Constituição e nas leis. Observa-se que o §1º do artigo 136 exige que os termos e os limites das medidas estabelecidas no estado de defesa sejam disciplinados em lei; o inciso III do artigo 139 exige que as restrições nele previstas ocorram na forma da lei. Até o presente, essas leis não foram editadas pelo Congresso Nacional.

As restrições estatais, admitidas nessas situações excepcionais, são submetidas a rigoroso controle político e jurisdicional[560]. Decretado o estado de defesa ou sua prorrogação, o presidente da república deve, dentro de vinte e quatro horas, submeter o ato ao Congresso Nacional, que decidirá por maioria absoluta dentro de dez dias contados do recebimento (CF/88, art. 136, §4º). Em relação ao estado de sítio, o controle político é mais intenso: ele só pode ser decretado ou prorrogado após prévia autorização do Congresso Nacional, que decidirá por maioria absoluta (CF/88, art. 137). Além do controle político sobre a decretação do Estado de Exceção, há também um controle político concomitante: a mesa do Congresso Nacional deve designar uma comissão composta por cinco de seus membros[561] para acompanhar e fiscalizar a execução das medidas adotadas no estado de defesa e no estado de sítio. Tanto o ato de decretação e prorrogação, quanto todas as medidas estatais adotadas duran-

559 Os membros da Comissão devem ser membros da Mesa do Congresso, que é composta pelos membros da Mesa do Senado Federal e pelos membros da Mesa da Câmara dos Deputados. Cf. SILVA, José Afonso. *Curso de direito constitucional positivo*, op. cit., p. 698.

560 BANDEIRA DE MELLO, Oswaldo Aranha. *A teoria das constituições rígidas*. 2. ed. São Paulo: José Bushatsky, 1980, p. 89-93.

561 BANDEIRA DE MELLO, Celso Antônio. Juízo liminar: poder-dever de exercício do poder cautelar nessa matéria. *Revista trimestral de direito público*, São Paulo, n. 3, p. 106-116, 1993, p. 114; Mandado de segurança contra denegação ou concessão de liminar. *Revista de direito público*, São Paulo, ano 22, n. 92, p. 55-61, out.-dez. 1989, p. 58.

te a respectiva vigência podem ser impugnadas no Poder Judiciário. Cessado o Estado de Exceção, deverão ser apuradas eventuais responsabilidades pelos ilícitos cometidos por seus executores ou agentes. Para facilitar essa apuração, exige o parágrafo único do artigo 141 da CF/88 que o presidente da república relate em mensagem ao Congresso as medidas executadas, com especificação e justificação das providências adotadas e relação nominal dos atingidos e indicação das restrições aplicadas.

Este estudo não tem por objeto o Estado de Exceção lícito, que, nos termos aqui relatados, não configura exceção ao Estado de Direito, mas uma confirmação deste. Tanto o estado de defesa como o estado de sítio são situações jurídico-constitucionais, expressamente previstas no texto constitucional vigente. Pretende-se aqui estudar o Estado de Exceção ilícito, caracterizado pela falência das instituições estatais, mais propriamente do Poder Judiciário, na realização de sua missão constitucional. Trata-se de uma situação antitética ao Estado de Direito e à ordem constitucional. Para compreendê-la é mister realizar um breve exame da função jurisdicional.

3 Poder Judiciário no Estado de Direito

O Poder Judiciário no Estado de Direito foi qualificado por Oswaldo Aranha Bandeira de Mello como o "oráculo da Constituição rígida"[562]. Celso Antônio Bandeira de Mello realizou uma extensão muito apropriada: o Judiciário é o "oráculo do Direito"[563]. A feliz expressão indica o papel dogmático do juiz: é o órgão habilitado a dar a última palavra, para o caso concreto, sobre a interpretação jurídica. Coerentemente, só a norma jurisdicional é dotada do atributo da coisa julgada[564]. A função típica do Poder Judiciário é exercer a jurisdição no sentido etimológico da palavra, ou seja, "dizer o Direito", estabelecer, de modo definitivo, para o caso concreto a interpretação jurídica correta.

---

562 A coisa julgada não é um efeito da sentença, nem uma qualidade do efeito da sentença, é uma propriedade da norma jurídica que a torna imutável, indiscutível e inexpugnável como texto normativo. A coisa julgada torna imutável não propriamente o efeito da sentença, mas o enunciado linguístico da regra editada pela sentença. Cf. MARTINS, Ricardo Marcondes. *Efeitos dos vícios do ato administrativo*. São Paulo: Malheiros, 2008, p. 349-350.

563 Cf. GUIMARÃES, Hélio de Seixas; LESSA, Ana Cecília. *Figuras de linguagem*: teoria e prática. 14. ed. São Paulo: Atual, 2003, p. 54.

564 Sobre a competência discricionária, vide: MARTINS, Ricardo Marcondes. *Teoria jurídica da liberdade*, op. cit., p. 112 et seq.

Por meio da figura de linguagem denominada personificação ou prosopopeia, que consiste em atribuir qualidades humanas a seres inanimados[565], suponha-se que o ordenamento jurídico brasileiro possua uma vontade. Quando essa vontade admite apenas uma única decisão ("x"), configura-se uma *competência vinculada*; quando admite duas ou mais decisões ("x" ou "y"), configura-se uma *competência discricionária*[566]. Descobrir a vontade do ordenamento jurídico é uma atividade eminentemente *cognitiva*, consistente na interpretação das normas vigentes[567]; escolher entre duas ou mais alternativas igualmente ad-

565 Adota-se um conceito amplo de interpretação, abrangente do que parte da doutrina chama de "construção jurídica". Cf. MARTINS, Ricardo Marcondes. Teoria geral da interpretação jurídica: considerações críticas à obra de Black. *Revista de Direito Administrativo e Infraestrutura* (RDAI). São Paulo, ano 1, v. 3, p. 299-331, out.-dez. 2017, p. 304-308. Aceita-se a teoria da interpretação criativa proposta por Ronald Dworkin, segundo a qual a interpretação tenta tornar o objeto o melhor possível (*O império do direito*. Tradução Jefferson Luiz Camargo. 1. ed., 2. tir. São Paulo: Martins Fontes, 2003, p. 65).

566 Considera-se o mandado de injunção uma técnica de controle difuso de constitucionalidade, pois a regulamentação do direito dá-se para o caso concreto. Por isso, o Poder Judiciário, no mandado de injunção, não substitui o legislador, realizando a disciplina no plano abstrato. Por décadas, o STF equiparou o mandado de injunção à ação direta de inconstitucionalidade por omissão, e se limitou ao apelo ao legislador: oficiar o Parlamento, informando-lhe da omissão inconstitucional e solicitando-lhe suprimir a omissão. Em países em que a democracia é apenas formal, em que a cidadania é ainda incipiente, o apelo ao legislador, cuja única sanção é a não reeleição, não possui eficácia fática, tornando-se um instituto inútil. A compreensão do STF, porém, violava de modo irrefutável o texto constitucional. A Corte corrigiu o equívoco no MI 712, no qual possibilitou aos servidores públicos o exercício do direito de greve (STF, MI 712, Rel. Min. Eros Grau, Pleno, j. 25.10.2007, DJe-206 Divulg. 30.10.2008, Public. 31.10.2008, Ement. v. 02339-03, p. 00384). Nesse caso, porém, o STF aceitou a impetração de mandado de injunção coletivo e disciplinou o direito, no plano abstrato, para todos os servidores. Ao fazê-lo, violou a separação de poderes. É constitucional o mandado de injunção coletivo desde que se tome o interesse coletivo em seu sentido técnico de interesse de um grupo, categoria ou classe de pessoas determinadas, vale dizer, referente a um número determinado ou determinável de pessoas. Assim, seria válida a regulamentação do direito para uma categoria de servidores, não para todos. Os ministros Ricardo Lewandowski, Joaquim Barbosa e Marco Aurélio corretamente restringiram a decisão à categoria representada pelo Sindicato impetrante, mas foram vencidos. O parágrafo único do artigo 13 da Lei nº 13.300/2016, ao admitir que a decisão atinja um número indeterminado de pessoas (interesse difuso), é inconstitucional. Em sentido contrário: FONSECA, João Francisco. *O processo do mandado de injunção*. São Paulo: Saraiva, 2016, p. 175.

567 Decisão justa é a que realiza a ótima ponderação dos princípios, materiais e formais, incidentes. Cf. MARTINS, Ricardo Marcondes. Direito e justiça. In: PIRES, Luis Manuel Fonseca; MARTINS, Ricardo Marcondes. *Um diálogo sobre a justiça*. Belo Horizonte: Fórum, 2012, p. 68-70 e 76-77.

mitidas, com base em convicções subjetivas sobre a melhor forma de realizar o interesse público, é uma atividade eminentemente *volitiva*.

Feita essa distinção, é possível dar mais um passo na caracterização da função jurisdicional: trata-se de uma função cognitiva e não volitiva, pois cabe o magistrado, no exercício da função jurisdicional, descobrir, por meio da interpretação, a vontade do Direito, e não realizar escolhas, estabelecendo, ele próprio, essa vontade. A título de exemplo, suponha-se um pedido de antecipação de tutela. Haveria discricionariedade se, para o Direito, fosse, em um primeiro momento, válido tanto deferir a antecipação ("x") quanto indeferi-la ("y"); admitidas as duas alternativas como juridicamente válidas, caberia ao agente competente, com base em sua *vontade* (ato volitivo), escolher entre uma alternativa e outra. O juiz, nesse caso, estaria habilitado a escolher, com base em seu íntimo, vale dizer, de suas convicções sobre a melhor forma de realizar o Direito. É isso que ocorre, em geral, na nomeação de ministros de Estado: quase sempre há dois ou mais interessados em ocupar o cargo que são considerados, do ponto de vista objetivo, igualmente aptos a bem exercer a função, de modo que será uma decisão jurídica válida tanto a escolha de um como a escolha de outro, e o Direito elege como sua própria vontade a vontade do agente competente, definida não tendo em vista seu livre-arbítrio, mas seus critérios subjetivos sobre a melhor forma de realizar o interesse público. Em relação à função jurisdicional, não é isso que ocorre. Retomando o exemplo da antecipação de tutela: não cabe ao magistrado escolher, mas interpretar; vale dizer, deve procurar descobrir qual a "vontade" do Direito, ou seja, descobrir se o sistema normativo vigente exige que seja deferida ou indeferida a liminar. Trata-se de apurar qual é a *correta* interpretação – ato cognitivo e não volitivo –, competência vinculada e não discricionária.

Vislumbra-se apenas uma exceção a essa regra: o mandado de injunção, expressamente previsto no inciso LXXI do artigo 5º da CF/88. Comumente, admitem-se duas ou mais formas de regulamentar um direito de modo a garantir seu exercício. Quando o Poder Legislativo ou o Poder Executivo não exercem a respectiva competência discricionária e não editam a norma abstrata necessária ao exercício do direito, cabe ao Poder Judiciário, por expressa norma constitucional, quando houver provocação, regulamentá-lo para o caso concreto. Apenas nesse caso, admite-se o exercício de competência discricionária no exercício da função jurisdicional[568].

568 Vinculando a imparcialidade à neutralidade: SOUZA, Artur César de. *A parcialidade positiva do juiz*. São Paulo: Revista dos Tribunais, 2008, p. 32-33. Em sentido

O magistrado, oráculo do Direito, não pode ser parte do conflito que lhe é apresentado. Em busca de uma decisão justa[569], o sistema normativo exige que o magistrado seja *imparcial*, no sentido de não ser parte. Imparcialidade vai além da impessoalidade: além do dever de não decidir tendo em vista interesses e afetos subjetivos, há o dever de neutralidade em relação à lide[570]. Como desdobramento dessa exigência, a jurisdição é inerte: faz-se necessária a provocação de outrem pela propositura de uma ação judicial[571]. O próprio magistrado não pode iniciar o processo, pois, do contrário, perderia sua imparcialidade; do mesmo modo, não pode ser testemunha.

Apesar de o juiz ser qualificado como oráculo do Direito, não se adota a teoria do realismo jurídico; vale dizer, não se restringe o Direito ao que o magistrado diz[572]. Considera-se, na Civil Law[573], que o Direito é a interpretação correta dos textos nor-

---

contrário, afirmando expressamente que imparcialidade não se confunde com neutralidade, e associando-a à impessoalidade: DINAMARCO, Cândido Rangel. *Instituições de direito processual civil* – v. I. São Paulo: Malheiros, 2001, §80, p. 201. A associação da imparcialidade à impessoalidade é bastante difundida na doutrina administrativista. Por todos: ÁVILA, Ana Paula Oliveira. *O princípio da impessoalidade da Administração Pública*: para uma administração imparcial. Rio de Janeiro: Renovar, 2004, p. 107 et seq. Apesar de corrente, a orientação é equivocada. O administrador público, por definição, é parte dos conflitos, está envolvido psicologicamente com as políticas públicas que implementa, com os processos que instaura, com os fatos que testemunha. Apesar de atuar com parcialidade, deve ser impessoal, vale dizer, decidir como órgão e não como indivíduo, desvinculado de seus próprios interesses e de seus próprios afetos.

569 Por todos: CINTRA, Antonio Carlos de Araújo; GRINOVER, Ada Pellegrini; DINAMARCO, Cândido Rangel. *Teoria geral do processo*. 11 ed. São Paulo: Malheiros, 1995, p. 128-129.

570 Sobre o realismo, vide, por todos: OLIVECRONA, Karl. *Linguagem jurídica e realidade*. Tradução de Edson L. M. Bini. São Paulo: Quartier Latin, 2005, p. 24 et seq.

571 Sobre a Civil Law, também chamada de "sistema romano-germânico", vide, por todos: DAVID, René. *Os grandes sistemas do direito contemporâneo*. Tradução de Hermínio A. Carvalho. São Paulo: Martins Fontes, 2002, p. 35 et seq.

572 Segundo a Teoria do Legislador Racional, proposta por Carlos Santiago Nino, a interpretação jurídica exige pressupor que o legislador seja: 1) único; 2) imperecível; 3) consciente; 4) onisciente; 5) operante; 6) justo; 7) coerente; 8) onicompreensivo; 9) preciso (*Introdução à análise do direito*. Tradução Elza Maria Gasparotto. São Paulo: WMF Martins Fontes, 2015, p. 386-387). Segundo a Teoria da interpretação criativa, proposta por Ronald Dworkin, a interpretação jurídica é presidida por dois princípios de integridade política: um direcionado aos editores normativos — por metonímia, Dworkin se refere ao legislador —, que impõe a eles tentar tornar o conjunto de normas um conjunto moralmente coerente; e outro direcionado aos aplicadores das normas — por metonímia, Dworkin se refere ao Juiz —, que impõe a eles tomar o conjunto normativo como respeitante a essa exigência, vale dizer, como, de fato, moralmente coerente (*O império do Direito*, op. cit., p. 65).

573 Cf. MARTINS, Ricardo Marcondes. Produção científica do direito administrativo. *Revista Colunistas de Direito do Estado*, n. 393, 22.04.2018. Disponível em: <https://goo.gl/f2U4oC>. Acesso em: 07 mar. 2019.

mativos vigentes. O qualificativo é importante: acredita-se que haja interpretações corretas e incorretas, tendo em vista a observância ou não de certos postulados hermenêuticos[574]; por conseguinte, a hermenêutica jurídica é uma atividade científica que tem por objeto indicar a interpretação correta[575]. Ocorre que o juiz, em sua atividade judicante, é fadado a errar, quer dizer, a não encontrar a interpretação "correta". Como bem elucida Ronald Dwokin, só um juiz sobre-humano, por ele chamado de juiz-Hércules[576], acertaria sempre, pois, para tanto, teria que conhecer todas as normas, todos os fatos e ter sempre a máxima sensibilidade para as questões humanas[577]. Um juiz real deve tentar, ao máximo, se aproximar do juiz-Hércules. Por mais que tente, é inquestionável: inevitavelmente errará na compreensão do Direito.

Por uma questão de *necessidade*, para a manutenção da paz social e concretização da segurança, o erro do Judiciário é assimilado pelo sistema normativo, para o caso concreto, como acerto. A razão disso é simples: regra geral, é mais injusto manter um conflito indefinidamente sem solução do que resolvê-lo de modo injusto[578]. Trata-se de uma *regra de calibração*[579]: a decisão jurisdicional transitada em julgado é aceita como válida, ainda que cientificamente equivocada. Dito isso, três observações são necessárias. Primeira: essa regra atua no controle difuso, mas não atua no controle concentrado. Por conseguinte, a coisa julgada no controle concentrado de constitucionalidade difere sensivelmente da coisa julgada no controle difuso. Se o STF declara inconstitucional uma lei que é constitucional, ela é retirada do mundo jurídico, mas nada impede que o Poder Legislativo edite, no dia seguinte, outra lei com igual conteúdo, reintroduzindo a questão no ordenamento jurídico[580]. Impugnada a validade dessa lei perante o STF, nada impede que a Corte reconheça seu erro e, dessa vez, consi-

574 DWORKIN, Ronald. *O império do Direito*, op. cit., p. 295.

575 Como bem observa Carlos Ayres Brito, parafraseando Tobias Barreto, a decisão jurídica pressupõe um ato de pensar e um ato de sentir (*O humanismo como categoria constitucional*. Belo Horizonte: Fórum, 2007, p. 75). Com efeito: interpretar o Direito exige sensibilidade para as questões humanas. Cf. MARTINS, Ricardo Marcondes. Direito e justiça, op. cit., p. 83-85.

576 Cf. MARTINS, Ricardo Marcondes. Direito e justiça, op. cit., p. 81-83.

577 Cf. FERRAZ JR., Tercio Sampaio. *Teoria da norma jurídica*. 4. ed. Rio de Janeiro: Forense, 2002, p. 131. Sobre o conceito de *calibração*: WATZLAWICK, Paul; BEAVIN, Janet Helmick; JACKSON, Don D. *Pragmática da comunicação humana*. Tradução de Álvaro Cabral. 21. ed. São Paulo: Cultrix, 2010, p. 132-133.

578 Por todos: BARROSO, Luís Roberto. *O controle de constitucionalidade no direito brasileiro*. São Paulo: Saraiva, 2004, p. 158-159.

579 Idem, p. 152-153.

580 Cf. DWORKIN, Ronad. *Levando os direitos a sério*. Tradução de Nelson Boeira. São Paulo: Martins Fontes, 2002, p. 321 et seq.

dere-a válida. Ao revés, se a Corte declara a constitucionalidade de uma lei que é inconstitucional, nada impede que a ação seja reproposta[581]. A ação pode ser ajuizada no dia seguinte ao julgamento, ainda que, em termos práticos, se não houve alteração da composição da Corte, e não transcorreu tempo razoável da decisão, seja bem provável que o Tribunal decida da mesma forma. Perceba-se: como a regra de calibração não atua no plano abstrato, se a ADI foi julgada improcedente, ela pode ser reproposta, e a Corte, no reexame da questão, pode reconhecer o equívoco anterior e, dessa vez, declarar a inconstitucionalidade da norma. Ronald Dworkin, com absoluta razão, afirma que a ciência do Direito, e a comunidade em geral, não deve silenciar-se diante do erro do Judiciário[582]: a crítica pode convencer os julgadores de que erraram e, no reexame das questões, eles podem acertar. Se, porém, os magistrados persistirem no erro, como observa também com absoluto acerto Dworkin, o fato não põe fim à verdade científica, pois "os juízes mais velhos irão morrer ou se aposentar"[583]. Se a crítica doutrinária for persistente, é bem provável que os magistrados mais novos, ao substituírem os que erraram, venham a acertar.

Segunda observação: a regra de calibração não é uma regra definitiva, mas *prima facie*. A depender da gravidade do erro do Judiciário, o sistema normativo não o assimila e permite a rediscussão da coisa julgada. Trata-se, nesse caso, da chamada coisa julgada inconstitucional[584]. Pontes de Miranda dá um ótimo exemplo: suponha-se uma sentença que decrete a escravidão; ainda que transcorra o prazo para a ação rescisória, nenhum jurista cogitaria fazê-la valer[585]. Na verdade, como bem explica Pontes de Miranda há situações em que o Direito considera a sentença inexistente, insuscetível de ser considerada juridicamente uma sentença e, pois, de fazer coisa julgada. Nesses casos, rejeita-se a coisa julgada, descabendo falar em "rescisão da sentença", mas, sim, em declaração de sua inexistência. Com essa ressalva, há de se admitir: há certos erros que não são assimilados como acerto, não constituem coisa julgada propriamente dita.

581 Idem, p. 232.
582 Por todos: DINAMARCO, Cândido Rangel. Relativizar a coisa julgada material. In: NASCIMENTO, Carlos Valder do (coord.). *Coisa julgada inconstitucional*. 2. ed. Rio de Janeiro: América Jurídica, 2002, p. 33-76.
583 PONTES DE MIRANDA, Francisco Cavalcanti. *Tratado da ação rescisória*. Campinas: Bookseller, 1998, §41, p. 449; *Tratado das ações* – v. I. Campinas: Bookseller, 1998, §32, p. 171.
584 Por todos: FAUSTO, Boris. *História do Brasil*. 5. ed. São Paulo: Editora da Universidade de São Paulo, 1997, p. 463-515.
585 RECONDO, Felipe. *Tanques e togas*, op. cit.

Terceira observação: sempre que se fizer necessária a atuação da regra de calibração para validar o erro do magistrado, este perde prestígio. Se o magistrado interpreta corretamente o Direito e chega à decisão exigida pelo sistema, não há incidência da regra de calibração: a validade da norma editada por ele é extraída diretamente da Constituição e não indiretamente desta, quer dizer, e não da regra de calibração. Porém, como todo ser humano, o juiz está condenado ao erro, à falha, quer dizer, a interpretar mal o ordenamento e a não chegar à "vontade" do sistema jurídico. Se isso ocorre, pela regra de calibração, sua decisão é considerada como se fosse a correta, sendo acatada pelo sistema. Por óbvio, o erro reiterado do magistrado, a necessidade de constante calibração para validar sua decisão, retira-lhe o prestígio. Assim, tribunais constituintes que erram muito têm pouco prestígio na comunidade jurídica.

Com as ressalvas aqui estabelecidas, retoma-se: o magistrado é o oráculo do Direito não porque jamais erre na interpretação jurídica; ao revés, como ser humano está fadado a errar, mas seu erro é assimilado pelo sistema normativo. Ele é titular da competência para pôr um fim ao conflito, para dizer definitivamente o direito para o conflito; é, em suma, o agente habilitado e qualificado pelo sistema para ser o oráculo do Direito. Compreendida a função jurisdicional, retoma-se o tema central deste estudo: é possível considerar o Judiciário uma fonte do Estado de Exceção?

4 Estado de Exceção ilícito

Os erros do Judiciário, regra geral, não são suficientes para estabelecer um Estado de Exceção. Nos termos explicados, existe uma regra de calibração no sistema normativo por força da qual os erros cometidos no exercício da função jurisdicional são, quando a questão transita em julgado, assimilados como acertos. Essa regra, porém, não é absoluta: a calibração não funciona quando os equívocos do Poder Judiciário não decorrem apenas de um equívoco de interpretação, mas de um problema institucional. São justamente essas hipóteses que configuram um Estado de Exceção ilícito.

A título de exemplo, menciona-se a atuação do Poder Judiciário no período do regime militar, que vigorou de 1964 a 1985[586]. O jornalista Felipe Recondo realizou um detalhado estudo da atuação do Supremo Tribunal Federal nesse

586 Idem, p. 102-123.

período[587]. Em 1964 o STF era composto por: Antonio Carlos Lafayette de Andrada, Alvaro Moutinho Ribeiro da Costa, Hahnemann Guimarães, Luiz Gallotti, Candido Motta Filho, Antônio Martins Vilas Boas, Antonio Gonçalves de Oliveira, Victor Nunes Leal, Pedro Rodovalho Marcondes Chaves, Hermes Lima e Evandro Cavalcanti Lins e Silva.

Os militares desejaram ter sempre maioria na Corte. A solução, de início, foi aumentar o número de magistrados: em 27 de outubro de 1965, por meio do Ato Institucional n. 02, Castello Branco criou mais cinco vagas, para supostamente ter sempre a maioria, e nomeou: Adalício Coelho Nogueira, José Eduardo do Prado Kelly, Oswaldo Trigueiro de Albuquerque Mello, Aliomar de Andrade Baleeiro e Carlos Medeiros Silva[588].

Castello Branco também nomeou, em 22 de fevereiro de 1967, Djaci Alves Falcão para a vaga de Vilas Boas e, em 02 de março de 167, Adaucto Lucio Cardoso para a vaga de Ribeiro da Costa. Seu sucessor, Costa e Silva, nomeou, em 07 de junho de 1967, Raphael de Barros Monteiro para a vaga de Pedro Chaves e, em 18 de outubro de 1967, Themistocles Brandão Cavalcanti para a vaga de Hahnemann Guimarães e Moacyr Amaral Santos para a vaga de Candido Motta.

587 Idem, p. 124-185.

588 Sobre o tema, por todos: RELATÓRIO da Comissão Nacional da Verdade. 10.12.2014. Disponível em: <http://cnv.memoriasreveladas.gov.br>. Acesso em: 13 mar. 2019; RELATÓRIO da Comissão da Verdade da Prefeitura de São Paulo. 14.12.2016. Disponível em: <https://www.prefeitura.sp.gov.br/cidade/secretarias/direitos_humanos/comissao_da_memoria_e_verdade/noticias/?p=227198>. Acesso em: 13 mar. 2019. Destaca-se, como paradigma, o caso de Aurora Maria Nascimento Furtado, cujo cadáver foi encontrado com mordidas pelo corpo, bicos dos seios cortados, fratura do braço exposta, um olho saltado e o crânio afundado. É o que se extrai do relato da advogada Eny Moreira in OS ADVOGADOS contra a ditadura. Direção, roteiro e texto: Silvio Tendler. Produção: Maycon Almeida, 2014. Disponível em <http://caliban.com.br/filmografia_/os-advogados-contra-a-ditadura/>. Acesso em: 13 mar. 2019. O STF considerou que todos os crimes cometidos pelos militares durante o período foram objeto da anistia estabelecida na Lei Federal 6.683/79, sem que isso importe violação da Constituição (STF, ADPF 153, Rel. Min. Eros Grau, Pleno, j. 29.04.2010, DJe-145, divulg. 05.08.10, public. 06.08.10). Posteriormente ao julgamento, o Brasil foi condenado pela Corte Interamericana de Direitos Humanos no caso *Gomes Lund e outros* ("Guerrilha do Araguaia") vs Brasil – sentença de 24.11.2010. Cf. MAZZUOLI, Valerio de Oliveira. *Direitos humanos na jurisprudência internacional*: sentenças, opiniões consultivas, decisões e relatórios internacionais. Rio de Janeiro: Forense, 2019, p. 587-595; GOMES, Luiz Flavio; MAZZUOLI, Valerio Oliveira. Crimes da ditadura militar e o "Caso Araguaia": aplicação do direito internacional dos direitos humanos pelos juízes e tribunais brasileiros. São Paulo: Revista dos Tribunais, 2011, p. 49-72. É difícil acreditar que algum jurista considere hoje que os crimes cometidos contra a Aurora foram, de fato, objeto de anistia. É o que basta para justificar a assertiva: a questão é, ainda, um tabu.

A mudança da composição da Corte não foi suficiente para satisfazer os militares. Sobreveio o Ato institucional n. 05, de 13 de dezembro de 1968, editado por Costa e Silva, por meio do qual foram aposentados compulsoriamente os ministros Evandro Cavalcanti Lins e Silva, Hermes Lima e Victor Nunes Leal, sendo os dois primeiros nomeados por João Goulart e o último por Juscelino Kubitschek. Em 03 de fevereiro de 1969 aposentaram-se Antonio Gonçalves de Oliveira e Antonio Carlos Lafayette de Andrada, provável razão por não terem sido cassados[589]. Com as aposentadorias compulsórias e "voluntárias" os militares tinham, então, nomeado todos os ministros do STF. Costa e Silva extinguiu por meio do Ato Institucional n. 06, de 06 de janeiro de 1969, as quatro vagas, não mais necessárias, criadas pelo AI n. 02.

O quadro é suficiente para indicar a situação da época: os ministros do STF não possuíam mínima autonomia, pois, se descontentassem os militares, poderiam ser cassados. O período ainda é um tabu na história do país, mas, considerando o número de desaparecidos políticos, e os testemunhos sobre prisões arbitrárias, execuções e torturas, havia um risco concreto, para quem contrariasse o regime, de ser preso e/ou morto[590]. O estudo de Felipe Recondo, muitíssimo bem fundamentado, baseado em relatos dos próprios ministros, publicações da época e entrevistas realizadas pelo autor, evidencia que os votos eram dados com o temor, bastante concreto, de represálias.

Quando se afasta um julgador por discordar de suas posições e se nomeia outro, este se apresenta não como julgador, mas como *longa manus* do ditador. Se, por um lado, não havia para os ministros nomeados pelos presidentes da república anteriores ao regime militar condições institucionais para o exercício jurisdicional, por outro, os ministros nomeados pelos militares não possuíam, em decorrência de sua vinculação com o nomeante, tendo em vista as particularidades do regime, a isenção requerida pela função. Nesse cenário, não vigora o Estado de Direito, mas sim uma situação geral de absoluta hipocrisia, um "faz de conta", apenas uma aparência de exercício jurisdicional. Em casos como esse, de falência institucional, o Estado de Direito cessa e se instaura um verdadeiro Estado de Exceção ilícito. Não há incidência da regra de calibração, porque o magistrado não atua em um cenário de isenção que lhe possibilite buscar, com base em suas convicções exegéticas, a interpretação correta do ordenamento

589 STF, Rcl. 849, Rel. Min. Adalício Nogueira, Pleno, j. 10.03.1971, DJ 13.12.1971, p. 7096.
590 RECONDO, Felipe. *Tanques e togas*, op. cit. 204-233.

vigente. A regra de calibração só atua quando as condições institucionais necessárias para o exercício da jurisdição estão presentes.

Por fim, nem todos os ministros que foram nomeados pelos militares, é mister reconhecer, limitaram-se a ser *longa manus* dos ditadores. O Movimento Democrático Brasileiro - MDB - solicitou ao então procurador-geral da república - PGR - que impugnasse a constitucionalidade do Decreto-lei nº 1.077/70, editado por Garrastazu Médici, por meio do qual submeteram-se todas as publicações à prévia censura em prol da moral e bons costumes. Na época, o PGR era nomeado pelo presidente da república e passível de exoneração *ad nutum*. A CF/1969 (formalmente Emenda Constitucional nº 01 à CF/1967) previa que apenas o PGR era legitimado para propositura de ADI (art. 119, I, "l"). Xavier de Albuquerque, então PGR, fiel aos interesses de seu nomeante, recusou a representação. O MDB propôs, então, reclamação ao STF, sob o forte argumento de que, se coubesse ao PGR a última palavra, seria este o verdadeiro guardião da Constituição e não o STF. Todos os ministros, com exceção de Adaucto Lúcio Cardoso, julgaram a reclamação improcedente[591]. Lúcio Cardoso foi, conforme já informado, nomeado por Castello Branco, mas, apesar disso, foi o responsável por um dos momentos mais marcantes do STF. No dia do julgamento, ao ouvir os votos dos colegas, ele deixou o plenário e nunca mais voltou à Corte[592]. Tornou-se o maior símbolo de resistência à falência institucional do Supremo Tribunal Federal.

5. *Ativismo judicial*

Fixados alguns contornos conceituais do exercício da função jurisdicional e do Estado de Exceção ilícito, faz-se necessário aprofundar um pouco mais o exame da atuação jurisdicional no Estado de Direito. O papel do Poder Judiciário foi profundamente revisto com a evolução do constitucionalismo: a perspectiva legalista do Poder Judiciário nada tem a ver com a perspectiva neoconstitucionalista. É corrente a indicação do "ativismo judicial" como fonte da exceção. Contudo, a palavra "ativismo" é problemática: muitas vezes ela é utilizada por

591 O legalismo foi adotado pela *escola da exegese*, cujas características são didaticamente apresentadas por: BOBBIO, Norberto. *O positivismo jurídico*: lições de filosofia do Direito. Tradução e notas de Márcio Pugliesi et al. São Paulo: Ícone, 1995, p. 84-89.

592 Sobre o período, por todos: MOTA, Carlos Guilherme. *A revolução francesa*. 2. ed. São Paulo: Perspectiva, 2013, p. 72 et seq.

oposição a essa evolução. Daí o problema: sob a ótica neoconstitucional há ativismo ilícito ensejador do Estado de Exceção? O tema exige exame cuidadoso.

O legalismo esteve na aurora do constitucionalismo[593]. Como os magistrados, na época, eram livremente nomeados pelos nobres – e estes não eram bem vistos pelos revolucionários franceses, tanto que boa parte deles foi guilhotinada –, é natural supor que os revolucionários não gostavam dos magistrados e tentaram a todo custo diminuir seu poder[594]. Como a Revolução Francesa inspirou-se em Rousseau, que considerava a vontade geral infalível[595], atribuiu um poder quase absoluto ao Parlamento. Consagrou-se o entendimento de que o magistrado era, na expressão de Montesquieu, apenas uma boca que pronuncia as palavras da lei[596]. Daí o chamado referendo legislativo: se tivesse dúvida sobre a interpretação, o magistrado deveria suspender o julgamento e solicitar ao Legislativo que a afastasse[597]. Nesse cenário, se o Poder Judiciário se afastasse da literalidade dos textos normativos, estaria violando a separação de Poderes e praticando um autêntico "ativismo".

Essa crença cega no legislador está, hoje, absolutamente sepultada. O Estado nazista fundamentou-se em leis previamente aprovadas pelo Parlamento[598]. Com a derrocada do regime, os nazistas defenderam-se sob o argumento de que aplicaram a lei vigente, o que gerou uma crise de paradigma científico[599]. Em reação a essa crise, o Direito passou a ser considerado, não apenas um con-

593 ROUSSEAU, Jean-Jacques. *O contrato social*. Tradução de Antônio de P. Machado. Rio de Janeiro: Ediouro, [19-], p. 46-47.

594 MONTESQUIEU. *Do espírito das leis*. Tradução de Fernando Henrique Cardoso e Leôncio Martins Rodrigues. 2. ed. São Paulo: Abril Cultural, 1979, Livro XII, Capítulo VI, p. 152.

595 Cf. GUASTINI, Riccardo. *Las fuentes del derecho*: fundamentos teóricos. Tradução César E. Moreno More e Luis Cárdenas Rodríguez. Lima: Raguel, 2016, p. 250.

596 Um excelente retrato histórico é apresentado por RIGAUX, François. *A lei dos juízes*. Tradução de Edmir Missio. 1. ed., 2. tir. São Paulo: Martins Fontes, 2000, p. 107 et seq.

597 A situação é retratada exemplarmente por ARENDT, Hannah. *Eichmann em Jerusalém*. Tradução de José Rubens Siqueira. 12. reimpr. São Paulo: Companhia das Letras, 1999, p. 152 et seq.

598 A expressão foi utilizada pelo Tribunal Constitucional Alemão no caso Lüth (BVerfGE 7, 198). Sobre ele, vide: SCHWABE, Jürgen. *Cinquenta anos de jurisprudência do tribunal constitucional federal alemão*. Tradução Beatriz Hennig *et al.* Montevideo: Konrad-Adenauer-Stiftung, 2005, p. 381-394; MARTINS, Ricardo Marcondes. *Abuso de direito e a constitucionalização do direito privado*. São Paulo: Malheiros, 2010, p. 75 et seq.

599 Sobre o neoconstitucionalismo, vide: MARTINS, Ricardo Marcondes. Neoconstitucionalismo: perscrutação sobre a pertinência do prefixo. *Revista Internacional de Direito Público* (RIDP), Belo Horizonte, ano 2, n. 3, p. 09-37, jul.-dez. 2017.

junto de normas jurídicas, mas uma "ordem objetiva de valores"[600]. Aplicar o Direito pressupõe subsumir os fatos às regras, mas também sopesar os valores relacionados ao caso. Esta é a premissa fundamental do chamado "neoconstitucionalismo"[601]: a edição de qualquer norma jurídica pressupõe uma ponderação de princípios. Se os europeus tiveram razões para desconfiar do Parlamento, e não considerar a democracia um valor absoluto[602], mais razões têm os brasileiros cuja democracia é apenas formal[603].

Nesse cenário, o exercício da função jurisdicional muda substancialmente[604]. Exercer a função jurisdicional não é mais aceitar passivamente as decisões do legislador. A título de exemplo: na era do legalismo, se a lei autorizava a venda de um imóvel da administração pública, a venda seria válida; bastava o legislador autorizar. Tudo mudou: a lei precisa ser constitucional e, para tanto, deve haver "razões de interesse público" que justifiquem a venda. A arbitrária dilapidação do patrimônio do povo viola a Constituição[605]. Outro exemplo: para tipificar uma conduta como crime não basta a vontade do legislador; a tipificação só é válida na medida em que proteja um bem jurídico e essa proteção seja proporcional à restrição da liberdade imposta pela pena[606]. Longe de ser apenas uma boca nula, que pronuncia as palavras da lei, cabe ao magistrado verificar se a ponderação realizada pelo legislador no plano abstrato é válida, vale dizer, se a restrição valorativa por ele imposta é proporcional; sendo válida no plano abstrato, deve verificar se a validade se mantém no plano concreto. É bem possível que a lei seja constitucional no plano abstrato, mas sua aplicação seja inconstitucional no plano concreto.

---

600 Por todos: ALEXY, Robert. *Constitucionalismo discursivo*. Tradução de Luís Afonso Heck. Porto Alegre: Livraria do Advogado, 2007, p. 52-54.

601 Nunca houve democracia material no Brasil. Cf. BANDEIRA DE MELLO, Celso Antônio. A democracia e suas dificuldades contemporâneas. *Revista Trimestral de Direito Público*, São Paulo, n. 15, p. 100-111, 1996.

602 A mudança do papel do juiz e da importância do legislador é magistralmente apresentada por: ZAGREBELSKY, Gustavo. *El derecho dúctil*: ley, derecho, justicia. Tradução de Marina Gascón. Madri: Trotta, 2005.

603 Cf. MARTINS, Ricardo Marcondes. *Efeitos dos vícios do ato administrativo*, op. cit., p. 75.

604 Cf. MARTINS, Ricardo Marcondes. *Teoria jurídica da liberdade*, op. cit., p. 26-27. A teoria penal da proteção do bem jurídico foi magnificamente desenvolvida por ROXIN, Claus. *A proteção de bens jurídicos como função do Direito Penal*. Tradução de André Luís Callegari e Nereu José Giacomolli. Porto Alegre: Livraria do Advogado, 2006.

605 Sobre a vinculação e a discricionariedade, vide MARTINS, Ricardo Marcondes. *Teoria jurídica da liberdade*, op. cit., p. 106 et seq.

606 A expressão é de FERRAZ JR., Tercio Sampaio. *Argumentação jurídica*. Barueri: Manole, 2014.

Adotada essa compreensão do fenômeno jurídico, toda política se juridiciza: passa a ser exercício de competência discricionária. Nem o legislador nem a administração possuem liberdade, mas discricionariedade. Há situações em que o Direito aceita duas ou mais alternativas como igualmente válidas, imputando a escolha ao agente competente; é possível, contudo, que o Direito exija uma solução apenas, de modo que a competência seja vinculada[607]. É possível que haja discricionariedade e o agente escolha alternativa não admitida: o Direito admite "a" ou "b" e o agente escolhe "c". Cabe ao Judiciário, quando provocado, verificar se a escolha realizada pelo legislador ou pela administração pública era admitida pelo Direito, vale dizer, se havia, de fato, discricionariedade e, havendo, se o agente competente escolheu uma alternativa admissível. Toda atuação estatal submete-se, então, à possibilidade de denso controle jurisdicional.

Ao ter que examinar cada decisão política, há um risco de ocorrer a "desneutralização política do juiz"[608]: o magistrado deixa de buscar a vontade do ordenamento e passa a realizar a política. Isso ocorre quando ele não respeita a competência discricionária, mas a viola, tomando para si a prerrogativa de escolher. Enquanto o magistrado busca a "vontade do ordenamento jurídico", não há que se falar de ativismo; quando, porém, passa a não mais interpretar, mas escolher, configura-se o ativismo. Diferenciar uma situação de outra não é tarefa fácil.

Para evidenciar essa dificuldade menciona-se a teoria do estado de coisas inconstitucional – ECI, pioneiramente desenvolvida pela Corte Constitucional Colombiana[609]. Impugnou-se no STF a omissão estatal, de todos os Poderes da República, em relação à situação carcerária. A CPI realizada na Câmara dos Deputados, em 2009, sobre a situação dos presídios no Brasil evidenciou algo que a comunidade jurídica já sabia há um bom tempo: o sistema carcerário brasileiro viola a dignidade da pessoa humana de modo drástico[610]. Os problemas são múltiplos: uma superlotação aviltante, celas sem estrutura hidráulica, sanitária, elétrica, sem mínimas condições de higiene, presos sem receber material de higiene básica e alimentação adequada. O PSOL impugnou essa omissão estatal por meio da ADPF n. 347.

---

607 Sobre ela, vide a magnífica monografia de CAMPOS, Carlos Alexandre de Azevedo. *Estado de coisas inconstitucional*. Salvador: Juspoivm, 2016.

608 Sobre a situação carcerária brasileira, por todos: CAMPOS, Carlos Alexandre de Azevedo. *Estado de coisas inconstitucional*, op. cit., p. 264 a 276.

609 STF, ADPF 347 MC, Relator Min. Marco Aurélio, Tribunal Pleno, julgado em 09.09.2015.

610 SICHES, Luis Recasens. *Introducción al estudio del derecho*. 15. ed. México: Porrúa, 2006, p. 217.

Em 09 de setembro de 2015 a Corte proferiu um julgamento histórico: reconheceu a configuração do ECI e deferiu parcialmente a medida cautelar para determinar a todos os magistrados que passem a realizar audiências de custódia, à União que efetue o descontingenciamento do Fundo Penitenciário Nacional e à União e aos Estados que encaminhem à Corte informações sobre o atual sistema prisional[611]. Contudo, todos os demais pedidos da cautelar foram indeferidos ou considerados prejudicados. Apesar de ser considerada um avanço, a decisão ficou muito aquém do que deveria: a Corte reconheceu a verdade da afirmação feita na inicial de que parte significativa dos detentos do país já cumprira a pena, mas indeferiu o pedido de realização de mutirões para resolver o problema. Se o STF determinasse efetivas medidas concretas para resolver o problema carcerário no Brasil, pondo fim à desídia governamental, certamente seria acusado de "ativista" e, pois, de violador da separação de poderes.

Retoma-se: muitas vezes, qualifica-se de "ativismo" a correta compreensão do ordenamento pelo Poder Judiciário, a compreensão de que o Direito não se esgota na literalidade dos textos normativos, de que a maioria das proibições e obrigações jurídicas estão implícitas. É bem conhecido o exemplo de Recasens Siches sobre uma norma que proíbe a entrada de cães em uma estação ferroviária e a sua indagação sobre a proibição da entrada de ursos[612]. A doutrina tradicional, presa ao legalismo e à falsa percepção de que o direito se restringe às normas extraídas da literalidade dos textos legais, considera que aí haveria uma lacuna, a ser integrada pelo magistrado por meio da analogia: se há norma proibindo a entrada de cães em prol da segurança dos usuários da estação, cabe criar outra norma que proíba a entrada de ursos. Essa posição, apesar de difundida, consiste em um grave erro de compreensão do fenômeno jurídico. Se a proibição da entrada de cães é válida, existe implicitamente no sistema normativo a proibição da entrada de ursos[613]. O magistrado não cria essa proibição,

611 Cf. MARTINS, Ricardo Marcondes. Teoria geral da interpretação jurídica, op. cit., p. 304.

612 Friedrich Müller vale-se de uma metáfora: imagine-se um enorme *iceberg* submerso nas águas do mar, em que apenas a ponta encontra-se emersa; o teor literal dos textos normativos é apenas a "ponta do *iceberg*" (*Métodos de trabalho do direito constitucional*. 2. ed. Tradução: Peter Naumann. São Paulo: Max Limonad, 2000, p. 53).

613 Sobre a teoria dos planos jurídicos aplicada ao ato administrativo, vide: MARTINS, Ricardo Marcondes. *Efeitos dos vícios do ato administrativo*, op. cit., p. 121 et seq. Para um resumo, vide: MARTINS, Ricardo Marcondes. Três planos da norma jurídica. *Revista Colunistas de Direito do Estado*, n. 238, 19.08.2016, Disponível em:

mas a "descobre" no sistema. A analogia não é uma técnica de criação de novas normas, mas de revelação de normas implícitas já existentes. Pois bem: não é ativismo revelar as normas implícitas; não é ativismo impor os deveres que já se extraem do ordenamento jurídico.

O ativismo se configura quando o Poder Judiciário abdica de apurar quais são as normas existentes no ordenamento jurídico, qual o sentido e o alcance delas e quais são válidas, e passa, ele próprio, a criar normas ou a impor sua violação. Deixa de realizar uma atividade cognitiva de entender corretamente o Direito vigente e passa a exercer uma atividade puramente volitiva. Abusa do exercício funcional para, com base nele, criar obrigações e permissões arbitrárias. Prende alguém, não porque foi provado que este cometeu algum crime previsto na legislação; prende por razões políticas ou de foro íntimo. Em suma: quando o Poder Judiciário deixa de ser intérprete, configura-se o ativismo judicial. Insiste-se, porém, no problema: não é fácil saber quando isso ocorre. Como diz Friedrich Müller, boa parte do Direito está implícita nos textos normativos[614]. A compreensão de quais são as normas existentes, qual o sentido delas e quais são válidas é uma atividade envolta em acirradas controvérsias. O magistrado não é ativista apenas por divergir do jurisdicionado na compreensão do Direito.

Feitas essas ressalvas, conclui-se: o ativismo judicial, mesmo se caracterizado, não é suficiente para gerar um Estado de Exceção ilícito. O erro decorrente do ativismo é, dogmaticamente, regra geral, equiparado ao erro de interpretação. Ele só será causador do Estado de Exceção quando não se tratar de um abuso pontual, mas de uma falência institucional do Poder Judiciário.

6 Resistência no Estado de Direito

Para terminar este estudo, faz-se necessário examinar, tendo em vista as premissas inicialmente fixadas, a reação ao Estado de Exceção ilícito. Do ponto de vista dogmático, há de se diferenciar duas situações: a execução administrativa de uma norma existente e a execução administrativa de uma norma inexistente. Adotada a teoria dos planos jurídicos, se cumpridas certas exigências (elementos e pressupostos de

---

<http://goo.gl/HuK5bc>. Acesso em: 15 mar. 2019.

614 Cf. BANDEIRA DE MELLO, Celso Antônio. *Curso de direito administrativo*. 33. ed. São Paulo: Malheiros, 2016, p. 498; MARTINS, Ricardo Marcondes. *Efeitos dos vícios do ato administrativo*, op. cit., p. 550-553 e 655-659.

existência), a norma existirá[615]. É possível, porém, que o Estado resolva executar uma norma que não existe como norma no mundo jurídico, ou por falta de elementos (não possui um conteúdo normativo ou não possui forma jurídica, vale dizer, não foi exteriorizada) ou por falta dos pressupostos de existência (objeto – pessoa ou coisa a que o conteúdo se refere –, habilitação para editar a norma, mínimo de eficácia social, não concretização de intolerável injustiça). Diante da execução de um ato administrativo inexistente, configura-se o direito de resistência ativa: o administrado tem o direito subjetivo de reagir *manu militare* contra a execução[616].

Se o ato existe, pode ser válido ou inválido. Caso se pretenda executar um ato inválido, o administrado não possui direito de resistência ativa, mas sim direito de resistência passiva: se o ato impõe uma obrigação ao administrado, dando prioridade ao cumprimento voluntário, ele pode descumpri-la; se for reconhecida a invalidade, não será sancionado pelo descumprimento[617]. Se a administração pretender executar um ato inválido, caberá ao administrado apenas impugnar a execução na instância administrativa e/ou na instância jurisdicional. Se o órgão estatal competente não reconhecer a invalidade, não há direito de resistência.

Fixaram-se os conceitos de resistência ativa e passiva tendo em vista o exercício da função administrativa. Em relação à função jurisdicional, há um problema dogmático: conforme dantes explicado, o sistema normativo habilita o Poder Judiciário a dizer o Direito (*jurisdictio*). Quem dirá a última palavra sobre a existência ou inexistência jurídica é o Poder Judiciário. Noutras palavras, se ele reconhecer que o ato existe, ainda que cientificamente não exista, o Direito assimilará o erro como acerto: juridicamente existirá e não haverá direito de resistência ativa. Se considerar que o ato é válido, ainda que cientificamente seja inválido, da mesma forma, não haverá direito de resistência passiva, pois o Direito assimilará o erro como acerto. Se o jurisdicionado discorda da decisão judicial, caberá impugná-la por meio de recursos e ações judiciais previstas no sistema normativo. Com o trânsito em julgado, do ponto de vista dogmático, nada restará a não ser sujeitar-se à decisão.

615 Idem, ibidem.

616 Cf. MARTINS, Ricardo Marcondes. Justiça deôntica. In: PIRES, Luis Manuel Fonseca; MARTINS, Ricardo Marcondes. *Um diálogo sobre a justiça*. Belo Horizonte: Fórum, 2012, p. 172-179.

617 Cf. FERRAZ JR., Tercio Sampaio. *Teoria da norma jurídica*, op. cit., p. 39 et seq.; WATZLAWICK, Paul; BEAVIN, Janet Helmick; JACKSON, Don D. *Pragmática da comunicação humana*, op. cit., p. 77-81.

O descumprimento do Direito por motivo político – não pela intenção propriamente de violar a norma, mas por não aceitar sua legitimidade –, é assumido pelo Direito como simples descumprimento[618]. Em termos técnicos: a desconfirmação do poder estatal é desconfirmada, considerando-a uma negação. A negativa do poder confirma o exercício do poder; a desconfirmação do poder destrói o poder[619]. Por isso, o poder sempre desconfirma a desconfirmação, tomando-a como negação[620]. Ainda que se descumpra o Direito por considerá-lo ilegítimo, os órgãos estatais tomarão o descumprimento como simples violação da norma. Não existe, por isso, atuação política autônoma dentro do Estado de Direito. Quem se volta contra o poder político, dentro do sistema, atua ilicitamente e deverá responder pela ilicitude. Essa atuação política só se legitima fora do Estado de Direito: caso os insurgentes consigam promover um golpe, derrubar o governo e dar efetividade a uma nova Constituição, darão início a uma nova ordem jurídica.

Em certas hipóteses excepcionais, de erros judiciais manifestos, mesmo do ponto de vista dogmático, considera-se legítimo o descumprimento. Um bom exemplo é a regra extraída do artigo 15 do Decreto-lei nº 3.365/41, segundo a qual basta a administração depositar o valor previsto na planta do IPTU para obter a imissão na posse do imóvel que é objeto da ação de desapropriação. A base de cálculo do IPTU é o valor venal do bem, vale dizer, seu valor de mercado[621]. Contudo, como a apuração desse valor para cada imóvel da cidade é impossível, a administração efetua uma estimativa, regra geral para baixo. Logo, na prática, a planta de valores do IPTU raramente indica o valor venal; pelo contrário, indica um valor bem abaixo do valor de mercado. Suponhamos que um imóvel valha 1 milhão de reais, e esteja registrado na planta do IPTU

618 Cf. MARTINS, Ricardo Marcondes. Justiça deôntica, op. cit., p. 172-179. Para um aprofundamento: DIÁLOGOS sobre desobediência civil e Direito. Direção, produção e roteiro: André Ricardo dos Santos Lopes. São Paulo: produção independente. Disponível em: < https://www.youtube .com/watch?v=ruh0ftrztHM>. Acesso em: 15 mar. 2019.

619 Cf. MARTINS, Ricardo Marcondes. *Estudos de direito administrativo neoconstitucional*. São Paulo: Malheiros, 2015, p. 506 et seq.

620 Idem, p. 508-509. Kiyoshi Harada relata o caso e apresenta, na íntegra, a decisão, mas a considera exemplo de ativismo judicial (*Desapropriação*. 7. ed. São Paulo: Atlas, 2007, p. 104 et seq.). Nos termos aqui expostos, o que para uns é ativismo para outros é o correto cumprimento do Direito.

621 A conclusão evidencia o dilema de todo jurista. Sobre o tema: MARTINS, Ricardo Marcondes. Jurista, de que lado você está? *Revista Colunistas de Direito do Estado*, n. 193, 17. 06. 2016. Disponível em: <http://goo.gl/BcNY9v>. Acesso em: 15. mar. 2019.

como valendo 100 mil reais. Pelo texto normativo, se o Poder Público depositar em juízo 100 mil, pode obter a imissão na posse e iniciar a realização da obra pública. O que diz o STF? Os ministros afirmam que nada há de errado nisso, pois o proprietário só perderá sua propriedade quando do registro da carta de adjudicação no cartório de imóveis, que ocorrerá ao final do processo (Súmula 652). O direito à prévia e justa indenização, dizem, só é garantido em relação à perda da propriedade. Na prática: o proprietário é retirado de sua casa, ela é demolida, constrói-se uma estrada sobre ela, e o proprietário fica com uma ínfima percentagem do valor de sua propriedade até que, décadas depois, a administração pague o valor integral do precatório.

O juiz da 1ª Vara da Fazenda Pública de São Paulo, Homero Benedicto Ottoni Netto, com base em uma leitura correta da Constituição, determinou a realização de perícia prévia, feita às pressas, quando do pedido de imissão na posse, e condicionou o deferimento da imissão ao depósito integral do valor definido na perícia. A partir de então, consagrou-se esse entendimento na primeira e na segunda instância do Poder Judiciário: os magistrados em geral vêm desprezando a orientação do STF e exigindo, para o deferimento da imissão na posse, o depósito integral do valor fixado na perícia prévia. Devem ser sancionados? A atitude é perfeitamente legítima, sendo descabida qualquer sanção. Suponha-se que, numa falência institucional generalizada, os magistrados passem a adotar a posição do STF. Nesse caso, o Poder Executivo deveria acatá-la? É, da mesma forma, legítimo o descumprimento, sendo despropositado sancionar o agente administrativo. O próprio advogado público deverá requerer a realização da perícia prévia e exigir da administração que deposite, antes da imissão na posse, o valor integral que nela for fixado. Quando a decisão do Poder Judiciário configurar uma solução drasticamente imoral e gravemente injusta, impõe-se, juridicamente, seu descumprimento. Nesse caso, o descumprimento de ordem judicial dá-se dentro do Estado de Direito, pois consiste no correto cumprimento da Constituição vigente. Se isso vale para casos pontuais de descumprimento do Direito, vale, com mais razões, para situações de generalizado descumprimento. Por isso, mesmo dogmaticamente, tendo em vista uma compreensão correta do Direito vigente, no Estado de Exceção ilícito devem os juristas descumprir a deliberação do Poder Judiciário.

ALEXY, Robert. *Teoria dos direitos fundamentais*. Tradução de Virgílio Afonso da Silva. São Paulo: Malheiros, 2008.

_____. *Constitucionalismo discursivo*. Tradução de Luís Afonso Heck. Porto Alegre: Livraria do Advogado, 2007.

ARENDT, Hannah. *Eichmann em Jerusalém*. Tradução de José Rubens Siqueira. 12. reimpr. São Paulo: Companhia das Letras, 1999.

ÁVILA, Ana Paula Oliveira. *O princípio da impessoalidade da Administração Pública*: para uma administração imparcial. Rio de Janeiro: Renovar, 2004.

BANDEIRA DE MELLO, Celso Antônio. *Serviço público e concessão de serviço público*. São Paulo: Malheiros, 2017.

_____. Juízo liminar: poder-dever de exercício do poder cautelar nessa matéria. *Revista trimestral de direito público*, São Paulo, n. 3, p. 106-116, 1993.

_____. Mandado de segurança contra denegação ou concessão de liminar. *Revista de direito público*, São Paulo, ano 22, n. 92, p. 55-61, out.-dez. 1989.

_____. A democracia e suas dificuldades contemporâneas. *Revista Trimestral de Direito Público*, São Paulo, n. 15, p. 100-111, 1996.

_____. *Curso de direito administrativo*. 33. ed. São Paulo. Malheiros, 2016.

BANDEIRA DE MELLO, Oswaldo Aranha. *A teoria das constituições rígidas*. 2. ed. São Paulo: José Bushatsky, 1980.

BARROSO, Luís Roberto. *O controle de constitucionalidade no direito brasileiro*. São Paulo: Saraiva, 2004.

BOBBIO, Norberto. *O positivismo jurídico*: lições de filosofia do Direito. Tradução e notas de Márcio Pugliesi et al. São Paulo: Ícone, 1995.

BRITTO, Carlos Ayres. *O humanismo como categoria constitucional*. Belo Horizonte: Fórum, 2007.

CAMPOS, Carlos Alexandre de Azevedo. *Estado de coisas inconstitucional*. Salvador: Juspoivm, 2016.

CINTRA, Antonio Carlos de Araújo; GRINOVER, Ada Pellegrini; DINAMARCO, Cândido Rangel. *Teoria geral do processo*. 11 ed. São Paulo: Malheiros, 1995.

DAVID, René. *Os grandes sistemas do direito contemporâneo*. Tradução de Hermínio A. Carvalho. São Paulo: Martins Fontes, 2002.

DIÁLOGOS sobre desobediência civil e Direito. Direção, produção e roteiro: André Ricardo dos Santos Lopes. São Paulo: produção independente. Disponível em: < https://www.youtube .com/watch?v=ruh0ftrztHM>. Acesso em: 15 mar. 19.

DINAMARCO, Cândido Rangel. *Instituições de direito processual civil* – v. I. São Paulo: Malheiros, 2001.

_____. Relativizar a coisa julgada material. In: NASCIMENTO, Carlos Valder do (coord.). *Coisa julgada inconstitucional*. 2. ed. Rio de Janeiro: América Jurídica, 2002, p. 33-76.

DWORKIN, Ronald. *O império do direito*. Tradução Jefferson Luiz Camargo. 1. ed., 2. tir. São Paulo: Martins Fontes, 2003.

_____. *Levando os direitos a sério*. Tradução de Nelson Boeira. São Paulo: Martins Fontes, 2002.

FAUSTO, Boris. *História do Brasil*. 5. ed. São Paulo: Editora da Universidade de São Paulo, 1997.

FERRAZ JR., Tercio Sampaio. *Introdução ao estudo do direito*. 5. ed. São Paulo: Atlas, 2007.

_____. *Teoria da norma jurídica*. 4. ed. Rio de Janeiro: Forense, 2002.

_____. *Argumentação jurídica*. Barueri: Manole, 2014.

FONSECA, João Francisco. *O processo do mandado de injunção*. São Paulo: Saraiva, 2016.

GUASTINI, Riccardo. *Las fuentes del derecho*: fundamentos teóricos. Tradução César E. Moreno More e Luis Cárdenas Rodríguez. Lima: Raguel, 2016.

GUIMARÃES, Hélio de Seixas; LESSA, Ana Cecília. *Figuras de linguagem*: teoria e prática. 14. ed. São Paulo: Atual, 2003.

HARADA, Kiyoshi. *Desapropriação*. 7. ed. São Paulo: Atlas, 2007.

HART, Herbert Lionel Adolphus. *O conceito de direito*. Tradução de A. Ribeiro Mendes. 3. ed. Lisboa: Calouste Gulbenkian, 2001.

HESSE, Konrad. A interpretação constitucional. Tradução de Inocêncio Mártires Coelho. In: HESSE, Konrad. *Temas fundamentais do direito constitucional*. São Paulo: Saraiva, 2009, p. 101- 122.

KELSEN, Hans. *Teoria pura do Direito*. Tradução de João Baptista Machado. 6. ed. Coimbra: Armênio Amado Editora, 1984.

MARTINS, Ricardo Marcondes. *Teoria jurídica da liberdade*. São Paulo: Contracorrente, 2015.

_____. Direito fundamental de acesso à informação. A&C – *Revista de Direito Administrativo & Constitucional*, Belo Horizonte, ano 14, n. 56, p. 127-146,

abr./jun. 2014.
______. Paradoxo da interpretação literal. *Revista Colunistas de Direito do Estado*, n. 102, 07.03.2016. Disponível em: <http://goo.gl/bneUDH>. Acesso em: 06 mar. 2019.
______. *Efeitos dos vícios do ato administrativo*. São Paulo: Malheiros, 2008.
______. Teoria geral da interpretação jurídica: considerações críticas à obra de Black. *Revista de Direito Administrativo e Infraestrutura* (RDAI). São Paulo, ano 1, v. 3, p. 299-331, out.-dez. 2017, pp. 304-308.
______. Direito e justiça. In: PIRES, Luis Manuel Fonseca; MARTINS, Ricardo Marcondes. *Um diálogo sobre a justiça*. Belo Horizonte: Fórum, 2012, p. 43-91.
______. Produção científica do direito administrativo. *Revista Colunistas de Direito do Estado*, n. 393, 22.04.2018. Disponível em: <https://goo.gl/f2U4oC>. Acesso em: 07 mar. 2019.
______. *Abuso de direito e a constitucionalização do direito privado*. São Paulo: Malheiros, 2010.
______. Neoconstitucionalismo: perscrutação sobre a pertinência do prefixo. *Revista Internacional de Direito Público* (RIDP), Belo Horizonte, ano 2, n. 3, p. 09-37, jul.-dez. 2017.
______. Três planos da norma jurídica. *Revista Colunistas de Direito do Estado*, n. 238, 19.08.2016, Disponível em: <http://goo.gl/HuK5bc>. Acesso em: 15.mar. 2019.
______. Justiça deôntica. In: PIRES, Luis Manuel Fonseca; MARTINS, Ricardo Marcondes. *Um diálogo sobre a justiça*. Belo Horizonte: Fórum, 2012, p. 149-244.
______. *Estudos de direito administrativo neoconstitucional*. São Paulo: Malheiros, 2015.
______. Jurista, de que lado você está? *Revista Colunistas de Direito do Estado*, n. 193, 17.06.2016. Disponível em: <http://goo.gl/BcNY9v>. Acesso em: 15 mar. 2019.
MAZZUOLI, Valerio de Oliveira. *Direitos humanos na jurisprudência internacional*: sentenças, opiniões consultivas, decisões e relatórios internacionais. Rio de Janeiro: Forense, 2019.
______; GOMES, Luiz Flavio. Crimes da ditadura militar e o "Caso Araguaia": aplicação do direito internacional dos direitos humanos pelos juízes e tribunais brasileiros. São Paulo: Revista dos Tribunais, 2011, p. 49-72.

MELO NETO, João Cabral de. Morte e vida severina. In: MELO NETO, João Cabral de. *Serial e antes*. Rio de Janeiro: Nova Fronteira, 1997, p. 143-180.

MONTESQUIEU. *Do espírito das leis*. Tradução de Fernando Henrique Cardoso e Leôncio Martins Rodrigues. 2. ed. São Paulo: Abril Cultural, 1979.

MOTA, Carlos Guilherme. *A revolução francesa*. 2. ed. São Paulo: Perspectiva, 2013.

MÜLLER, Friedrich. *Métodos de trabalho do direito constitucional*. 2. ed. Tradução: Peter Naumann. São Paulo: Max Limonad, 2000.

OLIVECRONA, Karl. *Linguagem jurídica e realidade*. Tradução de Edson L. M. Bini. São Paulo: Quartier Latin, 2005.

OS ADVOGADOS contra a ditadura. Direção, roteiro e texto: Silvio Tendler. Produção: Maycon Almeida, 2014. Disponível em: <http://caliban.com.br/filmografia_/os-advogados-contra-a-ditadura/>. Acesso em: 13 mar. 2019.

PONTES DE MIRANDA, Francisco Cavalcanti. *Tratado da ação rescisória*. Campinas: Bookseller, 1998.

_____. *Tratado das ações* – v. I. Campinas: Bookseller, 1998.

RECONDO, Felipe. *Tanques e togas*: o STF e a ditadura militar. São Paulo: Companhia das Letras, 2018.

RELATÓRIO da Comissão Nacional da Verdade. 10.12.2014. Disponível em: <http://cnv.memoriasreveladas.gov.br>. Acesso em: 13 mar. 2019.

RELATÓRIO da Comissão da Verdade da Prefeitura de São Paulo. 14.12.2016. Disponível em: <https://www.prefeitura.sp.gov.br/cidade/secretarias/direitos_humanos/comissao_da_memoria_e_ verdade/noticias/?p=227198>. Acesso em: 13 mar. 2019.

RIGAUX, François. *A lei dos juízes*. Tradução de Edmir Missio. 1. ed., 2. tir. São Paulo: Martins Fontes, 2000.

ROUSSEAU, Jean-Jacques. *O contrato social*. Tradução de Antônio de P. Machado. Rio de Janeiro: Ediouro, [19-].

ROXIN, Claus. *A proteção de bens jurídicos como função do Direito Penal*. Tradução André Luís Callegari e Nereu José Giacomolli. Porto Alegre: Livraria do Advogado, 2006.

SANTIAGO NINO, Carlos. *Introdução à análise do direito*. Tradução Elza Maria Gasparotto. São Paulo: WMF Martins Fontes, 2015.

SCHWABE, Jürgen. *Cinquenta anos de jurisprudência do tribunal constitucional federal alemão*. Tradução Beatriz Hennig *et al.* Montevideo: Konrad-Adenauer-Stiftung, 2005.

SERRANO, Pedro Estevam Alves Pinto. *Autoritarismo e golpes na América Latina*. São Paulo: Alameda, 2016.

SICHES, Luis Recasens. *Introducción al estudio del derecho*. 15. ed. México: Porrúa, 2006.

SILVA, José Afonso. *Curso de direito constitucional positivo*. 11. ed. São Paulo: Malheiros, 1996.

_____. *Aplicabilidade das normas constitucionais*. 4. ed. São Paulo: Malheiros, 2000.

_____. *Teoria do conhecimento constitucional*. São Paulo: Malheiros, 2014.

SILVA, Virgílio Afonso da. *Direitos fundamentais*. São Paulo: Malheiros, 2009.

SOUZA, Artur César de. *A parcialidade positiva do juiz*. São Paulo: Revista dos Tribunais, 2008.

TÁCITO, Caio. O abuso de poder administrativo no Brasil. In: TÁCITO, Caio. *Temas de direito público*: estudos e pareceres – v. 1. Rio de Janeiro: Renovar, 1997, p. 39-70.

WATZLAWICK, Paul; BEAVIN, Janet Helmick; JACKSON, Don D. *Pragmática da comunicação humana*. Tradução de Álvaro Cabral. 21. ed. São Paulo: Cultrix, 2010.

ZAGREBELSKY, Gustavo. *El derecho dúctil*: ley, derecho, justicia. Tradução de Marina Gascón. Madri: Trotta, 2005.

24. CRÍTICA À ATUAÇÃO POLÍTICA DO STF NO "PACTO PELO BRASIL"

Emerson Gabardo[622]

Giulia De Rossi Andrade[623]

"Não há imoralidade maior do que a degradação de dreitos."

Pedro Serrano

1. Introdução

Qualquer que seja a discussão que envolva comportamento, ideias e interesses, deve-se necessariamente seguir uma análise que abarque princípios e valores. O contrário também deve ser observado, na medida em que a ética sem uma análise empírica pode trazer resultados indesejáveis.[624] O que se observa no Brasil

622 Professor Titular de Direito Administrativo da Pontifícia Universidade Católica do Paraná. Professor Adjunto de Direito Administrativo da Universidade Federal do Paraná. Pós-doutorado em Direito Público Comparado pela Fordham University School of Law (Nova York). Vice-presidente do Instituto Brasileiro de Direito Administrativo. Membro da Rede de Direito Administrativo Social – REDAS.

623 Advogada. Mestranda em Direito Econômico e Desenvolvimento pela Pontifícia Universidade Católica do Paraná. Diplôme Supérieur de l'Université – Droit Administratif pela Paris II, Panthéon-Assas. Especialização em Direito Administrativo pelo Instituto de Direito Romeu Felipe Bacellar. Membro do NUPED – Núcleo de Pesquisas em Políticas Públicas e Desenvolvimento Humano da Pontifícia Universidade Católica do Paraná. Membro da Red Iberoamericana Juvenil de Derecho Administrativo.

624 GABARDO, Emerson. Os perigos do moralismo político e a necessidade de defesa do direito posto na Constituição da República de 1988. *A&C – Revista de Direito Administrativo & Constitucional,* Belo Horizonte, ano 17, n. 70, pp. 65-91, out./dez 2017.

da segunda década do século XXI são esses resultados indesejados, em que a moral objetiva é deixada de lado e a moral subjetiva resulta no moralismo como condutor da ação política e jurídica.[625] A prevalência do senso comum e das emoções populares torna-se uma importante aliada de interesses obscuros e de pretensões egocêntricas de parte dos detentores do poder de dizer o Direito.[626] O avanço de algumas "liberdades hermenêuticas" que ascenderam nas décadas de transição do século XX para o XXI, fundadas na ideia de justiça, favoreceu esse fenômeno (ainda que inadvertidamente).

O constitucionalismo do final do século XX trouxe consigo uma carga valorativa com conteúdo ético.[627] Essa visão foi defendida arduamente pelos teóricos críticos e, pouco a pouco, passou a inspirar os operadores do Direito, notadamente, aqueles do Poder Judiciário. Com o tempo, a exacerbação dessa realidade implicou uma inversão do processo de avanço rumo a um Direito mais adequado. O que aconteceu, em verdade, foi a presença cada vez mais importante de uma opção moral *ad hoc* "sobre qual é a concepção de justiça que deve ser adotada pelo Direito". Tal viés, em alguns casos paradigmáticos (que servem como exemplo ilustrativo) redundou na substituição do Direito pelo poder.[628] Nesses casos, não há uma aproximação entre Direito e moral legítima,

---

625 Moralismo, para Nildo Viana, é "uma prática/concepção comum. Ele é praticado pelo moralista. O moralista é aquele indivíduo que se move não por princípios éticos, mas sim a partir de uma moral. Ética e moral são coisas distintas. A ética, tal como definimos em outro lugar, é um modo de ser, no qual há uma coerência entre os valores fundamentais do indivíduo e sua prática cotidiana. A moral, ao contrário, é um conjunto de normas produzidas de forma exterior aos indivíduos, é imposta pela sociedade ao indivíduo. Por isso, ela é pouco praticada embora seja muito propagandeada, gerando quase sempre uma contradição entre discurso e prática. Muitos pregam a moral, mas não a praticam. A moral é geralmente, devido a isto, conservadora. VIANA, Nildo. *A Filosofia e sua Sombra*. Goiânia: Germinal, 2000. p. 34.

626 GABARDO, Emerson. *Os Perigos do Moralismo Político*, 2017.

627 Para Jaime Rodríguez-Arana Muñoz, o constituinte agregou a justiça social como postulado constitucional, isso não ocorreu somente por razões pragmáticas, mas sim por uma questão de princípio. RODRÍGUEZ-ARANA MUÑOZ, Jaime. Caracterización constitucional de la ética pública (Especial referencia al marco constitucional español). *Revista de Investigações Constitucionais*, Curitiba, vol. 1, n. 1, pp. 67-80, jan./ abr. 2014.

628 É o caso da operação Lava Jato, e seu último desdobramento. Para aqueles que já vinham, há muito, denunciando os abusos perpetrados pela operação, o vazamento de conversas entre juiz e membros do Ministério Público Federal não foram surpresa. É necessário que se desconfie da bondade dos "bons", porque uma sociedade democrática não precisa de heróis, precisa, em verdade, de garantia de um Estado Democrático de Direito. O Direito precisa ser levado a sério, senão a vontade dos que exercem o poder sempre vai prevalecer. LIMA, Danilo Pereira; NEVES, Isadora Ferreira. De Robespierre à "Lava Jato": quem irá salvar o Direito dos virtuosos? *Conjur*. Disponí-

mas sim uma vinculação do conteúdo moral por meio da instrumentalização do Direito, decorrente de uma visão distorcida da Constituição.[629]

A legitimidade da atuação dos operadores do Direito, especialmente dentro da Suprema Corte brasileira, tem sido pautada por uma visão pragmática de que seria melhor depositar as esperanças da sociedade nos juízes do que nos legisladores. A força do Poder Judiciário seria uma decorrência indireta da vontade do povo, por intermédio da compatibilidade de suas ações com as expectativas sociais. Com base nessa ideia, os tribunais têm decidido a partir de pretensões moralistas perfeccionistas, sem se "atentar para a necessidade de as decisões incorporarem a faticidade dos casos por meio dos princípios e de respeitarem a integridade do Direito".[630]

Diego W. Arguelhes explica que "quem decide os conflitos tem que se manter independente em relação a eles. Ministros precisam guardar distância pública e visível das disputas que precisarão decidir".[631] Essa é a visão consensual compartilhada por teóricos e práticos do Direito desde a proclamação da República, pelo menos. Mas esta não é a realidade da última década, na medida em que integrantes do Supremo Tribunal Federal defendem que a Corte deve "corresponder aos sentimentos da sociedade", ressaltando que as vozes externas devem ser ouvidas para julgar. O Judiciário como um todo faz eco dessa visão, que propugna pela politização do Direito, ainda que não assuma essa externalidade – promovendo um autêntico "negacionismo" em relação ao próprio comportamento. Negacionismo este que, por outra perspectiva, pode ser identificado como resultante do típico corporativismo judicial elevado, agora, à última potência.

É inconcebível pensar que uma autoridade pública, especialmente em se tratando de ministros da mais alta Corte brasileira, possa interpretar o sistema através de suas concepções pessoais de justiça, pois, obviamente, isso deixa de atender ao interesse público, independentemente das boas intenções do agente. Infelizmente, é sob esse prisma que o sistema judiciário brasileiro se encontra.[632]

---

vel em: <https://www.conjur.com.br/2019-jun-22/diario-classe-robespierre-lava-jato-quem-ira-salvar-direito-virtuosos> Acesso em: 25 jun. 2019.

629 SANCHÍS, Luis Prieto. *Constitucionalismo y positivismo*. 2. ed. México: Fontamara, 1999, p. 62.

630 MORAIS, José Luis Bolzan de; BRUM, Guilherme Valle. Estado Social, legitimidade democrática e o controle de políticas públicas pelo Supremo Tribunal Federal. *A&C – Revista de Direito Administrativo & Constitucional*, Belo Horizonte, ano 16, n. 63, pp. 107-136, jan./mar. 2016.

631 ARGUELHES, Diego Werneck. *Ligações Perigosas*. *Jota*. Disponível em: <http://jota.info/ligacoes-perigosas>. Acesso em: 11 jun. 2019.

632 SERRANO, Pedro Estevam Alves Pinto. *A Justiça na Sociedade do Espetáculo*. São Paulo: Alameda, 2015, p. 237.

Mais recentemente, o Judiciário foi além e se deu o direito de "firmar um pacto político". Os três poderes da Federação – Executivo, Legislativo e Judiciário – entenderam por bem tratar sobre a firmação do chamado "Pacto pelo Brasil",[633] passando ao largo dos princípios e normas que regem a Constituição Federal de 1988, que exigem independência e neutralidade política por parte do Poder Judiciário.

O Pacto foi aplaudido por grande parte da população e pela mídia em geral.[634] A comunidade jurídica, no entanto, reagiu de forma controvertida.[635]

A opinião pública, fundada em uma perigosa "moral social", tende a cobrar do Poder Judiciário uma função que não lhe é pertinente. A falta de respaldo constitucional e o perigo institucional são evidentes, mas parte da *intelligentsia* e do *establishment* embarcaram na onda ativista moralizante, seja pela defesa de seus interesses, seja de suas paixões. Certa feita advertiu Luís P. Sanchís que "*cuando repasamos los numerosísimos ejemplos de injusticias notorias y prolongadas que ofrece la historia, resulta que tales injusticias encontraban respaldo tanto en el Derecho como en la moral social de la época (esclavismo, intolerancia re-*

---

633 Até o fechamento deste artigo, em 30 de junho de 2019, o Pacto entre os três poderes ainda não havia sido firmado, permanecendo em discussão política.

634 A título de exemplo, algumas matérias favoráveis ao "Pacto pelo Brasil": PACTO entre os Poderes para destravar o Brasil. *Jornal do Comércio.* Disponível em: <https://www.jornaldocomercio.com/_conteudo/opiniao/2019/05/686641-pacto-entre-os-poderes-para-destravar-o-brasil.html> Acesso em: 23 jun. 2019; CHEFES dos três Poderes assinarão pacto por retomada do crescimento. *Jornal Gazeta do Povo.* Disponível em: < https://www.gazetadopovo.com.br/republica/chefes-dos-tres-poderes-assinarao-pacto-por-retomada-do-crescimento/> Acesso em: 23 jun. 2019; SUPREMO TRIBUNAL FEDERAL. Pacto Republicano: parceria entre os Três Poderes a serviço da democracia. Disponível em: < http://www2.stf.jus.br/portalStfInternacional/cms/verConteudo.php?sigla=portalStfDestaque_pt_br&idConteudo=173547 https://brasil.elpais.com/brasil/2018/11/18/opinion/1542540844_607022.html> Acesso em: 23 jun. 2019.

635 A título de exemplo, algumas matérias contrárias ao "Pacto pelo Brasil": PACTO entre Poderes só em defesa da Constituição. *Jornal O Povo.* Disponível em: < https://www.opovo.com.br/blogsecolunas/editorial/2019/05/29/pacto-entre-poderes--so-em-defesa-da-constituicao.html> Acesso em: 23 jun. 2019; DAOUD, Miguel. STF não deveria participar de pacto entre poderes. *Uol.* Disponível em: < https://blogs.canalrural.uol.com.br/blogdodaoud/2019/05/30/daoud-stf-nao-deveria-participar-de-pacto-entre-os-poderes/> Acesso em: 23 jun. 2019; GULLINO, Daniel. Associação de juízes critica Toffoli por concordar com 'pacto' que inclui reforma da Previdência. *Jornal O Globo.* Disponível em: <https://oglobo.globo.com/brasil/associacao-de-juizes-critica-toffoli-por-concordar-com-pacto-que-inclui-reforma-da-previdencia-23702583> Acesso em: 23 jun. 2019; NÊUMANNE, José. Sem pacto, por favor. *Jornal Estadão.* Disponível em: <https://politica.estadao.com.br/blogs/neumanne/sem-pacto-por-favor/> Acesso em: 23 jun. 2019.

ligiosa, pureza de la raza...)".[636] Nunca foi tão fácil compreender o sentido das palavras do autor quanto no momento brasileiro atual.

2. O pacto dos três poderes

Não é a primeira vez na história recente do Brasil que os três poderes - Executivo, Legislativo e Judiciário - firmam um pacto. Em 2004, o ministro Nelson Jobim assinou o primeiro pacto da espécie;[637] em 2009, o ministro Gilmar Mendes;[638] e em 2011, o ministro Cezar Peluso.[639] Mas o pacto proposto pelo ministro Toffoli tem gerado um conjunto mais significativo de críticas, por parte de seus colegas ministros, de associações de magistrados e, inclusive, do Parlamento.[640] O intitulado "Pacto pelo Brasil", anunciado logo após as manifestações de 26 de maio de 2019,[641] possui uma diferença central em relação aos anteriores: não apresenta temas relacionados necessariamente ao Poder Judiciário. O que se sabe sobre o referido pacto, *a priori*,

636 SANCHÍS, Luís Prieto. *Constitucionalismo* y..., 1999. p. 80.

637 O primeiro pacto foi firmado por Lula, Nelson Jobim, José Sarney e João Paulo Cunha, com o objetivo de tornar o judiciário "mais rápido e republicano", oportunidade em que foi criada a repercussão geral dos processos judiciais. Além disso, houve, ainda: investimento nas Defensorias Públicas, incentivo aos juizados itinerantes, melhorias do sistema de execução fiscal, estudo para a solução de precatórios, criação de um banco de dados a respeito das violações graves aos direitos humanos, investimento na informatização da justiça, incentivo à aplicação de penas alternativas. RECONDO, Felipe; COURA, Kalleo. Pacto de Toffoli e Bolsonaro não é novo, mas é diferente dos firmados no passado. *Jota*. Disponível em: <https://www.jota.info/stf/do-supremo/pacto-de-toffoli-e-bolsonaro-nao-e-novo-mas-e-diferente-dos-firmados-no-passado-31052019>. Acesso em: 09 jun. 2019.

638 O segundo pacto foi firmado por Lula, Gilmar Mendes, José Sarney e Michel Temer, com o objetivo de tornar o Judiciário mais "acessível, ágil e efetivo", uniformizando-se os procedimentos de julgamentos cíveis, com três frentes de trabalho: a proteção dos direitos humanos e fundamentais, a agilidade da prestação jurisdicional e o acesso universal à justiça. RECONDO, Felipe; COURA, Kalleo. Pacto de Toffoli e Bolsonaro não é novo. 2019.

639 O terceiro, em verdade, foi uma tentativa de pacto que não vingou, visto que não houve um acordo com os outros poderes. De qualquer sorte, a proposta tratava da simplificação dos procedimentos processuais e a ampliação das competências dos tribunais de segunda instância. RECONDO, Felipe; COURA, Kalleo. Pacto de Toffoli e Bolsonaro não é novo... 2019.

640 RECONDO, Felipe; COURA, Kalleo. Pacto de Toffoli e Bolsonaro não é novo. 2019.

641 As manifestações de 26 de maio de 2019 foram um movimento em defesa de uma pauta e de uma agenda de governo, objetivando demonstrar apoio à reforma da previdência, ao pacote anticrime do Ministro Sérgio Moro, à aprovação da medida provisória 870, à continuidade da Operação Lava Jato e à obrigatoriedade de voto nominal no Congresso.

diz respeito às cinco diretrizes genéricas que o orientam: a reforma da Previdência, a reforma tributária, o pacto federativo, a segurança pública e a desburocratização.[642]

A participação do Supremo Tribunal Federal em um pacto de governabilidade – que não tem nenhuma pauta judiciária – reforça a ideia moralista enfrentada pelo Direito e pela própria democracia. Além disso, fica em destaque a prevalência da "moral social". Não pode ser apenas uma coincidência que o pacto discutido tenha sido anunciado poucos dias depois das manifestações pró-governo.

Não se olvida que faz parte da vida política da República a existência de um acordo de governabilidade celebrado entre o Poder Executivo e o Poder Legislativo, mas a participação do Poder Judiciário compromete a sua atuação em eventuais e possíveis situações que venham a ser submetidas à sua apreciação futuramente, violando o artigo 2º, da Constituição Federal, que prevê que os Poderes da União são independentes e harmônicos entre si.

Além disso, a evidente crise interna que vive o Supremo Tribunal Federal transparece no momento em que o presidente da casa não faz questão de ouvir os outros ministros e magistrados, dando à sua participação um caráter de ato isolado e sem sentido. Ao revés, o Poder Legislativo promove grandes discussões entre os parlamentares sobre o tema, demonstrando cuidado no trato com o pacto. É no mínimo exótico que o Poder Legislativo esteja tratando o assunto de forma muito mais legítima que o Poder Judiciário.

A Associação dos Juízes Federais do Brasil divulgou uma nota pública demonstrando sua preocupação com o pacto que vem sendo estruturado, especialmente em relação à concordância do ministro presidente do Supremo Tribunal Federal com a reforma da previdência. A nota pública justifica o seu posicionamento ao afirmar que "sendo o STF o guardião da Constituição, dos direitos e garantias fundamentais e da democracia, é possível que alguns temas da reforma da previdência tenham sua constitucionalidade submetida ao julgamento perante a Corte máxima do país". Ao fim da nota, conclui que "isso revela que não se deve assumir publicamente compromissos com uma reforma de tal porte, em respeito à independência e resguardando a imparcialidade do

642 COELHO, Gabriela. Executivo, Legislativo e Judiciário vão firmar pacto por reformas em 10 de junho. 28 mai. 2019. *Conjur.* Disponível em: <https://www.conjur.com.br/2019-mai-28/executivo-legislativo-judiciario-firmar-pacto-reformas> Acesso em: 09 jun. 2019.

Poder Judiciário, cabendo a realização de tais pactos, dentro de um estado democrático, apenas aos atores políticos dos Poderes Executivo e Legislativo".[643]

Há, na contramão, quem louve tal iniciativa, como é o caso da Associação dos Magistrados Brasileiros, que, também em nota pública, justifica o seu apoio à iniciativa. Faz, no início, um retrospecto de todos os pactos entre os três poderes que foram firmados no Brasil anteriormente. Logo em seguida, ressalta a fala do presidente do Supremo Tribunal Federal, que, em sua posse, prometeu a garantia de reformas fundamentais e o aprimoramento do sistema judicial brasileiro. Ademais, destaca que "o Poder Judiciário, da primeira à última instância tem preservada sua independência, para declarar ilegal ou inconstitucional referidas leis (...). A existência de um pacto, resultado da harmonia entre os poderes, não retira de nenhum deles a imparcialidade ou a independência, em especial do Poder Judiciário". Por fim, a nota classifica como cegos deliberados os atuais críticos que aplaudiram os pactos anteriores.[644]

Um erro estrutural e de caráter moralista pode ser apontado da declaração vinda da Associação dos Magistrados do Brasil, uma vez que ao classificar os contrários ao pacto como "cegos deliberados", esqueceu que os outros pactos tinham, efetivamente, uma pauta judiciária, diferente deste novo. Esqueceu ou, melhor, preferiu não ver, dando-se ao luxo de acusar seus antagonistas do vício de que ela mesma padeceu.

A Ordem dos Advogados do Brasil, embora não tenha se manifestado oficialmente por meio de nota pública, teve posição representada pelo seu presidente nacional, que classificou o pacto como louvável, pois:

> [...] em um país que tem um histórico nos últimos cinco anos de divisão, confrontos, conflitos, divergências, as lideranças dos três Poderes estejam dispostas a um sinal de paz e concertação, que não necessariamente precisa se espelhar num documento, mas num primado que até uma criança sabe, o de que precisamos priorizar agora a pauta do crescimento econômico e da retomada do emprego e da renda.[645]

643 ASSOCIAÇÃO dos Juízes Federais do Brasil. *Nota Pública*. Disponível em: <https://www.ajufe.org.br/imprensa/notas-publicas/12526-nota-publica-3> Acesso em: 11 jun. 2019.
644 AMB reforça apoio ao pacto entre os três poderes. *Conjur.* 30 mai. 2019. Disponível em: <https://www.conjur.com.br/2019-mai-30/amb-reforca-apoio-pacto-entre-tres-poderes> Acesso em: 11 jun. 2019.
645 BRAGON, Ranier. Presidente da OAB diz que proposta de pacto vinda de Bolsonaro deve ser louvada *Jornal Folha de São Paulo*. Disponível em: <https://www1.

Essa manifestação da OAB demonstra claramente como o problema brasileiro é mais profundo e não repousa apenas nos agentes do Poder Judiciário. Há uma clara mentalidade pragmática e pós-moderna que permeia as instituições, permitindo que as barreiras formais das normas constitucionais possam ser ultrapassadas com muita facilidade e de forma imponderável. Por óbvio, o Poder Judiciário, mesmo por intermédio do Supremo Tribunal Federal, não está legitimado a agir nas pautas de crescimento econômico e da retomada do emprego e da renda, pois é justamente o órgão que deve manter-se afastado da política para poder julgá-la de forma isenta e objetiva. Não importa quão boa seja a intenção de unir os três poderes, o permissivo constitucional limita a atuação de cada um deles – e é bom que seja assim.

3. *A quebra do princípio democrático*

Além de um elemento legitimador da Constituição, a democracia é um princípio consagrado e tutelado pelo texto constitucional.[646] Em seu primeiro artigo, a Constituição estabelece literalmente que a República Federativa do Brasil é constituída através do Estado Democrático de Direito. Uma das consequências dessa escolha constituinte é que a democracia, em sendo um princípio constitucional, "informa a compreensão, a produção e a aplicação do Direito positivo. É norma de natureza estruturante de toda a ordem jurídica, que fundamenta a organização do poder, orientando e limitando as formas em que pode, legitimamente, ser exercido".[647]

A importância do princípio democrático na Constituição de 1988 é evidente, pois tende a afastar propostas políticas arbitrárias (típicas dos momentos ditatoriais, tão comuns na história brasileira). Ocorre que apesar da teoria extraível do ordenamento positivo, a democracia, no plano da realidade brasilei-

folha.uol.com.br/poder/2019/05/presidente-da-oab-diz-que-proposta-de-pacto-vinda--de-bolsonaro-deve-ser-louvada.shtml> Acesso em: 11 jun. 2019.

646 Marcus Vinícius Furtado Coelho complementa a frase dizendo que "A intensa participação dos mais variados setores da sociedade no processo constituinte por meio de apresentação das emendas populares é elemento legitimador da Carta Constitucional produzida". COELHO, Marcus Vinícius Furtado. O princípio constitucional democrático e os 50 anos do AI-5. *Conjur.* 09 dez. 2018. Disponível em: <https://www.conjur.com.br/2018-dez-09/constituicao-principio-constitucional-democratico--50-anos-ai> Acesso em: 11 jun. 2019.

647 COELHO, Marcus Vinícius Furtado. O princípio constitucional democrático..2019.

ra, vive em um constante processo de amadurecimento, com alguns avanços e, nos últimos tempos, importantes retrocessos. Trata-se de uma democracia em constante estado de vertigem, como bem definiu a cineasta Petra Costa.[648]

Em momentos de crise, há aqueles que clamam pela volta de um governo ditatorial, sob a justificativa de que isso traria ordem e disciplina. Esquecem, no entanto, que quando o país experimentou essa solução da última vez, ficou submerso numa ditadura que durou 21 anos e que custou ao povo brasileiro os seus direitos civis, políticos e sociais, nem entrando no mérito da integridade física e do direito à vida.[649] Ademais, o período culminou numa crise econômica extremamente séria.[650]

Mas não somente em ditaduras formais é possível que o Direito seja substituído pelo poder arbitrário. O Brasil vive um constante Estado de Exceção, em que a ordem constitucional é muito facilmente deixada de lado, dando vez a medidas excepcionais que não se coadunam com a ordem jurídica estabelecida.[651] Pedro Serrano fala em "medidas de exceção no interior da democracia", revelando que essas medidas se assemelham ao que aconteceu no nazismo e no fascismo no plano estrutural, na medida em que eles se valiam de "formas democráticas para praticar o autoritarismo por meio de medidas específicas, precisas, com objetivos e inimigos demarcados".

Giorgio Agamben, em sua obra *Estado de E*xceção, alertou que "as medidas excepcionais encontram-se na situação paradoxal de medidas jurídicas que não podem ser compreendidas no plano do Direito, e que o Estado de Exceção apresenta-se como a forma legal daquilo que não pode ter forma legal".[652] Carl Schmitt discorreu sobre o tema da "quebra da Constituição" em seu livro *Teoria da Constituição*, descrevendo que, nesse caso, diferente, mas muito próximo de um Estado de Exceção, as prescrições constitucionais são deixadas de lado em alguns casos, inalteradas para outros, não havendo o que se falar em supressão

---

648 DEMOCRACIA em vertigem. Direção: Petra Costa, Produção: Joanna Natasegara, Shane Boris, Tiago Pavan. Brasil: Netflix, 2019.
649 COELHO, Marcus Vinícius Furtado. O princípio constitucional democrático..., 2019.
650 BARRUCHO, Luis. 50 anos do AI-5: Os números por trás do 'milagre econômico' da ditadura no Brasil. 13 dez. 2018. *BBC*. Disponível em: < https://www.bbc.com/portuguese/brasil-45960213> Acesso em: 23 jun. 2019.
651 SERRANO, Pedro Estevam Alves Pinto. Não há imoralidade maior do que a degradação de direitos. *Conjur.* Disponível em: <https://www.conjur.com.br/2017-dez-11/pedro-serrano-nao-imoralidade-maior-vulnerar-direitos> Acesso em: 25 jun. 2019.
652 AGAMBEN, Giorgio. *Estado de Exceção*. Tradução de Iraci D. Poleti. São Paulo: Boitempo, 2004, p. 94.

ou suspensão.[653] A intensidade que os diferencia é a linha tênue que divide o Brasil. A exemplo do pacto, citado no item anterior – que viola o artigo 2º da Constituição Federal e o princípio democrático – a cada vez que a Constituição é deixada de lado, a democracia é inserida de pouco em pouco em um desses dois conceitos.

O Direito constitucional funciona como um estabilizador político. Do contrário, se a Constituição se torna um elemento da política, perde-se a distinção entre o que é um sistema político e o que é um sistema jurídico. Situação esta que corrói o sistema republicano e democrático "uma vez que a própria segurança jurídica deixa de ser um argumento externo e ingressa no campo político dos embates partidários, tornando-se um simulacro mais que um argumento".[654] A quebra do Direito gera instabilidade jurídica e institucional impedindo que o país possa desenvolver-se e permitindo que avancem teses e comportamentos autoritários.

É obviamente inadequada à racionalidade típica do Estado de Direito a crença em um poder que exerça uma força salvacionista; um poder que conseguirá, de uma vez por todas, pôr fim às desigualdades sociais, à corrupção sistêmica ou qualquer outro problema que venha a ser enfrentado. A democracia não compactua com fórmulas mágicas, tampouco deve corresponder de forma plebiscitária aos sentimentos voláteis da sociedade. Paixões e interesses necessitam ser democraticamente filtrados pelo sistema institucional típico do Estado de Direito para que realmente a democracia seja reconhecida como tal. Não existe democracia sem constitucionalismo e vice-versa.

É inadmissível a flexibilização do Estado Democrático de Direito sob a justificativa de "combate um mal maior". O mal é o Estado de Exceção, é a quebra da Constituição, é a relativização da democracia. Não há uma exceção que justifique o abandono dos princípios republicanos fundamentais (entre os quais está a separação de poderes e a necessária neutralidade judicial).[655] Mesmo a crise vivenciada pelo Brasil nesta segunda década do século XXI "não é motivo para a violação do Estado de Direito. Não é motivo para desrespeito à Constituição da República".[656]

653 SCHMITT, Carl. *Teoría de la Constitución*. Tradução de Francisco Ayala. Madrid: Alianza, 2009, pp. 115-116.
654 MARTINS, Argemiro. Quebra da Constituição e riscos da democracia brasileira. *Jota*. Disponível em: <https://www.jota.info/opiniao-e-analise/artigos/quebra--da-constituicao-e-os-riscos-da-democracia-brasileira-11092016> Acesso em: 11 jun.2019.
655 Idem.
656 AIETA, Vânia Siciliano. *Criminalização da politica: a falácia da "judicialização*

Os sistemas constitucionais, assim como o do Brasil, são concebidos como formas de controle do exercício de poder. Dessa forma, há, portanto, uma forte ligação entre o Direito e o Poder, sendo que a referência deste último é a produção e aplicação das normas jurídicas.[657] Sob essa perspectiva, Tércio Sampaio defende que "a ideia de que o sistema constitucional exige uma prática de controle dos princípios constitucionais pressupõe, no interior do sistema, uma instância politicamente neutra e efetivamente contida – o Judiciário".[658]

Por isso, a Constituição Federal, ao tratar das funções estatais, previu o exercício de três poderes, considerados como instituições independentes e harmônicas entre si. O título que trata da organização dos poderes, em relação ao Poder Judiciário, diz respeito, na seção II, em seu artigo 102, à competência inerente ao Supremo Tribunal Federal, de guardião da Constituição. Essa separação dos três poderes conferiu ao Supremo Tribunal Federal um lugar peculiar e de certo ponto privilegiado; vez que não é eleito pelo povo, não pode ser cobrado pelos eleitores.[659]

Nos últimos anos, o Brasil tem visto uma crescente crise política e uma constante erosão de direitos que deram a oportunidade ao Supremo Tribunal Federal de cumprir com as suas competências constitucionalmente previstas, porém, o que aconteceu, foi exatamente o oposto. A desorganização e o despreparo frente aos desafios da realidade fizeram com que a mais alta corte do país respondesse aos problemas como se fosse uma autêntica panaceia, corroendo a sua pretensão de legitimidade jurídica no anseio por adquirir legitimidade política.[660]

Com efeito, o tribunal passou a ser alvo de críticas, tornando-se um verdadeiro partícipe da crise, visto que as suas pautas são governadas pelo voluntarismo incontinente de seus membros, com um superpoder individualizado que não lhes pertence de fato. De consequência, o Supremo Tribunal Federal acaba sendo visto como adversário da população e aliado dos mais diversos atores po-

---

da política" como instrumento democrático. Rio de Janeiro: Lumen Juris, 2017, p. 107.

657 BOBBIO, Norberto. Teoria Geral da Política: *A Filosofia da Política nas lições dos clássicos*. Rio de Janeiro: Elsevier, 2000 p. 238.

658 FERRAZ JÚNIOR, Tércio Sampaio. *Um Tribunal Constitucional para o país*. 23 mai. 1987. Folha de São Paulo.

659 Dworkin argumenta que um sistema que dá grande poder político aos juízes parece ofensivo ao princípio de que em uma democracia os agentes são escolhidos pelo povo e respondem ao povo. DWORKIN, Ronald. *Equality, Democracy, and Constitution*. Alberta Law Review, n. XXVIII, 1989-1990, pp. 324-346.

660 Idem.

líticos.[661] O paradoxo é evidente: quanto mais os ministros querem "agradar" a opinião popular, mais se tornam impopulares, pois não dão conta da multiplicidade dos anseios típicos da sociedade política. Nas palavras de Conrado Hübner Mendes, "é um tribunal que se autorregula e não responde a ninguém",[662] abdicando de seu papel constitucional e atacando a democracia.[663]

Pedro Serrano, ao lecionar a respeito da competência do Supremo Tribunal Federal dentro da federação brasileira, entende que a ele cabe o controle da impossibilidade de violação aos preceitos fundamentais, sob a avaliação de ações judiciais que possam vir a manifestar divergências constitucionais e, ainda, decide sobre as inconstitucionalidades suscitadas por meio de ações respectivamente cabíveis.[664] Essa é sua esfera precípua de atuação. Há muito se sabe que democracia não é – somente – a maioria; o majoritarismo pode ser antidemocrático.[665] Por isso o Direito posto muitas vezes serve de limite à vontade popular. Aqui vale a máxima de Lênio Streck: "o supremo não precisa salvar o mundo; basta respeitar o Direito".[666]

Por certo, "nem só de decisões populares vive uma Corte Constitucional".[667] Quando o Supremo Tribunal Federal decide contrariamente à vontade popular, são normais os questionamentos com relação à legitimidade democrática de suas decisões, mas isso é perfeitamente adequado ao sistema institucional típico do Estado de Direito.[668] O que não se pode aceitar são as justificações

---

661 Idem.
662 MENDES, Conrado Hübner. Na prática, os ministros do STF agridem a democracia. 28 jan. 2018. *Jornal Folha de São Paulo*. Disponível em: <https://www1.folha.uol.com.br/ilustrissima/2018/01/1953534-em-espiral-de-autodegradacao-stf-virou-poder-tensionador-diz-professor.shtml> Acesso em: 05 jun. 2019.
663 Idem.
664 SERRANO, Pedro Estevam Alves Pinto. *O regime constitucional da região metropolitana*. São Paulo, 2009. 271 f. Tese (Doutorado em Direito Constitucional) – Pontifícia Universidade Católica de São Paulo. Disponível em: <http://www.dominiopublico.gov.br/download/teste/arqs/cp106991.pdf> Acesso em: 05 jun. 2019.
665 STRECK, Lênio. Supremo não precisa salvar o mundo; basta respeitar o direito. *Conjur*. Disponível em <https://www.conjur.com.br/2019-abr-11/senso-incomum-supremo-nao-salvar-mundo-basta-respeitar-direito> Acesso em: 05 jun. 2019.
666 Idem.
667 MELLO, Patrícia Perrone Campos. *Nos bastidores do Supremo Tribunal Federal*. Rio de Janeiro: Forense, 2015. p. 377.
668 PEREIRA, Ana Lucia Pretto. Supremo Tribunal Federal: tribunal contramajoritário? *Jornal Gazeta do Povo*. Disponível em: <https://www.gazetadopovo.com.br/opiniao/artigos/supremo-tribunal-federal-um-tribunal-contramajoritario-aneik0jrr-6vhq584sptxrmq0w/> Acesso em: 28 jun. 2019.

judiciais permeadas por argumentos político-utilitaristas que visam decidir "o que é bom ou mal" para as pessoas.[669]

Os acontecimentos históricos ao redor do mundo demonstram que nem sempre a vontade da maioria ou a oitiva descompromissada da "opinião popular" é o melhor caminho, a exemplo do apoio popular que o governo nazista recebeu.[670] Miguel Reale, nesse sentido, afirma que "a opinião da maioria não traduz, de forma alguma, a certeza ou a verdade no mundo das estimativas".[671] Quando o Judiciário faz política, torna-se difícil não recair em um "populismo judicial".[672]

O Poder Judiciário, dentro de suas funções, está apto a corrigir as decisões dos poderes democraticamente legitimados se houver contrariedade a algum perceptivo da Constituição Federal. O respeito à força normativa constitucional é fundamental para que se resolvam casos concretos, por isso se fala em um componente contramajoritário ligado ao Supremo Tribunal Federal – "em defesa do determinado pela norma constitucional, eventualmente podem afastar decisões tomadas pela maioria democraticamente manifestada".[673] É por meio da sua função contramajoritária que o Supremo Tribunal Federal serve como um protetor em face da vontade da maioria ou, pelo menos, deveria servir. No sistema jurídico-constitucional brasileiro, a própria Constituição Federal, em seu artigo 5º, inciso XXXV, dispõe que "a lei não excluirá da apreciação do Poder Judiciário lesão ou ameaça a direito", atribuindo ao Poder Judiciário, claramente, a competência para revisar, de forma ampla, o conteúdo de leis e atos normativos, isto é, a Constituição Federal cria uma contenção visando evitar a imposição majoritária a qualquer custo.

Dentro de um sistema racional de supremacia constitucional,[674] deve-se ter em conta que os valores que devem pautar a atuação dos agentes públicos –

---

669 VINCI, Luciana Vieira Dallaqua; VINCI JÚNIOR, Wilson José. A função contramajoritária dos direitos fundamentais. *Conjur.* Disponível em: <https://www.conjur.com.br/2015-abr-27/mp-debate-funcao-contramajoritaria-direitos-fundamentais> Acesso em: 25 jun. 2019.

670 RÜDIGER, F. Eugen Hadamovsky e a teoria da propaganda totalitária na Alemanha nazista. *Galaxia* (São Paulo, Online), n. 27, pp. 48-60, jun. 2014.

671 REALE, Miguel. *Filosofia do Direito*. São Paulo: Saraiva, 2015, p. 197.

672 SALGADO, Eneida Desiree. Populismo judicial, moralismo e o desprezo à Constituição: a democracia entre velhos e novos inimigos. *Revista Brasileira de Estudos Políticos*, Belo Horizonte, n. 117, pp. 193-217, jul./dez. 2018.

673 SALGADO, Eneida Desiree. Populismo judicial, moralismo e o desprezo à Constituição: a democracia entre velhos e novos inimigos. *Revista Brasileira...*, 2018.

674 Para Eneida Desiree Salgado, a democracia constitucional – à qual, por força de decisão constituinte, estamos vinculados – é "aquele regime (ou forma de governo) em que o exercício do poder de decisão coletiva (fundado na atribuição de direitos

inclusive dos particulares – são aqueles que estão constitucionalmente previstos.[675] Não há espaço para o moralismo político, sendo que a única moral que pode ser levada em consideração é aquela objetivamente prevista na Constituição Federal. Dessa forma, "a sensibilidade para o sentimento popular e a missão de proferir decisões contramojoritárias constituem dois aspectos do processo decisório do Tribunal em permanente tensão".[676]

Em pleno século XXI, ainda se discute a respeito da efetivação de direitos fundamentais, não se imaginando que, com o Poder Judiciário apto a garantir referida efetividade e a cumprir a Constituição, haveria de se falar sobre ameaça a esses direitos, como a liberdade de expressão, a liberdade de manifestação, a liberdade de cátedra, entre outros.[677] O medo em relação ao Poder Judiciário de "atuar na desconsideração da Constituição, do desprezo às cláusulas pétreas, na assunção de um discurso moralista que despreza direitos políticos, prerrogativas parlamentares e a separação de poderes",[678] nunca foi tão real.

Existe um risco enorme para a democracia em aceitar que o Supremo Tribunal Federal possa, através de suas interpretações, adotar soluções mais restritivas à esfera jurídica do indivíduo do que aquela que o próprio constituinte previu, através de dispositivos expressos, que protegem os direitos fundamentais. [679] Os argumentos fáticos têm sido levados mais em conta do que os fundamentos jurídico-constitucionais, passando a guiar a hermenêutica constitucional da Corte, desviando-se de sua função maior, de guardiã da Constituição, ainda

políticos a todos os membros adultos da coletividade) se encontra formal e materialmente limitado". E essas decisões coletivas são o parâmetro para a atuação dos poderes constituídos, submetidos à e domesticados pela Constituição e democracia. SALGADO, Eneida Desiree. Populismo judicial, moralismo e o desprezo à Constituição: a democracia entre velhos e novos inimigos. *Revista Brasileira...,* 2018.

675 SALGADO, Eneida Desiree. Populismo judicial, moralismo e o desprezo à Constituição: a democracia entre velhos e novos inimigos. *Revista Brasileira...,* 2018.

676 MELLO, Patrícia Perrone Campos. *Nos bastidores do Supremo...,* 2015. p. 334.

677 SALGADO, Eneida Desiree. Populismo judicial, moralismo e o desprezo à Constituição: a democracia entre velhos e novos inimigos. *Revista Brasileira...,* 2018.

678 Idem.

679 Daniel Hachem trata do tema ao analisar o julgamento do Habeas Corpus 126.292, do Plenário do Supremo Tribunal Federal que decidiu, por 7 votos a 4, que é possível iniciar a execução de uma sentença penal condenatória após a confirmação da condenação em segundo grau, sem que se atentasse para o princípio da presunção de inocência previsto no artigo 5º, inciso LVII da Constituição Federal. HACHEM, Daniel Wunder. *Sepultamento da presunção de inocência pelo STF (e os funerais do Estado Democrático de Direito).* Disponível em: <http://www.direitodoestado.com.br/colunistas/daniel-wunder-hachem/sepultamento-da-presuncao-de-inocencia-pelo-stf-e-os-funerais-do-estado-democratico-de-direito> Acesso em: 30 jun. 2019.

que contra a vontade da maioria. Que se dirá, então, de sua atuação política na firmação de pactos governamentais?

O Brasil tem atravessado, nos últimos anos, um momento em que o Direito, especialmente através do Poder Judiciário, é um dos principais influenciadores da política e das relações em geral, ao decidir, ao legislar – mesmo sem autorização constitucional –, ao restringir direitos, causando uma quebra democrática sem precedentes – pelo menos partindo desse Poder Judiciário. Georghio Tomelin assevera que ao assumir essa posição proeminente, "em um país com o epíteto da República dos Bacharéis, a capacidade ordenante dos juristas pode assumir proporções alarmantes".[680]

Seria desrespeitoso acreditar que o Poder Judiciário, através dos seus juízes representantes, aceitaria ser desqualificado dentro do meio jurídico ao decidir causas de grande comoção popular de maneira a agradar certa parcela da população ou dos meios de comunicação, passando ao largo do que se entende por justiça constitucional, que seria aquela que respeita, na literalidade a Constituição. Não se pode tolerar a imparcialidade justificada por preferências políticas, simpatias ou antipatias ideológicas e pessoais, devendo prevalecer, sempre, a imparcialidade absoluta e a independência completa de tudo aquilo que não está presente nos autos de um processo.[681]

Não se pode admitir que os moralismos provoquem uma atuação estratégica das decisões proferidas pelos membros do Supremo Tribunal Federal, fazendo com que os entendimentos proferidos objetivem, em primeiro lugar, "evitar ou minimizar reações negativas da sociedade",[682] não é essa a função do Corte. Muito menos o STF tem função de governo. Do contrário, o que se busca dele é a melhor interpretação judicial, que será refletida na decisão que o intérprete julgador fará, com discrição e deferência às demais funções da República.[683]

680 TOMELIN, Georghio. *O Estado Jurislador*. Belo Horizonte: Fórum, 2018. p. 31.
681 BANDEIRA DE MELLO, Celso Antônio. Supremo só deve condenar quem tiver provas contra si. *Conjur.* Disponível em: <https://www.conjur.com.br/2012-ago-13/bandeira-mello-stf-condenar-quem-tiver-provas-si> Acesso em: 01 jul. 2019.
682 MELLO, Patrícia Perrone Campos. *Nos bastidores do Supremo...*, 2015. pp. 335-336.
683 A autora destaca que existe uma grande diferença entre decisão e escolha, na medida em que o intérprete não é constitucionalmente autorizado a apresentar uma solução entre os diversos vetores possíveis baseando-se em axiomas subjetivos. Tal situação estaria adstrita à "subjetivismos do intérprete e eivado de pragmatismos circunstanciais, não vinculando o julgador nem à tradição jurídica nem tampouco à concretização dessa decisão para efeitos futuros, perfazendo-se tão somente como um ato individual e discricionário". AIETA, Vânia Siciliano. *Criminalização da politica: a*

O Poder Judiciário, dentro da competência que lhe é conferida constitucionalmente, tem que utilizá-la "como motivo de cautela e responsabilidade, não como fonte de arroubos autoritários".[684]

Diante da conjuntura atual, em que todos querem ser protagonistas, surgem dúvidas sobre qual é a efetiva função do Supremo Tribunal Federal. As decisões tomadas, inclusive administrativas, especialmente sobre o pacto, não têm obedecido, nem de longe, a Constituição. Deve ser vista sempre com desconfiança a ação levada a efeito por autoridades que se autoatribuem competências que não lhe são dadas pelo sistema positivo. Firmar "pactos políticos" é mais uma das faculdades que o STF vem conferindo a si mesmo, sem dar explicações sobre a origem de tal poder.

A missão institucional da Corte Suprema, alterada em 2017, parece não condizer com a realidade, mas remanesce como "dever ser" e precisa ser rememorada:

> *Missão:* Compete ao Supremo Tribunal Federal, nos termos constitucionalmente definidos, a guarda da Constituição, sendo sua responsabilidade institucional defender e preservar a Democracia e garantir a concretização dos princípios da República e o respeito à Federação. Em última instância judicial, a ele incumbe assegurar a efetividade dos direitos fundamentais, tornando intangível a dignidade da pessoa humana, na forma posta na ordem jurídica interna e nos pactos internacionais aos quais tenha aderido o Brasil, impedindo qualquer forma de indevida pressão ou inaceitável opressão estatal ou particular que impeça, dificulte ou anule a integridade dos direitos constitucionais das pessoas.[685]

A interpretação constitucional dessa missão deve implicar o afastamento da política. Em uma das indagações mais conhecidas de Maquiavel, do livro *O Príncipe*, ele pergunta se é melhor ser amado ou ser temido, tendo como resposta para tal demanda: "(...) bem, a primeira alternativa é a ideal, sobretudo quando está associado ao respeito por parte dos súditos. Mas ser temido é mais seguro, ainda mais um príncipe novo, que não pode seguir todos os preceitos

---

falácia da "judicialização da política"..., 2017, p. 53.

684 SERRANO, Pedro Estevam Alves Pinto. A invasão da política pelo Direito. *Carta Capital.* Disponível em: <https://www.viomundo.com.br/politica/pedro-serrano-a-invasao-da-politica-pelo-direito.html> Acesso em: 25 jun. 2019.

685 LUCHETE, Felipe. Cármen Lúcia altera "missão" e visão estratégica" do Supremo. *Conjur*. Disponível em: <https://www.conjur.com.br/2017-jan-27/carmen-lucia-altera-missao-visao-estrategica-supremo> Acesso em 11 jun. 2019.

a que são obrigados os homens considerados de bem. Deve-se saber enveredar pela trilha do mal, (...), ainda que sem esquecer de manter as aparências".[686] Esse é um conselho para quem governa. Jamais deveria ser uma preocupação de quem julga, ao menos nas democracias modernas.

686 MAQUIAVEL, Nicolau. *O Príncipe.* São Paulo: Penguin Classics Companhia das Letras, 2010, p. 103.

5. Referências

AGAMBEN, Giorgio. *Estado de Exceção*. Tradução de Iraci D. Poleti. São Paulo: Boitempo, 2004.

AIETA, Vânia Siciliano. *Criminalização da política: a falácia da "judicialização da política" como instrumento democrático.* Rio de Janeiro: Lumen Juris, 2017.

AMB reforça apoio ao pacto entre os três poderes. *Conjur.* 30 mai. 2019. Disponível em: <https://www.conjur.com.br/2019-mai-30/amb-reforca-apoio-pacto--entre-tres-poderes> Acesso em: 11 jun. 2019.

ARGUELHES, Diego Werneck. Ligações perigosas. *Jota*. Disponível em: <http://jota.info/ligacoes-perigosas>. Acesso em: 11 jun. 2019.

ASSOCIAÇÃO DOS JUÍZES FEDERAIS DO BRASIL. *Nota Pública*. Disponível em: <https://www.ajufe.org.br/imprensa/notas-publicas/12526-nota-publica-3> Acesso em: 11 jun. 2019.

BANDEIRA DE MELLO, Celso Antônio. Supremo só deve condenar quem tiver provas contra si. *Conjur.* Disponível em: < https://www.conjur.com.br/2012-ago-13/bandeira-mello-stf-condenar-quem-tiver-provas-si> Acesso em: 01 jul. 2019.

BARRUCHO, Luis. 50 anos do AI-5: Os números por trás do 'milagre econômico' da ditadura no Brasil. 13 dez. 2018. *BBC.* Disponível em: < https://www.bbc.com/portuguese/brasil-45960213> Acesso em: 23 jun. 2019.

BRAGON, Ranier. Presidente da OAB diz que proposta de pacto vinda de Bolsonaro deve ser louvada *Jornal Folha de São Paulo.* Disponível em: <https://www1.folha.uol.com.br/poder/2019/05/presidente-da-oab-diz-que-proposta-de-pacto-vinda-de-bolsonaro-deve-ser-louvada.shtml> Acesso em: 11 jun. 2019.

BOBBIO, Norberto. *Teoria Geral da* Política: *A Filosofia da Política nas lições dos clássicos.* Rio de Janeiro: Elsevier, 2000.

CHEFES dos três Poderes assinarão pacto por retomada do crescimento. *Jornal Gazeta do Povo.* Disponível em: < https://www.gazetadopovo.com.br/republica/chefes-dos-tres-poderes-assinarao-pacto-por-retomada-do-crescimento/> Acesso em: 23 jun. 2019.

COELHO, Gabriela. Executivo, Legislativo e Judiciário vão firmar pacto por reformas em 10 de junho. 28 mai. 2019. *Conjur.* Disponível em: <https://www.conjur.com.br/2019-mai-28/executivo-legislativo-judiciario-firmar-pacto-re-

formas> Acesso em: 09 jun. 2019.

COELHO, Marcus Vinícius Furtado. O princípio constitucional democrático e os 50 anos do AI-5. *Conjur.* 09 dez. 2018. Disponível em: <https://www.conjur.com.br/2018-dez-09/constituicao-principio-constitucional-democratico-50-anos-ai> Acesso em: 11 jun. 2019.

DAOUD, Miguel. STF não deveria participar de pacto entre poderes. *Uol.* Disponível em: <https://blogs.canalrural.uol.com.br/blogdodaoud/2019/05/30/daoud-stf-nao-deveria-participar-de-pacto-entre-os-poderes/> Acesso em: 23 jun. 2019.

DEMOCRACIA em vertigem. Direção: Petra Costa, Produção: Joanna Natasegara, Shane Boris, Tiago Pavan. Brasil: Netflix, 2019.

DWORKIN, Ronald. *Equality, Democracy, and Constitution.* Alberta Law Review, n. XXVIII, 1989-1990.

FERRAZ JÙNIOR, Tércio Sampaio. *Um Tribunal Constitucional para o país.* 23 mai. 1987. Folha de São Paulo.

GABARDO, Emerson. Os perigos do moralismo político e a necessidade de defesa do direito posto na Constituição da República de 1988. *A&C – Revista de Direito Administrativo & Constitucional,* Belo Horizonte, ano 17, n. 70, pp. 65-91, out./dez. 2017.

GULLINO, Daniel. Associação de juízes critica Toffoli por concordar com 'pacto' que inclui reforma da Previdência. *Jornal O Globo.* Disponível em: <https://oglobo.globo.com/brasil/associacao-de-juizes-critica-toffoli-por-concordar-com-pacto-que-inclui-reforma-da-previdencia-23702583> Acesso em: 23 jun. 2019.

HACHEM, Daniel Wunder. *Sepultamento da presunção de inocência pelo STF (e os funerais do Estado Democrático de Direito).* Disponível em: <http://www.direitodoestado.com.br/colunistas/daniel-wunder-hachem/sepultamento-da-presuncao-de-inocencia-pelo-stf-e-os-funerais-do-estado-democratico-de-direito> Acesso em: 30 jun. 2019.

LIMA, Danilo Pereira; NEVES, Isadora Ferreira. De Robespierre à "lava jato": quem irá salvar o Direito dos virtuosos? *Conjur.* Disponível em: <https://www.conjur.com.br/2019-jun-22/diario-classe-robespierre-lava-jato-quem-ira-salvar-direito-virtuosos> Acesso em: 25 jun. 2019.

LUCHETE, Felipe. Cármen Lúcia altera "missão" e visão estratégica" do Supremo. *Conjur.* Disponível em: <https://www.conjur.com.br/2017-jan-27/car-

men-lucia-altera-missao-visao-estrategica-supremo> Acesso em: 11 jun. 2019.
MAQUIAVEL, Nicolau. *O Príncipe.* São Paulo: Penguin Classics Companhia das Letras, 2010.
MARTINS, Argemiro. Quebra da Constituição e riscos da democracia brasileira. *Jota*. Disponível em: <https://www.jota.info/opiniao-e-analise/artigos/quebra-da-constituicao-e-os-riscos-da-democracia-brasileira-11092016> Acesso em: 11 jun. 2019.
MELLO, Patrícia Perrone Campos. *Nos bastidores do Supremo Tribunal Federal.* Rio de Janeiro: Forense, 2015.
MENDES, Conrado Hübner. Na prática, os ministros do STF agridem a democracia. 28 jan. 2018. *Jornal Folha de São Paulo*. Disponível em: <https://www1.folha.uol.com.br/ilustrissima/2018/01/1953534-em-espiral-de-auto-degradacao-stf-virou-poder-tensionador-diz-professor.shtml> Acesso em: 05 jun. 2019.
MORAIS, José Luis Bolzan de; BRUM, Guilherme Valle. Estado Social, legitimidade democrática e o controle de políticas públicas pelo Supremo Tribunal Federal. *A&C – Revista de Direito Administrativo & Constitucional*, Belo Horizonte, ano 16, n. 63, p. 107-136, jan./mar. 2016.
NÊUMANNE, José. Sem pacto, por favor. *Jornal Estadão.* Disponível em: <https://politica.estadao.com.br/blogs/neumanne/sem-pacto-por-favor/> Acesso em: 23 jun. 2019.
PACTO entre os Poderes para destravar o Brasil. *Jornal do Comércio.* Disponível em: < https://www.jornaldocomercio.com/_conteudo/opiniao/2019/05/686641-pacto-entre-os-poderes-para-destravar-o-brasil.html> Acesso em: 23 jun. 2019.
PACTO entre Poderes só em defesa da Constituição. *Jornal O Povo.* Disponível em: < https://www.opovo.com.br/blogsecolunas/editorial/2019/05/29/pacto--entre-poderes--so-em-defesa-da-constituicao.html> Acesso em: 23 jun. 2019.
PEREIRA, Ana Lucia Pretto. Supremo Tribunal Federal: tribunal contramajoritário? *Jornal Gazeta do Povo.* Disponível em: <https://www.gazetadopovo.com.br/opiniao/artigos/supremo-tribunal-federal-um-tribunal-contramajoritario--aneik0jrr6vhq584sptxrmq0w/> Acesso em: 28 jun. 2019.
REALE, Miguel. *Filosofia do Direito*. São Paulo: Saraiva, 2015.
RECONDO, Felipe; COURA, Kalleo. Pacto de Toffoli e Bolsonaro não é novo, mas é diferente dos firmados no passado. *Jota*. Disponível em: <https://www.

jota.info/stf/do-supremo/pacto-de-toffoli-e-bolsonaro-nao-e-novo-mas-e-diferente-dos-firmados-no-passado-31052019>. Acesso em: 09 jun. 2019.

RODRÍGUEZ-ARANA MUÑOZ, Jaime. Caracterización constitucional de la ética pública (Especial referencia al marco constitucional español). *Revista de investigações Constitucionais*, Curitiba, vol. 1, n. 1, pp. 67-80, jan./ abr. 2014.

RÜDIGER, F. Eugen Hadamovsky e a teoria da propaganda totalitária na Alemanha nazista. *Galaxia* (São Paulo, Online), n. 27, pp. 48-60, jun. 2014.

SANCHÍS, Luis Prieto. *Constitucionalismo y positivismo*. 2. ed. México: Fontamara, 1999.

SALGADO, Eneida Desiree. Populismo judicial, moralismo e o desprezo à Constituição: a democracia entre velhos e novos inimigos. *Revista Brasileira de Estudos Políticos*, Belo Horizonte, n. 117, pp. 193-217, jul./dez. 2018.

SCHMITT, Carl. *Teoría de la Constitución*. Tradução de Francisco Ayala. Madrid: Alianza, 2009.

SERRANO, Pedro Estevam Alves Pinto. *A Justiça na Sociedade do Espetáculo*. São Paulo: Alameda, 2015.

SERRANO, Pedro Estevam Alves Pinto. Não há imoralidade maior do que a degradação de direitos. *Conjur*. Disponível em: <https://www.conjur.com.br/2017-dez-11/pedro-serrano-nao-imoralidade-maior-vulnerar-direitos> Acesso em: 25 jun. 2019.

SERRANO, Pedro Estevam Alves Pinto. *O Regime Constitucional da Região Metropolitana*. São Paulo, 2009. 271 f. Tese (Doutorado em Direito Constitucional) – Pontifícia Universidade Católica de São Paulo. Disponível em: <http://www.dominiopublico.gov.br/download/teste/arqs/cp106991.pdf> Acesso em: 05 jun. 2019.

SERRANO, Pedro Estevam Alves Pinto. A invasão da política pelo Direito. *Carta Capital*. Disponível em: < https://www.viomundo.com.br/politica/pedro-serrano-a-invasao-da-politica-pelo-direito.html> Acesso em: 25 jun. 2019.

STRECK, Lênio. Supremo não precisa salvar o mundo; basta respeitar o direito. *Conjur*. Disponível em <https://www.conjur.com.br/2019-abr-11/senso-incomum-supremo-nao-salvar-mundo-basta-respeitar-direito> Acesso em: 05 jun. 2019.

SUPREMO TRIBUNAL FEDERAL. Pacto Republicano: parceria entre os Três Poderes a serviço da democracia. Disponível em: < http://www2.stf.jus.br/portalStfInternacional/cms/verConteudo.php?sigla=portalStfDestaque_ pt_br&idConteudo=173547https://brasil.elpais.com/brasil/2018/11/18/opinion/1542540844_607022.html> Acesso em: 23 jun. 2019.

TOMELIN, Georghio. *O Estado Jurislador*. Belo Horizonte: Fórum, 2018.

VIANA, Nildo. *A Filosofia e sua Sombra*. Goiânia: Germinal, 2000.

VINCI, Luciana Vieira Dallaqua; VINCI JÚNIOR, Wilson José. A função contramajoritária dos direitos fundamentais. *Conjur.* Disponível em: <https://www.conjur.com.br/2015-abr-27/mp-debate-funcao-contramajoritaria-direitos-fundamentais> Acesso em: 25 jun. 2019.

25. O PRAGMATISMO NAS CIÊNCIAS CRIMINAIS BRASILEIRAS: A FRAUDE DOS CORDEIROS[687]

Sean Abib[688]

Introdução

Todo aluno do Professor Pedro Serrano, cedo ou tarde, rende-se ao entusiasmo ímpar de suas discussões em aula. Seu ímpeto inigualável faz todo discente embarcar numa jornada epistêmica sobre o universo da Filosofia, do Direito e da Política. E uma das discussões mais empolgantes é: os direitos humanos fundamentam o Estado no exercício punitivo ou o Estado é limitado pela existência e reconhecimento dos direitos humanos?

Aos acadêmicos e acompanhantes epistêmicos do professor de longa data, essa pergunta é simples e se escora na clara definição de que direitos humanos fundamentam o exercício de existência do Estado. Mas aos marinheiros de primeira jornada epistêmica ao oceano de conhecimento de Pedro Serrano, a afirmação atinge a modesta embarcação desses como uma das ondas que naufragaram Luís Vaz de Camões no século XVI.

Ainda que lançados os pobres aventureiros do saber às praias do conhecimento, não estão sós tais perquiridores ao saber. Inclusive, a vivaz diferença entre Camões e os náufragos no saber do Professor Pedro Serrano está que

687 Em tempo de agradecer ao amigo Eduardo Fonseca pela meticulosa leitura e apontamentos fundamentais para melhor compreensão do texto, como apoio incondicional pelas críticas aqui esposadas. Não é apenas uma honra contar com vossas ponderações, mas também um privilégio desta pesquisa em ter alguém com altivo conhecimento jurídico na avaliação *pari passu* do desenvolvimento e conclusão da mesma.
688 Mestrando em direito penal/PUC-SP; graduado em Direito pela PUC/PR, advogado criminal, seanhkabib@gmail.com.

somente o poeta português foi obrigado a abandonar o amor pela sobrevida de sua maior obra, *Os Lusíadas*.

Esses náufragos, que um dia foi esse autor e todos os demais colaboradores dessa obra, aprendem com o professor a valiosa lição de que apenas o amor ao conhecimento é o verdadeiro condutor do saber, vetando, de qualquer forma, a pura racionalidade como ferramenta para conquistar o conhecimento.

Essa forma de aprender se dá como um platonismo às avessas. Somente um pensador do quilate de Pedro Serrano, um insistente respeitador de todas as formas de se pensar o mundo do Direito e da Filosofia, tem capacidade para invocar qualquer argumentação onde o pensamento de um filósofo como Platão mereça algum tipo de analogia. Se o grego via na razão uma forma indelével de se alcançar o *Belo*, Serrano vê no amor à Liberdade a premissa inicial para se interpretar o Direito, especialmente quando da exceção se faz a regra.

Nessa pesquisa, será feita uma crítica ao pensamento pragmático de Richard Posner. Esse jurista americano confeccionou uma fórmula de compreensão do Direito abissalmente oposta ao convencionalismo de Ronald Dworkin e com ampla aceitação em setores acadêmicos do Brasil.

Iniciaremos essa observação apontando a necessária influência da convicção utilitarista desenvolvida na Inglaterra e como ela influencia na construção do pensamento pragmático, especialmente a partir da primeira obra de Richard Posner.

A ideia à crítica esposada não será apenas ao modelo discricionário formulado pelo autor, mas especialmente apontar como o pensamento pragmático inundou as ciências criminais brasileiras e como tal forma é agressiva à liberdade humana. Para isso, analisaremos alguns Projetos de Lei inspirados nessa temática.

A análise da proposta pragmática será constrita às compreensões subjacentes ao Direito criminal e suas compreensões de como admite-se a intervenção do Estado na individualidade humana, e por isso a avaliação da escola pragmática de Richard Posner não avaliará outros ramos do Direito como o Direito concorrencial, regulatório, trabalhista e demais.

Essa pesquisa é uma tentativa de demonstrar, em linhas acadêmicas, porque o Professor Pedro Serrano afirma com lealdade acadêmica e veemência que a proposta pragmática deve ser encarada como "uma teoria fraudulenta do Direito".

1. Antecedente necessário: o utilitarismo de Jeremy Bentham e Stuart Mill

Para uma compreensão holística da premissa pragmática de Richard Posner no Brasil, é fundamental ter em mente a matriz filosófica provedora das concepções básicas desta escola pragmática.

Seria irresponsável por parte de qualquer observador epistêmico desconsiderar os radicais de uma teoria e, em continuidade, promover qualquer valoração crítica sobre. Se a finalidade deste debate é apontar críticas à concepção pragmática, primeiro é prudente compreender as origens desse pensamento e assim prestarmos as devidas observações analíticas e críticas.

O utilitarismo aflora dentro do contexto iluminista e, ao contrário do sustentado por autores brasileiros[689], é uma das três correntes de pensamento com maior notoriedade dentro desse movimento. As outras são o Idealismo Alemão, cujos protagonistas foram Immanuel Kant, Friedrich Hegel e Friedrich Schelling e se pautam na discussão da abstração ético-filosófica do ser e da racionalidade; e o empirismo britânico de David Hume, John Locke e Adam Smith, cujo qual se pautou na compreensão do conhecimento humano pelas experiências empíricas e formularam uma parte considerável do arcabouço do Estado de Direito.

Antes de abarcarmos as possíveis razões pelas quais o utilitarismo ganhou tamanha notoriedade, vale apontar como sua compreensão do ser social está ancorada na ideia da racionalidade instrumental de Renê Descartes. Esse filósofo foi o grande precursor de todo o movimento racionalista na Europa, e entendia a racionalidade humana como capaz, mediante um método rigoroso, de compreender todas as questões postas a ela.

Para Descartes, a fronteira para a compreensão humana estaria tão somente numa percepção do mundo a partir da adoção de um método de conhecimento

---

689 Ryanna Pala Veras, ao buscar compreender o conceito clássico de crime, disserta sobre a compreensão utilitarista e defende essa definição como a compreensão global do iluminismo: "Para a Escola Clássica, o crime era uma entidade de direito, uma realidade jurídica. Seu conteúdo não era posto em questão. A criminologia apenas recebia o conteúdo que lhe davam as leis penais. O homem era tido como um sujeito que age de forma racional, motivado pela busca de maior prazer e menor sofrimento. Tendo por base a filosofia iluminista, a Escola Clássica entendia que todos os indivíduos são iguais, tem livre-arbítrio. Desse modo, a pena deveria superar as vantagens que a prática do delito trazia ao seu autor." (VERAS, Ryanna Pala. *Nova criminologia e os crimes de colarinho branco.* São Paulo: Editora Martins Fontes, 2010, p. 3). O equívoco do argumento acima colacionado está em unificar todas as formas de pensamento do iluminismo numa só, e assim ignorando sensíveis distinções entre todas as formas de pensamento desse movimento filosófico.

para alcançar alguma conclusão. A concepção racionalista de pensamento filosófico partia do pressuposto universalmente conhecido como *cogito ergo sum*, do latim *penso, logo existo*. O pensador francês estabelece um modelo de pensar puramente racional da qual se iniciaria com a dúvida e se formaria um conjunto de considerações provenientes dessa dúvida, a chamada *dúvida sistemática*[690].

A aposta cartesiana era de que a *dúvida sistemática* pudesse desembocar em respostas tão precisas quanto às ciências matemáticas[691]. A metafísica cartesiana busca, como todo pensamento da filosofia moderna, estabelecer um sistema de verdades metódicas que sejam incombatíveis. Descartes assume como necessária a formulação de uma *moral provisória*, a qual se prestaria como arrimo ao agente racional na perquirição da moral absoluta - de caráter pitagórico -, invocada como verdade universal e inquestionável[692].

Fundamentados na razão cartesiana, os utilitaristas entendiam que a razão humana teria dois referenciais fundamentais: a dor e o prazer. A razão humana estaria sempre na busca dos maiores prazeres, afastados com as menores aflições possíveis.

A melhor forma de compreensão da gênese do pensamento utilitário, além da sua absorção da racionalidade cartesiana, está na forma de abordagem à pena de morte. Os utilitaristas apresentaram forte repúdio à mecânica punitiva capital e por isso eram amplamente criticados pelos idealistas alemães. Os utilitaristas teriam rechaço absoluto na pena de morte por ser ela, a caráter individual, aquilo que mais pode afligir o cidadão.

A proposta utilitarista define a lei penal como missionária da prevenção dos delitos na comunidade na forma menos aflitiva ao cidadão, não sendo necessariamente um castigo proporcional[693]. Por apenas se dar num exercício de necessidade para fins de prevenção e por entenderem a pena de morte desnecessária, os idealistas passaram a entender essa conclusão como um "*sofisma*[694]".

690 RUSSEL, Bertrand. *História do pensamento ocidental: a aventura dos pré-socráticos a Wittgenstein.* Tradução: Laura Alves e Aurélio Rebello. 21ª edição. Rio de Janeiro: Nova Fronteira, 2017, p. 256.
691 Ibidem, p. 255.
692 Ibidem, p. 257.
693 RUSSELL, Bertrand. *História do pensamento ocidental: a aventura dos pré-socráticos a Wittgenstein.* Tradução: Laura Alves e Aurélio Rebello. 21ª edição. Rio de Janeiro: Nova Fronteira, 2017, p. 345.
694 Kant atribui essa terminologia a Beccaria em sua obra "Fundamentos da Metafísica dos Costumes" ao avaliar as considerações do francês sobre a pena de morte violar a Dignidade da Pessoa Humana (KANT. Fundamentação da metafísica dos costumes. In: Os pensadores. São Paulo: Abril Cultural, 1974).

Kant dizia entender a pena sob o seguinte conceito: *a capacidade duma pessoa praticar uma conduta e qual a consequência sobre ela.* Justamente por isso o prussiano defendia a pena de morte como única consequência válida para o sujeito que assassina outro.

A pena de morte, no pensamento kantiano, não buscava o criminoso em sua pessoa, mas sim a sanção pelo ato atentatório a todos. Por isso, deveria ser aplicada como forma de restauração da igualdade e consequentemente da liberdade de cada um. A pena de morte é o ponto relevador sobre o fundamento da Lei Penal para o Idealismo Alemão: *a Igualdade dos cidadãos perante o Soberano.* Para Kant, "quando a Justiça é desconhecida, os homens não têm razão de ser sobre a Terra"[695].

Hegel acompanha a concepção de Kant sobre a pena criminal e estabelece a pena firmada enquanto negação ao delito, e, portanto, restabelecimento do Direito[696]. A pena, na visão de Hegel, é uma forma de reafirmar a liberdade do criminoso[697]. Hegel entende a pena criminal, e a pena de morte em especial, como formas de reconhecer a dignidade do criminoso no momento da punição.

Embora seja reconhecível o esforço dos idealistas em defender a pena de morte, a realidade concreta da Inglaterra e da Europa dos séculos XVIII e XIX passou a ser muito mais enfática nas considerações dos intérpretes e legisladores que a proposta idealista. Os utilitaristas do século XIX tinham nas barbaridades da Inglaterra da época uma forma de repulsa e argumentação em prol de um rompimento das tradições em prol de uma nova civilização[698].

A primeira virtude nesse debate entre idealistas e utilitaristas está pelo fato de os utilitaristas serem os primeiros a reconhecer, dentro da discussão criminal, o indivíduo como a menor das minorais. O utilitarismo possui uma vindicação forte ao apelo prático-reformador, e para isso substitui os aspectos de "fins em si" para "fins de utilidade".

E nesse ponto os utilitaristas criam um sistema penal no qual o indivíduo não perde sua vida por seus atos – guardando coerência prática e teórica com o princípio da Dignidade da Pessoa Humana. Os utilitaristas são, na sua gêne-

---

695 KANT, Emmanuel. *Doutrina do Direito*. Tradução: Edson Bini. São Paulo: Ícone, 1993, p. 177.

696 HEGEL, Georg Wilhelm Friedrich. *Princípios da filosofia do Direito*. Tradução Orlando Vitorino. São Paulo: Martins Fontes, 1997, p. 87.

697 Ibidem, p. 89.

698 Russell relata que Bentham, expoente do pensamento utilitário, tinha como oposição o uso indiscriminado da pena de morte a crimes que seriam considerados banais (Ibidem, p. 345).

se, sujeitos intelectuais imbuídos de apresentarem reformas e transformações concretas na sociedade[699]. Os utilitaristas, conduzidos por Jeremy Bentham, entendiam que a ética individual se daria por uma estrutura pela qual o sujeito buscaria, racionalmente, os maiores prazeres com os menores sofrimentos. Valia então o útil ao indivíduo dentro do seu microcosmo sob o certo em si.

A corrente tinha dois princípios como cardeais: os seres humanos almejam a felicidade, e por isso todos devem desfrutar de situações de igualdade[700]; e a segunda é uma necessidade de estabilidade social, razão pela qual a liberdade, num contexto geral, se subjuga à segurança e igualdade[701].

John Stuart Mill, referência do pensamento utilitarista britânico, entendia a ética humana pautada exclusivamente na ideia da utilidade de determinadas condutas em prol do cidadão.

Ao dilatar sua compreensão sobre utilidade e liberdade, o pensador coloca inexistir nada capaz de convolar um argumento ético em idôneo senão o prisma da utilidade[702], o qual entende inclusive como fundamento para que se coloque a liberdade individual à mercê de um controle externo.

Mill fundamenta uma teoria ética liberal com base intrínseca no indivíduo, de modo que todos os atos humanos devem reconhecer o cidadão como soberano[703]. A concepção utilitária em Mill é tão forte que o mesmo, ainda, sim, considerado um liberal, afirmou textualmente que se poderia ter um modelo de governo despótico legítimo em uma sociedade considerada subcivilizada, se o fim dessa sociedade fosse a liberdade e igualdade de todos os concidadãos[704].

699 Ibidem, p. 343.
700 Ibidem, p. 345.
701 Ibidem p. 345.
702 Sobre essa questão, valemos da citação do autor: "Convém declarar aqui que me abstenho de qualquer vantagem que eu pudesse obter para meu argumento que seja proveniente da ideia de um direito abstrato, como algo que independe de sua utilidade. Considero a utilidade a invocação definitiva em todas as questões éticas; mas deve ser a utilidade em sentido mais amplo, fundamentada nos interesses permanentes do homem como um ser em progresso. Esses interesses, eu sustento, autorizam a sujeição da espontaneidade individual a um controle externo somente no que diz respeito às ações de cada um que tenha a ver com os interesses de outras pessoas. (MILL, John Stuart. *Sobre a Liberdade e a Sujeição das Mulheres*. Tradução: Paulo Geiger. 1ª Edição. São Paulo: Penguin Classics, Companhia das Letras, 2017, p. 82)".
703 Ibidem, p. 82.
704 Sobre sua assunção a um modelo despótico, diz Mill: "O despotismo é um modo legítimo de governar quando se tem de tratar com os bárbaros, desde que visando a seu aprimoramento, e que os meios se justifiquem por efetivamente levarem a esse fim. A liberdade, como princípio, não se aplica a nenhum estado de coisas anterior ao tempo em que a humanidade se tornou capaz de ser aprimorada através de um debate

Para Stuart Mill, o efetivo debate existente na história da civilização se bifurca entre liberdade e autoridade[705]. No primeiro, trata-se da possibilidade de exercício pleno do cidadão e de suas faculdades. O segundo, por sua vez, trata da possibilidade de a coletividade exercer limites sobre o poder individual e suas faculdades. Ao destacar o indivíduo soberano em suas escolhas, o britânico coloca como a coletividade tende a usurpar o direito individual em prol da necessidade própria em reafirmar valores.

Mill destaca então quão comum é a tendência da humanidade em introjetar nas condutas individuais as formas majoritárias de comportamento[706]. A partir da necessidade de se ter o poder social como um instrumento coletivo necessário, passou-se a perceber seu uso de forma arrazoada e as constantes formas de abuso.

Mill então demonstra como mesmo as formas de se controlar o poder – o método da tripartição, por exemplo – acabam se deteriorando em novas formas de abuso do poder, oportunidade em que Mill destaca a seguinte indagação: "Mas, como o rei dos abutres não seria menos inclinado a rapinar os rebanhos do que qualquer um dos urubus menores, era indispensável estar em postura de defesa contra seu bico e suas garras?[707]".

Essa constatação se dá a partir da análise de Mill sobre a Revolução Americana de 1776 e como os patriotas americanos buscaram limitar o poder estatal recém-constituído. O autor estabelece duas formas de limitar a autoridade: a liberdade política, constituída como uma imunidade ou direitos, e posteriormente a constitucionalização desses direitos[708]. Nisso o autor desenvolve o fundamento da punição moderna: o poder de agir contra um concidadão na medida em que se protegerá os demais concidadãos[709].

Como podemos perceber, o filósofo utilitarista exprime como a concepção da liberdade humana e o agir do Estado se dá para a corrente citada. Aos utilitaristas a liberdade é fundamental e sempre encontra limites objetivos nos demais concidadãos. O preceito fundamental é vislumbrar a liberdade limitada em outrem.

---

livre e igualitário." (Ibidem, p. 83).
705 Ibidem, p. 71.
706 Ibidem, p. 88.
707 Ibidem, p.72.
708 Ibidem, p.72.
709 Ibidem, p.82.

Portanto, a proposta utilitarista tem a virtude de perquirir a liberdade individual em uma máxima amplitude e busca conjugá-la com a igualdade de todos, e assim já apresentando seus limites de exercício.

Mas o grande vício da proposta utilitarista está em criar critérios vazios e amplos a fim de se permitir a subversão da liberdade individual em prol da igualdade. Isso cria uma contradição, e a sociedade, dentro do pensamento utilitário, se vê imbuída de instrumentos suficientes para tolher o indivíduo em prol da sua seguridade.

Essa crítica é colocada por Richard Posner, herdeiro necessário desse modelo de pensar. Posner reconhece na modalidade utilitarista uma ampla subjetividade capaz de conduzir a sociedades totalitárias. Em sua obra *Fronteiras da Teoria do Direito*[710], o autor tece esta crítica e coloca a possibilidade de se alcançar uma sociedade como a descrita por Aldous Huxley em *Admirável Mundo Novo*[711].

Objetivando evitar isso, Posner define o cerne da análise jurídica pragmática na busca pela maximização das riquezas sociais[712] e não a busca por maiores felicidades. Os valores constitucionais seriam vislumbrados como riquezas, e a busca do Direito seria para sua otimização e preservação.

Os modelos utilitários ignoram que num certo ponto não haverá congruência plena entre liberdade individual e igualdade e segurança coletiva. A partir daí, qualquer constrição à liberdade se torna justa porque se tem o referencial da igualdade como norte. E justamente nesse ponto é que se assumem os maiores vilipêndios aos direitos dos cidadãos.

De forma bem simplória, essa é a valoração a ser feita sobre o pensamento utilitarista. Já apontamos como o próprio pragmatismo reconhece falhas e a possibilidade de criação de sociedades totalitárias quando a regra maior de compreensão do universo social se dá pela baliza da máxima felicidade.

Mesmo assim é impossível ignorar quão impactante o pensamento utilitário é na formatação do exercício de punir no Ocidente. Essa forma de pensar apresentou uma alternativa concreta à pena de morte, autorizando-a ser obsoleta não apenas nas convicções mas no exercício prático da Jurisdição.

---

710 POSNER, Richard. *Fronteiras da Teoria do Direito.* Tradução: Evandro Ferreira e Silva, Jefferson Luiz Camargo, Paulo Sales e Pedro Sette-Câmara. São Paulo: Editora WMF Martins Fontes, 2011, p. 42.
711 Ibidem, p. 100.
712 Ibidem, p. 101.

Justamente por isso, não pode passar sem os devidos reconhecimentos, muito embora as falhas tautológicas.

1. O pragmatismo de Richard Posner: do progresso ao niilismo

A concepção pragmática, da forma como apontamos no tópico anterior, busca trazer consigo a ideia de transformação social por intermédio de um eixo de concepção e compreensão do mundo em viés cientificista. O grande argumento do pragmatismo enquanto modelo de compreensão do Direito está em revitalizar o modelo utilitarista de discussão e solução dos problemas sociais.

Como destacado anteriormente, a filosofia utilitarista tem muita preocupação em compreender como o pensamento humano terá utilidade para a solução de problemas sociais latentes. Os modelos utilitários têm absoluta imbricação com a ideia de construir um modelo jurídico com afã prático-reformador. Buscam aplicar regras de utilidades para objetivar o maior produto de resultados satisfatórios para a coletividade.

O pragmatismo importa do utilitarismo não apenas o espírito transformador mas também a crença de que a cientificidade pode superar o modelo tradicionalista na medida em que apresenta respostas tangíveis aos problemas sociais.

Uma fórmula pragmática amplamente conhecida no Direito é a Análise Econômica do Direito de Richard Posner.

Posner foi juiz de Direito do Tribunal de Apelação do Sétimo Circuito da Justiça Federal norte-americana e busca romper com o modelo jurídico interpretativo de viés histórico-tradicional. Sua primeira obra, *Fronteiras da Teoria do Direito,* tem como capítulo inaugural justamente a discussão sobre a teoria econômica do Direito aplicada ao Direito criminal.

Um bom exemplo de sua aplicação está na teoria econômica do crime, desenvolvida por Gary Becker. Posner afirma que existiram diversos juristas e cientistas sociais que mantiveram a "*chama benthamiana acessa*[713]", como Oliver Holmes, juiz da Suprema Corte Americana e precursor do *realismo jurídico*, e Guido Calabresi com seu tratado sobre responsabilidade civil à luz da economia na Itália.

713 Expressão usada por Posner na obra citada.

Porém Gary Becker foi quem melhor reproduzira o raciocínio de Bentham com seu trabalho sobre a criminalidade à luz da economia, retomando a proposta do filósofo inglês[714].

Essa discussão foi iniciada por Jeremy Bentham e recuperada por Gary Becker em seu famoso artigo "Crime and Punishment: an economic approach[715]". Sua argumentação é de que Bentham, ao criticar a fragilidade do *Common Law*, busca um caráter normativo para a teoria do Direito, e para isso desenvolve o modelo utilitário cuja ambição final seria uma grande simplificação do sistema jurídico[716].

Em breves linhas, o economista americano sustenta que o crime seria proveniente de um ambiente no qual a vantagem oriunda do delito superaria as desvantagens da reprimenda. O cidadão racional, ao praticar um crime, "confessa" ser vantajosa a prática do delito[717]. A ideia da escolha racional em Becker, portanto, nada mais é que a reprodução das ideias utilitaristas iniciadas em Jeremy Bentham.

Reforça-se essa construção em Posner quando da valoração sobre a liberdade de expressão e sua busca por uma solução pragmática ao assunto. Usando a abordagem instrumental de Stuart Mill, o estadunidense coloca essa forma como a mais eficiente para se ter uma análise proveitosa da liberdade de expressão.

Afirma o autor como mais eficiente se racionarmos pelos meios relativos a um determinado fim do que pela ideia de fins em si mesmo[718]. A fórmula encontrada pelo autor, então, é a equação de Holmes, desenvolvida de forma embrionária em votos proferidos por esse magistrado.

A compreensão final é de que um discurso só pode ser aceito como válido em conceituação jurídica se os benefícios superarem, ou ao menos se igualarem, os custos advindos desse[719].

Como exemplo de aplicação dessa fórmula, Posner usa um debate presidencial numa televisão. Imagina-se existirem dez candidatos à presidência da república de um país. Caso sejam levados os dez, e assim contemplada a liberdade

714 Ibidem, p. 45.
715 BECKER, Gary. *Crime and Punishment: An economic approach.* Journal of Political Economy 1968 76:2, 169-217.
716 POSNER, Richard. *Fronteiras da Teoria do Direito.* Tradução: Evandro Ferreira e Silva, Jefferson Luiz Camargo, Paulo Sales e Pedro Sette-Câmara. São Paulo: Editora WMF Martins Fontes, 2011, p. 42 e s.
717 BECKER, Gary. *Crime and Punishment: An economic approach.* Journal of Political Economy 1968 76:2, p. 169-217.
718 POSNER, Richard. *Fronteiras da Teoria do Direito.* Tradução: Evandro Ferreira e Silva, Jefferson Luiz Camargo, Paulo Sales e Pedro Sette-Câmara. São Paulo: Editora WMF Martins Fontes, 2011, p. 49.
719 Ibidem, p. 54.

de expressão de todos, o debate será mais superficial porque o tempo de cada candidato será exíguo.

Agora, se forem levados apenas os candidatos mais bem pontuados, não apenas se verá um debate mais aprofundado, mas também será mais rentável do ponto de vista econômico, por existirem mais pessoas interessadas em acompanhar o debate.

O jurista norte-americano entende a Análise Econômica do Direito capaz de construir um método imparcial de valoração e solução dos problemas sociais na medida em que tem para si um lastro científico-normativo. *Esse lastro ocorre quando o princípio maior da felicidade é substituído pelo princípio das máximas riquezas.*

A riqueza, conforme sustenta Richard Posner, substituiu a felicidade na medida em que possui um lastro normativo: é possível compreender a maximização das riquezas pela ideia de custos e benefícios das ações humanas[720].

O pragmatismo de Posner autoriza o intérprete do Direito a criar critérios para avaliação dos riscos e promover respostas satisfatórias aos mesmos. Essa proposta passa a ser uma forma a se solucionar casos das mais diversas complexidades na virtude de colocar sempre um lastro normativo e imparcial ao mesmo[721].

Se a categoria da utilidade for absoluta na análise dessa proposta, não há como questionar a presteza da fórmula. Mas novamente reitera-se: é justamente a premissa maior da utilidade, seja como riqueza ou felicidade, a cláusula geral para vilipêndio do cidadão perante a coletividade e perante o Estado.

A liberdade de expressão é entendida, desde Sócrates, como um exercício essencial a qualquer pessoa. O pensador grego entendia o Bem, sua maior categoria filosófica, como a perquirição maior da razão. O Bem, para Sócrates, é o conhecimento.

O sistema metafísico de Sócrates está calcado na militância do ser pelo conhecimento em todas as formas racionais possíveis. O pensador grego entendia como fonte de todo o mal a falta de conhecimento[722].

Spinoza, por sua vez, constrói uma metafísica reconhecedora da liberdade de pensamento como da mesma essência da existência do ser social[723]. Assim como

720 Ibidem, p 42 e s.
721 Ibidem, p. 136 e s.
722 Sobre o eixo fundamental da filosofia socrática, ver: RUSSEL, Bertrand. *História do pensamento ocidental: a aventura dos pré-socráticos a Wittgenstein.* Tradução: Laura Alves e Aurélio Rebello. 21ª edição. Rio de Janeiro: Nova Fronteira, 2017, p. 66.
723 Ibidem, p. 261.

Sócrates, Spinoza creditava a inexistência de razão como a condução ao mal, de sorte que, para o pensador dos Países Baixos, não existe um ato de pura maldade[724].

Pois a partir do momento em que se assume a possibilidade de destinar a utilidade como regra de avaliação ao discurso, podendo ser censurado a partir da métrica de custos e benefícios, é que se tem a primeira possibilidade de suprimir o exercício da existência do ser social pelo fórceps estatal.

Stuart Mill já avisava sobre como os detentores do poder teriam interesse em rapinar a individualidade humana em prol de fins sociais. A possibilidade de a liberdade de expressão estar passível a um filtro de valoração aos benefícios futuros, permitirá a censura se um discurso individual for muito custoso à sociedade. Estar-se-ia diante da possibilidade de alguém ser privado de sua fala e comunicação por força de suas convicções causarem desagravos na sociedade[725], e assim se desnaturar o cerne do indivíduo: sua liberdade de compreensão e expressão do mundo.

O pensamento do jurista estadunidense não se manteve na ortodoxia pragmática professado na obra citada. A partir das críticas de Ronald Dworkin, a propositura da maximização das riquezas como proposta, o autor recuou no modelo absoluto por ele desenhado e dimensionou a maximização das riquezas como uma das elementaridades na formulação do processo decisório, conjugada com princípios. É o que os estudiosos mais afoitos do autor pragmático nominam de "Posner II"[726].

O reconhecimento de princípios na conjugação do parâmetro da eficiência arrefece o absolutismo dos resultados e cria um olhar mais clínico em setores em que a relação métrica tem amplo destaque, a mencionar a legislação regulatória e concorrencial. – a

Ainda com a temperança adotada em sua segunda fase – em que a eficiência dos resultados é avaliada em conjunto com outros princípios –, a proposta de Posner é periclitante em sede de Direito criminal. A maximização das riquezas, no ínterim da Justiça criminal rompe com os paradigmas necessários para confecção de qualquer decisão judicial coerente com a liberdade humana, vez que a liberdade de um indivíduo isolado pode ser interpretada como um risco

724 Ibidem, p. 264.

725 *Ou, por que não, abalo à ordem pública.*

726 SILVA, Diego Sabóia. *A dicotomia doutrinária entre Richard Posner e Ronald Dworkin quanto à análise econômica do Direito: a reciprocidade jurídico-econômica*; orientador, Éverton das Neves Gonçalves. Florianópolis, SC, 2017, p. 47.

social iminente (mesmo não sendo) e a ideia de eficiência vertiginar para o campo do arbítrio.

E o arbítrio decorre justamente da premissa de os princípios regentes serem meras formalidades capazes de obstar o progresso. Ao contrário, todo princípio constitucional se veste de uma tradição historicamente construída e buscam, invariavelmente, promover a limitação do exercício punitivo do Estado em ocasiões em que antes se considerava regular ou adequado.

Por isso quando o pragmático estadunidense reivindica Gary Becker como um espécime de revolucionário das ciências criminais, ele convalida a premissa autoritária subjacente à proposta de que o Estado deve agir para tornar desvantajosas as condutas criminosas por meio da intervenção.

A proposta do economista estadunidense, dentro da lógica pragmática, assume para si os preceitos utilitaristas de Bentham em decompor o sistema tradicional e promover um mecanismo punitivo supostamente imparcial, assepsiado de padrões morais e pautado na eficiência da atuação da Justiça.

Para isso, qualquer signatário da doutrina posneriana, em campos das ciências criminais, precisa primeiro assumir uma postura niilista – e assim negar a História e a tradição com fundações primeiras do Direito. A proposta pragmática tem um viés prático-reformador tal qual os utilitaristas na Inglaterra do século XIX. Somente com uma negativa geral da História e do tradicionalismo enquanto modelo de formulação do Direito e da sociedade é que se permite defender a ideia de maiores riquezas na condução do Direito.

O jurista norte-americano, não por coincidência, assume uma postura niilista em sua primeira obra[727] para sustentar a História enquanto um fardo ao progresso humano[728].

Ao buscar os estudos de Friedrich Nietzsche sobre a História, Posner ressalta que ela pode criar um efeito debilitante na capacidade de enfrentar os desafios do presente e do futuro[729].

Essa posição em relação à História nos parece ser o grande ponto de fraqueza do pensamento pragmático na sua primeira obra. Os pragmáticos sucum-

727 Sobre o conceito de niilismo, ver Abbagnano: ABBAGNANO, Nicola. *Dicionário de Filosofia*. 5. ed. Tradução: Alfredo Bossi; Revisão e tradução dos novos textos: Ivone Castilho Benedetti. 5. ed. São Paulo: Martins Fontes, 2007, p. 712 e s.

728 POSNER, Richard. *Fronteiras da Teoria do Direito*. Tradução: Evandro Ferreira e Silva, Jefferson Luiz Camargo, Paulo Sales e Pedro Sette-Câmara. São Paulo: Editora WMF Martins Fontes, 2011, p. 167.

729 Ibidem, p. 169.

bem ao feitio positivista ainda reinante em setores acadêmicos do Ocidente e entendem perfeitamente plausível a superação das tradições pela ciência.

O Positivismo de Augusto Comte entendia que o último estágio do pensamento humano seria o científico: após passar pelo tribal ou religioso e se chegar ao metafísico, o próximo e último passo evolutivo do pensamento humano seria o científico, fazendo o passado ser obsoleto por excelência[730].

Imbuídos intuitivamente pela afeição positivista de superação das tradições pela ciência, os pragmáticos ignoram toda a força demonstrativa que a História possui e formulam uma teoria niilista do Direito.

Por essa composição epistêmica, os pragmáticos acabam assumindo como crível um exercício punitivo do Estado onde a regra da segurança tem prevalência sobre a premissa da liberdade individual.

A ideia de respeito à individualidade e busca pelas justificativas capazes de fundamentarem um limite ortodoxo ao arbítrio estatal quase sempre se encontram em exemplos pretéritos, e aí os adeptos do pragmatismo afirmam serem condições anacrônicas e incompatíveis com os novos tempos da sociedade, a qual exige respostas distintas das vedadas anteriormente.

O que pretende ser um argumento de autoridade temporal é, na verdade, um sofisma. Imaginar a impossibilidade de influência da História no cotidiano, mormente nas experiências mais sensíveis dos tempos atuais é uma concepção ignorante ou deliberada a justificar os fins pretendidos e não confessados.

Importante já destacar a inexistência de apelo às teorias históricas de Giambattista Vico, Karl Marx e Friedrich Hegel nessa crítica. Não é necessário fundamentar-se em Vico, Hegel ou Marx para entender a elementaridade da História como componente fundamental da compreensão humana e como a tradição e a formação do conhecimento humano possuem força muito mais preponderante na explanação das condutas individuais que a análise assepsiada de riscos e resultados.

Em breve síntese, esse é o contorno da teoria pragmática de Richard Posner e algumas ponderações necessárias.

---

730 COMTE, Augusto. *Curso de Filosofia Positiva*. Tradução: José Arthur Giannotti. São Paulo: Abril Cultural, 1978, p. 3

1. O pragmatismo de Richard Posner na compreensão da Justiça criminal brasileira

Uma breve demonstração sobre alguns contornos do pensamento nominado *Law and Economics* permite-nos apontar sua relação e compromisso com os resultados, essencialmente. Descabido é, inclusive, ambicionar profundas inquirições subjetivas numa forma de pensamento que sequer possui uma construção hermética, sendo suscetíveis de válvulas de temperança como "Posner I" e "Posner II" ou avocar para si a condição de "ciência humana imparcial" - esse último incorrendo numa severa tautologia epistêmica[731].

No tópico anterior, detectamos a postura niilista na teoria pragmática como a principal fatorial de fragilidade. A exposição retro inferiu a premissa quase-revolucionária como uma possibilidade de se referendar o arbítrio sob justificativa da eficiência *per se* dos atos jurisdicionais avaliados.

Essa argumentação se deu em linha essencialmente teórica[732] e agora faremos uma confirmação da hipótese sustentada - o pragmatismo como uma via de referendo ao arbítrio pela assunção da regra maior da eficiência - com observância de exemplos concretos circundantes à Justiça criminal brasileira, avaliando dois projetos de lei que buscaram aporte do pensamento da escola estudada neste trabalho.

731 Uma ciência humana não pode invocar para si qualquer hipotética superioridade às demais por ser imparcial quando, pelos mesmos motivos das demais, busca explicar resultados humanos com valor subjetivo de significado (ademais, o giro neoclássico de Willian Jevons sobre o valor subjetivo das mercadorias é um grande aporte da premissa epistêmica citada na compreensão do Direito no âmbito comercial, regulatório e concorrencial). O fetiche positivista desta escola (e aqui repontuamos a obsolescência da premissa positivista clássica de Comte), ao abarcar na Justiça criminal, busca aplicação metodológica na via da interpretação dos resultados sem entender que, na tradição do estudo da liberdade humana, resultados têm, não raras vezes, posição secundária na compreensão da dinâmica estatal.

732 A nossa avaliação foi modesta em refutar a amplitude pragmática, pois sequer fizemos uma incursão num confronto entre a premissa de "Posner I" e Becker com a estrutura constitucional principiológica existente na Constituição Republicana de 1988. Ademais, se fizéssemos uma incursão holística do constitucionalismo brasileiro em confronto com a possibilidade de se admitir a cláusula de "maximização de riquezas" em conjunto com os princípios reitores da Justiça criminal brasileira, aí sim a premissa pragmática seria espancada de qualquer discussão jurídico-criminal brasileira roupada de mínima dignidade não apenas com a história brasileira, mas como ela se encontra positivada na Constituição de 1988. Por conta da limitação objetiva deste trabalho científico, não será crível tal incursão, a qual não fica prejudicada tanto ao autor desta como a terceiros influenciados pelos estudos e argumentos aqui esposados.

Faremos uma análise do Projeto de Lei nº 4.850/2016, conhecido como "Dez Medidas contra a Corrupção", propostas pela Força Tarefa da Operação Lava Jato, e o *Plea Bargain*, proposto no Pacote Anticrime confeccionado pelo ministro de Estado Sérgio Fernando Moro.

A. *Dez Medidas contra a corrupção*

O referido projeto de Lei se origina a partir da concepção crítico-avaliativa de membros do Ministério Público Federal imbuídos de investigarem casos de corrupção na assim denominada Operação Lava Jato. As medidas se convolaram em Projeto de Lei junto à Câmara dos Deputados de número 4.850/2016 e se assumiram a partir da experiência empírica dos atores públicos ante aos casos investigados e processados por eles mesmos.

A pauta legislativa se imbui de alterar diversos diplomas legais infraconstitucionais e promover, na visão dos redatores, uma medida enérgica de combate à corrupção no Brasil – considerada por eles sistêmica.

As Dez Medidas são: 1) Prevenção à corrupção, transparência e proteção à fonte de informação; 2) Criminalização do enriquecimento ilícito de agentes públicos; 3) Aumento das penas e crime hediondo para corrupção de altos valores; 4) Aumento da eficiência e da justiça dos recursos no processo penal; 5) Celeridade nas ações de improbidade administrativa; 6) Reforma no sistema de prescrição penal; 7) Ajustes nas nulidades penais; 8) Responsabilização dos partidos políticos e criminalização do caixa dois; 9) Prisão preventiva para assegurar a devolução do dinheiro desviado e 10) Recuperação do lucro derivado do crime.

Não vamos promover uma minuciosa observância a cada um dos dez tópicos, e sim diligenciar uma compreensão geral sobre a temática com especial atenção nas justificativas das propostas legislativas.

Como as críticas ao projeto se destacam em grandiosa parte da proposta legislativa, inicialmente faremos uma descrição dos principais pontos a serem observados e posteriormente faremos uma crítica conjunta a eles. Para otimizarmos a análise, buscaremos no próprio PL as motivações dadas pelos autores e colacionaremos elas para apontar a autenticidade das afirmações.

A proposta formulada tem atenção em alguns pilares considerados essências para um combate à corrupção exitoso: *aumento das punições para os delitos de corrupção já existentes, criação de novos tipos penais, redução da amplitude da prescrição penal, correção dos critérios de nulidade em sede de processo penal, dilação das hipótese de prisão preventiva, redução dos limites recursais e aprimoramento das ferramentas de recuperação do valor expropriado.*

Iniciamos com a proposta de aumento dos preceitos secundários nos tipos penais contra a administração pública e contra o patrimônio. A configuração dos preceitos secundários segundo a proposta seria a seguinte:

Tabela 1 - Aumento de pena conforme a redação proposta

Crime	Pena atual	Proposta: pena variável pelo prejuízo ou benefício (R$)			
		0 a 77.999,99	≥ 78.800,00	≥ 788.000,00	≥ 7.880.000,00
Peculato (Art. 312 e §1º)	2 a 12	4 a 12	7 a 15	10 a 18	12 a 25
Inserção de dados falsos em sistema de informações (313-A)	2 a 12	4 a 12	7 a 15	10 a 18	12 a 25
Concussão (art. 316)	2 a 8	4 a 12	7 a 15	10 a 18	12 a 25
Excesso de exação (art. 316, § 2º)	2 a 12	4 a 12	7 a 15	10 a 18	12 a 25
Corrupção passiva (art. 317)	2 a 12	4 a 12	7 a 15	10 a 18	12 a 25
Corrupção ativa (art. 333)	2 a 12	4 a 12	7 a 15	10 a 18	12 a 25
Estelionato (art. 171)	1 a 5	2 a 8	4 a 10	6 a 12	8 a 14

A proposta consolidada na tabela pretende majorar as penas na ideia de se onerar os custos provenientes da prática do delito por intermédio da pena criminal. A ideia aqui segue com retidão a argumentação de Gary Becker sobre o combate à criminalidade[733].

Outra medida é o chamado teste de integridade.

733 Acerca da justificativa para aumento dos preceitos secundários do tipo penal previstos na tabela, arguiu o Projeto: "Nosso projeto também propõe a alteração das penas dos crimes mais lesivos contra a Administração Pública previstos no Código Penal **As mudanças propostas objetivam fazer da corrupção** – termo usado aqui em sentido amplo, abarcando os diversos tipos penais que o texto menciona – **uma conduta de alto risco**. A corrupção é hoje um crime de baixo risco, com pena iniciando em dois anos de prisão (**grifos do original**). (BRASIL, Projeto de Lei nº 4850/2016, Câmara dos Deputados, p. 35)".

Seria a possibilidade de avaliar a probidade dum servidor público, seja por ato de improbidade ou crime, mediante um teste de averiguação para apurar conduta moral e pré-disposição para cometimento de ilícitos.

O projeto tem como finalidade a defesa da moralidade pública [734]. Assume-se como baluarte a ideia de que o teste aferirá a capacidade de reação dentro dos parâmetros de uma pessoa honesta também ser corrompida[735].

A medida correspondente a prisão preventiva para evitar a dissipação de valores ocultos também é outra medida que merece ser observada. *A proposta legislativa coloca essa modalidade de prisão preventiva como meio a prestigiar os ideais da Justiça Restaurativa, visto que restaura os valores perdidos com o delito*[736].

O projeto entende combater a impunidade do segregado cautelarmente em vista de se impedir a fuga ou o custeio de sua defesa criminal[737]. O projeto ainda reconhece a ideia de excepcionalidade da prisão preventiva, mas encara a medida como um remédio amargo permissivo à coibição de males maiores a toda a coletividade[738].

---

734 Sobre a proposta de teste de integridade: "Trata-se de iniciativa legislativa que almeja criar novo (sic) mecanismo voltado à defesa da moralidade pública. Assim é que se pretende inovar o ordenamento jurídico para instituir o teste de integridade aos agentes públicos, de modo que sejam prevenidos atos de corrupção e comportamentos inadequados no serviço público e, particularmente, nos corpos policiais, tal como já realizado em grande extensão em outros países, a exemplo dos Estados Unidos da América, da Austrália, do Reino Unido, além da região administrativa especial de Hong Kong." (ibidem, p. 84).

735 Sobre a possibilidade de o teste de integridade figurar como flagrante preparado: "De todo modo, independentemente de tal discussão na seara criminal, há precedente do Supremo Tribunal Federal rejeitando a tese do flagrante preparado no tocante à aplicação de sanção administrativa. Para proteger o servidor público, ressalte-se, é vedada pelo projeto a realização de testes que representem uma tentação desmedida, a qual poderia levar uma pessoa honesta a se corromper." (ibidem, p. 85 e s.).

736 Acerca da proposta de prisão preventiva para evitar a dissipação dos valores: "A proposta visa incluir a possibilidade de decretação da prisão preventiva para permitir a identificação e a localização do produto do crime ou seu equivalente e assegurar sua devolução. Prestigiam-se e até mesmo ampliam-se, assim, os ideais da Justiça Restaurativa, que tem como um dos objetivos a reparação dos danos causados pelo crime" (ibidem).

737 Continua o projeto de Lei sobre as finalidades da proposta: "A medida busca, ainda, dificultar ao investigado ou acusado a ocultação do produto do crime. Também impede que o produto do crime seja utilizado para buscar a impunidade do infrator, seja dando-lhe meios de fuga, seja custeando sua defesa criminal. Como bônus, a medida permite ainda estrangular a capacidade financeira de origem ilícita do criminoso (ou seu equivalente) e impedir que usufrua os lucros do crime" (ibidem).

738 Acerca da necessidade de proporcionalidade na prisão preventiva, diz o Projeto: 'A prisão acautela a sociedade contra a continuidade e reiteração na prática de cri-

Em sumaríssima análise, serão estas as propostas legislativas pinçadas do Projeto de Lei nº 4.650/2016 para análise neste trabalho. Essa proposta de alteração legislativa consolida os seguintes critérios justificantes: *(i) a corrupção vitimiza a nação*[739]; *(ii) a corrupção é um crime de baixo risco no Brasil*[740]; *(iii) a impunidade favorece os criminosos de colarinho branco no Brasil*[741]; *(iv) a nação brasileira deve se juntar no combate à corrupção*[742].

---

mes que, segundo as circunstâncias evidenciam, estão se repetindo e protraindo no tempo. Trata-se de uma proteção da ordem pública contra novos ilícitos. Ressalte-se que a prisão preventiva, na hipótese ora aventada, continua a ser medida excepcional, como deve ser, cabível apenas quando as medidas cautelares reais forem ineficazes ou insuficientes ou enquanto estiverem sendo implementadas. Com isso, evita-se a sua banalização e preserva-se seu caráter de recurso excepcional, um remédio amargo, aqui, para evitar a sangria dos recursos ilícitos em proveito do criminoso e prejuízo da sociedade." (ibidem, p. 73 e s.).

739 Sobre as consequências do crime de corrupção: "Como o furto e o roubo, a corrupção suprime patrimônio. Diferentemente do furto e roubo, a corrupção endêmica brasileira vitimiza a nação. A corrupção rouba a comida, o remédio e a escola de milhões de pessoas, prejudicando o futuro de todos. Essas circunstâncias acentuam bastante sua gravidade e também justificam a pena mínima proposta como uma reprovação proporcional ao gravame. Cumpre observar, aliás, que há projetos de lei em trâmite que sugerem penas ainda maiores para alguns dos crimes (PL 7.868/2014, por exemplo, estabelece a pena inicial de cinco anos para o peculato e a concussão), enquanto outras estabelecem o patamar idêntico ao proposto (PL 5.900/2013)." (ibidem, p. 36).

740 Acerca da condição da corrupção enquanto crime de baixo risco: "A corrupção é hoje um crime de baixo risco, com pena iniciando em dois anos de prisão. Criminosos de colarinho-branco normalmente são primários, e as penas ficam próximas do mínimo legal. Quando há condenação e não prescrevem, as penas são substituídas, por força de lei, por penas restritivas de direitos, isto é, por penas bem brandas, as quais, em pouco tempo (em regra após cumprido apenas um quarto da pena substitutiva), serão atingidas por indultos ou comutações, reduzindo-se a nada ou quase nada. Considerando que a corrupção é um crime difícil de ser descoberto e provado, o criminoso só será punido em uma pequena parcela dos crimes que cometer, o que faz dela um crime altamente vantajoso." (ibidem, p. 36).

741 Sobre os baixos riscos da corrupção enquanto crime: "Adicione-se que a pena mínima atual, de dois anos, bastante aplicada nos casos desses crimes em razão do método de fixação da pena do nosso sistema, acarreta a prescrição em apenas quatro anos, o que tende a acontecer como regra em processos de crimes do colarinho branco. Uma pena maior permite também um prazo mais dilatado para a sua investigação e processamento sem que o crime prescreva, o que é necessário, em decorrência de ser normalmente um crime de apuração complexa, praticado às escondidas." (ibidem, p. 36).

742 A equiparação da corrupção ao crime de homicídio: "Se queremos um país livre de corrupção, esta deve ser transformada em um crime de alto risco. Como o homicídio, a corrupção mata. Contudo, diferentemente da maior parte dos homicídios, a corrupção é planejada e pensada, ou seja, é uma decisão racional que toma em conta custos e benefícios. A elevação da pena mínima constitui um desincentivo, um custo, da escolha pelo ato corrupto." (ibidem, p. 37).

A argumentação geral empregada demonstra dois pontos.

A proposta legislativa é tão somente um compilado amador de convicções pessoais sobre fatos relativos à Justiça criminal sem o menor lastro científico. Já o segundo ponto se destaca a partir da ideia de que o pensamento pragmático escancarado na proposta possui o vício irredutível de flanquear a liberdade individual ao entender alguns indivíduos como um risco à autoridade coletiva.

Os critérios adotados não obedecem a um parâmetro substantivo de proporcionalidade – muito embora existam incipientes menções ao princípio da proporcionalidade –, e se arvoram na ideia geral de utilidade para prevenir determinados delitos.

Na própria justificativa do projeto se percebe uma confessa filiação ao pensamento pragmático ao trabalhar com exaustão as categorias "*custo-benefício*" e "*produto da decisão racional*"[743].

O projeto avaliado infere uma conclusão mais afinada ao ambiente jurídico brasileiro do que a escola pragmática *per se*: *O Direito brasileiro concede salvo-conduto ao amadorismo epistêmico das autoridades burocrático-judiciais.*

Não há nenhuma correlação científica permissiva à aplicação das propostas encampadas no Projeto de Lei. Para além do amadorismo pragmático daqueles que confeccionaram, o projeto está embebido numa inspiração totalitária ao afirmar que a Pátria é constantemente lesada pelos poderosos e que somente uma atuação enérgica retomará a dignidade nacional, aviltada pela corrupção.

O projeto confessa a ideia totalitária nele subjacente na medida em que promove uma superlativa valorização da coisa pública em detrimento das prerrogativas individuais.

Insistem os autores em colocar o povo brasileiro como viciosamente saqueado pelos "*impunes criminosos de colarinho branco*" e como o Estado social poderia ser muito melhor se a corrupção tivesse um tratamento enérgico. *Tanto é de feitio coletivista que a proposta legislativa entende que a corrupção deve ser equiparada ao delito de homicídio, na medida em que pessoas morrem por causa da corrupção.*

743 Sobre os estudos que fundamentam o projeto: "Além disso, segundo estudos consagrados sobre corrupção, como os de Rose-Ackerman e Klitgaard, uma das perspectivas do ato corrupto apresenta-o como fruto de uma decisão racional que toma em conta os benefícios e os custos da corrupção e os do comportamento honesto. A ponderação dos custos da corrupção envolve o montante da punição e a probabilidade de tal punição ocorrer. A inserção de tais delitos como hediondos repercute diretamente no montante da punição, sob prisma prático, pesando como fator negativo na escolha racional do agente." (ibidem).

O critério causa-efeito não pode ser aferido senão por uma correlação abstrusa.

Como David Hume já pontuava no século XVIII, a sucessão de dois fatos não necessariamente estabelece uma relação de causa-efeito[744].

Não se pode dizer, em concreto e definitivo, que a corrupção é uma prática genocida sem antes se aportar um devido estudo científico sobre as práticas analisadas e o impacto da corrupção.

Ademais, a vida de um cidadão brasileiro se torna, na ótica do projeto, equivalente a um suborno. A ideia de que a moralidade da coisa pública seja equiparável a uma vida humana apenas demonstra a ortodoxia totalitária.

Não há como se falar em possibilidade de um homicídio equivaler a um suborno milionário, mesmo para parâmetros de punibilidade abstrata, pois uma vida humana não possui métrica de comparação com absolutamente nada na existência humana. O suborno é repetível às montas, já a vida humana dolosamente ceifada não.

Se os autores não fossem confessos pragmáticos com efetivas difusões sobre essa opção doutrinária, seria simplório por demais nominá-los de hegelianos e buscar explicar suas propostas por via da Ideia Absoluta e finalidade do Estado brasileiro dentro da dialética do pensador prussiano[745].

Inclusive, seria mais digno no campo epistêmico se assim fizessem, pois suas convicções talvez não fossem chamadas de medíocres, e sim de complexas – como é o pensamento de Hegel.

Estabelecer a máxima riqueza como elemento essencial para aplicação do Direito permite se tirar do fundamento jurídico todo e qualquer valor além--matemático e se dimensiona toda a discussão sobre o espectro da utilidade de determinada situação.

Como destacamos ao analisar a concepção pragmática, o preceito de que os fins de utilidade em algum momento transcendem os fins em si permite, sem redundâncias ou temores, a busca por medidas que sejam tenazes ao cidadão comum em prol dum bem abstrato à coletividade.

A proposta analisada, portanto, é escalafobética por criar um dos grandes sofismas jurídicos no Brasil – a corrupção é produto da impunidade da Justiça – e

744 HUME, David. *Investigação acerca do entendimento humano*. Tradução: Anoar Aiex. Editora Nova Cultural, 1999, p. 31.

745 Para a compreensão do hegelianismo, sugere-se: RUSSELL, Bertrand. *História do pensamento ocidental: a aventura dos pré-socráticos a Wittgenstein.* Tradução: Laura Alves e Aurélio Rebello. 21ª edição. Rio de Janeiro: Nova Fronteira, 2017, p. 323.

admitir a indolência epistêmica como uma regra para formuladores de projetos legislativos capazes de afetar milhões de pessoas da forma mais dantesca possível.

B. O Plea Bargain proposto no Pacote Anticrime[746]

Desde Søren Kierkegaard, o pensamento humano repousa sobre a fundamental necessidade de se avaliar primeiro a existência de uma coisa para depois perquirir sua essência[747].

O filósofo dinamarquês do século XIX apontou essa premissa que inauguraria o pensamento existencialista como alternativa ao pensamento hegeliano-hegemônico em toda a Europa naquela época.

O pensamento hegeliano pende à criação duma sociedade totalitária na qual a liberdade não seria endógena ao indivíduo, e sim ordenada e delimitada pelo Estado, fundado este na Ideia Absoluta[748].

A partir do momento que Kierkegaard estabelece o primado da existência sobre a essência, as formas de se compreender o universo humano também se alteram. Ao Direito brasileiro, parece ser fundamental um giro dessa ordem.

A digressão sobre possibilidades e faculdades de agir em espaços onde é impossível de se compreender tais se torna uma regra daqueles imbuídos de um espírito reformador possível tão somente em suas ambições personalíssimas, tal como o então ministro da Justiça e Segurança Pública, Sérgio Fernando Moro.

Essa alta figura da república propôs o chamado Pacote Anticrime ao Congresso Federal. Destacaram-se diversas medidas como a ampliação da chamada Justiça Penal negocial por via dos chamados Acordo de Não Persecução Penal e Acordo Penal a Não Aplicação Imediata de Penas.

O Acordo de Não Persecução Penal nominado no pretenso artigo 28-A, autoriza o Ministério Público a fazer proposta de não instaurar a persecução penal se o investigado: i) tiver confessado circunstanciadamente a prática da infração penal; ii) for ela sem violência ou grave ameaça; iii) com pena máxima inferior a quatro anos.

Preenchidos os requisitos, o investigado será submisso às seguintes sanções: iv) reparação do dano; v) renúncia de bens, direitos indicados como produto,

---

746 Agradeço ao amigo Angelo Cristofori pela ajuda na compreensão com pontuais críticas capazes de clarificar a exposição do texto a seguir.
747 Ibidem, p. 331
748 Ibidem, p. 323.

proveito ou instrumento do crime; vi) prestação de serviços à comunidade num prazo de até dois terços da pena mínima; vii) pagar prestação pecuniária a entidade indicada pelo Ministério Público; viii) cumprir condição não tipificada que seja proporcional e compatível com a infração penal imputada.

Já o pretenso artigo 395-A do CPP, assim denominado Acordo Penal a Não Aplicação Imediata de Penas se dará depois de oferecida a denúncia e exige os seguintes requisitos do acusado: ix) confissão circunstanciada da prática da infração penal; x) a pena privativa de liberdade deve ser aplicada dentro dos parâmetros legais e observará as circunstâncias do caso concreto e o magistrado apontará a pena em concreto da conduta; xi) dispensa da produção de provas e direito a recurso cabível.

Cumpridos os requisitos, o acusado poderá ostentar o benefício de ter a pena reduzida até a metade e substituição da pena privativa por restritivas de direitos conforme as circunstâncias, a gravidade do delito e o grau de colaboração do acusado para a rápida solução do caso.

Em caso de reincidência ou criminalidade habitual, ambas as modalidades de acordos restringem sua amplitude. No caso da reincidência, não será admitida sequer a proposta e na constatação da criminalidade habitual uma parcela do cumprimento de pena será em regime fechado.

A premissa do proponente é aumentar a taxa de eficiência dos processos com a solução mais dinâmica do litígio com a formulação de um acordo. Com esse dinamismo e demais mecanismos, espera-se dessa alteração legislativa a capacidade de se mudar a realidade da Justiça criminal brasileira e sua "crônica impunidade".

Depreendida a finalidade do projeto e seus principais pontos, passemos agora a uma avaliação crítica das pretensas ferramentas processuais. Faremos uma crítica em cunho ortodoxo, e por isso sob a ótica da Constituição Republicana de 1988, e posteriormente de matriz heterodoxa, e aí avaliaremos as premissas do projeto no cunho estritamente econômico. A leitura heterodoxa se presta a demonstrar quão frágil é a proposta mesmo se fizermos uma avaliação dentro das inspirações do autor.

Numa leitura estritamente constitucional, o referido projeto de lei não apresenta coerência aos princípios cardeais do Processo Penal Constitucional brasileiro.

Como se observa pela análise dos dispositivos citados, inverte-se a lógica constitucional de ônus probatório e transfere ao investigado ou réu o dever de produzir as provas aptas ao seu acordo. Os juristas menos criteriosos podem arguir que é natural dum acordo em que ambas as partes promovam esforços para solucionar a controvérsia.

Entretanto, essa falta de critério aflora outro ponto frágil na matéria probatória: *o acusado ou investigado não poderá barganhar uma pena mais branda se em nenhum momento foi-lhe oportunizada a possibilidade de produzir prova ou elemento de convicção.*

Inexistindo no Brasil qualquer lei que franqueie a investigação defensiva e não estando a autoridade em questão obrigada a atender as requisições de defesa em inquérito policial, o acusado fará um acordo dentro da lógica inquisitiva instaurada, somente.

Ademais, em sendo um acordo, o representante ministerial não está atrelado a propô-lo. *Subjaz outro ponto inconstitucional do projeto: a discricionariedade judicial das autoridades.*

A discricionariedade é contraditória ao sistema jurídico vigente. O constitucionalismo, pautado em regras e princípios, abole o agir discricionário e essa ampla vinculação é traduzida no princípio da supremacia constitucional[749].

Georges Abboud[750] reforça que o comando normativo central pelo qual não se admite a implementação da discricionariedade está no artigo 93, IX da Constituição Republicana de 1988. E, ainda, ressalta o ato administrativo atrelado senão a uma lei específica a outras regras e princípios do sistema constitucional[751] e por isso não se pode reconhecer a qualquer instituição a possibilidade de agir senão no interstício da dinâmica constitucional. O projeto, no entanto, apenas fomenta a discricionariedade e não apresenta nenhuma saída a ela.

Outro ponto que merece destaque é a possibilidade do magistrado se imiscuir da análise de questões de mérito da ação penal como atipicidade da conduta denunciada ou desclassificação da imputação.

Com tal *design* doutrinário-jurisprudencial, o acusado pode se ver diante duma imputação inepta ou até mesmo atípica por conta do precaríssimo filtro valorativo inicial e promover um acordo para findar a ação penal sem sofrer maiores celeumas judiciais – incluindo a prisão preventiva para garantia da

---

749 SARLET, Ingo Wolfgang; MARINONI, Luiz Guilherme; MITIDIERO, Daniel. *Curso de Direito Constitucional*. 6ª ed., São Paulo: Saraiva, 2017, p. 224 e s.
750 ABBOUD, Georges. *Processo Constitucional Brasileiro*. 2ª edição: revista, atualizada e ampliada. São Paulo: Thomson Reuters Brasil, 2018, p. 268.
751 Ibidem, p. 270

ordem pública, execução provisória da pena em primeira ou segunda instância ou perdimento de bens e valores por via da alienação antecipada.

Essa diferenciação de faculdades é atroz ao equilíbrio processual mínimo e impõe uma regra, de modo que o acusado terá muito a perder se não aceitar a ratificação dum acordo leonino contra uma imputação ilícita.

Todos esses fatores destacam como o projeto está encartado numa premissa inquisitiva.

A proposta secundariza em muito a ampla defesa e instrumentaliza o acusado num meio não apenas de provas mas também de satisfação social plena, intuindo que um julgamento rápido é dever exclusivo do acusado e não dos protagonistas processuais publicamente investidos.

Agora passamos a valoração crítica do projeto em matriz de análise heterodoxa.

Numa observação de caráter linguístico-semântico, podemos denotar a fragilidade ontológica do cidadão nessa proposta processual e a flagrante superioridade da acusação.

O termo estrangeiro que referencia a proposta é *Plea Bargain.* Sua tradução literal é "apelo de barganha" e não é usado como referência para nominar o instituto. Mas é factível como a radicalização da tradução permite inferir um sentido.

Como o próprio termo diz, alguém fará um apelo de barganha para se ter um acordo, e a regra, como em qualquer barganha, é a parte mais frágil ser onerada por sua evidente disparidade.

Se o Estado instrumentaliza a persecução e possui unilateralidade na produção dos elementos de convicção na fase de investigação preliminar, essa será a base para discutir o acordo.

E por isso qualquer uma das modalidades de acordo criará uma necessidade de súplica por partes dos acusados e seus defensores para uma negociação. *Fica clarividente a concepção leonina dessa ferramenta processual.*

A semântica, nessa análise, apenas preludia algo já constante na realidade forense brasileira: o fetiche punitivista dominante nos órgãos de persecução e a hiperbólica noção de eficiência da Jurisdição criminal – e aqui retorna a influência da escola pragmática de Posner na confecção do instituto.

Com base nessa ponderação, fundamentamos nossas críticas, agora dentro da premissa econômica. *A primeira crítica essencial e incrustada na lógica da análise econômica é que a proposta não considerou a assimetria de informações entre as partes.*

Como preceituam as ciências econômicas, a assimetria de informações é considerada uma falha de mercado e consiste na ideia que uma das partes gozará de maiores informações para ratificação duma transação e por isso exercerá maiores pressões e domínio de poder sobre a outra[752].

No caso dos Acordo de Não Persecução Penal e Acordo Penal a Não Aplicação Imediata de Penas, é flagrante que o exercício duma investigação unilateral criará, com facilidade, a possibilidade dos órgãos de persecução penal em perquirirem fatos, provas e proporem acordos em razão de sua conformidade aos fatos e objetivos e não no comum interesse entre as partes.

Outra questão muito relevante dentro das ciências econômicas é a chamada otimização. Existem duas formas de se mensurar a otimização: ou pela regra de Pareto ou pela regra de Kardol-Hicks.

A regra de eficiência de Pareto define como obrigação da análise que somente contabilize como crescimento marginal idôneo se todos os indivíduos obtêm algum acréscimo sem que nenhum tenha um decréscimo[753]. Já a regra de Kardol-Hicks estabelece que a contabilização se dê sobre os aspectos globais e avalie quanto se percebeu de vantagens ao coletivo e não ao individual[754].

Do que foi submetido à análise, parece-nos que a proposta legislativa é obediente tão somente ao critério de Kardol-Hicks. Essa admissão viola os escopos do Processo Penal constitucional brasileiro. Em nenhum momento admite-se que um pequeno grupo de pessoas seja preterido a fim da coletividade perceber maior satisfação com a eficiência processual.

O Direito Processual Penal brasileiro não assume, como gostariam Jeremy Bentham e Richard Posner, a mecanização e a satisfação em grau quantitativo e assepsia moral absoluta do Direito[755]. Ainda que se considere arcaico, os ditames da Jurisdição criminal brasileira obedecem a ideia de Willian Blackstone, segundo a qual vale mais cem culpados soltos que um inocente preso[756].

---

752 Sobre a assimetria de informações: MANKIW, N. Gregory. *Introdução à Economia*. Tradução da 5ª edição norte-americana. São Paulo: Cengage Learning, 2009, p. 11.

753 BRUE, Stanley. *História do Pensamento Econômico.* Tradução: Luciana Penteado Miquelino. 6. Ed. São Paulo: Cengage Learning, 2011, p. 394.

754 Sobre o critério de otimização de Kaldor-Hicks, destacamos um adepto do modelo, Solon Linhares: LINHARES, Sólon. Confisco de Bens – uma medida penal com efeitos civis contra a corrupção sistêmica. 1 edição. São Paulo: Revista dos Tribunais, 2016, p. 62.

755 Referência: POSNER, Richard. *Fronteiras da Teoria do Direito.* Tradução: Evandro Ferreira e Silva, Jefferson Luiz Camargo, Paulo Sales e Pedro Sette-Câmara. São Paulo: Editora WMF Martins Fontes, 2011, p 42.

756 Para melhor compreender, ver: POSNER, Richard. *Blackstone and Bentham*. The

Fica claro que o dito Pacote Anticrime carrega em si um significado do qual não se pode olvidar no momento de sua análise e crítica. Entendem os artigos analisados que o cidadão e os instrumentais de defesa previstos na Constituição são um flagrante óbice ao progresso social.

Algo como se todo o dilema da Justiça criminal brasileira não repousasse sobre as formas abstrusas de gastos públicos do Judiciário, a burocracia inerente a atividade administrativa da máquina judicial, o pouco preparo da Polícia Científica e o superlativo Ministério Público - que pretendem assumir a centralidade da atividade brasileira no âmbito público e privado - e se torna ineficiente per se.

O projeto é muito político, pouco técnico e pretende atender anseios sociais para fins de promoção social. É lamentável que um magistrado de carreira com amplo apoio popular tenha como única alternativa a formulação duma justiça negocial e ignorar a essência do processo penal: palco em que se faz a guerra para manter a paz, como diz Carnelutti[757].

A História denuncia a falácia da cordialidade no processo penal. Galileu Galilei, físico italiano perseguido pela Inquisição, foi obrigado a retirar suas teses científicas e promover um acordo com as autoridades inquisitivas da Igreja para ter sua vida e integridade física poupadas. Contam os historiadores que Galileu mantinha murmúrios de "No entanto, ela se move" enquanto cumpria com as tratativas que o obrigavam a abdicar de sua tese sobre o movimento da Terra em torno do Sol[758].

Como se denota, a força estatal dificilmente acorda com o razoável. Se o *Plea Bargain* teve força para envergar a ciência, o que fará ele com a "verdade"?

B. O que sobra da inspiração pragmática brasileira?

Baluarte o exposto, não é difícil compreender como o pragmatismo tem uma grande abertura a determinadas cabeças no Direito brasileiro. Com influência na interpretação unilateral e incipiente sobre entraves da prática, os projetos de lei avaliados não

Journal of Law & Economics, Vol. 19, No. 3, 1776: The Revolution in Social Thought (Oct., 1976), pp. 569-606.

757 CARNELUTTI, Francesco. *As misérias do processo penal.* Leme: CL Edijur., 2013, p. 15.

758 Referência: RUSSELL, Bertrand. *História do pensamento ocidental: a aventura dos pré-socráticos a Wittgenstein.* Tradução: Laura Alves e Aurélio Rebello. 21ª edição. Rio de Janeiro: Nova Fronteira, 2017, p. 246.

são apenas formas fidedignas da compreensão do pragmatismo de Richard Posner, mas igualmente patronos de uma incrível indolência epistêmica dos formuladores.

Uma das questões mais sensíveis ao pragmatismo brasileiro está na sua conjugação com os resultados obtidos pela assim denominada Operação Lava Jato, a qual recuperou valores em quantias bilionárias e encarcerou figuras do alto escalão da República Federativa do Brasil. Não fosse o bastante, esse modelo de trabalho se irradiou para outros países latino-americanos.

Essa gama de resultados compreendidos como satisfatórios passa a ser a grande motivação não apenas do Projeto de Lei, mas também do aporte da escola pragmática em terras brasileiras. Salvo uma justificativa mais aprofundada, os resultados práticos obtidos passam a ser o grande fiador da Law and Economics.

A sanha incontrolável de se padronizar os resultados ao *precaríssimo standard* de trabalho dos órgãos jurisdicionais brasileiros com a antecipação de pena por via da prisão preventiva, a violação sistemática ao devido processo legal, a criação de uma jurisprudência covarde na tutela das garantias individuais, a rebeldia jurisprudencial da jurisdição de piso com os precedentes dos Tribunais Superiores, os gastos faraônicos dos tribunais com despesas pessoais - sempre em descompasso com a regra do teto judicial - são fatores que nenhum dos projetos enfrentam, mas ainda assim afirmam atacar o centro da ineficiência jurisdicional.

Mas essa omissão é compreendida se aprofundarmos a análise de justificação da avaliação das Dez Medidas contra a Corrupção. Ali se destaca por que esta propositura é encarada com mais seriedade:

> [...] estimular a racionalidade do sistema judicial, permitindo que caminhe em direção ao cumprimento de seu escopo, bem como se almeja **reforçar a responsabilidade proativa daqueles que melhor conhecem o sistema e seus percalços - os julgadores e membros do Ministério Público -, na busca das soluções mais adequadas**. Cria-se, assim, um mecanismo automático de busca de soluções a partir do diagnóstico da situação (**grifo nosso**)[759].

Nada como uma comprovação para refutar qualquer convicção.

Somente um totalitário pode sentir-se acima do diálogo com os demais e afirmar ser a maior autoridade num assunto a ponto de dispensar quaisquer opiniões. Essa afirmativa permite uma conclusão serena sobre o pragmatismo

759 BRASIL, Projeto de Lei nº 4850/2016, Câmara dos Deputados, p. 82.

brasileiro: é um movimento jurídico e político de caráter revolucionário pelo ínterim das instituições democráticas para sacramentar uma pauta alheia às instituições democráticas.

O pensamento pragmático brasileiro, daquilo observado, é muito fiel ao autoritarismo estatal como ferramenta para mudança das condições sociais, políticas, econômicas e jurídicas. As assim denominadas Dez Medidas contra a Corrupção e o *Plea Bargain* pretendem legitimar a força estatal contra os casos considerados por estes como os mais graves à nação[760].

O Pacote Anticrime possui igual afinidade ao abuso estatal quando professa, com naturalidade, a proposta de Estado e indivíduo promoverem um acordo para que a repressão pública não incida sobre o cidadão, mesmo que esse não possa ou se defender ou produzir elementos de prova capazes de criar hígidos elementos de convicção para serem apreciados por um juiz imparcial.

Por conta de toda essa explanação, os projetos de lei são muito fiéis à teoria econômica do crime de Gary Becker e à bagagem doutrinária de "Posner I".

1. O pragmatismo é uma teoria fraudulenta do Direito?

Toda a exposição até o tópico presente tinha a pretensão de alinhar não apenas as diretrizes da premissa pragmática como seu aporte no ambiente jurídico brasileiro para responder a seguinte questão: O pragmatismo é uma teoria fraudulenta do Direito?

Essa é uma afirmação conhecida pelos discentes do Professor Pedro Serrano, e não existe melhor oportunidade para expormos sua veracidade do que numa homenagem do porte da apresentada.

A essa altura da argumentativa, seria exercício de elucubração e prepotência asseverar que as razões expostas a seguir seriam as idênticas à do professor. Em vista disso, o trabalho argumentativo a ser esposado aqui não empreenderá os mesmos trajetos, mas poderá alcançar o mesmo denominador comum. A modesta pretensão deste tópico é alcançar os passos do professor ao se falar do tópico em questão conforme segue.

Antes de promovermos uma acintosa digressão para confirmarmos a veracidade da hipótese sustentada pelo Professor Pedro Serrano, alinhamos a avaliação ao

---

760 Inclusive, essa fixação com a mudança para o bem comum é muito afinada às propostas totalitárias que tomaram corpo na Europa do século XX e se fizeram presentes no Brasil sob a veste do integralismo.

espectro exclusivo das ciências criminais e da Constituição Republicana de 1988. Por isso, seria imprudente apontar a incompatibilidade da teoria pragmática com outras áreas do Direito, como o Direito Tributário, o Direito Concorrencial, o Direito Comercial, o Direito Trabalhista – como apontamos no início.

Ao afirmar que o pragmatismo, na versão *Law and Economics*, é uma teoria fraudulenta do Direito no espectro do Direito criminal, o professor refere-se à premissa do Estado ser reconhecido como entidade capaz de aplicar critérios de utilidade – os custos e benefícios na sanção criminal – como ferramenta para avaliar sua eficiência.

Essa concepção admite como válida o corolário de "o direito penal serve para punir com limites aos direitos individuais". Esse postulado admite a existência de um direito de punir do Estado autônomo aos direitos fundamentais e não proveniente, exclusivamente, dos direitos humanos.

Esse é o cerne da crítica merecedora de todo o crédito.

É indiscutível como a premissa pragmática de Posner, seja em sua primeira ou segunda versão, entende o Estado desprendido dos direitos individuais no momento de empregar sua atividade repressiva. O compromisso da Força Pública, na compreensão da escola analisada, não está na guarida da individualidade e dos direitos humanos, e sim em frear a criminalidade por via do desestímulo corporal e financeiro àqueles supostamente comprometidos com as práticas intituladas como criminosas.

O postulado reitor da escola pragmática em seara criminal – *os custos da pena devem ser maiores que os proveitos obtidos com o delito* – se comporta, invariavelmente, como uma "carta-branca" ao Estado na prática de arbítrios em prol do cumprimento dessa regra.

E neste ponto, a premissa pragmática é incompatível com o próprio Estado de Direito. A melhor forma de compreendermos a acepção está em apontar um sentido além-jurídico a referida instituição ocidental, e nessa via o estudo de Friedrich Hayek pode ser elementar para tal.

Antes de aprofundarmos na compreensão do autor sobre o que é Estado de Direito, é fundamental entendermos quem foi o já citado autor. O austríaco foi um economista laureado com Prêmio Nobel e um ávido defensor da liberdade individual, além de ser um dos principais críticos aos regimes totalitários compostos na Segunda Guerra Mundial.

De orientação liberal nos estudos econômicos, o autor não se limitou aos debates sobre a liberdade no âmbito estritamente econômico e ampliou seus horizontes e discutiu como uma sociedade, para ter a liberdade como fundamento maior de sua composição.

E o autor inicia seus estudos com a própria compreensão do conhecimento humano e tece severas críticas à razão cartesiana – a qual nomeou de construtivismo[761]. Para o autor, construtivismo é a forma de compreensão do universo humano por via exclusiva da razão, algo como se o conhecimento racional fosse capaz, em maior ou menor grau, de compor a formulação de todas as condições humanas.

O autor vislumbrou essa premissa muito forte nos sistemas sociais por ele nominados de coletivistas, tais como os socialistas e os nazifascistas. A similitude entre esses modelos, dentre várias, estava na rejeição das instituições civilizatórias e na percepção de necessidade do avanço da coletividade sobre o indivíduo – e por isso formulou o conceito de coletivista.

Ao se destacar como defensor da liberdade individual, Hayek destaca o Estado de Direito como o grande alicerce da liberdade humana em todas as acepções e uma das grandes formulações da tradição ocidental em prol da liberdade. Ao explicar o Estado de Direito, Hayek defende a instituição civilizatória enquanto produto duma longa evolução das práticas civilizatórias, se apresentando como modelo ideal para qualquer sociedade livre:

> O estado de Direito só teve uma evolução consciente durante a era liberal e é uma das suas maiores realizações, não só como uma salvaguarda mas como uma concretização jurídica da liberdade. Como disse Immanuel Kant (e Voltaire antes dele, quase nos mesmos termos), "*o homem é livre quando não tem de obedecer a ninguém, exceto às leis*". Como um ideal vago, no entanto, o estado de Direito existe pelo menos desde o tempo dos romanos, e durante os últimos séculos nunca foi tão ameaçado como o é hoje[762].

761 Em breve síntese, construtivismo é a compreensão desenvolvida por Hayek para denunciar a forma de conhecimento e sua construção pautadas na mera abstração e distorção das categorias cognitivas para adequar a realidade fática a um preceito intelectivo desejado por alguém. Para melhor compreensão desta forma de compreensão, sugerimos: (a) HAYEK, Friedrich August Von. *O Caminho da Servidão*. 6ª ed. Tradução: Anna Maria Capovilla, José Ítalo Stelle e Liane de Morais Ribeiro. São Paulo: Instituto Ludwig Von Mises, 2010; (b) HAYEK, Friedrich. *Os erros fatais do socialismo*. Tradução: Eduardo Levy. 1ª edição. Bauru: Faro Editora, 2017; (c) HAYEK, Friedrich. *Direito, Legislação e Liberdade: uma nova formulação dos princípios liberais de justiça e economia política, Volume I: normas e ordem*. Tradução: Anna Maria Capovilla, José Ítalo Stelle, Manoel Paulo Ferreira e Liane de Morais Ribeiro. São Paulo, Visão, 1984.

762 HAYEK, Friedrich August Von. *O Caminho da Servidão*. 6ª ed. Tradução: Anna Maria Capovilla, José Ítalo Stelle e Liane de Morais Ribeiro. São Paulo: Instituto Ludwig Von Mises, 2010, p.96.

O economista define dois argumentos que entende ele serem fundantes do Estado de Direito: um de ordem econômica e outro de ordem moral.

O argumento de ordem econômica reside na ideia de que a livre concorrência não obriga o Estado a planejar todos os atos da vida quotidiana e por isso dispensa-se não apenas a condução diuturna do ambiente econômico por parte da autoridade central, mas também faculta ao cidadão a possibilidade de se ter um exercício de escolha[763].

O segundo argumento é moral, como o próprio autor denota, e define que é absolutamente inadmissível que uma autoridade central faça delimitação da vida corrente de qualquer pessoa.

Cabe a cada cidadão definir, pela sua própria escolha, como será a sua vida privada, e não uma autoridade central com ampla ingerência em suas escolhas[764]. E nesse córtex, o autor faz uma dura crítica à discricionariedade das autoridades públicas nos regimes coletivistas[765].

E a partir do conceito de liberdade de escolha e Estado de Direito que Hayek constrói um coerentíssimo discurso sobre a imparcialidade do magistrado e do

---

763 Ibidem, p.91 e s.

764 Acerca do segundo argumento sobre o Estado de Direito: "O segundo aspecto do raciocínio, de ordem moral ou política, interessa ainda mais diretamente ao ponto em questão. Para que o estado possa antever com exatidão os efeitos das suas decisões, não poderá deixar liberdade de escolha aos indivíduos por ela afetados. Sempre que ele estiver em condições de prever o efeito exato de linhas de ações alternativas sobre dadas pessoas, será também ele quem escolherá os diferentes objetivos a alcançar. Se quisermos criar novas oportunidades que estejam ao alcance de todos, oportunidades estas que as pessoas possam utilizar da forma que entenderem, os resultados exatos não poderão ser previstos. As normas gerais, as verdadeiras leis, em contraposição às determinações específicas, devem portanto ser configuradas de modo a atuar em circunstâncias que não podem ser previstas em detalhe, não sendo assim possível conhecer de antemão o efeito sobre pessoas ou objetivos determinados. Só neste sentido o legislador será imparcial. Ser imparcial significa não conhecer a resposta a certas questões – às questões que costumamos decidir tirando a sorte. Num mundo em que tudo fosse previsto com exatidão, o estado dificilmente poderia agir e ao mesmo tempo ser imparcial. (Ibidem, p.92)".

765 Vale aqui a transcrição da obra de Hayek acerca da sua crítica a discricionariedade necessária das autoridades públicas nos regimes de planejamento central e como isso afeta a liberdade individual: "Na verdade, à medida que o planejamento se torna cada vez mais amplo, faz-se necessário abrandar na mesma proporção as disposições legais, mediante referência ao que é 'justo' ou 'razoável': isto significa que é preciso cada vez mais deixar a decisão do caso concreto ao poder discricionário do juiz ou da autoridade competente. Poder-se-ia escrever uma história do declínio do Estado de Direito, do desaparecimento do *Rechsstaat* com base na introdução progressiva dessas fórmulas vagas na legislação e na jurisdição, e na crescente arbitrariedade, mutabilidade e imprecisão do Direito e da judicatura (de onde o desrespeito que lhes advém), os quais sem tais circunstâncias não podem deixar de converter-se num instrumento político." (ibidem, p. 93).

legislador num Estado de Direito. É fundamental apontar que, embora muito coerente, a discussão foi primeiro franqueada por Adam Smith quando esse disse que o juiz deve se comportar como um espectador imparcial[766].

A construção do austríaco parte da ideia de que quanto mais próximo dos fatos está alguém, mais prejudicado é seu argumento valorativo sobre a questão. O autor aduz esse ponto para dizer que, numa sociedade planificada, o gestor central imbricará não aquilo que é melhor para todos, mas sim aquilo que é melhor para si e que pode ser aceito pelos demais.

Assim a lei deixa de ser um *instrumento do povo* para se convolar num *instrumento de controle do povo*, e o Estado deixa de ser imparcial para se tornar uma instituição moral[767] - aqui moral nos termos hegelianos.

O elemento planejador ao Estado faz com que seja necessário, cada vez mais, que o modelo ideal de condução se forneça maior discricionariedade aqueles próximos ao caso concreto e se abandone os preceitos formais[768].

Em alusão a isso, Hayek defende que a lei deve primar sempre pela sua moldura forma e abstrata, à revelia da ideia material com solução ao caso concreto. O forma-

766 SMITH, Adam. *Theory of moral sentiments*. Penguin Books, 2010, 499 p.

767 Sobre o conceito de moralidade dos estados coletivistas e como o abandono da imparcialidade do Estado cria um abuso deste aos cidadãos: "Mas sempre que são conhecidos os efeitos precisos da política governamental sobre determinados indivíduos, sempre que o governo visa diretamente a determinados resultados, ele não pode deixar de conhecê-los e portanto não pode ser imparcial. Deve assim, favorecer uma das partes, impor suas preferências ao indivíduo e, em vez de auxiliá-lo na consecução das suas próprias finalidades, escolher essas finalidades em seu lugar. Quando os resultados particulares são previstos na ocasião em que se faz uma lei, esta perde o caráter de simples instrumento a ser empregado pelo povo e converte-se num instrumento usado pelo legislador para controlar o povo. O estado deixa de ser peça de um mecanismo utilitário destinado a auxiliar as pessoas a se desenvolverem sua personalidade individual para tornar-se uma instituição ""moral"" – ""moral"" não em contraposição à imoral, mas no sentido de uma instituição que impõe aos que a ela se acham subordinados suas ideais sobre todas as questões morais, quer essas ideias seja morais, quer altamente imorais. Nesse sentido, o estado nazista ou qualquer outro estado coletivista é ""moral"", ao passo que o estado liberal não o é." (Ibidem, p. 92).

768 Sobre a necessidade de abdicar-se da legalidade em prol da discricionariedade, diz Hayek: "Na verdade, à medida que o planejamento se torna cada vez mais amplo, faz-se necessário abrandar na mesma proporção as disposições legais, mediante referência ao que é "justo" ou "razoável": isto significa que é preciso cada vez mais deixar a decisão do caso concreto ao poder discricionário do juiz ou da autoridade competente. Poder-se-ia escrever uma história do declínio do Estado de Direito, do desaparecimento do *Rechsstaat* com base na introdução progressiva dessas fórmulas vagas na legislação e na jurisdição, e na crescente arbitrariedade, mutabilidade e imprecisão do Direito e da judicatura (de onde o desrespeito que lhes advém), os quais sem tais circunstâncias não podem deixar de converter-se num instrumento político." (Ibidem, p. 93).

lismo legal vem como ferramenta essencial ao Estado de Direito e se constrói com vetor direcionado à imprevisibilidade de sua aplicação a determinados casos.

É fundamental ao modelo liberal, como bem aduz Hayek, que o cidadão seja capaz de prever as ações estatais para não ser ferroado com uma conduta pública não previsível[769].

O formalismo do autor deve ser entendido, conforme ele mesmo aduz, como um respeito indiscutível ao preceito da igualdade entre todos os cidadãos. Hayek nega o preceito da igualdade material dos cidadãos, mas defende, impetuosamente, a igualdade de oportunidades entre eles e ressalta que a igualdade material é incompatível com o Estado de Direito.

O autor entende que a igualdade prescinde da regra aristotélica de "tratar igualmente os iguais de forma desigual, na medida em que eles se igualam". Nicola Abbagnano também coloca essa premissa ao definir o conceito de igualdade, dizendo que o elemento fundamental dessa ideia é a possibilidade de se aplicar a mesma regra a um cidadão sem vê-la ter seu preceito alterado[770].

Com base nessas argumentações, Hayek defende que o Estado de Direito é produto duma longa evolução das práticas civilizatórias, se apresentando como modelo ideal para qualquer sociedade livre. E com isso o austríaco defende

---

769 A explicação da Hayek sobre qual o preceito de formalismo necessário para respeito ao Estado de Direito: "A imprevisibilidade dos efeitos concretos, que é a característica distintiva das leis formais em um sistema liberal, reveste-se também de importância porque contribui para desfazer outro equívoco acerca da natureza desse sistema: a ideia de que sua atitude característica é a inação do estado. A dicotomia entre a intervenção e a não-intervenção do estado é inteiramente falsa, e o termo *laissez-faire* é uma definição bastante ambígua e ilusória dos princípios em que se baseia uma política liberal. Está claro que todo o estado tem de agir, e toda ação do estado implica em intervir nisto ou naquilo. Mas não é isso que vem ao caso. O importante é saber se o indivíduo pode prever a ação do estado e utilizar esse conhecimento como um dado na elaboração de seus planos particulares – o que significa que o estado não pode controlar a forma como seu mecanismo é empregado e que o indivíduo sabe exatamente até que ponto será protegido contra a interferência alheia – ou se o estado está em condições de frustrar os esforços individuais." (Ibidem, p. 95 e s.).

770 É cirúrgica a definição de Nicola Abbagnano sobre o tema: "P. ex., a I. dos cidadãos perante a lei pode ser reduzida à possibilidade de substituição dos cidadãos nas situações previstas pela lei sem que mude o procedimento da lei, de tal forma que, p. ex., o réu por um crime d nas circunstâncias c pode ser substituído por qualquer outro réu do mesmo crime na mesma circunstância, sem que o procedimento legal seja alterado. Do mesmo modo, pode-se descrever a I. moral ou jurídica dizendo que, nela, x, que se encontre em determinadas condições, possui prerrogativas ou possibilidades não diferentes das possuídas por qualquer outro x nas mesmas condições." (Referência: ABBAGNANO, Nicola. *Dicionário de Filosofia*. 5. ed. Tradução: Alfredo Bossi; Revisão e tradução dos novos textos: Ivone Castilho Benedetti. 5. ed. São Paulo: Martins Fontes, 2007, p. 534).

que a sociedade planificada cria um modelo de Estado despótico[771], e a única forma de se ter a defesa completa das minorias e do indivíduo se dá pelo crivo do Estado de Direito.

A esse autor, a ideia central que conduziu a humanidade durante todo processo civilizatório está na liberdade individual.

O que é elementar no pensamento de Hayek é o fundamento na tradição da civilização ocidental iniciada com o pensamento helenístico e o pensamento coletivista estaria na contramão dessa proposta[772].

A proposta socialista seria um atestado de que a sociedade passou a se afastar da proposta liberal e se aproximar dos preceitos totalitários[773].. O pensamento coletivista é atrelado à ideia de progresso e igualdade absoluta, enquanto a proposta liberal seria fundamentada na ideia de *indivíduo*. A pauta socialista teria mais fórceps de convencimento em razão da sua "instantaneidade" e força de convencimento que a proposta liberal.

Isso tudo faz com que o liberalismo seja visto como uma filosofia negativa[774]. Na pauta do austríaco, a ideia liberal seria frágil perante o sentimento reformista das quais as propostas socialistas estariam embebidas[775]. O ideal liberal, segundo Hayek, demanda não apenas uma correta orientação como pa-

---

771 Acerca de Estado de Direito e sociedades planificadas: "Afirmar que numa sociedade planificada o estado de Direito não pode subsistir não equivale, pois, a dizer que os atos do governo não serão legais ou que em tal sociedade não haverá leis. Significa apenas que o emprego dos poderes coercitivos do governo já não será limitado e determinado por normas pré-estabelecidas. A lei pode tornar legal aquilo que para todos os efeitos permanece uma ação arbitrária e, para possibilitar a gestão central das atividades econômicas, é-lhe necessário fazer isso. Se a lei declara que uma autoridade ou comissão podem agir de maneira que lhes convém, todas as ações destas serão legais – mas não estarão por certo sujeitas ao estado de Direito. Conferindo-se ao governo poderes ilimitados, pode-se legalizar a mais arbitrária das normas; e desse modo a democracia pode estabelecer o mais completo despotismo." (Ibidem, p. 97).

772 Sobre a negação dos valores tradicionais pelos nazistas e socialistas, diz Hayek: "Estamos rapidamente abandonando não só as ideias de Cobden e Bright, de Adam Smith e Hume, ou mesmo de Locke e Milton, mas também uma das características mais importantes da civilização ocidental que evoluiu a partir dos fundamentos lançados pelo cristianismo e pelos gregos e romanos. Renunciamos progressivamente não só ao liberalismo dos séculos XVIII e XIX, mas ao individualismo essencial que herdamos de Erasmo e Montagne, de Cícero e Tácito, de Péricles e Tucídides. O líder nazista que definiu a revolução nacional socialista como uma contra-Renascença estava mais próximo da verdade do que provavelmente imaginava. Ela representou a etapa final da destruição da civilização construída pelo homem moderno a partir da Renascença e que era, acima de tudo, uma civilização individualista." (Ibidem, p. 39).

773 Ibidem, p. 39.

774 Ibidem, p. 43.

775 Ibidem, p. 44.

ciência não apenas da comunidade como também daqueles envolvidos com a problemática social.

E toda a construção do economista austríaco serve como perfeito encaixe para a ideia central de porque o pragmatismo nas ciências criminais deve ser entendido como uma teoria fraudulenta do Direito.

É fraudulento porque ignora aspectos básicos do Estado de Direito, os quais são a legalidade, a previsibilidade do Estado nas condutas constritivas ao cidadão e a postura imparcial das autoridades ao valorar um conflito social.

A teoria estadunidense nominada Law and Economics exige, ao seu passo, uma legalidade frouxa para os atores públicos se portarem como agentes e atuarem com ampla reserva cognitiva em prol de fins nominados e eleitos por si como os mais adequados; o Estado, como deverá agir para criar custos indeléveis às práticas punitivas, não poderá ser previsível, pois, senão, os custos estarão sempre em descompasso com as pretensões dos agentes públicos; e o árbitro não pode ser totalmente imparcial, pois, senão, aplicará a lei previsível e não estará dotado de um "efeito surpresa" suficiente para tal.

Logo, o postulado do Professor Pedro Serrano pode ser adequado à seguinte métrica: *O pragmatismo é uma teoria incompatível ao constitucionalismo, ao Estado de Direito e à jornada civilizatória por este empregada.*

Por evidente que a crítica pode se posicionar de forma acintosamente adversa ao defendido aqui. Mas como simples exemplo de coerência epistêmica, os próprios pragmáticos não podem assumir postura diversa da crítica apontada aqui, vez que suas próprias defesas acadêmicas deixam claras a aversão aos preceitos da imparcialidade jurisdicional, previsibilidade das ações estatais e respeito inconteste à legalidade.

Os acadêmicos Fernando Araújo, Luciana Yeung e Luciano Timm são referências no estudo sobre a escola Law and Economics no Brasil, figurando como representantes da Escola Brasileira de Direito e Economia – Ebradi.

Ao discutirem sobre a questão recente dos vazamentos envolvendo autoridades da assim denominada Operação Lava Jato, sustentaram não apenas a ilicitude das provas como também a inexistência de suspeição do então jui federal Sérgio Moro, caso seja confirmada a autenticidade do discurso[776]. Em primeiro

776 ARAÚJO, Fernando; YEUNG, Luciana; e TIMM, Luciano. *A prova ilícita sob ótica da análise econômica do Direito.* Estado de São Paulo, disponível em: <<https://politica.estadao.com.br/blogs/fausto-macedo/a-prova-ilicita-sob-otica-da-analise-economica-do-direito/>>. Acesso em: 30 jun. 2019.

ponto, avocaram para a Análise Econômica do Direito uma suposta preferência na valoração:

> Porque, diferentemente de muitas das áreas do Direito, ela [AED] apresenta uma análise despida de emoções, valores pessoais e partidarismos, oferecendo uma avaliação mais objetiva, pragmática e realista sobre o desenho de regras jurídicas e sua interpretação. E a verdade é que o processo penal pode e deve ser examinado sob esse prisma[777].

E partindo dessa suposta neutralidade de análise, entendem os autores citados que:

> [...] é difícil pensar o processo penal como sistema de garantias ao réu vulnerável frente ao Estado, como foi construído no passado e simplesmente aplicar esse mesmo ferramental dogmático quando se está diante de organizações criminosas poderosas envolvidas em corrupção como rés frente ao mesmo estado. A justificativa está justamente na capacidade de resistência à investigação e persecução destas últimas, muitas vezes com ramificações dentro dos poderes instituídos da república[778].

E ao compreenderem o arcabouço legal como uma possibilidade de fraude pelos grandes poderosos, defendem os autores que o dispêndio de recursos públicos tão vultuosos para a apuração dos casos em comento deve ser regra de valoração essencial para se tomar uma decisão nos casos acerca da suspeição e consequente nulidade dos feitos, caso seja essa a decisão necessária:

> Ademais, não se deve admitir que processos que se encontram com decisões de segundo e de terceiro grau, devam sofrer qualquer reapreciação em razão dessa prova ilicitamente obtida. Já houve suficiente dispêndio de recursos públicos para se chegar até onde se chegou (a par dos recursos perdidos pelo contribuinte em razão da corrupção já comprovada). Há também poucas chances de que, depois do caminho que o processo seguiu, com julgamentos no segundo, e às vezes, terceiro grau, os julgamentos tenham sido sistematicamente equivocados e infundados[779].

---

777 Ibidem.
778 Ibidem.
779 Ibidem.

E a flexibilização da imparcialidade jurisdicional serve, então, como uma regra para proteger o Estado e seus atores de investigação porquanto um criminoso fará de tudo possível para obter a nulidade do feito sob essa ótica, e é preciso promover um saudável ambiente para que investigadores e juízes possam confeccionar seus trabalhos em busca do melhor resultado possível:

> Isso seria o mesmo que impor limites ao poder investigativo da polícia (como do réu que sem querer gravar uma conversa policial), permitindo aos próprios condenados de se valerem de sua torpeza, gastando recursos e energia para reverter uma condenação por meios ilícitos. É óbvio e esperado que os condenados – como peixes que foram pescados e estão fora d'água – resistam e ataquem a todo custo, por vias lícitas e ilícitas; mas não se pode permitir que essa resistência ultrapasse, mais uma vez, o limite da legalidade (sobretudo quando se tem em conta criminosos muito organizados, com recursos de todo tipo de natureza). Não deveríamos admitir que juízes e promotores de justiça sejam constantemente escrutinizados em sua privacidade ou intimidade por acusados[780].

Ou seja, a eficiência da persecução penal pode, e nesse caso deve, ser flexibilizada para os fins de eficiência e maximização de riquezas da sociedade – no caso, o combate à corrupção pode se sobrepor aos direitos individuais[781].

Depois da breve exposição sobre como a escola pragmática brasileira entende determinados casos concretos, não restam dúvidas sobre como o pragmatismo é avesso aos preceitos fundadores do Estado de Direito e por que está correto o Professor Pedro Serrano na afirmação norteadora de toda a pesquisa.

1. Conclusão

Defender a liberdade humana é um exercício de glória que poucos podem assumir como parte indissociável do DNA jurídico de um pensamento. Em momentos de altivez e calmaria, todos são ávidos defensores da liberdade humana e se encontram vários defensores deste feitio.

780 Ibidem.

781 Poder-se-ia, como forma de refutar os argumentos dos subscritores do texto, apontar como o categórico despreparo na teoria do processo penal, invocando a obsoleta Teoria Geral do Processo, como partida inicial da desconstrução da sua argumentação no mínimo risível sobre como a suspeição deve ser mitigada, mas toda a pesquisa anteriormente apostada já permite tal refutação.

Mas a virtude daqueles que podem ser entendidos como liberais está em momentos onde a comodidade é convolada em obstáculo e os detratores da liberdade transcendem o campo da retórica e migram, como abutres sedentos por carnificina, para o campo do arbítrio. Somente neste momento é que a defesa da liberdade se transforma num dever e não em estratégia de autopromoção, daí resultando a identificação do verdadeiro pensamento liberal.

Ainda que o termo liberal seja muito polêmico nas ciências brasileiras como um todo, especialmente por conta de uma associação do termo a políticas de repressão e flagelo aos mais vulneráveis, não se pode olvidar que no campo das ciências criminais brasileiras o liberalismo se comporta como uma postura daqueles que não admitem o pensamento totalitário ao se falar da relação Estado-Indivíduo.

E por isso, o Professor Pedro Serrano deve ser visto como um liberal. Não como aquele atrelado ao discurso pró-mercado e corporações, mas sim como um pensador que nunca renunciou suas convicções pela satisfação pessoal, como alguns de seus colegas constitucionalistas fizeram para alçar voos na carreira forense e chegarem ao Supremo Tribunal Federal - como Luís Roberto Barroso.

A compreensão fidedigna da liberdade e direitos humanos com fundamento de toda a ordem constitucional aparentam conduzir seu pensamento e tornarem simplória a convicção que tomou tantas e tantas laudas da presente pesquisa.

O pragmatismo é, quando afeto às ciências criminal e constitucional, uma teoria não apenas fraudulenta mas também incompatível como o Direito. Os três pilares essenciais de uma sociedade alicerçada no Estado de Direito – legalidade, previsibilidade e imparcialidade – são totalmente ignorados pelos pragmáticos, pois entendem estes que existem missões jurídicas onde esses elementos são vistos como obsoletos.

Não poderia ser diferente.

Aparentemente, e pedimos escusas aos leitores pela expressão a seguir, os pragmáticos se postam como se fossem compromissados com somente uma coisa: "'passar o pano' para os abusos do Estado". E como podemos aprofundar, essa "passada de pano" segue até com ambição de legitimar o abuso e o arbítrio em nome de condutas socialmente eficientes.

Como cordeiros dos estatólatras, a escola pragmática brasileira aceita tudo aquilo feito por certas figuras, pois estão elas prenunciadas para prover os maiores resultados de situações sociais.

E para que sigam como cordeiros de autoridades, todo passo fora da Lei dado pelas autoridades é seguido por uma legião de acovardados compromissados somente em fundamentar os abusos seguidos de ditos como "AED é método imparcial e com observação no resultado". Somente crê nisso aquele que, em seu âmago, é mais um cordeiro do punitivismo e da sanha totalitária dos ídolos modernos do populismo penal fundado no Brasil.

E a todas as críticas merecedoras ao Professor Pedro Serrano, subserviente aos ditames do populismo penal jamais se figurará. Pois o futuro pode contradizer os ditos de agora, tal como outros juristas já o fizeram em nome do poder, mas até a data deste lançamento qualquer discente do Professor Serrano sabe que os cordeiros apenas se escondem atrás dos ídolos do populismo penal brasileiro, vez que um verdadeiro lobo da liberdade ainda figura nos rincões da exceção do Direito brasileiro.

Já era tempo desse lobo solitário ser acompanhado por uma alcateia de famintos pela derrocada dos falsos ídolos do populismo penal, da exceção que os rege e dos cordeiros que, melindrosamente, se ofuscam do debate e se blindam de incoerências.

Esta obra, com a virtude da espontaneidade, aumenta a alcateia.

VERAS, Ryanna Pala. *Nova criminologia e os crimes de colarinho branco.* São Paulo: Editora Martins Fontes, 2010;

RUSSEL, Bertrand. *História do pensamento ocidental: a aventura dos pré-socráticos a Wittgenstein.* Tradução: Laura Alves e Aurélio Rebello. 21ª edição. Rio de Janeiro: Nova Fronteira, 2017;

KANT, Emmanuel. *Doutrina do Direito*. Tradução: Edson Bini. São Paulo: Ícone, 1993;

HEGEL, Georg Wilhelm Friedrich. *Princípios da filosofia do direito*. Tradução Orlando Vitorino. São Paulo: Martins Fontes, 1997;

MILL, John Stuart. *Sobre a Liberdade e A Sujeição das Mulheres*. Tradução: Paulo Geiger. 1ª Edição. São Paulo: Penguin Classics, Companhia das Letras, 2017;

POSNER, Richard. *Fronteiras da Teoria do Direito.* Tradução: Evandro Ferreira e Silva, Jefferson Luiz Camargo, Paulo Sales e Pedro Sette-Câmara. São Paulo: Editora WMF Martins Fontes, 2011;

BECKER, Gary. *Crime and Punishment: An economic approach*. Journal of Political Economy 1968 76:2, 169-217;

ZINGALES, Luigi. *A capitalism for the people: recapturing the lost genius of American prosperity*. Nova York: Basic Books, 2012;

ZAFFARONI, Raul. *Manual de Derecho Penal*. 1ª ed. Buenos Aires: Ediar, 2005;

SILVA, Diego Sabóia E. *A dicotomia doutrinária entre Richard Posner e Ronald Dworkin quanto à análise econômica do direito: a reciprocidade jurídico-econômica*; orientador, Éverton das Neves Gonçalves. Florianópolis, SC, 2017;

ABBAGNANO, Nicola. *Dicionário de Filosofia*. 5. ed. Tradução: Alfredo Bossi; Revisão e tradução dos novos textos: Ivone Castilho Benedetti. 5. ed. São Paulo: Martins Fontes, 2007;

COMTE, Augusto. *Curso de Filosofia Positiva*. Tradução: José Arthur Giannotti. São Paulo: Abril Cultural, 1978;

HUME, David. *Investigação acerca do entendimento humano*. Tradução: Anoar Aiex. Editora Nova Cultural, 1999;

SARLET, Ingo Wolfgang; MARINONI, Luiz Guilherme; MITIDIERO, Daniel. Curso de Direito Constitucional. 6ª ed., São Paulo: Saraiva, 2017;

ABBOUD, Georges. *Processo Constitucional brasileiro*. 2ª edição: revista, atualizada e ampliada. São Paulo: Thomson Reuters Brasil, 2018;

MANKIW, N. Gregory. *Introdução à Economia*. Tradução da 5ª edição norte americana. São Paulo: Cengage Learning, 2009;

LINHARES, Sólon. Confisco de Bens – uma medida penal com efeitos civis contra a corrupção sistêmica. 1ª edição. São Paulo: Revista dos Tribunais, 2016;

POSNER, Richard. *Fronteiras da Teoria do Direito.* Tradução: Evandro Ferreira e Silva, Jefferson Luiz Camargo, Paulo Sales e Pedro Sette-Câmara. São Paulo: Editora WMF Martins Fontes, 2011;

POSNER, Richard. Blackstone and Bentham. The Journal of Law & Economics, Vol. 19, No. 3, 1776: The Revolution in Social Thought (Oct., 1976), pp. 569-606.

CARNELUTTI, Francesco. As misérias do processo penal. Leme: CL Edijur., 2013, p. 15;

HAYEK, Friedrich August Von. O Caminho da Servidão. 6ª ed. Tradução: Anna Maria Capovilla, José Ítalo Stelle e Liane de Morais Ribeiro. São Paulo: Instituto Ludwig Von Mises, 2010;

HAYEK, Friedrich. *Os erros fatais do socialismo.* Tradução: Eduardo Levy. 1ª edição. Bauru: Faro Editora, 2017;

HAYEK, Friedrich. *Direito, Legislação e Liberdade: uma nova formulação dos princípios liberais de justiça e economia política, Volume I: normas e ordem.* Tradução: Anna Maria Capovilla, José Ítalo Stelle, Manoel Paulo Ferreira e Liane de Morais Ribeiro. São Paulo, Visão, 1984;

ARAÚJO, Fernando; YEUNG, Luciana; e TIMM, Luciano. *A prova ilícita sob ótica da análise econômica do Direito*. Estado de São Paulo, disponível em: <<https://politica.estadao.com.br/blogs/fausto-macedo/a-prova-ilicita-sob-o-tica-da-analise-economica-do-direito/>>. Acesso em: 30 jun. 2019.

26. DEMOCRACIA, PODER JUDICIÁRIO E A GRANDE IMPRENSA

Weida Zancaner[782]

Celso Antônio Bandeira de Mello[783]

1. A Democracia, governo do povo e para o povo, só se concretiza quando a normatização das pautas de condutas, de uma sociedade política, assegure às minorias igualdade de direitos, oportunidades e participação direta na formação da vontade de todas as funções estatais[784] de forma objetiva e consciente.

Aliás, já dizia Waline a propósito da eletividade como sistema de autoadministração que "*depositar um voto nas urnas uma vez a cada cinco anos não é governar-se a si próprio*".[785] Portanto, o voto para a eleição de representantes do povo pode ser condição necessária, mas jamais condição suficiente para a instauração do regime democrático.

A complexidade do regime democrático não se reduz ao voto popular, nem à divisão das funções estatais ou à limitação do exercício do poder, ela requer também estrito cumprimento dos direitos e garantias individuais e sociais e o respeito às minorias para propiciar uma sociedade plural onde todos convivam, apesar das diferenças, com iguais direitos e oportunidades, pois os mesmos instrumentos jurídicos voltados à concretização democrática como, por exemplo,

---

782 Especialista e mestre em Direito Público pela Pontifícia Universidade Católica de São Paulo.

783 Professor Emérito da Pontifícia Universidade Católica de São Paulo.

784 A Constituição prevê participação popular na função jurisdicional quando prevê o júri popular ou a audiência pública; na função legislativa a participação popular se dá através do voto, do plebiscito, do referendo etc.

785 Marcel Waline - *Droit Administratif*, 9ª ed. Paris: Sirey,1963, p. 285.

o plebiscito e o *referendum*, podem ser utilizados tanto para fragilizar e destruir a democracia como para fortalecê-la.

Recordemos a utilização, por Hitler, do plebiscito para legitimar seus ideais. Em 1934, quando do falecimento do presidente Paul Von Hindenburg, promoveu-se a fusão do cargo de primeiro-ministro com o da presidência da república, o que colocou todos os poderes do Estado nas mãos de Hitler, inclusive o comando das Forças Armadas. Os militares, oficiais e soldados passaram a fazer juramento pessoalmente a Hitler. No plebiscito, utilizado por Hitler para legitimar o poder que lhe era conferido pelo Parlamento alemão, o ditador teve 90% (noventa por cento) de apoio popular.

Claro está que a propaganda hitleriana teve profunda influência na opinião do povo alemão, mas é inegável que o plebiscito, que é considerado uma das formas mais democráticas da participação popular, foi utilizado para legitimar a barbárie e a discriminação[786].

2. Mas seria o povo o único partícipe vital para a manutenção ou a derrocada das democracias? Pode-se afirmar que não.

Nas democracias, o Poder Judiciário exerce o papel de guardião da Constituição e de árbitro neutro nos conflitos sociais a ele apresentados e que devem ser julgados em estrita subserviência à lei.

Assim, quando se fala em neutralidade deste poder, o que se pretende afirmar é que, **salvo a obviedade que se vem de assinalar**, nenhuma outra influência pode encaminhar a orientação jurisdicional seja em que matéria for, conforme estabelece o direito pátrio.

A imparcialidade do juiz se alicerça sobre duas vertentes no sistema jurídico brasileiro: 1) no artigo 5º, § 2 da Constituição enquanto princípio geral de direito; 2) nos artigos 5º *caput*, 5º e I; 37 *caput*, 37, II, XXI e 175, por ser um dos aspectos da isonomia, princípio esse fundante do Estado de Direito, pois é bom lembrar que a razão pela qual a legalidade se impôs como uma das características do Estado de Direito foi para preservar valores como a igualdade

786 Para Fábio Konder Comparato: "Esse precedente altamente negativo não deve, porém, afastar a utilização do instituto daqui por diante, como um meio do aperfeiçoamento do regime democrático, desde que tomadas certas precauções que a experiência histórica impõe. Assim, antes de mais nada, a iniciativa da convocação de plebiscitos não deve nunca pertencer ao chefe de Estado ou ao chefe de governo, a fim de evitar o desvio imperial acima lembrado. Em princípio, os plebiscitos só deveriam ser convocados por iniciativa do próprio povo, ou de uma maioria parlamentar qualificada. In: *Ética Direito, Moral e Religião no Mundo Moderno.* 3ª reimpressão.São Paulo: Companhia das Letras, 2006, p. 668.

entre os cidadãos e a vedação aos poderes públicos de agir com favoritismos e perseguições.

Os princípios gerais de Direito[787] representam o substrato da cultura que a humanidade conseguiu absorver no decorrer dos séculos, parte essencial da evolução do homem, e vilipendiar a imparcialidade é tentar destruir os alicerces das instituições.

Sem imparcialidade, nem a igualdade, nem a legalidade adentram no âmbito do Poder Judiciário. Podem bater à sua porta, mas permanecem do lado de fora, o que impede a aplicação do Direito posto e enodoa a democracia. Para impedir que a imparcialidade seja desrespeitada, o direito processual a transforma em "*garantia reconhecida como consequência lógica do devido processo legal*", tornando"*o juiz impedido quando tem interesse no desfecho da causa e o juiz é suspeito quando se interessa por qualquer das partes*"[788].

Se o até aqui descrito não bastasse, o artigo 5º, § 2º da Constituição Federal prescreve que: "*os direitos expressos nesta Constituição não excluem outros decorrentes do regime e dos princípios por ele adotados, ou dos tratados internacionais em que a República Federativa do Brasil seja parte*".

Ora, entre os tratados internacionais dos quais o Brasil é signatário merecem destaque a Declaração Universal dos Direitos Humanos, o Pacto Internacional de Direitos Civis e Políticos e o Pacto de San José da Costa Rica. Faço uma menção especial aos Princípios de Bangalore de Conduta Judicial, que conferem à imparcialidade a importância devida, pugnando, assim, por um Judiciário neutro e independente.[789]

---

787 Sobre o tema assim se manifestam Enterría e Fernández: "Conviene recordar a este proposito que losprincipiosgeneralesdelDerechoson una condensación de los grandes valores jurídicos materiales que constituyenelsubstractumdelOrdenamiento y de laexperiencia reiterada de la vida jurídica. No consisten, pues, en una abstracta e indeterminada invocación de lajusticia o de laconsciencia moral o de ladiscrecióndeljuez, sino, más bien, enlaexpresión de una justicia material especificada técnicamenteenfunción de los problemas jurídicos concretos y objetivada enla lógica misma de lasinstituciones.)". I*n*: GARCIA de ENTERRÍA, Eduardo e FERNÁNDEZ, Tomás Ramón. *Curso de Derecho Administrativo*. Vol. I, reimpressão 3ª ed. Madrid: Ed. Civitas, 1981, p. 400.

788 ROCHA, Silvio Luís Ferreira da. *A imparcialidade do Juiz.* In: *O caso Lula.* Coordenadores: Cristiano Zanin Martins, Valeska Teixeira Zanin Martins e Rafarl Valim. São Paulo, Editora Contracorremte, 2017.

789 Os Princípios de Conduta Judicial de Bangalore é um projeto de Código Judicial em âmbito global, elaborado com base em outros códigos e estatutos, nacionais, regionais e internacionais, sobre o tema, dentre eles a Declaração Universal dos Direitos Humanos, da ONU. Essa declaração de direitos prevê um julgamento igualitário, justo e público, por tribunal independente e imparcial, princípio de aceitação geral pelos Estados-Membros. *O trecho acima descrito foi retirado da internet.* Disponível em:

Mas se é da tradição jurídica que o Poder Judiciário deve ser independente e liberto de influências de quaisquer órgãos ou entidades públicas ou privadas, pois sua atuação haverá de se pautar pelo cumprimento das normas vigentes, cuja interpretação não pode se subordinar a interesses externos, também, ninguém duvida de que, como quaisquer integrantes da sociedade, os condicionantes que envolvem todo e qualquer sujeito imerso no ambiente em que se situam são por eles em certa medida balizados. Logo, por esta via, ao menos, serão sempre influenciados por aquilo que circunda o seu próprio universo, e assim as interpretações que façam não têm como alhear-se disto. Essa assertiva que vale para um estrato social mais elevado e que desfruta de alguma parcela das benesses pertencentes aos poderosos não pode ser aplicada a toda a população de um país subdesenvolvido, indistintamente.

3. Nos países do terceiro mundo, a maioria esmagadora da população possui um nível cultural pedestre por não estar acostumada a ler, frequentar museus, assistir a peças teatrais, inclusive por falta de condições econômicas para tanto, entre outras razões estruturais. A labuta diária para a sobrevivência e os escassos recursos financeiros arrecadados alijam as pessoas da vida intelectual e as transformam em consumidores acríticos do **rádio** e da **televisão** e, portanto, capazes de absorver, como próprios, valores e objetivos que não lhes dizem respeito e dos quais não podem desfrutar, desde que apresentados de forma convincente.[790]

Essa população inculta e acrítica se torna massa de manobra dos verdadeiros donos do poder, pois pensam e agem contra seus próprios direitos

Nesses últimos anos, a internet passou a ser um polo importantíssimo de divulgação de ideias e captação de eleitores. A imprensa escrita começa também a ter seus dias de glória graças à internet, que reproduz artigos interessantes veiculados por jornais e revistas, com títulos aliciantes e que retratam o cerne da matéria dispensando até a leitura integral do texto veiculado pelas redes

---

https://www.unodc.org/documents/lpobrazil/Topics_corruption/Publicacoes/2008_Comentarios_aos_Principios_de_Bangalore.pdf.

790 Paulo Bonavides versa sobre o papel muitas vezes deletério da imprensa ao lecionar: "Reportamo-nos aos meios de comunicação, a saber, as grandes empresas de jornais, as vastas cadeias de rádio, as poderosas redes de televisão, as quais, submissas ao capital e ao poder que lhes ministram copiosos subsídios de publicidade paga, se transformam numa usina ou laboratório onde se fabrica o sofisma da opinião pública (opinião publicada e informação divulgada) e se legitimam as mais absurdas políticas de governo, contrariando o interesse nacional e destruindo as células morais do ente cívico que é a polis". In: *Teoria Constitucional da Democracia Participativa por um Direito Constitucional de luta e resistência por uma Nova Hermenêutica por uma repolitização da legitimidade.* 2ªed. São Paulo: Malheiros Editores, 2003, p. 12.

sociais, mas ao lado desses artigos, outros, falsos, inundam as redes disputando a atenção e a aprovação dos internautas, sendo o mais das vezes tidos como verdadeiros, embora sem qualquer fundamento para tanto.

Interessante notar que os detentores do poder político no Brasil e na maioria dos países subdesenvolvidos não fazem parte da elite intelectual, nem dela precisam para sobreviver, mas necessitam da mídia, das redes sociais e, sobretudo, do **poder econômico** para terem condições de ascender ao poder político, e o poder econômico e a grande imprensa sempre cobrarão, em um país capitalista e inculto, a manutenção do *status quo ante* para obter mão de obra barata e obediente.

Essa discrepância, em termos econômicos, entre a classe média alta e a massa trabalhadora, impede a evolução da sociedade como um todo. Sem boas escolas, sistema de saúde compatível com a medicina vivenciada à época, salários dignos, investimentos em pesquisa e tecnologia, sistema prisional adequado e previdência capaz de assegurar aos aposentados uma vida digna, apenas alguns poderão usufruir da vida em sociedade. O descaso com uma política inclusiva torna a sociedade conflituosa e inviável a coabitação pacífica entre seus membros, tendo em vista a disparidade entre pobres e ricos. Cria-se, assim, a figura do **inimigo** ao mesmo tempo necessário e justificador do Estado de Exceção.

No Estado de Exceção, que também pode ser denominado Estado Pós-Democrático, existem duas ordens jurídicas que se sobrepõem e se retroalimentam. A primeira é a que dá aparência de normalidade democrática ao Estado, a outra é a que gerencia os indesejáveis, "*sejam eles a camada da população incapaz de produzir ou consumir, sejam eles os inimigos políticos daqueles que detêm o poder político e/ou econômico.*"[791]

A soberania popular deixa de ser popular para se concentrar nas mãos de poucos, em completa afronta à democracia. O Poder Executivo, por ser partícipe ativo da engrenagem ou por temer ser alijado do poder, percebe que a ampliação dos inimigos públicos no Estado de Exceção é a forma de sua sobrevivência, e o Judiciário, por medo da mídia que constrói e destrói reputações em horas, ou por incorporar as pautas do Poder Executivo, passa a validar a gestão dos indesejáveis pelo Estado de Exceção.

Se o Poder Judiciário é vital para a manutenção da democracia, a afirmação do Estado de Exceção se legitima pela atuação do Poder Judiciário, que, para decidir, veste a capa da imparcialidade.

---

791 Casara, Rubens R.R., *Estado Pós-Democrático de Direito, Neo-Obscurantismo e Gestão dos Indesejáveis*. Rio de Janeiro: Editora Civilização Brasileira, 2017, p. 185.

Conquanto assim conviria que fosse, **a realidade de fato é outra, e muito outra**. A independência dos magistrados e, pois, sua imparcialidade desgraçadamente sofre o peso de inúmeros outros fatores que distorcem sua função e a fazem *tributária sobretudo dos juízos emitidos por pressão do Poder Executivo*[792] *ou pelos veículos de comunicação*, tanto mais porque **não há nada que os magistrados mais respeitem e mesmo temam do que o disseminado por este meio.**

Pedro Estevam Serrano sobre o tema leciona:

> Na relação entre mídia e o tribunal, entre o sistema de comunicação social e o sistema jurídico, a lógica própria do direito, do lícito-ilícito, sucumbe em favor da exclusão do inimigo. A racionalidade transversal entre os sistemas conviventes numa sociedade democrática complexa não ocorre. Outras formas de sistema social construído também contribuem para a formação da figura do inimigo e para a formação da decisão da exceção que lhe atinge. O juiz que ousa contradizer o consenso midiático de julgador vira réu. De magistrado passa a criminoso e, talvez, logo inimigo público.[793]

4. Se fosse necessário ilustrar com algum exemplo, até mesmo chocante, dessa subordinação do Poder Judiciário aos veículos que disseminam os supostos fatos, mais não seria necessário do que a prisão do ex-presidente Lula. Condenado sem prova alguma,[794] como qualquer estudante de Direito percebe mesmo ao primeiro súbito de vista, fato, *aliás*, que se confirma pela ulterior nomeação a ministro de Estado do juiz que o condenou, em agradecimento a sua impressionante parcialidade e em preparação à sua possível futura escolha para o Supremo Tribunal Federal, que, acreditamos, ocorrerá, uma vez transcorrido um lapso de tempo prudencial para atenuar a evidente e escandalosa correlação entre tais fatos.

---

792 Conforme Steven Levitsky e Daniel Ziblatt: "Capturar os árbitros dá ao governo mais que um escudo. Também oferece uma arma poderosa, permitindo que ele imponha a lei de maneira seletiva, punindo oponentes e favorecendo aliados. As autoridades fazendárias podem ser utilizadas para assestar e atacar políticos, empresas e meios de comunicação rivais. A polícia pode reprimir duramente manifestações da oposição ao mesmo tempo que tolera atos de violência por assassinos pró-governo". *Como as Democracias Morrem*..Rio de Janeiro: Zahar Editores, 2018, p. 82 .

793 *Autoritarismo e Golpes na América Latina – Breve ensaio sobre jurisdição e exceção*. São Paulo: Alameda Casa Editorial, 2016, p. 109.

794 Acerca do Poder Judiciário e o Estado de Exceção, Pedro Estevam Serrano leciona: "A jurisdição funciona, na maioria das vezes em casos como estes, como fonte legitimadora da exceção, da suspensão de direitos. Inicia-se o processo conhecendo-se o resultado, independentemente do que nele se produza". ibem, ibidem, p. 108.

A parcialidade do julgamento de Lula é objeto de inúmeros artigos jurídicos no Brasil e no mundo e tem causado o descrédito do Judiciário brasileiro, provocando danos irreversíveis à democracia no Brasil, mas a engrenagem que move o Estado de Exceção continua fazendo vítimas sobre vítimas, e ninguém poderá dizer que está a salvo de se tornar uma delas

O que os adeptos desse tipo de Estado em que convivem dois tipos de sistemas jurídicos que se retroalimentam – qual seja: a normalidade democrática para alguns e a ausência de regras jurídicas para outros –, não sabem é que o jogo das forças sociais ou políticas pode levar um cidadão de bem a ser considerado inimigo a qualquer momento e por qualquer razão e, se isso ocorrer, lhe serão negados os direitos fundamentais referentes ao direito à defesa, juiz imparcial, presunção de inocência etc., já que será julgado pela exceção por ter ultrapassado a tênue linha entre os considerados pessoas e os considerados inimigos do Estado.

Essa é a razão pela qual quem for minimamente advertido busca tomar a cautela de recorrer, na medida do possível a diferentes fontes, o que hoje é perfeitamente viável graças à internet, pois os diversos *sites* ensejam colher diferentes pontos de vista sobre uma mesma questão. Acresce que os articulistas da chamada grande imprensa são igualmente instrumentos veiculadores do ponto de vista dos interesses socialmente dominantes, o que é mais do que natural, visto que não lhes convém senão aqueles que comungam da mesma visão ou se dispõem a reforçá-la por subalternidade aos que controlam o meio de comunicação onde atuem.

Segue-se que os teóricos eventualmente chamados a emitir algum ponto de vista sobre a situação econômica, social ou política, quando conveniente ao órgão exibir uma aparente imparcialidade, se não coincidem com a linha do meio de comunicação em pauta serão largamente minoritários, de modo a que suas considerações se percam afogadas ante a predominância das visões igualmente expostas e que se lhe opõem.

É claro que há, como seria de supor, em um país que se pretende algo civilizado, intelectuais e jornalistas de nível internacional que se dispõem a romper a cortina de conivência ou de silêncio a respeito dessa dramática situação em que vivemos, de maneira a buscar ressaltar a terrível e dolorosa subordinação, que distorce a realidade e propõe um quadro irreal como presumível retrato da vida brasileira.

Nestes tempos sombrios só resta esperar que a juventude repense os valores que permeiam nossa sociedade, leiam criticamente tudo que lhes caia às mãos e ressignifiquem valores como poder, liberdade, igualdade de oportunidade, sucesso e felicidade para construir uma sociedade justa e solidária como deseja a Constituição Cidadã.

27. BIOPOLÍTICA, IMUNOLOGIA, TANATOPOLÍTICA, NECROPOLÍTICA: BREVE ALUSÃO AO ATUAL ESTADO DE EXCEÇÃO EM QUE ESTAMOS VIVENDO E MORRENDO

Paola Cantarini Guerra[795]

Willis Santiago Guerra Filho[796]

Giorgio Agamben, evocando a figura do *homo sacer*, trabalha com o conceito "biopolítica", relembrando a definição formulada por Foucault, como sendo a política em que a vida humana se torna objeto de cálculo e previsão do poder do Estado, bem como afirmando sua transformação em "tanatopolítica", na política a serviço da morte, da guerra, e não da vida, da paz, nos seguintes termos:

> (...) uma obscura figura do direito romano arcaico, na qual a vida humana é incluída no ordenamento unicamente sob a forma de sua exclusão (ou seja, de sua absoluta matabilidade), (...) o enigma de uma figura do sagrado aquém ou além do religioso, que constitui o primeiro paradigma (...)

795 Advogada, professora da Universidade de Guarulhos, com pós-graduação em Direito Constitucional, Direitos Humanos e Direito Internacional, mestre e doutora em Direito pelo Programa de Estudos Pós-Graduados em Direito da Pontifícia Universidade Católica de São Paulo (PUC-SP); doutora em Filosofia do Direito pela Universidade del Salento, Itália; pós-doutorada em Filosofia, Arte e Pensamento Crítico pela European Graduate School, Saas-Fee, Suíça. Pós-doutoranda pelo Centro de Estudos Sociais da Universidade de Coimbra, Portugal.

796 Advogado, professor titular do Centro de Ciências Jurídicas e Políticas da Universidade Federal do Estado do Rio de Janeiro (UniRio); professor permanente no Programa de Estudos Pós-Graduados em Direito da Pontifícia Universidade Católica de São Paulo (PUC-SP). Doutor em Ciência do Direito pela Universidade de Bielefeld, Alemanha; livre-docente em Filosofia do Direito pela Universidade Federal do Ceará (UFC); doutor e pós-doutor em Filosofia pela Universidade Federal do Rio de Janeiro (UFRJ); doutor em Comunicação e Semiótica pela PUC-SP; doutor em Psicologia Política pela PUC-SP.

> político do Ocidente. (...). A vida humana passa a ser objeto eminente dos cálculos e das previsões do poder estatal; trata-se da biopolítica, uma política que deveria servir ao interesse da vida, mas que na modernidade, se transformará em tanatopolítica (...)[797].

Afirma, então, que "uma nova política, integramente nova, ou seja, não mais fundada sobre a exceção da vida nua, deverá se apresentar"[798], e que enquanto tal não se concretizar ainda serão atuais os exemplos do nazismo e fascismo, onde a lei autorizava a barbárie, ocasionando o que de pior poderia ocorrer, a saber, a banalização da vida pelo direito, logo, a perversão mesma do direito, ao permitir o massacre da dignidade humana, afirmando a biopolítica do totalitarismo moderno.

> (...) a nossa política não conhece hoje outro valor (e consequentemente, outro desvalor) que a vida, e até que as contradições que isto implica não forem solucionadas, nazismo e fascismo que haviam feito da decisão sobre a vida nua o critério político supremo, permanecerão desgraçadamente atuais (...) a biopolítica do totalitarismo moderno de um lado, a sociedade de consumo e do hedonismo de massa de outro constituem certamente, cada uma a seu modo, uma resposta a estas perguntas (...).[799]

Segundo Agamben, então, a biopolítica moderna se qualificaria pelo seu conceito intrínseco de campo de concentração e seguiria a estrutura dos grandes Estados totalitários, representando a politização da vida nua no evento decisivo da modernidade. Por "biopolítica", Agamben entende uma expressão tão antiga como a exceção soberana, que "ocorreria quando o Estado moderno coloca a vida biológica no centro de seus cálculos, utilizando-se da técnica da 'docilização', da 'domesticação' dos corpos"[800]. E continua:

> (...) o ingresso da *zoé* na esfera da *polis*, a politização da vida nua como tal constitui o evento decisivo da modernidade, que assinala uma transformação radical das categorias político-filosóficas do pensamento clássico (...) a implicação da vida nua na esfera política constitui o núcleo originário – ain-

797 *Homo sacer I*: o poder soberano e a vida nua. Trad. Henrique Burigo, 2ª. ed., Belo Horizonte: Editora UFMG, 2002, p.7-12.
798 *Id.*, p. 15.
799 *Ibidem.*
800 *Idem,* p. 10.

da que encoberto – do poder soberano. Pode-se dizer, aliás que a produção de um corpo biopolítico seja a contribuição original do poder soberano.

Para o festejado A., há o "aflorar do estado de exceção como estrutura permanente de de-localização e de-localização jurídico-política"[801], reconhecendo no estado de natureza e no Estado de Exceção duas faces de um mesmo processo "topológico":

> (...) o que era pressuposto como externo (o estado de natureza), ressurge agora no interior (como estado de exceção). (...) há então uma zona topológica de indistinção, onde o estado de natureza, o direito, o fora e o dentro transitam um pelo outro (...). (...) o espaço juridicamente vazio da exceção (...) no qual podia, portanto, acontecer tudo aquilo que o soberano julgava de fato necessário) irrompeu de seus confins espaço-temporais e, esparramando-se para fora deles, tende agora por toda parte a coincidir com o ordenamento normal (...) o que está ocorrendo na ex-Iugoslávia e mais em geral, os processos de dissolução dos organismos estatais tradicionais na Europa oriental não devem ser vistos como um reemergir do estado natural de luta de todos contra todos, que prenuncia a constituição de novos pactos sociais e de novas localizações nacionais-estatais, mas antes, como o aflorar do estado de exceção com estrutura permanente de de-localização e de-localização jurídico-política.[802]

Em obra posterior, bem mais recente, Agamben desenvolve o tema nos seguintes termos:

> (...) ao contrário, a própria possibilidade de distinguir entre vida e direito, anomia e nomos coincide com sua articulação na máquina biopolítica. A vida pura e simples é um produto da máquina e não algo que preexiste a ela, assim como o direito não tem nenhum fundamento na natureza ou no espírito divino (...). A política sofreu um eclipse duradouro porque foi contaminada pelo direito, concebendo-se a si mesma, no melhor dos casos, como poder constituinte (isto e, violência que põe o direito), quando não se reduz simplesmente a poder de negociar com o direito. Ao contrário, verdadeiramente política é apenas aquela ação que corta o nexo entre violência e direito. E somente a partir do espaço que assim se

801 *Id.*, p. 39.
802 *Id. ibidem* e nota 12.

> abre, é que será possível colocar a questão a respeito de um eventual uso do direito após a desativação do dispositivo que, no estado de exceção, o ligava a vida. Teremos então, diante de nós, um direito "puro", no sentido em que Benjamin fala de uma língua "pura" e de uma "pura" violência. A uma palavra não coercitiva, que não comanda e não proíbe nada, mas diz apenas ela mesma, corresponderia uma ação como puro meio que mostra só a si mesma, sem relação com um objetivo.[803]

Diante do incessante avanço do que já foi definido como uma "guerra civil mundial", com motivos religiosos e econômicos que a torna, em tudo e por tudo, semelhante àquelas guerras civis que antecederam, na modernidade, a formação, como uma reação, de Estados nacionais, e na ausência de um Estado mundial correspondente à convulsionada sociedade civil mundial, o Estado de Exceção, certamente não por acaso, tende cada vez mais a se apresentar em todo lado, com intensidade variada, como o paradigma de governo dominante na política contemporânea, conforme a conhecida fórmula de Giorgio Agamben. O que não haveria outro modo de qualificar, se não pelo oximoro "Estado de não--Direito", com seu "anti-Direito",[804] é a resposta imediata do poder estatal aos conflitos internos mais extremos, donde apresentar-se, paradoxalmente, como a forma legal daquilo que não pode ter forma legal, com a possibilidade aterrorizante de, a qualquer momento, qualquer um vir a ser tratado, pelos concidadãos ou agentes públicos, como os antigos romanos tratavam aqueles a quem imputavam a condição de *homo sacer*, relembrada pelo mesmo Agamben, ou seja, como desvestido de qualquer proteção jurídica, não sendo sequer punível como homicida quem lhes tirasse a vida. O emprego constante e sub-reptício de medidas concebidas como provisórias, logo, excepcionais, enquanto técnica de governo, regular e privilegiada, termina resultando em uma indeterminação entre democracia e autoritarismo, sendo o regime nazista um caso mais agudo, e a atual situação em que nos encontramos no País, um exemplo, por enquanto, mais brando e recente, já motivo de grande preocupação e mostrando-se, mesmo, ameaçador, pelo nível de degradação a que se vem chegando, nessa

803 *Pilatos e Jesus*. Tradução: Selvino Asmann, São Paulo: Boitempo editorial, 2014, p.108-111.

804 Sobre tal noção, cf. GUERRA FILHO, Willis Santiago. "(Anti-)Direito e força de lei/ ~~lei~~". In: *Panóptica*, ano 1, n. 4, 2006. Disponível em: https://pt.scribd.com/document/79376966/Anti-Direito-Willis-Santiago), p. 65 ss., esp. p. 77, *passim*.

esfera de indeterminação entre o Direito e a política. Essa temática há de ser desenvolvida, portanto, com apoio na obra, exemplar, de Giorgio Agamben, em especial aquela intitulada *Estado de Exceção*, o qual, por seu turno, retoma desenvolvimentos devidos a pensadores tão distintos, no espectro ideológico, como são Carl Schmitt e Walter Benjamin, a respeito de um tema que se apresenta como uma antinomia, geralmente evitada pelo pensamento formalista reinante no Direito, o qual não estaria preparado sequer para percebê-lo. Demonstração cabal do que se vem afirmar é dada pelo modo como a revolução vem considerada por teoria que leva os pressupostos formalistas às suas últimas consequências, como é o caso daquela kelseniana,[805] em conexão com uma perspectiva que se descortina, de reação possível e proporcional a essa situação-limite a que chega o Direito em tais circunstâncias, mesmo no âmbito de um Estado, formalmente, de Direito e Democrático, qual seja, a do exercício de um direito fundamental à revolução, à ruptura da ordem que se desconstitucionalizou, mesmo que continue vigorando, sem o mínimo de eficácia, uma constituição exemplar.

Apesar de inexistir, como lembra Boaventura de Sousa Santos, uma suspensão formal do conteúdo civil e político dos direitos e garantias básicas das constituições nacionais, mas o esvaziamento destes, a exemplo das leis antiterror promulgadas em diversos países, estaríamos diante de uma nova forma de Estado, o Estado de Exceção, nas palavras do A.: "o Estado de exceção, que contrariamente às antigas formas de Estado de Sítio ou de Estado de emergência restringe os direitos democráticos sob o pretexto da sua salvaguarda ou mesmo expansão".[806]

O conceito de Estado de Exceção relaciona-se de certa forma com o conceito de "contrarrevolução jurídica", entendida por Santos como uma forma de ativismo judiciário conservador, que consiste em neutralizar, por via judicial, diversos avanços democráticos historicamente conquistados pela via política, quase sempre a partir de novas constituições.[807]

---

805 Cf., a propósito, VILANOVA, Lourival. "Teoria Jurídica da Revolução. Anotações à margem de Kelsen". In: Revista Brasileira de Estudos Políticos, n. 52, Belo Horizonte: UFMG, 1981, p. 59 ss. Disponível em: https://edisciplinas.usp.br/pluginfile.php/340003/mod_resource/content/1/Vilanova%20-%20Teoria%20Jur%C3%ADdica%20da%20Revolu%C3%A7%C3%A3o%20rev%20bras%20estudos%20politicos%20v.52.pdf).

806 *Epistemologias do sul.* São Paulo: Editora Cortez, 2010, nota 31, p. 36-37, 38.

807 *Para uma revolução democrática da justiça*, São Paulo: Editora Cortez, 2007, p. 75. Neste sentido, v. também SERRANO, Pedro Estevam Alves Pinto. *A Justiça na Sociedade do Espetáculo*. Reflexões públicas sobre Direito, política e cidadania, São

Afirma ainda Boaventura de Sousa Santos que após as reações criminalizadoras e repressivas pelos tribunais e outras instituições do sistema de justiça em face dos movimentos sociais, a exemplo a ação do Ministério Público do Estado do Rio Grande do Sul em 2008, propondo a dissolução do MST e a decretação de sua ilegalidade, inicia-se um movimento reverso à expansão garantista do poder judicial, a qual poderia ser vislumbrada como a emergência de uma contrarrevolução jurídica.[808]

Relembremos, nesse passo, a "1ª. Tese sobre o Conceito de História", de Benjamin, traduzida como entendemos que deva sê-lo, transcrevendo em rodapé o texto original, seguido da tradução de dois reconhecidos especialistas:

> Sabemos de um autômato, construído para revidar lances no jogo de xadrez, de um modo que lhe garantisse a vitória sempre. Um fantoche vestido à turca, com um narguilé na boca, sentava-se diante do tabuleiro, colocado numa grande mesa. Um sistema de espelhos criava a ilusão de que a mesa era visível por todos os lados. Na realidade, um anão corcunda se sentava nela, um mestre enxadrista, e dirigia com cordéis a mão do fantoche. A este aparato pode-se imaginar uma contrapartida na filosofia. A vitória seria sempre do boneco que chamamos 'materialismo histórico'. Ele pode confrontar-se, sem problema, com qualquer adversário, desde que tome como serva a teologia; hoje, sabidamente, pequena e feia, não devendo deixar-se ver de jeito nenhum.[809]

Paulo: Alameda, 2015; *Id.*, *Autoritarismo e golpes na América Latina*: Breve ensaio sobre jurisdição e exceção, São Paulo: Alameda, 2016; VALIM, Rafael. *Estado de Exceção*: a forma jurídica do neoliberalismo, São Paulo: Contracorrente, 2017.

808 *Ibidem*, p. 75 e ss. Outros exemplos citados de reação criminalizadora em face de movimentos sociais, é o caso de três lideranças do MST e do MTM – Movimento dos Trabalhadores em Mineradoras em Marabá condenados ao pagamento de uma multa de 5 milhões e 200 mil reais pela ocupação da Estrada de Ferro Carajás por dois meses; e o caso em Alagoas de ex-coordenadores do Movimento Terra, Trabalho e Liberdade (MTL) que foram condenados a 24 anos de prisão pelos crimes de formação de quadrilha, dano ao patrimônio, roubo qualificado e extorsão.

809 "Bekanntlich soll es einen Automaten gegeben haben, der so konstruiert gewesen sei, dass er jeden Zug eines Schachspielers mit einem Gegenzuge ewidert habe, der ihm den Gewinn der Partie sicherte. Eine Puppe in türkischer Tracht, eine Wasserpfeife im Munde, sass vor dem Brett, das auf einem geräumigen Tisch aufruhte. Durch ein System von Spiegeln wurde die Illusion erweckt, dieser Tisch sei von allen Seiten durchsichtig. In Wahrheit sass ein buckliger Zwerg darin, der ein Meister im Schachspiel war und die Hand der Puppe an Schnüren lenkte. Zu dieser Apparatur kann man sich ein Gegenstück in der Philosophie vorstellen. Gewinnen soll immer die Puppe, die man 'historischen Materialismus' nennt. Sie kann es ohne weiteres mit jedem aufnehmen, wenn sie die Theologie in ihren Dienst nimmt, die heute bekanntlich klein

O que Benjamin deixa aí transparecer do que percebeu com toda clarividência, ao escrever isso em seus apontamentos finais – então prestes a pôr fim à própria vida, em face do cerco nazista –, agora está ofuscantemente claro, diante de nós. E isso, note-se, não deve nos levar a considerá-lo como profeta inspirado misticamente, mas tão-somente como alguém dotado da hiperlucidez dos grandes filósofos, que lhes permite perceber no presente o que a maioria precisará de muito mais tempo para se dar conta, em seu futuro. E aos comentadores, seguidores, pósteros, como o é Agamben para Benjamin, resta a tarefa de desfazer o ofuscamento, mostrando-nos o que se revelara a seus avatares.

A teologia cristã, desenvolvida ao longo de séculos, pondo a seu serviço a filosofia grega (*philosophia serva theologiae*), forjou ideologicamente a modernidade, assim como a política eclesiástica "católica apostólica romana" – uma vez adotada a religião cristã pelo Império Romano periclitante, a fim de, assim, escapar, pelo menos no lado oriental, de sua crise de legitimidade, dada a perda de seu fundamento religioso –produzirá o modelo jurídico (o Estado) e econômico (o capitalismo) adotados modernamente. E é essa teologia, pequena e feia, que se mostrou tanto mais eficaz quanto menos se deixou ver, uma vez revelada sua feiura e pequenez, pela luz da razão, passando a fazer-se presente em todas as diferentes versões da ideologia moderna, inclusive aquelas de matriz marxista, com seu determinismo histórico e messianismo da volta do estado primitivo paradisíaco, preconizando o advento, futuro e certo, do comunismo.

Não é de estranhar, portanto, que Benjamin receasse a publicação das suas "Teses", temendo ser vítima da incompreensão de seus próprios pares, como segredou na correspondência em que as encaminhou a Greta Adorno, esposa do filósofo – um dos que teriam dificuldade de entendê-lo? Explica-se assim o expediente de enviar o texto através de mãos femininas? E dentre os obstáculos ao bom entendimento estaria justamente o problema trabalhado no texto que

und hässlich ist und sich ohnehin nicht darf blicken lassen". "Como se sabe, deve ter havido um autômato, construído de tal maneira que ele, a cada jogada de um enxadrista, respondia com uma contrajogada que lhe assegurava a vitória da partida. Diante do tabuleiro, que repousava sobre uma ampla mesa, sentava-se um boneco em trajes turcos, com um narguilé na boca. Um sistema de espelhos despertava a ilusão de que essa mesa era transparente de todos os lados. Na verdade, um anão corcunda, mestre no jogo de xadrez, estava sentado dentro dela e conduzia por fios a mão do boneco. Pode-se imaginar na filosofia uma contrapartida dessa aparelhagem. O boneco chamado 'materialismo histórico' deve ganhar sempre. Ele pode medir-se, sem mais, com qualquer adversário, desde que tome a seu serviço a teologia, que, hoje, sabidamente, é pequena e feia e que, de toda maneira, não deve deixar-se ver" (*G.S.* I-2, p. 693). Tradução [manuscrito] de J. M. Gagnebin e M. Lutz-Müller.

o leitor tem às mãos, a saber, a incompreensão de ser o tempo messiânico ou a concepção messiânica do tempo o pano de fundo das teses que Benjamin nos legou como testamento, tanto que assim foram recebidas por Derrida (v. no seu livro "Força de Lei" o texto a ele dedicado),[810] embora enfatizando o que nas "Teses" aparece como a oitava, e que toca mais diretamente com a filosofia (política) do Direito, à qual aludirei adiante, ao final. No momento, cabe indicar a prolongada influência secreta da teologia, o que se coloca como tarefa primordial a ser estudada, para os que se interessam por entender os tempos em que vivemos e, então, saber como intervir para favorecer a redenção, a revolução, em detrimento da danação, da destruição humana do mundo, humano e natural, com a qual nos deparamos hoje.

O anão corcunda, pequeno (mesquinho) e feio, que lembra em sua descrição o mais feio dos homens, o último homem do universo nietzscheano, apresenta-se a público agora, desavergonhadamente, por exemplo, fazendo uma nova cruzada contra a vida, enquanto *bíos*, em nome da vida, enquanto *zoé*, vida nua, como a define Agamben, dentro do projeto *Homo Sacer*, aquela que sobra aos que foram desvestidos de uma qualquer forma humana de viver, nós, os ameaçados constantemente pelo Estado de Exceção permanente em que vivemos, nas atuais ameaçadoras condições de vida no planeta.

De acordo com outra das "Teses sobre o Conceito de História", de Benjamin, a *These VIII*, que esperamos, neste contexto, ajudar a elucidar o que se pretende expressar e, também, quem sabe, seja assim melhor elucidada, temos que:

> A tradição dos oprimidos nos ensina que o 'Estado de exceção', no qual vivemos, é a regra. Devemos chegar a um conceito de história que esteja à altura dele. Aí nossa tarefa será expor diante de nossos próprios olhos o efetivo Estado de exceção; e por este meio melhoramos nossa posição na luta contra o fascismo. A possibilidade disso (ocorrer) repousa, de modo significativo, no fato de que o antagonista , em nome do progresso, o considera uma lei histórica. O espanto com o que, em pleno século XX, ainda seja possível presenciar coisas assim, não é o espanto filosófico (aquele em que a filosofia tem sua origem, segundo Platão e Aristóteles – WSGF/PCG). Ele não funda

810 *Força de Lei*: o fundamento místico da autoridade, trad.: Leyla Perrone-Moisés, São Paulo: Martins Fontes, 2007. Para um breve comentário cf. GUERRA FILHO, Willis Santiago. "(Anti-)Direito e força de lei/ ~~lei~~", cit., p. 75 ss.

> nenhum conhecimento, pois se assim o fora, a concepção de história, decorrente de um tal conhecimento, seria insustentável.[811]

Aqui vale lembrar um exemplo paradigmático, seguindo análise feita por Schmitt em seu opúsculo "Legalidade e Legitimidade", de 1932, cuja tese central era a de que se fazia muitas vezes necessário sair da legalidade para entrar na legitimidade, em direito.[812] O último tópico da segunda parte ou capítulo do texto de Schmitt mostra como a prática política e jurídica instaurou, na Alemanha, um terceiro "legislador extraordinário", "*ratione necessitatis*": o presidente do *Reich* e seu governo. O ensejo para tanto foi dado pela norma da segunda parte do art. 48 da Constituição, que dava poderes ao presidente para adotar medidas necessárias à restauração da segurança e da ordem pública, quando estivessem gravemente ameaçadas, valendo-se para isso, se necessário, das forças armadas, bem como suspendendo, temporariamente, o exercício, total ou parcial, de direitos fundamentais, cabendo ao Parlamento (*Reichtag*), ao ser informado, derrogar referidas medidas - em se dando a necessária maioria, bem entendido. Eis o que se pode chamar, em termos metafóricos e atuais, uma espécie de "medida provisória constitucional". O quadro descrito por Schmitt vai então se assemelhar bastante àquele de nosso País, quando por tolerância dos tribunais, especialmente de nossa mais alta Corte, conivência dos poderes políticos e respaldo da doutrina constitucional majoritária, disposições normativas oriundas do Executivo se substituem às leis, ainda que, em princípio, provisoriamente, e para resolver situações específicas. Estabelece-se, assim, no lugar antes ocupado pela lei, medidas "com força de lei", mas que não possuem os traços mais típicos das leis, como a generalidade, abstratividade e durabilidade. Premidos

---

811 No original: "Die Tradition der Unterdrückten belehrt uns darüber, daß der ´Ausnahmezustand´, in dem wir leben, die Regel ist. Wir müssen zu einem Begriff der Geschichte kommen, der dem entspricht. Dann wird uns als unsere Aufgabe die Herbeiführung des wirklichen Ausnahmezustands vor Augen stehen; und dadurch wird unsere Position im Kampf gegen den Faschismus sich verbessern. Dessen Chance besteht nicht zuletzt darin, daß die Gegner ihm im Namen des Fortschritts als einer historischen Norm begegnen. – Das Staunen darüber, daß die Dinge, die wir erleben, im zwanzigsten Jahrhundert ´noch´ möglich sind, ist kein philosophisches. Es steht nicht am Anfang einer Erkenntnis, es sei denn der, daß die Vorstellung von Geschichte, aus der es stammt, nicht zu halten ist".

812 SCHMITT, Carl. "Legalität und Legitimität". In: *Id. Verfassungsrechtliche Aufsätze*. 3a. ed., Berlim: Duncker & Humblot, 1985. Para uma análise da posição do A., cf. GUERRA FILHO, Willis Santiago. Teoria Processual da Constituição. 3a. ed. São Paulo: RCS, 2007, p. 237 ss.

pelas circunstâncias a também reagir com maior celeridade e resolver situações pontuais, o próprio legislador passa a editar "medidas legislativas", e então dá margem a que o titular do Executivo, agora com feições já ditatoriais, se afirme cada vez mais como autoridade competente para legislar, extraordinariamente.

O Estado de Exceção não é uma ditadura, mas um espaço vazio de Direito. Na constituição romana, como nos relembra em sua obra de último citada Agamben, o ditador era uma figura específica de magistrado que recebia seu poder de uma lei votada pelo povo. Ao contrário, o *iustitium*, assim como o Estado de Exceção moderno, não implicaria a criação de nenhuma magistratura nova, mas unicamente a de uma zona de anomia na qual todas as determinações jurídicas são desativadas. De resto, a despeito do que se costuma afirmar, Hitler não pode ser considerado, a rigor, como tendo sido um ditador, pois era o chanceler do Reich, legalmente nomeado pelo presidente. O que caracterizou o regime nazista – e torna também seu modelo tão perigoso, como alerta Agamben – é que ele deixou subsistir a Constituição de Weimar, tida como a mais avançada de seu tempo, acrescentando-lhe uma outra ordem (ou "desordem") jurídica, juridicamente não formalizada, que só podia subsistir ao lado da primeira graças à generalização do Estado de Exceção. Não se estaria fazendo o mesmo, já há tempos, também entre nós, com a balzaquiana Constituição de 1988? Esse espaço vazio de Direito parece, por uma razão ou outra, tão essencial à própria ordem jurídica que esta última deve tentar por todos os meios assegurar uma relação com o primeiro, como se, para garantir seu funcionamento, o Direito devesse necessariamente manter uma relação com uma anomia. É precisamente nessa perspectiva, segundo Agamben, que devemos ler o debate que opôs, de 1928 a 1940, Walter Benjamin e Carl Schmitt, sobre o Estado de Exceção.[813] Considera-se geralmente que o ponto de partida do debate é a leitura que Benjamin fez da Teologia Política de Schmitt, em 1923, bem como o conjunto das citações da teoria da soberania de Schmitt em sua malograda tese de livre-docência sobre o Drama Barroco Alemão (*Trauerspeil*). O reconhecimento por Benjamin da influência de Schmitt sobre seu pensamento

813 Cf., para uma reconstituição do debate "promovido" por Agamben, SOUZA, Danigui Renigui Martins de. "Estado de exceção: Giorgio Agamben entre Walter Benjamin e Carl Schmitt". In: **Princípios: Revista de Filosofia**, Natal: UFRN, v. 25, n. 47, 2018, p. 35-58. Disponível em: https://periodicos.ufrn.br/principios/article/view/12733; HEIL, Susanne. *Gefährliche Beziehung*: Walter Benjamin und Carl Schmitt, Stuttgart: Metzler, 1996; WILDE, Marc de. *Verwantschap in Extremen*. Politieke Theologie bij Walter Benjamin en Carl Schmitt. Amsterdam: Amsterdam University Press, 2008.

foi sempre considerado escandaloso. Sem entrar aqui no detalhe da demonstração, é possível inverter a acusação de escândalo sugerindo que se leia a teoria schmittiana da soberania como uma resposta à crítica que Benjamin faz da violência. Qual é o problema que Benjamin se coloca em sua "Crítica da Violência/do Poder (*Gewalt*)"?

Trata-se, para ele, de estabelecer a possibilidade de uma violência no exterior ou além do Direito, de uma violência que possa, enquanto tal, romper a dialética entre a violência que instaura e a que conserva a lei. Essa outra violência, Benjamin chama-a "pura", "divina" ou "revolucionária". Daí lembrar G. Agamben, com base em Benjamin, haver uma alternativa entre uma violência, inevitável, que põe (e produz) o Direito, sacra, e aquela outra, nefasta, que o conserva: a violência fora do Direito, uma violência divina, que faz justiça.[814]

Por sua vez, René Girard, em *A Violência e o Sagrado* (1972),[815] sustenta a tese de que só o sacrifício de alguém, o "bode expiatório", pode catalisar a violência de todos contra todos, gerada pelo desejo mimético que acomete o ser humano, desejando o desejo do outro, por não saber por que e o que deseja. Tais "bodes expiatórios" seriam exemplos dos excluídos/incluídos das sociedades modernas, ou seja, os que se acham internos e internados, em domicílios, reformatórios, asilos, delegacias, prisões, hospitais e também naquela instituição paradigmática dessas todas, segundo Giorgio Agamben, que é o campo de concentração, para refugiados ou prisioneiros em geral, com *status* indefinido. Enquadram-se em tal conceito todos aqueles na condição de morto-vivo, ressaltando-se a afirmação de Slavoj Žižek de que todos nós, então, somos "*homo sacer*",[816]já que ninguém está realmente imune – de uma mera denúncia, ou de sermos assassinados, sem mais, sem sequer ser considerada tal conduta como criminosa. Tal possibilidade vislumbra-se claramente em estados de exceção, de forma exemplar em regimes ditatoriais, quando qualquer um pode vir a ser vítima de alguma denúncia anônima.

O que a lei não pode suportar, o que ela sente como uma ameaça intolerável, é a existência de uma violência que lhe seja exterior, ao contrário da VIOLÊNCIA (*Gewalt*) QUE VEM DE DENTRO DO DIREITO MESMO, DO APARA-

---

814 Cf. *Estado de Exceção – Homo sacer II*, trad.: Iraci D. Poleti. São Paulo: Boitempo, 2004, p. 84 s.
815 *A violência e o Sagrado*, tradução: Martha Conceição Gambini. São Paulo: Editora Universidade Estadual Paulista (Edunesp), 1990.
816 Cf. *Antígona*, trad.: Francisco López Martín. Madri: Akal, 2017.

TO INSTITUCIONAL (*Gewalt*), e isso não apenas porque suas finalidades são incompatíveis com os fins da ordem jurídica, mas pelo "simples fato de sua exterioridade". Compreende-se agora em que sentido a doutrina schmittiana da soberania pode ser considerada uma resposta à crítica de Benjamin, publicada originalmente em revista da qual Schmitt integrava o conselho editorial. O Estado de Exceção é precisamente o espaço no qual Schmitt tenta capturar e incorporar a tese de uma violência pura existindo no exterior da lei. Para Schmitt, não existe nada como uma violência pura, não há violência absolutamente exterior ao *nomos*, porque, com o Estado de Exceção, a violência revolucionária já se encontra incluída no Direito.

O Estado de Exceção seria, portanto, o artifício empregado por Schmitt para responder à postulação por Benjamin de uma violência pura. A palavra final de Benjamin na polêmica com Schmitt estaria na já referida oitava das "Teses sobre o Conceito de História", texto que deixa como uma espécie de testamento, concluído pouco antes de seu suicídio: "A tradição dos oprimidos nos ensina que o 'estado de exceção' no qual vivemos é a regra. Devemos chegar a uma concepção da história que esteja à altura desse fato. Perceberemos então claramente que nossa tarefa é produzir o estado de exceção efetivo, e isso melhorará nossa posição na luta contra o fascismo".

Benjamin reformula a posição para voltá-la contra Schmitt: uma vez cessada qualquer possibilidade de um Estado de Exceção fictício, no qual a exceção e a regra são temporal e localmente distintas, o que é doravante efetivo é o Estado de Exceção no qual vivemos, em que não poderíamos mais distinguir a exceção da regra. Aqui, assinala Agamben, toda ficção de um vínculo entre violência e Direito desaparece: não há mais que uma zona de anomia em que prevalece uma pura violência sem nenhuma cobertura jurídica. E é nesse estado de cobertura fantasmagórica que nos encontraríamos em nosso "País do Carnaval", donde, de repente, o Carnaval passar a incomodar tanto a quem não deseja que se revele a montagem pseudojurídica sob a qual se camuflam para exercer violentamente o poder.

A proximidade estrutural entre o Direito e a anomia, entre a pura violência e o Estado de Exceção, possui também, como sucede com frequência, uma figura invertida, como nos lembra Giorgio Agamben, ao final de sua obra Estado de Exceção. Os historiadores, etnólogos e especialistas do folclore estão acostumados a festas anômicas, como as saturnais romanas, o *charivari* e o carnaval da Idade Média, que suspendem e invertem as relações jurídicas e sociais que definem a ordem normal. Os patrões se põem a servir seus criados, os homens se vestem e se comportam como animais, os maus costumes e os crimes que seriam punidos pela lei são de repente autorizados. O folclorista Karl Meuli, citado por Agamben[817] e, segundo ele, foi o primeiro a sublinhar o vínculo entre essas festas anômicas e as situações de suspensão do Direito que caracterizam certas instituições penais arcaicas. Nelas, como no *iustitium*, quando o Direito ficava suspenso tal como o sol no *solisticium*, pode-se matar um homem sem processo, destruir sua casa ou apoderar-se de seus bens. Longe de reproduzir um passado mitológico, a desordem do carnaval e as destruições tumultuosas do *charivari* reatualizariam uma situação histórica real de anomia.

O vínculo ambíguo entre o Direito e a anomia é assim plenamente evidenciado: o Estado de Exceção é transformado numa festa sem restrição, na qual se exibe a violência pura para que se usufrua dela em toda a liberdade. Assim, o sistema político do Ocidente parece ser uma máquina dupla, como também propõe Roberto Esposito,[818] isto é, fundada sobre a dialética entre dois elementos heterogêneos e, de certo modo, antitéticos: o *nomos* e a anomia, o Direito e a violência pura, a lei e as formas de vida, cuja articulação o Estado de Exceção tem por vocação garantir. Enquanto esses elementos permanecem separados, sua dialética pode funcionar, mas quando eles tendem à indeterminação recíproca e a coincidir num poder único de duas faces, quando o Estado de Exceção se torna a regra, então o sistema político se transforma num aparelho de morte (tanatopolítica), como temos assistido, estarrecidos, ocorrer em nosso País.

Daí questionarmos, ante a existência de diversos casos de *homines sacri* e de campos de extermínio mal dissimulados, que de exceção se tornaram a regra, e da biopolítica transformada em tanatopolítica, em uma política a favor da morte, e não da vida, se podemos ainda falar abstratamente em direitos humanos ou apenas do que se tutela efetivamente na jurisprudência, buscando-se verificar, outrossim, o que resulta da inefetividade de uma tal tutela, a partir do reconhecimento da tanatopolítica, da violência intrínseca originária e constituinte do Direito, no corpo, nas relações humanas e nas comunidades, consoante pensamento de autores como Agamben e Roberto Esposito, mas também em

817 Cf. *Estado de Exceção – Homo sacer* II, cit., p. 109.
818 *Due*. La macchina de la teología política e il posto del pensiero. Einaudi: Torino, 2013.

um outro, nacional, grande especialista no pensamento de Nietzsche, com formação inicial em Direito, que é Oswaldo Giacoia Jr.

Passamos a tecer algumas considerações no tocante ao estudo das questões que vêm aqui nos ocupando por parte do distinguido professor de filosofia da Unicamp, especialmente por expor e analisar o pensamento de Nietzsche, com relação à figura do banido, do proscrito (*der friedlose*), a qual tem semelhança com a figura do *homo sacer*, chegando a afirmar que Agamben, embora não se refira diretamente ao texto de Nietzsche da *Genealogia da Moral*, teria se fundamentado em tal filósofo, tanto no desenvolvimento sobre o *homo sacer* como naquela figura correlata que é a do Estado de Exceção,[819] apontando, outrossim, para a superficialidade do humanitarismo das declarações de direitos fundamentais, que seriam como máscaras da realidade da dominação existente, senão vejamos.

Segundo Nietzsche,[820] o homem é um animal doente, o mais doente entre todos os animais, e sua patologia consiste num paradoxal querer o nada, relacionado à renúncia de si, ao abandono do mundo e demais ideais ascéticos, que interpretam o sofrimento, consequência da culpa, como via para sua salvação. O homem possuiria uma vontade vingativa, ressentida, derivada de seu complexo de culpa, e isso seria a medula espinhal da humanidade. Haveria, então, um ódio ao que é humano e ao que é animal, o medo da felicidade e da beleza. A solução segundo o A. seria a superação da culpa e do ressentimento com o além-do-homem, um novo começo do devir homem.

Haveria, no entender de Giacoia, uma afinidade profunda entre o sacrifício e o sagrado, já que pelos ritos cerimoniais das oferendas se estabeleceria uma relação entre tais conceitos,[821] possuindo as expressões *sacer* e *sanctus*, uma dupla face, uma positiva, a presença divina, e o negativo, aquilo que está proibido ao contato dos homens. *Sacer*, no seu entender, origina-se da expressão "sacrificar" (do latim *mactare* = sacrificar um animal), significando "levar à morte", "tornar sagrado", e da relação mencionada entre sacrifício e sagrado, sacrifício e morte. O sacrifício vitimário, seu rito e seu culto reuniriam o sacrifício e o sagrado. A violência sacrificial seria a origem da sociabilidade primitiva,[822] relembrando René Girard acerca

---

819 *Nietzsche*: o humano como memória e como promessa. 2ª. ed.. Petrópolis: Editora Vozes, 2013, p. 91.
820 *Genealogia da Moral*, III, citado por Giacoia, *ib.*, p. 23.
821 *Id.ib.*, p. 35-36.
822 *Id.ib.*, p. 36-39.

do assassinato fundador da sociedade, segundo o qual o sacrifício impede a expansão da violência, auxiliando os homens no controle da vingança. O sacrifício visa à eliminação da violência por meio da própria violência, sendo esta a origem fundadora, segundo Giacoia, com apoio em Girard, das instituições judiciárias. O sacrifício implicaria a repetição de uma violência, mantendo-se pela memória, ou seja, o jurídico brotaria do sagrado. Também a origem da responsabilidade e com ela da culpa originam-se do sacrifício, da violência sacrificial.[823]

Há na noção de sacrifício a busca da equivalência, do equilíbrio perdido, de uma compensação, através da restituição da vida pela vida.

Passa então o A. sob comento à análise da violência e do Direito, afirmando a violência como geradora do Direito e do Estado,[824] na esteira de Nietzsche, segundo o qual não existe Direito que em seu fundamento não esteja a pretensão, a usurpação de um ato de violência. O homem, em tais circunstâncias, já não é mais pessoa mas simples engrenagem, dissimulado, fragmentário e escravo, sem sequer a posse de si mesmo, havendo assim um apequenamento do homem. Entende Giacoia que para Nietzsche a violência se institui como fato jurídico primordial, afirmando que com a violência dos dominadores principia o Estado, na esteira novamente de Nietzsche. Ambos refutam, portanto, a tese da origem da socialidade humana pelo contrato social. Portanto, segundo Giacoia, quanto à origem da sociedade e da socialidade humana, "a violência soberana não é na verdade fundada sobre um pacto, mas sobre a inclusão exclusiva da vida nua no Estado".[825]

Giacoia se aproxima então dos conceitos formulados por Agamben, ao afirmar que as situações de Direito nunca podem ser mais do que situações de exceção,[826] e que a dominação somente pode se fixar na moldura de um ritual regrado, com direitos e obrigações bem como identificando Justiça com equidade, em razão dos procedimentos e sistemas de compensação nas comunidades pré-estatais; a justiça teria sua origem no instituto do bando, segundo Nietzsche, ao analisar a obra de Rudolf von Jhering,[827] aproximando os institutos da proscrição germânica e da *sacratio* do direito romano arcaico.

823 *Id.ib.*, p. 72 ss.
824 *Id.ib.*, p. 45-52.
825 *Id.ib.*, p. 113.
826 *Id.ib.*, p. 77-81.
827 Sobre a influência de Jhering em Nietzsche v. tb. GUERRA FILHO, Willis Santiago. *Teoria da Ciência Jurídica*, 2a. ed.. São Paulo: Saraiva, 2009, p. 73.

Com clara influência novamente de Nietzsche, o A. estabelece, então, uma correspondência entre o *sacer* romano, a *sacratio* romana arcaica e o banido, pois ambos estariam condenados a viver em estado de proscrição religiosa e civil, excluídos da comunidade e sujeitos à vingança divina, vistos como inimigos. Afirma que seriam irmãos o *sacer* e o banido, e que ambos poderiam ser mortos independentemente de um juízo e fora do Direito.[828] Banido tem relação com bandido, e em alemão os termos *Bande* e *Bann* significam, ao mesmo tempo, a expulsão da comunidade e a insígnia do governo soberano. Banido, na antiguidade germânica, é retratado pela expressão *friedlos*, "o sem paz", que poderia ser morto por qualquer um, sem configurar homicídio. Retrata, também que Agamben teria se inspirado em Nietzsche ao tratar o soberano como o lobisomem,[829] o homem lobo do homem, correspondendo à expressão "besta-fera", utilizada por aquele, o qual, por sua vez, a teria colhido em Rudolf von Jhering.[830]

Tal expressão, *der friedlose*, literalmente "o sem paz", é retratada por Nietzsche (*Genealogia da Moral*, II, 9), nos seguintes termos:

> (...) também a comunidade mantém com seus membros essa importante relação fundamental, a relação do credor com seu devedor (...) seu cuidado com respeito a certos prejuízos e certas hostilidades às quais está exposto o homem de fora, o proscrito (*der friedlose* – literalmente o sem paz) (...).

Sacer seria o homem desumanizado, impuro, maldito, tornado tal em consequência de uma condenação pelo delito cometido de desonra aos deuses. Segundo Jhering, seria um ato de mérito lhe tirar a vida, dispondo no mesmo sentido Giacoia:[831] "ser *sacer* significava estar proscrito tanto da comunidade

828 *Id.ib.*, p. 83.
829 Como também se faz notar em Derrida, no seu último seminário, justamente intitulado *The Beast and the Sovereign*, 2 vols. Geoffrey Bennington (ed.). Chicago/Londres: The Chicago University Press, 2009. É que ambos estão sob a influência do que um arguto teórico do direito norte-americano caracterizou como "o espectro de Nietzsche", ao qual poderíamos também acrescentar um outro, mais próximo: o de Heidegger. Cf. Adam Thurschwell, "Specters of Nietzsche: Potential Futures for the Concept of the Political in Agamben and Derrida". In: *Academia.Edu*. Disponível em: https://www.academia.edu/11538495/Specters_of_Nietzsche_Potential_Futures_for_the_Concept_of_the_Political_in_Agamben_and_Derrida.
830 Cf. GUERRA FILHO, Willis Santiago; CARNIO, Henrique Garbellini. *Teoria Política do Direito*. A expansão política do direito. 2ª. ed. São Paulo: RT, 2013, p. 84 ss.
831 VON JHERING, Rudolf. *O espírito do direito romano.* 1942, p. 201, *apud Id.ib.*, p. 82.

religiosa como da civil, no período da vida pré-social, razão pela qual sua morte nem poderia ser considerada expiação ou sacrifício (...)". Trata-se, portanto, da figura excluído-incluído, por meio de sua própria suspensão, tal como trabalhado por Agamben em sua obra *Homo Sacer*.

E continua Giacoia suas considerações sobre o bando:[832]

> (...) o *bann* (bando) resulta, pois de uma transposição da matriz jurídico-obrigacional do débito e do crédito, ampliando, aprofundando e desenvolvendo o sentimento primitivo de Justiça como equivalência. (...) o *homo sacer* apresentaria a figura originária da vida presa no bando soberano e conservaria a memória da exclusão originária através da qual se constitui a dimensão política.

Os seres humanos não podem ser mais tidos como doenças e doentes, devem ser retratados como uma promessa, e não como uma ameaça, e, nesse sentido, a esperança de assim modificarem a sua relação consigo mesmos, com os outros e com a Natureza, a fim de mudar sua autoconsciência e tal visão.

Roberto Esposito, por sua vez, em sua obra *Bios – biopolítica e filosofia*[833], a partir principalmente de Foucault, Hobbes, Hegel, Heidegger, Peter Sloterdijk, Tocqueville (imunização da liberdade) e igualmente de Nietzsche, trabalha intensamente a questão da biopolítica e do biopoder, bem como da transição entre o direito de soberania, considerando tal transição, notoriamente apontada por Foucault como indo do "fazer morrer ou deixar viver" para o "poder de fazer viver e deixar morrer".

Esposito considera que a questão da imunização do corpo político foi trabalhada primeiramente por Hobbes, encontrando nesse autor seu protótipo[834], mas, em uma elaboração inconsciente, irrefletida, e posteriormente por Hegel (ao afirmar o negativo como o motor da realização do positivo), já em uma elaboração mais consciente, porém mais precisamente por Nietzsche, por sua elaboração de forma plenamente consciente [835], pois com sua obra a imunização passa a estar completamente elaborada[836].

832 *Id. ib.* e tb. p. 90
833 ESPOSITO, Roberto. Bios – biopolítica e filosofia. Lisboa: Edições 70, 2004.
834 *Idem*, p. 75.
835 *Id. ibidem*.
836 *Idem*, p. 76.

Esposito, ao mesmo tempo que, em alguns pontos, ressalva a importância da análise foucaultiana e a elogia, em alguns outros pontos critica Foucault por ter deixado um elo ausente entre biopolítica e modernidade, justamente representada pela imunidade[837], entendendo ser insuficiente sua teoria, e que teria deixado em branco uma pergunta decisiva: "se a vida é mais forte do que o poder que no entanto a assedia, se sua resistência não se deixa vergar pelas pressões dele, como é que o resultado a que a modernidade chega é a produção em massa da morte?" [838]. Critica, outrossim, sua análise no tocante à bifurcação em direções divergentes ao tratar do efeito da biopolítica[839], afirmando: "(...) mais uma vez a categoria de biopolítica se volta a fechar sobre si própria sem revelar o conteúdo do seu enigma" [840]. E complementa dispondo que "estamos talvez no ponto de máxima tensão – mas também de potencial fratura interna – do discurso foucaultiano"[841]. Continua em seguida com as críticas afirmando não ter Foucault desenvolvido de forma completa o conceito de política e de vida, bem como tendo-lhe escapado o paradigma da imunização[842]:

> (...) o autor nunca articulou suficientemente o conceito de política – ao ponto de sobrepor substancialmente as expressões de biopoder e de biopolítica. Mas a observação análoga – de falhada ou insuficiente elaboração conceitual se pode também fazer a propósito do outro termo da relação, ou seja, o da vida (...).[843]

O A. em exame comenta sobre o uso de Agamben dos termos *bios*, como vida qualificada, e *zoé*, como vida biológica,[844] vida simplesmente, mas acrescenta um outro termo entre eles, *techné*, afirmando que o corpo atualmente é atravessado

837 *Ibidem,* p. 24
838 *Ibidem,* p. 63.
839 *Ibidem,* p. 54.
840 *Ibidem*, p. 55.
841 *Ibidem,* p. 68.
842 *Ibidem,* p. 73.
843 *Ibidem,* p. 70-71.
844 A distinção proposta por Agamben é severamente criticada por Derrida, em *The Beast and the Sovereign*, cit., vol. I, p. 315 ss. Afinal, em *O animal que logo sou* (A seguir), trad.: Fábio Landa. São Paulo: Edunesp, 2002, p. 49, Derrida já havia proposto a hipótese da vida ser uma "(... experiência na qual se abalam os limites à passagem de fronteiras entre *bios* e *zoê,* biológico, zoológico e antropológico, como entre vida e morte, vida e técnica, vida e história etc.)".

pela técnica.[845] Afirma que entre os termos *bios* e *nomos*, "vida" e "política", que constituem a expressão biopolítica, se verifica o paradigma da imunização[846].

Esposito conceitua biopolítica de forma negativa, entendida como não soberania, havendo uma cesura nítida e irreversível entre ambas, ao passo que conceitua imunidade como sendo a relação que liga a vida ao poder, sendo ao mesmo tempo o poder de conservação da vida[847]. Imunização é vista como uma proteção negativa da vida, e pressupõe aquilo que, no entanto, nega[848].

Retoma o A., outrossim, Heidegger, sustentando que este como ninguém observou o fenômeno da imunidade, ao afirmar na célebre palestra a ascensão da "imagem do mundo" (*Weltbild*) como o que na modernidade é a época da representação, na medida em que a passagem "do *subjectum* que se coloca como *ens in se substantialiter completum* perante seu objeto significa reconduzi-la filosoficamente ao horizonte da imunização". Afirma que Heidegger seria o único com condições de dirigir o confronto filosófico com a biopolítica[849], mas concluindo ao final que também este deixara fechada a caixa preta da biopolítica[850], justamente por não abordar o conceito de carne, falhando no que se refere à análise do *bios*[851], ao contrário da análise de Merleau-Ponty.

E continua:

> (...) mas ligar o sujeito moderno ao horizonte da segurança imunitária significa reconhecer a aporia em que sua experiência fica presa: a de procurar o refúgio da vida nas mesmas potências que impedem o seu desenvolvimento[852]. (...) a simetria do contraste entre Heidegger e a biopolítica nazi não acaba aqui. Tanto o primeiro como a segunda consideram vida e existência ligadas por uma relação exclusiva – no sentido de que uma é definida pelo seu não estar à altura da outra – mas a diferença em ambos os casos é constituída pela experiência da morte. É aqui justamente, no entanto, que as duas perspectivas divergem definitivamente. Enquanto na tanatopolítica nazi a morte representa o pressuposto, antes ainda do que o destino, da vida esvaziada de potência biológica e por isso reduzida a mera existência –, para Heidegger ela é o modo

845 *Ibidem*, p. 31.
846 *Ibidem*, p. 73.
847 *Ibidem*, p. 74.
848 *Ibidem*, p. 81.
849 ESPOSITO, Roberto. ***Bios***, cit., p. 218.
850 *Ibidem*, p. 223.
851 *Ibidem*, p. 227.
852 *Ibidem*, p. 88; p. 220-221.

> de ser próprio de uma existência diferente da vida nua. (...) enquanto na primeira a estrutura soberana do biopoder está na possibilidade de submeter qualquer vida ao crivo da morte, para o segundo a vocação da morte constitui a forma originalmente política em que a existência se decide em qualquer coisa que está sempre para além da simples vida[853].

Conclui que a biopolítica é imunização, havendo uma absoluta coincidência entre ambos, ocorrendo a progressiva indistinção entre norma e exceção, por uma absoluta identificação dos opostos e a multiplicação exponencial dos riscos que se pretendia evitar, ou seja, pelo excesso de defesa, como no que ocorre com a doença autoimunitária, autoimunidade no sentido trabalhado pioneiramente por Jacques Derrida, em seu texto contido na obra coletiva, que ele organizou, sobre a religião.[854]

A questão que se coloca, então, é de como sobreviveria o sistema social global, que é a sociedade mundial, diante de um ataque por componentes dele mesmo, como para alguns ocorreria no setor financeiro do sistema econômico, diante do excesso de especulação, ou de cidadãos que, em vez de participarem politicamente por meio do voto, optam por protestos cada vez mais violentos, ou quando pessoas se tornam suspeitas e, mesmo praticantes do que se vem qualificando como terrorismo, sendo destratadas como portadoras de direito, na situação descrita por Giorgio Agamben com a figura do antigo direito penal romano do *homo sacer*, que é, como vimos, a de uma vida puramente biológica e, enquanto tal, matável sem mais. Eis como o sistema (jurídico) imunológico da sociedade, como o concebe Niklas Luhmann,[855] pode ser confrontado com um problema similar ao de um organismo que sofre de uma disfunção autoimune. A autoimunidade é uma aporia: aquilo que tem por objetivo nos proteger é o que nos destrói. O paradoxo da autopoiese do Direito terminando

853 *Ibidem,* p. 146.

854 DERRIDA, Jacques (org.). *A Religião*, trad.: Roberta Barni e Luciano Vieira, Florianópolis: Estação Liberdade, 2000.Cf., mais extensamente, GUERRA FILHO, Willis Santiago. "Potência crítica da ideia de direito como um sistema social autopoiético na sociedade mundial contemporânea". In: *Jurisdicização das Esferas Sociais e Fragmentação do Direito na Sociedade Contemporânea.* Germano Schwartz (org.). Porto Alegre: Livraria do Advogado, 2012, pp. 59-69; *Id.*, "Luhmann and Derrida: Immunology and Autopoiesis ". In: *Luhmann Observed*: Radical Theoretical Encounters, A. La Cour e A. Philippopoulos-Mihalopoulos (eds.), Londres/Nova York: Palgrave, 2012; CANTARINI, Paola. *Princípio da Proporcionalidade como Resposta à Crise Autoimunitária do Direito*. Rio de Janeiro: Lumen Juris, 2017.

855 Cf. LUHMANN, Niklas. *Das Recht der Gesellschaft*, Frankfurt am Main: Suhrkamp, 1993, pp. 161, 565 ss.

em autoimunidade revela o paradoxo da inevitável circularidade do Direito e suas raízes políticas nas constituições.

Como nós aprendemos de uma recente contribuição para o pensamento social de um estudioso de Luhmann e Baudrillard, conjuntamente: "A persistência da forma-binária somente pode ser assegurada pela produção dosada de algum 'outro'- simulado, não mais disponível em sua forma 'natural'".[856] Se é assim, tenhamos esperança na vinda no sistema societário mundial de um vírus como o da AIDS, i.e., que desenvolva uma doença autoimune para acometer o sistema imunológico e assim impedindo que continue atacando partes do próprio organismo que deveria proteger: um vírus que realmente ajude a dar fim à sociedade desumana e ao nosso vínculo ambíguo (o *double bind* de Gregory Bateson) de amor/ódio com a natureza e o radicalmente outro, diverso. De outro modo, o sistema jurídico em escala global vai crescentemente reagir contra a diversidade e, em fazendo isso, vai minando os fundamentos mesmos da ambiência natural e cultural, humana. E isso é o pior a que o recrudescimento da presente crise pode nos levar. Havemos, então, de superar as doenças autoimunes que nos acometem enquanto corpo social mundial, nos termos de Roberto Esposito,[857] das quais a atual "crise alérgica" da União Europeia é um exemplo claro e menos grave do que aquele da Alemanha nazista, analisada por este autor, em que a enfermidade decorre da tentativa de isolamento dos contatos que põem a política a serviço da vida e não a vida a serviço de uma política mortífera, ou seja, da biopolítica transformada em tanatopolítica.

Esposito se coloca como contrário à existência de uma norma fundamental ou de um critério normativo com base no qual se estabeleceriam medidas de exclusão,[858] e termina comentando sobre Deleuze, que, no seu entender, teria antecipado a figura da biopolítica afirmativa, analisando o último texto deste, denominado *L´immanence: une vie* (Philosophies n. 47, 1995) e o já clássico *Logique du sens* (1969). *In verbis:*

> (...) qualquer vida é forma de vida e qualquer forma se refere à vida. Não é este o conteúdo nem o sentido último da biopolítica. Mas é pelo menos o seu pressuposto: se mais uma vez vai ser renegado numa política de morte,

856 Cf. CAPOVIN, René. *Baudrillard as a Smooth Iconoclast:* the Parasite and the Reader. In: International Journal of Baudrillard Studies, vol. 5, n. 1, 2008.
857 Cf. "Filosofia e Biopolítica". In: ethic@, vol. 9, n. 2, Florianópolis, 2010, p. 369-382.
858 Cf. ***Bios***, cit., p. 263-264.

ou vai ser afirmado numa política de vida, dependerá também do modo como o pensamento contemporâneo siga as suas pistas.[859]

Um dos mais destacados pensadores e filósofos africanos da atualidade, Achille Mbembe tem como um dos pontos centrais de fundamentação o pensamento de Foucault, retomando suas análises e propondo o termo "necropolítica", em seus dois principais livros, *Crítica da Razão Negra* e *Necropolítica*, sendo importantes seus estudos por se caracterizarem, sobretudo, como contra-hegemônicos e sul-cêntricos. Nesse sentido o A. afirma haver um dispositivo fantasmático do poder colonizador impondo uma nova ordem de verdade. Ao haver a sujeição do nativo pelo desejo com sua função sedativa e epilética, o colonizado fica para fora se si, iludido, em um processo de travestimento e estranhamento, com a profusão de fantasmas. Ocorre a passagem do real ao fantasmático, do avesso ao direito, no racismo institucional, afirmando ser o negro o espectro da modernidade.[860] O capitalismo social equivale, para ele, a uma vasta necrópole, enquanto o neoliberalismo produz a indiferença, codificando o mundo a partir de lógicas empresariais. A violência fantasmal se baseia na negação de qualquer singularidade essencial.[861] Aponta, outrossim, para a necessidade de se reabilitar a singularidade e a diferença e para o devir negro no mundo, ante a universalização da condição negra no mundo e transformação do ser humano em dados numéricos e códigos.[862]

Essa forma particular de terror, o necropoder, seria a concatenação entre o biopoder, o Estado de Exceção e o estado de sítio.[863] A ocupação colonial tardia, ao contrário da primeira ocupação moderna, particularmente, segundo Mbembe, em sua combinação entre o disciplinar, a biopolítica e a necropolítica, afirmando ser a mais bem-sucedida forma de necropolítica a ocupação colonial contemporânea da Palestina, uma forma específica do terror, o necropoder, possibilitando a dominação absoluta sobre os habitantes do território

859 *Ibidem*, p. 273.
860 MBEMBE, Achille. *Crítica da razão negra*, trad. Sebastião Nascimento. São Paulo: n-1, 2018, p. 229.
861 *Ibidem*, p. 234; p.250.
862 *Ibidem*, p. 11.
863 MBEMBE, Achille. Necropolítica. 3ª. ed., trad. Renata Santini. São Paulo: n-1, 2018, p. 31.

ocupado.[864] Trata-se da nova ordem da economia máxima, agora representada pelo massacre, criando "mundos de morte" e o estatuto de "mortos-vivos"[865].

Na utilização por Mbembe da expressão "da produção de fantasmas", da "violência fantasmal" verificamos uma nítida influência de Foucault, que comenta e propõe uma metafísica liberta, uma metafísica do fantasma, a qual giraria em torno do ateísmo e da transgressão, a série do simulacro libertado, com dois palcos privilegiados, a psicanálise como a prática metafísica, e o teatro multiplicado, policênico, simultaneado, fragmentado em cenas que se ignoram e se fazem sinais, sem se representar nada[866], propondo uma teoria do pensamento que esteja liberta do sujeito e do objeto[867], e o pensar o pensamento como irregularidade intensiva, dissolução do eu[868], um pensamento do afirmativo e do múltiplo, um pensamento acategórico[869], pensando-se o fantasma e o acontecimento. Trata-se de um novo pensamento, um pensamento genital, intensivo, afirmativo, acategórico, da filosofia não como pensamento mas como teatro, teatro de mímicas com cenas múltiplas, fugidias e instantâneas, como os gestos sem se verem, fazer sinais, "um teatro onde sob a máscara de Sócrates estala de súbito o rir do sofista (...), onde FICHTE manco anuncia o eu fendido, o eu DISSOLVIDO".[870]

Neste ponto, por fim, completamos o enredo de nossa proposta, pois é justamente a respeito da degradação da vida em forma de morte, em nosso tempo, que Foucault sugere, em termos políticos, se deva entender a soberania – o exercício bem engendrado das relações de dominação e poder –, a saber, como fórmula do *fazer morrer e deixar viver*.

Pensar a questão da biopolítica como imunologia e a transformação desta em tanatopolítica, depois em necropolítica, como expressão máxima da doença do homem, ou mesmo, da doença que é o homem para o ambiente em que vive e como um vírus ameaça destruir, destruindo-se também, exige que se explicite a autoimunidade do Direito,[871]pois é nosso dever maior no momento com-

---

864 *Ibidem*, p. 41; p. 48.
865 *Ibidem*, p. 71.
866 FOUCAULT, Michel. *Nietzsche, Marx, Freud. Theatrum Philosophicum*, trad.: Jorge Lima Barreto. São Paulo: Princípio, 1997, p. 252.
867 MBEMBE, Achille. *Necropolítica*, cit., p. 61.
868 *Ibidem,* p. 66.
869 *Ibidem,* p. 69.
870 *Ibidem*, p. 81.
871 Cf. GUERRA FILHO, Willis Santiago. *Immunological Theory of Law*. Saarbrücken: Lambert, 2014; *Id.*, "A Crise Autoimunitária da Nova Ordem Internacional". In: *Poliética*. Revista de Ética e Filosofia Política. São Paulo, v. 2, n. 1, 2014, p. 7-25. Disponível em: http://revistas.pucsp.br/PoliEtica.

preendermos e projetarmos outros possíveis rumos para sua infeliz ocorrência, nos quadros de uma teoria que seja, também, poética.[872]

872 Cf. GUERRA FILHO, Willis Santiago; CANTARINI, Paola. *Teoria Poética do Direito*, Rio de Janeiro: Lumen Juris, 2015. Dando sequência e aprofundando, GUERRA FILHO, Willis Santiago. **O** *Conhecimento Imaginário do Direito*, Curitiba: Prismas, 2017; CANTARINI, Paola. *Teoria Erótica do Direito*, Rio de Janeiro: Lumen Juris, 2017.

AGAMBEN, Giorgio. *Homo sacer:* o poder soberano e a vida nua I, trad. Henrique Burigo, 2ª. ed., Belo Horizonte: Editora UFMG, 2002.

______. *Estado de Exceção – Homo sacer* II, trad.: Iraci D. Poleti, São Paulo: Boitempo, 2004.

______. *Pilatos e Jesus.* Tradução Selvino Asmann, São Paulo: Boitempo editorial, 2014.

BENJAMIN, Walter. *Gesammelte Schriften*, vol. I, 2, Rolf Tiedemann; Hermann Schweppenhäuser (eds.), Frankfurt am Main: Suhrkamp, 1991.

CANTARINI, Paola. *Teoria Erótica do Direito*, Rio de Janeiro: Lumen Juris, 2017.

______. *Princípio da Proporcionalidade como Resposta à Crise Autoimunitária do Direito.* Rio de Janeiro: Lumen Juris,2017.

CAPOVIN, René. "Baudrillard as a Smooth Iconoclast: the Parasite and the Reader". In: *International Journal of Baudrillard Studies*, vol. 5, # 1, 2008.

DERRIDA, Jacques (org.). *A Religião*, trad.: Roberta Barni e Luciano Vieira, Florianópolis: Estação Liberdade, 2000.

______. *O animal que logo sou* (A seguir), trad.: Fábio Landa, São Paulo: Edunesp, 2002.

______. *Força de Lei*: o fundamento místico da autoridade, trad.: Leyla Perrone-Moisés, São Paulo: Martins Fontes, 2007.

______. *The Beast and the Sovereign*, 2 vols., Geoffrey Bennington (ed.), Chicago/Londres: The Chicago University Press, 2009.

ESPOSITO, Roberto. ***Bios*** – biopolítica e filosofia. Lisboa: Edições 70, 2004.

______. "Filosofia e Biopolítica". In: ethic@, vol. 9, n. 2, Florianópolis, 2010.

______. *Due.* La macchina de la teología política e il posto del pensiero, Einaudi: Torino, 2013.

FOUCAULT, Michel. *Nietzsche, Marx, Freud. Theatrum Philosophicum*, trad.: Jorge Lima Barreto, São Paulo: Princípio, 1997.

GIRARD, René. *A violência e o sagrado*, tradução: Martha Conceição Gambini, São Paulo: Editora Universidade Estadual Paulista (Edunesp), 1990.

GUERRA FILHO, Willis S. "(Anti-)Direito e força de lei/ ~~lei~~". In: *Panóptica*, ano 1, n. 4, 2006 (disponível em: https://pt.scribd.com/document/79376966/

Anti-Direito-Willis-Santiago).
______. *Teoria Processual da Constituição*, 3a. ed., São Paulo: RCS, 2007.
______. *Teoria da Ciência Jurídica*, 2a. ed., São Paulo: Saraiva, 2009.
______. "Potência crítica da ideia de direito como um sistema social autopoético na sociedade mundial contemporânea". In: *Jurisdicização das Esferas Sociais e Fragmentação do Direito na Sociedade Contemporânea*, Germano Schwartz (org.), Porto Alegre: Livraria do Advogado, 2012.
______. "Luhmann and Derrida: Immunology and Autopoiesis". In: *Luhmann Observed:* Radical Theoretical Encounters, A. La Cour e A. Philippopoulos-Mihalopoulos (eds.), Londres/Nova York: Palgrave, 2012.
______.; CARNIO, Henrique Garbellini. *Teoria Política do Direito*. A expansão política do direito, 2ª. ed., São Paulo: RT, 2013.
______. *Immunological Theory of Law*, Saarbrücken: Lambert, 2014.
______. "A Crise Autoimunitária da Nova Ordem Internacional". In: *Poliética*. Revista de Ética e Filosofia Política, São Paulo, v. 2, n. 1, 2014, p. 7-25 (disponível em http://revistas.pucsp.br/PoliEtica).
______; CANTARINI, Paola. *Teoria Poética do Direito*, Rio de Janeiro: Lumen Juris, 2015.
______. *O Conhecimento Imaginário do Direito*, Curitiba: Prismas, 2017.
HEIL, Susanne. "*Gefährliche Beziehung*": Walter Benjamin und Carl Schmitt, Stuttgart: Metzler, 1996.
LUHMANN, Niklas. *Das Recht der Gesellschaft*, Frankfurt am Main: Suhrkamp, 1993.

MBEMBE, Achille. *Crítica da Razão Negra*, trad. Sebastião Nascimento, São Paulo: n-1, 2018.

______. *Necropolítica*, 3ª. ed., trad. Renata Santini, São Paulo: n-1, 2018.

SANTOS, Boaventura de Sousa. *Para uma revolução democrática da justiça*. São Paulo: Editora Cortez, 2007.

______; MENESES, Maria Paula (orgs.). *Epistemologias do Sul*, São Paulo: Editora Cortez, 2010.
SCHMITT, Carl. "Legalität und Legitimität". In: *Id. Verfassungsrechtliche Aufsätze*. 3a. ed., Berlim: Duncker & Humblot, 1985.
SERRANO, Pedro Estevam Alves Pinto. *A Justiça na Sociedade do Espetácu-*

lo. Reflexões públicas sobre Direito, política e cidadania, São Paulo: Alameda, 2015.

______. *Autoritarismo e golpes na América Latina*: Breve ensaio sobre jurisdição e exceção, São Paulo: Alameda, 2016.

SOUZA, Danigui Renigui Martins de. "Estado de Exceção: Giorgio Agamben entre Walter Benjamin e Carl Schmitt". In: *Princípios: Revista de Filosofia*, Natal: UFRN, v. 25, n. 47, 2018, p. 35-58. Disponível em: https://periodicos.ufrn.br/principios/article/view/12733).

THURSCHWELL, Adam. "Specters of Nietzsche: Potential Futures for the Concept of the Political in Agamben and Derrida". In: *Academia.Edu*. Disponível em: https://www.academia.edu/11538495/Specters_of_Nietzsche_Potential_Futures_for_the_Concept_of_the_Political_in_Agamben_and_Derrida).

VALIM, Rafael. *Estado de Exceção*: a forma jurídica do neoliberalismo, São Paulo: Contracorrente, 2017.

VILANOVA, Lourival. "Teoria Jurídica da Revolução. Anotações à margem de Kelsen". In: *Revista Brasileira de Estudos Políticos*, n. 52, Belo Horizonte: UFMG, 1981. Disponível em: https://edisciplinas.usp.br/pluginfile.php/340003/mod_resource/content/1/Vilanova%20-%20Teoria%20Jur%C3%ADdica%20da%20Revolu%C3%A7%C3%A3o%20rev%20bras%20estudos%20politicos%20v.52.pdf).

WILDE, Marc de. *Verwantschap in Extremen*. Politieke Theologie bij Walter Benjamin en Carl Schmitt. Amsterdam: Amsterdam University Press, 2008.

ŽIŽEK, Slavoj. **A***ntígona*, trad.: Francisco López Martín, Madri: Akal, 2017.

28. O ATIVISMO JUDICIAL COMO ELEMENTO PARA A CRISE DA DEMOCRACIA CONSTITUCIONAL BRASILEIRA

José Emílio Medauar Ommati

O presente texto pretende mostrar como aquilo que se denomina de ativismo judicial se configura e se apresenta como um elemento que contribui para a crise da democracia constitucional brasileira.

Para o desenvolvimento do presente trabalho, apresentarei, em um primeiro momento, qual a melhor concepção de democracia constitucional.

A seguir, discutirei como deve ser compreendida a função do Judiciário em uma democracia constitucional corretamente compreendida, para, na parte final do presente estudo, demonstrar as razões pelas quais o ativismo judicial acaba se colocando como um elemento da crise de nossa recente democracia constitucional.

O presente trabalho pretende ser uma modesta homenagem ao grande professor e jurista Pedro Serrano, que tem se pautado pela defesa intransigente da democracia e dos direitos fundamentais em nosso país.

Em boa hora, vários autores se reuniram para homenagear esse grande constitucionalista, demonstrando que uma das formas de se insurgir contra o autoritarismo e o ataque aos direitos fundamentais e ao próprio regime democrático é por meio do exercício daquilo que Hannah Arendt certa vez denominou de potência do pensamento.[873]

873 ARENDT, Hannah. *Eichmann em Jerusalém: um relato sobre a banalidade do mal.* São Paulo: Companhia das Letras, 1999.

Afinal, como bem lembra Ronald Dworkin, nossos problemas práticos decorrem da falta de uma boa teoria de fundo que consiga resolvê-los: ou, como afirma o autor norte-americano, se a teoria é boa e a prática ruim, que se mude a prática. Nessa relação, portanto, entre teoria e prática, a teoria sempre detém a primazia.[874]

A melhor concepção de democracia constitucional

Quando se afirma que a Constituição de 1988 fundou uma democracia constitucional, qual o significado dessa expressão?

Ao contrário do que possa parecer, quando argumentamos nos domínios do Direito, da Ética, da Política, da Moral, etc., nossos conceitos não buscam encontrar a essência dos objetos como, aparentemente, se dá em áreas como a Química ou a Física.

Nessas áreas, tão reais quanto o domínio da natureza, desenvolvemos conceitos diversos, chamados de conceitos interpretativos. Um conceito é interpretativo quando o seu significado é obtido a partir das melhores compreensões e interpretações que pudemos fazer dele, de modo a compreendê-lo e interpretá-lo à sua melhor luz, ou seja, buscando fazer dele o melhor que ele pode ser.[875] Assim, o conceito de Direito, por exemplo, visa compreendê-lo e interpretá-lo de modo que ele se torne o melhor que pode ser. Da mesma forma quando pensamos em democracia, direitos fundamentais e Constituição.

Portanto, nesse domínio, que Dworkin denomina de domínio do valor, devemos compreender o conceito de um objeto a partir da melhor concepção que pudermos realizar dele. E isso ocorre com o conceito de democracia.

Parece pouco polêmico o fato de que conceituamos democracia enquanto governo do povo. Contudo, qual é a melhor concepção de democracia, a que melhor realiza a ideia de que, em uma democracia, quem deve governar é o povo?

Existe uma concepção generalizada no sentido de que democracia, enquanto governo do povo, significa uma forma de vida coletiva em que existem

---

874 DWORKIN, Ronald. *A virtude soberana: a teoria e a prática da igualdade.* São Paulo: Martins Fontes, 2005; DWORKIN, Ronald. *A Justiça de toga.* São Paulo: Martins Fontes, 2010.

875 Nesse sentido, vide: DWORKIN, Ronald. *A raposa e o porco-espinho: justiça e valor.* São Paulo: Martins Fontes, 2014.

eleições periódicas, limpas e honestas, de modo a garantir que a vontade do povo possa ser ouvida e encontrar livre curso.

Contudo, embora sendo uma concepção geralmente aceita, a ideia de democracia como simplesmente a existência de eleições periódicas e honestas encerra uma série de problemas mal resolvidos ou não resolvidos: se democracia se configura apenas como um regime de eleições, como explicar a permanência de uma comunidade democrática em momentos não eleitorais? Se democracia é o governo do povo, de todo o povo, como compatibilizar democracia eleitoral ou majoritária com o fato de que as minorias não serão representadas no processo político? Não teríamos aqui uma democracia apenas para os vencedores? Como explicar, ainda, que o eleito representa não apenas quem votou nele, mas também os derrotados?

Parece fácil perceber que, embora muito popular, a visão de democracia apenas como eleições periódicas, também conhecida como concepção majoritária de democracia, não realiza da melhor forma possível o conceito de democracia enquanto governo de todo o povo.

Precisamos, então, buscar uma concepção alternativa de democracia que consiga realizar melhor seu conceito.

Essa concepção mais bem acabada foi desenvolvida por Ronald Dworkin.

Para o autor norte-americano, ao contrário do que possa parecer, democracia não se resolve com a regra da maioria. Em outras palavras, democracia não significa necessariamente regra da maioria. Resumindo bastante o pensamento desse autor, democracia significa que as pessoas se veem como parceiras de um empreendimento político comum. É por isso que Dworkin várias vezes utiliza a figura de uma orquestra como analogia para explicar o que vem a ser uma comunidade democrática.[876] Assim como uma orquestra é formada por pessoas as mais diferentes, de localidades diferentes, com línguas, tradições, culturas diferentes, mas que, no entanto, estão unidas por um projeto comum (tocar determinada peça musical, fazer uma apresentação, etc.), também uma comunidade democrática apresenta as mesmas características. Dessa forma, o que caracteriza uma democracia não é apenas a regra da maioria, mas o respeito pela diversidade, ou a mesma consideração e respeito

---

876 DWORKIN, Ronald. *Liberalismo, constitucion y democracia.* Buenos Aires: Isla de la Luna, 2003, p. 62.

por todos que se encontram unidos tendo em vista um projeto comum. Aqui, a ideia de parceria para a realização de um projeto comum.

A proposta de Dworkin pretende compatibilizar constitucionalismo, compreendido como uma corrente de pensamento que busca a consecução de finalidades políticas concretas que consistem, fundamentalmente, na limitação dos poderes públicos e na consolidação de esferas de autonomia garantidas por meio de normas[877], e a democracia, compreendida como a ideia de autogoverno do povo.

Essa compatibilização, que pode parecer paradoxal e impossível, nada tem de problemática, se compreendermos que o próprio constitucionalismo moderno, que se inicia com as revoluções burguesas, pretende também assegurar não apenas o exercício do poder do povo que se autogoverna, mas a igualdade de todos.[878]

Portanto, nessa perspectiva, para que a democracia funcione, é essencial que os princípios de igualdade e liberdade tenham livre curso e que sejam entendidos adequadamente.

Como já mostrei em trabalhos anteriores,[879] o princípio da igualdade não pode mais ser entendido como tratar igualmente os iguais e desigualmente os desiguais na medida em que se desigualam, pois sempre fica o problema de se saber quem são os iguais e quem são os desiguais. Igualdade, seguindo as trilhas de Ronald Dworkin, só pode ser entendida como tratar a todos com a mesma consideração e respeito, não tendo, assim, um conteúdo fixo, mas levando a sério a sua própria natureza de princípio jurídico.

Essa ideia de igualdade pressupõe, de acordo com Dworkin, um modelo de repartição de bens, termo aqui entendido não apenas em sentido econômico, mas englobando também as capacidades físicas, os gostos, etc.[880] Em linhas gerais, esse modelo de repartição de recursos está baseado na ideia de inveja. Ao contrário do modelo de Rawls em que as pessoas não têm conhecimento

---

877 FIORAVANTI, Maurizio. *Constitucionalismo: experiencias históricas y tendencias actuales*. Madrid: Trotta, 2014, p. 17.
878 FIORAVANTI, Maurizio. *Constitucionalismo: experiencias históricas y tendencias actuales*. *Op.cit.*, p. 19 a 20.
879 OMMATI, José Emílio Medauar. *A igualdade no paradigma do Estado democrático de Direito*. Porto Alegre: Sérgio Antônio Fabris Editor, 2004; OMMATI, José Emílio Medauar. *A teoria jurídica de Ronald Dworkin: O Direito como integridade*. In: CATTONI, Marcelo(Coordenação). *Jurisdição e hermenêutica constitucional*. Belo Horizonte: Mandamentos, 2004, p. 151-168.
880 DWORKIN, Ronald. *A virtude soberana: a teoria e a pratica da igualdade. Op.cit.*

de sua situação na vida real, já que cobertas pelo véu da ignorância, o modelo dworkiniano pressupõe que as pessoas têm todas as informações disponíveis para bem decidir a repartição dos bens.[881] Contudo, isso não leva alguns a conseguir uma melhor repartição do que os outros, pois aquele responsável pela repartição, o leiloeiro, deverá repartir o pacote de bens tendo em vista o princípio da inveja. Esse princípio significa que a repartição dos bens deve ser tal que cada um se sinta satisfeito com o quinhão recebido, a partir de seus dotes físicos, suas habilidades, limitações, etc.[882]

Esse modelo liberal de sociedade, baseado no princípio da igualdade, leva Dworkin a afirmar que uma sociedade justa é aquela em que eu possa escolher ser um jardineiro pelo simples fato de que minhas habilidades e minha vocação me levam para essa escolha. Em outras palavras, uma sociedade justa, para Dworkin, é aquela que consegue realizar os mais diversos projetos de vida boa, sem que esses projetos sejam massacrados por questões políticas, econômicas ou morais. Nesse exemplo dado por Dworkin, poderei ser jardineiro, pois terei a certeza de que conseguirei sobreviver com dignidade e respeito.[883] De acordo com Cláudio Pereira de Souza Neto:

> Por outro lado, não é possível igualdade sem liberdade. Se, por exemplo, a liberdade de expressão é restrita, por um longo período de tempo, em favor da estabilização de uma ordem igualitária, não há verdadeira igualdade: uns estarão sendo tratados como mais livres que outros, já que uns podem decidir livremente o que falar e outros devem ser tutelados. As restrições não razoáveis à liberdade são incompatíveis com a igualdade já que implicam estabelecer uma diferença ilegítima entre os que decidem e os que obedecem. O mesmo pode ser dito também em relação à liberdade religiosa. Por que razão o grupo majoritário pode ter a prerrogativa de impor sua religião a um grupo minoritário? Esse tipo de prática viola não só a liberdade, mas também, e fundamentalmente, a igualdade, porque não trata a todos e a seus projetos pessoais de vida como dignos de igual respeito e consideração. Em tal contexto, não é possível a cooperação no processo deliberativo democrático. Uma sociedade plural que não permite que todos realizem, de

881 RAWLS, John. *Uma teoria da Justiça.* São Paulo: Martins Fontes, 2000; DWORKIN, Ronald. *A Virtude Soberana: A teoria e a pratica da igualdade. Op.cit.*
882 DWORKIN, Ronald. *A virtude soberana: a teoria e a pratica da igualdade. Op.cit.*
883 DWORKIN, Ronald. *Ética privada e igualitarismo politico.* Barcelona: Paidós, 1993.

> fato, seus projetos pessoais de vida não é capaz de criar uma predisposição generalizada para a cooperação democrática.[884]

Mas, como se relacionam os princípios da igualdade e liberdade nesse modelo liberal da sociedade pensado por Dworkin?

Depende do que entendemos por igualdade e liberdade. Ora, para Dworkin, igualdade e liberdade são ideais normativos e não devem ser divididos no leilão hipotético. Devemos entender que liberdade não significa uma licença para se fazer o que se bem entende. Se assim for, obviamente a liberdade entrará em conflito com a igualdade e, assim, tenderá sempre a perder.[885]

Por outro lado, devemos entender a igualdade como a sombra que cobre a liberdade, ou seja, que os dois princípios são complementares, pressupõem-se mutuamente, e proteger a liberdade leva necessariamente a proteger a igualdade.[886]

E quais seriam as liberdades básicas?

Afirmando não haver um catálogo taxativo, Dworkin cita os direitos de liberdade de expressão, liberdade de consciência, de associação, liberdade religiosa e a liberdade de eleição em assuntos que afetam aspectos centrais ou importantes da vida pessoal, como emprego, questões familiares, escolha sexual e tratamentos médicos.[887] À semelhança de Rawls, tanto a igualdade quanto a liberdade não entrariam no pacote básico de distribuição de recursos no modelo imaginário proposto por Dworkin. Todos, então, teriam o mesmo direito à igualdade e à liberdade. Em outras palavras, os princípios da igualdade e liberdade são inegociáveis.

Esses direitos são essenciais, para Dworkin, exatamente para promover o ideal de democracia proposto pelo autor, enquanto associação de homens livres e iguais. Assim, para Dworkin, a democracia, que deve ser vista como associativa, apresenta três dimensões. A primeira dimensão é a da soberania

884 SOUZA NETO, Cláudio Pereira de. *Teoria constitucional e democracia deliberativa: um estudo sobre o papel do Direito na garantia das condições para a cooperação na deliberação democrática*. Rio de Janeiro: Renovar, 2006, p. 167-168.
885 DWORKIN, Ronald. *A VIRTUDE SOBERANA: A TEORIA E PRATICA DA IGUALDADE. Op.cit.*; DWORKIN, Ronald. *La JUSTICIA CON TOGA*. Madrid: Marcial Pons, 2007.
886 DWORKIN, Ronald. *A virtude soberana: a teoria e pratica da igualdade. Op.cit.*
887 DWORKIN, Ronald. *A virtude soberana: a teoria e a pratica da igualdade. Op.cit.*

popular, que implica uma relação entre a comunidade ou o povo no seu conjunto e os diferentes funcionários que formam o governo. A democracia exige que o povo governe, e não os funcionários. Já a segunda dimensão é a igualdade dos cidadãos. Essa igualdade exige que os cidadãos participem como iguais. Isso se reflete na ideia de que todas as pessoas devem ter o mesmo impacto com o voto. Por fim, a terceira dimensão da democracia associativa é o discurso democrático. De acordo com Dworkin, se o discurso público está restringido pela censura, ou fracassa porque as pessoas gritam ou insultam-se mutuamente, então não temos um autogoverno coletivo.[888]

Assim, essenciais as liberdades básicas para a democracia, tais como liberdade de sufrágio, de consciência, de escolhas pessoais, de expressão e de reunião. Contudo, dizer que essas liberdades são essenciais não significa dizer que tais direitos não possam ser regulamentados por meio das leis. Mais uma vez, com Cláudio Pereira de Souza Neto:

> Essas afirmações relativas à liberdade religiosa e à liberdade de expressão não significam, no entanto, que tais liberdades, como as demais, não possam ser objeto de restrições em um sistema democrático. Isso pode ocorrer em favor de outros princípios políticos que igualmente ocupam a estrutura básica das democracias constitucionais. Pense-se, por exemplo, em uma religião que providencie a erosão das instituições republicanas em prol da fusão entre Estado e igreja; em uma religião que, para atrair fiéis, pratique publicamente atos desrespeitosos contra uma outra religião; em um editor que publique obras que promovam o preconceito racial; em um órgão de imprensa que divulgue informações falsas sobre determinado grupo criminoso, aterrorizando levianamente a população. Essas práticas, frequentes em nosso tempo, podem ser objeto de restrições.[889]

Como diz Dworkin, temos de tentar organizar nossa política de maneira que todos os cidadãos tenham motivos para se sentir parceiros. Teria sido absurdo que os judeus da Alemanha nazista ou que os negros da África do Sul do Apartheid tivessem motivos para se considerar parceiros de regimes que tentavam

888 DWORKIN, Ronald. *A virtude soberana: a teoria e a pratica da igualdade. Op.cit.*
889 SOUZA NETO, Cláudio Pereira de. *Teoria constitucional e democracia deliberativa: um estudo sobre o papel do Direito na garantia das condições para a cooperação na deliberação democrática. Op.cit.*, p. 165.

aniquilá-los ou submetê-los. Ora, é exatamente nesse momento que intervém o constitucionalismo. Assim, os cidadãos só podem se sentir parceiros em um empreendimento coletivo de governo dos cidadãos se lhes são assegurados certos direitos individuais. Dentre eles, os direitos antidiscriminatórios, com certeza. A parceria é uma questão de respeito mútuo: não posso ser parceiro de uma sociedade cujas leis me declaram cidadão de segunda classe. A liberdade de expressão é outro direito indispensável. Não sou um parceiro se a maioria considera minhas opiniões ou meus gostos tão perigosos, chocantes ou indignos que ninguém esteja autorizado a ouvi-los. Isso é válido mesmo se eu for um neonazista que nega o holocausto ou um seguidor sectário e racista de Le Pen. É ilegítimo aplicar leis contra mim, qualquer que seja sua justeza ou sabedoria, se o papel de parceiro no debate político que as produziu não me é reconhecido.[890]

Assim, a perspectiva de democracia proposta por Dworkin parece ser mais adequada na medida em que consegue compatibilizar a concepção de democracia com a Constituição e o respeito aos direitos fundamentais. Aqui, mais uma vez, a tese filosófica da unidade e independência do valor, proposta pelo autor norte-americano, também se confirma.[891]

Agora, devemos explorar a função adequada do Judiciário em geral e, particularmente do Supremo Tribunal Federal, em um modelo de democracia constitucional enquanto parceria.

A função contramajoritaria do Judiciário na democracia constitucional brasileira

Tal como ocorre com o conceito de democracia que encerra muitas concepções (aqui, em razão dos limites de espaço do presente escrito, exploramos apenas duas), também a questão envolvendo a função do Judiciário em nosso sistema jurídico-constitucional implica a assunção de perspectivas teóricas que consigam compatibilizar os diversos valores em jogo.

---

890 DWORKIN, Ronald. *A democracia e os Direitos do Homem.* In: DARNTON, Robert e DUHAMEL, Olivier. (Organizadores). *Democracia.* Rio de Janeiro: Editora Record, 2001, p. 160-161.

891 Sobre a tese da unidade e independência do valor, vide: DWORKIN, Ronald. *A raposa e o porco-espinho: justiça e valor. Op.cit.*

Em outras palavras, também aqui estamos diante de uma questão eminentemente interpretativa. Afinal, qual é a melhor compreensão do papel do Judiciário em uma democracia constitucional como a brasileira?

Da mesma forma que ocorreu com o conceito de democracia, vou opor duas concepções rivais sobre a função do Judiciário e, particularmente, do Supremo Tribunal Federal na nossa democracia constitucional.

De um lado, apresentarei a perspectiva teórica do professor e, atualmente, ministro Luís Roberto Barroso. A escolha não é aleatória e pode ser considerada óbvia pelo leitor. Enquanto professor e ministro do Supremo Tribunal Federal, Luís Roberto Barroso se coloca como jurista importante em nosso cenário nacional, até porque suas perspectivas teóricas encontram eco em suas decisões no STF.

Pois bem. Para tentar defender novas funções para o Judiciário e, principalmente, para o STF, o ministro Luís Roberto Barroso começa tentando demonstrar que o fim da Segunda Guerra Mundial trouxe como consequência uma ascensão do Poder Judiciário, tornando-o protagonista político em razão de uma série de fatores, tais como: a atenuação do formalismo jurídico, o desenvolvimento de uma visão filosófica pós-positivista e a passagem da Constituição para o centro do sistema jurídico.[892] Além de tudo isso, também contribuiu para a ascensão do Judiciário um certo desencanto com a política majoritária e a incapacidade dos parlamentos de produzirem consenso em relação a determinados temas controvertidos.[893]

Interessante perceber que a crítica que Barroso lança a uma suposta incapacidade dos parlamentos de produzirem consenso em relação a determinados temas controvertidos e, com isso, defender uma supremacia do Judiciário, foi a mesma lançada por Carl Schmitt durante a Constituição de Weimar para defender a supremacia do Executivo.[894]

892 BARROSO, Luís Roberto. *A função representativa e majoritária das cortes constitucionais.* In: ROSA, Alexandre Morais da, TRINDADE, André Karam, TASSINARI, Clarissa *et.al.*(Organizadores). *Hermenêutica, constituição, decisão judicial: estudos em homenagem ao professor Lenio Luiz Streck. Op.cit.*, p. 161.

893 BARROSO, Luís Roberto. *A função representativa e majoritária das cortes constitucionais.* In: ROSA, Alexandre Morais da, TRINDADE, André Karam, TASSINARI, Clarissa *et.al.*(Organizadores). *Hermenêutica, constituição, decisão judicial: estudos em homenagem ao professor Lenio Luiz Streck. Op.cit.*, p. 161.

894 Nesse sentido, vide: SCHMITT, Carl. *Legalidade e legitimidade.* Belo Horizonte: Del Rey, 2007; SCHMITT, Carl. *O Conceito do Político.* Lisboa: Edições 70, 2015; SCHÜNEMAN, Bernd. *Carl Schmitt en el Tercer Reich.* Colômbia: Universidad Exter-

Assim, em virtude desse diagnóstico, o ministro Barroso passa a discutir os diversos papéis do Judiciário para enfrentar essa nova realidade pós-Segunda Guerra.

De acordo com o autor, a primeira e mais destacada função do Judiciário é a clássica função contramajoritária que se desenvolveu no alvorecer do constitucionalismo e, principalmente, a partir da decisão Marbury vs. Madison, em 1803, nos Estados Unidos, que atribuiu aos juízes o poder de declarar uma lei inconstitucional e, portanto, nula desde o seu nascimento.[895]

Já a segunda função, denominada por Barroso de representativa, decorre do fato de que, na contemporaneidade, há uma confluência entre a democracia representativa e a democracia deliberativa, fazendo com que o exercício do poder e da autoridade seja legitimado por votos e por argumentos.[896]

Nesse sentido, o ministro Barroso tenta mostrar que, em muitas situações, o Judiciário é intérprete mais competente do sentimento majoritário do que as próprias instâncias eleitas que deveriam representar as maiorias.[897] Contudo, o autor não consegue demonstrar como um Judiciário não eleito consegue captar melhor o sentimento majoritário do que as instâncias eleitas. A afirmação fica a dever uma explicitação e elucidação mais acuradas.

Captando melhor esse sentimento majoritário, o Judiciário e, principalmente, o Supremo Tribunal Federal, passaria também a desenvolver uma função representativa, empurrando a história em muitos momentos e se colocando como uma vanguarda iluminista da nação.[898]

---

nado de Colombia, 2004. Para mais informações, ver também: ORESTES AGUILAR, Héctor (Org.). *Carl Schmitt, teólogo de la política*. México: Fondo de Cultura Económica, 2001. [Colec. Política y Derecho].

895 BARROSO, Luís Roberto. *A função representativa e majoritária das cortes constitucionais*. In: ROSA, Alexandre Morais da, TRINDADE, André Karam, TASSINARI, Clarissa *et.al.*(Organizadores). *Hermenêutica, constituição, decisão Judicial: estudos em homenagem ao professor Lenio Luiz Streck. Op.cit.*, p. 163 a 166.

896 BARROSO, Luís Roberto. *A função representativa e majoritária das cortes constitucionais*. In: ROSA, Alexandre Morais da, TRINDADE, André Karam, TASSINARI, Clarissa *et.al.*(Organizadores). *Hermenêutica, constituição, decisão judicial: estudos em homenagem ao professor Lenio Luiz Streck. Op.cit.*, p. 166.

897 BARROSO, Luís Roberto. *A função representativa e majoritária das cortes constitucionais*. In: ROSA, Alexandre Morais da, TRINDADE, André Karam, TASSINARI, Clarissa *et.al.*(Organizadores). *Hermenêutica, constituição, decisão judicial: estudos em homenagem ao professor Lenio Luiz Streck. Op.cit.*, p. 167.

898 BARROSO, Luís Roberto. *A função representativa e majoritária das cortes constitucionais*. In: ROSA, Alexandre Morais da, TRINDADE, André Karam, TASSINARI, Clarissa *et.al.*(Organizadores). *Hermenêutica, constituição, decisão judicial: estudos em*

Contudo, e da mesma forma que foi colocado o argumento anterior, o ministro Barroso não se dá ao trabalho de explicitar o que é isso, empurrar a história, e mais, para que lado? E mais: o que é isso, "vanguarda iluminista da nação"?

O autor simplesmente apresenta algumas decisões recentes do STF, profundamente controvertidas que, segundo ele, teriam o caráter de demonstrar como o Tribunal estaria desempenhando bem suas funções contramajoritária, majoritária e representativa, empurrando a história e se colocando como a vanguarda iluminista do Brasil.[899]

Apresentada a perspectiva do ministro Luís Roberto Barroso, mesmo que resumidamente, mostraremos os erros de tal perspectiva e as razões pelas quais o Judiciário deveria se contentar com um papel mais modesto em uma democracia: o papel de garantidor dos direitos fundamentais de todos os cidadãos. Em outras palavras, em uma democracia constitucional como a brasileira, o Judiciário deve se contentar em desempenhar sua função contramajoritária.

Como vimos no item anterior, uma democracia constitucional pretende levar a sério a ideia de que o povo inteiro é governo, e, para isso, os membros da comunidade política devem ser tratados com igual respeito e consideração.

Assim, mesmo que as maiorias saiam vencedoras nos processos políticos e deliberativos, isso não implica que elas terão o direito de desconsiderar os direitos das minorias. Caso contrário, nao teríamos mais uma democracia como governo de todo o povo, mas sim uma tirania da maioria.

E é exatamente aqui que entra o poder dos juízes de declarar a inconstitucionalidade das normas, agindo, portanto, de maneira contramajoritária. Quando os juízes assim o fazem, diz Dworkin, não interferem no debate político de maneira indevida. Pelo contrário. Os juízes, ao declarar normas inconstitucionais, pretendem justamente afirmar o igual respeito e consideração por todos, afirmando justamente o princípio democrático de parceria. Portanto, os juízes não só podem como devem decidir materialmente

---

homenagem ao professor Lenio Luiz Streck. Op.cit., p. 167 a 175. Para uma crítica a essa posição, ver: PEDRON, Flávio Quinaud. A distinção entre legislação e jurisdição no pensamento de Klaus Günther. *Revista da CEJ*, ano XII, n. 41, abr.-jun. 2008.

899 BARROSO, Luís Roberto. *A função representativa e majoritária das cortes constitucionais.* In: ROSA, Alexandre Morais da, TRINDADE, André Karam, TASSINARI, Clarissa *et.al.*(Organizadores). *Hermenêutica, constituição, decisão judicial: estudos em homenagem ao professor Lenio Luiz Streck. Op.cit.*, p. 167 a 175.

as questões. Não podem ficar adstritos apenas às questões procedimentais, porque tal separação entre procedimento e conteúdo é impossível de ser feito. Assim, o controle judicial de constitucionalidade das leis é uma garantia das minorias contra a tentativa das maiorias de oprimi-las aprovando leis que firam o igual respeito e consideração por todos e o projeto democrático de uma comunidade formada por homens livres e iguais que se veem como parceiros desse empreendimento político comum.[900]

Convém ressaltar, no entanto, que Dworkin não está dando um cheque em branco para que os juízes possam decidir ao seu bel-prazer. Na verdade, o controle de constitucionalidade somente será democrático caso o Judiciário demonstre argumentativamente que decidiu com base em princípios, e não com base em políticas. Afinal, Dworkin é um crítico ferrenho da discricionariedade e do uso político do Direito pelos tribunais.

E quais seriam as diferenças entre um princípio e uma política?

Para Dworkin, um princípio é um argumento relacionado à igualdade, à liberdade, ao devido processo ou a outra dimensão da moralidade. Em outras palavras, decidir com base em princípios significa decidir demonstrando que há um direito fundamental envolvido e que tal direito deve ser protegido, inclusive contra as maiorias.[901]

Já uma política, ainda de acordo com o norte-americano, é um argumento que visa melhorar o bem-estar ou a felicidade de uma parte da população ou de toda ela. Aqui, o Judiciário não pode decidir com base em políticas, pois, de acordo com Dworkin, não recebeu o voto popular para tanto.[902]

Além disso, as políticas somente são válidas se puderem ser relacionadas e ligadas a algum princípio, já que uma democracia constitucional genuína deve tentar realizar da melhor forma possível os direitos de todos os cidadãos.[903] Se houver um conflito entre uma política e um princípio, a política deverá ser afastada.

900 DWORKIN, Ronald. *O Direito da liberdade: a leitura moral da constituição norte-americana. Op.cit.*
901 DWORKIN, Ronald. *Levando os direitos a sério.* São Paulo: Martins Fontes, 2003. Para mais detalhes ver: PEDRON, Flávio Quinaud; OMMATI, José Emílio Medauar. *Teoria do Direito contemporânea.* Rio de Janeiro: Lumen Juris, 2019.
902 DWORKIN, Ronald. *Levando os direitos a sério. Op.cit.*
903 DWORKIN, Ronald. *Levando os direitos a sério. Op.cit.*

Nesse sentido, juízes não podem tomar decisões em termos políticos, ou seja, baseado em suas convicções políticas específicas ou em convicções políticas de uma determinada maioria, já que não receberam votos para tanto e não concorreram a cargos políticos. Mas isso não significa dizer que suas decisões não sejam políticas, já que pretendem estabelecer a melhor interpretação dos princípios que regem a vida de uma comunidade democrática.[904] Como saber se um juiz tomou uma decisão ilegítima, porque baseada em argumentos de política, e não uma decisão correta, porque baseada no respeito aos direitos fundamentais dos cidadãos?

Aí entra a centralidade da argumentação processual desenvolvida em contraditório e com ampla defesa, respeitando-se o devido processo legal, como já defendi em outros trabalhos.[905]

No próximo e último item do presente texto, pretendo mostrar como o ativismo judicial acaba sendo um mecanismo que contribui para a crise da democracia constitucional brasileira.

O ativismo judicial como elemento da crise constitucional brasileira

Como já mostrei ao longo do presente texto, o domínio do Direito, enquanto ramo do valor, é marcado por conceitos interpretativos. Quando falamos de ativismo judicial também encontramos uma pluralidade de vozes que tentam lançar perspectivas teóricas que melhor apresentem o fenômeno.

Para alguns, como o próprio Ministro Luís Roberto Barroso, o ativismo judicial foi uma decorrência lógica das novas Constituições elaboradas no final da Segunda Guerra Mundial. Confundindo ativismo judicial com judicialização da política, Barroso afirma que a judicialização da política e o próprio ativismo judicial daí decorrente se deu em razão da utilização ampla de princípios jurídicos por esses documentos constitucionais, bem como pela introdução da moral no próprio Direito.[906]

---

904 Nesse sentido, vide: DWORKIN, Ronald. *Levando os direitos a sério. Op.cit.*; DWORKIN, Ronald. *O Direito da liberdade: a leitura moral da constituição norte-americana. Op.cit.*

905 Por todos, vide: OMMATI, José Emílio Medauar. *Uma teoria dos direitos fundamentais.* 6ª edição, Rio de Janeiro: Lumen Juris, 2019.

906 BARROSO, Luís Roberto e BARCELLOS, Ana Paula de. *O começo da História. a nova interpretação constitucional e o papel dos princípios no Direito brasileiro.* In: Revista da EMERJ, vol. 6, n. 23, 2003, p. 25-65.

Contudo, não nos parece adequada a perspectiva que iguala ativismo judicial e judicialização da política. Para compreendermos melhor as diferenças entre esses dois eventos, temos que compreender como surge a ideia de ativismo judicial.

Pois bem. É possível afirmar que há um consenso doutrinário no Brasil sobre a origem da expressão ativismo judicial. De acordo com vários autores, a expressão surge em um texto do historiador norte-americano Arthur Schlesinger Jr., em artigo intitulado «The Supreme Court: 1947», publicado na revista Fortune, vol. XXXV, nº1, no mês de janeiro de 1947.[907] Como afirma Carlos Alexandre de Azevedo Campos:

> Neste texto, além de apresentar o termo, Schlesinger entregou outra importante lição: quanto mais uma corte se apresenta como instituição vital ao país e à sociedade, mais ela e seus juízes deverão sujeitar-se ao julgamento crítico sobre suas motivações, relações internas e externas, enfim, tudo o que possa ser fator das decisões tomadas.[908]

No entanto, o consenso termina por aqui. No Brasil, os diversos autores que trabalham a questão do ativismo judicial divergem profundamente sobre a melhor concepção do termo, de como avaliar se uma corte ou um juízo é ativista ou não e se um judiciário se caracterizar como ativista é um fator positivo ou não. Também os critérios utilizados para analisar o possível ativismo de um tribunal variam de autor para autor. Por exemplo, Carlos Alexandre de Azevedo Campos afirma, em obra de fôlego, que o ativismo pode ser bom ou ruim, dependendo da situação.[90934] Já autores como Flávia Santiago Lima tendem a considerar o

907 CAMPOS, Carlos Alexandre de Azevedo. *Dimensões do ativismo judicial do STF.* Rio de Janeiro: Forense, 2014, p. 43. No mesmo sentido: TASSINARI, Clarissa. *Jurisdição e ativismo judicial: limites da atuação do Judiciário.* Porto Alegre: Livraria do Advogado Editora, 2013; LIMA, Flávia Santiago. *Jurisdição constitucional e politica: ativismo e autocontenção no STF.* Curitiba: Juruá, 2014; LIMA, Rogério Montai de. *Constitucionalismo de transição e transformação: uma interface com a judicialização e ativismo judicial.* Rio de Janeiro: Lumen Juris, 2015; LEAL, Mônia Clarissa Hennig e ALVES, Felipe Dalenogare. *Judicialização e ativismo judicial: o Supremo Tribunal Federal entre a interpretação e a intervenção na esfera de atuação dos demais poderes.* Rio de Janeiro: Lumen Juris, 2015.

908 CAMPOS, Carlos Alexandre de Azevedo. *Dimensões do ativismo judicial do STF. Op. cit.*, p. 43.

909 CAMPOS, Carlos Alexandre de Azevedo. *Dimensões do ativismo judicial do STF. Op. cit.*

ativismo um fenômeno negativo em uma democracia constitucional, na medida em que o Tribunal ativista acaba por usurpar as funções dos demais poderes.[91035] Essa também é a posição de autores ligados ao pensamento de Lenio Streck, tais como Clarissa Tassinari e Rogério Montai de Lima.[911]

Também os critérios para definição de um Tribunal como ativista ou não são muito variáveis na doutrina nacional. Nesse sentido, Thamy Pogrebinschi utiliza apenas as decisões de controle concentrado brasileiro para analisar e concluir pela inexistência de ativismo judicial em nosso país, o que, para mim, é uma conclusão claramente equivocada.[91237]

Em uma linha mais próxima da defesa que faço neste trabalho, Clarissa Tassinari afirma que o ativismo judicial ocorre toda vez que o Judiciário, em nome de interpretar uma norma, acaba por se substituir, seja ao Legislativo, seja ao Executivo.[91338] Assim, para a autora em comento, o ativismo não estaria ligado ao número de decisões, mas à qualidade das decisões em termos de fundamentação.

Se fosse escolher um critério de determinação do ativismo judicial, sem dúvida escolheria esse último, já que é mais ligado à hermenêutica filosófica e aos ganhos obtidos para o Direito com a Teoria do Direito como integridade, de Ronald Dworkin.

Mas, também não concordo com o critério estabelecido pela crítica hermenêutica do Direito, criada e difundida entre nós por Lenio Streck.

Isso porque, adepto que sou da teoria do Direito como integridade, entendo, tal como Ronald Dworkin, que a interpretação judicial não retira o significado do texto normativo que sempre esteve lá, como também não cria simplesmente algo que até então não existia; mas, faz as duas coisas e nenhuma delas ao mesmo tempo.[914]

---

910 LIMA, Flávia Santiago. *Jurisdição constitucional e politica: ativismo e autocontenção no STF. Op. cit.*

911 TASSINARI, Clarissa. *Jurisdição e ativismo judicial: limites da atuação do Judiciário. Op. cit.*; LIMA, Rogério Montai de. *Constitucionalismo de transição e transformação: uma interface com a judicialização e ativismo judicial. Op. cit.*

912 POGREBINSCHI, Thamy. *Judicialização ou representação? politica, Direito e democracia no Brasil.* Rio de Janeiro: Campus Elsevier, 2012.

913 TASSINARI, Clarissa. *Jurisdição e ativismo judicial: limites da atuação do Judiciário. Op. cit.*

914 Sobre a questão, vide: DWORKIN, Ronald. *O império do Direito.* São Paulo: Martins Fontes, 1999; DWORKIN, Ronald. *Uma questão de principio.* São Paulo: Martins Fontes, 2000.

Para mim, então, a questão não é saber se uma decisão foi ativista ou autocontida, mas se encontra fundamentos corretos em face da perspectiva da integridade do Direito, ou seja, se a decisão se justifica a partir de um todo coerente e consistente de princípios que se justificam em uma comunidade democrática que pretende se afirmar como uma comunidade de pessoas livres e iguais.[915]

De qualquer modo, ainda mantendo a dicotomia ativismo judicial versus judicialização da política, é possível afirmar que a melhor forma de compreender esses fenômenos se dá pelo fato de que, no ativismo, o Judiciário sempre se substitui ao Direito democraticamente posto pelo povo. Em nome de interpretar os textos normativos abstratos, o Judiciário acaba se colocando acima do texto e decidindo conforme seus próprios desejos e aspirações. Aqui, sobra espaço para o Judiciário empurrar a história e se apresentar como a vanguarda iluminista da nação, expressões muito caras ao ministro Luís Roberto Barroso.

Já se consegue perceber que o ativismo se coloca como um elemento de crise e desestabilização da democracia constitucional brasileira, já que a própria vontade do povo democraticamente estabelecida por meio da legislação e da Constituição é substituída pela vontade de pessoas não eleitas pelo próprio povo: os juízes.

Já quando se fala em judicialização da política, pensa-se em uma situação contingente em razão de constituições dirigentes e compromissórias como a brasileira de 1988, que estabeleceu uma série de novos direitos. Nesse cenário, o Judiciário é chamado a resolver questões que implicam arbitrar temas de natureza política. A judicialização da política não é um problema em si. Problemático é o Judiciário se arvorar na única instância de deliberação pública, trocando as escolhas realizadas pelo povo por suas próprias, o que caracteriza o ativismo judicial.

Embora entenda que a dicotomia ativismo judicial versus judicialização da política não seja suficiente para compreendermos melhor nossa prática interpretativa que chamamos de Direito, já é possível perceber que decisões

---

915 Além das obras de Ronald Dworkin, citamos: OMMATI, José Emílio Medauar. *Teoria da constituição.* 5ª edição, Rio de Janeiro: Lumen Juris, 2016; OMMATI, José Emílio Medauar.(Coordenador). *Ronald Dworkin e o Direito brasileiro.* Rio de Janeiro: Lumen Juris, 2016; PEDRON, Flávio Quinaud. *Mutação constitucional na crise do positivismo juridico.* Belo Horizonte: Arraes Editores, 2012.

judiciais que visam substituir a vontade do povo corporificada na legislação e nas políticas públicas simplesmente porque o Judiciário não gostou da decisão tomada ou acredita que exista uma decisão melhor, se colocam como elementos que contribuem para o estado de crise de nossa democracia constitucional e para a assunção de um verdadeiro Estado de Exceção entre nós.

Cabe ao Judiciário e a toda a comunidade política brasileira começarem a exigir decisões corretas, fundamentadas, a partir dos textos normativos e da própria história institucional dessa própria comunidade, naquilo que Ronald Dworkin denominou de direito como integridade, para que possamos corrigir nossos próprios erros e começarmos a levar o Direito a sério.

Democracia constitucional não se coaduna com ativismos e decisionismos de quem quer que seja. Democracia constitucional pressupõe um respeito incondicional aos direitos fundamentais de todos os cidadãos. E precisamos cada vez mais de um Judiciário agressivo no respeito e na manutenção dos direitos fundamentais. Essa agressividade é bem-vinda a partir de fundamentações consistentes a demonstrar que o Judiciário, ao agir de modo agressivo no respeito e na manutenção dos direitos fundamentais, não está se substituindo ao legislador democraticamente eleito, mas está apenas e tão somente protegendo e garantindo as próprias condições de manutenção de nossa frágil democracia.[916]

De outro modo, somente vai nos restar crises permanentes e um Estado de Exceção duradouro.[917]

Devemos, portanto, cobrar do Judiciário integridade na aplicação do Direito, de modo que possamos manter a higidez de nossa democracia constitucional.

916 Sobre a necessidade de uma jurisdição constitucional agressiva e sobre o significado desse termo, vide: FERREIRA, Rafael Além Mello. *Jurisdição constitucional agressiva: O STF e a democracia deliberativa de Jürgen Habermas.* Curitiba: Juruá, 2015.
917 Sobre a ideia de Estado de Exceção, vide: AGAMBEN, Giorgio. *Estado de Exceção.* São Paulo: Boitempo, 2004; SERRANO, Pedro Estevam Alves Pinto. *Autoritarismo e golpes na América Latina: breve ensaio sobre jurisdição e exceção.* São Paulo: Alameda, 2016.

29. O ESTADO BRASILEIRO É REALMENTE DEMOCRÁTICO?

Márcio Cammarosano[918]

O regime político do Estado brasileiro, do ponto de vista jurídico-formal. Os vícios que maculam de fato os fundamentos do regime político em vigor no Brasil. O futuro da democracia brasileira.

Entende-se por Estado, consoante vetustas lições, a organização social que se caracteriza por ser dotada de soberania e independência, que preside os destinos de todo o povo em um dado território, nele exercendo as funções de governo com o monopólio da força institucionalizada, instrumentalizando o poder político.

Povo, território e governo soberano são, portanto, os elementos do Estado.

A soberania, por sua vez, consiste na lição que adotamos de Ataliba Nogueira, no poder incontrastável de querer coercitivamente e fixar competências. É una, indivisível, irrenunciável. Em face dela, no plano interno não pode haver poder algum que se sobreponha ao do Estado. E, no plano externo, cada Estado apresenta-se independente com relação a quaisquer outros, autodeterminando-se.

Não se pode conceber um Estado sem uma organização jurídica. Estado e Direito são indissociáveis. E nesse sentido, consoante uma concepção positivista, o Direito é a ordem normativa do comportamento humano dotada de coercibilidade institucionalizada, de sorte que o Estado, por seus órgãos competentes, dispõe do atributo de, se e quando necessário, compelir, até mesmo

918 Doutor em Direito do Estado pela Pontifícia Universidade Católica de São Paulo (PUC-SP). Professor de Direito Administrativo nos cursos de graduação e pós-graduação da PUC-SP. Advogado.

com o uso da força, quem quer que seja a respeitar e cumprir a referida ordem normativa, proferindo decisões cogentes e aplicando as sanções nelas prescritas.

Os Estados em geral são organizados, quanto à sua forma, como unitários ou federados, na medida em que tenham ou não um governo central que tudo preside. Quando a organização compreende descentralização política, administrativa e financeira, com entes assim dotados de autonomia – inconfundível com a soberania –, que no seu conjunto compõem uma união indissolúvel, temos uma federação.

Já quanto à forma de governo, um Estado pode ser, basicamente, monárquico ou republicano. Uma república caracteriza-se pela eletividade dos governantes, temporariedade dos mandatos e responsabilidade dos governantes.

Quanto ao sistema de governo, temos o presidencialismo e o parlamentarismo. No presidencialismo, as funções de chefe de Estado e chefe de governo são concentradas numa só pessoa. No parlamentarismo as referidas funções são distribuídas entre duas pessoas, uma como chefe de Estado e outra, um primeiro-ministro, como chefe de governo.

Finalmente, quanto ao regime político, podemos apartar os Estados, grosso modo, como democráticos ou ditatoriais, com algumas possíveis modulações e graus variáveis de liberdade e mecanismos de intervenção nos domínios econômico e social.

Seja como for que se apresente organizado um Estado, quanto à sua forma, sistema de governo e o regime político que adote, a história tem revelado profundas mazelas cujas consequências afetam a maioria esmagadora dos Estados e respectivos habitantes.

Salvo raríssimas exceções, grassam nos Estados em geral a incompetência, a corrupção, o desrespeito sistemático e institucionalizado aos direitos humanos, o que se constata sem grande esforço. A miséria é um flagelo universal, inacreditável num planeta cujos recursos naturais sustentavelmente explorados são mais do que suficientes para proporcionar a toda a humanidade uma existência digna, com o atendimento adequado das necessidades básicas de todos.

Em face desse panorama, não é apenas a democracia que está em crise, mas o mundo inteiro. Mesmo os Estados que são apontados como exemplos para o resto do mundo, no concerto das nações e nos organismos internacionais não levantam, como deveriam, suas vozes sequer em protesto contra as tragédias que assolam outros países, do terceiro mundo especialmente. Pecam, assim, quando menos pela omissão, como se os problemas que afligem centenas de milhões, ou mesmo bilhões de pessoas, considerados todos os quadrantes do globo terrestre, não lhes dissesse respeito.

E responsabilidade incomensuravelmente maior cabe às potências mundiais, especialmente às que têm assento no Conselho de Segurança da ONU. Esse e outros organismos internacionais não têm conseguido evitar estados de beligerância e neutralizar organizações terroristas que não conhecem fronteiras, o que tem provocado sofrimento atroz, sem perspectivas de solução ao menos no curto e médio prazo.

Em alguma medida, vivemos numa Torre de Babel, e em muitos Estados vive-se em permanente conflito, grassando a violência, o crime, discriminações preconceituosas, radicalizações e intolerância de toda sorte.

Convivem assim, neste mundo, contingentes populacionais em situação de graus variáveis de desigualdades, comparados os Estados entre si e cada qual per si. A injustiça social campeia escandalosamente, tendo, dentre suas inúmeras causas, a ganância desmensurada de Estados privilegiados, que exploram economicamente outros, e grupos poderosos, econômica e politicamente, que elevam exponencialmente seus lucros mediante sistemas institucionalizados perversos que impedem a possível elevação da condição social dos que lhes emprestam sua força de trabalho.

Consequentemente, os conflitos entre os Estados, e no âmbito de cada qual, estão instalados profundamente, e só tendem a se agravar em permanecendo esse estado de coisas.

A desigualdade crescente favorece radicalismos, a busca de soluções pela violência, nos planos internacional e nacional, mesmo porque se está descreditando no diálogo, por conta de promessas não cumpridas e resistências a transformações que são imperiosas e que parecem não se viabilizar pacificamente jamais.

Entramos assim num círculo vicioso. As pressões por transformações que se supõem hábeis à solução dos problemas que afligem contingentes populacionais cada vez maiores, dão ensejo a resistências conservadoras dos que não têm interesse, obviamente, em ceder em nada do que lhes favorece, o que, por sua vez, faz recrudescer a luta por mudanças bem como a resistência a elas.

Isso tudo gera mais violência de ambos os lados, sem embargo de medidas mitigadoras de desigualdades que, ainda que pífias e destituídas de maior sustentabilidade, não raro transformam-se em bandeiras de líderes que se especializam em construir imagens de salvadores da pátria.

E a massa dos deserdados, mercê de seu desespero, falta de perspectivas e baixa cultura política, torna-se presa fácil de líderes populistas, nos quais acaba por depositar suas derradeiras esperanças por um futuro melhor. Tende, assim, a se deixar seduzir por políticas assistencialistas que, mitigando de imediato suas penúrias, dão-lhe a falsa sensação de inclusão social, que só se pode viabilizar efetivamente com reformas de profundidade suficiente para alcançar não apenas os efeitos, mas as causas de um sistema perverso que continua, todavia, íntegro.

As massas têm preferência pelos remédios de bom sabor que eliminam os sintomas de sua condição social, repudiando aqueles de sabor amargo, ainda que necessários para combater a infecção que corrói o organismo.

Todavia, em países como o Brasil, faz-se necessária a continuidade de programas assistenciais de curto e médio prazo, bem como de reformas estruturais cujos efeitos não se fazem sentir senão a médio e longo prazos. Mas esse é tema que desborda dos limites destas considerações quanto ao que, em termos de regime político, verificamos no Brasil.

Destarte, cumpre-nos retomar o panorama geral que havíamos esboçado a respeito do Estado, oportunidade em que chegamos ao ponto em que fizemos menção, quanto a regimes políticos, a democracia e a ditadura.

Regimes políticos dizem respeito à titularidade e ao exercício do poder a que se submetem os habitantes de um Estado, que se submetem a um governo, responsável por condicionar e determinar comportamentos. Assim, reconhece-se que o Estado, detendo o monopólio da força institucionalizada, dispõe de meios ordenados à consecução das finalidades que lhes estejam assinaladas. O Estado exerce, por meio de pessoas investidas na qualidade de agentes seus, de autoridade, de competências decisórias a conformar a atuação dos administrados, dos integrantes da sociedade maior cujos destinos em larga medida preside.

Todavia, há formas diversas quanto à concepção da titularidade do poder político, das peculiaridades inerentes ao seu exercício e dos limites deste.

As formas pelas quais pessoas conquistam e permanecem no poder, e como exercem competências que titularizam, são fundamentais para a qualificação de regimes políticos. E mesmo quanto a isso pode haver divergências tocantes às notas características necessárias e suficientes para que se reconheça um dado regime político vigente num determinado Estado como sendo ou não democrático. Com efeito, parece adequado considerar que prevalece o entendimento de que o conceito de legitimidade é imprescindível para o reconhecimento da democracia.

Para que um regime seja considerado democrático faz-se necessário que o poder político seja dotado de legitimidade, assim considerado o poder que se justifica pela sua outorga por decisão dos que a ele estarão submetidos, e cujo exercício se dê consoante normas por eles, outorgantes, estabelecidas diretamente ou indiretamente, por representantes que elejam e que venham a deliberar, observado o princípio da maioria.

Nessa ordem de raciocínio, para que se reconheça um Estado como democrático, não basta que o poder político seja exercido sob a observância de uma dada ordem normativa do comportamento humano dotada de coercibilidade institucionalizada. Faz-se imprescindível que essa ordem normativa tenha sido posta pelos que estarão submetidos ao poder político, diretamente ou por representantes seus, de tal sorte que esteja institucionalizado o princípio de que o poder emana do povo.

Impõe-se ainda que sejam proclamados e respeitados os direitos das minorias, compatíveis com um regime pluralista, dentre eles o de virem a exercer o poder político pela vontade da maioria. Já se disse que o direito fundamental da minoria é o de poder vir a ser maioria, operando-se a rotatividade dos partidos políticos no poder.

Um regime democrático reclama a prevalência da lei, elaborada por órgão de poder independente dos demais, onde tenham assento representantes eleitos dentre candidatos de mais de um partido político, de sorte a ensejar representação também de minorias.

Impõe-se que haja segurança jurídica com acentuado grau de predeterminação formal do direito, para que todos saibam por antecipação quais as possíveis consequências do seu proceder. Essa segurança jurídica se traduz em vários institutos, a partir do princípio da legalidade e da estabilidade das relações jurídicas.

O governo, exercido por pessoas físicas, só terá legitimidade democrática se titularizado e levado a efeito nos termos da lei, como expressão da vontade do povo. Há de ser, portanto, governo subserviente às leis democraticamente elaboradas.

Em rigor, a liberdade é o valor-seiva da democracia, mas sempre liberdade em termos tais que não possa desaguar na ditadura da maioria, que não seja incompatível com mecanismos de correção de injustiça social, já que ambos os valores, liberdade e igualdade, devem harmonizar-se de forma que um não exclua o outro, apanágios que são da dignidade do homem, nas suas dimensões individual e coletiva, como seres que vivem em sociedade. Regimes políticos que sacrificam a liberdade em nome da absoluta igualdade forçada, ou que permitam a instauração da injustiça social assegurando o uso abusivo da liberdade, são igualmente atentatórios à dignidade da pessoa humana.

Em rigor, a missão fundamental do Estado deve ser a de assegurar a liberdade e promover a justiça social, buscando um ponto de equilíbrio entre vetores que, elevados cada qual à enésima potência, excluem o outro. As pessoas não são naturalmente tão desiguais nem tão iguais entre si que não possam conviver em liberdade, mas condicionada o quanto necessário e suficiente para a redução das desigualdades inerentes à condição humana.

E é exatamente quanto ao grau de liberdade e de igualdade que se supõe necessário para a consecução do bem comum, com respeito a direitos individuais que se tem como inalienáveis, que se põem embates ideológicos de amplo espectro, com propostas diferenciadas no que concerne aos meios adequados para a consecução das finalidades que são propostas como desejáveis.

A democracia é concebida como um regime político que se supõe o que melhor se presta a conciliar ideias de liberdade e igualdade, a partir da ideia de que os seres humanos, vivendo inelutavelmente em sociedade, e dotados, em princípio, de livre arbítrio, devem ser os agentes de seu próprio destino. Todos nós almejamos a felicidade, o bem viver, mas não que isso seja decorrência de decisões fundamentais de uma só pessoa, ou de uma minoria que, decidindo-se por concentrar as funções de governo, como melhor lhes aprouver, o faça independentemente do que pensam, desejam e decidem os governados.

A concepção, a implantação e o funcionamento de um regime democrático são empreitada inçada de dificuldades, a começar pela impossibilidade de consenso quanto a todos os detalhes de um projeto político dessa envergadura.

Tudo é mais fácil quando quem planeja, decide implantar e atua concretamente é uma só pessoa, um líder carismático que chega até a hipnotizar a maioria do povo, ou a ter apoio decisivo da maioria e em condições de sustentar o projeto que o líder lhes apresenta. Também são reduzidas as dificuldades quando tudo fica por conta de uma minoria coesa, de um regime oligárquico. A dificuldade maior se apresenta quando se trata de conceber, implantar e fazer funcionar um regime precedido de discussões, e nelas ambientado, com todos os segmentos sociais interessados, com a participação do povo que afinal tenha de tomar decisões fundamentais diretamente ou eleger representantes que, compondo um órgão colegiado, tenha competência deliberativa.

E na medida em que não haja quem seja onisciente e onipotente, os ideais democráticos não são factíveis na sua plenitude, mesmo porque dependentes de sua concretização de virtudes, de qualidades que não se encontram reunidas igualmente em cada pessoa que tenha, afinal, de manifestar sua vontade, tomar decisões.

Faz sentido, pois falar em democracia possível, já que não há como esperar que todos os requisitos necessários e suficientes para que se tenha um regime democrático sejam reunidos e dispostos com perfeição. A construção de um regime político é sempre uma obra humana, de natureza cultural e, assim, por definição, imperfeita. É um construir e um aprimorar permanentes. Jamais uma obra pronta, imutável, definitiva, eterna, assim como o ser humano e a sociedade, sempre mergulhados num processo histórico-cultural de evolução infindável.

Tal construção, funcionamento e evolução compreendem, num ambiente de liberdade, pluralista, avanços e retrocessos, mesmo quando o regime esteja cristalizado numa constituição como a do Brasil, que, em rigor, contém prescrições originadas dos embates de parlamentares constituintes que tiveram de fazer concessões recíprocas para que se pudesse chegar a denominadores comuns que viabilizaram a promulgação da Lei Maior em vigor.

Nossa Constituição, promulgada em 5 de outubro de 1988, consagra, como diploma jurídico-positivo, um regime democrático. Temos isso como indubitável.

É bem verdade que não há unanimidade quanto à definição de democracia, conceito em alguma medida desgastado pelas divergências que grassam quanto a aspectos variados, de maior ou de menor significação. Tanto é verdade que a palavra democracia tem sido acompanhada de adjetivações variadas.

De qualquer forma, na medida em que estamos a tratar de democracia convém deixar registrado o sentido com que empregamos esta palavra – democracia –, como expressão verbal de um conceito que, por sua vez, consiste na representação mental de um tipo de regime político.

Kelsen, muito pouco conhecido enquanto filósofo político, professa:[919]

> (...) Um dos princípios fundamentais da democracia é o fato de que cada um deve respeitar a opinião política dos demais, uma vez que todos são iguais e livres. A tolerância, os direitos das minorias, a liberdade de expressão e a liberdade de pensamento, tão característico da democracia, não têm lugar num sistema político baseado na crença em valores absolutos. Esta crença invariavelmente conduz – e sempre conduziu – a uma situação em que aquele que afirma possuir o segredo do bem absoluto arroga-se o direito de impor sua opinião e sua vontade aos outros, que estão enganados. E, segundo esta concepção, enganar-se é cometer um erro e, portanto, tornar-se sujeito a punição. Contudo, quando se reconhece que só valores relativos são acessíveis ao conhecimento e à vontade humanas, a imposição de uma ordem social sobre indivíduos relutantes só se justifica se tal ordem estiver em harmonia com a vontade do maior número possível de indivíduos iguais, isto é, com a vontade da maioria. Pode ser que a opinião da minoria, e não a da maioria, esteja correta. Unicamente por causa desta possibilidade, que só o relativismo filosófico pode admitir – que o que está certo hoje pode estar errado amanhã –, a minoria deve ter o direito de expressar livremente sua opinião, e deve ter todas as oportunidades de tornar-se a maioria.

Reportamo-nos também à posição de Bobbio, que adotamos, e que, ao propor uma definição mínima de democracia, escreve:[920]

> (...) mesmo para uma definição mínima de democracia, como é a que aceito, não bastam nem a atribuição a um elevado número de cidadãos do direito de participar direta ou indiretamente da tomada de decisões coletivas, nem a existência de regras de procedimento como a da maioria (ou, no limite, da unanimidade). É indispensável uma terceira condição: é preciso que aqueles que são chamados a decidir ou a eleger os que deverão decidir sejam colocados diante de alternativas reais e postos em condição de poder escolher entre uma e outra. Para que se realize esta condição é necessário que aos chamados a decidir sejam garantidos os assim denominados direitos

919 KELSEN, Hans. *A democracia*. 2ª. ed. São Paulo: Martins Fontes, 2000. p. 355-356.
920 BOBBIO, Norberto. *O futuro da democracia*. São Paulo: Paz e Terra, 2000. p. 32-33.

> de liberdade, de opinião, de expressão das próprias opiniões, de reunião, de associação, etc. – os direitos base dos quais nasceu o Estado liberal e foi construída a doutrina do Estado de direito em sentido forte, isto é, do Estado que não apenas exerce o poder *sub lege*, mas o exerce dentro de limites derivados do reconhecimento constitucional dos direitos "invioláveis" do indivíduo. Seja qual for o fundamento filosófico destes direitos, eles são o pressuposto necessário para o correto funcionamento dos próprios mecanismos predominantemente procedimentais que caracterizam um regime democrático. As normas constitucionais que atribuem estes direitos não são exatamente regras do jogo: são regras preliminares que permitem o desenrolar do jogo.
>
> Disto segue que o Estado liberal é o pressuposto não só histórico mas jurídico do Estado democrático. Estado liberal e Estado democrático são interdependentes em dois modos: na direção que vai do liberalismo à democracia, no sentido de que são necessárias certas liberdades para o exercício correto do poder democrático, e na direção oposta que vai da democracia ao liberalismo, no sentido de que é necessário o poder democrático para garantir a existência e a persistência das liberdades fundamentais. Em outras palavras: é pouco provável que um Estado não-liberal possa assegurar um correto funcionamento da democracia, e de outra parte é pouco provável que um Estado não-democrático seja capaz de garantir as liberdades fundamentais. A prova histórica desta interdependência está no fato de que Estado liberal e Estado democrático, quando caem, caem juntos.

Essa longa transcrição parece-nos necessária para a compreensão cabal do pensamento de Bobbio, que só pode ser conhecido na sua integralidade mediante leitura de escritos seus reunidos no livro Teoria geral da política. E, ao tratar das técnicas da democracia, Bobbio elenca seis pontos ou notas características essenciais para o reconhecimento de uma democracia, bastando, diz ele, a inobservância de uma das regras enumeradas para que um governo não seja democrático, nem verdadeira, nem aparentemente.

Essas regras ou pontos essenciais são:[921]

> (...) 1) todos os cidadãos que tenham alcançado a maioridade etária sem distinção de raça, religião, condição econômica, sexo, devem gozar de di-

921 BOBBIO, Norberto. *Teoria geral da política: a filosofia política e as lições dos clássicos*. BOVERO, Michelangelo (org.). 18ª. ed. Rio de Janeiro: Elsevier, 2000. p. 427

> reitos políticos, isto é, cada um deles deve gozar do direito de expressar sua própria opinião ou de escolher quem a expresse por ele; 2) o voto de todos os cidadãos deve ter igual peso; 3) todos aqueles que gozam dos direito políticos devem ser livres para poder votar segundo sua própria opinião formada, ao máximo possível, livremente, isto é, em uma livre disputa entre grupos políticos organizados em concorrência entre si; 4) devem ser livres também no sentido de que devem ser colocados em condições de escolher entre diferentes soluções, isto é, entre partidos que tenham programas distintos e alternativos; 5) seja para as eleições, seja para as decisões coletivas, deve valer a regra da maioria numérica, no sentido de que será considerado eleito o candidato ou será considerada válida a decisão que obtiver o maior número de votos; 6) nenhuma decisão tomada por maioria deve limitar os direitos da minoria, particularmente o direito de se tornar por sua vez maioria em igualdade de condições.

Trata também Bobbio, na primeira obra referida, do que denomina promessas não cumpridas pela democracia real em contraste com a ideal, apontando, dentre elas, a educação para a cidadania, que haveria de surgir com o próprio exercício de práticas democráticas. Educação para a cidadania que se traduz em cultura política.

Com efeito, se há regime político que mais depende, para viabilizar-se realmente, da cultura política do povo, ele é, exatamente, a democracia.

E nesse particular nossas mazelas são incomensuráveis devido a: <u>apatia política</u> de parcela significativa do povo, manifestada inclusive pelas abstenções por ocasião de eleições; o <u>voto clientelar</u>, dado em troca de favores pessoais, por pessoas, agentes políticos e ou governos, mormente os revestidos de caráter meramente assistencialista; os denominados, entre nós, de <u>estelionatos eleitorais</u>, mercê de mentiras do governo ou candidatos a cargos eletivos que escondem do povo o que este deveria saber para melhor decidir em quem votar conscientemente; a <u>demagogia</u>, iludindo o povo com promessas não factíveis em face até de ignorância quanto à realidade em termos de capacidade de investimento governamental ou de pura e simples má-fé dos que tudo prometem para conquistar votos de eleitores seduzidos pelo "canto das sereias" da política; a <u>corrupção</u> institucionalizada e desenfreada, que provoca sangrias nos recursos governamentais e no patrimônio público e que propicia a eleição de representantes não do povo, mas dos que se propõem a defender interesses de quem financia suas campanhas eleitorais.

Outras mazelas há, e agora por conta da atuação de autoridades com competências persecutórias penais que, ainda que incidentalmente, abusam de suas competências, como se os fins a serem alcançados pudessem justificar quaisquer meios.

Também se tem verificado alguns destemperos, com tribunais superiores proferindo decisões que mal disfarçam a usurpação de competências legislativas, tanto mais graves quando implicam qualificar como infração penal comportamentos que, em rigor, não se subsumem aos tipos definidos em leis penais.

A propósito, e como temos repetido à exaustão, numa república não pode haver intocáveis, mas sempre com observância impostergável do devido processo legal, em suas dimensões processual e substantiva.

Não se pode falar, obviamente, que vivemos num Estado de Exceção, mas é imperativo mais respeito, sobretudo a princípios constitucionais, que reclamam interpretação e aplicação mais generosa, exatamente em favor da preservação da garantia de direitos individuais e sociais.

Esse elenco, apenas exemplificativo, das mazelas de que padece nossa democracia, além da disseminação do ódio entre os que têm posições políticas diferentes, constituem graves desafios que colocam à prova nossa capacidade de superá-las ou, ao menos, de minimizá-las, sempre nos quadrantes do Direito, da Constituição democrática de 1988.

A necessária superação dessas mazelas que, somadas a outras, corroem a nossa democracia, comprometendo-a, deve partir do reconhecimento de que existem e de que a ordem jurídica em vigor, e nossas instituições, podem e têm o dever de encetar o devido combate. Quanto a isso é imprescindível a mobilização pacífica, mas contundente, do povo e das entidades da sociedade civil, dos meios de comunicação, inclusive mediante a crítica responsável e a exortação contínua dos poderes constituídos, que bem ou mal são os que temos, e que não podem abrir mão de suas competências e responsabilidades políticas de fazer valer, formal e substancialmente, o quanto prescrito na Constituição de 1988, cujo artigo terceiro deve ser repetido à exaustão:

> Art. 3º Constituem objetivos fundamentais da República Federativa do Brasil:
>
> I - construir uma sociedade livre, justa e solidária;

II - garantir o desenvolvimento nacional;

III - erradicar a pobreza e a marginalização e reduzir as desigualdades sociais e regionais;

IV - promover o bem de todos, sem preconceitos de origem, raça, sexo, cor, idade e quaisquer outras formas de discriminação.

Por derradeiro, anotamos que a mobilização pacífica, mas contundente, dos atores a que nos referimos linhas atrás, na luta pela superação das práticas que estão a corroer nossa democracia, não apenas é possível, mas já está em marcha, de alguma forma.

Há segmentos do povo e entidades da sociedade civil que têm se manifestado, e que não podem esmorecer, para que seus reclamos encontrem eco no Congresso Nacional e demais instituições. Mas essa mobilização não pode ceder à tentação de exageros que, ofendendo a ordem jurídica, antes de fortalecê-la, a enfraquecem, disso se aproveitando aqueles a quem a crítica incomoda.

A academia tem grande responsabilidade nesse processo de transformação dos costumes e práticas políticas deploráveis, devendo dar exemplo de moderação, racionalidade e crítica construtiva, promovendo o diálogo e desencorajando radicalismos, sempre nefastos.

Os meios de comunicação social têm que se aprimorar, renovar compromissos com a verdade na informação e proficiência ao contribuir para formação da opinião pública, primando pela imparcialidade sem embargo de tomarem posição frente aos mais graves assuntos de interesse nacional.

Os partidos políticos têm que se democratizar, deixando de ser meros instrumentos de caciques políticos que não raras vezes deles se apropriam como instrumentos de barganha e realização de projetos às vezes inconfessáveis.

Os órgãos de controle da administração pública têm a obrigação de aprimorar suas técnicas, na busca de maior eficiência, sempre com absoluto respeito ao devido processo legal.

Enfim, todos sabemos o que fazer, razão pela qual o que por vezes tem faltado é vontade política.

De qualquer forma renovamos nossa crença na democracia, e as dificuldades para saneá-la dos males de que padece só devem fortalecer nosso ânimo em cultivá-la.

Que não tenhamos medo de exercitar a liberdade e demais direitos que a

Constituição democrática de 1988 prescreve e assegura.

É esta a nossa modesta contribuição em homenagem a esse grande advogado, professor, jurista, cidadão e fraternal amigo, Pedro Alves Pinto Serrano.

30. GARANTISMO PENAL – APRESENTAÇÃO E COTEJO COM A CONSTITUIÇÃO FEDERAL – A LEGALIDADE E A REALIDADE BRASILEIRA

Marcus Vinícius de Andrade[922]

Garantismo penal. Surgimento e Princípios. Garantias na CF/1988. Inaplicabilidade. Ativismo Judicial Penal in malam partem e legalidade. Problemática e crítica.

I – Introdução

A despeito de ser um tema cuja aplicação divide opiniões, pretende-se aqui, brevemente, apresentar o garantismo penal – suas bases e princípios elencados por Luigi Ferrajoli – e cotejá-lo com a atual realidade do sistema de justiça criminal brasileiro, tendo por provocação a atual flexibilização de garantias previstas como cláusulas pétreas da Constituição Federal.

O garantismo é um dos movimentos de política criminal, diferenciando-se da lei e ordem[923], do Direito Penal do inimigo e do abolicionismo, os quais não serão aqui tratados.

922 Pós-Graduado em Direito Penal Econômico, pelo IBCCRIM/Universidade de Coimbra. Pós-graduando em Direito Penal "*Lato Sensu*", pela Escola Paulista de Magistratura.

923 Em oposição ao movimento do Garantismo Penal, pode-se citar o neoconservadorismo, como o "*Law and Order Movement*". Sobre este movimento, SHECAIRA,

Segundo definiu Luigi Ferrajoli (1940),[924] o garantismo é a "técnica de tutela dos direitos fundamentais", sejam eles negativos, em que se proíbe a lesão a direitos de liberdades, sejam positivos, como as garantias fundamentais, cuja obrigação de prestação é do Estado.

Exige-se desse agente a tutela dos direitos da vida, a liberdade pessoal integral, evitando-se exageros no poder de punir do Estado, cujas intervenções arbitrárias, administrativas ou judiciais excluem direitos de liberdade.
Apesar dessa previsão teórica, ver-se-á que o garantismo penal, em países que tiveram a sua previsão normativa - especialmente Itália e Brasil -, deve ser mais bem viabilizado pelos atores e instituições envolvidos, como o Poder Judiciário e o Poder Executivo, para que possa acontecer, de fato, na vida do cidadão, seja com julgamentos conforme as leis ou com políticas públicas.

II - O Garantismo de Ferrajoli, o Brasil e a Crítica

Para Luigi Ferrajoli (O Direito e a razão, 1989), o garantismo penal é um modo de pensar a ciência jurídica sob os mantos dos direitos fundamentais e do Estado Democrático de Direito. Esses ideais fazem parte de princípios históricos do direito penal e processual penal, tendo tomado corpo com os pactos internacionais de direitos humanos, mas o pensador italiano foi quem sistematizou o garantismo como uma teoria geral do direito penal e processual penal, colocando-o a serviço da promoção e proteção de direitos fundamentais.

Seus axiomas são: se, por que, quando e como punimos, proibimos e julgamos. Para essa teoria, <u>inexistem</u>: pena sem crime (retributividade), crime sem lei (legalidade), lei sem necessidade; necessidade sem lesão (lesividade), lesão sem conduta, conduta sem culpabilidade, culpabilidade sem jurisdição,

---

Sérgio Salomão, *in* "Criminologia", 6ª ed., São Paulo: ed. RT, 2014, p. 291, ensina que suas bases são: "recomendar penas mais longas e duras, quando não a própria pena capital. Defendem, ainda, menor poder discricionário a ser atribuído ao juízo, impedindo, especialmente em sede de execução, a flexibilização do cumprimento da pena privativa de liberdade. De outra parte, asseveram que os crimes graves estão a merecer, desde logo, uma resposta enfática da sociedade, daí por que preconizam a ampliação das medidas cautelares detentivas. Ademais, defendem um extremo rigor nos regimes de cumprimento de pena, descartando a ideia central do pensamento penal tradicional que via na recuperação do condenado uma de suas principais finalidades.".
924 FERRAJOLI, Luigi, *in* "Teoria del Derecho y de la Democracia". Ed. Trota, p. 186.

jurisdição sem processo, processo sem acusação, acusação sem prova e, por fim, inexiste, também, prova sem defesa.

Noberto Bobbio, apesar de ter apontado problemas de teoria e política do Direito em seu prefácio à primeira edição de Direito e razão – teoria do garantismo penal, colaborou no sentido de que a obra preza pela limitação do poder e maximização de liberdades, por meio do direito penal mínimo, e não do abolicionismo, como se pode observar a seguir:

> (...) "a aposta [do livro] é alta: a elaboração de um sistema geral do garantismo ou, se se quiser, a construção das colunas mestras do Estado de direito, que tem por fundamento e fim a tutela das liberdades do indivíduo frente às variadas formas de exercício arbitrário de poder, particularmente odioso no direito penal (...) quanto maior seja a liberdade tanto menor será o poder e vice-versa (...) o poder deve ser limitado, a fim de permitir cada um gozar da máxima liberdade, compatível com a igual liberdade de todos os demais. (...) A tese do direito penal mínimo abre sua frente principal contra as teorias do direito penal máximo (que culminam na defesa da pena de morte), mas não pode passar por alto das doutrinas abolicionistas ou substitutivistas, segundo as quais a pena, pelo contrário, estaria destinada a desaparecer." Há na obra "problemas de teoria do direito e problemas de política do direito. (...) O Estado já não é um fim em si mesmo, porque é, ou deve ser, somente um meio que tem como fim a tutela da pessoa humana, de seus direitos fundamentais de liberdade e segurança coletiva. (...) Unicamente através de uma visão multilateral do problema será possível ao jurista, que não deve ser somente um frio distante comentarista das leis vigentes, detectar e, em consequência, denunciar não apenas as deformações do sistema jurídico positivo (...) mas também desnudar todas aquelas situações em que permaneçam poderes extrajurídicos, sobre as quais o Estado de direito ainda não estendeu suas regras e que, enquanto tais, perpetuam relações de desigualdade.[925]"

Em consonância aos eixos dessa teoria – segundo a qual o Estado não é um fim em si mesmo e o Direito é um instrumento de aplicação da lei para a construção de uma realidade melhor aos jurisdicionados, que garanta mais, e não menos –, os princípios do garantismo funcionam como operários cuja missão é concretizar direitos do cidadão.

925 BOBBIO, Norberto. Prefácio de Direito e razão: teoria do garantismo penal, FERRAJOLI, Luigi. São Paulo, editora Revista dos Tribunais, 2002.

São eles assim elencados: (i) princípio da retributividade, o qual exige que o réu pague pelo crime, se cometido, pois o garantismo não é abolicionista, mas minimalista, reducionista; (ii) princípio da legalidade, segundo o qual não há crime nem pena sem lei anterior que os defina, além de ser indispensável a pura e estrita obediência à lei; (iii) princípio da necessidade, pois não deve existir lei se ela for prescindível e ativa-se o direito penal somente em último caso, sendo desnecessário se o conflito pode ser pacificado por outro ramo do Direito.

Sequencialmente, o (iv) princípio da lesividade significa, ao garantismo penal, que deve haver lesão no bem jurídico ou sério perigo de lesão, conforme o caso, para a indispensabilidade do direito penal; (v) o princípio da materialidade da ação, conforme o qual inexiste lesão sem conduta, posto que a ação deve relacionar-se com o resultado e com a certeza penal mediante prova legal; (vi) o princípio da culpabilidade, segundo o qual inexiste conduta ou crime se o sujeito não agiu com dolo ou culpa, caso prevista a modalidade culposa.

Por seu turno, há (vii) o princípio da jurisdicionalidade, segundo o qual inexiste culpabilidade sem jurisdição, em estrita obediência à Constituição e às leis; (viii) o princípio acusatório, isto é, o julgador deve ser distinto do acusador, e aqui se quer separar o juiz da fase investigativa daquele juiz que sentenciará na ação penal; (ix) o princípio do encargo da prova, pois o réu não deve provar a sua inocência, e sim a acusação que deve provar a responsabilidade criminal.

Já (x) o princípio do contraditório pressupõe que inexiste prova sem ampla defesa. Deduz-se que, a partir do processo, o réu tem o direito de saber de quê ele é acusado, além da necessidade de se defender eficientemente das acusações, isto é, conforme o devido processo legal, ou não haverá prova.

Seus dez princípios conectados podem definir o modelo garantista de direito penal em cinco passos: proibir, acusar, defender, julgar e punir. Essa é a norma. Mas isso não foi atingido na Itália, tendo Ferrajoli admitido, em Direito e razão, a ineficácia do garantismo no sistema de justiça criminal italiano.

No Brasil ocorre o mesmo problema, ou dir-se-á, por exemplo., que as balizas dos artigos 33 e seguintes, do Código Penal, são aplicadas com rigor ao se fixar o regime prisional?[926] Dir-se-á que inexistem penas degradantes ou em violação à

926 O maior índice de provimento a Recursos Especiais, no STJ, é para corrigir a dosimetria e/ou a fixação de regimes de cumprimento de pena, o que indica o maior índice de erro de magistrados.

dignidade da pessoa humana?[927] A nosso ver, ambas as respostas são negativas.

Infelizmente, princípios como legalidade, lesividade, necessidade, acusatório, contraditório e dignidade da pessoa humana são, por vezes, esquecidos por alguns atores diretos, no momento de sua aplicação concreta, em razão de – entende-se – o próprio Poder Judiciário e o Ministério Público reproduzirem os discursos e práticas em benefício das classes dominantes.[928]

E tais princípios garantistas estão na Constituição da República de 1988, que trouxe extenso rol de direitos fundamentais. Na prática, porém, esse documento prescinde da aplicação técnica dos homens a partir da pura lógica jurídica.

Vê-se, contudo, não só a inaplicação do garantismo, mas até mesmo uma cultura contrária a ele, fundamentada, por exemplo, em princípios vagos, como a democracia, o livre convencimento motivado, a propriedade, em decisões que legislam no caso concreto, conforme convicções pessoais, inclusive.

Hoje, até a moral confunde-se com o justo e com a lei. Parte da mídia, o cidadão-juiz, o tribunal da internet, dentre outros, prestigiam em seus discursos, amiúde, a perda de direitos penais ou processuais penais a alguns acusados para os quais, segundo eles, o pacto social sequer deveria valer.

A somar-se a isso, temos o movimento do ativismo judicial,[929] amplas nebulosidades na fundamentação que deveria ser somente técnica e objetiva no aplicar da lei. Afronta-se, por vezes, o princípio garantista basilar da legalidade.

---

927 "Oferecer banhos frios a presidiários representa "violação massificada aos direitos humanos", contraria a Constituição Federal e descumpre convenções internacionais das quais o Brasil é signatário. Assim entendeu a 2ª Turma do Superior Tribunal de Justiça, ao determinar que o estado de São Paulo garanta banhos aquecidos em todas as suas 168 unidades penitenciárias, em até seis meses.Segundo a Defensoria Pública de São Paulo, autora do pedido, os presos contam apenas com água gelada para a higiene pessoal, mesmo nos períodos mais frios do ano. A ação civil pública considera o tratamento degradante e diz que a falta da água quente pode ajudar a disseminar doenças como a tuberculose. Disponível em:<https://www.conjur.com.br/2017-abr-27/stj-obriga-prisoes-sp-oferecer-banho-quente-presos≥, acesso em 01/08/2019.

928 Pode-se destacar a seletividade do direito penal e a maior repressão a crimes de roubo, furto e tráfico pelas políticas de segurança pública.

929 BARROSO, Luís Roberto, Judicialização, Ativismo Judicial e Legitimidade Democrática. Disponível em: <https://www.direitofranca.br/direitonovo/FKCEimagens/file/ArtigoBarroso_para_Selecao.pdf>, acesso em 07/08/2019: "A ideia de ativismo judicial está associada a uma participação mais ampla e intensa do Judiciário na concretização dos valores e fins constitucionais, com maior interferência no espaço de atuação dos outros dois Poderes. A postura ativista se manifesta por meio de diferentes condutas, que incluem: (i) a aplicação direta da Constituição a situações não expressamente contempladas em seu texto e independentemente de manifestação do legislador ordinário; (ii) a declaração de inconstitucionalidade de atos normativos emanados do legislador, com base em critérios menos rígidos que os de patente e ostensiva violação

Destacam-se, como exemplos de direitos reduzidos recentemente, a equidistância do juiz entre as partes, sendo altamente prejudicial a associação do juiz ao órgão acusador;[930] o rechaço a decretos de indulto; a inaplicação de regimes de cumprimento de pena dentro dos marcos dos artigos 33 e seguintes, do Código Penal; e o desrespeito aos direitos do preso não atingidos pela sentença,[931] dentre outras arbitrariedades discricionárias.

Indubitavelmente, a sociedade está em transformação, as águas, o universo e os teoremas também. Os três poderes acompanham essas mudanças, pois são formados por pessoas que compõem tais instituições da sociedade ora líquida[932] - outro desafio para a segurança jurídica e a legalidade.

Grosso modo, o homem, ao aplicar o Direito, deve frear-se; caso contrário, o magistrado, ao inovar a jurisprudência, pode legislar em violação ao princípio da separação dos poderes e à competência legislativa da Constituição Federal, além de criar, no exercício de função atípica, tipos penais inexistentes como o crime de homofobia.

Crê-se que a engrenagem judiciária deve beneficiar o acusado na dúvida, os aplicadores da lei devem ter cuidado para não alterarem o espírito do constituinte, mas prezar pela pura técnica jurídica ignorando pressões externas, sem criar penalmente in malam partem, pois só se deve aplicar a vontade da lei.

E, de fato, o grau de garantismo no sistema penal é elevado, se considerarmos a Constituição Federal de 1988, porém, os níveis são baixos se levarmos em conta sua prática efetiva. Para Ferrajoli, há defeitos de técnicas coercitivas que propiciem o controle e a neutralização do poder e do direito ilegítimos.

---

da Constituição; (iii) a imposição de condutas ou de abstenções ao Poder Público, em matéria de políticas públicas.

930 Neste passo, indica-se a recente pesquisa da Fundação Getúlio Vargas, a qualconcluiu pela ausência de fundamentação técnica de ministros do STF ao arquivar TODAS as arguições de suspeição dos juízes nos últimos 30 anos: disponível em<https://oglobo.globo.com/brasil/supremo-arquivou-todos-os-processos-de-suspeicao-contra-ministros-23872944>, acesso em 13/08/2019.

931 O direito de o preso falar ou dar entrevistas, por exemplo, não deveria ser discutido ou pleiteado, segundo o art. 3º, da Lei de Execução Penal, que prescreve: "Art. 3º. Ao condenado e ao internado serão assegurados todos os direitos não atingidos pela sentença ou pela lei. Parágrafo único. Não haverá qualquer distinção de natureza racial, social, religiosa ou política."

932 BAUMAN, Zygmunt*in* "Modernidade Líquida": "Uma advertência: 'crise de democracia' é uma abreviação, uma noção limitada. Em países com constituições democráticas, a crise de um Estado-nação territorialmente confinado é culpa (afirmação fácil, mas não muito competente) de seus órgãos e características definidos constitucionalmente, com a divisão de poderes, liberdade de expressão, equilíbrio de poderes, direitos das minorias, para citar alguns".

Vê-se que, tanto na Itália como no Brasil, está muito distante o ser do dever ser, eis que as práticas operacionais, ao contrário dos modelos normativos, são tendentemente antigarantistas.

Repise-se: aqui – e na Itália de Ferrajoli – a validade e a efetividade das leis não acontecem com a entrada em vigor da norma, necessita-se de luta para a sua aplicação, separando-se o direito da moral, ou de ideologias e interesses, para serem aplicados os objetivos do constituinte e do legislador.

Destaca-se, pois, para a aplicação virtuosa do garantismo, a segregação entre a lei e sua efetividade e validade, a distinção entre a lei e a moral pessoal ou política, além do esforço dos atores envolvidos, até contra tendências pessoais. Só assim viabilizar-se-á o espírito da norma (que é garantista) ou, caso contrário, prevalecerão os defeitos de técnicas coercitivas do garantismo, propiciando o descontrole e o aumento do poder e do direito ditos ilegítimos.

III – O Perigo do Ativismo Judicial em Prejuízo ao Garantismo

"O segredo da Verdade é o seguinte:
não existem fatos, só existem histórias"[933]

Como dito, para se alterar entendimentos quanto ao espírito garantista das normas penais brasileiras, vê-se em algumas decisões judiciais criminais – e no cenário social motivos nebulosos, pessoais, subjetivos, discricionários, mediante o uso de princípios vagos in malam partem, como o da democracia, a celeridade processual, o livre convencimento motivado e o ativismo judicial.

A título de exemplo, após o período de manifestações populares no Brasil, houve uma séria alteração no entendimento do STF sobre a Constituição Federal. A sociedade cobrava dos poderes respostas imediatas, grandes reformas políticas e operações de limpeza. Coincidência ou não, alterou-se o entendimento sobre a cláusula pétrea da presunção de inocência para se prender cautelarmente, após a condenação em segunda instância, lembrando-se a antiga prisão para recorrer. E o ativismo judicial em matéria criminal, que iniciou na Ação Penal 470, contribuiu para a mudança desse entendimento.

Este ativismo judicial legitimou-se com o enfraquecimento dos outros poderes e pela busca de uma posição mais participativa do Judiciário, como

933 RIBEIRO, João Ubaldo, *in* "Viva o Povo Brasileiro", epígrafe.

disse em entrevista o ministro Ricardo Lewandowski: "o Col. STF assumiu novo protagonismo". Nesse passo, o ministro Celso de Mello considera que o ativismo é necessário quando os poderes públicos se omitem ou retardam a implementação de direitos constitucionais.

Ao citar a tese de doutorado de Conrado Libere, o ministro Gilmar Mendes destacou: "À medida que o poder se afasta do que é socialmente aceitável, ele acaba tendo sua legitimidade corroída e se encolhe". Em seu voto no HC nº 84.078/MG, exarou o ministro: "o ativismo do STF e dos outros tribunais é consequência direta do enfraquecimento do Legislativo. É o que acontece na separação dos poderes, quando um é mais fraco, o outro acaba ocupando o espaço".

Há um grande risco ao fomentar-se um superpoder moderador que crie novas interpretações constitucionais ou penais para se aproximar de eventual aceitação popular, ou de outros interesses, em detrimento do espírito do constituinte, inovando penalmente in malam partem.

Pode parecer até razoável o seu uso, se in bonam partem, como feito pelo Juiz de O mercador de Veneza (obra de William Shakespeare), ao valorizar os bens jurídicos envolvidos quando o mercador perderia a vida, caso não pagasse a sua dívida ao judeu, porque assim foi previsto no contrato.[934]

O problema do ativismo, pincele-se, é ser uma zona cinzenta fora da legalidade, sem vedação real a excessos e subjetivismos, e principalmente quando invade o múnus de outros poderes para inovar em prejuízo ao acusado.

Isso porque são historicamente perigosos os subjetivismos usados para a redução de direitos fundamentais. Do mesmo modo o são os excessos que o ativismo judicial pode cometer ao criar interpretações, até pessoais, sobre a Constituição ou sobre as leis, casuisticamente, além dos riscos à legitimidade democrática, à separação dos poderes, aos limites da capacidade institucional do Judiciário e à politização da justiça, como problematizou o ministro Barroso.[11]

---

934 "Pertence-te uma libra aqui da carne do mercador; a Corte o reconhece, porque a lei o permite". Shylock, em êxtase proclama: "Oh juiz íntegro! Oh juiz sábio! Isso, sim, que é sentença! Vamos logo; preparai-vos." O juiz então intervém: "Um momentinho apenas. Há mais alguma coisa. Pela letra, a sangue jus não tens; nem uma gota. São palavras expressas: "Uma libra de carne". Tira, pois, o combinado: tua libra de carne. Mas se acaso derramares, no instante de a cortares, uma gota que seja só de sangue cristão, teus bens e tuas terras todas, pelas leis de Veneza, para o Estado passarão por direito".

Sem adentrar cenários mais desconhecidos, como os denominados law fare,[935] golpe parlamentar e soft coup,[936] há ainda pressões consentidas, tal qual já se sugeriu em sessão do STF: "vá às ruas, ministro!", e anseios sociais, como frisou o ministro Gilmar Mendes no HC nº 152.752/PR: "nunca se viu uma mídia tão calorosa na condução de opiniões".

Em suma, são graves as ameaças ao direito penal quando se inventa "leis" ou interpretações legais em processo(s) criminal(s) concreto(s). Tem-se, pois, por perigosas as inovações da hermenêutica judiciária para reduzir direitos e garantias penais e processuais penais, como, por exemplo, a criação de nova modalidade de prisão cautelar, pelo judiciário, e regimes de cumprimento de pena fora das balizas legais, por meio de eventuais casuísmos,[937] subjetivismos ou preenchimento de lacunas legais para se decidir, em graves matérias penais, de modo contrário aos ideais constitucionais, com os quais, ao menos em teoria, comprometeu-se a República Federativa do Brasil.

---

935 SANTOS, Juarez Cirino dos: "A legalidade é o que eles acham que é legal, não aquilo que está na constituição e nas leis. As leis são as suas vontades. Os processos penais se tornaram instrumentos de luta pelo poder do estado, uma forma de se chegar ao poder. Existe uma guerra contra Lula que usa segmentos do sistema da Justiça criminal para promover delações ilegais, grampos ilegais, conduções coercitivas ilegais", disse o professor decano da UFPR, Juarez Cirino dos Santos", disponível em: <http://www.pt.org.br/juristas-denunciam-uso-politico-do-processo-penal-por-moro--e-stf/>, acesso em 01/08/2019.

936 CHOMSKY, Noam: "What's happening in Brazil now is extremely unfortunate in many ways. First of all, there has been a massive level of corruption. Regrettably, the Workers' Party, Lula's party, which had a real opportunity to achieve something extremely significant, and did make some considerable positive changes, nevertheless joined the rest—the traditional elite in just wholesale robbery. And that should—that should be punished. On the other hand, what's happening now, what you quoted from El Salvador, I think, is pretty accurate. It's a kind of a soft coup. The elite detested the Workers' Party and is using this opportunity to get rid of the party that won the elections. They're not waiting for the elections, which they'd probably lose, but they want to get rid of it, exploiting an economic recession, which is serious, and the massive corruption that's been exposed. But as even The New York Times pointed out, Dilma Rousseff is maybe the one politician who hasn't—leading politician who hasn't stolen in order to benefit herself. She's being charged with manipulations in the budget, which are pretty standard in many countries, taking from one pocket and putting it into another. Maybe it's a misdeed of some kind, but certainly doesn't justify impeachment. In fact, she's—we have the one leading politician who hasn't stolen to enrich herself, who's being impeached by a gang of thieves, who have done so. That does count as a kind of soft coup. I think that's correct. Disponível em: <https://www.democracynow.org/2016/5/17/noam_chomsky_brazils_president_dilma_rousseff>.

937 Tais preocupações do Guardião da Constituição Federal com as consequências práticas no caso concreto e seus desdobramentos sociais, em detrimento de núcleos constitucionais basilares, denotam uma nova tendência perigosa à legalidade.

Como visto, Luigi Ferrajoli defende que há que se lutar para se aplicar a norma, pois nenhum direito se garante ou se concretiza puramente com as leis, mas com a atuação e combate dos atores e instituições envolvidos para se concretizar o nosso momento legal de garantias, em vez de se permitir que a razão jurídica seja submetida à razão econômica ou das relações interpessoais.

É sabido que as leis devem ser cumpridas fielmente, muito mais pelos representantes do Estado; se diferente disso, que sejam valorizadas as normas garantistas quando de eventual preenchimento de lacuna legal – pro *reo*.

Tem-se, contudo, por exemplo, transitado em julgado condenação penal em audiência de custódia, um dia após o fato, sem prova de materialidade, sem produção de provas em juízo ou sequer obediência a ritos e prazos irrenunciáveis[938]... e por aí vão as inovações.

Há assim, além de bons magistrados, juízes-jurados, que não motivam tecnicamente suas decisões, e juízes-legisladores, os quais inovam em interpretações (i) legais para fundamentar uma decisão em prejuízo ao réu.

Será o direito penal antigarantista o que desejamos neste país com a terceira maior população carcerária do mundo? Será este o espírito do constituinte social democrata? Será este o espírito de pactos internacionais garantistas? Indubitavelmente não, embora o movimento atual seja a perigosa flexibilização de garantias em prol do seletivo discurso da segurança pública.

Por isso, a fim de se evitar seus perigos, vê-se com reservas o ativismo judicial criminal, pois, em direito penal, nossos magistrados devem ser ainda mais técnicos, estritamente legalistas, objetivos e garantistas, priorizando as regras e os núcleos constitucionais fundamentais e, se acaso criasse-se em matéria penal a preencher eventual lacuna legal, que fosse só *in bonam partem*.

Assim, espera-se de nossos Tribunais Superiores operários togados que sejam fiéis guardiões da Constituição Federal e de seu espírito, da legalidade e da segurança jurídica, realizando-se estritamente a vontade da lei.

---

938 Seria uma espécie de *PleaBargain* a condenação por tráfico, sem laudo, já em audiência de custódia? Indica-se a leitura do texto disponível em: https://www.migalhas.com.br/Quentes/17,MI306810,71043-Juiza+de+Goias+profere+sentenca+-durante+audiencia+de+custodia e https://www.tjgo.jus.br/images/docs/CCS/audienciadecustodia.pdf (acesso em 01/08/2019).

Aliás, ante a possibilidade de subjetividades e/ou casuísmos nas decisões, e em homenagem à segurança jurídica e isonomia, vê-se a necessidade em se pautar e julgar com primazia ADCs ou outras ações com eficácia *erga omnes*, sempre tendo por meta os objetivos e fundamentos da Constituição Federal de 1988 ou, caso contrário, teremos situações díspares e/ou até subjetivas.

Por fim, a sensação que fica é: tal como o relatado por Luigi Ferrajoli na Itália, aqui, a cada ano que a Constituição Federal completa aniversário, mais a nossa realidade distancia-se do espírito do constituinte no que tange ao gênero Direito Penal Garantista. Isso se deve, por vezes, ao fato de não praticarmos o direito a partir da pura lógica jurídica, mas sim pela lógica das relações políticas e sociais, além da lógica da própria economia, em detrimento da legalidade.

BARROSO, Luís Roberto. HC 152.752 – Anotações para manifestação oral ministro Luís Roberto Barroso. Disponível em: <https://www.conjur.com.br/dl/anotacoes-manifestacao-oral-barroso.pdf>, acesso em 01/08/2019.

________. Judicialização, ativismo judicial e legitimidade democrática. Disponível em: <https://www.direitofranca.br/direitonovo/FKCEimagens/file/ArtigoBarroso_para_Selecao.pdf>. Acesso em: 07 ago. 2019.

BOBBIO, Norberto. *Direito e razão: teoria do garantismo penal*, São Paulo: Revista dos Tribunais, 2002.

BAUMAN, Zygmunt. *Modernidade líquida*. Disponível em: <http://www.cpv.org.br/wp-content/uploads/2017/09/BAUMAN-Modernidade-L%C3%ADquida-2001.pdf>. Acesso em: 1º ago. 2019.

CHOMSKY, Noam. Disponível em: <https://www.democracynow.org/2016/5/17/noam_chomsky_brazils_president_dilma_rousseff>. Acesso em: 1º ago. 2019.

FERRAJOLI, Luigi. *Teoria del derecho y de la demorracia*. Ed. Trota, p. 186.

________. *Direito e razão: teoria do garantismo penal*. São Paulo: Revista dos Tribunais, 2002.

GALEANO, Eduardo. *Patas Arriba. La escueladel mundo al revés*. Ediciones Rodriguin,. 2012, Uruguay.

RIBEIRO, João Ubaldo. *Viva o povo brasileiro*, epígrafe.

SANTOS, Juarez Cirino dos. Disponível em: <http://www.pt.org.br/juristas-denunciam-uso-politico-do-processo-penal-por-moro-e-stf/>. Acesso em: 1º ago. 2019.

SHECAIRA, Sérgio Salomão. *Criminologia*, 6ª ed. São Paulo: editora

RT, 2014.

YAMAGUCHI FERREIRA, Pedro Fukuyei. "Carta de Despedida". Disponível em: <https://omissionariopedro.wordpress.com/page/6/?ref=spelling>. Acesso em: 1º ago. 2019.

31. O MUNDO DIGITAL E A PROTEÇÃO DE DADOS PESSOAIS

Renato Afonso Gonçalves[939]

1. Introdução

Integrar uma obra coletiva em justíssima homenagem ao professor doutor Pedro Estevam Alves Pinto Serrano é, por um lado, uma honrosa tarefa e, por outro, um imenso desafio. Explico. Primeiramente, porque o que se produz deve estar à altura da qualidade científica daqueles eminentes professores que coordenam e participam da obra. Em segundo lugar, porque o desafio consiste em produzir um texto que seja capaz de contribuir para as reflexões e debates sobre os temas que ocupam o primoroso e elevado trabalho desenvolvido pelo homenageado.

Pedro Serrano é mestre de todos nós.

Ao longo de 33 anos de carreira destaca-se como um dos mais brilhantes e atuantes advogados do Brasil, inicialmente no desempenho de funções públicas e, num segundo momento, na advocacia privada, integrando com pioneirismo o rol de grandes e destacados causídicos do direito público brasileiro. Somente pelo seu desempenho na advocacia, Pedro Serrano já seria merecedor de homenagens.

Mas, paralelamente à sua atuação nos tribunais, Serrano construiu também uma brilhante carreira acadêmica. As qualidades de um genuíno professor e

939 Advogado e professor da Universidade Paulista (Unip), mestre em Direito das Relações Sociais pela Pontifícia Universidade Católica e São Paulo (PUC-SP), doutorando em Ciências Histórico-Jurídicas na Faculdade de Direito da Universidade de Lisboa (Fadul).

pesquisador lhe são inatas. Professor da Pontíficia Universidade Católica de São Paulo há 33 anos, nosso homenageado trilhou, e ainda trilha com imenso vigor, um extenso caminho na docência com destacada produção científica. Na PUC-SP concluiu o mestrado e o doutoramento, onde leciona nos cursos de graduação e pós-graduação, integra e coordena vários núcleos de pesquisa, nas áreas de políticas públicas de segurança e direitos humanos; e ética, direito e política como elementos essenciais à efetivação da Justiça. Serrano ainda integra a coordenação da Cátedra Sérgio Vieira de Mello, liderada pelo professor doutor Marco Antonio Marques da Silva. Na Faculdade de Direito da Universidade de Lisboa, concluiu o pós-doutoramento, sob a tutela de um dos maiores juristas da atualidade, o professor doutor Eduardo Vera Cruz Pinto. Orientou dezenas de monografias, dissertações de mestrado e teses de doutorado, integrando outras dezenas de bancas examinadoras. Serrano é autor de várias obras científicas e centenas de artigos voltados para revistas especializadas e para a comunição social, o que lhe torna uma referência opininativa necessária para qualquer assunto atinente ao direito público e aos direitos humanos. Sua obra *A Justiça na sociedade do espetáculo*[940] reúne dezenas desses artigos, denotando o que assevera a professora doutora Weida Zancaner, que Pedro Serrano "possui qualidades indispensáveis a um bom jurista: conhecimento técnico-jurídico, vasta cultura humanística e precisão de linguagem".[941]

Pedro Serrano é um homem de seu tempo, um professor contemporâneo que reflete sobre o contemporâneo e as perspectivas do futuro. É um grande constitucionalista que domina com perfeição a dogmática jurídica e os comandos normativos. Mas o seu grande diferencial está no profundo domínio da Filosofia e da Teoria Geral do Direito. Há vinte anos tem dedicado boa parte de seu tempo às reflexões sobre a democracia, em especial na América Latina e no Brasil. Sua obra Autoritarismo e golpes na América Latina,[942] fruto de seu pós-doutorado em Lisboa, é um ponto referencial na análise do Estado de Exceção. Talvez o próprio Pedro Serrano não imaginasse que quando inciou suas pesquisas nos anos 2000 viveria o cenário que assola

940 SERRANO, Pedro Estevam Alves Pinto. *A justiça na sociedade do espetáculo*: reflexões públicas sobre direito, política e cidadania. São Paulo: Alameda, 2015.
941 ZANCANER, Weida. Apresentação. In: SERRANO, Pedro Estevam Alves Pinto. *A justiça na sociedade do espetáculo*: reflexões públicas sobre direito, política e cidadania, cit.
942 SERRANO, Pedro Estevam Alves Pinto. *Autoritarismo e golpes na América Latina*: breve ensaio sobre jurisdição e exceção. Alameda Casa Editorial. Edição do Kindle.

o Brasil de hoje, onde o sistema de Justiça se constitui como o principal agente da exceção. Como bem assevera o mestre Eduardo Vera Cruz Pinto,

> [no] momento em que a Humanidade vive uma guerra universal contra terroristas sem causa que exercem uma maldade sem limites contra a pessoa humana e os valores jurídicos fundamentais, visando um recuo civilizacional sem precedentes e uma degradação das conquistas do Direito, o estudo de Pedro Serrano lembra aos Estados e aos cidadãos empenhados nesse combate que ele só pode ser feito – para ser legítimo, eficaz e duradouro – pelas regras do Direito e com o controle jurídico dos poderes dados aos que combatem tomando decisões que visam pessoas. Essa situação é apontada pelo autor como a regra a ser seguida no plano interno quando o Estado, através de atuações judiciárias, identifica o excluído social como um bandido, marginalizando a pobreza. O inimigo externo na pessoa do terrorista é comparado ao inimigo interno, na pessoa do marginal(izado), compondo uma sinfonia de perseguição e punição pela pena do legislador que é executada, como exceção permanente à regra de Direito, pelas polícias e pelos tribunais.[943]

Pois bem, o nosso desafio consiste em contribuir para a presente obra coletiva, intitulada *Democracia e crise: um olhar interdisciplinar na construção de perspectivas para o Estado brasileiro*.

Nessa esteira, a partir da inspiração que Pedro Serrano instiga em todos os seus alunos e leitores, tencionamos traçar algumas linhas sobre um tema atualíssimo, ou seja, a premente necessidade de proteção dos dados de caráter pessoal ante o gigantismo do mundo digital que transforma, em altíssima velocidade, o cotidiano das relações pessoais, sociais e econômicas.

Inicialmente a matéria aparenta não ter conexão com o tema Estado e Democracia, objeto desta obra coletiva. A contrariedade a essa impressão é justamente o que pretendemos promover. Por isso, o presente artigo tem como ponto de partida um rápido diagnóstico das relações intersubjetivas no mundo digital. Num segundo momento abordaremos alguns aspectos literários e filosóficos que possam auxiliar uma melhor compreensão dessa nova realidade, para, em seguida, traçarmos os principais aspectos da regulação normativa no espectro internacional e brasileiro. Ao final, ante a importância da pro-

---

943 PINTO, Eduardo Vera Cruz. Prefácio. In: SERRANO, Pedro Estevam Alves Pinto. *Autoritarismo e golpes na América Latina*: breve ensaio sobre jurisdição e exceção, cit.

teção de dados pessoais para a higidez da democracia, pretendemos apontar os desafios postos ao mundo jurídico para a sua efetiva implantação no Brasil.

2. O mundo digital e a necessária proteção de dados pessoais

O avanço tecnológico vivenciado pela humanidade a partir da segunda metade do século XX fez com que dados de caráter pessoal circulassem livremente, sobretudo com o advendo da internet. Nesse novo cenário, as barreiras de tempo e espaço deixaram de existir, configurando um novo paradigma comunicacional.

Diuturnamente as pessoas fornecem ou expõem dados pessoais sobre o nome, a nacionalidade, o estado civil, o sexo, o crédito e a condição econômica, a religião, a educação, a saúde, a expressão política e os hábitos sociais que integram o seu *modus vivendi*. De posse dessas informações, poderosos conglomerados econômicos estabelecidos em todo o território global, através de avançadas ferramentas tecnológicas, montam um provável perfil do indivíduo. Os dados pessoais constituem verdadeiros ativos para as empresas privadas num mercado de economia digital em franca ascensão e elementos de investigação para as autoridades públicas, sobretudo no combate à criminalidade e ao terrorismo.

O espaço virtual evoluiu rapidamente para o que hoje denomina-se *internet of things (IoT)*, onde a exposição pessoal gerada pelas novas tecnologias quase sempre se dá de forma voluntária, sobretudo através das redes sociais. Mas essa exposição também se dá de forma involuntária, na interface do cidadão com o Estado e no estabelecimento de relações comerciais e de consumo que exigem o fornecimento de dados pessoais como condição para a aquisição de produtos e serviços, dos mais essenciais à sobrevivência humana aos mais supérfluos. Os chamados algoritmos permitem o armazenamento gigantesco de informações *(bigdata)* que são relacionadas, agrupadas e contextualizadas para o controle social e econômico *(data miting)*. Com isso, a definição de perfis permite aos detentores das novas tecnologias não só conhecerem melhor a realidade em que estão inseridos, mas, sobretudo, impingirem comportamentos desejados de acordo com os seus interesses econômicos ou políticos.

O Fórum Econômico Mundial, através de detido relatório sobre o assunto, classifica a obtenção massiva de dados de caráter pessoal em três vertentes, quais sejam, aqueles *oferecidos voluntariamente* através de redes sociais, aqueles observados, como nas hipóteses de geolocalização nos celulares, e aqueles inferidos, fornecidos para o estabelecimento de contratos.[944]

Trata-se, portanto, de uma *indústria* bilionária e poderosíssima, cuja matéria-prima preciosa consiste em nossos dados pessoais. Exemplo desse cenário é aquele referente à plataforma do Facebook. Em novembro de 2016 o portal BBC Brasil veiculou matéria apontando que o Facebook detinha 1,79 bilhão de usuários (um quarto da população mundial), faturando 7 bilhões de dólares. Cerca de 90% desses rendimentos decorrem de anúncios publicitários, já que o Facebook

> possibilita atingir públicos muito específicos, segmentados por idade, sexo, escolaridade, profissão e mesmo por seus passatempos. Ao abrir uma conta na rede de Zuckerberg, o usuário dá permissão para que sua informação pessoal seja utilizada pela rede. Tudo o que é postado permite que a rede social conheça nossos hábitos e gostos. Isso é exatamente o que se oferece aos anunciantes. *É por isso que, se você gosta de viajar, certamente vê na página muitas propagandas de companhias aéreas. Se for estudante, talvez veja mais anúncios de fabricantes de computadores.*[945]

Pois bem, o avanço tecnológico permitiu inúmeros e inegáveis avanços científicos. O mundo conectado prometia a divisão de experiências entre as pessoas, o estabelecimento de um espaço contraposto à solidão, o armazenamento de nossas memórias e uma fonte de entretenimento. Tudo isso é verdade. Mas também é verdade que a conectividade livre nos transformou em mercadoria. A difusão de contratos de adesão em velocidade cada vez mais intensa não possibilita a leitura de seus termos e condições, comprometendo sobremaneira a livre manifestação de vontade essencial ao estabelecimento de negócios jurídicos. A cada dia manifesta-se verdadeira catadupa de casos em que a privacidade exposta é violada.

---

944 WORLD ECONOMIC FORUM (WEF). *Personal data*: the emergence of a new asset class. *World Economic Forum*, May 2011. Disponível em: http://www3.weforum.org/docs/WEF_ITTC_PersonalDataNewAsset_Report_2011.pdf.

945 QUANTO dinheiro o Facebook ganha com você (e como isso acontece). *BBC News Brasil*, 10 nov. 2016. Disponível em: https://www.bbc.com/portuguese/internacional-37898626.

Nesse diapasão, a contemporaneidade exige um olhar zeloso e cuidadoso do Direito ante os riscos iminentes de destruição das conquistas civilizatórias da humanidade, como os direitos fundamentais e da personalidade, as liberdades públicas e individuais e da própria democracia. Tais conquistas, obtidas ao longo da história a duras penas, correm o risco de desmoronar na medida em que a autonomia do indivíduo está cada vez mais suscetível a influências que corroem a liberdade individual, seja no campo privado, seja no público.

As influências geradas no campo privado são mais perceptíveis às pessoas que fazem uso das ferramentas tecnológicas. Um exemplo singelo é aquele do consumidor que acessa um *site* para a compra de livros jurídicos. Independentemente de ter ocorrido ou não a consumação da aquisição, o certo é que, após esse acesso, o consumidor será *bombardeado* de todos os lados por anúncios de livros jurídicos nos mais diversos *cantos digitais*.

Já no campo público essa percepção ainda não é tão nítida, razão pela qual a sociedade mundial ainda está assimilando fatos recentemente ocorridos e que colocam em cheque justamente o plexo de liberdades individuais e públicas. Trata-se do caso Cambridge Analytica, amplamente noticiado pela imprensa nacional e internacional.

A Cambridge Analytica é uma empresa de análise de dados que trabalhou para a campanha de Donald Trump nas eleições de 2016 (o projeto Alamo da campanha de Trump gastava 1 milhão de dólares por dia no Facebook), nos Estados Unidos, e para a campanha do Brexit, no Reino Unido. Propriedade do bilionário do mercado financeiro Robert Mercer, era presidida, à época, por Steve Bannon, então principal assessor de Trump e um dos gurus de Jair Bolsonaro. A referida empresa teria comprado acesso a informações pessoais de usuários do Facebook e usado esses dados para criar um sistema que permitiu predizer e influenciar as escolhas dos eleitores nas urnas, segundo a investigação dos jornais *The Guardian* e *The New York Times*.[946] Ainda, segundo noticiado pela BBC Brasil,

> [as] informações dos usuários do Facebook foram coletadas por um aplicativo chamado thisisyourdigitallife (essa é sua vida digital, em português), que pagou a centenas de milhares de usuários pequenas quantias para que

946 ENTENDA o escândalo de uso político de dados que derrubou valor do Facebook e o colocou na mira de autoridades. *BBC News Brasil*, 20 mar. 2018. Disponível em: https://www.bbc.com/portuguese/internacional-43461751.

> eles fizessem um teste de personalidade e concordassem em ter seus dados coletados para uso acadêmico.

(Duzentas e setenta mil pessoas fizeram o teste de personalidade, e, por meio do acesso à rede de amigos dessas pessoas, os dados de cerca de 80 milhões de usuários foram coletados, sem autorização).

> O aplicativo foi desenvolvido por Aleksandr Kogan, pesquisador da Universidade de Cambridge, no Reino Unido. Ele já tinha uma pesquisa sobre como deduzir a personalidade e as inclinações políticas das pessoas a partir de seus perfis no Facebook. A Cambridge Analytica – que não tem relação nenhuma com a Universidade de Cambridge – teria comprado os dados coletados por ele.[947]

Vislumbra-se, portanto, que milhões de pessoas que não deram seu consentimento, e ao se mostrarem indecisas, acabaram sendo usadas para fins políticos, recebendo materiais pró-Trump e mensagens contrárias à Hillary Clinton.

Em julho de 2019 o Facebook fez um acordo com o *Federal Trade Commission* (FCT) – Comissão Federal de Comércio dos Estados Unidos –, colocando um fim ao caso com o pagamento de uma multa de 5 bilhões de dólares.

Como visto, esses fatos delineam um quadro preocupante, que coloca em risco os direitos fundamentais. Nunca antes a matemática e o *marketing* estiveram tão unidos. A crescente dependência do ser humano das plataformas tecnológicas faz com que o mercado de dados pessoais seja tão poderoso quanto o do petróleo. Trata-se, pois, de um dos recursos mais valiosos na atualidade. Os poderosos já não são os detentores dos meios de produção, mas os detentores das ferramentas de coleta e tratamento de dados pessoais, poderosíssimas para o completo controle da humanidade. Será que finalmente vivenciamos a *distopia*?

3. O mundo digital e a literatura: utopia x distopia

Thomas More (1478-1535), importante filósofo do século XVI (canonizado pela Igreja Católica), ficou imortalizado por sua obra Utopia (1516), onde critica as instituições de sua época e aponta para uma sociedade imaginária e

947 Id. Ibid.

ideal. Derivada de termos gregos, utopia expressa um não lugar ou lugar inexistente. É a partir da obra de More que a expressão torna-se sinônimo de uma sociedade ideal e generosa, porém inatingível. A ideia de um lugar ideal e uma sociedade perfeita não era nova no século XVI, haja vista o Éden no Antigo Testamento, *A República* de Platão e *A Cidade de Deus* de Santo Agostinho.

Mas é a partir de More que há uma unificação da ideia e o desenvolvimento de um modus de pensar utópico, como um fim a ser alcançado, e que influenciou os mais vastos campos do conhecimento, do científico ao literário. Evanir Pavloski aponta como exemplos de literatura utópica *Nova Atlântida*, de Francis Bacon (1627), *As viagens de Gulliver*, de Jonathan Swift (1726), *Micrômegas*, de Voltaire (1752), e *Viagem à Icária*, de Cabet (1842).[948] Nesse campo, é necessário destacar a produção de Herbert George Wells (1866-1946), escritor britânico autor de diversas obras, dentre elas A máquina do tempo (1895) e A moderna utopia (1905). Em seus textos, Wells expressa a euforia vivida na transição do século XIX ao século XX, com o avanço científico que prometia levar a humanidade a padrões nunca antes imaginados.

No entanto, o advento das duas Grandes Guerras mundiais faz o movimento utópico perder força. Surge então a chamada utopia negativa, ou distopia. Também derivada de expressões gregas, implica num lugar (topos) da dor (dys). Expressa em obras como *Admirável mundo novo* (1932), de Aldous Huxley, *1984* (1949), de George Orwell, e *Fahrenheit 451* (1953), de Ray Bradbury, trata-se de um estilo literário que, ao contrário do utópico, aponta para uma sociedade futurista em condições bem piores do que aquelas vivenciadas até então. Se no utópico a ciência e a tecnologia são instrumentos de prosperidade, harmonia e paz, no distópico essas ferramentas são inimigas do ser humano, que, controlado e manipulado, perde sua identidade.[949]

Como esclarece Evanir Pavloski, nas produções utópicas e distópicas

948 PAVLOSKI, Evanir. *1984*: a distopia do indivíduo sob controle. SciELO; Ed. UEPG. Edição do Kindle, posição 656.

949 No campo filosófico surgem os trabalhos de Adorno e Horkheimer (ADORNO, Theodor W.; HORKHEIMER, Max. *Dialética do esclarecimento*. Disponível em: https://nupese.fe.ufg.br/up/208/o/fil_dialetica_esclarec.pdf); e Walter Benjamin (BENJAMIN, Walter. *A obra de arte na época de sua reprodutibilidade técnica*. Trad. Gabriel Valladão Silva. L&PM, 2018. Edição do Kindle) como exemplos de crítica à tecnologia e massificação, introduzidas, dentre outras formas, pelo cinema, rádio e televisão.

> [...] ocorre a contraposição da realidade a alguma forma de ideal social com o objetivo de promover a reflexão sobre os elementos tidos como falhos no universo experimental. Tanto o idílio dos utopistas quanto o pesadelo dos distopistas insere o leitor em um contexto de reavaliação conceitual ao colocá-lo diante de uma perspectiva radical e, em alguns casos, maniqueísta dos caminhos seguidos pelas sociedades históricas.[950]

Nesse contexto é que se insere a obra *1984* de George Orwell (1903/1950). Publicado em 1949, quatro anos após o fim da Segunda Grande Guerra e no início da Guerra Fria, o livro de Orwell é um ícone do movimento distópico. A trama desenrola-se em um superestado denominado Oceania, com um ambiente de guerra permanente gerenciado pela vigilância governamental onipresente que manipula a realidade e a história, onde a liberdade de pensamento é um crime de pensamento. Assim, ninguém escapa à vigilância do Grande Irmão (*Big Brother*). O personagem principal da obra, Winston, trabalha no Ministério da Verdade, e sua função é produzir mentiras. Seu suposto melhor amigo é O'Brian, que trabalha no Ministério do Amor e submete Winston ao sofrimento pelo amor que nutre por Julia.

A questão do poder é latente na obra, e se torna emblemática no seguinte trecho, em que O'Brian diz a Winston:

> "O poder real, o poder pelo qual devemos lutar dia e noite, não é o poder sobre as coisas, mas o poder sobre os homens." Fez uma pausa e por um instante assumiu de novo o ar de um professor que interroga um aluno promissor: "Como um homem pode afirmar seu poder sobre outro, Winston?". Winston pensou. "Fazendo-o sofrer", respondeu. "Exatamente. Fazendo-o sofrer. Obediência não basta. Se ele não sofrer, como você pode ter certeza de que obedecerá à sua vontade e não à dele próprio? Poder é infligir dor e humilhação. Poder é estraçalhar a mente humana e depois juntar outra vez os pedaços, dando-lhes a forma que você quiser. E então? Está começando a ver que tipo de mundo estamos criando? Exatamente o oposto das tolas utopias hedonistas imaginadas pelos velhos reformadores. Um mundo de medo e traição e tormento, um mundo em que um pisoteia o outro, um mundo que se torna mais e não menos cruel à medida que evolui. O progresso, no nosso mundo, será o progresso da dor. As velhas civilizações diziam basear-

950 PAVLOSKI, Evanir. *1984*: a distopia do indivíduo sob controle, cit., posição 692.

-se no amor ou na justiça. A nossa se baseia no ódio. No nosso mundo as únicas emoções serão o medo, a ira, o triunfo e a autocomiseração. Tudo o mais será destruído — tudo. Já estamos destruindo os hábitos de pensamento que sobreviveram da época anterior à Revolução. Cortamos os vínculos entre pai e filho, entre homem e homem, e entre homem e mulher. Ninguém mais se atreve a confiar na mulher ou no filho ou no amigo. Mas no futuro já não haverá esposas ou amigos, e as crianças serão separadas das mães no momento do nascimento, assim como se tiram os ovos das galinhas. O instinto sexual será erradicado. A procriação será uma formalidade anual, como a renovação do carnê de racionamento. Aboliremos o orgasmo. Nossos neurologistas já estão trabalhando nisso. A única lealdade será para com o Partido. O único amor será o amor ao Grande Irmão. O único riso será o do triunfo sobre o inimigo derrotado. Não haverá arte, nem literatura, nem ciência. Quando formos onipotentes, já não precisaremos da ciência. Não haverá distinção entre beleza e feiura. Não haverá curiosidade, nem deleite com o processo da vida. Todos os prazeres serão eliminados. Mas sempre — não se esqueça disto, Winston —, sempre haverá a embriaguez do poder, crescendo constantemente e se tornando cada vez mais sutil. Sempre, a cada momento, haverá a excitação da vitória, a sensação de pisotear o inimigo indefeso. Se você quer formar uma imagem do futuro, imagine uma bota pisoteando um rosto humano — para sempre.[951]

Mas o poder é exercido e garantido de diversas formas, dentre elas a constante vigilância pelas teletelas, que é retratada no seguinte trecho:

Por trás de Winston, a voz da teletela continuava sua lenga-lenga infinita sobre o ferro-gusa e o total cumprimento — com folga — das metas do Nono Plano Trienal. A teletela recebia e transmitia simultaneamente. Todo som produzido por Winston que ultrapassasse o nível de um sussurro muito discreto seria captado por ela; mais: enquanto Winston permanecesse no campo de visão enquadrado pela placa de metal, além de ouvido também poderia ser visto. Claro, não havia como saber se você estava sendo observado num momento específico. Tentar adivinhar o sistema utilizado pela Polícia das Ideias para conectar-se a cada aparelho individual ou a frequência com que o fazia não passava de especulação. Era possível inclusive que

951 ORWELL, George. *1984*. São Paulo: Companhia das Letras. Edição do Kindle, posição 4211-4223.

> ela controlasse todo mundo o tempo todo. Fosse como fosse, uma coisa era certa: tinha meios de conectar-se a seu aparelho sempre que quisesse. Você era obrigado a viver — e vivia, em decorrência do hábito transformado em instinto — acreditando que todo som que fizesse seria ouvido e, se a escuridão não fosse completa, todo movimento examinado meticulosamente.[952]

Outra forma de exercício do poder é a instituição de uma nova língua, a Novafala. No trecho a seguir Winston dialoga com *Syme* (responsável por sistematizar a nova língua):

> "Você não sente muita admiração pela Novafala, Winston", disse ele, quase triste. "Até mesmo quando escreve, continua pensando em Velhafala. Li alguns daqueles artigos que você publica no Times de vez em quando. São muito bons, mas são traduções. No fundo você preferiria continuar usando a Velhafala, com todas as suas inexatidões e nuances inúteis de significado. Não compreende a beleza da destruição de palavras. Você sabia que a Novafala é a única língua do mundo cujo vocabulário encolhe a cada ano?" Winston sabia, claro. Sorriu com simpatia — esperava —, sentindo-se inseguro quanto ao que diria, se abrisse a boca para falar. Syme arrancou com os dentes outro fragmento de pão escuro, mastigou-o depressa e continuou: "Você não vê que a verdadeira finalidade da Novafala é estreitar o âmbito do pensamento? No fim teremos tornado o pensamento-crime literalmente impossível, já que não haverá palavras para expressá-lo. Todo conceito de que pudermos necessitar será expresso por apenas uma palavra, com significado rigidamente definido, e todos os seus significados subsidiários serão eliminados e esquecidos."[953]

Com esse mecanismo distópico, *1984* se notabilizou como uma crítica aos regimes totalitários, como o nazista, o fascista e o stalinista. No entanto, parece-nos que a obra permanece mais atual do que nunca. Orwell não viveu para presenciar as profundas transformações que o avanço tecnológico provocou nas relações econômicas e humanas. A obra expressa uma poderosa reflexão não só sobre regimes autoritários, mas sobretudo acerca do mundo digital.

Desta feita, fica aqui uma provocação: seriam as plataformas digitais dispostas em celulares, *smartTVs* e computadores as câmeras de segurança e dispositivos de

952 Id. Ibid., posição 46.
953 Id. Ibid., posição 824.

geolocalização as teletelas de Orwell? As novas terminologias e formas de escrita surgidas com o mundo digital seriam a Novafala? Seriam os Estados e grandes grupos econômicos digitais os integrantes do Big Brother? O constante bombardeamento de informações propagadas pelos meios digitais objetivaria condicionar pessoas a implementar o Novo Plano Trienal e a amar o Big Brother? Assim como Winston, a humanidade, esquecida de seus valores e história, sucumbirá?

Como o nosso propósito não é obter respostas para essas provocações, sigamos para algumas reflexões no campo filosófico.

4. A filosofia como fonte para entender o mundo digital

4.1. Michel Foucault

Muitos filósofos da atualidade se debruçam sobre os impactos das novas tecnologias. No entanto, por hora, chamamos a atenção para ideias de um filósofo francês, que, assim como Orwell, não viveu para presenciar os atuais acontecimentos.

Trata-se de Michel Foucault (1926-1984), sem dúvida um dos mais importantes filósofos do século XX. É a partir das ideias do filósofo francês que história, filosofia, crítica literária, psicologia, sociologia e direito, por exemplo, passaram por transformações no mundo contemporâneo.

Dentre as inúmeras inovações, Foucault cunhou os termos *biopolítica* e *biopoder*, ao analisar a questão da governamentalidade, segurança e liberdade, poder disciplinar e normalização biológica dos seres humanos. Ele indentifica que a partir do século XVIII a vida biológica passa a ser objeto da política, sendo produzida e administrada, ou melhor, controlada.

Biopolítica e biopoder não foram objetos de estudos específicos de Foucault, mas ganharam destaque com a *anatomopolítica disciplinar do corpo humano* e os *controles regulatórios da biopolítica da população*. Em 1997 houve a edição de seus cursos proferidos no Collège de France, entre 1970 e 1984, com destaque para *Em defesa da sociedade, segurança, território e população* e *O nascimento da biopolítica*. Mas são autores como Giorgio Agamben, Antonio Negri e Michael Hardt que procuram consolidar as noções do filósofo francês nos tempos atuais.

Estudar Foucault é uma árdua tarefa, seja pela assistematicidade e deslocamentos conceituais de seu pensamento, seja pelo fato de que suas ideias estão dispersas por inúmeros textos, alguns publicados após a sua morte, decorrentes de cursos, conferências e debates. Para estudar Foucault certamente é necessário mais que uma vida. Por isso, não pretendemos nenhuma análise detida e profunda de suas ideias. Tencionamos apenas pinçar alguns elementos de sua filosofia, para que, através de provocações, possamos melhor refletir sobre o mundo digital.

Pois bem, em *Vigiar e punir* Foucault analisa mecanismos disciplinares nos estabelecimentos prisionais. Se ocupa, dentre outros, de modelos tecnológicos do corpo, asseverando que

> [O] corpo também está diretamente mergulhado num campo político; as relações de poder têm alcance imediato sobre ele; elas o investem, o marcam, o dirigem, o supliciam, sujeitam-no a trabalhos, obrigam-no a cerimônias, exigem-lhe sinais. Este investimento político do corpo está ligado, segundo relações complexas e recíprocas, à sua utilização econômica; é, numa boa proporção, como força de produção que o corpo é investido por relações de poder e de dominação; mas em compensação sua constituição como força de trabalho só é possível se ele está preso num sistema de sujeição (onde a necessidade é também um instrumento político cuidadosamente organizado, calculado e utilizado); o corpo só se torna força útil se é ao mesmo tempo corpo produtivo e corpo submisso. Essa sujeição não é obtida só pelos instrumentos da violência ou da ideologia; pode muito bem ser direta, física, usar a força contra a força, agir sobre elementos materiais sem no entanto ser violenta; pode ser calculada, organizada, tecnicamente pensada, pode ser sutil, não fazer uso de armas nem do terror, e no entanto continuar a ser de ordem física. Quer dizer que pode haver um "saber" do corpo que não é exatamente a ciência de seu funcionamento, e um controle de suas forças que é mais que a capacidade de vencê-las: esse saber e esse controle constituem o que se poderia chamar a tecnologia política do corpo.[954]

A tecnologia política do corpo analisada por Foucault não se resume aos estabelecimentos prisionais, mas a todo tecido social expresso em relações de *saber* e *poder*, naquilo que o filósofo francês denominou *dispositivo disciplinar*. Nessa esteira é o que ensina Silvio Gadelha, ao asseverar que isso ocorre nas

---

954 FOUCAULT, Michel. *Vigiar e punir*: nascimento da prisão. 9. ed. Petrópolis: Vozes, 1991, p. 28.

sociedades em que o exercício da dominação já não podia ser pensado em termos homogêneos, macrossociais, e como se dando apenas referido ao Estado, entendido como instância transcendente ao corpo social, senão mediante a ação de múltiplos micropoderes (do policial, do padre, do professor, do médico-psiquiatra, do supervisor, etc.), os quais investem uns sobre os outros, apoiam-se uns nos outros, estendem-se uns aos outros, perfazendo, portanto, uma microfísica do poder.[955]

Na análise dos mecanismos prisionais, Foucault dedica especial atenção para o modelo Pan-óptico, idealizado pelo jurista liberal inglês Jeremy Bentham (1782-1875)|, e assim descrito pelo filósofo francês:

O princípio é: na periferia, uma construção em anel; no centro, uma torre; esta possui grandes janelas que se abrem para a parte interior do anel. A construção periférica é dividida em celas, cada uma ocupando toda a largura da construção. Estas celas têm duas janelas: uma abrindo-se para o interior, correspondendo às janelas da torre; outra, dando para o exterior, permite que a luz atravesse a cela de um lado a outro. Basta então colocar um vigia na torre central e em cada cela trancafiar um louco, um doente, um condenado, um operário ou um estudante. Devido ao efeito de contraluz, pode-se perceber da torre, recortando-se da luminosidade, as pequenas silhuetas prisioneiras nas celas da periferia. Em suma, inverte-se o princípio da masmorra; a luz e o olhar de um vigia captam melhor que o escuro que, no fundo, protegia.[956]

A respeito do Pan-óptico, Silvio Gadelha esclarece que, para Foucault,

seu efeito mais importante consiste em fazer com que o detento, uma vez induzido a ter consciência de que é permanentemente vigiado – ou seja, de que é objeto inserido numa situação, num campo de visibilidade constante –, e reconhecendo-se nesta condição, assegure automaticamente o funcionamento desse tipo de poder. Independentemente de o prisioneiro saber ou não se num determinado momento está sendo realmente observado, é a consciência de que está exposto permanentemente a essa condição (de visibilidade) – o que

955 GADELHA, Sylvio. *Biopolítica, governamentalidade e educação*. Autêntica Editora. Edição do Kindle, posições 386-401.

956 FOUCAULT, Michel. *O olho do poder*. In: FOUCAULT, Michel. *Microfísica do poder*. 9. ed. Organização, introdução e revisão técnica de Roberto Machado. Rio de Janeiro: Graal, 1990. p. 210.

> acaba por determinar sua forma de conduta – aquilo que justamente aciona e garante o funcionamento automático do poder. O que talvez seja mais surpreendente nessa noção de dispositivo (no caso, do panoptismo) é justamente o fato de, em última instância, ele virtualmente poder se aplicar a toda e qualquer forma institucional (hospitais, prisões, manicômios, escolas, fábricas, etc.) e a toda e qualquer função institucional (curar, punir, educar, produzir, etc.)... Assim: A fórmula abstrata do Panoptismo não é mais, então, "ver sem ser visto", mas impor uma conduta qualquer a uma multiplicidade humana qualquer... Por fim, deve-se ter em conta que é através do que um dispositivo põe a funcionar que uma sociedade se estrategiza, ganha seus contornos e pode ser mapeada em sua inteligibilidade e em suas práticas concretas e mecanismos políticos efetivos de dominação. De outra parte, é preciso também atinar para o fato de que os dispositivos variam historicamente, apesar de podermos constatar a ação complementar e compatível de diferentes dispositivos num mesmo estrato histórico-societal.[957]

Ao discorrer sobre biopoder em *História da sexualidade I: a vontade de saber*, Foucault assevera que

> este poder sobre a vida evoluiu em duas formas básicas; entretanto, estas duas formas não eram antitéticas; elas constituíam antes dois polos de desenvolvimento ligados um ao outro por todo um conjunto intermediário de relações. Um destes polos – o primeiro a ser formado, ao que parece – se concentrou no corpo como uma máquina: sua disciplina, a otimização das suas capacidades, a extorsão das suas forças, o aumento paralelo da sua utilidade e da sua docilidade, sua integração em sistemas de controle de eficiência e econômico, tudo isso foi assegurado pelos procedimentos de poder que caracterizaram as disciplinas: uma anatomopolítica do corpo humano. O segundo, formado um pouco mais tarde, enfocou o corpo da espécie, o corpo imbuído da mecânica da vida e que serve de base aos processos biológicos: propagação, nascimentos e mortalidade, o nível de saúde, expectativa de vida e longevidade, com todas as condições que os podem fazer variar. Sua supervisão foi efetuada mediante uma série inteira de intervenções e controles regulatórios: uma biopolítica da população.[958]

957 GADELHA, Sylvio. *Biopolítica, governamentalidade e educação*, cit., posição 550.
958 FOUCAULT, Michel. *História da sexualidade I*: a vontade de saber. 3. ed. Rio de Janeiro: Graal, 1980. p. 139.

Chloë Taylor esclarece que

> [A] disciplina pode, portanto, ser vista como biopoder ao visar o corpo individual, enquanto outro nível de biopoder visa o corpo-espécie. Foucault descreverá esses dois níveis como "os dois polos em torno dos quais a organização do poder sobre a vida foi implantada" (1990a). Esses dois níveis de poder estão necessariamente entrelaçados, uma vez que corpos compõem populações e populações são compostas de corpos individuais.[959]

Na esteira da análise disciplinar na democracia, Ricardo Morais enfatiza que esse "novo modelo jurídico democrático foi ajustado em torno do conjunto de práticas disciplinares, direcionado principalmente pela classe dominante e democraticamente representada". Para reforçar seu argumento, Ricardo Moaris resgata os dizeres de Foucault em *Des supplices aux cellules*, quando assevera que "atualmente, vemos aparecer vigilâncias de outro tipo, obtidas quase sem que as pessoas se apercebam disso, pela pressão do consumo... O prestígio do carro, a política dos equipamentos ou incitação ao consumo permitem normalizações de comportamento igualmente eficazes".[960]

Desta feita, indagamos: as novas tecnológicas do século XXI seriam a sofisticação daquelas que tornaram a vida biológica um objeto no século XVIII? Essas ferramentas do mundo digital seriam modelos tecnológicos do corpo e da mente a implicar comportamentos dóceis? Os mecanismos digitais do mundo moderno seriam uma espécie de novo *panoptismo, que, além de ver sem ser visto, impõe uma conduta qualquer a uma multiplicidade humana qualquer, estrategizando a sociedade?* Os internautas seriam os novos presos do modelo panóptico, e a internet o *olho que tudo vê*? O mercado, com a utilização das novas tecnologias, também integra o rol de agentes do biopoder e promotores da biopolítica?

4.2. Zygmunt Bauman

O sociólogo e filósofo polonês Zygmunt Bauman (1925-2017) tem farta publicação de obras, textos, conferências e entrevistas, que, ao nosso ver, contribuem sobremaneira para um olhar equilibrado dos novos tempos, já que sua

959 TAYLOR, Chloë. Biopoder. In: MICHEL Foucault: conceitos fundamentais. Editado por Dianna Taylor. Tradução de Fábio Creder. Petrópolis-RJ: Vozes. Edição do Kindle, posição 950.
960 MORAIS, Ricardo Manoel de Oliveira. *Direito e norma em Michel Foucault.* Rio de Janeiro: Lumen Juris, 2017, p. 72-73.

longeva vida permitiu-lhe vivenciar as transformações do mundo digital. Suas principais obras são *Amor líquido, Aprendendo a pensar com a sociologia, A arte da vida, Comunidade, Confiança e medo na cidade, Em busca da política, Europa, Identidade* e *Modernidade líquida,* dentre outras.

Bauman se debruça sobre as relações e comportamentos rápidos e fluidos da pós-modernidade, impactados pelo capitalismo globalizado. Sinteticamente, trabalha a ideia de que as novas formações sociais e institucionais originam uma modernidade líquida, que superou a modernidade sólida da primeira metade do século XX, superando o conceito racional e burocrático dos comportamentos e instituições, como o Estado e a família. Assim, as relações contemporâneas são como os líquidos, fluidas e voláteis, sem forma definida, velozes e inconsistentes, já que se adaptam com grande flexibilidade às mudanças comportamentais, intelectuais e sentimentais, acompanhando o alucinante ritmo de transformação social. O filósofo identifica a incerteza quanto ao futuro como marca dessa pós-modernidade. Ela induz o *prazer instantâneo*, vivendo-se um eterno presente, em que até as guerras se tornaram líquidas.

Sua obra refencial é certamente *Modernidade líquida*. Nela o filósofo se ocupa de diversos temas, que passemos a destacar:

Quanto à individualidade nos tempos atuais, Bauman aponta que a identidade tem sido moldada pelo consumo e que o indivíduo abandonou aspectos como cooperação e solidariedade. Bauman assevera que

> [A] apresentação dos membros como indivíduos é a marca registrada da sociedade moderna. Essa apresentação, porém, não foi uma peça de um ato: é uma atividade reencenada diariamente. A sociedade moderna existe em sua atividade incessante de "individualização", assim como as atividades dos indivíduos consistem na reformulação e renegociação diárias da rede de entrelaçamentos chamada "sociedade". Nenhum dos dois parceiros fica parado por muito tempo. E assim o significado da "individualização" muda, assumindo sempre novas formas — à medida que os resultados acumulados de sua história passada solapam as regras herdadas, estabelecem novos preceitos comportamentais e fazem surgir novos prêmios no jogo. A "individualização" agora significa uma coisa muito diferente do que significava há cem anos e do que implicava nos primeiros tempos da era moderna — os

tempos da exaltada "emancipação" do homem da trama estreita da dependência, da vigilância e da imposição comunitárias.[961]

E prossegue o filósofo polonês: "o outro lado da individualização parece ser a corrosão e a lenta desintegração da cidadania",[962] onde

> [O] "público" é colonizado pelo "privado" o "interesse público" é reduzido à curiosidade sobre as vidas privadas de figuras públicas e a arte da vida pública é reduzida à exposição pública das questões privadas e a confissões de sentimentos privados (quanto mais íntimos, melhor). As "questões públicas" que resistem a essa redução tornam-se quase incompreensíveis.963

Paralelamente à marcante individualidade da modernidade líquida, há o mercado de consumo. Para Bauman a sociedade pós-moderna envolve seus membros primariamente em sua condição de consumidores, e não de produtores. Para ele não

> [...] se compra apenas comida, sapatos, automóveis ou itens de mobiliário. A busca ávida e sem fim por novos exemplos aperfeiçoados e por receitas de vida é também uma variedade do comprar, e uma variedade da máxima im portância, seguramente. "Vamos às compras" pelas habilidades necessárias a nosso sustento e pelos meios de convencer nossos possíveis empregadores de que as temos; pelo tipo de imagem que gostaríamos de vestir e por modos de fazer com que os outros acreditem que somos o que vestimos; por maneiras de fazer novos amigos que queremos e de nos desfazer dos que não mais queremos; pelos modos de atrair atenção e de nos escondermos do escrutínio; pelos meios de extrair mais satisfação do amor e pelos meios de evitar nossa "dependência" do parceiro amado ou amante; pelos modos de obter o amor do amado e o modo menos custoso de acabar com uma união quando o amor desapareceu e a relação deixou de agradar; pelo melhor meio de poupar dinheiro para um futuro incerto e o modo mais conveniente de gastar dinheiro antes de ganhá-lo; pelos recursos para fazer mais rápido o que temos que fazer e por coisas para fazer a fim de encher o tempo então disponível; pelas comidas mais deliciosas e pela dieta mais eficaz para elimi-

---

961 BAUMAN, Zygmunt. *Modernidade líquida*. Rio de Janeiro: Zahar. Edição do Kindle, posição 584.
962 Id. Ibid., posição 687.
963 Id. Ibid., posição 694.

nar as consequências de comê-las; pelos mais poderosos sistemas de som e as melhores pílulas contra a dor de cabeça. A lista de compras não tem fim. Porém por mais longa que seja a lista, a opção de não ir às compras não figura nela.[964]

Bauman indentifica profundas transformações nas relações entre trabalho e capital. Conforme assevera o filósofo,

> [O] trabalho foi libertado do Panóptico, mas, o que é mais importante, o capital se livrou do peso e dos custos exorbitantes de mantê-lo; o capital ficou livre da tarefa que o prendia e o forçava ao enfrentamento direto com os agentes explorados em nome de sua reprodução e engrandecimento. O trabalho sem corpo da era do *software não mais amarra o capital: permite ao capital ser extraterritorial, volátil e inconstante. A descorporificação do trabalho anuncia a ausência de peso do capital. Sua dependência mútua foi unilateralmente rompida: enquanto a capacidade do trabalho é, como antes, incompleta e irrealizável isoladamente, o inverso não mais se aplica. O capital viaja esperançoso, contando com breves e lucrativas aventuras e confiante em que não haverá escassez delas ou de parceiros com quem compartilhá-las. O capital pode viajar rápido e leve, e sua leveza e mobilidade se tornam as fontes mais importantes de incerteza para todo o resto. Essa é hoje a principal base da dominação e o principal fator das divisões sociais.*[965]

Mas o novo cenário humano não fez de Bauman um pessimista. Esclarece o filósofo que

> [A] sociedade é verdadeiramente autônoma quando "sabe, tem que saber, que não há significados 'assegurados', que vive na superfície do caos, que ela própria é um caos em busca de forma, mas uma forma que nunca é fixada de uma vez por todas". A falta de significados garantidos — de verdades absolutas, de normas de conduta pré-ordenadas, de fronteiras pré-traçadas entre o certo e o errado, de regras de ação garantidas — é a *conditio sine qua non* de, ao mesmo tempo, uma sociedade verdadeiramente autônoma e indivíduos verdadeiramente livres; a sociedade autônoma e a liberdade de seus membros se condicionam mutuamente. A segurança que a democracia e a individualidade podem alcançar depende não de lutar contra a contin-

964 Id. Ibid., posição 1377-1384.
965 Id. Ibid., posição 2673.

gência e a incerteza da condição humana, mas de reconhecer e encarar de frente suas consequ*ências.*

Talvez aqui resida a pista que Bauman deixou para que a humanidade não sucumba ao Big Brother.

4.3. Yuval Noah Harari.

Yuval Noah Harari (1976) é um historiador e filósofo israelense contemporâneo em plena produção literária. Professor do Departamento de História da Universidade Hebraica de Jerusalém, é autor do best-seller Sapiens: uma breve história da humanidade, traduzido do hebraico para mais de trinta idiomas. Apesar da pouca idade, Harari é autor de diversos livros e artigos, com destaque também para *21 lições para o século 21* e *Homo Deus: uma breve história do amanhã.*

Doutor pela Universidade de Oxford, especializou-se em história medieval, militar e processos da macro-história. A versatilidade de seu trabalho abrange desde os primórdios da humanidade até os tempos atuais, na era digital, e por essa razão, suas reflexões são também essenciais para a compreensão do nosso cenário de estudos e das perspectivas futuras.

Em seu primeiro livro, *Sapiens*, Harari investigou o passado humano, examinando como os humanos dominaram a Terra. Em *Homo Deus*, explora o futuro da vida a longo prazo, contemplando como os humanos finalmente se tornarão deuses e qual pode ser o destino final da inteligência e da consciência. Já em *21 lições para o século 21*, debruça-se sobre o presente e o futuro imediato das sociedades humanas, onde procura respostas para as seguintes indagações: Qual é o sentido da ascensão de Donald Trump? O que podemos fazer ante a epidemia de *fake news?* Por que a democracia liberal está em crise? Deus está de volta? Haverá uma nova guerra mundial? Qual civilização domina o mundo — o Ocidente, a China, o Islã? A Europa deveria manter as portas abertas aos imigrantes? O nacionalismo pode resolver os problemas de desigualdade e mudança climática? O que fazer quanto ao terrorismo?[966]

966 HARARI, Yuval Noah. 21 lições para o século 21. Companhia das Letras. Edição do Kindle. Posição 85.

Identificando a crise do liberalismo, Harari objetiva apontar as ameaças e perigos que a revolução tecnológica traz para a humanidade e sua própria preservação, reconhecendo que cabe a sociólogos, filósofos e historiadores "fazer soar o alarme e explicar o que pode dar errado", já que

> as revoluções gêmeas na tecnologia da informação e na biotecnologia enfrentam os maiores desafios com que nossa espécie já deparou. A fusão das duas áreas pode em breve expulsar bilhões de seres humanos do mercado de trabalho e solapar a liberdade e a igualdade. Algoritmos de Big Data poderiam criar ditaduras digitais nas quais todo o poder se concentra nas mãos de uma minúscula elite enquanto a maior parte das pessoas sofre não em virtude de exploração, mas de algo muito pior: irrelevância.[967]

O livro *21 lições para o século 21* é uma profunda crítica ao liberalismo democrático e ao mesmo tempo uma reafirmação de que ela é o melhor sistema já desenvolvido pela humanidade, inclusive para enfrentar a reengenharia da vida promovida pela fusão das revoluções da tecnologia da informação e biotecnologia. Nesse aspecto, em nossa opinião, reside a principal contribuição do filósofo e historiador israelense.

Harari surpreende-nos, e a leitura de suas obras nos parece essencial para a compreensão do mundo digital e o futuro da humanidade. Seriam necessários inúmeros artigos como este com o único propósito de sintetizar suas ideias. Por isso, neste momento focaremos nossa atenção à forma como o historiador trabalha o tema dos dados de caráter pessoal.

O ponto de partida de Harari nesse assunto é a histórica desigualdade entre os seres humanos. Desde a Idade da Pedra, passando pela revolução agrícola, o autor enfatiza a naturalização da desigualdade, que só foi contrariada na modernidade tardia, quando a igualdade tornou-se um ideal em quase todas as sociedades humanas, como decorrência das ideias comunistas e liberais. Harari assevera que, consequentemente,

> a história do século XX girou em grande medida em torno da redução da desigualdade entre classes, raças e gêneros. (...) Nos primeiros anos do século XXI esperava-se que o processo igualitário continuasse e até mesmo se acelerasse. (...) Agora parece que a promessa talvez não seja cumprida.

967 Idem, posição 118.

> (...) Alguns grupos monopolizam cada vez mais os frutos da globalização, enquanto bilhões são deixados para trás. Hoje, o 1% mais rico é dono de metade da riqueza do mundo. Ainda mais alarmante, as cem pessoas mais ricas possuem juntas mais do que as 4 bilhões mais pobres. (...) o surgimento da IA (Inteligência Artificial) pode extinguir o valor econômico e a força política da maioria dos humanos. Ao mesmo tempo, aprimoramentos em biotecnologia poderiam possibilitar que a desigualdade econômica se traduza em desigualdade biológica. Os super-ricos teriam finalmente algo que vale a pena fazer com sua estupenda riqueza. Enquanto até agora só podiam comprar pouco mais que símbolos de *status*, logo poderão ser capazes de comprar a própria vida. Se os novos tratamentos para prolongar a vida e aprimorar habilidades físicas e cognitivas forem dispendiosos, o gênero humano poderia se dividir em castas biológicas. No decorrer da história, os ricos e a aristocracia sempre imaginaram que tinham qualificações superiores às de todos os outros, e que por isso estavam no controle. (...) Em 2100, o 1% mais rico poderia possuir não apenas a maior parte da riqueza do mundo mas também a maior parte da beleza, da criatividade e da saúde. Os dois processos juntos — a bioengenharia associada à ascensão da IA — poderiam, portanto, resultar na divisão da humanidade em uma pequena classe de super-humanos e uma massiva subclasse de *Homo sapiens* inúteis.[968]

Assim, resgatando a desigualdade histórica entre os homens, Harari entende que se

> quisermos evitar a concentração de toda a riqueza e de todo o poder nas mãos de uma pequena elite, a chave é regulamentar a propriedade dos dados, (...) já que os dados vão suplantar tanto a terra quanto a maquinaria como o ativo mais importante, e a política será o esforço por controlar o fluxo de dados. Se os dados se concentrarem em muito poucas mãos — o gênero humano se dividirá em espécies diferentes. (...) No longo prazo, ao reunir informação e força computacional em quantidade suficiente, os gigantes dos dados poderão penetrar nos mais profundos segredos da vida, e depois usar esse conhecimento não só para fazer escolhas por nós ou nos manipular mas também na reengenharia da vida orgânica e na criação de formas de vida inorgânicas.[969]

968 Id. Ibid., posição 1431/1451.
969 HARARI, Yuval Noah. *21 lições para o século 21*. Companhia das Letras. Edição do Kindle. Posição 1465/1493.

Nessa esteira, Harari aponta como primordial a tarefa de definir quem é o real dono dos dados. Eles pertenceriam ao titular dos dados, ao governo ou a uma corporação? Após excluir as duas últimas hipóteses com sólidos argumentos, o filósofo lança dúvidas sobre aquela que parecer ser a alternativa mais sensata, a da caracterização de uma propriedade do titular dos dados. Mas as dúvidas surgem justamente porque é a partir da noção de propriedade que a desigualdade humana se intensificou. Ademais, a falta de uma cultura digital consolidada implica sérios comprometimentos para o exercício dessa propriedade. Por isso, Harari exorta "juristas, políticos, filósofos e mesmo poetas para que voltem sua atenção para essa charada: como regular a propriedade de dados? Essa talvez seja a questão política mais importante de nossa era. Se não formos capazes de responder a essa pergunta logo, nosso sistema sociopolítico pode entrar em colapso".[970]

Yuval Harari não tem a solução pronta para essa necessária definição. No entanto, como veremos, o Direito e as normas jurídicas começam a modelá-la, estabelecendo como principal limite ao avanço tecnológico o reconhecimento da autodeterminação informativa.

5. Aspectos históricos e normativos da proteção de dados pessoais

Reconhecer e encarar suas consequências, essa é receita de Bauman para a construção do bom caminho, onde a sociedade seja autônoma e o sujeito livre. Inicialmente imaginava-se o ambiente digital como sendo concebido com a mais ampla e irrestrita liberdade, sem qualquer tipo de regulação. Mas, dos conflitos surgidos nesse ambiente, identifica-se a necessidade de se impor limites que coíbam abusos cometidos em nome dessa liberdade, transmutando para o mundo digital a experiência jurídica consolidada no mundo real.

Para além dos aspectos filosóficos, o mundo jurídico tem a missão de moldar o mundo digital. Ao Direito cabe o estabelecimento das regras necessárias à solução dos novos conflitos decorrentes do pós-modernismo. Assim, vislumbra-se a imprescindível tarefa do Direito: compreender a nova realidade das relações humanas e compatibilizar a necessária harmonia entre avanço tecnológico e proteção dos direitos básicos da pessoa humana, verdadeiro padrão civilizatório conquistado a duras penas por séculos de história.

970 Idem. Posição 1526.

Nesse contexto se insere a proteção jurídica dos dados de caráter pessoal, razão pela qual abordaremos alguns de seus aspectos históricos e as linhas gerais de regulação da matéria na Europa e no Brasil.

A proteção de dados pessoais guarda relação direta com a proteção jurídica conferida à individualidade da pessoa humana, mormente a honra, a privacidade e a intimidade, que ganharam *status* constitucional a partir de 1988.

Como um dos fundamentos da República (Art. 1º, III), *a dignidade da pessoa humana* consiste num valor norteador de todo o sistema jurídico. A grande *dimensão da dignidade da pessoa humana* como princípio norteador do Direito é explicitada pelo jurista Marco Antonio Marques da Silva, ao ensinar que

> a dignidade humana está ligada a três premissas essenciais: a primeira refere-se ao homem, individualmente considerado, sua pessoalidade e os direitos a ele inerentes, chamados de direitos da personalidade; a segunda, relacionada *à* inserção do homem na sociedade, atribuindo-lhe a condição de cidadão e seus desdobramentos; a terceira, ligada à questão econômica, reconhecendo a necessidade de promoção dos meios para a subsistência dos indivíduos.[971]

A Constituição Federal, como corolário da dignidade humana, confere proteção aos direitos da personalidade, prescrevendo que a pessoa tem direito à inviolabilidade da *intimidade*, da vida privada, da honra e da imagem, assegurado o direito a indenização pelo dano material ou moral decorrente de sua violação (Art. 5º, X). Consigne-se que esse preceito está em perfeita harmonia com o Art. XII da Declaração Universal dos Direitos Humanos, com os artigos 16 e 17 do Pacto Internacional dos Direitos Civis e Políticos, e com os artigos 11 e 18 da Convenção Americana de Direitos Humanos. Em outros dispositivos a Constituição amplia essa proteção ao dispor sobre a proibição da interceptação de comunicações telefônicas, telegráficas e de dados (Art.5º, XII); sobre a vedação à invasão de domicílio (Art. 5º, XI), a vedação à violação de correspondência (Art. 5º, XII), assim como a garantia do Habeas Data para o conhecimento de informações oriundas de registros ou bancos de dados públicos e sua retificação (Art. 5º, LXXII).

---

971 SILVA, Marco Antonio Marques da. Cidadania e democracia: instrumentos para a efetivação da dignidade humana. In: MIRANDA, Jorge; SILVA, Marco Antonio Marques da (Coords.). *Tratado luso-brasileiro da dignidade humana*. 2. ed. São Paulo: Quartier Latin, 2009, p. 224.

O Código Civil, Lei 10406/2002, dedica os artigos do 11 ao 21 para a proteção dos direitos da personalidade, tais como os direitos à identidade, ao próprio corpo, ao nome, à imagem, à honra e à vida privada. Como adverte Gilberto Haddad Jabur, "os direitos da personalidade são, diante de sua especial natureza, carentes de taxação exauriente e indefectível. São todos indispensáveis ao desenrolar saudável e pleno das virtudes psicofísicas que ornamentam a pessoa".[972]

Ao discorrer sobre os direitos da personalidade, Maria Helena Diniz nos ensina que

> a personalidade consiste no conjunto de caracteres próprios da pessoa. A personalidade não é um direito, de modo que seria errôneo afirmar que o ser humano tem direito à personalidade. A personalidade é que apoia os direitos e deveres que dela irradiam, é objeto de direito, é o primeiro bem da pessoa, que lhe pertence como primeira utilidade, para que ela possa ser o que é, para sobreviver e se adaptar às condições do ambiente em que se encontra, servindo-lhe de critério para aferir, adquirir e ordenar outros bens.[973]

E prossegue a mestra da PUC-SP, ao asseverar que os direitos da personalidade são "absolutos, intransmissíveis, indisponíveis, irrenunciáveis, ilimitados, imprescritíveis, impenhoráveis, inexpropriáveis e extrapatrimoniais".[974]

A privacidade é a expressão mais ampla do espectro da vida humana e de sua personalidade. Deriva da expressão inglesa *privacy* e do latim *privus*. Significa, portanto, tudo aquilo que é reservado do público ou exclusivo do particular, conformando-se como um aspecto negativo da liberdade, no sentido de ser um *direito de estar só,*[975] um direito a uma *vida anônima,*[976] ou ainda,

---

972 JABUR, Gilberto Haddad. *Liberdade de pensamento e direito à vida privada.* São Paulo: Revista dos Tribunais, 2000, p. 28.
973 DINIZ, Maria Helena. *Curso de direito civil brasileiro*. 22. ed. rev. e atual. São Paulo: Saraiva, 2005. v. 1, p. 121.
974 Id. Ibid., p. 122-123.
975 Expressão cunhada pelo juiz norte-americano Cooley, em 1873, e que é analisada em obra referencial sobre o assunto denominada *The right to privacy*, de Samuel Warren e Louis Brandeis, 1890. Versão espanhola: WARREN, Samuel; BRANDEIS, Louis. *El derecho a la intimidad.* Madrid: Civitas, 1995.
976 Noção de Adriano De Cupis, *Os direitos da personalidade.* Tradução de Adriano Vera Jardim e Antonio Miguel Caeiro. Lisboa: Livraria Morais, 1961.

um refúgio impenetrável para a coletividade.[977] Já a intimidade – intimus, é o núcleo central da privacidade, o espaço mais recôndito da vida humana.

Dos pressupostos dignidade da pessoa humana e direitos da personalidade é que surge a imperiosa proteção dos dados de caráter pessoal, ou um direito à proteção de dados pessoais. Trata-se de reconhecer que dados pessoais expressam o espectro de privacidade, intimidade e dignidade da pessoa. Nessa esteira, a doutrina construiu o direito à autodeterminação informativa,[978] um direito derivado da privacidade e intimidade em face dos novos tempos, que nasce da tensão dialética entre norma jurídica e realidade social, a partir da conjugação de fatores sociopolíticos, econômicos e culturais, que fazem surgir o amplo leque de situações jurídicas subjetivas, decorrentes da ampliação das esferas de atuação do indivíduo em sociedade.

A fragilização da privacidade ante as novas tecnologias é que fez surgir essa nova realidade com a produção de disposições constitucionais, legais ou precedentes jurisprudenciais em inúmeros países, inclusive no Brasil, a partir da segunda metade do século passado.

Um relatório produzido pela Organização para a Cooperação e Desenvolvimento Econômico (OCDE),[979] em 2015, identificou similaridade nos padrões básicos de proteção de dados pessoais em diversos países, fruto também da constante cooperação entre profissionais e cientistas de diversas áreas do conhecimento, preocupados com o crescente aumento do poder de Estados e grandes grupos econômicos, detentores de ferramentas aptas ao tratamento de dados de bilhões de pessoas. Essas similitudes também se devem ao fato de que, com a globalização, as relações econômicas se intensificaram de tal forma que discrepâncias de normatização poderiam gerar entraves a relações comerciais no cenário internacional.

977 Lição de Gilberto Haddad Jabur, *Liberdade de pensamento e direito à vida privada*, cit., p. 225.

978 A obra central sobre o assunto foi produzida pelo professor doutor Pablo Lucas Murilo, ao analisar o Artigo 18 da constituição espanhola. MURILLO DE LA CUEVA, Pablo Lucas. *El derecho a la autodeterminación informativa.* Madrid: Tecnos, 1990.

979 ORGANISATION FOR ECONOMIC CO-OPERATION AND DEVELOPMENT (OECD). *Guidelines on the Protection of Privacy and Transborder Flows of Personal Data.* Paris: 2015. Disponível em: https://www.oecd.org/internet/ieconomy/oecdguidelinesontheprotectionofprivacyandtransborderflowsofpersonaldata.htm.

No campo da regulação constitucional aponta-se a constituição portuguesa de 1976 (Art. 35) e a espanhola de 1978 (Art. 18) como textos que pioneiramente incorporaram de forma expressa a proteção de dados pessoais.

No campo legislativo, o destaque incide sobre a Alemanha, com a edição da Lei Federal de Proteção de Dados (Bundesdatenschuzgesetz - BDSG), em 1977, expressando, como explica Gustavo Gil Gasiola, uma reação a

> projetos estatais para implementar bancos de dados centralizados sobre a população, em meio à euforia tecnológica que marcou o pós-guerra. O choque entre a recente lembrança (ou presença) dos governos autoritários e a iminência de tais projetos levou ao reconhecimento expresso da proteção de dados perante às pretensões públicas de aumentar seu poder informacional.[980]

O doutorando em direito público pela Universidade de Passau, Alemanha, esclarece que, em 1983, houve o reconhecimento do direito fundamental à autodeterminação informativa (informationelles Selbstbestimung) pelo Tribunal Constitucional Alemão (Bundesverfassungsgericht - TCA), ao julgar a Lei do Censo (Volkszählungsurteil - 1 BvR 209/83, de 15.02.1983). O tribunal discutiu a constitucionalidade de uma lei federal que permitia a coleta e o tratamento de dados para fins estatísticos bem como a transmissão anonimizada desses dados para a execução de atividades públicas. Esclarece o pesquisador que

> a permissão geral dada pela lei de comparação e troca de dados pessoais entre órgãos públicos, bem como a fixação da competência, foi considerada inconstitucional, por violar o princípio da autodeterminação informativa. O reconhecimento desse novo direito fundamental decorreu de uma interpretação do direito de personalidade e da dignidade da pessoa humana.[981]

Destaque-se também como referência a Lei Francesa nº 78-17, de 6 de janeiro de 1978, relativa ao tratamento de dados, arquivos e liberdades.[982] Seguindo

980 GASIOLA, Gustavo Gil. Criação e desenvolvimento da proteção de dados na Alemanha: a tensão entre a demanda estatal por informações e os limites jurídicos impostos. *Jota*, 29 mai. 2019. Disponível em: https://www.jota.info/opiniao-e-analise/artigos/criacao-e-desenvolvimento-da-protecao-de-dados-na-alemanha-29052019.
981 Id. Ibid.
982 Texto disponível no *site* da Commission Nationale de l'Informatique et des Libertés. LOI «Informatique et Libertés». Loi n° 78-17 du 6 janvier 1978 relative à l'informatique, aux fichiers et aux libertés. Commission Nationale de l'Informatique et des Libertés (CNIL). *CNIL. Protéger les données personnelles, accompagner l'in-*

esses exemplos, a Grã-Bretanha cria o Data Protection Act em 1984. Em 1992 é a vez da Espanha editar a Lei Orgânica nº 5 de Regulação ao Tratamento Automatizado dos Dados de Caráter Pessoal – Lortad, destacando-se também a Lei Orgânica de Proteção de Dados 15/1999 (LOPD) e a Lei Orgânica 3/2018 (LOPDGDD), de proteção de dados pessoais e garantia dos direitos digitais (executora do RGPD) . Em Portugal, temos a Lei 67/98, a Lei 41/2004 e a Lei 33/2008. Nos Estados Unidos o assunto foi objeto dos Fair Information Practice Principles, desenvolvido pelo Department of Health, Education and Welfare do Privacy em 1973, pelo Privacy Act em 1974 e pelo Privacy Protection Act em 1980.

No Brasil, para além do tratamento constitucional já descrito, contamos com a Lei nº 13.709, de 14 de agosto de 2018, Lei Geral de Proteção de Dados (LGPD),[983] que trata da proteção de dados pessoais e que será objeto de nossas reflexões em tópico a seguir. Cumpre-nos destacar que até a edição da LGPD o tema era regulado pelos artigos 43 e 44 da Lei 8078/90, Código de Defesa do Consumidor (CDC),[984] pela Lei 9507, de 12 de novembro de 1997 – Habeas Data, pelo Decreto nº 7.962/2013 – Comércio Eletrônico e pela Lei nº 12.965, de 23 de abril de 2014 – Marco Civil da Internet.

Mas a grande referência para os atuais modelos de proteção de dados pessoais é produzida pela União Europeia, que há muito tempo se debruça sobre o assunto, como se pode observar pela Convenção de Estrasburgo de 1981, que tratou do direito à vida privada em face ao tratamento automatizado dos dados de carácter pessoal.[985]

---

novation, préserver les libertés individuelles, 17 juin 2019. Disponível em: https://www.cnil.fr/fr/la-loi-informatique-et-libertes.

983 A Lei 13.853, de 8 de julho de 2019, fez alterações na Lei 13709/2018. BRASIL. Presidência da República. *Lei nº 13.853, de 8 de julho de 2019*. Altera a Lei nº 13.709, de 14 de agosto de 2018, para dispor sobre a proteção de dados pessoais e para criar a Autoridade Nacional de Proteção de Dados; e dá outras providências. Disponível em: http://www.planalto.gov.br/ccivil_03/_ato2019-2022/2019/lei/L13853.htm.

984 Em 2002 publicamos uma obra sobre os *Bancos de dados das relações de consumo*. Nela traçamos um panorama da matéria no cenário internacional, cuidamos da análise dos bancos de dados no Brasil e nas relações de consumo, estudando, ainda, a garantia constitucional do *habeas data* e sua lei. Sobre o assunto ver: GONÇALVES, Renato Afonso. *Bancos de dados nas relações de consumo*. São Paulo: Max Limonad, 2002; EFING, Antônio Carlos. *Bancos de dados e cadastros de consumidores*. São Paulo: Revista dos Tribunais, 2002; BESSA, Leonardo Roscoe. *O consumidor e os bancos de dados de proteção ao crédito*. São Paulo: Revista dos Tribunais, 2003.

985 Texto integral em português acessível no *site* da Comissão Nacional de Proteção de Dados portuguesa: PORTUGAL. Comissão Nacional de Protecção de Dados. *Convenção para a Protecção das Pessoas Relativamente ao Tratamento Automatizado de*

A regulação europeia surge em 1995, com a edição da Diretiva 95/46/CE/1995, objetivando que seus Estados-membros assegurassem "a proteção das liberdades e dos direitos fundamentais das pessoas singulares, notadamente o direito à vida privada, no que diz respeito ao tratamento de dados pessoais",[986] sendo complementada pela Diretiva 97/66, voltada ao setor das telecomunicações, e pelas Diretiva 2002/58 e Diretiva 2006/24,[987] voltadas às comunicações eletrônicas.

Outro aspecto relevante é que o Tratado de Lisboa de 2007[988] conferiu efeito vinculativo à Carta dos Direitos Fundamentais da União Europeia, que em seus artigos 7º e 8º consagram o respeito à vida privada e familiar e à proteção de dados pessoais.[989]

Nesse diapasão, reconhecendo a necessidade de uniformidade do tratamento de dados pessoais e o desenvolvimento de um mercado único digital,[990]

Dados de Carácter Pessoal. Disponível em: https://www.cnpd.pt/bin/legis/internacional/Convencao108.htm.

986 PARLAMENTO EUROPEU. CONSELHO DA UNIÃO EUROPEIA. Directiva 95/46/CE do Parlamento Europeu e do Conselho, de 24 de outubro de 1995, relativa à protecção das pessoas singulares no que diz respeito ao tratamento de dados pessoais e à livre circulação desses dados. *Jornal Oficial, L 281 de 23/11/1995 p. 0031–0050*. Disponível em: https://eur-lex.europa.eu/legal-content/PT/ALL/?uri=CELEX%3A31995L0046.

987 Referida Diretiva surge após os ataques terroristas ocorridos em 2004 na cidade de Madrid, momento a partir do qual o Conselho Europeu passou a priorizar o debate sobre a utilização de dados coletados por provedores de comunicações eletrônicas como ferramenta em investigações criminais e cooperação internacional. PARLAMENTO EUROPEU. CONSELHO DA UNIÃO EUROPEIA. Directiva 2002/58/CE do Parlamento Europeu e do Conselho, de 12 de julho de 2002, relativa ao tratamento de dados pessoais e à protecção da privacidade no sector das comunicações electrónicas (Directiva relativa à privacidade e às comunicações electrónicas). *Jornal Oficial, L 201, 31.7.2002, p. 37-47*. Disponível em: https://eur-lex.europa.eu/legal-content/PT/TXT/?uri=uriserv:OJ.L_.2002.201.01.0037.01.POR; Directiva 2006/24/CE do Parlamento Europeu e do Conselho, de 15 de março de 2006, relativa à conservação de dados gerados ou tratados no contexto da oferta de serviços de comunicações electrónicas publicamente disponíveis ou de redes públicas de comunicações, e que altera a Directiva 2002/58/CE. *Jornal Oficial, L 105, 13.4.2006, p. 54-63*. Disponível em: https://eur-lex.europa.eu/legal-content/PT/TXT/?uri=CELEX%3A32006L0024.

988 UNIÃO EUROPEIA. *Tratado de Lisboa*. Versão consolidada. Lisboa: Divisão de Edições da Assembleia da República, 2008. Disponível em: https://www.parlamento.pt/europa/Documents/Tratado_Versao_Consolidada.pdf.

989 PARLAMENTO EUROPEU. CONSELHO DA UNIÃO EUROPEIA. Carta dos Direitos Fundamentais da União Europeia. (2000/C 364/01). *Jornal Oficial das Comunidades Europeias*, 18.12.2000. Disponível em: http://www.europarl.europa.eu/charter/pdf/text_pt.pdf.

990 CONSELHO EUROPEU. CONSELHO DA UNIÃO EUROPEIA. *Mercado único digital na Europa*. Disponível em: https://www.consilium.europa.eu/pt/policies/

a União Europeia editou o Regulamento (UE) 2016/679 do Parlamento Europeu e do Conselho de 27 de abril de 2016, denominado Regulamento Geral de Proteção de Dados (RGPG), revogando a Diretiva 95/46/CE.[991] Atente-se que nesse mesmo dia foram publicadas a Diretiva (UE) 2016/680, para proteger as pessoas singulares quanto ao tratamento de dados pessoais no âmbito de cooperação judiciária em matéria penal e cooperação policial, e a Diretiva (UE) 2016/681, relativa à utilização de dados pessoais para a identificação de passageiros no âmbito de combate ao terrorismo e grave criminalidade.

Por razões editoriais, os aspectos intrínsecos do RGPD europeu e da LGPD não serão aqui analisados. Há muito que se estudar a respeito desses diplomas e de suas interfaces, o que ficará para uma outra oportunidade, muito embora façamos nas conclusões do presente artigo algumas considerações de cunho genérico.

6. *Conclusões*

Por todo o exposto, resta cristalino que o tema proteção de dados pessoais guarda íntima relação com a questão atinente ao Estado e à Democracia.

Como salientamos, a pós-modernidade exige um olhar zeloso e cuidadoso do Direito ante os riscos iminentes de destruição das conquistas civilizatórias da humanidade, como os direitos fundamentais e da personalidade, as liberdades públicas e individuais e da própria democracia. A autonomia do indivíduo está cada vez mais suscetível a influências que corroem a liberdade indidual e a expressão da vontade. Sem liberdade e livre manifestação da vontade e do pensamento não há democracia.

As figuras e objetos criados por Orwell no século passado parecem mesmo ser as mesmas que integram o nosso cotidiano.

Foucault e Bauman nos fornecem as pistas que nos permitem analisar esse cenário, para compreendê-lo e realizarmos os ajustes necessários para a defesa dos valores mais caros ao Direito. O Direito jamais terá a velocidade das novas tecnologias, e nesse fato, talvez, resida o nosso maior desafio: utilizarmos a

digital-single-market/.

991 O RGPG prevê que os Estados-membros da UE devem editar normas internas para a sua execução. Nesse sentido, Portugal editou a Lei 58, de 08 de agosto de 2019 (executora do RGPD) e a Lei 59, de 08 de agosto de 2019 (que transpõem a Diretiva (UE) 2016/680 – prevenção, detecção, investigação ou repressão de infrações ou sanções penais).

experiência, a história e o conhecimento produzido pela humanidade para, reconhecendo as consequências do mundo digital, construírmos os seus necessários limites.

A crescente dependência tecnológica da humanidade só faz crescer a quantidade e o fluxo de dados pessoais disponíveis para as tecnologias disruptivas. Portanto, proteger a privacidade, intimidade, imagem e dados pessoais é uma tarefa indispensável para o necessário equilíbrio no mundo da pós-modernidade. O cabedal filosófico e normativo está disponível.

A exemplo do que está acontecendo na Europa, a sociedade civil e as empresas brasileiras deverão se adaptar à LGPD, pois essa é uma necessidade premente do crescente mundo globalizado da economia digital. Elas deverão instituir ou rever a forma como recolhem, manipulam, armazenam e processam dados pessoais. Essa adaptação é muito valiosa em todos os sentidos, desde a consolidação da confiabilidade dessas empresas perante consumidores e clientes até a possibilidade de condições igualitárias de concorrência internacional. Nesse sentido, proteção de dados e compliance são pressupostos básicos da atividade empresarial no século XXI.

A LGPD em muitos aspectos se aproxima do RGPD europeu, porque, em certa medida, foi nele inspirada. No entanto, no que pese representar um bom começo, pensamos que a nova lei deixou a desejar em muitos aspectos, não regulando, ou regulando de maneira insuficiente, matérias como: dados pessoais nas relações de trabalho, espectro de investigações criminais e infrações administrativas, videovigilância, direito ao esquecimento, biotecnologia, perfirização, subcontratação, aspectos técnicos de segurança, conduta e certificação, cooperação e coerência, liberdade de expressão e informação, documentos públicos, tratamento efetivado por entidades religiosas, entre outras.

É verdade que caberá à doutrina e à jurisprudência superar eventuais lacunas e antinomias decorrentes dessa situação. A própria criação da Autoridade Nacional de Proteção de Dados vinculada à administração direta, junto à Presidência da República, evidencia o mar de dificuldades que surgirá pela frente. Era imperiosa a criação de autarquia especial com mais independência institucional, funcional e financeira, para a adequação de nosso sistema aos padrões internacionais.

Muito possivelmente assistiremos aos conflitos de interesses econômicos decorrentes da aplicação da LGPD baterem às portas dos tribunais superiores, como ocorreu com o marco civil da internet e as relações em torno do *WhatsApp*, que discute os limites da intervenção estatal no desenvolvimento e uso da criptografia. A lei do cadastro positivo é o exemplo mais nítido e flagrante de conflito com a LGPD, sobretudo no que diz respeito ao tema do consentimento do titular dos dados pessoais. Questões como aquelas que envolviam a atividade da *Cambridge Analytica* no processo do Brexit e nas eleições americanas começam a ser suscitadas no Brasil com as denúncias de proliferação de fake news nas eleições presidenciais de 2018. A influência jurídica americana que trata o tema à luz do direito de propriedade contrasta com a concepção europeia de enquadrar o direito à proteção dos dados pessoais no âmbito dos direitos humanos. O conflito entre nossa tradição jurídica, fundada no civil law, e a constante importação de modelos oriundos do common law influenciará sobremaneira o futuro da LGPD.

O Brasil passa por uma profunda crise política, econômica, social e institucional poucas vezes vista em nossa história. A qualificada obra de Petra Costa comprova que a nossa *democracia está em vertigem*. Autoritarismos de agentes públicos, desrespeito flagrante à ordem constitucional e aos direitos humanos, ódio e intolerância brotam, noite e dia, nas ruas e principalmente no mundo digital. É nesse cenário que nasce a LGPD. Um bom começo, que poderia ser melhor. Um futuro a ser construído por linhas tortuosas, que exigirá do mundo jurídico muito trabalho e superação para a efetivação da proteção integral dos dados de caráter pessoal no Brasil.

Para que a humanidade não sucumba ao Big Brother, como o fez Winston, é necessário novamente muito esforço, viajando várias vezes, e de forma consistente, entre o passado e futuro. Como ensina Vera Cruz, revisitarmos as bases do Direito, emprendendo um retorno "à origem das coisas, para encontrar a sua natureza genuína. Fazê-lo a partir da raiz (de forma radical) é entrar necessariamente no universo do Direito Romano (relendo as suas fontes) e da sua criação mais importante: o ius".[992]

Nessas viagens, para além de combatermos o revisionismo histórico em voga nas redes digitais, podemos trazer à baila preciosas lições aparentemente esquecidas, construídas ao longo da história com muito sangue e suor, e que continuam atualizadíssimas, como aquela proferida por Ulpiano, jurista romano que viveu entre 150 d.C. e 228 d.C. e que influenciou o pensamento

992 PINTO, Eduardo *Vera Cruz*. *O futuro da justiça*. Lisboa: Veja, 2015, p. 47.

jurídico com o seguinte preceito: *Juris Praecepta Sunt haec: Honeste Vivere, Alterum Non Laedere, Suum Cuique Tribuere*. Tais são os preceitos do Direito: viver honestamente, não ofender ninguém, dar a cada um o que lhe pertence (Dig. L. I, tit. I, fr . 1, § 2 — Ulp., lib. I, Institutionum).

Tais preceitos, se bem aplicados no mundo digital, construirão os alicerces para a manutenção das conquistas humanas, e sua compatibilização com o avanço tecnológico, reconhecendo e encarando, como propõe Bauman, as consequências da modernidade líquida. Reconhecer nas novas tecnologias um poder disciplinar, na esteira da biopolítica e biopoder de Foucault, já é um bom ponto de partida para definirmos quem é o dono dos dados, como propõe Harari.

Como vimos, a tarefa é hercúlea, mas ao menos temos um alento. Contamos com o conhecimento, a genialidade e a sensibilidade de Pedro Estevam Alves Pinto Serrano, com sua indignação diantes das injustiças e seu vigor científico para defendermos a democracia e enfrentarmos os desafios do século XXI.

Referências

ADORNO, Theodor W; HORKHEIMER, Max. *Dialética do esclarecimento* https://nupese.fe.ufg.br/up/208/o/fil_dialetica_esclarec.pdf.

BAUMAN, Zygmunt. *Modernidade líquida*. Rio de Janeiro: Zahar. Edição do Kindle.

BENJAMIN, Walter. *A obra de arte na época de sua reprodutibilidade técnica*. Trad. Gabriel Valladão Silva. L&PM, 2018. Edição do Kindle.

BESSA, Leonardo Roscoe. *O consumidor e os bancos de dados de proteção ao crédito*. São Paulo: Revista dos Tribunais, 2003.

CONSELHO EUROPEU. CONSELHO DA UNIÃO EUROPEIA. *Mercado único digital na Europa*. Disponível em: https://www.consilium.europa.eu/pt/policies/digital-single-market/.

DE CUPIS, Adriano. *Os direitos da personalidade*. Tradução de Adriano Vera Jardim e Antonio Miguel Caeiro. Lisboa: Livraria Morais, 1961.

DINIZ, Maria Helena. *Curso de direito civil brasileiro*. 22. ed. rev. e atual. São Paulo: Saraiva, 2005. v. 1.

EFING, Antônio Carlos. *Bancos de dados e cadastros de consumidores*. São Paulo: Revista dos Tribunais, 2002.

ENTENDA o escândalo de uso político de dados que derrubou valor do Facebook e o colocou na mira de autoridades. *BBC News Brasil*, 20 mar. 2018. Disponível em: https://www.bbc.com/portuguese/internacional-43461751.

FOUCAULT, Michel. *História da sexualidade I*: a vontade de saber. 3. ed. Rio de Janeiro: Graal, 1980.

______. *O olho do poder*. In: FOUCAULT, Michel. *Microfísica do poder*. 9. ed. Organização, introdução e revisão técnica de Roberto Machado. Rio de Janeiro: Graal, 1990.

______. *Vigiar e punir*: nascimento da prisão. 9. ed. Petrópolis: Vozes, 1991.

GADELHA, Sylvio. *Biopolítica, governamentalidade e educação*. Autêntica Editora. Edição do Kindle.

GASIOLA, Gustavo Gil. Criação e desenvolvimento da proteção de dados na Alemanha: a tensão entre a demanda estatal por informações e os limites jurídicos impostos. *Jota*, 29 maio 2019. Disponível em: https://www.jota.info/opiniao-e-analise/artigos/criacao-e-desenvolvimento-da-protecao-de-dados-na-alemanha-29052019.

GONÇALVES, Renato Afonso. *Bancos de dados nas relações de consumo*. São Paulo: Max Limonad, 2002.

HARARI, Yuval Noah. *21 lições para o século 21*. Companhia das Letras. Edição do Kindle.

______. *Homo Deus* (Spanish Edition). Penguin Random House Grupo Editorial.Kindle.

______. *Sapiens: Uma breve História da humanidade*. L&PM Editores. Kindle.

The Ultimate Experience: Battlefield Revelationsand the Making of Modern War Culture, 1450–2000. Houndmills: Palgrave-Macmillan, 2008.[22] - ISBN 978-023-058-388-7

Special Operations in the Age of Chivalry, 1100-1550. Woodbridge: Boydell & Brewer, 2007. ISBN 978-184-383-292-8

Renaissance Military Memoirs: War, History and Identity, 1450-1600, 1450–1600 (Woodbridge: Boydell & Brewer, 2004) - ISBN 978-184-383-064-1

JABUR, Gilberto Haddad. *Liberdade de pensamento e direito à vida privada.* São Paulo: Revista dos Tribunais, 2000.

LA LOI «Informatique et Libertés». Loi n° 78-17 du 6 janvier 1978 relative à l'informatique, aux fichiers et aux libertés. Commission Nationale de l'Informatique et des Libertés (CNIL). *CNIL. Protéger les données personnelles, accompagner l'innovation, préserver les libertés individuelles*, 17 juin 2019. Disponível em: https://www.cnil.fr/fr/la-loi-informatique-et-libertes.

MORAIS, Ricardo Manoel de Oliveira. *Direito e norma em Michel Foucault.* Rio de Janeiro: Lumen Juris, 2017.

MURILLO DE LA CUEVA, Pablo Lucas. *El derecho a la autodeterminación informativa.* Madrid: Tecnos, 1990.

ORGANISATION FOR ECONOMIC CO-OPERATION AND DEVELOPMENT – OECD. *Guidelines on the Protection of Privacy and Transborder Flows of Personal Data.* Paris: 2015. Disponível em: https://www.oecd.org/internet/ieconomy/oecdguidelinesontheprotectionofprivacyandtransborderflowsofpersonaldata.htm.

ORWELL, George. *1984*. São Paulo: Companhia das Letras. Edição do Kindle.

PARLAMENTO EUROPEU. CONSELHO DA UNIÃO EUROPEIA. Carta dos Direitos Fundamentais da União Europeia. (2000/C 364/01). *Jornal Oficial das Comunidades Europeias*, 18.12.2000. Disponível em: http://www.europarl.europa.eu/charter/pdf/text_pt.pdf.

PARLAMENTO EUROPEU. CONSELHO DA UNIÃO EUROPEIA. Directiva 95/46/CE do Parlamento Europeu e do Conselho, de 24 de outubro de 1995, relativa à protecção das pessoas singulares no que diz respeito ao tratamento de dados pessoais e à livre circulação desses dados. *Jornal Oficial*, L 281 de 23/11/1995 p. 0031–0050. Disponível em: https://eur-lex.europa.eu/legal-content/PT/ALL/?uri=CELEX%3A31995L0046.

PAVLOSKI, Evanir. *1984*: a distopia do indivíduo sob controle. SciELO; Ed. UEPG. Edição do Kindle.

PINTO, Eduardo Vera Cruz. *O futuro da justiça*. Lisboa: Veja, 2015.

______. Prefácio. In: SERRANO, Pedro Estevam Alves Pinto. *Autoritarismo e golpes na América Latina:* breve ensaio sobre jurisdição e exceção. Alameda Casa Editorial. Edição do Kindle.

PORTUGAL. Comissão Nacional de Protecção de Dados. *Convenção para a Protecção das Pessoas Relativamente ao Tratamento Automatizado de Dados de Carácter Pessoal*. Disponível em: https://www.cnpd.pt/bin/legis/internacional/Convencao108.htm.

QUANTO dinheiro o Facebook ganha com você (e como isso acontece). *BBC News Brasil*, 10 nov. 2016. Disponível em: https://www.bbc.com/portuguese/internacional-37898626.

SERRANO, Pedro Estevam Alves Pinto. *Autoritarismo e golpes na América Latina*: breve ensaio sobre jurisdição e exceção. Alameda Casa Editorial. Edição do Kindle.

______. *A justiça na sociedade do espetáculo*: reflexões públicas sobre direito, política e cidadania. São Paulo: Alameda, 2015.

SILVA, Marco Antonio Marques da. Cidadania e democracia: instrumentos para a efetivação da dignidade humana. In: MIRANDA, Jorge; SILVA, Marco Antonio Marques da (Coords.). *Tratado luso-brasileiro da dignidade humana*. 2. ed. São Paulo: Quartier Latin, 2009.

TAYLOR, Chloë. Biopoder. In: MICHEL Foucault: conceitos fundamentais. Editado por Dianna Taylor. Tradução de Fábio Creder. Petrópolis-RJ: Vozes. Edição do Kindle.

TRIBUNAL DE JUSTIÇA DA UNIÃO EUROPEIA. Disponível em: https://curia.europa.eu/jcms/jcms/j_6/pt/ https://eur-lex.europa.eu.

UNIÃO EUROPEIA. *Tratado de Lisboa*. Versão consolidada. Lisboa: Divisão de Edições da Assembleia da República, 2008. Disponível em: https://www.parlamento.pt/europa/Documents/Tratado_Versao_Consolidada.pdf.

WARREN, Samuel; BRANDEIS, Louis. *El derecho a la intimidad.* Madrid: Civitas, 1995.

WORLD ECONOMIC FORUM (WEF). *Personal data*: the emergence of a new asset class. *World Economic Forum*, May 2011. Disponível em: http://www3.weforum.org/docs/WEF_ITTC_PersonalDataNewAsset_Report_2011.pdf.

ZANCANER, Weida. Apresentação. In: SERRANO, Pedro Estevam Alves Pinto. *A justiça na sociedade do espetáculo*: reflexões públicas sobre direito, política e cidadania. São Paulo: Alameda, 2015.